AF761452

छोटी-छोटी आदतें

छोटे-छोटे बदलाव जो सब बदल देते हैं

TINY HABITS

बी.जे. फॉग, पीएचडी

छोटी-छोटी आदतें

छोटे-छोटे बदलाव जो सब बदल देते हैं

बी जे फॉग

प्रकाशक : वॉव पब्लिशिंग्ज् प्रा. लि. पुणे

मुद्रक : विक्रम प्रिंटर्स प्रा. लि. पुणे

प्रथम आवृत्ती : जून 2021

अनुवादक : अभिषेक शुक्ला

ISBN : 978-93-90607-25-9

'Tiny Habits' इस अंग्रेजी पुस्तक का हिंदी अनुवाद

Chhoti-Chhoti Aadaten

by BJ Fogg

यह पुस्तक उन अद्‌भुत लोगों को समर्पित हैं,
जिन्होंने मुझे नई चीज़ों के बारे में जानने के
लिए प्रेरित किया।

विषय सूची

प्रस्तावना

बदलाव लाना आसान हो सकता है (और मजेदार भी)

छोटी-छोटी आदतों में बड़ी शक्ति होती है

कम से कम बदलाव के मामले में तो ऐसा ही है।

पिछले बीस सालों में मैंने पाया है कि हर व्यक्ति अपने जीवन में कोई न कोई बदलाव लाना चाहता है, जैसे - खान-पान संबंधी आदतें सुधारना, वजन कम करना, व्यायाम करना, तनाव कम करना, बेहतर नींद लेना वगैरह। हम अच्छे माता-पिता और अच्छा जीवनसाथी बनना चाहते हैं। हम अधिक उत्पादक और रचनात्मक बनना चाहते हैं। लेकिन मीडिया रिपोर्ट्स और स्टैनफोर्ड लैब की मेरी रिसर्च से पता चलता है कि मोटापा, नींद की कमी और तनाव जैसी समस्याएँ लगातार बढ़ रही हैं। स्पष्ट है कि लोग जो चाहते हैं और जो करते हैं, उसके बीच एक बड़ा अंतर है। इसके लिए कई चीज़ों को जिम्मेदार ठहराया जाता है - लेकिन आमतौर पर लोग इसके लिए खुद को ही जिम्मेदार मानते हैं। वे इस सांस्कृतिक संदेश को अपने मन में बिठा लेते हैं कि 'ये सब तुम्हारी ही गलती है। तुम्हें व्यायाम करना चाहिए, लेकिन तुम ऐसा नहीं करते। शर्म आनी चाहिए तुम्हें!'

मैं आपको बताना चाहता हूँ कि इसमें आपकी कोई गलती नहीं है।

और जीवन में सकारात्मक बदलाव लाना उतना मुश्किल भी नहीं है, जितना आपको लगता है।

प्रचलित मान्यताओं, गलत धारणाओं और अच्छे इरादों से दी गई अवैज्ञानिक सलाहों ने सालों तक आपको इस विफलता के लिए तैयार किया है। अगर आपने अपने जीवन में पहले कभी बदलाव लाने की कोशिश की हो और आपको मनचाहे परिणाम न मिले हों, तो शायद इस एक अनुभव के बाद आपने यह मान लिया होगा कि बदलाव लाना मुश्किल होता है और चूँकि आपके अंदर प्रेरणा की कमी है इसलिए आप इसमें सफल नहीं हो सकते। जबकि वास्तव में आपके ये दोनों ही निष्कर्ष सही नहीं हैं। समस्या दृष्टिकोण में है, आपमें नहीं। इस पर कुछ यूँ विचार करें: मान लीजिए आपको लकड़ी के अलग-अलग पुर्जों को जोड़कर एक अलमारी बनानी है, पर उनमें

से कुछ पुर्जे गायब हैं। साथ ही इसके लिए आपके पास जो दिशा-निर्देश उपलब्ध हैं, वे भी दोषपूर्ण हैं, तो स्वाभाविक है कि जब आप सारे पुर्जे जोड़कर अलमारी बनाने की कोशिश करेंगे, तो गड़बड़ होगी और आप निराश हो जाएँगे। लेकिन फिर भी शायद आप खुद को दोष नहीं देंगे बल्कि उन पुर्जों के निर्माता को दोष देंगे। लेकिन जब बदलाव लाने की हमारी कोशिश असफल हो जाती हैं, तो हम कभी 'निर्माता' को दोष नहीं देते बल्कि खुद को दोषी ठहरा देते हैं।

जब हम अपनी अपेक्षाओं पर खरे नहीं उतर पाते, तो हमारे अंदर बैठे आलोचक को हमारी आलोचना करने का मौका मिल जाता है। हममें से ज़्यादातर लोग यह मानते हैं कि अगर हम और अधिक उत्पादक होने में, अपना वजन घटाने में या नियमित रूप से व्यायाम करने में विफल रहते हैं, तो ज़रूर हमारे अंदर ही कोई कमी होगी... यानी अगर हम बेहतर व्यक्ति होते, तो विफल नहीं होते... अगर हमने दिशा-निर्देशों का ठीक से पालन किया होता या खुद से किए गए वादों को पूरा किया होता, तो निश्चित ही हम सफल हो जाते... हमें बस खुद को सुधारने और अनुशासित होने की ज़रूरत है और फिर हम जो करेंगे बेहतर ही करेंगे, है ना?

जी नहीं। माफ कीजिएगा, लेकिन ऐसा कतई नहीं है।

समस्या हम नहीं हैं बल्कि बदलाव से जुड़ा दृष्टिकोण समस्या है। यह एक संरचना संबंधी दोष है - न कि एक व्यक्तिगत दोष।

आदतें विकसित करना और सकारात्मक बदलाव लाना आसान हो सकता है - बस ज़रूरत है सही दृष्टिकोण की। एक ऐसा सिस्टम, जो इंसानी मनोविज्ञान पर आधारित हो। एक ऐसी प्रक्रिया, जो बदलाव को आसान बना दे। ऐसे औज़ार जो अनुमानों या दोषपूर्ण सिद्धांतों पर निर्भर न हों।

आदतें विकसित करने और बदलाव लाने के बारे में जो सोच प्रचलित है, वह अवास्तविक अपेक्षाएँ तय करने की हमारी लालसा को पोषित करती है। हम जानते हैं कि आदतें वाकई मायने रखती हैं; हमें बस कुछ अच्छी आदतें अपनाने और कुछ बुरी आदतें त्यागने की ज़रूरत है। लेकिन हमें अब भी बदलाव लाने के लिए संघर्ष करना पड़ रहा है। हमें अब भी यही लग रहा है कि ये हमारी गलती है। मेरी सारी रिसर्च और अनुभव कहते हैं कि ये मानसिकता गलत है। सफल आदतें अपनाने और अपने व्यवहार में सकारात्मक बदलाव लाने के लिए आपको तीन कदम उठाने होंगे।

1. अपनी आलोचना करना बंद करें।
2. अपनी आकांक्षाओं को छोटे-छोटे व्यवहारों में बदलकर उन्हें अपने जीवन में उतारें।

3. अपनी गलतियों से सबक लें और आगे बढ़ जाएँ।

हो सकता है कि आपको ये सब सहज न लगे। मैं जानता हूँ कि हर किसी के लिए यह स्वाभाविक नहीं होता। आत्म-आलोचना अपनी ही किस्म की आदत है। खुद को दोषी ठहराना कुछ लोगों की प्रवृत्ति होती है – यह बर्फीली घाटी में स्लेज की तरह है, जो पहले से बने-बनाए खाँचों पर लगातार फिसलती चली जाती है और आखिरकार आपको ऊपर की बजाय नीचे की ओर ले जाती है।

अगर आप इस किताब में सुझाई गई प्रक्रिया का पालन करते हैं, तो फिर आप एक अलग रास्ते का चुनाव करने लगेंगे। फिर आत्म-संदेह के वे खाँचे जल्द ही बर्फ से भर जाएँगे। उसके बाद जल्द ही एक नया रास्ता प्रमुख रास्ते में तब्दील हो जाएगा। यह तत्काल होगा क्योंकि इस किताब को पढ़ते हुए आप अपने सर्वश्रेष्ठ रूप में तब्दील होने लगेंगे – और इस दौरान आप अपने बारे में बुरा नहीं बल्कि अच्छा महसूस करेंगे। इस प्रक्रिया में आपको अपनी इच्छाशक्ति पर निर्भर होने, जवाबदेही के मानदंड स्थापित करने या खुद को पुरस्कृत करने की ज़रूरत नहीं पड़ेगी। न ही जादुई तरीके से सब कुछ बदल डालने के लिए आपको एक तयशुदा अवधि तक कोई विशेष कार्य करने की ज़रूरत होगी। दरअसल आदतें सचमुच जिस तरह कारगर सिद्ध होती हैं, ये सारे दृष्टिकोण उस तरीके पर आधारित ही नहीं हैं। यही कारण है कि बदलाव लाने के मामले में इनकी कोई विश्वसनीयता नहीं है। साथ ही ये सारे दृष्टिकोण ऐसे हैं, जिनके चलते हम अक्सर अपने बारे में बुरा महसूस करने लगते हैं।

यह किताब बदलाव लाने से जुड़ी छटपटाहट और चिंता को अलविदा कह देती है। इससे भी ज़्यादा महत्वपूर्ण ये है कि आज आप जो हैं और भविष्य में जो होना चाहते हैं – उसके बीच का अंतर कितना भी बड़ा हो, यह किताब उस अंतर को पाट देती है। यह एक गाइड की तरह मार्गदर्शन करते हुए आपको एक नई दिशा दिखाएगी ताकि आप अपना पुराना दृष्टिकोण छोड़कर, बदलाव लाने के लिए एक बिलकुल नया दृष्टिकोण अपना सकें।

मैं जो सिस्टम आपसे साझा करूँगा, वह अनुमान पर आधारित नहीं है। मैंने अपनी सालों की रिसर्च के दौरान 40 हज़ार से ज़्यादा लोगों पर इसका परीक्षण किया है। इन सभी लोगों को व्यक्तिगत तौर पर प्रशिक्षण देने और हर सप्ताह उनसे जुड़ा डाटा इकट्ठा करने के कारण मुझे मालूम है कि 'छोटी-छोटी आदतों' की यह पद्धति सचमुच कारगर है। यह गलतफहमियों की जगह लोगों के सामने सच साबित किए जा चुके सिद्धांतों को लाती है और निर्देशों के बदले प्रक्रिया को अपनाती है। इससे आपको इंसानी व्यवहार के बारे में वह सब जानने को मिलेगा, जो इंस्टाग्राम जैसे एक क्रांतिकारी एप का निर्माण करने के लिए इसके सह-संस्थापक (जो मेरे पूर्व छात्र हैं)

ने सीखा था। आप भी अपने और दूसरों के जीवन में क्रांतिकारी बदलाव लाने के लिए इसी पद्धति का उपयोग करेंगे। सबसे अच्छी बात ये है कि यह आपके लिए मजेदार भी होगा। जब आप आलोचना करने की प्रवृत्ति छोड़ देते हैं, तो आपका व्यवहार एक वैज्ञानिक प्रयोग में तब्दील हो जाता है। **वास्तव में एक नई खोज करने का भाव सफलता की पहली शर्त है, न कि सिर्फ एक अतिरिक्त लाभ।**

व्यवहार संरचना

व्यवहार संरचना में आपका स्वागत है! यह एक व्यापक सिस्टम है, जिसे मैंने इंसानी व्यवहार के बारे में स्पष्ट रूप से विचार करने और आपका जीवन बदलने के लिए ज़रूरी आसान तरीके ढूँढ़ने के लिए तैयार किया है। व्यवहार संरचना के क्षेत्र में मैंने इससे पहले जो भी काम किया है, उससे नए-नए बदलाव लानेवालों को ऐसे प्रोडक्ट तैयार करने में मदद मिली है, जिन्हें लाखों लोग शारीरिक और मानसिक रूप से फिट होने, पैसे की बचत करने, कुशलतापूर्वक गाड़ी चलाने और ऐसे ही कई अन्य कार्यों के लिए हर रोज उपयोग कर रहे हैं। व्यावसायिक समस्याओं का सफलतापूर्वक समाधान निकालने के मामले में इन पद्धतियों की उपयोगिता देखने के बाद मैंने अपना ध्यान व्यक्तिगत समस्याओं के समाधान पर केंद्रित कर लिया: हम अपना व्यवहार कैसे बदलें? लोग अपने अंदर जो बदलाव लाना चाहते हैं, मेरा ध्यान उन पर केंद्रित हो गया। फिर जब मैंने आईने में देखा तो पाया कि ऐसा बहुत कुछ है, जिसमें सुधार करने की ज़रूरत है। इसके बाद मैंने वह करने का फैसला किया, जो हर उत्साही वैज्ञानिक कभी न कभी ज़रूर करता है - **खुद पर प्रयोग करना।**

मैंने उन व्यवहारों को आजमाया, जिन्हें मैं अपने जीवन में शामिल करना चाहता था। मैंने ऐसी कुछ बेवकूफी भरी चीज़ें भी कीं, जो बेहद सफल साबित हुईं, जैसे पेशाब करने के बाद हर बार दो पुश-अप करना। साथ ही मैंने कुछ ऐसी तर्कसंगत चीज़ें भी कीं, जो पूरी तरह असफल साबित हुईं, जैसे हर रोज लंच में एक संतरा खाने की कोशिश करना। जब भी कोई चीज़ कारगर साबित न होती, तो मैं अपने नमूनों की ओर वापस मुड़ जाता और यह विश्लेषण करता कि क्या हुआ। धीरे-धीरे मुझे कुछ पैटर्न नज़र आने लगे। मैं अपने सहजज्ञान के सहारे आगे बढ़ता रहा, महत्वपूर्ण चीज़ों पर केंद्रित रहा और चीज़ों को अंतहीन ढंग से दोहराता रहा।

भले ही मैं एक व्यावहारिक-वैज्ञानिक था, फिर भी मुझे यह सीखना पड़ा कि अपने जीवन में आदतें कैसे विकसित की जाती हैं। ऐसा नहीं था कि मैं स्वाभाविक रूप से आदतें विकसित कर लेता था बल्कि यह मेरे लिए एक सोची-समझी प्रक्रिया होती थी। लेकिन यह अभ्यास करते हुए मैं अपनी एक कमजोरी को अपनी ताकत में तब्दील करने में सफल रहा और छह महीने के अंदर मैंने अपने जीवन को काफी हद

तक बदल लिया। मैंने 20 पाउंड वजन घटाया, जिससे मैं अपेक्षाकृत अधिक स्वस्थ और सशक्त महसूस करने लगा। मैं पहले से कहीं अधिक उत्पादक और प्रभावी ढंग से काम करने लगा। मैंने सुबह नाश्ते में अंडे व पालक और दोपहर के खाने में फूलगोभी व सरसों का सेवन शुरू कर दिया। मैंने वे सारी चीज़ें खाना छोड़ दिया, जिनसे मुझे कोई सहायता नहीं मिल रही थी। मैं अपना हर दिन प्रेरणादायी आदतों के साथ शुरू करता। साथ ही मैंने अपने जीवन और अपने आसपास के माहौल में बार-बार कई बदलाव किए ताकि मैं हर रात अच्छी और सुकूनभरी नींद ले सकूँ। तमाम रुकावटों और समस्याओं का सामना करते हुए जैसे ही मैंने एक बढ़िया दिनचर्या विकसित कर ली, मुझे एहसास हुआ कि बदलाव लाने की मेरी क्षमता और गति, दोनों बढ़ रही हैं। दर्जनों नई आदतें - जिनमें से अधिकतर छोटी-छोटी आदतें थीं - विकसित करते हुए मैंने पाया कि वे आपस में संयुक्त होकर मेरे जीवन को रूपांतरित कर रही हैं। मुझे इन सब चीज़ों को जारी रखना कतई मुश्किल नहीं लग रहा था। साथ ही बदलाव लाने का यह तरीका स्वाभाविक और मजेदार भी था।

इसके परिणाम बहुत सकारात्मक थे, जो मेरे लिए बेहद खुशी की बात थी। मैंने 2011 में अपनी पद्धतियाँ दूसरों को भी सिखाना शुरू कर दिया। मेरी रिसर्च से स्पष्ट हुआ कि यह दृष्टिकोण दूसरों के मामले में भी कारगर है और इससे उनका जीवन बदल सकता है। यह मेरे लिए वाकई आश्चर्य और खुशी की बात थी कि व्यवहार संरचना के बारे में एक सनकी आत्म-अवलोकन के साथ मैंने जो प्रयोग शुरू किया था, वह जल्द ही 'छोटी-छोटी आदतों' की एक प्रामाणिक पद्धति में तब्दील हो गया - यह सचमुच व्यक्तिगत रूपांतरण का एक तेज और आसान तरीका है।

आगे बढ़ने से पहले मैं एक बात स्पष्ट करना चाहता हूँ: सिर्फ सूचना या जानकारी के बूते व्यवहार में विश्वसनीय ढंग से बदलाव नहीं लाया जा सकता। बहुत से लोगों से यही गलती हो जाती है। वास्तव में यह इतनी आम बात है कि अच्छी नीयतवाले पेशेवर भी यह गलती कर बैठते हैं। दरअसल धारणा ये है कि 'अगर हम लोगों को सही सूचना या जानकारी दें, तो उनका दृष्टिकोण बदल जाएगा और जब दृष्टिकोण बदलेगा तो स्वाभाविक है कि व्यवहार भी बदलेगा।' मैं इसे 'सूचना-क्रिया का धोखा' कहता हूँ। बहुत से प्रोडक्ट और प्रोग्राम - और अच्छी नीयतवाले पेशेवर - लोगों में बदलाव लाने के लिए उन्हें सिखाने और जानकार बनाने का लक्ष्य तय कर लेते हैं। तभी तो व्यावसायिक सम्मेलनों में वे अक्सर इस तरह की बातें कहते हुए पाए जाते हैं, **'लोगों को बस तथ्य पता होने चाहिए, फिर उनमें बदलाव आने लगता है!'**

अगर आप अपने व्यक्तिगत अनुभवों पर नज़र डालें, तो पाएँगे कि 'आपके जीवन में आया कोई भी बदलाव सिर्फ जानकारी के चलते नहीं आया है। और निश्चित ही इसमें आपकी कोई गलती नहीं है।'

आदतों के विकास से जुड़ी अपनी 2009 की रिसर्च में मैंने पाया कि सिर्फ तीन ही चीज़ें ऐसी हैं, जिनके जरिए हम स्थाई बदलाव ला सकते हैं: एक इपिफनी (दैवीय अभिव्यक्ति) पाकर, अपने आसपास का माहौल बदलकर और अपनी आदतों में छोटे-छोटे बदलाव लाकर। अपने लिए (और दूसरों के लिए भी) इपिफनी (दैवीय अभिव्यक्ति) पाना मुश्किल ही नहीं, करीब-करीब नामुमकिन है। इसलिए अगर हमारे पास कोई जादुई शक्ति नहीं है, तो इस विकल्प को भूल जाना ही बेहतर होगा। मेरे पास ऐसी कोई जादुई शक्ति नहीं है। पर अच्छी बात ये है कि अगर हम सही ढंग से पालन करें, तो बाकी के दोनों विकल्प हमें स्थाई बदलाव की दिशा में ले जा सकते हैं। 'छोटी-छोटी आदतों' की यह पद्धति हमें अपने माहौल और अपने छोटे-छोटे कदमों में छिपी शक्ति के दोहन का एक नया तरीका देती है।

इसकी शुरुआत हम सकारात्मक आदतें अपनाने के साथ कर सकते हैं। छोटी-छोटी सकारात्मक आदतें अपनाने के बाद ही हम बड़ी सकारात्मक आदतें अपनाने की दिशा में आगे बढ़ सकते हैं। एक बार जब आप यह समझ जाते हैं कि 'छोटी-छोटी आदतों' की यह पद्धति कैसे काम करती है - और क्यों - तो फिर आप बड़े बदलाव भी ला सकते हैं। फिर आप अनचाही आदतें छोड़ सकते हैं और मैराथन में दौड़ने जैसे सकारात्मक व्यवहारों की सूची बनाकर उन्हें अपने जीवन में उतार सकते हैं।

आप विभिन्न व्यवहारों में बदलाव से जुड़े सभी परिदृश्यों में सफलतापूर्वक आगे बढ़ सकें, इसके लिए मैं आपका मार्गदर्शन करूँगा।

छोटी-छोटी आदतोंवाली इस पद्धति का सार है: अपने मनचाहे व्यवहार को छोटे-छोटे हिस्सों में तोड़ना, यह पता लगाना कि ये आपके जीवन में स्वाभाविक रूप में कहाँ फिट बैठता है और फिर उसे अपने अंदर विकसित करना। अगर आप दीर्घकालीन बदलाव चाहते हैं, तो छोटी शुरुआत करना ही सर्वश्रेष्ठ विकल्प है। इसके पीछे क्या कारण है, यह आपको आगे बताया जा रहा है।

छोटी-छोटी आदतें आपको गति देती हैं

समय एक ऐसी चीज़ है, जो कभी किसी के पास पर्याप्त मात्रा में नहीं होगी। हम हमेशा चाहते हैं कि काश हमारे पास थोड़ा और समय होता। समय बचाने को लेकर हम इतने दबाव में रहते हैं कि तमाम असुविधाएँ तक स्वीकार कर लेते हैं, जैसे आराम से बैठकर खाना खाने के बजाय कार में चलते हुए हैम्बर्गर खा लेना या समंदर किनारे परिवार के साथ समय बिताते हुए बीच में एक कॉन्फ्रेंस कॉल निपटा लेना वगैरह। यह दबाव हमें अभावपूर्ण मानसिकता की ओर ले जाता है। हम यह मान लेते हैं कि हमारे पास हमेशा समय कम ही रहेगा इसलिए हम बदलावों को अपनाने से इंकार कर देते

हैं क्योंकि हमें लगता है कि सकारात्मक आदतें विकसित करने के लिए हमारे पास पर्याप्त समय है ही नहीं। हर रोज दिन में तीन मिनट व्यायाम करना... रोज रात को अपने लिए पोषक-तत्वों से भरपूर खाना पकाना... जीवन के प्रति आभार व्यक्त करने के लिए हर रोज डायरी लिखना... छोड़ो भी। ये सब करने का समय किसके पास है!

आप चाहें तो खुद को जबर्दस्ती खींचकर बदलाव के रास्ते पर ले जा सकते हैं या फिर आप अपने जीवन को कहीं ज़्यादा आसान बना सकते हैं।

बस, आपको एक छोटी शुरुआत करने की ज़रूरत है।

छोटी-छोटी आदतों की इस पद्धति में आप ऐसे छोटे-छोटे कार्यों पर ध्यान केंद्रित करते हैं, जिन्हें आप 30 सेकेंड से भी कम समय में पूरा कर सकते हैं। जल्द ही आपके दिमाग में नई आदतें स्थापित हो जाएँगी और फिर वे स्वाभाविक रूप से विकसित होंगी। छोटी शुरुआत करने का अर्थ ये है कि आप एक बड़ा बदलाव लाने की दिशा में काम शुरू कर सकते हैं और वह भी इस बात की चिंता किए बिना कि इसमें कितना समय लगेगा। छोटी-छोटी आदतोंवाली इस पद्धति में मेरी सलाह ये है कि आप तीन छोटे-छोटे व्यवहारों से शुरुआत कर सकते हैं। यहाँ तक कि अगर आप किसी एक छोटे-मोटे व्यवहार से भी शुरुआत करें, तब भी कोई बुराई नहीं है। आप जितने अधिक तनाव में होंगे और आपके पास जितना कम समय होगा, यह पद्धति आपके लिए उतनी ही उपयुक्त होगी। भले ही आप सकारात्मक आदत विकसित करने की कितनी भी गहरी इच्छा रखते हों, पर अगर आप बड़ी शुरुआत करेंगे, तो विश्वसनीय ढंग से ऐसा नहीं कर सकेंगे। अगर आप बड़ी शुरुआत करते हैं, तो संभवत: वह नई आदत टिकेगी ही नहीं। छोटी शुरुआत करना बहुत से लोगों के लिए सिर्फ सर्वश्रेष्ठ विकल्प ही नहीं बल्कि इकलौता विकल्प होता है।

छोटी-छोटी आदतें तत्काल अपनाई जा सकती हैं

छोटी-छोटी आदतें आपको अपने बारे में और अपने जीवन के बारे में यथार्थवादी बनने का मौका देती हैं। छोटी-छोटी आदतों को तत्काल अपनाया जा सकता है। आपके जीवन की परिस्थितियाँ कैसी भी हों - चाहे आप निराशा की गहरी खाई में फँसे हों या तनावपूर्ण अवस्था में हों लेकिन भाग्यशाली जीवन जी रहे हों - इन्हें दोनों ही परिस्थितियों में अपनाया जा सकता है। हम सबके जीवन की अपनी-अपनी परिस्थितियाँ होती हैं, जिनके साथ हमें जीना होता है। सोचने के कई ऐसे तरीके होते हैं, जिन्हें आदर्श नहीं कहा जा सकता और मनोविज्ञान की ऐसी विचित्र बातें होती हैं, जो हमें आगे बढ़ने से रोकती हैं। इनके चलते या तो हम चकित अथवा शर्मिंदा महसूस कर सकते हैं या फिर 'छोटी-छोटी आदतों' की इस पद्धति का उपयोग करके चीज़ों को अपने नियंत्रण में ले सकते हैं।

मैं इस किताब में आपको सटीक आदतें नहीं सुझाऊँगा। मैं तो बस एक ऐसी पद्धति साझा करूँगा, जिसकी मदद से आप अपनी मनचाही आदतों को अपने दिमाग में स्थापित कर सकते हैं। आदतों का चुनाव आप खुद करें। पर अभी, मैं आपको अपवाद स्वरूप हर रोज सुबह उठकर एक नई आदत का अभ्यास करने का निमंत्रण देता हूँ। यह बहुत आसान है और इसमें सिर्फ तीन सेकेंड का समय लगता है। मैं इसे 'माउई आदत' कहता हूँ।

सुबह उठकर पलंग से उतरते समय जमीन पर पैर रखने के बाद, यह वाक्यांश दोहराएँ, **'आज का दिन शानदार बीतेगा।'** इन शब्दों का उच्चारण करते समय आशावादी और सकारात्मक महसूस करने का प्रयास करें।

'छोटी-छोटी आदतें' अपनाने का तरीका कुछ इस प्रकार है:

माउई आदत का मेरा नुस्खा

सुबह नींद से उठकर जमीन पर पैर रखने के बाद...	मैं कहूँगा... 'आज का दिन शानदार बीतेगा।'	इस आदत को अपने दिमाग में स्थापित करने के लिए मैं तत्काल: 

'छोटी-छोटी आदतों' की पद्धति का उपयोग करते हुए अपने हर दिन की सर्वश्रेष्ठ शुरुआत करने का एक आसान तरीका।

पिछले कुछ सालों में मैंने हज़ारों लोगों को 'माउई आदत' अपनाने में सहायता की है और इसके परिणाम शानदार रहे हैं। मेरे जीवन में तो यह निश्चित ही बहुत प्रभावी साबित हुई है। माउई आदत के साथ आप एक बेहतर भविष्य की ओर अपनी यात्रा तत्काल - और सहजता के साथ - शुरू कर सकते हैं। आगे इस आदत के कुछ ऐसे संस्करण प्रस्तुत किए जा रहे हैं, जिन पर आप विचार कर सकते हैं।

कुछ लोग अपने लिए जरा अलग वाक्यांश चुनते हैं, जैसे **'आज का दिन कमाल का रहेगा।'** अगर आपको यह वाक्यांश या ऐसा ही कोई अन्य वाक्यांश बेहतर लगे, तो आप अपनी सुविधानुसार उसे भी दोहरा सकते हैं।

कुछ लोगों ने इसके समय में भी बदलाव किया। वे यह वाक्यांश उस समय दोहराते हैं, जब वे सुबह-सुबह आईने के सामने जाते हैं। मुझे पूरा यकीन है कि मेरे

मामले में यह कारगर साबित नहीं हो सकता (मैं तो सुबह-सुबह आईने के सामने जाने से भी बचता हूँ)। पर अगर ये आपको सहज लगता है, तो बेशक आप इसे अपना सकते हैं।

मेरा सुझाव है कि आप अपनी शुरुआत ऊपर प्रस्तुत किए गए 'माउई आदत का मेरा तरीका' कार्ड के अनुसार ही करें। अगर आप बाद में अपनी ज़रूरत के अनुसार कोई बदलाव करना चाहें, तो बेहिचक करें। जब मैं हर सुबह माउई आदत का अभ्यास करता हूँ, तो वाक्यांश दोहराने के बाद दो या तीन सेकेंड के लिए रूक जाता हूँ। दरअसल मैं उस समय जाग ही रहा होता हूँ और चाहता हूँ कि इस वाक्यांश के पीछे जो विचार है, उसे पूरी तरह आत्मसात कर सकूँ।

माउई आदत का अभ्यास करते समय अगर आपको लगे कि आपका दिन अच्छा नहीं बीतनेवाला है, तब भी मेरा सुझाव है कि आप इस वाक्यांश को ज़रूर दोहराएँ। अगर सुबह जागने के बाद मुझे दिनभर के बारे में सोचकर थकावट या चिंता महसूस होती है, तब भी मैं इस वाक्यांश को दोहरा लेता हूँ। अपने बिस्तर के किनारे बैठकर मैं उस पल आशावादी महसूस करने की कोशिश करता हूँ। पर अगर ऐसा करना मुझे कृत्रिम या नकली लगता है, तो मैं वाक्यांश को जरा बदल लेता हूँ कि 'चाहे जो भी हो, आज का दिन शानदार ही बीतेगा।'

भले ही मेरा दिन कितना भी बुरा होनेवाला हो, पर यह वाक्यांश दोहराना मेरे लिए एक निराले ढंग से सहायक साबित होता है। जब मैं दिनभर की चीज़ों के बारे में सोचकर चिंतित महसूस करता हूँ, तो इस कथन का उच्चारण करने से मेरे लिए एक अच्छे दिन के दरवाजे खुल जाते हैं, भले ही पूरी तरह नहीं बल्कि कुछ हद तक ही सही। सच कहूँ, तो ज़्यादातर ऐसा ही होता है। भले ही इसे दोहराते समय मैं इससे पूरी तरह सहमत महसूस न करूँ।

माउई आदत को बस एक साधारण अभ्यास की तरह ही लें, जिसे करने में हर सुबह आपको सिर्फ तीन सेकंड का समय लगता है। इससे आपको महसूस होगा कि इसकी शुरुआत करना आसान है। साथ ही इससे आपको व्यवहार में बदलाव से जुड़ा सबसे महत्वपूर्ण हुनर भी सीखने को मिलेगा। वह हुनर है, **स्वयं को सफल महसूस करना।**

छोटी-छोटी आदतें अपनाना सुरक्षित होता है

मेरे एक दोस्त की बेटी 'विला' अभी सिर्फ डेढ़ साल की है और हाल ही उसने चलना सीखा है। एक दिन विला हमारे घर के बाहरी बरामदे में मेरे पालतू कुत्ते मिली के साथ खेलते हुए उसके पीछे-पीछे दौड़ रही थी। मैंने देखा कि मिली के पीछे भागते

हुए विला करीब छह बार गिरी। एक छोटी सी बच्ची के लिए बरामदे की खुरदरी जमीन पर दौड़ना आसान काम नहीं था, लेकिन वह हर बार उठ खड़ी होती और फिर से मिली के पीछे दौड़ने लगती। हर बार गिरने पर विला जरा चीखती पर चूँकि उसे कोई चोट नहीं लग रही थी, इसलिए वह उठकर फिर से भागने लगती। अगर उसकी जगह मैं चलना सीख रहा होता और बार-बार खुरदरी जमीन पर गिरता, तो शायद बहुत परेशान हो जाता। वैसे भी मेरी ऊँचाई छह फीट से अधिक है इसलिए जमीन पर गिरने से मुझे ज़्यादा चोट लगती।

कोई नई आदत या नया व्यवहार अपनाने की शुरुआत करने पर भी यही बात लागू होती है। जैसे अगर आपने पहले कभी योगा नहीं किया है, तो इसकी शुरुआत करने के कई स्तर हैं, लेकिन हर स्तर का अपना जोखिम भी है। आप चाहें, तो सिर्फ एक सूर्य नमस्कार के साथ भी योगा शुरू कर सकते हैं या फिर अपने इलाके में मौजूद किसी योगा-स्टूडियो में जाकर योगा की क्लासेस ले सकते हैं या फिर आप एक सप्ताह लंबी योगा-रिट्रीट के लिए विमान में बैठकर भारत के लिए उड़ान भर सकते हैं। इन तीनों ही विकल्पों में समय, धन और अपेक्षाओं का निवेश एक-दूसरे से बिलकुल अलग है। बहुत कम लोग ही ऐसे होंगे, जो कभी योगा किए बिना ही योगा-रिट्रीट के लिए भारत जाने का निर्णय लेंगे। क्यों? क्योंकि हमारा दिमाग ये बात अच्छी तरह समझता है कि ऐसा कुछ भी करना उसके लिए कितना बड़ा कदम उठाने जैसा होगा, इसीलिए कोई भी नई चीज़ - अगर वह कोई बड़ी चीज़ हो - शुरू करना उसे मुश्किल लगता है। अगर मुझे माउई द्वीप स्थित कोव पार्क में छोटी-छोटी लहरों की सवारी करने में मुश्किल होती है, तो मैं माउई के दूसरी ओर स्थित समुद्र तट पर उठनेवाली खतरनाक ऊँची लहरों की सवारी करने की हिम्मत भी नहीं करूँगा। अगर मैंने ऐसा किया, तो शायद मुझे चोट लग जाएगी और फिर सर्फिंग करने को लेकर मेरा आत्मविश्वास टूट जाएगा। अगर इसके बारे में सोचकर मुझे नहीं लगता कि यह मेरे लिए मजेदार होगा, तो भला मैं ऐसा कुछ क्यों करूँगा? इसलिए बेहतर है कि मैं खुद को कोव पार्क की छोटी-छोटी लहरों तक ही सीमित रखूँ।

जब बात किसी छोटी आदत को अपनाने की हो, तो उसमें कोई जोखिम शामिल नहीं होता। एक छोटी आदत को चुपचाप अपनाना भी संभव होता है। आपको इसे लेकर कोई बड़ा कदम उठाने या हर किसी को इसके बारे में बताने की ज़रूरत नहीं है। एक छोटी आदत अपनाने की प्रक्रिया में कोई आपके लिए बाधाएँ खड़ी नहीं करता। इसीलिए आपके ऊपर कोई दबाव भी नहीं रहता और आपका रास्ता आसान हो जाता है। चूँकि ये छोटे-छोटे व्यवहार हैं और इन्हें अपनाने में सहायक प्रोग्राम बहुत लचीला है, इसलिए इसमें कोई भावनात्मक जोखिम नहीं है। दरअसल छोटी-छोटी आदतों की इस पद्धति में कोई वास्तविक विफलता है ही नहीं। हाँ, कुछ छोटी-मोटी

ठोकरें ज़रूर हैं पर अगर आप ठोकरें खाने के बाद दोबारा उठ खड़े होते हैं – तो इसे विफलता नहीं कहा जा सकता – आदतें इसी तरह विकसित होती हैं।

छोटी शुरुआत बड़े परिणाम ला सकती है

पिछले 20 सालों में मैंने पाया है कि बड़े परिणाम लाने का एकमात्र सुसंगत और स्थाई तरीका है- छोटी शुरुआत करना। मेरी पूर्व छात्रा एमी एक गृहणी थी, जो शिक्षा के क्षेत्र में काम करनेवाली एक मीडिया कंपनी खड़ी करने की कोशिश कर रही थी। एक कंपनी की मालकिन बनने और अपनी पसंद का काम करने का यह विचार उसके लिए बहुत रोमांचकारी था। पर इसे संभव बनाने के लिए उसे बहुत कुछ करना था, जैसे – कर्मचारियों की भर्ती करना, ऑफिस किराए पर लेना, उसे एक पेशेवर स्थान बनाने के लिए ज़रूरी खरीदारी करना, टैक्स के नियम–कायदों को समझना वगैरह। वह कानूनी समझौते करने जैसी महत्वपूर्ण चीज़ों और कंपनी का लोगो तैयार करने जैसी अपनी पसंदीदा चीज़ों को लेकर टालमटोल भरा रवैया अपनाने लगी। व्यवसाय की ठोस योजना तैयार करने का समय निकला जा रहा था और इस पूरे उद्यम के बर्बाद होने का विचार ही उसे पंगु बना रहा था। वह जमीनी तौर पर अपना व्यवसाय खड़ा करना चाहती थी और लगातार खुद से यह वादा करती रहती थी कि वह जल्द ही वह बड़ी–बड़ी चुनौतियों का सामना करना शुरू कर देगी – लेकिन महीनों गुज़र जाने के बाद भी वह ऐसा नहीं कर सकी।

दरअसल बदलाव से जुड़े एक मिथक ने एमी को आगे बढ़ने से रोक रखा था – आज यह मिथक एक व्यापक धारणा के रूप में हर जगह दिखाई देता है कि 'या तो तत्काल बड़े और साहसिक कदम उठाओ या फिर चुपचाप अपने कदम पीछे खींच लो...' दरअसल हमारी वर्तमान संस्कृति आकांक्षाओं से संचालित होती है, जो वास्तव में तत्काल संतुष्टि हासिल करने के विचार में निहित है। इसीलिए आज हमारे लिए धीरे–धीरे प्रगति करने के विचार को स्वीकार करना और उसके अनुसार कार्य करना मुश्किल होता जा रहा है। जबकि अपने जीवन में सार्थक व दीर्घकालीन बदलाव लाने के लिए आपको यही प्रवृत्ति अपनाने की ज़रूरत है। जब लोगों को तत्काल परिणाम नहीं मिलते, तो वे हताशा से घिर जाते हैं। यह स्वाभाविक भी है पर अगर हम तत्काल परिणाम हासिल करने की अपेक्षा से भरे इस रास्ते पर चलेंगे, तो हमारा असफल होना भी तय है।

जब एमी का परिचय छोटी–छोटी आदतोंवाली इस पद्धति से हुआ, तो उसे समझ में आया कि एक विशाल व्हेल को खाने का सबसे अच्छा तरीका है, उसे धीरे–धीरे और थोड़ा–थोड़ा करके खाना। जैसा कि शेल सिल्वरस्टीन की कविता 'मेलिंडा मे' की मुख्य किरदार मेलिंडा ने किया था – अपनी कंपनी शुरू करने का

लक्ष्य पूरा करने के लिए एमी ने न तो तत्काल बड़े और साहसिक कदम उठानेवाला नज़रिया अपनाया और न ही चुपचाप अपने कदम पीछे खींचनेवाली धारणा को महत्त्व दिया बल्कि उसने छोटे-छोटे कदम उठाए। हर रोज सुबह-सुबह अपनी नन्हीं बच्ची को स्कूल तक छोड़ने के बाद वह सड़क किनारे ही रुक जाती और कागज के एक टुकड़े पर नोट करती कि आज उसे कौनसा एक कार्य पूरा करना है। जी हाँ, सिर्फ एक कार्य। उसका चुना हुआ हर कार्य ऐसा होता, जिसे वह फौरन पूरा कर सके। जैसे कामकाज से जुड़ा एक ई-मेल भेजना, प्रोजेक्ट मीटिंग का शिड्यूल बनाना और दिशा-निर्देशों के संक्षिप्त परिचय का मसौदा तैयार करना वगैरह। अपनी ऊर्जा को, हर रोज कागज पर सिर्फ एक कार्य नोट करने की ओर केंद्रित करने से एमी के जीवन में एक चेन-रिएक्शन शुरू हुआ और उसका हर दिन सफलता की एक प्रेरणा में तब्दील होने लगा।

इस तरह आखिरकार उसकी कंपनी की सफल शुरुआत हुई। बेटी को स्कूल तक छोड़ने के बाद वह कागज पर अपना कार्य नोट करके उसे अपनी कार के डैशबोर्ड पर चिपका लेती। फिर जब तक वह घर की ओर वापस लौटती, तब तक उसके मन में सफलता की भावना जगह बना चुकी होती थी। घर पहुँचकर वह अपनी गाड़ी से उतरती और उस कागज के टुकड़े को निकालकर अपने साथ अंदर ले जाती। उस वक्त उसे यह एहसास रहता था कि अगले कुछ पलों में वह इस कागज के टुकड़े पर लिखे काम को सफलतापूर्वक पूरा कर लेगी।

पहली बार एक छोटी कोशिश करना या एक छोटा कदम उठाना आपको व्यर्थ लग सकता है, पर बड़ी चुनौतियों का सामना करने के लिए और तेजी से प्रगति करने के लिए आपको जिस तेज गति की ज़रूरत होती है, वह छोटी-छोटी कोशिशें करने और छोटे-छोटे कदम उठाने से ही हासिल होती है। जब आप लगातार ऐसा करते हैं, तो जल्द ही आपको एहसास होता है कि शेल सिल्वरस्टीन की कविता की मुख्य किरदार मेलिंडा की तरह ही आपने भी अपनी सबसे बड़ी चुनौती पूरी कर ली है।

छोटी-छोटी आदतें प्रेरणा और इच्छाशक्ति की मोहताज नहीं होतीं

व्यवहार में बदलाव को लेकर आमतौर पर जिस तरह की चर्चाएँ होती हैं, उनमें ऐसा बहुत कुछ कहा जाता है, जिसे सुनकर आप भ्रमित हो जाएँगे। सावधान रहें क्योंकि प्रतिष्ठित अकादमिक सिद्धांत भी अक्सर वास्तविक दुनिया में लोगों का जीवन बदलने में विफल रहते हैं। शायद आपने भी गौर किया होगा कि प्रेरणा और इच्छाशक्ति जैसी चीज़ों को टीवी, अखबार और पत्रिकाओं में बहुत जगह मिलती है। लोग हमेशा इनका जिक्र करने और इन्हें महत्त्व देने के मौके ढूँढ़ते रहते हैं। समस्या ये

है कि प्रेरणा और इच्छाशक्ति दोनों अस्थिर चीज़ें हैं इसलिए इन पर हमेशा विश्वास नहीं किया जा सकता।

उदाहरण के लिए शिकागो में रहनेवाली रेडियो-शो होस्ट जूनी। मैंने आज तक बदलाव लाने के लिए जूनी से ज़्यादा प्रेरित व्यक्ति नहीं देखा। उन्हें चीनी के सेवन की लत थी, जिससे उनके स्वास्थ्य को खतरा था। उनके परिवार और नौकरी पर भी इसका नकारात्मक प्रभाव पड़ रहा था। रेडियो-शो की होस्ट होने के कारण वे बहुत व्यस्त रहती थीं। इसलिए आराम से बैठकर लंच करने के बजाय वे अक्सर स्टारबक्स की कैरेमेल मैकचीटो आइसक्रीम खा लेती थीं। उनका बहुत सा समय रेडियो पर लाइव शो करते हुए बीतता था, जो मानसिक रूप से काफी थका देनेवाला अनुभव होता है, इसलिए उन्हें लगता था कि अपनी ऊर्जा बनाए रखने के लिए चीनी का सेवन करना ज़रूरी है। जूनी को लगता था कि ऐसे खाद्य-पदार्थों का सेवन करके ही अपनी ऊर्जा बनाकर रखी जा सकती है - और इसके लिए उनकी पसंद थी चीनी से भरी आइसक्रीम - जो वास्तव में किसी नशे से कम नहीं थी। दिनभर के काम के बाद जब वे घर पहुँचती तो सोफे पर निढाल हो जातीं और अपने दो नन्हें बच्चों को वीडियो गेम खेलते हुए देखती रहतीं क्योंकि उस वक्त उनके शरीर में कुछ भी करने की ऊर्जा नहीं बचती थी।

जूनी से मेरी पहली मुलाकात के कुछ साल पहले ही डायबिटीज के कारण उनकी माँ की मृत्यु हुई थी। यह घटना जूनी के लिए एक चेतावनी जैसी होनी चाहिए थी - भला चीनी का सेवन बंद करने के लिए इससे बड़ी प्रेरणा और क्या हो सकती है? लेकिन माँ को खोने के दुःख का सामना करने के लिए भी उन्होंने चीनी से भरी कैरेमेल मैकचीटो आईसक्रीम का ही सहारा लिया। उस साल गर्मी के मौसम में जूनी का वजन 15 पाउंड बढ़ गया। इसके कुछ ही दिनों बाद उन्हें पता चला कि उनकी दोनों बहनों को भी डायबिटीज हो गई है। इसके बाद उनकी दादी भी डायबिटीज के कारण चल बसीं। उनके परिवार के सदस्य एक-एक करके इस बीमारी के जाल में फँसते जा रहे थे। सालों तक अपनी चीनी की लत को 'मुझे मीठा बहुत पसंद है' कहकर हँसी में उड़ा देनेवाली जूनी को एहसास हुआ कि उनकी यह लत कितनी खतरनाक है। वे समझ चुकी थीं कि वे नियंत्रण खो चुकी हैं।

इस मोड़ पर आकर अचानक उनके अंदर प्रेरणा का संचार हुआ। उन्होंने कई बार चीनी का सेवन पूरी तरह बंद करने की कोशिश की, लेकिन हर बार उनकी यह कोशिश एक या दो दिन से ज़्यादा नहीं चल पाती थी। जब भी ऐसा होता, तो उन्हें और बुरा महसूस होता, जिसका सामना करने के लिए वे एक बार फिर ढेर सारी आईसक्रीम खाने लगतीं और उनके शरीर का शुगर लेवल बढ़ने लगता।

जूनी को लगा था कि चीनी की लत से निजात पाना इच्छाशक्ति का मामला है। उन्हें लगा कि शायद वे एक कमजोर महिला हैं और इसीलिए चीनी का त्याग नहीं कर पा रही हैं। यह एहसास उनके लिए बहुत ही निराशाजनक और भ्रमित करनेवाला था क्योंकि अब तक उन्होंने खुद को हमेशा दृढ़ इच्छाशक्ति वाली साहसी महिला के तौर पर ही देखा था – क्योंकि रेडिया की दुनिया में अपनी जगह बनाना और एक सफल शो की होस्ट बनना किसी कमजोर व्यक्ति के बस की बात नहीं है। लेकिन यह मान्यता सच्चाई से कोसों दूर है कि किसी आदत को त्यागना इच्छाशक्ति का मामला है। जल्द ही जूनी कुछ पेशेवर कारणों के चलते मेरे 'बिहेवियर डिजाइन बूट कैम्प' में हिस्सा लेने आ गईं। इस कैम्प में उन्होंने अपने व्यक्तिगत जीवन पर बारीकी से नज़र डाली और आखिरकार उन्हें एहसास हुआ कि चीनी की उनकी लत दरअसल संरचना संबंधी दोष है, न कि एक व्यक्तिगत दोष। उन्हें समझ में आया कि उनकी आंतरिक प्रेरणा में आनेवाला उतार-चढ़ाव उनकी गलती नहीं थी; यह कोई नैतिक विफलता नहीं थी।

जब जूनी को व्यवहार संरचना का मुख्य बिंदु – सादगी व्यवहार में बदलाव लाती है – समझ में आ गया, तो उन्होंने अपनी व्यक्तिगत कोशिशों को आदतों की एक श्रृंखला तैयार करने की दिशा में केंद्रित कर लिया। ये ऐसी छोटी-छोटी आदतें थीं, जिनका प्रभाव व्यापक था और जिनसे जूनी को अपनी चीनी की लत से पीछा छुड़ाने में बहुत मदद मिली। उन्होंने अपने आसपास के वातावरण में बदलाव किया। साथ ही अपने घर में चीनी से भरे पसंदीदा स्नैक्स रखना बंद कर दिया और उनके विकल्प के तौर पर सेलेरी स्टिक और गाजर जैसी कम मीठी चीज़ों को अपना लिया। चीनी के सेवन की अपनी इच्छा को कमजोर करने के लिए उन्होंने खान-पान की आदतों में कई बदलाव किए और कई अलग-अलग किस्म के व्यायाम भी शुरू कर दिए। जूनी को यह भी पता चला कि माँ को खोने के दुःख से उबर न पाने के कारण भी चीनी के सेवन से जुड़े उनके कई व्यवहार सशक्त होते रहते हैं – इसलिए उन्होंने कुछ और आदतें विकसित कीं ताकि अपनी जटिल भावनाओं के साथ सकारात्मक ढंग से निपट सकें। इन सब चीज़ों की शुरुआत उन्होंने छोटे-छोटे कदम उठाकर ही की। फिर जब भी माँ की याद आने पर उनके मन में भावनाओं का ज्वार उठता, तो वे इससे पार पाने के लिए किसी कैंडी बार का रुख करने के बजाय या तो अपनी किसी सहेली से मिलने चली जातीं या फिर बैठकर डायरी लिखने लगतीं। सबसे बड़ी बात ये थी कि जूनी अपनी हर आदत के मामले में खुला रवैया और आत्म-करुणावाला दृष्टिकोण अपनाने में सक्षम रहीं। हालाँकि कभी-कभी वे वापस चीनी की ओर आकर्षित हो जातीं, लेकिन इसे अपनी चारित्रिक विफलता के तौर पर देखने के बजाय वे इसे संरचना संबंधी अंतर्दृष्टि के रूप में देखतीं ताकि इसकी मदद से वे भविष्य में और बेहतर व सकारात्मक कदम उठा सकें।

छोटे-छोटे बदलावों और कम अपेक्षाओं के जरिए ही आप प्रेरणा और इच्छाशक्ति जैसे 'मतलब के यारों' के बीच रहकर जीवन में आगे बढ़ सकते हैं। छोटे-छोटे कदम उठाना और छोटी-छोटी आदतें अपनाना आसान होता है - जिसका अर्थ है कि इनके लिए आपको प्रेरणा व इच्छाशक्ति जैसी अविश्वसनीय चीज़ों पर निर्भर रहने की कोई ज़रूरत नहीं है।

छोटी-छोटी आदतें परिवर्तनकारी होती हैं

छोटी-छोटी आदतों की पद्धति में आप अपनी हर सफलता का जश्न मनाते हैं, भले ही वह एक छोटी सी सफलता ही क्यों न हो। अपनी न्यूरोकेमेस्ट्री का लाभ उठाने का और अपने विचारपूर्ण कार्यों को स्वचालित आदतों में बदलने का सबसे अच्छा तरीका यही है। खुद को सफल महसूस करने से हमें नई आदतों को अपने दिमाग में स्थापित करने में मदद मिलती है। मुझे हर सप्ताह छोटी-छोटी आदतों की इस पद्धति के डाटा में ये परिणाम नज़र आते हैं। लेकिन ये सिर्फ यहीं तक सीमित नहीं है: छोटी-छोटी आदतों की इस पद्धति से आपको यह भी सीखने को मिलता है कि अपने जीवन में अच्छा कैसे महसूस करें। हर चीज़ के लिए खुद को दोष देने के बजाय छोटी-छोटी सफलताओं पर अपनी पीठ थपथपाने की क्षमता विकसित करने से आपकी जड़ें और मज़बूत हो जाती हैं, जो आपके जीवन के लिए सचमुच परिवर्तनकारी होता है।

लिंडा नामक एक महिला ने अपने जीवन में पहली बार छोटी-छोटी आदतों का बीज उस समय बोया, जब उनके जीवन में तूफान आया हुआ था। करीब दस साल पहले - जब लिंडा छोटी-छोटी आदतों की इस पद्धति की कोच नहीं बनी थीं - उनके जीवन में एक लंबा, त्रासदी भरा दौर आया था। उनके बेटे की ड्रग ओवरडोज से मौत हो गई, उनकी बेटी बाइपोलर डिसऑर्डर नाम एक मानसिक बीमारी की शिकार हो गई और उनका पारिवारिक व्यवसाय बंद होने की कगार पर आ गया। अपने जीवन में इस सबसे कठिन दौर में ही लिंडा को पता चला कि उनके पति पिछले कुछ समय से अल्जाइमर नामक बीमारी का शिकार हैं, जिसकी अब तक पहचान नहीं हो पाई थी। इसके बाद जब उन्होंने अपने पारिवारिक व्यवसाय की बागड़ौर अपने हाथ में लेना शुरू किया, तो उन्हें अपने पति की बीमारी के एक और स्याह पहलू का पता चला - फैसले लेने की क्षमता में कमी आना। पति द्वारा लिए गए गलत व्यावसायिक फैसले और वह भी मंदी के समय में - इसका सीधा सा मतलब ये था कि अगले कुछ ही महीनों में वे दिवालिया हो जाएँगे। उन्होंने अपनी सारी बचत और अपना घर गँवा दिया। यहाँ कि तक कि वह फार्म, जहाँ घोड़े पाले जाते थे और जो एक समय में लिंडा का सपना हुआ करता था, उन्होंने उसे भी खो दिया। बहुत कम लोगों के जीवन में एक साथ इतनी सारी मुसीबतें आती हैं। लिंडा के हालात इतने बदतर हो

चुके थे कि अब उनके पास दुःख मनाने की भी फुर्सत नहीं थी। लिंडा को न सिर्फ अपने बच्चों को पालना था बल्कि पारिवारिक व्यवसाय को दिवालिया होने से भी बचाना था। उन पर दुःखों का पहाड़ टूट पड़ा था और उनके पास दुःख मनाने का भी समय नहीं था। जल्द ही वे डिप्रेशन में चली गईं।

दुःखों के इस बोझ से कैसे उबरा जा सकता है? जब लिंडा ने पहली बार छोटी-छोटी आदतों की इस पद्धति को अपनाना शुरू किया, तो उन्होंने मुझे बताया कि वे अक्सर यह प्रार्थना करती हैं कि उन्हें अपनी परिस्थितियों से उबरने की शक्ति मिले। वे फिर से सक्रिय होना चाहती थीं और अपने बच्चों का खयाल रखना चाहती थीं, लेकिन हर रोज सुबह नींद खुलने के बाद बिस्तर छोड़ना भी उन्हें किसी संघर्ष से कम नहीं लगता था। जब छोटी-छोटी आदतों की यह पद्धति उनके जीवन में आई, तो सिर्फ एक चीज़ पर अपना पूरा ध्यान केंद्रित करना उनके लिए संभव हो गया। वह चीज़ थी, सुबह की चुनौती। दरअसल वे अपने हर दिन की शुरुआत आशावादी महसूस करते हुए करना चाहती थीं, न कि निराशावादी महसूस करते हुए। कुछेक आदतें आज़माने के बाद आखिरकार उन्हें एक उपयुक्त आदत मिल गई और वह थी 'माउई आदत।' लिंडा के अनुसार, इस आदत ने 'सचमुच मेरा जीवन बचा लिया।' आखिरकार ये छोटा सा बदलाव, यह निर्णायक व्यवहार ही उनका सबसे बड़ा सहारा बन गया। अब वे हर रोज सुबह नींद से जागने के बाद अपने पलंग से उतरते समय जमीन पर पैर रखते हुए यह वाक्यांश जोर से दोहरातीं, 'आज का दिन शानदार बीतेगा।' जल्द ही वे पहले से बहुत अलग और बेहतर महसूस करने लगीं।

इस तरह के छोटे-छोटे कदम उठाना ही लिंडा के लिए एकमात्र विकल्प था। उन्हें बड़े परिणाम हासिल करने के लिए छोटी शुरुआत करने की ज़रूरत थी। साथ ही उन्हें किसी ऐसी चीज़ की भी ज़रूरत थी, जिसे लेकर वे अच्छा महसूस करें। इस एक छोटी सी आदत ने उन्हें अन्य कई छोटी-छोटी आदतें अपनाने की दिशा में आगे बढ़ाया, जिससे उन्हें खुद को सफल महसूस करने में मदद मिली। इन छोटी-छोटी आदतों की मदद से वे अधिक उत्पादक हो गई और अधिक स्वस्थ रहने लगीं। साथ ही अपने बच्चों का खयाल रखने के लिए वे खुद को अधिक सशक्त भी महसूस करने लगीं। लेकिन सबसे महत्वपूर्ण बात ये थी कि उनकी नई आदतें सकारात्मकता के उन छोटे-छोटे बीजों की तरह थीं, जिन्हें लिंडा ने जीवन की मुश्किलों के कारण उभरी दरारों में बो दिया था। धीरे-धीरे सकारात्मकता के इन बीजों में बेहतरी की कोपलें फूटीं, जो लगातार बढ़ती रहीं। हालाँकि मुश्किलें और तकलीफें आगे भी आईं, लेकिन फिर जब लिंडा अपने जीवन पर नज़र डालतीं, तो उन्हें याद आता कि उनके अंदर इन तकलीफों से उबरने और सफल होने की क्षमता है। वे सचमुच सफल थीं, जिसके साक्ष्य उनके जीवन में चारों ओर हरे-भरे पौधों की तरह लहलहा रहे थे, बस

ज़रूरत इस बात की थी कि लिंडा इन पौधों को पानी देना जारी रखें ताकि वे कभी सूखने न पाएँ।

आज छह साल बाद लिंडा हज़ारों लोगों को छोटी-छोटी आदतों की इस पद्धति का प्रशिक्षण दे चुकी थीं। उन्हें अपना काम बहुत पसंद है। हालाँकि वे यह ज़रूर कहती हैं कि उनका जीवन एक संघर्ष है। लेकिन अब उन्हें हर रोज सुबह उठकर दुनिया का सामना करने में कोई हिचकिचाहट नहीं होती। वे जानती हैं कि छोटी-छोटी आदतें परिवर्तनकारी होती हैं इसलिए हर रोज सुबह जागने के बाद पलंग से उतरते समय जब वे जमीन पर पैर रखतीं हैं, तो यह वाक्यांश ज़रूर दोहराती हैं - **'आज का दिन शानदार बीतेगा।'**

छोटी-छोटी आदतों की संरचना

1. केंद्रीय क्षण

कोई मौजूदा रूटीन (जैसे सुबह-सुबह दाँतों में ब्रश करना) या कोई घटना (जैसे फोन की रिंग बजना)। **केंद्रीय क्षण आपको नए व्यवहार के अभ्यास की याद दिलाता है।**

2. नया व्यवहार

आपकी मनचाही नई आदत का एक सरल संस्करण। जैसे अपने एक दाँत की फ्लॉसिंग (कच्चे रेशम के धागे से दाँतों के बीच सफाई) करना या दो मिनट व्यायाम करना। **आपको केंद्रीय क्षण के बाद तत्काल इस नए व्यवहार का अभ्यास करना है।**

3. तत्काल जश्न

अपने मन में सकारात्मक भाव जगाने के लिए किया जाने वाला कार्य। जैसे यह कहना कि 'मैंने अच्छा काम किया!' **नए व्यवहार के अभ्यास के बाद आपको तत्काल उसका जश्न मनाना है।**

केंद्रीय (**A**nchor)

व्यवहार (**B**ehavior)

जश्न (**C**elebration)

छोटी-छोटी आदतें शुरू करने की कुंजी

ऐसा नहीं है कि मैंने अचानक एक दिन यह तय किया हो कि छोटे-छोटे कदम

उठाने के विचार को मैं उसके चरम तक लेकर जाऊँगा। असल में सबसे पहले मैंने यह जाना कि इंसानी व्यवहार कैसे काम करता है।

इस विषय पर दस साल तक रिसर्च करने के बाद सन 2007 में मुझे वह कुंजी मिली, जो इसके रहस्य से पर्दा उठाती है। आश्चर्य की बात ये है कि यह बेहद आसान है। पहले तो मुझे यह सोचकर हैरानी हुई कि आज तक कोई इसका पता नहीं लगा सका पर अब मैं जानता हूँ कि कुछ रहस्य पहेलियों जैसे होते हैं। जब आपको पहेली का जवाब पता नहीं होता, तो वह बड़ी मुश्किल नज़र आती है, पर एक बार जवाब मिलने के बाद ऐसा लगता है कि ये तो बड़ा आसान था।

मैंने जो जवाब खोजा, उसकी मदद से आप हर तरह के इंसानी व्यवहार के पीछे छिपे अर्थ को समझ सकते हैं।

अपने टूथब्रश को एक नई जगह पर रखना... रोज सुबह नाश्ते से पहले डिशवॉशर को अनलोड करना... रोज शाम को बगीचे के पौधों को पानी देना... जब आपकी कॉफी बन रही हो, उस समय दो मिनट तक व्यायाम करना... बुधवार को घर का कचरा इकट्ठा कर बाहर फेंकना... धूम्रपान करना, धूम्रपान न करना... समय जानने के लिए अपनी घड़ी की ओर देखना... समय जानने के लिए मोबाइल की घड़ी की ओर देखना... रात के तीन बजे अपना इंस्टाग्राम चेक करना... ऑफिस से लौटने के बाद अपने पति का चुंबन लेना... सोने के लिए बिस्तर लगाना... बिस्तर न लगाना... चॉकलेट खाना... चॉकलेट न खाना... इस किताब को पढ़ना... इस किताब को न पढ़ना... वह आदत जिसे आप अपनाने के लिए आपने सालों कोशिश की है। वह आदत जिसे त्यागने के लिए आपने सालों कोशिश की है।

इनमें से कुछ व्यवहार सकारात्मक हैं, जबकि कुछ सकारात्मक नहीं हैं।

मैंने पाया कि ये सारे व्यवहार समान घटकों से निकलते हैं। हमारी सारी क्रियाएँ और प्रतिक्रियाएँ इनके आपसी संबंधों से ही संचालित होती हैं – ये इंसानी व्यवहार के मूल्य तत्त्व हैं।

इस किताब में मैंने अपने व्यवहार संरचना मॉडल साझा किए हैं, जिससे आपको व्यवहार के बारे में स्पष्टता के साथ विचार करने में मदद मिलेगी। मैंने अपनी पद्धति की भी व्याख्या की है, जिससे आपको आदतों को आकार देने में मदद मिलेगी।

मेरे मॉडलों और पद्धतियों को व्यवहार-विज्ञान पर की गई रिसर्च और उससे संबंधित क्षेत्रों के साक्ष्यों का समर्थन प्राप्त है। आप TinyHabits.com/references पर जाकर इनसे जुड़े कई संदर्भ प्राप्त कर सकते हैं।

आगे के अध्यायों में मैंने वे सारे अभ्यास प्रस्तुत किए हैं, जो आपकी

आदतों को फिर से आकार देने के लिए ज़रूरी हैं। इसके अतिरिक्त आप TinyHabits.com/resources पर जाकर वर्कशीट्स और अन्य जानकारियाँ भी प्राप्त कर सकते हैं।

जब आपको यह पता हो कि इंसानी व्यवहार के घटकों को कैसे समायोजित किया जाए, तो आप जीवन में अपने व्यवहार में बदलाव लाने से जुड़ी किसी भी चुनौती का सामना कर सकते हैं। इसका अर्थ है कि आप कभी भी अटका हुआ महसूस नहीं करेंगे। यानी आप वह व्यक्ति बन सकते हैं, जो आप बनना चाहते हैं। अगर यह सब आपको शानदार, अविश्वसनीय पर बहुत तीव्र लग रहा है, तो चिंता की कोई बात नहीं है। मैं आपके साथ हूँ और मैं आपसे वह सब साझा करूँगा, जो मैंने अपना जीवन बदलने में लगे हज़ारों लोगों की मदद करके सीखा है।

तो शुरुआत कहाँ से करें? उसी कुंजी से, जो रहस्य से पर्दा उठाती है।

फॉग व्यवहार मॉडल।

छोटी–छोटी आदतें शुरू करने के लिए छोटे–छोटे अभ्यास

छोटी–छोटी आदतों की पद्धति सीखने का सबसे अच्छा तरीका है, तत्काल अभ्यास शुरू करना। इंतजार न करें। माउई आदत से शुरुआत करें, ठीक वैसे ही, जैसे मैंने पहले बताया था। इसके अतिरिक्त आगे दिया गया अभ्यास भी करें। इन सब चीज़ों में संपूर्णता हासिल करने के चक्कर में न पड़ें। बल्कि हैबिटीयर[1] की मानसिकता अपनाएँ। इसका अर्थ है कि आप बस यह सब शुरू कर दें और जैसे-जैसे आगे बढ़ें, वैसे–वैसे इसके बारे में ज़्यादा से ज़्यादा सीखते जाएँ। जब आप यह सब कर रहे हों, तो तनाव न लें और न ही कठोर रवैया अपनाएँ। अपना रवैया लचीला रखें और आनंद लें!

अभ्यास 1: फ्लॉसिंग की आदत

आप पहले से जानते हैं कि अपने सारे दाँतों की फ्लॉसिंग[2] कैसे की जाती है। पर अगर आप ज़्यादातर लोगों जैसे हैं, तो इस बात की पूरी संभावना है कि आपको फ्लॉसिंग की आदत नहीं होगी। यह ऐसी चीज़ नहीं है, जो सहज ही आपके जीवन का हिस्सा बन जाए। इस अभ्यास से आपका ध्यान आदत की सहजता पर केंद्रित होगा, न कि उसकी महत्ता पर और इससे आपको बदलाव लाने में मदद मिलेगी।

---

[1] ऐसा व्यक्ति जो छोटी–छोटी आदतों की पद्धति का उपयोग करता हो।

[2] कच्चे रेशम के धागे से दाँतों के बीच सफाई करना।

मेरा नुस्खा : छोटी–छोटी आदतों की पद्धति

जब मैं...	तो मैं...	इस आदत को अपने दिमाग में स्थापित करने के लिए मैं तत्काल:
अपने दाँत ब्रश कर लूँगा	अपने एक दाँत की फ्लॉसिंग करूँगा।	

चरण 1 : अपनी पसंद का फ्लॉस[3] ढूँढ़े। हो सकता है कि अपने लिए उपयुक्त फ्लॉस ढूँढ़ने के लिए आपको इसकी विभिन्न किस्मों को आज़माना पड़े।

चरण 2 : फ्लॉस को अपने बाथरूम के कैबिनेट में रखें। इसे अपने टूथब्रश के बगल में रखना बेहतर होगा।

चरण 3 : टूथब्रश करने के बाद जब आप उसे वापस कैबिनेट में रखें, तो उसके बगल में रखा फ्लॉस कंटेनर उठाएँ और उसमें से कुछ फ्लॉस निकालें।

चरण 4 : अपने एक दाँत की फ्लॉसिंग करें।

चरण 5 : शीशे में खुद को देखकर मुस्कुराएँ और एक नई आदत अपनाने के लिए अच्छा महसूस करें।

नोट : आनेवाले दिनों में, अगर आप चाहें तो एक से ज़्यादा दाँतों की फ्लॉसिंग कर सकते हैं। बस एक से ज़्यादा जितने दाँतों की फ्लॉसिंग करें, उसे एक्स्ट्रा क्रेडिट के रूप में ही देखें क्योंकि आप अपेक्षा से कहीं ज़्यादा कर रहे हैं।

अभ्यास 2: प्रतिदिन चॉकलेट खाना

संयमित रूप से डार्क चॉकलेट का सेवन करना स्वास्थ्य के लिए अच्छा होता है। प्रतिदिन थोड़ी सी डार्क चॉकलेट खाने की आदत डाल लें।

चरण 1 : थोड़ी सी डार्क चॉकलेट खरीदें, जो स्वास्थ्य के लिए अच्छी हो।

चरण 2 : सुबह जब आप अपनी कॉफी बनाते हैं या जब विटामिन लेते हैं, उस समय थोड़ी सी डार्क चॉकलेट खाएँ। इस व्यवहार का क्रम कुछ इस तरह होगा:

---

[3] कच्चे रेशम का धागा, जिससे दाँतों के बीच सफाई की जाती है।

'जब मैं सुबह विटामिन का अपना आखिरी डोज लेता हूँ, उस समय मैं थोड़ी सी डार्क चॉकलेट खाऊँगा, जो स्वास्थ्य के लिए अच्छी हो।'

चरण 3 : चॉकलेट के स्वाद का आनंद लें और एक नई आदत अपनाने की खुशी महसूस करें।

मेरा नुस्खा : छोटी–छोटी आदतों की पद्धति

सुबह विटामिन का अपना आखिरी डोज लेने के बाद...	थोड़ी सी डार्क चॉकलेट खाऊँगा...

इस आदत को अपने दिमाग में स्थापित करने के लिए मैं तत्काल:

नोट : प्रतिदिन चॉकलेट खाने की आदत ऐसी है, जिसे आप अपनाना नहीं चाहते। इसलिए इसे एक बोन्साई पौधे के रूप में देखें – छोटी लेकिन प्रेरणादायक।

अभ्यास 3: याद रखें कि अच्छा महसूस करने पर ही आपमें सर्वश्रेष्ठ बदलाव आता है

आपके लिए इस किताब में प्रस्तुत मेरी पसंदीदा अवधारणा ये है: लोगों में सर्वश्रेष्ठ बदलाव तभी आता है, जब वे अच्छा महसूस करते हैं। मैंने आपके लिए यह अभ्यास इसी उद्देश्य से तैयार किया है।

चरण 1 : कागज के एक टुकड़े पर यह वाक्यांश लिखें : **मेरे अंदर सर्वश्रेष्ठ बदलाव अच्छा महसूस करने पर ही आता है, न कि बुरा महसूस करने पर।**

चरण 2 : इस कागज के टुकड़े को अपने बाथरूम के शीशे पर या किसी भी ऐसी जगह पर चिपका दें, जहाँ आप इसे बार–बार देख सकें।

चरण 3 : इस वाक्यांश को अक्सर पढ़ें।

चरण 4 : इस बात पर गौर करें कि यह अंतर्दृष्टि आपके (और आपके आसपास के लोगों के) जीवन में किस प्रकार काम कर रही है।

1

व्यवहार के तत्त्व

आप यह तो जानते हैं कि अपना व्यवहार बदलकर आप अपना जीवन बदल सकते हैं। लेकिन शायद आप यह नहीं जानते कि सिर्फ तीन चीज़ें ही ऐसी हैं, जो इन व्यवहारों को संचालित करती हैं।

इसी रहस्य से पर्दा उठाने की कुंजी है फॉग व्यवहार मॉडल। यह मॉडल व्यवहार के तीन सार्वभौमिक तत्त्वों और एक-दूसरे के साथ उनके संबंधों का प्रतिनिधित्व करता है। यह उन सिद्धांतों पर आधारित है, जो हमें बताते हैं कि कैसे ये तीनों तत्त्व मिलकर - अपने एक दाँत की फ्लॉसिंग करने से लेकर मैराथन में दौड़ने तक की - हमारी हर क्रिया को संचालित करते हैं। इस व्यवहार मॉडल को समझने के बाद आप यह विश्लेषण कर सकते हैं कि कोई व्यवहार क्यों हुआ। यानी फिर आप अपने व्यवहार के लिए गलत चीज़ों (जैसे अपने चरित्र और आत्म-अनुशासन) पर दोष नहीं मढ़ेंगे। मेरे इस मॉडल का उपयोग करके आप अपने और अन्य लोगों के व्यवहार में बदलाव ला सकते हैं।

बी	=	एम	ए	पी
बिहेवियर (व्यवहार)	तब होता है जब	मोटिवेशन (प्रेरणा)	एबिलिटी (सक्षमता)	प्रॉम्प्ट (संकेत)
		एक साथ मिल जाते हैं		

कोई भी व्यवहार तब होता है, जब मैप (एमएपी) के तीनों तत्त्व मोटिवेशन (प्रेरणा), एबिलिटी (सक्षमता), प्रॉम्प्ट (संकेत) एक साथ मिल जाते हैं। प्रेरणा यानी व्यवहार करने की आपकी इच्छा, सक्षमता यानी व्यवहार करने की आपकी क्षमता और संकेत यानी व्यवहार करने की आपकी उकसाहट।

ये रहा इसका एक उदाहरण।

सन 2010 में एक दिन जब मैं जिम में था (और जेनेट जैक्सन के गानों का आनंद लेते हुए व्यायाम कर रहा था) तो मैंने एक अजीब व्यवहार किया, जबकि व्यायाम के समय ऐसा व्यवहार शायद ही होता हो। दरअसल मैंने रेड क्रॉस को दान दिया। मैंने एक टेक्स्ट मैसेज के जवाब में ऐसा किया। इस मैसेज में मुझसे दान देने का निवेदन किया गया था।

अगर आप मेरे इस व्यवहार को तोड़कर देखें, तो यह कुछ ऐसा दिखेगा।

बिहेवियर (व्यवहार) : केरेबियाई देश हेती में भूकंप के बाद रेड क्रॉस को टेक्स्ट मैसेज से दान देना।

मोटिवेशन - एम (प्रेरणा) : मैं इस विनाशकारी आपदा के पीडितों की मदद करना चाहता था।

एबिलिटी - ए (सक्षमता) : टेक्स्ट मैसेज का जवाब देना एक आसान काम था।

प्रॉम्प्ट - पी (संकेत) : रेड क्रॉस के टेक्स्ट मैसेज ने मुझे दान देने का संकेत दिया।

इस मामले में तीनों तत्त्व (एम, ए और पी) एक साथ मिल गए, इसीलिए मैंने ऐसा व्यवहार किया यानी दान दिया। पर अगर इन तीनों में से एक भी तत्त्व अनुपस्थित होता या कम होता, तो संभव है कि मैंने दान नहीं दिया होता।

इस क्रिया के लिए मेरी 'प्रेरणा' प्रखर थी। हेती में आए भूकंप के विनाशकारी प्रभावों से हर कोई परिचित था। वहाँ सचमुच दिल दहला देनेवाले हालात थे। पर 'सक्षमता' का क्या? अगर रेड क्रॉस ने मुझे टेक्स्ट मैसेज भेजने के बजाय सीधे कॉल करके मेरे क्रेडिट कार्ड का नंबर माँग लिया होता तो? मैं जिम के अंदर व्यायाम कर रहा था और मेरा बटुआ बाहर मेरी कार में रखा हुआ था इसलिए मेरे लिए यह व्यवहार करना काफी मुश्किल होता कि मैं अपने क्रेडिट कार्ड का नंबर उन्हें बता दूँ। और 'संकेत' का क्या? अगर दान माँगनेवालों ने इसके लिए फोन का उपयोग ही नहीं किया होता तो? अगर उन्होंने मुझे डाक से कुछ भेजा होता और मैंने उसे बेकार की चीज़ समझकर बिना खोले ही कचरे के डिब्बे में फेंक दिया होता तो? फिर तो मुझे यह पता ही नहीं चलता कि इसमें दान देने का निवेदन किया गया है। यानी फिर मुझे किसी चीज़ ने उकसाया ही नहीं होता इसलिए दान देने का व्यवहार भी नहीं हुआ होता। सौभाग्य से रेड क्रॉस ने अच्छा ही किया। मैं पहले से ही चाहता था कि दान दूँ, उन्होंने इसे मेरे लिए आसान बना दिया। भले ही रेड क्रॉस को यह पता रहा हो या नहीं, पर जिस व्यवहार को वे उकसाने की कोशिश कर रहे थे, उसके लिए उन्होंने 'एम ए पी' की एक बेहतरीन संरचना को आकार दिया था। यह व्यवहार करनेवाला मैं इकलौता व्यक्ति नहीं था। दरअसल टेक्स्ट मैसेज भेजकर दान माँगने का रेड क्रॉस

का अभियान बहुत सफल रहा। इस अभियान से उन्होंने पहले 24 घंटे में 3 मिलियन डॉलर्स और सप्ताह के अंत तक 21 मिलियन से ज़्यादा की धनराशि इकट्ठी कर ली थी। शाबाश, रेड क्रॉस!

व्यवहार संरचना

मॉडल व्यवहार पर स्पष्टता से विचार कैसे करें	पद्धति व्यवहार को आकार कैसे दें
फॉग व्यवहार मॉडल बी = एमएपी	**छोटी-छोटी आदतें**

बी = एमएपी संपूर्ण मानव-व्यवहार पर लागू होता है

जब मैं किसी को पहली बार अपना कोई व्यवहार मॉडल सिखाता हूँ और उन्हें बताता हूँ कि यह एक सार्वभौमिक मॉडल है, तो उन्हें जरा शंका होने लगती है। उन्हें यह सोचकर आश्चर्य होता है कि कुछ अक्षरोंवाला यह छोटा सा मॉडल भला सभी संस्कृतियों में प्रचलित हर प्रकार के व्यवहारों को कैसे समेट सकता है। आखिरकार व्यवहार तो बस 'अच्छा' और 'बुरा' ही होता है - क्या ये दोनों वास्तव में एक-दूसरे के समकक्ष हैं? जैसे अधिकतर लोगों के लिए यह समझना बहुत मुश्किल होता है कि ऑनलाइन खरीदारी करके मन बहलाने का व्यवहार उनकी व्यायाम-योजना से किस प्रकार जुड़ा होता है। लोग व्यायाम और फिटनेस जैसी चीज़ों को मौलिक रूप से जटिल मान लेते हैं क्योंकि उनके लिए यह किसी चुनौती से कम नहीं होता। इसके विपरीत उन्हें यह भी लगता है कि अगर कोई बदलाव करना आसान है - जैसे अपने कोट को दीवार पर टाँगने के बजाय अलमारी में टांगना - तो ज़रूर उसमें मौलिक रूप से कुछ अलग होगा।

जबकि वास्तव में ऐसा कुछ भी नहीं है।

व्यवहार साइकिलों की तरह होते हैं। विभिन्न साइकिलें एक-दूसरे से अलग दिख सकती हैं, लेकिन उनका मूल तंत्र समान होता है... पहिए, ब्रेक और पेडल।

हालाँकि सिर्फ व्यवहार के घटक समान होने का अर्थ ये नहीं है कि ये व्यवहार एक जैसे दिखें, एक जैसे लगें या इनकी क्रिया एक जैसी हो। जैसे आनंददायी व्यवहार के बारे में लोगों के मनोभाव, चुनौतीपूर्ण व्यवहार के प्रति उनके मनोभावों से बिलकुल अलग होते हैं। कभी-कभी यह अंतर इतना बड़ा होता है, जैसे एक साइकिल और बाइक के बीच का अंतर। शुरुआत में तो कुछ लोग यह समझ ही नहीं पाते कि

व्यवहार की ये दोनों श्रेणियाँ एक-दूसरे से कैसे संबंधित हैं। यह अवधारणा हर उस व्यक्ति के लिए महत्वपूर्ण है, जो किसी व्यवहार को बदलने की कोशिश कर रहा है।

मैं हर महीने 'व्यवहार संरचना बूट कैम्प' आयोजित करता हूँ। मैं इस दो दिवसीय वर्कशॉप में व्यवसाईयों को सिखाता हूँ कि स्वास्थ्य, वित्तीय सुरक्षा और पर्यावरणीय स्थिरता से जुड़ी चुनौतियों से प्रभावी रूप से कैसे निपटा जाए।

मेरे बूट कैम्प में हिस्सा लेनेवाले लोग यहाँ जो कुछ भी सीखते हैं, उसे वे अपने व्यक्तिगत जीवन की ज़रूरतों के अनुसार ढाल लेते हैं। इसीलिए मैं अक्सर अपने बूट कैम्प की शुरुआत एक ऐसे अभ्यास से करता हूँ, जिसमें किसी व्यक्तिगत उदाहरण का उपयोग किया जाए। मैं लोगों से किसी एक ऐसी सकारात्मक या अच्छी आदत के बारे में बताने को कहता हूँ, जिसे अपनाने के लिए उन्हें कोई खास कोशिश न करनी पड़ी हो। साथ ही एक ऐसी नकारात्मक या बुरी आदत के बारे में बताने को कहता हूँ, जिसके कारण वे बहुत बुरा महसूस करते हों और जल्द से जल्द उसे छोड़ना चाहते हों। कैम्प के लोग अपनी इन आदतों से जुड़े तमाम किस्से सुनाते हैं। लेकिन एक बार मेरे एक बूट कैम्प की सदस्य – जिसका नाम केटी था – द्वारा सुनाए गए किस्सों से यह बात बड़े ही प्रभावी ढंग से स्पष्ट हो गई कि दो अलग-अलग व्यवहारों में कितना बड़ा अंतर हो सकता है।

केटी पेशे से एक प्रतिभाशाली कार्यकारी अधिकारी थी। उसके नेतृत्व में दर्जनों कर्मचारी कार्यरत थे और उसे अपने कामकाज के लिए कंपनी की ओर से सालाना 10 मिलियन डॉलर्स का भारी-भरकम बजट दिया जाता था। केटी की सकारात्मक या अच्छी आदत एक पेशेवर के तौर पर उसकी उत्पादकता से संबंधित थी। केटी की एक बढ़िया आदत थी, हर रोज शाम को ऑफिस से निकलने से पहले अपनी डेस्क को व्यवस्थित करना। दिनभर अपना काम निपटाने के बाद जब वह शाम को अपना कंप्यूटर बंद करती, तो डेस्क पर बिखरे सारे कागज़ात को करीने से व्यवस्थित करके एक किनारे रख देती। साथ ही सामने दीवार पर लगे बोर्ड पर अपने कार्यों का विवरण भी दर्ज करती। वह इस बोर्ड पर हर शाम अपने कार्यों को तीन श्रेणियों में बाँट देती थी। पहली श्रेणी उन कार्यों की थी, जो उसे शुरू करने होते थे। दूसरी श्रेणी उन कार्यों की थी, जिन्हें वह पूरा कर चुकी होती थी, जबकि तीसरी श्रेणी ऐसे कार्यों की थी, जो अभी भी जारी होते थे। इस तरह अपनी डेस्क को व्यवस्थित करने के बाद ही केटी ऑफिस छोड़ती थी। अगले दिन ऑफिस पहुँचकर जब वह अपनी करीने से व्यवस्थित डेस्क की ओर देखती, तो अचानक उसकी ऊर्जा बढ़ जाती। उसे याद आता कि अब वह अपना दिन शुरू करने और यह सुनिश्चित करने के लिए पूरी तरह तैयार है कि यह दिन अच्छा बीते। जब मैंने केटी से पूछा कि क्या उसने यह आदत सोच-समझकर अपनाई थी, तो उसने जवाब दिया, 'नहीं! मैंने तो बस यूँ ही एक दिन

ऑफिस छोड़ने से पहले अपनी डेस्क व्यवस्थित की और फिर मैं हर रोज ऐसा करने लगी।'

केटी ने डेस्क व्यवस्थित करने की अपनी इस आदत के बारे में ज़्यादा सोच-विचार नहीं किया था। बल्कि उसने तो काफी दिनों बाद इस बात पर गौर किया कि उसने एक अच्छी आदत अपना ली है। लेकिन फिर जब मैंने केटी से उसकी एक ऐसी आदत के बारे में पूछा, जिसे वह छोड़ना चाहती है, तो वह अचानक गंभीर हो गई।

'बिस्तर पर लेटे हुए अपने फोन से चिपके रहना,' केटी ने बताया। 'मुझे अपनी इस आदत से सख्त नफरत है, लेकिन मैं चाहकर भी इसे छोड़ नहीं पा रही हूँ। कभी-कभी तो मैं सुबह-सुबह बिस्तर पर लेटे हुए फोन पर इतनी देर तक फेसबुक में व्यस्त रहती हूँ कि व्यायाम भी नहीं कर पाती।'

केटी ने मुझे बताया, 'यह सब इसलिए शुरू हुआ क्योंकि मैं हर रोज सुबह अपने फोन के अलार्म से ही जागती हूँ।' रोज सुबह अलार्म बजता, केटी की नींद टूटती, वह फोन उठाकर अलार्म बंद करती और फिर करवट लेकर फोन पर व्यस्त हो जाती। मैंने पूछा कि तुम हर रोज कितने बजे का अलार्म लगाती हो?

'सुबह साढ़े चार बजे का।'

'बाप रे!'

केटी ने साल की शुरुआत में यह तय किया था कि अब से वह हर रोज व्यायाम करेगी। किसी-किसी दिन वह व्यायाम करती भी थी, लेकिन अधिकतर दिन ऐसे होते, जब वह व्यायाम शुरू ही नहीं कर पाती थी। हालाँकि ऐसा नहीं था कि उसने हर रोज व्यायाम करने का अपना फैसला बदल दिया हो। बल्कि बात तो ये थी कि वह हर रोज तड़के सुबह साढ़े चार बजे जागने के बाद एक डिजिटल भंवर में फँस जाती थी। फोन पर आनेवाले तमाम नोटिफिकेशन उसका ध्यान खींच लेते थे। वह किसी एक नोटिफिकेशन पर क्लिक करती, फिर दूसरे पर, इसके बाद वह कोई वीडियो देखने लगती और इस तरह एक से दूसरे वीडियो या सोशल मीडिया फीड पर होते हुए समय बीतता जाता और घड़ी में साढ़े पाँच बज जाता।

तो कुछ इस तरह केटी का एक और दिन शुरू होता। उसने खुद से वादा किया था कि वह हर रोज व्यायाम करेगी और चूँकि वह इस वादे को पूरा नहीं कर पा रही थी, इसलिए उसके मन को हर रोज आत्म-आलोचना करने और अपराध-बोध महसूस करने का संकेत मिलता था। केटी जिस पैटर्न में फँस गई थी, उसे वह खुद भी पसंद नहीं था, लेकिन उसने अपने मन को यह कहकर समझा रखा था कि वह अपने

जीवन में कई मायनों में शीर्ष पर पहुँच चुकी है और शायद यही एक ऐसी चीज़ है, जिसके मामले में उसकी हिम्मत जवाब दे चुकी है।

आइए, अब केटी के इन दोनों व्यवहारों पर विचार करें: अपनी डेस्क व्यवस्थित करना और लगातार फोन से चिपके रहना।

दो व्यवहार, दो बिलकुल अलग-अलग भावनाएँ।

इनमें से एक व्यवहार ऐसा था, जिसके चलते केटी को अच्छा महसूस होता था। साथ ही यह व्यवहार उत्पादक होने की उसकी प्रमुख आकांक्षा को पूरा करने में भी सहायक था। अपनी डेस्क को व्यवस्थित करने की केटी की यह आदत इतनी सहज और स्वाभाविक हो चुकी थी कि अब ऐसा करने के लिए उसे सोचना भी नहीं पड़ता था। जबकि इसके विपरीत लगातार फोन से चिपके रहने की आदत उस समय तो आनंददायक होती थी, पर बाद में इसके चलते केटी खुद को निराशा से घिरा हुआ पाती। बिस्तर पर लेटे हुए फोन से चिपके रहने से केटी को खुद भी चिढ़ थी, लेकिन इसके बावजूद वह ऐसा करने से खुद को रोक नहीं पा रही थी।

ये दोनों व्यवहार केटी को एक-दूसरे से बहुत अलग महसूस होते थे। जबकि दोनों व्यवहारों के घटक अलग-अलग नहीं थे। दरअसल सारे व्यवहार तीन समान तत्त्वों से ही संचालित होते हैं। मैं चाहता था कि केटी इस बात को समझ जाए कि उसकी हिम्मत या इच्छाशक्ति खत्म नहीं हुई है। बल्कि उसकी एक अन्य आदत - फोन से चिपके रहना - ऐसी है, जो कमजोर संरचना वाली उसकी व्यायाम की आदत के रास्ते में बाधा बन रही है।

याद रखें कि कोई व्यवहार (बी) संभव हो सके, इसके लिए तीन तत्त्वों का एक साथ मिलना ज़रूरी होता है: प्रेरणा (एम) सक्षमता (ए) और संकेत (पी)।

यह एक ऐसा मॉडल है, जिसके प्रभाव बहुत गहन होते हैं। हर व्यक्ति में प्रेरणा, सक्षमता और संकेत का भाव अलग-अलग समय पर अलग-अलग होता है। प्रेरणा और सक्षमता ऐसी चीज़ें हैं, जो संस्कृति या उम्र के अनुसार अलग-अलग हो सकती है और इसमें कुछ गलत भी नहीं है। यह संसार बहुत जटिल है, फिर भी हम किसी भी चीज़ का अवलोकन कर सकते हैं और हर परिस्थिति में लागू होनेवाले कुछ बुनियादी सिद्धांतों का उपयोग करते हुए उसे विभिन्न हिस्सों में बाँट सकते हैं।

'बी = एमएपी' का प्रतिनिधित्व करनेवाले इस रेखाचित्र पर विचार करें, जो यह दर्शाता है कि प्रेरणा और सक्षमता, एक-दूसरे के साथ किस प्रकार कार्य करते हैं।

फॉग व्यवहार मॉडल

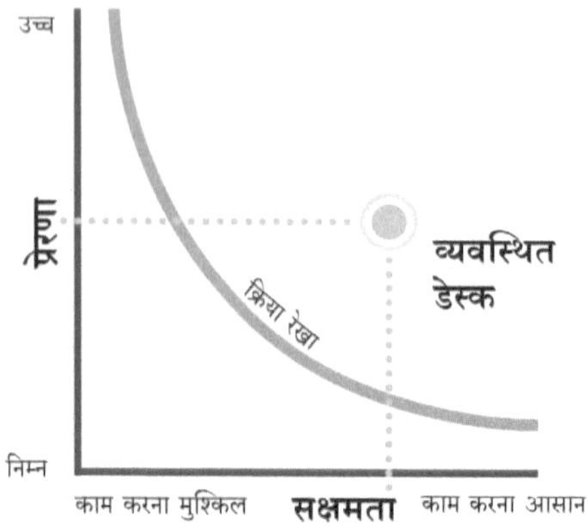

इस रेखाचित्र में सबसे पहले गौर करने लायक चीज़ है, बड़े आकारवाला बिंदु। यह बिंदु अपनी डेस्क को व्यवस्थित करने के केटी के संकेत का प्रतिनिधित्व करता है। बिंदु जिस स्थान पर है, वह हमें बताता है कि जब केटी को (अपनी डेस्क व्यवस्थित करने की) क्रिया का संकेत मिलता है, तब उसकी प्रेरणा और सक्षमता कहाँ होती है। आप देख सकते हैं कि उसकी प्रेरणा उच्च और निम्न स्तर के बीच में है, जबकि डेस्क को व्यवस्थित करने की उसकी सक्षमता 'काम करना आसान' की ओर है।

अब एक नज़र घुमावदार 'क्रिया रेखा' की ओर डालें।

'क्रिया रेखा' का आकार 'मुस्कुराहट' जैसा है और यह रेखा वाकई में किसी मित्र से कम नहीं है। अगर मुझे अपनी कब्र के पत्थर पर सिर्फ एक चीज़ उकेरने की अनुमति हो, तो मैं इस मुस्कुराहट जैसी घुमावदार रेखा का ही चुनाव करूँगा।

जब कोई व्यवहार क्रिया रेखा से ऊपर प्रॉम्प्ट होता है, तो वह संभव हो जाता है। मान लीजिए आपके अंदर उच्च प्रेरणा है पर सक्षमता नहीं है (उदाहरण के लिए आपके शरीर का वजन तो 120 पाउंड हो पर आप 500 पाउंड का वजन उठाते हुए व्यायाम करना चाहते हों) ऐसे में आपका क्रिया रेखा से नीचे रहना तय है और ऐसे में जब आपको उस व्यवहार के लिए उकसाया जाएगा, तो आप निराश महसूस करेंगे। दूसरी ओर अगर आपमें वह व्यवहार करने की क्षमता तो है पर कोई प्रेरणा नहीं है, तो सिर्फ संकेत के बूते आप वह व्यवहार नहीं कर पाएँगे। फिर वह आपके लिए बस झुंझलाने का कारण बनकर रह जाएगा। व्यवहार को क्रिया रेखा से ऊपर या नीचे रखने के पीछे वह प्रेरणा होती है, जो आपको उच्च स्तर की ओर ले जाती है और वह क्षमता जो आपको इस मॉडल के दाईं ओर ले जाती है यानी काम करना आसान

बना देती है। इस पूरे मामले से जुड़ी मुख्य अंतर्दृष्टि ये है कि ऐसे व्यवहार, जो अंतत: आदतों में तब्दील हो जाते हैं, वे निश्चित तौर पर क्रिया रेखा से ऊपर ही रहते हैं।

आइए अब केटी के मोबाइल से चिपके रहने के व्यवहार को इसी मॉडल के रूप में देखते हैं।

फॉग व्यवहार मॉडल

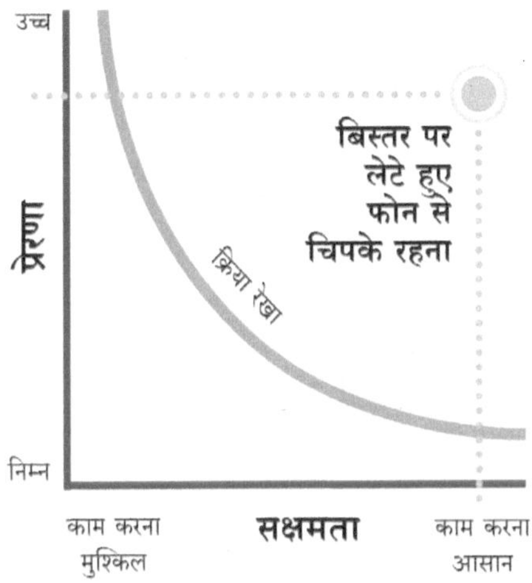

ओह! जरा उस बड़े बिंदु को देखें। उच्च प्रेरणा और उच्च सक्षमता – यानी काम करना आसान। साथ ही आप ये भी जानते हैं कि केटी का संकेत विश्वसनीय है। आखिरकार वह हर रोज सुबह साढ़े चार बजे का अलार्म लगाकर सोती है।

जब आप केटी की इस आदत को फॉग व्यवहार मॉडल के रूप में देखते हैं, तो स्पष्ट हो जाता है कि केटी जैसी सफल, निपुण और सक्षम महिला को भी फोन से चिपके रहने की अपनी आदत से छुटकारा पाने में इतनी मुश्किल क्यों हो रही है। आप देख सकते हैं कि यह आदत कैसी है। जब तक इसमें कोई बदलाव नहीं आता, तब तक केटी फोन से चिपकी रहेगी और व्यायाम नहीं कर पाएगी।

हमें दो चीज़ें करनी होंगी – केटी की फोन से चिपके रहने की आदत को फिर से आकार देना होगा। फिर उसकी व्यायाम करने की आदत को भी दोबारा आकार देना होगा। सबसे महत्वपूर्ण है, यह याद रखना कि व्यवहार संबंधी सभी चुनौतियों का कोई एक समाधान नहीं होता है। हमारा काम है, तीनों तत्त्वों – प्रेरणा (एम) सक्षमता (ए) और संकेत (पी) – को समायोजित करना और यह पता लगाना कि हर परिस्थिति में मनचाहे व्यवहार के लिए इनका कौन सा संयोजन सबसे कारगर रहता है। हमें केटी के लिए फोन से चिपके रहना मुश्किल बनाना होगा या इस व्यवहार के

पीछे की उसकी प्रेरणा को बदलना होगा। इसके बाद हम उसकी व्यायाम की आदत पर नज़र डाल सकते हैं। जब हम प्रेरणा (एम) सक्षमता (ए) और संकेत (पी) के संयोजन को बदलाव लाकर विश्लेषण करते हैं, तो दो मुख्य सिद्धांतों पर भरोसा कर सकते हैं।

प्रेरणा और सक्षमता के बीच क्षतिपूर्ति करनेवाला संबंध है

जब आप यह समझ जाते हैं कि यह सिद्धांत कैसे काम करता है, तो फिर आप किसी भी किस्म के व्यवहार को आकार दे सकते हैं।

यहाँ प्रस्तुत रेखा चित्रों की घुमावदार 'क्रिया रेखा' दृष्टिगत रूप से इस सिद्धांत का प्रतिनिधित्व करती है, जिसकी सरल व्याख्या कुछ इस प्रकार है।

1) आप किसी व्यवहार को करने के लिए जितने प्रेरित होते हैं, आपके द्वारा उसे करने की संभावना उतनी ही अधिक होती है।

फॉग व्यवहार मॉडल

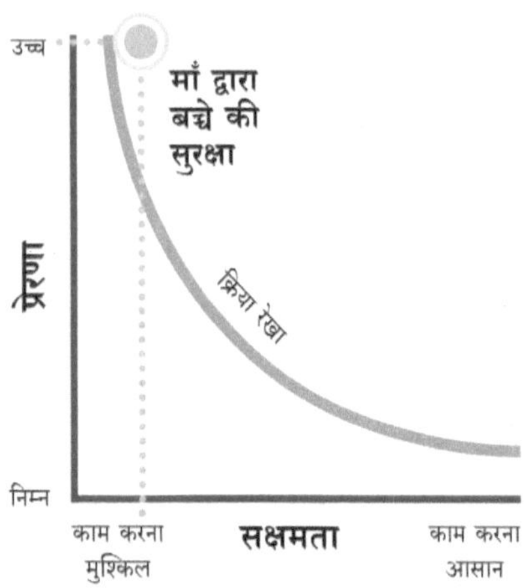

जब प्रेरणा उच्च स्तर पर होती है, तो संकेत मिलने पर लोग न सिर्फ क्रिया करते हैं बल्कि वे मुश्किल चीज़ें करने से भी पीछे नहीं हटते। अगर आपने किसी ऐसी माँ के बारे में पढ़ा हो, जो अपने बच्चे को बचाने के लिए जंगली भालू से भिड़ गई थी या फिर अगर आपने किसी ऐसे आम व्यक्ति के बारे में पढ़ा हो, जिसने किसी अन्य व्यक्ति को सबवे-कार से भिड़ने से बचाने के लिए समय रहते उसे दूर खींच लिया था, तो शायद आप मेरी बात के पीछे छिपे अर्थ को समझ गए होंगे।

जब बहुत कुछ दाँव पर लगा हो और उत्तेजना बढ़ी हुई हो, तो मुश्किल काम भी पूरे हो जाते हैं।

प्रेरणा कम हो, तो लोग वही व्यवहार करते हैं, जो आसान होता है, जैसे केटी द्वारा डेस्क व्यवस्थित करना।

2) व्यवहार जितना मुश्किल होता है, आपके द्वारा उसे करने की संभावना उतनी ही कम होती है।

अभी आप जो किताब पढ़ रहे हैं, अगर कोई आकर आपसे इस किताब का कवर दिखाने के लिए कहे, तो क्या आप ऐसा करेंगे? शायद हाँ। क्योंकि इसके लिए आपको सिर्फ अपनी कलाई घुमाकर किताब का कवर उसकी ओर करना है और अपने पढ़ने में पलभर का व्यवधान डालना है, जिसमें कोई बड़ी बात नहीं है। पर अगर कोई आपसे कहे कि इस पूरी किताब को तेज आवाज में पढ़कर सुनाओ तो शायद आपकी प्रतिक्रिया अलग होगी। पूरी किताब को तेज आवाज में पढ़कर सुनाना ऐसा व्यवहार है, जिसके लिए आपको अच्छी-खासी प्रेरणा की ज़रूरत पड़ेगी। जो व्यक्ति आपसे ऐसा करने को कह रहा है, शायद वह नेत्रहीन हो या शायद इसके बदले आपको एक हज़ार डॉलर्स का प्रस्ताव मिला हो। ये चीज़ें कारगर हो सकती हैं। स्पष्ट है कि कोई मुश्किल काम करने के लिए आपको उच्च प्रेरणा की ज़रूरत होती है।

फॉग व्यवहार मॉडल

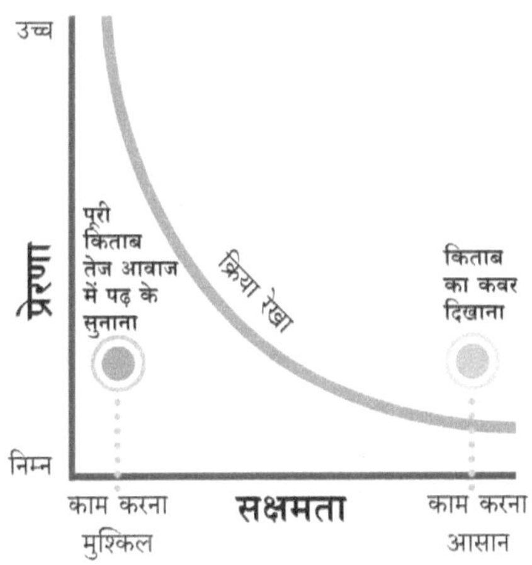

तो ये रही इससे संबंधित एक ऐसी अंतर्दृष्टि, जो संभवत: आपका जीवन बदल सकती है (मेरा जीवन इसी ने बदला): **जो व्यवहार करना जितना आसान होगा, उसके एक आदत में तब्दील होने की संभावना भी उतनी ही ज़्यादा होगी।**

यह 'अच्छी' और 'बुरी' हर तरह की आदतों पर लागू होता है। 'अच्छा' या 'बुरा' होने से कोई फर्क नहीं पड़ता। व्यवहार, व्यवहार होता है, चाहे जैसा भी हो। हर व्यवहार एक ही तरीके से होता है।

जरा बिस्तर पर लेटे हुए फोन से चिपके रहने की केटी की आदत पर विचार करें। अलार्म बजने के कारण, उसका फोन उसके हाथ में होता है। इसलिए इसके अगले कदम के तौर पर लगातार फोन से चिपके रहना बहुत आसान काम है।

3) प्रेरणा और सक्षमता टीम के सदस्यों की तरह मिलकर काम करते हैं।

व्यवहार, क्रिया रेखा से ऊपर रहे, इसके लिए ज़रूरी है कि आपके पास प्रेरणा और सक्षमता दोनों हों। लेकिन प्रेरणा और सक्षमता टीम के सदस्यों की तरह एक साथ भी काम कर सकते हैं। अगर दोनों में से एक कमजोर है, तो दूसरे को इतना सशक्त होना चाहिए ताकि वह आपको आगे ले जाए। प्रेरणा और सक्षमता के बीच का संबंध समझने से व्यवहारों का विश्लेषण करने और उन्हें आकार देने के नए रास्ते खुल जाते हैं। प्रेरणा और सक्षमता ऐसी चीज़ें हैं कि अगर आपके पास दोनों में से कोई एक चीज़ कम है, तो दूसरी ज़्यादा होनी चाहिए - यानी दोनों एक-दूसरे की पूरक हैं।

केटी की बात करें, तो अपनी डेस्क को व्यवस्थित करने की उसकी आदत काफी प्रेरित है, लेकिन यह ऐसा व्यवहार है, जिसे करना आसान है। केटी के अनुसार, डेस्क को व्यवस्थित करने में उसे अधिकतम तीन मिनट लगते हैं। यानी यह कोई ऐसी चीज़ नहीं है, जिसके चलते केटी को अपने बच्चों को स्कूल से वापस लाने में या ऐसा ही कोई अन्य महत्वपूर्ण कार्य पूरा करने में देर हो जाए। केटी यह व्यवहार करने में सक्षम है, वह जितना ज़्यादा इसे करती रही, यह प्रक्रिया उसके लिए उतनी ही अधिक सुगम होती गई। आमतौर पर आप जो व्यवहार जितना ज़्यादा करते हैं, वह आपके लिए उतना ही आसान हो जाता है।

फॉग व्यवहार मॉडल किसी तस्वीर में कैद एक विशेष क्षण की तरह है, जो उस क्षण में हुए विशिष्ट व्यवहार को दर्शाता है। लेकिन मैंने इस मॉडल का उपयोग यह दर्शाने में भी किया है कि समय के साथ व्यवहार कैसे होता है: व्यवहार 1, व्यवहार 2, व्यवहार 3। यह इस मॉडल का एक सशक्त विस्तार है। पर यहाँ मैं आपको सिर्फ ये बताना चाहता हूँ कि कैसे अधिकतर व्यवहार बार-बार दोहराने से आसान होते जाते हैं।

फॉग व्यवहार मॉडल

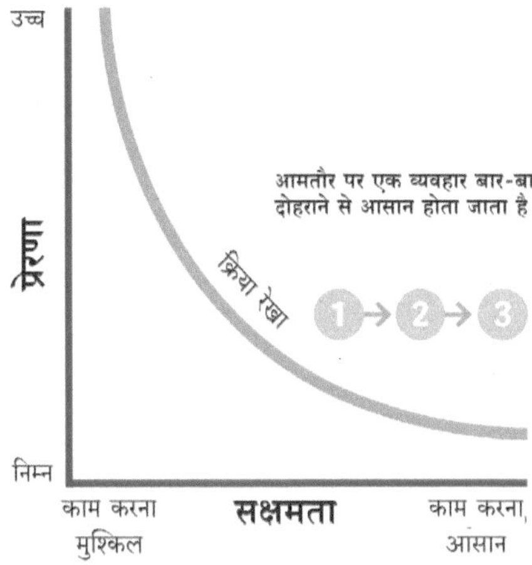

यहाँ तक कि जब कभी केटी की प्रेरणा कम रहती है, तब भी डेस्क व्यवस्थित करने की उसकी आदत इतनी आसान होती है कि उससे फर्क लाना संभव हो जाता है। एक और महत्वपूर्ण बात– अगर केटी ने अपनी डेस्क व्यवस्थित करने के बजाय पूरे ऑफिस की सफाई करके इसकी शुरुआत की होती, तो उसका यह व्यवहार आदत में तब्दील नहीं हुआ होता। क्योंकि फिर जब भी उसे ऑफिस से निकलने की जल्दी होती, तो वह पूरे ऑफिस की सफाई करने का इरादा छोड़ देती।

4) कोई भी व्यवहार संकेत के बिना नहीं होता।

अगर आपके पास संकेत नहीं है, तो आपकी प्रेरणा और सक्षमता मायने नहीं रखती। या तो आपके पास क्रिया के लिए संकेत है या नहीं है। अगर नहीं है, तो व्यवहार भी नहीं होगा। यह साधारण सी बात लगती है पर बहुत महत्वपूर्ण है।

प्रेरणा और सक्षमता अस्थिर तत्त्व हैं। आपके अंदर किसी भी व्यवहार के लिए थोड़ा सी प्रेरणा और सक्षमता हमेशा होते हैं। जैसे जब आपके फोन की घंटी बजती है, तो फोन उठाने की आपकी प्रेरणा और सक्षमता हमेशा पृष्ठभूमि में मौजूद रहते हैं। लेकिन संकेत आसमान में चमकनेवाली बिजली की तरह है। यह आता है और फिर चला जाता है। जैसे अगर आप फोन की घंटी (जो आपके लिए फोन उठाने का संकेत है) सुनेंगे ही नहीं, तो भला फोन उठाएँगे कैसे?

संकेत को हटाकर आप अपने किसी भी अनचाहे व्यवहार को बाधित कर सकते हैं। हालाँकि ऐसा करना हमेशा आसान नहीं होता, लेकिन किसी व्यवहार को होने से रोकने का सबसे पहला चरण यही है कि उसके पीछे सक्रिय संकेत को हटा दिया जाए।

करीब एक साल पहले की बात है, जब मैं टेक्सास के ऑस्टिन में आयोजित साउथ बाय साउथवेस्ट सम्मेलन में हिस्सा लेने गया था। मैंने अपने होटल के कमरे में कदम रखा और अपने बैग को बिस्तर पर फेंक दिया। इसके बाद जब मैंने पूरे कमरे पर गौर किया, तो मुझे सामने कुछ दिखाई दिया।

'ओह! ये क्या है,' मैं अपने आपसे ही बुदबुदाया।

मैंने देखा कि वहाँ छोटे-छोटे पैकेटों से भरी एक टोकरी रखी थी। प्रिंगल्स, ब्लू चिप्स, एक बड़ा सा लॉलीपॉप, एक ग्रेनोला बार और मूँगफलियाँ। हालाँकि मैं आमतौर पर सिर्फ ऐसी चीज़ें ही खाना पसंद करता हूँ, जो स्वास्थ्य के लिए अच्छी हों। लेकिन नमकीन स्नैक्स बहुत स्वादिष्ट होते हैं। पर मैं जानता था कि स्नैक्स से भरी ये टोकरी मेरे लिए रोज की समस्या बन जाएगी। यह एक संकेत की तरह काम करेगी और जब भी मेरी नज़र इस पर पड़ेगी, यह मुझे अपनी ओर आकर्षित कर लेगी। मैं जानता था कि अगर यह टोकरी यहाँ रखी रही, तो आखिरकार मैं हार मान लूँगा और फिर ये सारे स्नैक्स मेरे पेट में होंगे। सबसे पहले ब्लू चिप्स मेरे पेट में जाएँगे और इसके बाद मेरा हाथ मूँगफलियों की ओर बढ़ेगा। तो मैंने खुद से पूछा कि इस व्यवहार को बाधित करने के लिए मुझे क्या करना होगा? क्या मैं खुद को हतोत्साहित कर सकता हूँ? नहीं! क्योंकि मुझे नमकीन स्नैक्स बहुत पसंद हैं। तो क्या मैं इस व्यवहार को अपने लिए मुश्किल बना सकता हूँ। हाँ, शायद ऐसा किया जा सकता है। बस मुझे होटल के रिसेप्शन में फोन करके यह कहना होगा कि या तो इस टोकरी को मेरे कमरे से हटा लो या फिर इन सभी स्नैक्स की कीमत कई गुना बढ़ा दो। पर ऐसा करना ज़रा अजीब लगता। तो मैंने इस व्यवहार को रोकने के लिए संकेत को ही हटा दिया। मैंने प्रलोभनों से भरी उस सुंदर सी टोकरी को टीवी कैबिनेट की सबसे नीचे की दराज में रखकर बंद कर दिया। हालाँकि वह टोकरी अब भी कमरे में ही थी पर कम से कम अब वह मेरी आँखों के सामने नहीं थी और बार-बार मुझे अपनी ओर आकर्षित नहीं कर रही थी। अगली सुबह आते-आते मैं उस टोकरी को भूल गया। मुझे यह बताते हुए खुशी हो रही है कि मैं अगले तीन दिनों तक होटल के उस कमरे में रहा, लेकिन मैंने दोबारा वह दराज खोलकर भी नहीं देखी।

गौर कीजिए कि कैसे संकेत को हटाने से स्नैक्स खाने का व्यवहार बाधित हो गया। अगर यह तरीका काम नहीं आता, तो फिर इससे निपटने के और भी तरीके थे – लेकिन 'व्यवहार संरचना' के मामले में संकेत को नियंत्रित करना सबसे आसान होता है।

व्यवहार मॉडल सिखाना

आपने देखा कि कैसे मेरा व्यवहार मॉडल विभिन्न किस्म के व्यवहारों पर लागू

होता है। आगे के पन्नों पर मैं आपको इस मॉडल के उपयोग के और भी तरीके बताऊँगा। जब मैं स्टैनफोर्ड यूनिवर्सिटी के छात्रों को या विशेषज्ञों को प्रशिक्षण देता हूँ, तो उन्हें सिखाता हूँ कि मेरे व्यवहार मॉडल की व्याख्या दो मिनट या उससे भी कम समय में कैसे की जाए। सबसे पहले मैं एक व्हाइट बोर्ड पर रेखा चित्र बनाते हुए उसके एक-एक हिस्से के बारे में बताता हूँ, जिसमें सिर्फ दो मिनट का समय लगता है। इसके बाद मैं उन चरणों की पूरी रूपरेखा सामने रखता हूँ, जो सबसे ज़्यादा कारगर हैं। इनमें कुछ विशिष्ट वाक्यांश भी होते हैं, जिन्हें लोग अपनी सुविधा के अनुसार उपयोग कर सकते हैं। इसके बाद मैं या तो सभी को एक-एक करके व्हाइटबोर्ड के पास बुलाता हूँ या फिर उनसे एक कागज निकालने को कहता हूँ ताकि उस पर रेखा चित्र बनाते हुए वे किसी अन्य व्यक्ति के सामने इस मॉडल की व्याख्या कर सकें। व्यवहार मॉडल की तत्काल और स्पष्ट व्याख्या करना सीखना, व्यवहार डिजाइन के सबसे उपयोगी कौशलों में से एक है।

चूँकि यह कौशल सिखाने के लिए मैं आपके पास मौजूद नहीं हूँ इसलिए मैंने एक छोटा सा अभ्यास तैयार किया है, जो इस अध्याय के अंत में प्रस्तुत किया गया है ताकि आप उसका लाभ उठा सकें। अगर आप और अधिक मार्गदर्शन चाहते हैं, तो ऑनलाइन जाकर इसकी सटीक स्क्रिप्ट प्राप्त कर सकते हैं और यह देख सकते हैं कि अन्य लोग इस मॉडल को कैसे सिखाते हैं। वास्तव में दूसरों को व्यवहार मॉडल कैसे सिखाया जाए, यह सीखने में कुछ ही मिनट लगते हैं और यह आपके समय का एक शानदार निवेश है। व्यवहार मॉडल सीखने के बाद आप इसे विभिन्न व्यावहारिक तरीकों से लागू कर सकते हैं, जिसमें किसी व्यवहार को त्यागना या उसमें सुधार करना भी शामिल है। आगे मैंने इसी के बारे में बताया है।

फॉग व्यवहार मॉडल

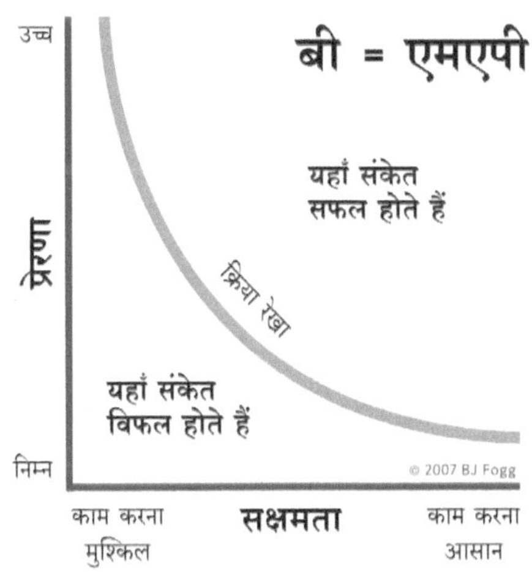

व्यवहार मॉडल का उपयोग करके किसी आदत को बाधित करना

अब आप यह जानते हैं कि प्रेरणा और सक्षमता एक साथ काम कैसे करते हैं और व्यवहार के लिए संकेत कैसे महत्वपूर्ण है। तो आइए, अब दोबारा केटी के पास चलते हैं। केटी को ऐसा क्या करना चाहिए कि बिस्तर में लेटे हुए फोन से चिपके रहने की उसकी आदत छूट जाए। उसकी प्रेरणा उच्च स्तर पर है, साथ ही यह व्यवहार करना बहुत आसान भी है। जिसके चलते व्यवहार मॉडल में उसकी आदत क्रिया रेखा से बहुत ऊपर रहती है।

फॉग व्यवहार मॉडल

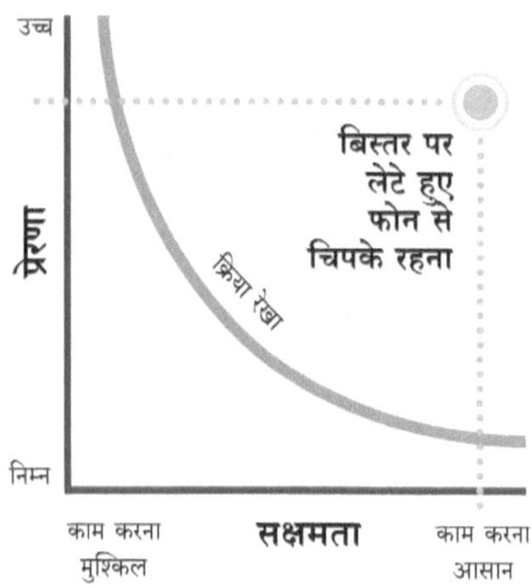

केटी क्या बदलाव ला सकती है?

प्रेरणा?

इसकी संभावना कम है। वह खुशी का एहसास, जो केटी को उस वक्त होता है, जब कोई फेसबुक पर उसकी पोस्ट को लाइक करता है – वह एहसास कहीं नहीं जानेवाला; वह खुशी का एहसास ही सोशल मीडिया एप के रूप में केटी के फोन पर मौजूद होता है। केटी चाहती है कि उसे इस बारे में अपडेट्स मिलते रहें कि उसके दोस्तों की जिंदगी में क्या हो रहा है। फेसबुक केटी के लिए यही करता है। इसलिए इस मामले में प्रेरणा उच्च स्तर पर रहने की संभावना ही ज़्यादा है।

तो सक्षमता का क्या?

इसमें हमें बदलाव का एक बड़ा मौका हाथ लग सकता है।

केटी अपना फेसबुक अकाउंट डिलीट कर सकती है ताकि न्यूजफीड को स्क्रॉल करने के लिए फोन से चिपके रहना असंभव हो जाए। लेकिन शायद यह थोड़ा ज़्यादा

हो जाएगा। क्योंकि हो सकता है कि इसके बाद भी वह दिनभर में कई बार फेसबुक चेक करना चाहे। सौभाग्य से बिस्तर पर लेटे हुए फोन से चिपके रहने को मुश्किल बनाने के और भी तरीके हैं। वह अपने फोन को अपनी पहुँच से दूर किसी मेज पर या अपनी बेटी के कमरे के बाहर दरवाजे के पास भी रख सकती है। ताकि यह सुनिश्चित हो सके कि अलार्म बजने पर बेटी की नींद टूटने से पहले केटी अलार्म बंद करने के लिए जाग जाए या फिर वह फोन को अपनी कार में छोड़ सकती है। चूँकि फोन से चिपके रहने की केटी की प्रेरणा का स्तर बहुत ऊँचा है इसलिए उसे इसका उपयुक्त समाधान ढूँढ़ने के लिए विभिन्न विकल्पों को आज़माना पड़ेगा। इसलिए केटी ने अपने फोन को रात में सोने से पहले रसोई में रख दिया और अलार्म के लिए अपने बेडरूम में एक अलार्म घड़ी रख ली। अपने और फोन के बीच भौतिक दूरी बना लेने के चलते केटी के लिए फोन से चिपके रहना मुश्किल हो गया और समय पर जागने के लिए अलार्म घड़ी का उपयोग करने के चलते, नींद खुलते ही फोन हाथ में लेने का संकेत भी नहीं रहा।

अगर आप व्यवहार मॉडल के किसी घटक को (उदाहरण के लिए प्रेरणा को) बदलने में सक्षम नहीं हैं, तो आपको अपना ध्यान अन्य घटकों (यानी सक्षमता और संकेत) को बदलने में लगाना चाहिए।

और केटी की व्यायाम करने की आदत का क्या? दरअसल इसके लिए उसे किसी बदलाव की ज़रूरत ही नहीं पड़ी। जब केटी ने अपने फोन से थोड़ी दूरी बना ली, तो व्यायाम से ध्यान भटकने का सवाल ही नहीं रह गया। इसलिए उसने व्यायाम की जो योजना पहले से बना रखी थी, उसी के अनुसार हर रोज सुबह व्यायाम शुरू कर दिया।

दरअसल आप अपने लिए किसी भी मनचाहे व्यवहार को आकार दे सकते हैं और किसी भी अनचाहे व्यवहार को बाधित कर सकते हैं, बस इसके लिए आपको ज़रूरी जोड़-तोड़ और सुधार करने होंगे। केटी ने यह सब बड़ी आसानी से और सफलतापूर्वक किया, लेकिन इससे पहले केटी को वह सब समझना पड़ा, जो बिस्तर पर लेटे हुए फोन से चिपके रहने की उसकी आदत को संचालित कर रहा था।

'व्यवहार संरचना बूट कैम्प' के कुछ महीनों बाद केटी ने मुझे बताया कि वह इस बात से बहुत खुश है कि आखिरकार नियमित रूप से व्यायाम करने की आदत उसके जीवन का हिस्सा बन गई है। हालाँकि अब भी कभी-कभी वह अपने फोन से चिपकी रहती है, जैसे नाश्ता करते समय या किसी लाइन में अपनी बारी का इंतजार करते हुए, लेकिन अब यह इतना गंभीर मामला नहीं है कि उसे लगे मानों वह अपने फोन के जाल में फँस गई है। अब ज़्यादातर दिन ऐसे होते हैं, जब अपनी सुबह पर

केटी का पूरा नियंत्रण होता है। अब वह शारीरिक रूप से पहले से कहीं ज़्यादा सशक्त महसूस करती है। लेकिन सबसे महत्वपूर्ण बात ये है कि अब उसे यह सीख मिल चुकी थी कि व्यवहार संरचना उसके जीवन के किसी भी पहलू में उल्लेखनीय सुधार ला सकती है।

सभी व्यवहारों को समझने के लिए एक मॉडल

अगर आप अपने – या किसी और के – व्यवहार को प्रभावी ढंग से बदलना चाहते हैं, तो इसका सबसे कारगर तरीका है व्यवहार मॉडल में महारथ हासिल करना। जब आप आपके सामने यह स्पष्ट हो जाता है कि व्यवहार कैसे काम करता है, तो आप अपने व्यवहार के साथ-साथ दूसरों के व्यवहार को समझने में भी सक्षम हो जाते हैं – जो सचमुच बहुत महत्वपूर्ण कौशल है। फिर आप सकारात्मक आदतें अपनाना और अनचाही आदतों को बाधित करना शुरू कर सकते हैं। साथ ही फिर आप लोगों के नकारात्मक व्यवहार को भी अधिक करूणापूर्वक देखेंगे।

कुछ साल पहले एक हवाई यात्रा के लिए जब मैं फ्लाइट पर सवार हुआ तो मैंने देखा कि मेरे पीछेवाली सीट पर एक चंचल बच्चा बैठा हुआ है। जैसे ही मैं अपनी जगह पर बैठा, वह पीछे से मेरी सीट पर बार-बार पैर मारने लगा। मैं जानता था कि वह पूरी यात्रा के दौरान ऐसा करता रहेगा। आखिरकार वह एक नन्हा बच्चा ही तो था। तो फ्लाइट के उड़ान भरने तक मैं इस बात पर विचार करता रहा कि उसके इस व्यवहार को रोकने या कम करने के लिए क्या किया जा सकता है।

मैंने अपने व्यवहार मॉडल को काम पर लगा दिया था।

सबसे पहले आता है संकेत। क्या मैं इसे हटा सकता हूँ? नहीं। मेरा उसकी आंतरिक इच्छा पर, उसकी बोर्डम पर या फिर उस चीज़ पर कोई नियंत्रण नहीं है, जो उसे मेरी सीट पर पैर मारने के लिए उकसा रही है। अब बारी आती है सक्षमता की। क्या मैं उसके लिए सीट पर पैर मारना मुश्किल बना सकता हूँ? नहीं। यानी मेरा आखिरी विकल्प था: प्रेरणा। तो मैं शांत और हल्के-फुल्के अंदाज में ऐसा क्या कर सकता हूँ, जो इस बच्चे को मेरी सीट पर पैर मारना बंद करने या कम करने के लिए प्रेरित कर दे?

मैंने तय किया कि मैं पारस्पारिकता के नियम का उपयोग करूँगा।

जैसे जब कोई आपको उपहार देता है, तो स्वाभाविक है कि आप भी कभी न कभी उसके लिए कुछ करना चाहेंगे। यह एक ऐसी चीज़ है, जो एक-दूसरे के साथ जुड़ाव रखने में इंसानों की मदद करती है। लेकिन साथ ही इस तरह हम किसी की प्रेरणा को सहजतापूर्वक प्रभावित भी कर सकते हैं। मैंने तय किया कि मैं इसी तरीके

को आज़माकर देखूँगा।

मेरे कंप्यूटर के बैग में पीले रंग का एक स्माइली-फेस बटन था। (जी हाँ, मैं मशहूर अमेरिकी टीवी सीरीज मिस्टर रॉजर्स नेबरहुड के होस्ट फ्रेड रॉजर से किसी भी मामले में कम नहीं हूँ।) मैंने वह स्माइली-फेस बटन बैग से निकाला और उस नन्हे बच्चे व उसके माता-पिता को दिखाते हुए बोला, 'ये लो, मैं तुम्हें यह स्माइली-फेस बटन देन चाहता हूँ। उम्मीद है, इससे तुम्हें याद रहेगा कि यात्रा के दौरान तुम्हें मेरी सीट पर पैर नहीं मारना चाहिए।'

जवाब में बच्चे ने कहा, 'ठीक है!' और उसके माता-पिता ने मुस्कुराते हुए मुझे धन्यवाद दिया।

इसके बाद मेरी यात्रा शानदार रही। उस बच्चे ने दोबारा मेरी सीट पर पैर नहीं मारा। साथ ही कुछ साथी-यात्रियों से मेरी दोस्ती भी हो गई। फ्लाइट लैंड करने के बाद कन्वेयर बेल्ट से अपना बैग उठाते समय हमने एक-दूसरे को अलविदा भी कहा।

अपने घर में व्यवहार मॉडल का उपयोग करना भी आपके व आपके परिवार के सदस्यों के लिए बहुत मददगार साबित हो सकता है। दीर्घकालीन संबंधों को निभानेवाला कोई भी व्यक्ति इस बात की गवाही दे सकता है कि घर के कामकाज से जुड़ा तनाव बहुत तकलीफदेह होता है। घर की साफ-सफाई को लेकर मेरा और मेरे जीवनसाथी डैनी का दृष्टिकोण एक-दूसरे से बिलकुल अलग है। मैं घर को व्यवस्थित रखने पर ज़्यादा ज़ोर देता हूँ, जबकि डैनी का ध्यान इस बात पर ज़्यादा होता है कि घर की हर चीज़ पर कीटाणुनाशक का उपयोग सुनिश्चित हो। जैसे बाथरूम की सफाई हमारे बीच अक्सर एक मुद्दा बन जाती है। डैनी बाथरूम में फफूँद लगने को लेकर बेहद सतर्क रहता है। लेकिन दिक्कत ये है कि हमारा बाथरूम आसानी से नहीं सूखता इसलिए उस पर फफूँद लग ही जाता है। इसीलिए वह लगातार मुझे याद दिलाता रहता है कि नहाने के बाद मुझे उसे अच्छी तरह पोंछ देना चाहिए। फिर भी अक्सर मैं ऐसा नहीं करता। बल्कि ये कहना ज़्यादा सही होगा कि शायद ही मैंने कभी नहाने के बाद बाथरूम को पोंछा हो।

एक दिन डैनी ने मुझे बाथरूम की हालत दिखाने के लिए बुलाया। इस तरह उसने व्यवहार संरचना को सक्रिय कर दिया।

'हम दोनों चाहते हैं कि यह साफ रहे। है ना?' उसने पूछा।

मैंने फौरन उसकी बात से सहमति जताई।

उसने गौर किया कि इसे लेकर मेरे अंदर प्रेरणा का एक स्तर तो है।

फिर उसने मुझसे सक्षमता के बारे में पूछा। इसे पोंछने में क्या मुश्किल होती है?

मैंने उससे कहा कि मुझे नहीं पता कि उसके अनुरोध का क्या मतलब था। क्या वह चाहता है कि इसके लिए मैं अपना तौलिया इस्तेमाल करूँ या फिर कुछ और? क्या मुझे बाथरूम की दीवारों को भी पोंछना चाहिए? बस यही वह पल था, जब डैनी के सामने सब कुछ स्पष्ट हो गया। उसे समझ में आया कि उसने मेरे सामने कभी ये स्पष्ट ही नहीं किया कि वह वास्तव में मुझसे क्या चाहता है। इसीलिए यह अमूर्त व्यवहार करना मुझे मुश्किल लग रहा था। इसके बाद उसने जो किया, वह न सिर्फ सहज बल्कि शानदार भी था। वह मुझसे जो चाहता था, वह उसने खुद करके दिखाया। वह मुझे बाथरूम में ले गया और बोला, 'देखो, नहाने के बाद जब तुम शॉवर बंद करो (संकेत) और कैबिनेट पर टंगे बाथरूम के तौलिए को उठाओ, उसे फर्श पर डालो और चारों ओर पोंछ दो। इसके बाद तुम उस तौलिए को उठाकर धोने के लिए डाल दो। बस, काम खत्म!' डैनी ने मुझे जो करके दिखाया, वह तो बड़ा आसान काम था। सच कहूँ, तो यह मेरी ही बेवकूफी थी, जो मैं अब तक इतना आसान काम नहीं कर पा रहा था। इसमें 10 सेकंड से ज़्यादा समय नहीं लगा होगा। जब डैनी ने खुद यह काम करके दिखा दिया, तो इसकी कठिनता को लेकर मेरी धारणा बदल गई – यह अचानक मुझे बहुत आसान लगने लगा।

इसके बाद मैं हर रोज बाथरूम को पोंछने लगा। क्यों? पहला कारण तो ये है कि मैं खुद भी चाहता था कि बाथरूम साफ रहे। इसके साथ ही मैं डैनी को खुश भी करना चाहता था। इसलिए मेरे अंदर इसे लेकर थोड़ी प्रेरणा तो थी ही। बस अब तक मुझे यह व्यवहार ज़रा मुश्किल नज़र आता था। लेकिन जब डैनी ने खुद यह करके मेरे सामने स्पष्ट किया, तो मुझे सब कुछ आसान लगने लगा और मैं अचानक व्यवहार मॉडल की 'क्रिया रेखा' के ऊपर पहुँच गया। तो अब ऐसा है कि जब भी बात घर के कामकाज की हो – जिसमें मेरी कोई विशेषज्ञता नहीं है – तो मुझे पता होता है कि मुझे सिर्फ इतना कहना है, 'तुम मुझसे वास्तव में क्या चाहते हो? ज़रा करके दिखाओ।' मैं उसे वह कार्य करते हुए देखता हूँ और अचानक मेरी सक्षमता बढ़ जाती है।

ये कुछ छोटे-मोटे उदाहरण हैं, जिससे आप समझ सकते हैं कि आप अन्य लोगों के साथ व्यवहार मॉडल का उपयोग कैसे कर सकते हैं। जब हमारे 'बदलाव के टूलबॉक्स' में कुछ और टूल्स आ जाएँगे, तब एक पूरा अध्याय इसी विषय पर प्रस्तुत किया जाएगा।

किसी व्यवहार को सुधारने के तीन चरण

अक्सर ऐसा होता है कि हम कोई व्यवहार अपनाना चाहते हैं – या दूसरों को वह व्यवहार अपनाते हुए देखना चाहते हैं – लेकिन इसमें हमें मनचाही सफलता

नहीं मिलती। इस समस्या के लिए मेरे पास एक समाधान है: व्यवहार संरचना हमें बताती है कि इस आम समस्या के निवारण के लिए कौन से कदम उठाने चाहिए। ये आपकी अपेक्षाओं से परे की चीज़ है। मान लीजिए आप चाहते हैं कि आपके कर्मचारी साप्ताहिक टीम मीटिंग में निर्धारित समय पर आएँ, लेकिन फिर भी वे हमेशा कुछ मिनट देर से ही आते हैं। यह ऐसी चीज़ है, जिसके चलते अधिकतर मैनेजर नाराज हो जाते हैं, जुर्माना लगा देते हैं या फिर देर से आनेवालों को आँखें तरेरकर देखते हैं। मैनेजर ये सब इसलिए करते हैं ताकि कर्मचारी निर्धारित समय पर आने के लिए प्रोत्साहित हों। जबकि ये सब करना किसी गलती से कम नहीं है। जब व्यवहार में सुधार लाना हो, तो आपको प्रेरणा से शुरुआत नहीं करनी चाहिए। बल्कि आपको नीचे दिए गए कदम उठाने चाहिए। जब एक कदम से अपेक्षा के अनुसार परिणाम न मिले, तभी अगला कदम उठाएँ।

1) गौर करें कि क्या व्यवहार करने के लिए कोई संकेत मिला है।

2) गौर करें कि क्या व्यक्ति वह व्यवहार करने में सक्षम है।

3) गौर करें कि क्या व्यक्ति वह व्यवहार करने के लिए प्रेरित है।

अपने या दूसरों के व्यवहार में विशेषज्ञतापूर्ण ढंग से सुधार लाने के लिए 'संकेत' से शुरुआत करें। क्या व्यक्ति को व्यवहार करने का संकेत मिला है? आप अपने लेट-लतीफ कर्मचारियों से पूछ सकते हैं कि क्या निर्धारित समय पर मीटिंग में आने के लिए उनके पास कोई रिमाइंडर है? अगर नहीं, तो इसके लिए एक अच्छा संकेत ढूँढ़ने में उनकी मदद करें। संभव है कि इससे समस्या का समाधान हो जाएगा। कोई ड्रामा नहीं... कोई आँखें तरेरना नहीं... बस एक अच्छा संकेत तैयार कर लें।

अगर यह कदम कारगर साबित न हो, तो आपको दूसरा कदम उठाना चाहिए। गौर करें कि क्या आपके कर्मचारी वह व्यवहार करने में सक्षम हैं, जो आप उन्हें करते हुए देखना चाहते हैं। अपने लेट-लतीफ कर्मचारियों से पूछें कि वह कौन सी चीज़ है, जिसके चलते उन्हें निर्धारित समय पर मीटिंग में आने में मुश्किल होती है। (मैं इसके बारे में अध्याय 3 में एक व्यापक दृष्टिकोण प्रस्तुत करूँगा, पर फिलहाल के लिए बस यह सवाल ही काफी है।)

हो सकता है कि आपको पता चले कि लेट-लतीफ कर्मचारियों को आपकी मीटिंग से ठीक पहले एक और मीटिंग में शामिल होना होता है, जो ठीक उसी समय खत्म होती है, जब आपकी मीटिंग शुरू होती है। इसलिए आपकी मीटिंग में निर्धारित समय पर पहुँच पाना उनके लिए असंभव है। यानी अब आपको अपना जवाब मिल चुका है। यह सक्षमता संबंधी समस्या है, न कि प्रेरणा संबंधी।

लेकिन आइए कुछ देर के लिए मान लेते हैं कि उनके पास संकेत भी है और सक्षमता भी और यह सिर्फ एक प्रेरणा संबंधी समस्या है। ऐसे में आप उनमें समय की पाबंदी को प्रोत्साहित करने का तरीका खोजने की कोशिश करेंगे (और इसके कई तरीके हैं, अच्छे भी और बुरे भी)।

गौर करें कि 'व्यवहार में सुधार' की प्रक्रिया में प्रेरणा के बारे में चिंतित होना आखिरी चरण है। जबकि अधिकतर लोग यह मानकर बैठे हैं कि किसी व्यवहार को संभव बनाने के लिए आपको सबसे पहले प्रेरणा पर ध्यान केंद्रित करना चाहिए।

व्यवहार में सुधार की प्रक्रिया अपनाना आपको व्यक्तिगत और पेशेवर, दोनों मामलों में कई समस्याओं से बचा सकता है। मान लीजिए कि आपको अपने चर्च के लिए पोस्टर बोर्ड की ज़रूरत है और आप अपनी किशोर बेटी से कहते हैं कि वह स्कूल से लौटते समय आपके लिए यह खरीद लाए। आपकी बेटी कार से स्कूल जाती है इसलिए आपके अनुसार पोस्टर बोर्ड लाने में उसे कोई समस्या नहीं होगी।

लेकिन जब वह स्कूल से वापस लौटती है, तो आप देखते हैं कि वह कुछ भी लेकर नहीं आई है। आप परेशान हो जाते हैं और उसे बताते हैं कि आपको पोस्टर बोर्ड की कितनी ज़्यादा ज़रूरत है (ये दोनों ही प्रेरणा संबंधी रणनीतियाँ हैं)। आपकी बेटी जवाब देती है, 'सॉरी। मैं कल ले आऊँगी।'

लेकिन अगले दिन भी आपकी बेटी खाली हाथ ही वापस आ जाती है। ऐसी स्थिति आने पर आप बुरी तरह नाराज हो सकते हैं, बेटी को स्पष्ट शब्दों में कह सकते हैं कि अब उसे स्कूल जाने के लिए कार नहीं मिलेगी और साथ ही ये टिप्पणी कर सकते हैं कि वह कितनी गैरजिम्मेदार है (ये तीनों भी प्रेरणा संबंधी रणनीतियाँ हैं)।

आप भी जानते हैं कि यह कोई अच्छी स्थिति नहीं है।

चलिए, अब इस कहानी को एक नए सिरे से शुरू करते हैं। कल्पना कीजिए कि आप व्यवहार में सुधार करने की तकनीक जानते हैं। इसलिए पहले दिन जब आपकी बेटी बिना पोस्टर बोर्ड लिए स्कूल से वापस आ जाती है, तो आप परेशान नहीं होते बल्कि तत्काल व्यवहार में सुधार की प्रक्रिया शुरू कर देते हैं। आप बेटी से पूछते हैं, 'क्या तुम्हारे पास इस बात का कोई रिमांइडर था कि तुम्हें पोस्टर बोर्ड लेकर आना है।' बेटी ने कहा, 'नहीं। मुझे लगा कि मुझे याद रहेगा। लेकिन मैं भूल गई।'

यह सुनकर आपके सामने यह स्पष्ट हो जाता है कि आपको उसके लिए अगले दिन का संकेत तैयार करना होगा। इसलिए आप उससे पूछते हैं, 'तो तुम्हारे अनुसार वह क्या है, जो कल तुम्हारे लिए एक कारगर रिमाइंडर बन सके?' और वह कहती है कि कल के लिए वह अपने फोन पर एक टू-डू नोट बना लेगी।

तो कल जब वह स्कूल से लौटती है, तो चेहरे पर मुस्कान के साथ आपको पोस्टर बोर्ड लाकर दे देती है।

जब आप व्यवहार में सुधार की यह पद्धति अपने व्यवहार पर लागू करेंगे, तो देखेंगे कि इसके चलते आपने खुद को दोष देना बंद कर दिया है। मान लीजिए आपने तय किया था कि हर आप हर रोज सुबह कुछ देर बैठकर ध्यान करेंगे। लेकिन फिर भी आप ऐसा नहीं कर पाते। ऐसे में आप कमजोर इच्छाशक्ति या प्रेरणा की कमी का हवाला देकर खुद पर दोषारोपण नहीं करेंगे। बल्कि व्यवहार में सुधार की इस पद्धति के अनुसार एक-एक करके कदम उठाएँगे: क्या आपके पास कुछ ऐसा है, जो आपको व्यवहार करने का संकेत दे? वह क्या है, जो इस व्यवहार को आपके लिए मुश्किल बना रहा है?

कई मामलों में आप देखेंगे कि कोई व्यवहार न कर पाना एक प्रेरणा संबंधी समस्या नहीं है। इसके निवारण के लिए आपको व्यवहार करने का एक अच्छा संकेत ढूँढ़ना होगा या फिर अपने लिए वह व्यवहार करना आसान बनाना होगा।

दुनिया को व्यवहार मॉडल के चश्मे से देखें

मैं चाहता हूँ कि आप व्यवहार मॉडल के चश्मे से दुनिया के अवलोकन का अभ्यास करें। इससे दो उद्देश्य पूरे होंगे। पहला ये कि ऐसा करना वाकई मजेदार होता है। दूसरा ये कि इससे आपको हर चीज़ को प्रेरणा, सक्षमता और संकेत की तर्ज पर बाँटकर देखने में मदद मिलेगी ताकि आप यह पता लगा सकें कि वह क्या है, जो आपके - या किसी अन्य के - व्यवहार को संचालित कर रहा है। इस अध्याय के अंत में कुछ छोटे-छोटे अभ्यास दिए गए हैं, जिनसे आपको व्यावहारिक ढंग से व्यवहार मॉडल लागू करने में मदद मिलगी।

जो लोग व्यवहार में कदम-दर-कदम सुधार के लिए व्यवहार मॉडल का उपयोग करते हैं, उनमें से बहुतों का कहना है कि इससे उन्हें इंसानी व्यवहार की रचना को करीब से देखने में मदद मिली है। इसके चलते आप बदलाव लाने से जुड़े अपने प्रयासों के सूक्ष्मतम पहलुओं को पहचानने और यह जानने में सक्षम हो जाएँगे कि वे पहलू सशक्त या कमजोर कैसे हो रहे हैं।

हम सब ऐसी कई चीज़ें करते हैं, जो हमें खुद पसंद नहीं होतीं।

जैसे डिनर में पॉपकॉर्न या ऐसे ही अन्य स्नैक्स खाना।

अपने बच्चों पर चिल्लाना।

घंटों नेटफ्लिक्स देखना।

लेकिन हमें अपने इन व्यवहारों को अनदेखा नहीं करना चाहिए, न ही इन्हें लेकर निराश महसूस करना चाहिए और सबसे महत्वपूर्ण ये कि इनके लिए हमें खुद को दोष नहीं देना चाहिए।

आपको यह बताते हुए मुझे जेनिफर याद आई, जो एक प्रतिभाशाली ग्राफिक आर्टिस्ट और एक बहुत अच्छी माँ है। 'छोटी-छोटी आदतों' की इस पद्धति के लिए ऑनलाइन साइन-अप करने और व्यवहार मॉडल सीखने से पहले, जेनिफर इस बात को लेकर बेहद हताश थी कि वह चाहकर भी व्यायाम नहीं कर पा रही है। जबकि पहले वह खूब व्यायाम करती थी। अपने कॉलेज के जमाने में उसे दौड़ने का बड़ा शौक था। यहाँ तक कि माँ बनने से कुछ साल पहले एक बार उसने अपनी एक दोस्त के साथ हाफ मैराथन में भी हिस्सा लिया था। लेकिन समय के साथ चीज़ें बदलती गईं और अब हालत यह थे कि कपड़े धोना और बर्तन साफ करना ही उसकी मुख्य शारीरिक गतिविधियाँ थीं। वह सचमुच व्यायाम करना चाहती थी। लेकिन उसका शरीर बेडौल हो चुका था और वह जानती थी कि उसे धीमी और सधी हुई शुरुआत करनी होगी।

जेनिफर ने अपने घर पर ही कभी-कभी पंद्रह मिनट तक योग करना शुरू किया। इसके अलावा कभी-कभार वह सड़क के छोर तक दौड़ भी लेती थी। वह ये छोटी-मोटी गतिविधियाँ करने में तो सक्षम थी, लेकिन इससे ज्यादा गंभीर या थका देनेवाली गतिविधियाँ उसके लिए मुश्किल थीं। हालाँकि वह नियमित रूप से ये छोटी-मोटी गतिविधियाँ भी नहीं कर पाती थी। जिस दिन वह व्यायाम कर पाती, उसे वह 'अच्छा दिन' करार देती। लेकिन जिस दिन व्यायाम नहीं हो पाता, वह उसके लिए 'एक गिलास अतिरिक्त वाइन' पीने वाला दिन बन जाता। जेनिफर ने मुझे बाद में बताया कि इसके चलते वह खुद को एक हारा हुआ इंसान महसूस करने लगी। एक समय ऐसा था, जब जेनिफर के लिए व्यायाम करना बहुत आसान काम था, पर अब यह उसके लिए रोज का संघर्ष बन चुका था। ज़्यादातर दिन ऐसे होते थे, जब वह अपने घर के सामने कुछ ही दूर पर मौजूद मेल-बॉक्स तक भी नहीं दौड़ पाती थी। जबकि एक समय ऐसा था, जब वह पाँच मील दौड़ने में पूरी तरह सक्षम थी और ऐसा करके उसे बड़ी खुशी भी मिलती थी। पर अब हालात कुछ और थे। उसे लगने लगा कि उसके साथ कोई बड़ी गड़बड़ ज़रूर है वरना भला अब वह चाहकर भी ऐसा क्यों नहीं कर पाती है?

जेनिफर जो महसूस कर रही थी, वह एक आम समस्या है - इसे रूकावट या प्रतिरोध की भावना कह सकते हैं। वह हर रोज खुद से वादा करती कि वह वजन उठानेवाला व्यायाम करेगी या फिर दौड़ने निकल जाएगी। लेकिन हर रोज वह खुद ही व्यायाम न करने का कोई न कोई कारण ढूँढ़ लेती - जैसे बच्चों के लिए ऑनलाइन

खरीदारी करना, अपने काम के लिए ज़रूरी रिसर्च करना वगैरह – और फिर जब दिन बीत जाता, तो वह खुद को हारा हुआ महसूस करने लगती। वह जानती थी कि व्यायाम करना उसके लिए लाभप्रद है और वह बस बहाने बना रही है? क्या वह डिप्रेशन में थी? आत्म-घृणा से घिरी हुई थी? कमजोर इच्छा-शक्ति वाली थी? आखिर मामला क्या था?

जब जेनिफर ने 'छोटी-छोटी आदतों' की इस पद्धति का अनुभव कर लिया, तो मैंने उसे ई-मेल किया। जवाब में उसने मुझे बताया कि उसने अपनी व्यायाम की आदत की पहेली सुलझा ली है। सबसे पहले उसने यह गौर किया कि प्रेरणा, सक्षमता और संकेत के मामले में क्या हो रहा है।

उसने अपने व्यवहार को छोटे-छोटे हिस्सों में तोड़कर देखा और उसे समझ में आया कि यह एक प्रेरणा संबंधी समस्या है। दरअसल इस व्यवहार के लिए उसकी प्रेरणा करीब-करीब न के बराबर थी। उसे घर पर बैठकर अकेले योग करने की इच्छा ही नहीं होती थी। यह एहसास होने के बाद जेनिफर ने अकेले योग करने का अपना विचार एक किनारे रख दिया ताकि इससे मिलता-जुलता कोई और तरीका ढूँढ़ सके। उसने ऐसे व्यायामों की एक सूची तैयार की, जो उसे आकर्षक लगते हैं और अचानक उसके हाथ मानों कीमती सोना लग गया। उसने गौर किया, उसे जिस किस्म के व्यायाम मजेदार लगते हैं, उन सभी में एक बात समान है कि वे व्यायाम समूह में किए जाते हैं। उसने इस बारे में जितनी गंभीरता से विचार किया, उतनी ही गहनता से उसे महसूस हुआ कि अकेले व्यायाम करना उसके लिए कभी मजेदार नहीं रहा। क्योंकि अकेले व्यायाम करना उसे किसी ऐसी जिम्मेदारी जैसा लगता था, जिसे पूरा करना ज़रूरी है और उसके अंदर इतनी प्रेरणा नहीं थी कि वह व्यवहार मॉडल में क्रिया रेखा से ऊपर पहुँच सके। आखिरकार उसने अकेले व्यायाम करने का विचार ही त्याग दिया और तय किया कि अब वह समूह में व्यायाम करेगी। उसने एक साप्ताहिक स्पिन क्लास में हिस्सा लेना शुरू कर दिया। फिर वह एक साप्ताहिक योग क्लास में जाने लगी। इसके बाद वह मध्यम उम्र की माँओं के एक समूह का हिस्सा बन गई, जो व्यायाम के रूप में समूह में दौड़ा करती थीं। जल्द ही जेनिफर में नियमित व्यायाम करने की आदत विकसित हो गई।

यह जेनिफर के लिए बहुत बड़ी जीत थी, लेकिन इस पूरे मामले में उसके लिए सबसे दिलचस्प चीज़ अपने व्यवहार की पहेली सुलझाना नहीं था। बल्कि जिसने सचमुच उसका जीवन बदला, वह था, हमेशा खुद को कोसने के जाल से मुक्त होना। जब तक उसे यह नहीं मालूम पड़ा था कि व्यवहार कैसे काम करता है, तब तक वह इस बात से बहुत खीझी हुई रहती थी कि जिस तरह वह पहले व्यायाम किया करती थी, आखिर अब क्यों नहीं कर पाती। उसके मन में हमेशा एक कहानी सी चलती

रहती थी कि – 'अब तुम वह नहीं कर सकतीं, जो पहले कर लेती थीं; कोई न कोई कमी ज़रूर है तुममें!' दिनभर इस बात से जूझने के बाद वह शाम को एक गिलास वाइन पी लेती। दरअसल मानसिक शांति महसूस करने के लिए उसने खुद ही अपने आपको वाइन पीने का यह नुस्खा सुझाया था। इस उलझन का जवाब ढूँढ़ने के लिए वह लगातार अपने पीछे पड़ी रहती। उसे लगता कि शायद उसकी उम्र हो चली है या शायद उसे डिप्रेशन से बचानेवाली दवाइयों की ज़रूरत है या फिर शायद उसे व्यायाम के लिए एक प्रशिक्षक की ज़रूरत है। आखिरकार वह इतनी गहरी हताशा से घिर जाती कि फिर उसे रात का खाना तैयार करके या बच्चों का कमरा व्यवस्थित करके खुद को व्यस्त रखना पड़ता। जब तक जेनिफर ने अपने व्यवहार पर गौर नहीं किया, तब तक उसे इस बात एहसास ही नहीं हुआ कि समस्या उसमें नहीं बल्कि व्यवहार में है। जब उसने अपने व्यवहार को छोटे-छोटे हिस्सों में तोड़कर उसके हर पहलू पर विचार किया, तो उसे एहसास हुआ कि संरचना से जुड़े ये दोष व्यवहार के किस पहलू में हैं। उसके अंदर सक्षमता तो थी, पर अकेले व्यायाम करने के लिए पर्याप्त प्रेरणा नहीं थी। इससे भी ज़्यादा बदतर ये कि उसके पास ऐसा कुछ नहीं था, जो उसे योग करने का प्रॉम्प्ट (संकेत) दे।

जेनिफर भाग्यशाली है (और हम सब भी) कि व्यवहार मॉडल की कोई 'आलसी' या 'कमजोर' शाखा नहीं है। इसमें जेनिफर की खुद को दोषी ठहराने की प्रवृत्ति के लिए कोई जगह नहीं थी। यह एक मॉडल है, न कि कोई मत-संग्रह या चरित्र। जब जेनिफर को इस बात का एहसास हो गया कि उसका अस्तित्व उसके व्यवहार से परिभाषित नहीं होता, तो सब कुछ बदल गया। फिर वह अपनी आदतों के बारे में इस प्रकार सोचने-समझने लगी, मानों वे कोई नुस्खा हों। यानी अगर उसे मनचाहे परिणाम नहीं मिल रहे हैं तो उसे इसके लिए खुद को दोष देने या हारा हुआ महसूस करने के बजाय सिर्फ उस नुस्खे के तत्त्वों को या फिर उनकी मात्रा को बदलने की ज़रूरत है।

मैं चाहता हूँ कि आगे से आप अपने व्यवहार को उसी तरह देखें, जैसे एक वैज्ञानिक पेट्री डिश[1] – यानी जिज्ञासा और निष्पक्षता के साथ। यह एक अलग किस्म की मानसिकता होगी, खासकर 'बदलाव' के बारे में आपके द्वारा अब तक पढ़ी गई अन्य किताबों के मुकाबले। मैं यहाँ इच्छाशक्ति के चक्कर में नहीं पड़ रहा हूँ और न ही आपको कोई ऐसा कठोर तरीका सुझा रहा हूँ, जिसका उपयोग करने पर अपने बारे में बुरा महसूस करना तय है। मैं चाहता हूँ कि आप अपने जीवन को 'बदलाव की निजी प्रयोगशाला' के रूप में देखें – यानी एक ऐसी जगह, जहाँ आप वह बनने

---

[1] लैब में वैज्ञानिक प्रयोगों के दौरान उपयोग की जानेवाली काँच की प्लेट को देखता है।

के लिए प्रयोग कर सकें, जो आप सचमुच बनना चाहते हैं। एक ऐसी जगह, जहाँ न सिर्फ आप सुरक्षित महसूस करें बल्कि आपको यह भी लगे कि यहाँ कुछ भी संभव है।

अगले चार अध्यायों में हम व्यवहार संरचना प्रक्रिया के बारे में जानेंगे और अपने प्रयोग शुरू करने के लिए इसका उपयोग करेंगे। हम 'छोटी-छोटी आदतों' की इस पद्धति पर ध्यान केंद्रित करेंगे क्योंकि यह सकारात्मक आदतें अपनाने का आधार है। साथ ही भविष्य में आपको जिस व्यवहार को भी आकार देने की ज़रूरत पड़ेगी, उसके लिए ज़रूरी सारे मुख्य सिद्धांत भी इसी में समाहित हैं। आपको भले ही कोई भी परिणाम हासिल करना हो, उसके लिए आपको एक ही प्रक्रिया अपनाने की ज़रूरत है, फिर चाहे आपको कोई बड़ा व्यवहार अपनाना होगा या किसी अनचाहे व्यवहार को होने से रोकना हो। आपको कौन सी आदतें अपनानी हैं, यह तय करना महत्वपूर्ण सकारात्मक आदतें अपनाने की दिशा में पहला कदम है।

लेकिन इससे पहले आपको इस बात पर गौर करना होगा कि वह क्या है, जो अब तक आपको भटकाता आया है। अगर आप यह किताब पढ़ रहे हैं, तो संभव है कि शायद कुछ चीज़ें ऐसी हैं, जिन्हें आप बदलना चाहते हैं, लेकिन अब तक बदल नहीं पाए हैं। तो वह क्या है, जो बदलाव लाने की आपकी कोशिशों पर अब तक पानी फेरता रहा है?

प्रेरणा रूपी लंगूर।

दरअसल प्रेरणा किसी लंगूर से कम नहीं होती। आमतौर पर वह हमें कुछ इस तरह बहकाती है कि हम अपने लिए ज़रूरत से ज़्यादा ऊँचे या फिर अविवेकपूर्ण लक्ष्य निर्धारित कर लेते हैं। हालाँकि कभी-कभी प्रेरणा आश्चर्यजनक ऊँचाईयों तक पहुँचने में हमारी मदद भी करती है, लेकिन जब हमें उसकी सबसे ज़्यादा ज़रूरत होती है, तो अक्सर वह हमें छोड़कर चली जाती है।

फॉग व्यवहार मॉडल अपनाने के लिए छोटे–छोटे अभ्यास

पहला अभ्यास काफी आसान है। दूसरे अभ्यास के लिए आपको थोड़ी मेहनत करनी होगी, लेकिन इससे बचने की कोशिश न करें। मैं गारंटी देता हूँ कि आप इसमें समय और ऊर्जा का जो निवेश करेंगे, उससे आपको लाभ ज़रूर होगा।

अभ्यास 1: किसी आदत को त्यागने के विभिन्न तरीके ढूँढ़ें

फॉग व्यवहार मॉडल, व्यवहार से जुड़े हर प्रकार के बदलाव पर लागू होता है। इस अभ्यास में आप किसी आदत को त्यागने के विभिन्न तरीके खोजेंगे।

चरण 1 : ऐसी तीन आदतों को एक कागज पर नोट करें, जिनसे आप छुटकारा पाना चाहते हैं। कोशिश करें कि इन्हें लिखते समय आपके शब्द सटीक हों। उदाहरण के लिए 'सॉफ्ट ड्रिंक पीना बंद करो' के बजाय 'लंच में सॉफ्ट ड्रिंक खरीदना बंद करो' लिखें।

चरण 2 : प्रत्येक आदत के लिए ऐसे तरीके ढूँढ़े, जिनसे 'संकेतों' को हटाया या टाला जा सके। अगर आपको ऐसा कोई तरीका नज़र नहीं आ रहा है, तो कोई बात नहीं। अगले चरण की ओर बढ़ जाएँ।

चरण 3 : प्रत्येक आदत के लिए ऐसे तरीके ढूँढ़ें, जिनसे उन्हें जारी रखना मुश्किल हो जाए (सक्षमता)।

चरण 4 : प्रत्येक आदत के लिए ऐसे तरीके ढूँढ़ें, जिनसे उनकी प्रेरणा को कम किया जा सके।

चरण ५ : प्रत्येक आदत के लिए दूसरे, तीसरे और चौथे चरण में से सर्वश्रेष्ठ समाधान का चुनाव करें।

अतिरिक्त क्रेडिट : अपने समाधान को व्यवहार में लाएँ।

अभ्यास 2: फॉग व्यवहार मॉडल दूसरों को सिखाएँ ताकि खुद अच्छी तरह सीख सकें

किसी चीज़ को अच्छी तरह सीखने का एक शानदार तरीका है, उसे दूसरों को सिखाना।

चरण 1 : फॉग व्यवहार मॉडल सिखाने के लिए ज़रूरी स्क्रिप्ट के लिए किताब के आखिरी हिस्से में प्रस्तुत किए गए 'परिशिष्ट' को देखें।

चरण 2 : स्क्रिप्ट को पढ़ते हुए व्यवहार मॉडल के तत्त्वों का रेखा-चित्र बनाएँ। इसका अभ्यास तब तक करें, जब तक आपके लिए बिना स्क्रिप्ट पढ़े व्यवहार मॉडल की व्याख्या करना संभव न हो जाए।

चरण 3 : किसी ऐसे व्यक्ति को ढूँढ़ें, जिसे आप सिखा सकें।

चरण 4 : आपने तत्त्वों का जो रेखा चित्र बनाया है, उसका उपयोग कर व्यवहार मॉडल की व्याख्या करें (या इससे भी बेहतर, मॉडल की व्याख्या करते हुए उसका रेखा चित्र बनाएँ)।

चरण 5 : दो मिनट की व्याख्या के बाद, जिसे आप सिखा रहे हैं, उससे पूछें, 'तुम्हें कौन सी बात आश्चर्यजनक लगी?' सिखाने की प्रक्रिया में यह मेरा पसंदीदा सवाल है। क्योंकि अक्सर इस सवाल से एक ऐसी चर्चा शुरू हो जाती है, जिससे हर किसी के लिए सीखने का अनुभव और बेहतर हो जाता है।

2

प्रेरणा - मिलान पर ध्यान केंद्रित करें

सैन्ड्रा और एड्रियन ने हाल ही में अपना पहला घर खरीदा। जब वे पहली बार यह घर देखने आए थे, तो अपने एजेंट के साथ उन्होंने घर के पीछे स्थित आँगन का मुआयना किया, जो इस मकान का इकलौता नकारात्मक पहलू था।

घर के पीछे के इस हिस्से की हालत काफी खराब थी। पत्थरों से बनी एक टूटी-फूटी दीवार, घुटनों तक लंबी घास और एक डरावना सा दिखनेवाला खाद का ढेर, जो गैराज के पिछले हिस्से पर टिका हुआ था। उस वक्त सैन्ड्रा और एड्रियन इसे लेकर परेशान नहीं हुए। आखिर वे घर खरीदने का अपना सपना जो पूरा करने जा रहे थे। उस वक्त उन्हें वहाँ सिर्फ भविष्य की उजली संभावनाएँ नज़र आ रही थीं। ताज़ा हरी सब्जियों और रंग-बिरंगे फूलों से भरा एक बगीचा... शाहबलूत के दो घने पेड़ों के बीच टंगा एक झूला... और नींबू के पेड़ पर बैठे दुर्लभ पक्षियों का झुंड।

जिस दिन यह मकान कानूनी रूप से उनके नाम हुआ, उस दिन दोनों बहुत उत्साहित थे। अपने नए-नवेले घर को मनचाहा रूप देने के लिए उन्होंने ज़रूरी कार्यों की एक सूची तैयार की और काम में जुट गए। उन्होंने घर के भीतरी हिस्से से शुरुआत की। एक-एक कोने की सफाई करना, सैंडपेपर से घिस-घिस कर घर के विभिन्न हिस्सों को चिकना करना और दीवारों की रंगाई-पुताई करना वगैरह। कुछ ही हफ्तों में दोनों ने उस सूची में दर्ज सारे कार्य निपटा लिए, सिर्फ एक कार्य को छोड़कर - और वह था, घर के पीछे स्थित आंगन की हालत सुधारना। एक बार फिर उन्होंने आंगन का मुआयना किया पर पिछली बार के मुकाबले इस बार उन्हें ज़रा अलग महसूस हुआ। घर के इस हिस्से की मरम्मत कर उसे अपना मनचाहा रूप देने का उनका उत्साह अचानक ठंडा पड़ गया। वे दोनों ज़रा परेशान हो गए। आखिर इसकी मरम्मत की शुरुआत कहाँ से की जाए? अपने माता-पिता के घर में सैन्ड्रा बचपन में बगीचे की घास काटा करती थी। लेकिन घर को सुधारने के मामले में सैन्ड्रा का अनुभव बस यहीं तक सीमित था। एड्रियन तो बचपन से ही एक फ्लैट में रहा था, इसलिए इस मामले में उसकी जानकारी सैन्ड्रा से भी कम थी। ऊपर से उनके पास बगीचे के

कामकाज से जुड़े कोई औज़ार भी नहीं थे। अचानक उनके मन में नकारात्मक विचार आने लगे – भला न्यू हैम्पशायर के इस इलाके में नींबू का पेड़ उगता भी है या नहीं? सैन्ड्रा और एड्रियन, दोनों ही जानते थे कि वे वास्तव में क्या चाहते हैं। वे तो बस घर के पीछे एक ऐसा सुंदर सा आँगन चाहते थे, जहाँ वे अपने दोस्तों के साथ बैठकर अच्छा समय बिता सकें और जहाँ भविष्य में उनके बच्चे उछल-कूद कर सकें। पर अब ये सब उन्हें सिर्फ कल्पना की उड़ान लग रहा था, जिसे वास्तविकता में तब्दील करने के लिए उन्हें बहुत मेहनत करनी होगी।

यही वह बिंदु है, जहाँ आकर अधिकतर लोग अपने कदम वापस खींच लेते हैं यानी कार्य को बाद के लिए टाल देते हैं। या फिर वे उसे पूरा करने के लिए हद से ज़्यादा मेहनत करके खुद को थका डालते हैं। सैन्ड्रा और एड्रियन ने भी कुछ ऐसा ही किया। अगले तीन घंटे तक वे दोनों कमरतोड़ मेहनत करते हुए आँगन की मरम्मत में जुटे रहें, पर आखिरकार थककर चूर होने के बाद दोनों ने हार मान ली और दोबारा कभी इसकी कोशिश भी नहीं की। उनका सपना टूट गया और उसकी जगह अपराधबोध, निराशा और विफलता जैसी भावनाओं ने ले ली।

तो आखिर हुआ क्या?

दरअसल घर के इस हिस्से को मनचाहा रूप देने के उनके सपने में समस्या ये थी कि उसे पूरा करने के लिए वे दोनों ही पूरी तरह प्रेरणा पर निर्भर थे।

प्रेरणा भरोसेमंद नहीं होती

जब मामला घर को सुधारकर उसे मनचाहा रूप देने का हो, तो प्रेरणा पर भरोसा नहीं किया जा सकता। खान-पान की आदतें सुधारने, नियमित रूप से व्यायाम करने, रचनात्मक योजनाओं को पूरा करने, टैक्स भरने, नया व्यवसाय शुरू करने, नौकरी ढूँढ़ने, सम्मेलनों की योजना बनाने जैसे उन सभी मामलों में प्रेरणा का कोई भरोसा नहीं, जो आत्म-सुधार से संबंधित होते हैं। प्रेरणा रूपी इस लंगूर का जाल बहुत मज़बूत और बहुत विशाल होता है। आप उसके इस जाल में अक्सर फँस जाते हैं, फिर चाहे आप किसी बड़ी योजना पर काम कर रहे हों या फिर अपनी आदतें बदलने की कोशिश कर रहे हों।

सबसे दुर्भाग्यपूर्ण बात ये है कि अधिकतर लोगों को लगता है कि व्यवहार बदलने के लिए प्रेरणा ही सबसे ज़्यादा ज़रूरी है। इस मामले में 'पुरस्कार' और 'प्रोत्साहन' जैसे शब्दों का इतना ज़्यादा इस्तेमाल होता है। अधिकतर लोग यह मान बैठते हैं कि आप कोई भी आदत विकसित कर सकते हैं, बस आपको अपने सामने उचित 'प्रोत्साहन' का एक लॉलीपॉप लटकाना है, जिसे अपने दाँतों तले दबा लेने की

उम्मीद में आप लगातार आगे बढ़ते रहेंगे। लोगों द्वारा ये सोच अपना लेना स्वाभाविक भी है, लेकिन इस सच से इंकार नहीं किया जा सकता कि यह सोच बिलकुल गलत है। इसमें कोई दोराय नहीं कि प्रेरणा उन तीन तत्त्वों में से एक है, जो व्यवहार को संचालित करते हैं। लेकिन समस्या ये है कि प्रेरणा अक्सर अस्थिर होती है। प्रेरणा हमारे सामने जो चुनौतियाँ प्रस्तुत करती है, यह अध्याय उन्हीं चुनौतियों की गहन पड़ताल करता है।

प्रेरणा एक ऐसे दोस्त की तरह है, जो हर रोज पार्टियों में जाकर मौज करता है। यानी उसके साथ आप रात को घूम-फिर सकते हैं, मौज कर सकते हैं लेकिन अगर आप एयरपोर्ट पर हैं, तो आप इस बात के लिए उस पर भरोसा नहीं कर सकते कि वह आपको लेने आएगा। इसलिए ये ज़रूरी है कि आप उसकी भूमिका और सीमाओं को समझें और फिर ऐसे व्यवहारों का चुनाव करें, जिन्हें अपनाने के लिए आपको प्रेरणा जैसे अस्थिर दोस्त पर निर्भर न होना पड़े।

इसके लिए हमें प्रेरणा रूपी लंगूर के हर जाल को समझना पड़ेगा, जिसे फेंककर वह अपना खेल खेलता है। तभी हम यह समझ पाएँगे कि अपने मनचाहे परिणाम हासिल करने के लिए हमें उसके द्वारा फेंके गए जाल से बचते हुए अपना रास्ता कैसे निकालना है। इसमें न तो आपके सामने 'प्रोत्साहन' का कोई लॉलीपॉप लटाकाया जाएगा और न ही आपको खुद के बनाए अपराध-बोध के दलदल में गिरना होगा।

१. प्रेरणा जटिल होती है

आइए मूल बातों से शुरू करते हैं

प्रेरणा क्या है?

दरअसल प्रेरणा एक विशिष्ट व्यवहार करने की इच्छा है (जैसे आज रात को पालक खाना) या फिर सामान्य श्रेणी के व्यवहारों का एक समूह है (रोज रात को सब्जियाँ और ऐसी ही अन्य स्वास्थ्यवर्धक चीज़ें खाना)। कुछ मनोवैज्ञानिक बाहरी और आंतरिक प्रेरणा का जिक्र करते हैं, लेकिन मैंने पाया है कि उनकी इस बात में कोई दम नहीं है और न ही वास्तविक जीवन में इसका कोई लाभ होता है। मेरा मानना है कि प्रेरणा के तीन स्रोत होते हैं: 1. आप खुद (जो आप पहले से चाहते हैं), 2. लाभ या दंड, जो आपको क्रिया करने से प्राप्त होता है (एक लॉलीपॉप या फिर बेंत) और 3. आपका संदर्भ (उदाहरण - आपके सारे दोस्त फलाँ कार्य कर रहे हैं)। इसकी सजीव कल्पना करने के लिए मैंने एक किरदार गढ़ा, जिसका नाम है 'पीएसी व्यक्ति।' आगे भी समय-समय पर इसका जिक्र होता रहेगा, तो कुल मिलाकर इंसानी व्यवहार को समझने के लिए तीन मूल चीज़ें महत्वपूर्ण हैं- व्यक्ति, क्रिया और संदर्भ।

जैसा कि इस 'पीएसी व्यक्ति' रेखा-चित्र से स्पष्ट है कि प्रेरणा इन तीनों में से किसी भी एक स्रोत से आ सकती है। पहला, प्रेरणा व्यक्ति के अंदर से आ सकती है: यानी आप पहले से ही वह व्यवहार करना चाहते हैं। उदाहरण के लिए हममें से अधिकांश लोग आकर्षक दिखने के लिए प्रेरित रहते हैं। इंसान के तौर पर यह प्रेरणा हमारे अस्तित्व में बसी हुई है। दूसरा, कोई व्यवहार करने की प्रेरणा, उस व्यवहार से जुड़े किसी लाभ या दंड के चलते भी आ सकती है। जैसे अगर टैक्स की बात करें, तो ऐसा नहीं है कि सुबह उठते ही हमारे मन में टैक्स भरने की इच्छा जाग जाती हो। लेकिन टैक्स न भरने पर दंड का प्रावधान है, जो हमें समय पर टैक्स भरने के लिए प्रेरित करता है। तीसरा, प्रेरणा हमारे संदर्भ (जैसे हमारा तात्कालिक वातावरण) से भी आ सकती है। मान लीजिए कि आप कलाकृतियों की एक निलामी में जाते हैं, जो किसी चैरिटी को सहयोग करती है। अगर चैरिटी सचमुच किसी सार्थक कार्य के लिए हो रही है और अगर लोग वहाँ आकर उत्साहित हैं व निलामी करानेवाला व्यक्ति माहौल को ऊर्जावान बना रहा है, तो यह सब - यानी संदर्भ (जिसे बहुत सोच-समझकर आकार दिया गया है) - आपको वहाँ निलाम हो रही किसी साधारण सी पेंटिंग के लिए भी अच्छी-खासी रकम खर्च करने के लिए प्रेरित कर देगा।

कोई व्यवहार करने के पीछे प्रेरणा के एक से ज़्यादा स्रोत भी हो सकते हैं। मैं इन विभिन्न प्रेरणाओं को ऐसे बलों के रूप में देखता हूँ, जो आपको किसी क्रिया की ओर या उससे विपरीत दिशा में ले जाते हैं। हो सकता है कि आपकी प्रेरणा किसी समूह की स्वीकार्यता पाने की इच्छा से पैदा हुई हो या फिर शायद शारीरिक दर्द के डर से। हो सकता है कि आपकी प्रेरणा आपको किसी क्रिया की ओर या उससे विपरीत दिशा में ले जा रही हो। लेकिन यह तय है कि प्रेरणा हमेशा मौजूद होती है, जो आपको ऊपर या फिर नीचे की ओर - क्रिया रेखा से ऊपर या नीचे - ले जा रही होती है और यह इस बात पर निर्भर करता है कि उस क्षण में वह कितनी सशक्त है।

प्रेरणाओं की यह जटिलता कभी-कभी हमारे लिए एक मनोवैज्ञानिक रस्साकशी पैदा कर देती है। उदाहरण के लिए सैन्ड्रा और एड्रियन की प्रेरणाएँ आपस में प्रतिस्पर्धा कर रही थीं। वे दोनों अपने नए-नवेले घर में आराम करते हुए उसका आनंद लेना चाहते थे, लेकिन साथ ही वे घर के पीछे स्थित आँगन की मरम्मत करके और उसे एक नया रूप देकर, घर के कार्यों की सूची में बचे आखिरी कार्य को पूरा भी करना चाहते थे। ये प्रतिस्पर्धी प्रेरणाएँ उन्हें अलग व्यवहारों की ओर संचालित कर रही थीं।

प्रतिस्पर्धी प्रेरणाएँ

हो सकता है कि सैन्ड्रा और एड्रियन में परस्पर विरोधी प्रेरणाएँ भी रही हों, जो दरअसल एक ही व्यवहार से संबंधित दो विरोधी ऊर्जाएँ हैं। परस्पर विरोधी प्रेरणाएँ मानसिक पीड़ा का स्रोत बन सकती हैं - 'मैं अपने खाने से चीनी को पूरी तरह हटाना चाहता हूँ, लेकिन चॉकलेट कपकेक का स्वाद मुझे लगातार अपनी ओर आकर्षित कर रहा है।' ये दो परस्पर विरोधी भाव संघर्ष की स्थिति पैदा कर सकते हैं, बस ये इस बात पर निर्भर करता है कि हमारे आसपास क्या हो रहा है।

परस्पर विरोधी प्रेरणाएँ

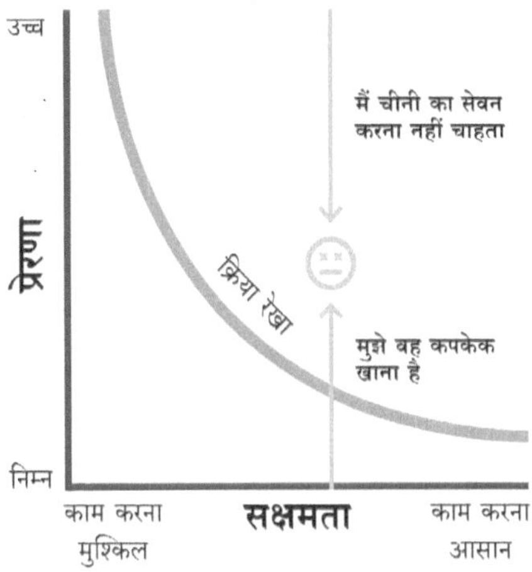

इससे भी बड़ी समस्या यह तथ्य है कि अधिकांश समय हम अपनी कुछ प्रेरणाओं को देख ही नहीं पाते। जैसे हो सकता है कि हमें यह बात पूरी तरह समझ में न आए कि कोई विशेष चीज़ खाने की हमारी इच्छा कहाँ से आ रही है। 'क्या मुझे सचमुच पॉपकॉर्न का नमकीन स्वाद बहुत पसंद है या फिर हर रोज पॉपकॉर्न खाने की मेरी आदत, अतीत की उस पुरानी स्मृति से पैदा हुई है, जब मैं अपने परिवार के साथ फिल्म देखने जाता था और उस दौरान हम सब पॉपकॉर्न ज़रूर खाते थे?' लगातार बदलनेवाली, अदृश्य, प्रतिस्पर्धी और परस्पर विरोधी प्रेरणाएँ, व्यवहार के इस तत्त्व को समझना और नियंत्रित करना मुश्किल बना देती हैं। इसीलिए जब स्थाई बदलाव लाने के उद्देश्य से खुद को प्रेरित करने की हमारी कोशिशें असफल हो जाती हैं, तो हम और अधिक निराश महसूस करते हैं।

२. प्रेरणा की लहर

मुश्किल कार्य पूरे करने के लिए प्रेरणा की ऊँची लहर बड़ी कारगर होती है - पर सिर्फ एक बार।

अपने बच्चे को अचानक आई किसी विपदा से बचाना।

नौकरी छोड़ना।

घर में रखा सारा जंक फूड बाहर फेंक देना।

अपनी फ्लाइट पकड़ने के लिए एयरपोर्ट पर तेजी से भागना।

अपनी पहली ए.ए. (एल्कोहॉलिक्स एनॉनमस) मीटिंग में हिस्सा लेना।

संपादक को पत्र लिखना।

नए साल के मौके पर किए गए अपने दस दृढ़ निश्चयों के अनुसार कार्य करना... सिर्फ एक दिन तक।

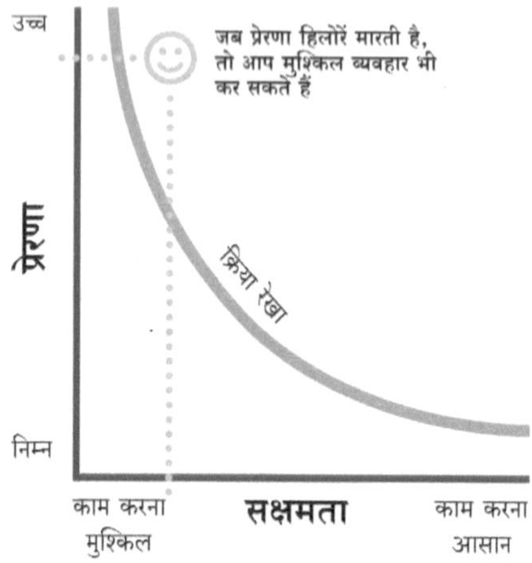

जब प्रेरणा का स्तर ऊँचा होता है, तो वह अस्थिर और अनियमित, दोनों होती है। सैन्ड्रा और एड्रियन के लिए नया घर खरीदना कोई रोज की बात नहीं है, इसलिए जब पहली नए घर की चाबी उनके हाथ में आई, तो वे घर के रूप-रंग में सुधार करने के लिए बेहद प्रेरित थे इसलिए वे खुद को मुश्किल व्यवहार करने में भी सक्षम महसूस कर रहे थे। और उस क्षण में वे सचमुच सक्षम भी थे। वास्तव में यह प्रेरणा कुछ समय तक उनके लिए बड़ी सहायक भी रही। इसी के चलते वे अपने घर के भीतरी हिस्से की मरम्मत कर सके, जो न सिर्फ एक मुश्किल काम था बल्कि इसमें काफी समय भी लगा। लेकिन जब उन्होंने घर में मनचाहे सुधार करने के लिए ज़रूरी कार्यों की सूची बनाई, तब उन्होंने यह नहीं सोचा कि अगले दिन, अगले सप्ताह या अगले महीने वे इसके बारे में कैसा महसूस करेंगे। जबकि यह तय था कि एक समय के बाद उनकी प्रेरणा का स्तर नीचे ज़रूर आएगा।

'व्यवहार संरचना' में प्रेरणा के स्तर में आनेवाले इस अस्थाई उछाल को हमने 'प्रेरणा की लहर' का नाम दिया है। मुझे यकीन है कि आपने पहले भी यह अनुभव किया होगा: आपकी प्रेरणा अचानक बढ़ी और फिर तेजी से कम भी हो गई। और हो सकता है कि आपने खुद को इस बात के लिए दोषी भी ठहराया हो कि आप प्रेरणा का ऊँचा स्तर बरकरार नहीं रख सके। असल में इसमें आपका कोई दोष नहीं है। प्रेरणा हमारे जीवन में इसी तरह काम करती है।

हर साल करीब सौ मिलियन लोग ऑनलाइन कोर्स में दाखिला लेते हैं, लेकिन उनमें से ज़्यादातर लोग कोर्स को बीच में ही छोड़ देते हैं। इस पर अध्ययनों में से

अधिकांश का निष्कर्ष यही है कि सिर्फ 10 फीसदी लोग ही कोर्स पूरा कर पाते हैं। छात्र भरपूर उत्साह और समर्पण के साथ कोर्स की शुरुआत करते हैं, लेकिन फिर उनकी प्रेरणा का स्तर कम हो जाता है। यहाँ तक कि यह तथ्य भी छात्रों को कोर्स पूरा करने के लिए प्रेरित नहीं कर पाता कि वे इसकी पूरी फीस भर चुके हैं और बीच में छोड़ने पर वह फीस वापस नहीं मिलेगी। ऐसी ही कई चीज़ें हमारे चारों ओर निरंतर होती रहती हैं। जैसे अगर आपने कभी कंधों की मालिश करनेवाली मशीन खरीदी हो (जिसका विज्ञापन टीवी पर अक्सर देर रात को आता है!) तो मुझे पूरी उम्मीद है कि शायद आपको याद भी नहीं होगा कि आपने आखिरी बार उस मशीन का इस्तेमाल कब किया था। इसी तरह शायद आपने सब्जियों का जूस पीने के उद्देश्य से एक ज्यूसर भी खरीदा होगा, लेकिन उसका उपयोग भी शायद दो-चार बार ही हुआ होगा - दरअसल ये मामले इस बात का उदाहरण हैं कि कैसे आप अपने मस्तिष्क द्वारा फेंके गए एक आम जाल में फँस गए - भविष्य की प्रेरणा को वास्तविकता से अधिक आँक लेना। ये हम सबके साथ होता है। अगर आपके साथ ऐसा हुआ है, तो इसका अर्थ ये नहीं है कि आप मूर्ख या बचकाने व्यक्ति हैं और आपको आसानी से बरगलाया जा सकता है। बल्कि इसका अर्थ सिर्फ ये है कि आप इंसान हैं और इंसान अक्सर ऐसी गलतियाँ कर बैठते हैं।

तो आखिर हम हर बार प्रेरणा की लहर की चपेट में क्यों आ जाते हैं, जबकि हम अच्छी तरह जानते हैं कि हम कुछ ज़्यादा ही आशावादी हो रहे हैं? दरअसल जब आपको कुछ ऐसा करने का 'संकेत' मिलता है, जिसे करने का निर्णय एक अच्छा या आवश्यक निर्णय लग रहा हो, तो आपको कुछ महसूस होता है। फिर भले ही वह गहन इच्छा, उत्साह या भय ही क्यों न हो, इससे कोई फर्क नहीं पड़ता - प्रेरणा कोई भी हो, आपका मस्तिष्क आपके व्यवहार को तत्काल तर्कसंगत ठहरा देगा। अचानक ऐसा कार्य करना भी तर्कसंगत लगने लगता है, जिसे करना आपको महँगा पड़ सकता है या जिसे करने में बहुत समय खर्च होना हो या जो शारीरिक रूप से बहुत मेहनतवाला काम हो या फिर जिसे करने पर आपका रोज़मर्रा का जीवन प्रभावित हो सकता हो। दरअसल हम भावना के आवेश में अपनी क्रिया शुरू करते हैं और फिर उसे सही ठहराने के लिए तर्क ढूँढ़ लेते हैं। यह तरीका उस समय कारगर था, जब हम प्रागैतिहासिक काल में जंगलों में रहते थे। प्रेरणादायी भावनाएँ पहली बार इसीलिए पैदा हुईं ताकि हम अपना अस्तित्व बचा सकें और एक प्रजाति के रूप में सफल हो सकें। जैसे अगर कभी आपके सामने शेर आ जाए, तो बेहतर यही होगा कि उसके देखते ही आपके मन में भय पैदा हो जाए ताकि आप वहाँ से भाग खड़े हों और खुद को बचा सकें। अगर हम एक ऐसी प्रजाति के रूप में विकसित हुए होते, जो किसी भी चीज़ की शुरुआत भावनाओं के बजाय तर्क से करती है, तो शायद हम 60 के

दशक की अमेरिकी टीवी सीरीज 'स्टार ट्रैक' के मशहूर किरदार मिस्टर स्पॉक जैसे होते। क्या आपको लगता है कि स्पॉक के घर में भी सब्जियों का जूस निकालनेवाला एक जूसर होगा, जो किसी कोने में पड़ा धूल खा रहा होगा? जी नहीं। स्पॉक प्रेरणा की लहर में हिलोरें नहीं मारता। वह उन लोगों में से है, जो प्रेरणा की लहर को ऊँचा उठते देख, उसके नीचे से तैरकर निकल जाएगा। ज्यूसर न खरीदने के पीछे वह तर्क देगा कि जूस निकालने के बाद ज्यूसर को साफ करने में इतना ज़्यादा समय लगता है कि सब्जियों का ताजा जूस पीने का उसका सारा उत्साह ठंडा पड़ जाएगा।

३. प्रेरणा में उतार-चढ़ाव

आपको यह भी समझना होगा कि प्रेरणा का स्तर छोटे पैमाने पर बदलता है। इसमें हर रोज उतार-चढ़ाव आता है। शायद आपको खुद भी एहसास होगा कि कुछ विशेष मामलों में आपकी प्रेरणा में लगातार उतार-चढ़ाव आता रहता है। ज़रा याद कीजिए, आखिरी बार ऐसा कब हुआ था, जब आपने क्रिसमस बीतने के बाद 26 दिसंबर को सैंटा क्लॉज की टोपी खरीदी हो?

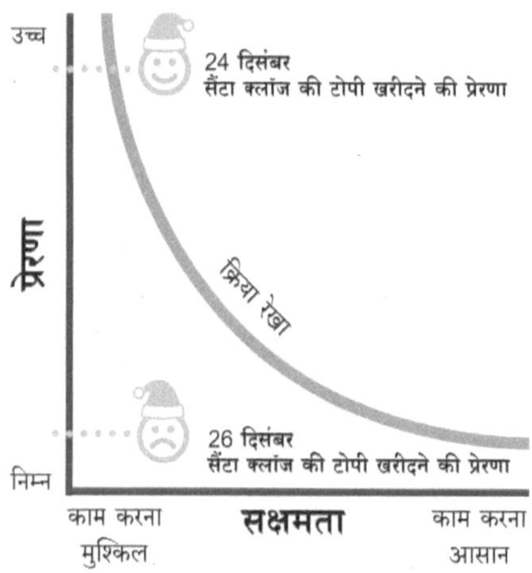

खुदरा विक्रेता इस बात को अच्छी तरह समझते हैं। इसीलिए क्रिसमस की छुट्टियों के बाद, जब खरीदारों की प्रेरणा का स्तर नीचे आ चुका होता है और वे ज़्यादा पैसा खर्च करने से बचने लगते हैं, तो खुदरा विक्रेता सैंटा क्लॉज की टोपी सस्ते दामों पर बेचना शुरू कर देते हैं। इस तरह खुदरा विक्रेता बदलते हालात के साथ अपना तालमेल बिठा लेते हैं। ऐसे ही कई अन्य बदलाव भी होते हैं, जो अपेक्षाकृत सूक्ष्म होते हैं पर उनका पूर्वानुमान आसानी से लगाया जा सकता है, जैसे दिन ढलने के साथ-साथ इच्छाशक्ति का घटना। जैसे-जैसे दिन ढलता है, जटिल निर्णय लेना मुश्किल होता जाता है। सप्ताहांत शुरू होने से पहले शुक्रवार रात तक आत्म-सुधार

की सारी प्रेरणा गायब हो जाती है। ये बदलाव उन कई कारणों में से एक हैं, जिनके चलते आप अपनी प्रेरणा को पूरी तरह नियंत्रित नहीं कर सकते।

इन उतार-चढ़ावों के साथ तालमेल बिठाने के मामले में स्वास्थ्य और फिटनेस के क्षेत्र में कार्यरत लोग खासतौर पर आगे रहते हैं। कई साल पहले की बात है, जब मैं वेट वॉचर्स[1] की प्रोडक्ट टीम को व्यवहार संरचना का प्रशिक्षण दे रहा था ताकि वे अपने वैश्विक कार्यक्रम को बेहतर बनाकर अपने कर्मचारियों को बदलाव लाने के सर्वोत्तम तरीकों की ओर केंद्रित कर सकें। कंपनी के तत्कालीन सीईओ डेविड किरशॉफ ने अपने व्यवसाय की मौसमी प्रकृति के बारे में बताया। हर साल एक विशेष समय-अवधि के दौरान कंपनी को ऑनलाइन साइन-अप और की-वर्ड सर्च में अनुमानित वृद्धि देखने को मिलती थी। जैसे जनवरी के महीने में कंपनी की वेबसाइट पर साइन-अप करनेवालों की संख्या अचानक बढ़ जाती थी - आखिर यह नए साल में आत्म-सुधार से जुड़े दृढ़ निश्चय करने का समय जो होता है। इसी तरह मजदूर दिवस के बाद भी साइन-अप करनेवालों की संख्या में बढ़ोत्तरी देखने को मिलती क्योंकि अधिकांश लोग अपनी गर्मियाँ फास्ट-फूड और आइसक्रीम जैसी चीज़ों का भरपूर सेवन करते हुए बिताते और मजदूर दिवस - जो गर्मियों का मौसम खत्म होने का संकेत होता है - के बाद लोग अचानक अपने स्वास्थ्य को लेकर गंभीर होने लगते। इसके साथ ही कंपनी यह भी स्पष्ट देख सकती थी कि प्रेरणा की यह लहर लोगों को कब मुश्किल में डाल देती है। नवंबर की शुरुआत में वजन घटाने की कोशिशें अक्सर कमजोर पड़ने लगतीं क्योंकि जैसे ही थैंक्स गिविंग डे और क्रिसमस आता, तो लोग वसा और शक्कर से भरी पिकैन पाई जैसे स्वादिष्ट चीज़ें खाने से खुद को रोक नहीं पाते। दरअसल वजन घटाने के मामले में नवंबर और दिसंबर का समय किसी शांत समंदर जैसा होता - जहाँ प्रेरणा की कोई लहर नहीं उठती - इसलिए बेहतर यही है कि इन लहरों पर निर्भर न रहा जाए।

प्रेरणा में बदलाव सिर्फ पूर्वानुमानित लहरों के रूप में ही देखने को नहीं मिलता है। कुछ लहरें अप्रत्याशित भी होती हैं। जैसे मान लीजिए कि आपकी किशोर बेटी एक सप्ताह तक आपके पीछे पड़ी रहीं ताकि आप उसे पॉप स्टार अरियाना ग्रांडे के म्यूजिक कन्सर्ट में जाने की अनुमति दे दें। लेकिन आपसे अनुमति मिलने के बावजूद कन्सर्ट के एक दिन पहले वह अचानक कहती है कि वह कहीं नहीं जाना चाहती। आपको अंदाजा भी नहीं है कि दरअसल उसकी सबसे खास दोस्त ने ऐन मौके पर कन्सर्ट में जाने से इंकार कर दिया, जिससे आपकी किशोर बेटी का सारा उत्साह ठंडा पड़ गया और उसकी प्रेरणा का स्तर कम हो गया।

---

1 स्वास्थ्य संबंधी उत्पाद व सेवाएँ उपलब्ध करानेवाली एक अमेरिकी कंपनी

प्रेरणा में ऐसा उतार-चढ़ाव बहुत तेजी से भी हो सकता है। जैसे किसी दिन आप दोपहर साढ़े बारह बजे लंच करने के लिए प्रेरित महसूस करते हैं और खाना खा लेते हैं। फिर कोई आपको बताता है कि दोपहर डेढ़ बजे से ऑफिस के कॉन्फ्रेंस रूम में पिज्जा का इंतजाम होनेवाला है, लेकिन अब आप पिज्जा खाने के लिए कोई खास प्रेरणा महसूस नहीं करते क्योंकि आपने कुछ देर पहले ही खाना खाया है।

हालाँकि एक विशेष परिस्थिति में आपकी प्रेरणा स्थिर भी हो सकती है। जरा एक बुजुर्ग महिला पर विचार करें, जो अपने नाती-पोतों के साथ समय बिताने के लिए हमेशा प्रेरित रहती है। या फिर एक किशोरी पर विचार करें, जो अपने दोस्तों के सामने सुंदर दिखने के लिए हमेशा प्रेरित रहती है। इन स्थिर प्रेरणाओं को मैं आकांक्षाओं का नाम देता हूँ। आगे इन्हीं के बारे में बताया गया है।

४. किसी अस्पष्ट चीज़ के लिए प्रेरित होने से परिणाम नहीं मिलते

हम सब स्वस्थ रहना चाहते हैं। हम अपने बच्चों के सामने और अधिक धीरज के साथ पेश आना चाहते हैं। हम सब पेशेवर संतुष्टि चाहते हैं। अपनी इन आकांक्षाओं को पूरा करने की हमारी इच्छा स्थाई होती है (या यूँ कहें कि यह इच्छा आसानी से बदलती नहीं है)। अपनी आकांक्षाओं को पूरा करने की इच्छा हमें उचित ही लगती है, है ना? जी हाँ। आकांक्षाएँ जीवन में बदलाव लाने का एक उत्कृष्ट शुरुआती बिंदु होती हैं।

दरअसल हर कोई एक स्वस्थ, कम तनावपूर्ण और अधिक संतुष्टिदायक जीवन जीना चाहता है। लेकिन समस्या ये है कि लोग अक्सर मान बैठते हैं कि किसी आकांक्षा को पूरा करने के लिए खुद को प्रेरित करने से उसके जीवन में स्थाई बदलाव आ सकता है। इसीलिए लोग अपना ध्यान आकांक्षाओं पर केंद्रित करते हैं और साथ ही वे प्रेरणा पर भी ध्यान केंद्रित करते हैं। जबकि इन दोनों के आपस में मिलने से कोई परिणाम नहीं निकलता।

यह भ्रामक विचार बहुत व्यापक स्तर पर फैला हुआ है। जैसे किसी डॉक्टर के क्लीनिक की दीवार पर सार्वजनिक-स्वास्थ्य संबंधी पोस्टर, जिस पर कई रंग-बिरंगी सब्जियों के चित्र बने होते हैं और उसका शीर्षक होता है - रंग-बिरंगा आहार लें।

पहली नज़र में उसे देखकर आपके मन में यही विचार आता है: हाँ, मुझे और स्वास्थ्यवर्धक आहार लेना चाहिए। पर आपको ठीक-ठीक यह पता नहीं होता कि इसके लिए आपको कौन-कौन से व्यावहारिक कदम उठाने होंगे। खाने में हरी सब्जियों की मात्रा कितनी होनी चाहिए और लाल रंग की सब्जियाँ कितनी होनी

चाहिए? मतलब मुझे सलाद और सेब खाना चाहिए, है ना? क्योंकि 'रंग-बिरंगा आहार लें' का अर्थ हरी आइसक्रीम और लाल कैंडी तो नहीं हो सकता, है ना? आपको 'रंग-बिरंगा आहार' लेने के लिए प्रेरित किया जाता है, लेकिन शायद आपको ये पता ही न हो कि ऐसा कैसे करना है। इसके चलते संभव है कि आप थोड़ा निराश महसूस करें और फिर अपने साथ कुछ ज़्यादा ही सख्ती से पेश आने लगें।

सपने देखना और आकांक्षाएँ रखना अच्छी बात है। इसी तरह सार्वजनिक-स्वास्थ्य को बढ़ावा देने के लिए अभियान चलाना भी अच्छा है। लेकिन किसी अस्पष्ट चीज़ के लिए खुद को या दूसरों को प्रेरित करने की कोशिश में अपना कीमती समय और ऊर्जा खर्च करना एक गलत कदम उठाने के बराबर है।

५. प्रेरणा से दीर्घकालीन बदलाव लाना संभव नहीं

जब बात खुद को बेहतर बनाने के लिए व्यवहार में बदलाव लाने की हो, तो आमतौर पर लोगों की मान्यता होती है कि इसका संबंध व्यक्तिगत क्रिया और चुनाव से है। लोगों को लगता है कि अगर वे अपने लिए एक उचित प्रेरक ढूँढ़ लें, तो वे वह सब कर सकते हैं, जो उन्हें सचमुच करना चाहिए (पर उन्हें सचमुच क्या करना चाहिए, यह आमतौर पर अस्पष्ट ही होता है)।

यह दुर्भाग्यपूर्ण सोच ही सारा दोष आप पर और खुद को प्रेरित करने की आपकी अक्षमता पर मढ़ देती है। मैं इसी को बदलना चाहता हूँ।

मैं चाहता हूँ कि लोग यह जाने कि अगर वे केवल प्रेरणा पर ध्यान केंद्रित करते हैं तो इसका अर्थ है कि वे व्यवहार को संचालित करनेवाले दो प्रमुख तत्त्वों - सक्षमता और संकेत - को अनदेखा कर रहे हैं। मान लीजिए, कोई आपको प्रस्ताव देता है कि अगर आप तत्काल अपना ब्लड शुगर लेवल सामान्य कर लेते हैं, तो इसके बदले वह आपको एक मिलियन डॉलर देगा। एक मिलियन डॉलर की रकम एक बड़ी प्रेरणा है, है ना? पर क्या आप तत्काल अपना ब्लड शुगर लेवल सामान्य कर सकते हैं? शायद नहीं। सिर्फ प्रेरणा के बल पर ऐसा करना संभव नहीं है।

उच्च प्रेरणा होने भर से आप अपनी आकांक्षाएँ और मनचाहे परिणाम हासिल नहीं कर सकते। वैसे भी मेरे व्यवहार मॉडल के तीनों तत्त्वों में प्रेरणा सबसे कम भरोसेमंद होती है और इसके बारे में कोई पूर्वानुमान लगाना सबसे मुश्किल है।

अगर आप अब तक पूरी तरह प्रेरणा की ओर केंद्रित रहते आए हैं, तो यकीन मानिए ऐसा करनेवाले आप अकेले व्यक्ति नहीं हैं। पर अब मुझे उम्मीद है कि आप यह देख पा रहे हैं कि स्थाई बदलाव लाने के लिए आप सिर्फ प्रेरणा पर निर्भर नहीं रह सकते। क्योंकि संभव है कि आप प्रेरणा को बरकरार न रख पाएँ और शायद आप

इसकी अविश्वसनीय प्रकृति में हेरफेर करने में भी सक्षम न हों। उम्मीद है कि आप यह देख सकते हैं कि यह आपके चरित्र से संबंधित समस्या नहीं है। यह तो इंसानी स्वभाव है। इसीलिए आपको प्रेरणा रूपी लंगूर के जाल में फँसने के बजाय बीच का रास्ता निकालना होगा।

प्रेरणा को चकमा देना

प्रेरणारूपी लंगूर को चकमा कैसे दिया जाए, यह बताने से पहले मैं एक बात स्पष्ट कर देना चाहता हूँ। मैं यहाँ आपको यह बताने आया हूँ कि आपको अपने जीवन में ऊँची महत्वाकांक्षाएँ रखनी चाहिए, खुली आँखों से सपने देखने चाहिए या फिर एक विजन बोर्ड तैयार करना चाहिए। आप जो चाहते हैं, उसकी जितनी स्पष्ट कल्पना करेंगे, उतना बेहतर होगा। कहीं पहुँचने के लिए यह पता होना ज़रूरी है कि आप कहाँ जा रहे हैं। सैन्ड्रा और एड्रियन के मन में अपने नए-नवेले घर के पीछे स्थित आँगन को मनचाहा रूप देने का जो उत्साह और महत्वाकांक्षा थी, उसमें कुछ भी गलत नहीं था। इसी तरह अगर आप कोई नया व्यवसाय शुरू करने, जल्द रिटायमेंट लेने के लिए बचत करने या मोटापे के साथ अपने आजीवन संघर्ष में जीत हासिल करने के लिए यह किताब पढ़ रहे हैं, तो ठीक यही बात आप पर भी लागू होती है।

सपने देखना इंसान का स्वभाव है। इसीलिए हम सबके मन में हर वक्त कोई न कोई आकांक्षा ज़रूर पल रही होती है। पर आमतौर पर ऐसी आकांक्षाएँ मन के अंदर ही रहती हैं - कुछ हद तक इसलिए क्योंकि हमारी अस्थिर प्रेरणा अक्सर ज़रूरत पड़ने पर हमारा साथ छोड़ देती है। तो फिर प्रेरणा पर निर्भर हुए बिना अपने मन में छिपी अपनी आकांक्षाओं को पूरा कैसे किया जाए?

पहले तो हमें इन तीन चीज़ों - आकांक्षाओं, परिणामों और व्यवहारों - के बीच स्पष्ट अंतर करना होगा। जब मैं अपने बूट कैम्प या वर्कशॉप में व्यवहार संरचना का प्रशिक्षण देता हूँ, तो सबसे पहले लोगों से यह पूछता हूँ कि वे अपने जीवन में कौन सा नया व्यवहार अपनाना चाहते हैं? इस सवाल के जवाब में मुझे कुछ इस प्रकार के जवाब सुनने को मिलते हैं:

- 'मैं स्क्रीन के सामने कम समय बिताना चाहता हूँ।'
- 'मैं बेहतर नींद लेना चाहता हूँ!'
- 'मैं 12 फीसदी बॉडी फैट घटाना चाहता हूँ।'
- 'मैं अपने बेटे के सामने और अधिक धीरज के साथ पेश आना चाहता हूँ।'
- 'मैं अधिक उत्पादक बनना चाहता हूँ।'

और मैं कहता हूँ, 'बढ़िया – मैं आपको बता सकता हूँ कि अपनी इन इच्छाओं को आप वास्तविकता में कैसे बदल सकते हैं। पर ये व्यवहार नहीं हैं। ये सब आपकी आकांक्षाएँ हैं या फिर वे परिणाम हैं, जिन्हें आप हासिल करना चाहते हैं।' आकांक्षाएँ दरअसल अमूर्त, अस्पष्ट इच्छाएँ हैं, जैसे अपने बच्चों को पढ़ाई के मामले में सफल होते देखना। जबकि परिणाम कहीं अधिक मापन योग्य होते हैं, जैसे सीधे सेकेंड सेमेस्टर में जाना। ये दोनों ही व्यवहार संरचना की प्रक्रिया का बढ़िया शुरुआती बिंदु हैं। लेकिन आकांक्षाएँ और परिणाम, व्यवहार नहीं हैं।

ये रहा, व्यवहारों, आकांक्षाओं व परिणामों के बीच अंतर पहचानने का आसान तरीका : व्यवहार वह है, जिसे आप अभी या किसी और समय पर कर सकते हैं। अपना फोन बंद करना, गाजर खाना, कोई किताब खोलकर उसके पाँच पेज पढ़ना, ये सब ऐसी क्रियाएँ हैं, जो आप कभी भी कर सकते हैं। जबकि आकांक्षाओं को किसी भी समय पूरा नहीं किया जा सकता और न ही परिणामों को अचानक कभी भी हासिल किया जा सकता है। जैसे आप अपनी नींद को अचानक बेहतर नहीं बना सकते या आज रात खाने के बाद आप अचानक 12 पाउंड वजन नहीं घटा सकते। इसमें समय लगता है। आप समय के साथ अपनी आकांक्षाएँ तभी पूरी कर सकते हैं और परिणाम तभी हासिल कर सकते हैं, जब आप ऐसा स्पष्ट व्यवहार करें, जो उनके लिए आवश्यक हो।

मैंने देखा है कि लोग सहज रूप से स्पष्ट व्यवहारों के संदर्भ में नहीं सोच पाते और इस प्रवृत्ति के चलते करीब–करीब हर कोई गलती कर बैठता है।

आकांक्षाओं और परिणामों की बात करते समय लोग अक्सर 'लक्ष्य' शब्द का उपयोग करते हैं। जब कोई व्यक्ति 'लक्ष्य' बोलता है, तो आप यकीन के साथ यह नहीं कह सकते कि 'लक्ष्य' से उसका क्या मतलब है क्योंकि यह बड़ा ही अस्पष्ट किस्म का शब्द है। इसीलिए व्यवहार संरचना की डिक्शनरी में 'लक्ष्य' शब्द है ही नहीं। इसकी जगह 'आकांक्षा' या 'परिणाम' जैसे शब्दों का उपयोग किया जाता है ताकि स्पष्टता बनी रहे।

एक बार मैंने एक प्रतिष्ठित बैंक के साथ बचत संबंधी कार्यक्रम पर काम किया। इस कार्यक्रम का उद्देश्य था, बैंक के ग्राहकों को 500 डॉलर का एक आपातकालीन फंड बनाने के लिए प्रेरित करना। बैंक के वेब पेज पर ऐसे कई लेख, आँकड़े और विशेषज्ञों की सलाह दी गई थी, जिससे स्पष्ट था कि अगर आपके पास किसी आपातकालीन स्थिति के लिए पैसा नहीं होगा, तो आप वित्तीय समस्यों से घिर सकते हैं।

'तो आप अपने ग्राहकों से क्या व्यवहार करने को कह रहे हैं?' मैंने पूछा।

'आपातकालीन स्थिति के लिए 500 डॉलर की बचत करना,' प्रोजेक्ट लीडर ने जवाब दिया। उच्च शिक्षा प्राप्त, बुद्धिमान और अद्भुत बैंक कर्मचारियों के इस समूह के अनुसार यह स्पष्ट व्यवहार था। पर गौर कीजिए, इस तरह वे दरअसल एक परिणाम की बात कर रहे थे, न कि व्यवहार की।

मैं उन्हें यह बात समझाना चाहता था इसलिए मैंने उनकी टीम को मज़ाकिया अंदाज में चुनौती दी, 'तो ज़रा आप सब तत्काल 500 डॉलर की बचत करके दिखाएँ।'

वे सब हँस पड़े। पर वे मेरी बात का मतलब समझ चुके थे।

फिर हमने इस पर काम शुरू किया। मैंने अपना ध्यान ऐसे स्पष्ट व्यवहार ढूँढ़ने पर केंद्रित कर लिया, जो बैंक के ग्राहक एक आपातकालीन फंड बनाने के लिए कर सकते थे। आखिरकार हमने इन व्यवहारों का पता लगा लिया, जिनमें से कुछ इस प्रकार हैं :

- अपनी केबल कंपनी को कॉल करें और कहें कि आप अपना मौजूदा प्लान छोड़कर सबसे सस्ता प्लान लेना चाहते हैं।
- हर रोज शाम को आपकी जेब में जितने भी फुटकर पैसे हों, उन्हें आपातकालीन फंड की गुल्लक में डाल दें।
- घर का फालतू सामान एक छोटी सी सेल लगाकर बेच दें और उससे जो भी पैसा मिले, उसे आपातकालीन फंड में डाल दें।

हमने ऐसे ही तीस से अधिक स्पष्ट व्यवहार ढूँढ़ लिए। कुछ व्यवहार ऐसे थे, जो बाकियों से बेहतर थे, लेकिन यह तय था कि इन व्यवहारों से बैंक कर्मचारी अपना मनचाहा परिणाम हासिल कर सकते थे।

बैंक के अधिकारियों ने महसूस किया कि मामला प्रेरणा का नहीं है। बल्कि उन्हें तो कुछ ऐसे स्पष्ट व्यवहारों के साथ अपने ग्राहकों का मिलान करना है, जो आसान होने के साथ-साथ प्रभावी भी हों। उन्हें यह भी समझ में आ गया कि उन्होंने बैंक के वेब पेज पर इससे संबंधित जो भी लेख व आँकड़े वगैरह दे रखे हैं, वे इस बात पर केंद्रित नहीं होने चाहिए कि ग्राहकों को आपातकालीन फंड 'क्यों' बनाना चाहिए बल्कि इस बात पर केंद्रित होने चाहिए कि वे अपना आपातकालीन फंड 'कैसे' बनाएँ।

चिकित्सा से जुड़े लोगों को भी कुछ ऐसा ही करना चाहिए। जैसे अगर आप कभी डॉक्टर के पास गए हों और उसने आपसे कहा हो कि आपको बेहतर आहार लेना चाहिए और अधिक व्यायाम करना चाहिए, तो संभवत: आपको लगा होगा कि

आखिर 'बेहतर आहार' का अर्थ क्या है और इसके लिए आपको क्या करना होगा।

मैं पेशेवरों को सिखाने की शुरुआत भी उसी बिंदु से करता हूँ, जिस बिंदु से 'छोटी-छोटी आदतों' वाली पद्धति का प्रशिक्षण देना शुरू करता हूँ। आप भी इसी बिंदु से अपनी शुरुआत कर सकते हैं।

चरण १: आकांक्षाओं में स्पष्टता लाएँ

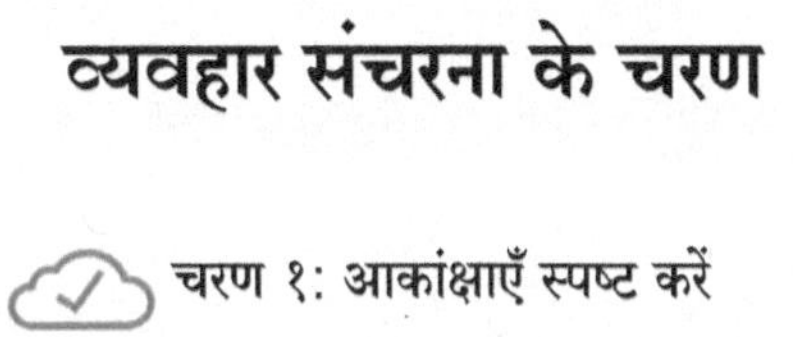

व्यवहार संरचना का पहला चरण है अपनी आकांक्षाओं (या परिणामों) में स्पष्टता लाना। आप क्या चाहते हैं? आपके सपने क्या हैं? आप क्या परिणाम हासिल करना चाहते हैं? अपनी आकांक्षाओं या परिणामों को कागज पर लिखें और ज़रूरत पड़ने पर उनमें संशोधन करने के लिए तैयार रहें। जैसे अगर आपने लिखा, 'अपना वजन घटाना' तो खुद से पूछें, 'क्या मैं सचमुच ऐसा चाहता हूँ?' शायद हाँ। या शायद आप चाहते हैं कि जब आप अपने पसंदीदा कपड़े पहनें तो अच्छा महसूस करें। या शायद आप अपनी डायबिटीज को नियंत्रित रखना चाहते हैं। या शायद आप पैडलबोर्डिंग करना चाहते हैं, लेकिन आपको लगता है कि इसके लिए आपका वजन ज़्यादा है।

अपनी आकांक्षाओं में स्पष्टता लाने से आपको यह समझने में मदद मिलती है कि अपनी सच्ची इच्छाओं की पूर्ति के लिए आपको क्या करना होगा। जैसे आपको लगता है कि आप अपने जीवन में अधिक सचेत रहना चाहते हैं। लेकिन जब आप इस पर गहनता से विचार करते हैं, तो आपको महसूस होता है कि आप अपने जीवन में तनाव कम करना चाहते हैं और जीवन में अधिक सचेत रहने के मुकाबले, तनाव कम करना आसान है। इसके लिए आप हर रोज सैर करने जा सकते हैं, रोज दस मिनट तक संगीत बजा सकते हैं, टीवी पर न्यूज देखना कम कर सकते हैं। अपनी आकांक्षा या परिणाम को इसी चरण में संशोधित कर लें ताकि वह सामने आ सके, जो आपके लिए सचमुच मायने रखता है।

(पारिणामों के बजाय आकांक्षाओं के साथ शुरुआत करने के बारे में एक टिप्पणी : आप इन दोनों में से किसी के साथ भी शुरुआत कर सकते हैं। हालाँकि शुरुआती बिंदु के रूप में मैं आकांक्षाओं को ज़्यादा पसंद करता हूँ क्योंकि वे स्पष्ट

परिणामों के मुकाबले अधिक लचीली और कम डरावनी होती हैं।)

चरण २: व्यवहार विकल्पों का पता लगाएँ

व्यवहार संचरना के चरण

चरण १: आकांक्षाएँ स्पष्ट करें

चरण २: व्यवहार विकल्पों का पता लगाएँ

दूसरे चरण में आप बारीकियों में जाते हैं। आप अपनी एक आकांक्षा लेते हैं और फिर कुछ ऐसे व्यवहारों का पता लगाते हैं, जिनसे आपको वह आकांक्षा पूरी करने में मदद मिले। इस चरण में आप न तो कोई निर्णय लेते हैं और न ही किसी चीज़ के लिए प्रतिबद्धता जताते हैं। इसमें तो आप बस अपने विकल्पों का पता लगा रहे होते हैं। इन व्यवहारों की आपकी सूची जितनी लंबी होगी, आपके लिए उतना ही बेहतर होगा। इसके लिए आप अपनी रचनात्मकता का उपयोग कर सकते हैं या फिर अपने किसी दोस्त से सुझाव ले सकते हैं।

मैंने एक ऐसा तरीका ईजाद किया है, जिससे लोगों को व्यवहार विकल्पों का पता लगाने में मदद मिले। इसे 'व्यवहारों का झुंड' कहते हैं। यह कुछ इस तरह काम करता है - अपनी आकांक्षा को बादलों जैसी आकृति के अंदर लिखें (जैसा कि आगे प्रस्तुत चित्र में दर्शाया गया है) और फिर उसके चारों ओर बने बक्सों में स्पष्ट

व्यवहारों का झुंड

व्यवहारों का उल्लेख करें।

मान लीजिए मैं अपने दोस्त मार्क को इस प्रक्रिया में मार्गदर्शन दे रहा हूँ और वह अपनी ऊँची आकांक्षाओं को लेकर बिलकुल स्पष्ट है। वह कागज पर बादलों जैसी आकृति के अंदर लिखता है, 'अपना तनाव घटाना।'

इसके बाद मैं कहूँगा, 'मार्क, अगर तुम्हें कोई जादू की छड़ी मिल जाए, जिसकी मदद से तुम अपना तनाव घटाने में सहायक कोई भी व्यवहार कर सको, तो तुम कौन सा व्यवहार चुनोगे?'

जवाब में मार्क अपना पहला व्यवहार बताता है - हर सप्ताह मालिश कराना - तो मैं कहूँगा, 'बढ़िया। इसके अलावा और क्या?'

यानी न तो हम मार्क का कोई जवाब सुनकर रुकेंगे और न ही उसके उन विचारों की गहराई में जाएँगे। मार्क कागज पर लिखना जारी रखता है और मैं जवाब में ये कहना जारी रखता हूँ, 'बढ़िया। इसके अलावा और क्या?'

इस प्रक्रिया में लोगों का मार्गदर्शन करते समय मैं उन्हें याद दिलाता हूँ कि फिलहाल उनके पास जो है, वह जादुई शक्तियों से कम नहीं है। इसलिए वे खुद को कोई भी व्यवहार करने के लिए तैयार कर सकते हैं। माउई आदत अपनाना, अपने पालतू कुत्ते को ऑफिस ले आना, प्रबंधन क्षेत्र में ऐसी नौकरी पाना, जिसमें 30 फीसदी अधिक वेतन मिले। इस कदम पर नई संभावनाओं पता लगाना - और बेतहाशा आशावादी होना - ज़रूरी हैं। मैं इस पद्धति को 'जादू की छड़ी घुमाना' कहता हूँ।

हाथ में जादू की छड़ी होने और उन जादुई शक्तियों के उपयोग के लिए प्रोत्साहित करने के बावजूद, लोग कभी-कभी व्यावहारिक व्यवहारों की कामना करते हैं (जिसमें कोई बुरी बात नहीं है)। कुछ कामनाएँ ऐसे व्यवहार के लिए होती हैं, जिन्हें आप एक ही बार करते हैं, जैसे - 'ध्यान करने के लिए एक एप डाउनलोड करना।' जबकि कुछ कामनाएँ नई आदतों के लिए होती हैं, जैसे - 'हर कॉन्फ्रेंस कॉल के बाद दो मिनट तक हल्का व्यायाम करना।' वहीं कुछ कामनाएँ किसी व्यवहार को रोकने के लिए होती हैं, जैसे - शाम को सात बजे के बाद ई-मेल चेक करना बंद करना।

ढेर सारे व्यवहार-विकल्प पैदा करने के लिए आप 'जादू की छड़ी घुमाने' के सत्र के दौरान निम्नलिखित श्रेणियों का उपयोग कर सकते हैं।

- आप किन व्यवहारों को सिर्फ एक बार करेंगे?
- आप कौन सी नई आदतें विकसित करेंगे?

- आप कौन सी आदतें छोड़ेंगे?

प्रत्येक व्यवहार-कामना के बाद अपने मन में सोचें, 'बढ़िया। इसके अलावा और क्या?' और बस इसी तरह आगे बढ़ते रहें। आखिरकार आपके पास कई व्यवहारों का एक पूरा झुंड होगा, जिनमें निराले, तार्किक और आश्चर्यजनक, हर तरह के व्यवहार शामिल होंगे।

जैसे-जैसे आप व्यवहार विकल्पों का पता लगाते जाएँगे, आप देखेंगे कि अपनी आकांक्षाओं को पूरा करने के कई तरीके हैं। आगे के एक चरण में आप यथार्थवादी दृष्टिकोण के साथ इन विकल्पों में से अपने लिए उचित चुनाव करेंगे। पर अभी आप पूरे जोर-शोर से इनका पता लगाना चाहते हैं और जादुई शक्तियों का मालिक होने की कल्पना इसमें आपकी सहायता करेगी।

आपकी आकांक्षाओं को विभिन्न व्यवहार पूरा कर सकते हैं

अगर आपने अब तक शुरुआत नहीं की है, तो अब कर सकते हैं।

अपनी चुनी हुई आकांक्षा को बादल की आकृति के अंदर लिखें। इसके बाद कल्पना करें कि आपके पास एक 'जादू की छड़ी' है, जिसकी मदद से आप कोई भी व्यवहार कर सकते हैं। तो आपकी कामना क्या होगी?

'व्यवहारों के झुंड' में व्यवहारों के लिए दस बक्से बने होते हैं। लेकिन आपको दस व्यवहारों पर रुकने की ज़रूरत नहीं है। क्योंकि नए व्यवहारों का पता लगाने के लिए आपके पास जितने अधिक विचार होंगे, उनमें जितनी विविधता होगी, व्यवहार संरचना के आगे के चरणों में आपको उतने ही बेहतर परिणाम मिलेंगे।

अगर आपको इससे जुड़े नए विचार सोचने में मुश्किल हो रही है, तो अपने साथ कुछ अन्य लोगों को भी जोड़ लें। आप अपने किसी साथी से, अपने बच्चों से

और यहाँ तक कि अपने सोशल मीडिया के दोस्तों से भी ऐसे व्यवहारों के बारे में सुझाव ले सकते हैं, जो आपकी आकांक्षाएँ पूरी करने में सहायक हों। इसके लिए आप कह सकते हैं (या फिर लिख सकते हैं), 'अगर आप मुझसे ऐसा कोई भी व्यवहार कराने में सक्षम हों, जो .... करने में मेरी सहायता कर सके, तो आप मुझसे कौन सा व्यवहार कराना चाहेंगे?'

इस सवाल का जवाब आपके लिए आश्चर्यजनक भी हो सकता है। और अगर कुछ व्यवहार-कामनाएँ बिलकुल अयथार्थवादी हों, तो परेशान न हों। मैं आपको बताऊँगा कि सर्वश्रेष्ठ चुनाव कैसे करें - और उन्हें वास्तविकता में कैसे बदलें। फिलहाल, रचनात्मक ढंग से सोच-विचार करने और नए व्यवहारों का पता लगाने मात्र से ही आपको इस प्रक्रिया का आनंद लेने में मदद मिलेगी और आप इसमें अधिक सफल भी हो सकेंगे।

एक बार जब आप अपनी 'जादू की छड़ी' की सारी शक्तियों का उपयोग कर लें, तो अपनी व्यवहार-कामनाओं पर नज़र डालें और प्रत्येक को और अधिक स्पष्ट बनाने की कोशिश करें। जैसे अगर आपने लिखा है, 'अपने पालतू कुत्ते के साथ खेलना' ताकि आप अपना तनाव कम कर सकें, तो आप अपनी इस कामना को इस प्रकार संशोधित कर और स्पष्ट बना सकते हैं- 'हर रोज अपने पालतू कुत्ते के साथ गेंद से खेलना।' अपनी व्यवहार-कामनाओं को स्पष्ट बनाने के बाद व्यवहार संरचना प्रक्रिया के अगले चरण में जाएँ और विश्लेषणात्मक व व्यावहारिक दृष्टिकोण के साथ आगे बढ़ें।

सहज ज्ञान युक्त अनुमान बनाम कुशल मिलान

व्यवहार संरचना का अगला आधिकारिक चरण बताने से पहले मैं चाहता हूँ कि आप बदलाव लाने की प्रक्रिया के विस्तृत संदर्भ को समझें।

आमतौर पर लोग जिस तरह बदलाव लाते हैं, उसमें सबसे दोषपूर्ण होता है वह तरीका, जिससे वे यह तय करते हैं कि उन्हें कौन सा व्यवहार करना है। एक बिंदु (शुरुआत करना) से दूसरे बिंदु (अपनी आकांक्षाओं को पूरा करना या मनचाहे परिणाम हासिल करना) तक जाने का सबका रास्ता अलग-अलग होता है। ऐसा करने के कुछ सबसे आम लेकिन दोषपूर्ण तरीके इस प्रकार हैं:

दोषपूर्ण तरीका १ : सिर्फ अनुमान, कोई कार्यप्रणाली नहीं

मान लीजिए कि आप बस से ऑफिस जा रहे हैं। रास्ते में आपकी बस ट्रैफिक में फँस जाती है और आपकी नज़र खिड़की के बाहर जाती है। आप देखते हैं कि बाइक पर सवार एक व्यक्ति ट्रैफिक के बीच से रास्ता बनाते हुए तेजी से निकल जाता है।

उसे देखकर आपको लगता है कि ट्रैफिक से बचने के लिए बाइक से चलना ज़्यादा बेहतर है। मुझे भी यही करना चाहिए! मैं पहले भी बाइक चलाता था! मुझे बाइक चलाना बहुत पसंद है! दुर्भाग्य से, आपने आखिरी बार बाइक तब चलाई थी, जब आप सिर्फ बारह साल के थे और अभी आपको ऑफिस आने-जाने के लिए रोज पंद्रह मील का सफर करना पड़ता है। लेकिन आप सचमुच बाइक चलाना चाहते हैं (उस क्षण में!), इसलिए आप दुकान पर जाकर बाइक की सवारी के दौरान पहनी जानेवाली तमाम चीज़ें खरीद लेते हैं, जैसे हेलमेट और दस्ताने वगैरह। अगले दिन आप वह सब पहनकर घर से बाहर कदम रखते हैं और आपको एहसास होता है कि आज काफी ठंड हैं और हल्की बूँदा-बाँदी भी हो रही हैं। चूँकि आपने बाइक से चलने के लिए कल ही ढेर सारी खरीदारी की थी, इसलिए अब आप ज़रा झुँझला जाते हैं। आखिरकार आप बस पकड़ने के लिए बस स्टॉप की तरफ चल पड़ते हैं। आखिर में यह स्पष्ट हो जाता है कि बाइक से ऑफिस जाना आपके साथ मेल नहीं खाता।

इस दृष्टिकोण की समस्या है, इसकी अस्थिर और बेतरतीब प्रकृति। ये रूले (कसीनो में खेला जानेवाला एक खेल) खेलने जैसा है। हो सकता है कि आप ऐसा ढेर सारा ऐसा सामान खरीद लें, जिससे आपको वह व्यवहार करने में सहायता मिले या फिर ऐसा भी हो सकता है कि आप कोई सामान न खरीदें। हो सकता है कि आपका व्यवहार कुछ ज़्यादा ही ऊँची छलाँग लगाने जैसा हो या फिर हो सकता है कि ऐसा कुछ न हो। हो सकता है कि यह आपके जीवन के लिए यथार्थवादी हो या फिर हो सकता है कि ऐसा न हो।

जबकि व्यवहार संरचना में आप ऐसा कोई अनुमान लगाने के चक्कर में नहीं पड़ते।

ओके, तो अगली समस्या क्या है?

दोषपूर्ण तरीका २ : इंटरनेट से प्रेरित होना

आजकल बहुत से लोग इंटरनेट पर कोई भाषण देखकर अचानक अपने अंदर प्रेरणा का संचार महसूस करने लगते हैं। ऐसे बहुत से वक्ता हैं, जो अपने भाषणों में अद्‌भुत किस्से सुनाते हैं और कमाल की चीज़ें करते हैं। मान लीजिए, आप किसी बौद्ध भिक्षु के भाषण का वीडियो देखते हैं। वह एक ध्यान-गुरू भी है और बड़े ही विनम्र व आकर्षक अंदाज में ज्ञान भरी बातें कर रहा है। वह ज़रा भी तनावग्रस्त या बेचैन नज़र नहीं आ रहा है। वह आपको अपने ब्लड प्रेशर (कमाल) के बारे में बता रहा है और यह जिक्र भी करता है कि आरामदायक मुद्रा में उसका दिल एक मिनट में कितने बार धड़कता है (ये तो और भी कमाल है)। अपनी बात को सिद्ध करने के लिए वह अपने ब्रेन की स्कैन रिपोर्ट भी प्रस्तुत करता है। आपको लगता है, 'हे

भगवान! ये है ध्यान की शक्ति! तभी तो लोग हज़ारों सालों से ध्यान करते आ रहे हैं।' भाषण के अंत में वह कहता है कि 'हर रोज सिर्फ 30 मिनट तक ध्यान करके आप अपने जीवन को काफी हद तक बदल सकते हैं और आज तक विज्ञान भी इसका खंडन नहीं कर सका है।' आप उसके इस भाषण से बेहद प्रभावित हो जाते हैं। अब आपको लगता है कि आपको भी यह ज़रूर करना चाहिए।

फिर आप उसी दिन बौद्ध भिक्षु की सलाह के अनुसार 30 मिनट तक ध्यान करते हैं। ध्यान के दौरान मन को शांत रखने में आपको बड़ी मुश्किल होती है, लेकिन फिर भी आप बहुत अच्छा महसूस करते हैं... पर आखिरकार आप इससे ऊब जाते हैं। अगले दिन आप सिर्फ 15 मिनट कोशिश करते हैं और कुछ देर तक आपको यह ठीक भी लगता है। फिर कभी-कभी ऐसा होता है कि आप ध्यान नहीं करते। कभी-कभी आपको मन को शांत नहीं रख पाते। आप कोशिश तो करते हैं, पर विफल रहते हैं, जिसके चलते आपको थोड़ा बुरा महसूस होता है। आखिरकार कुछ दिनों बाद आप ध्यान करना बंद कर देते हैं।

ऐसा क्यों हुआ? आपके मामले में यह कारगर क्यों नहीं रहा?

देखिए, पहली बात तो ये है कि आप कोई बौद्ध भिक्षु नहीं हैं। लेकिन आपकी विफलता का मुख्य कारण ये है कि शायद आपके लिए यह व्यवहार करना कुछ ज़्यादा ही मुश्किल था। ऊपर से आप शुरू से ही ध्यान से कुछ ज़्यादा ही उम्मीदें लगा बैठे थे। बौद्ध भिक्षु की मंशा बिलकुल साफ थी। वह बस ये बता रहा था कि उसके मामले में क्या कारगर साबित हुआ। हो सकता है कि ध्यान करना उसके लिए जितना सार्थक रहा, आपके लिए उतना सार्थक न हो।

दूसरी बात ये है कि आप जो वीडियो देखते हैं या जो लेख पढ़ते हैं या फिर जिन ब्लॉग्स को फॉलो करते हैं, शायद वे जानकारी का विश्वसनीय स्रोत न हों। हालाँकि व्यवहार चुनने का यह दृष्टिकोण, सिर्फ अनुमान के भरोसे चुनाव करने से बेहतर है, लेकिन फिर भी यह जोखिमभरा है क्योंकि इसमें चुनाव करने का कोई निश्चित मापदंड नहीं है, सिवाय इसके कि किसी क्षण आपको कौन सी चीज़ सबसे ज़्यादा दिलचस्प लगी।

दोषपूर्ण तरीका ३: वह करना, जो किसी दोस्त के मामले में कारगर साबित हुआ हो

दोस्त या परिवार के सदस्यों से मिली सलाह के पीछे की मंशा हमेशा अच्छी होती है, लेकिन यह किसी नई आदत के साथ अपना मिलान करने का सर्वश्रेष्ठ तरीका नहीं है। जैसे हो सकता है कि हॉट-योगा करने से आपके किसी दोस्त का

जीवन बदल गया हो पर क्या इसका अर्थ ये हुआ कि यह आपके लिए भी उपयुक्त होगा? हम सबका कोई न कोई ऐसा दोस्त ज़रूर होगा, जो कहेगा कि कैसे हर रोज तड़के सुबह साढ़े चार बजे जागने की आदत अपनाने से उसका जीवन बदल गया और हमें भी ऐसा ही करना चाहिए। मुझे इस बात पर कोई संदेह नहीं है कि तड़के सुबह जागने से लोगों का जीवन बदल जाता होगा, कभी सकारात्मक रूप से तो कभी नहीं। लेकिन सतर्क रहें : आप नहीं जानते कि यह आदत सचमुच आपका जीवन बेहतर बनाएगी या नहीं, खासतौर अगर इस आदत के चलते आप अपेक्षाकृत कम सोने लगते हैं। इसलिए आप चाहें तो उन आदतों और व्यवहारों को आजमाकर देखें, जो आपके दोस्तों के मामले में कारगर रहे हैं, लेकिन अगर आपके लिए वे उतने सार्थक सिद्ध नहीं हो रहे हैं, जितने आपके दोस्त के लिए, तो वेबजह परेशान न हों।

ये सारे दृष्टिकोण कुछ हद तक अनुमान और संयोग पर आधारित हैं। अपने जीवन में बदलाव लाने का ये कोई अच्छा तरीका नहीं है। इसलिए अगर आप सचमुच परिणाम हासिल करने के मामले में कुशल बनना चाहते हैं, तो आपके पास व्यवहारों के चुनाव का एक ठोस मापदंड होना चाहिए। व्यवहार संरचना का अगला चरण आपको अनुमान के चक्कर में पड़ने से बचाएगा।

व्यवहार संचरना के चरण

चरण १: आकांक्षाएँ स्पष्ट करें

चरण २: व्यवहार विकल्पों का पता लगाएँ

चरण ३: स्पष्ट व्यवहारों के साथ मिलान करें

सही तरीका: स्पष्ट व्यवहारों के साथ अपना मिलान करें

'जादू की छड़ी' और 'व्यवहारों के झुंड' के चलते जब आपके पास व्यवहारों के ढेर सारे विकल्प मौजूद हों, तो ज़रा अपना गियर बदलें और व्यवहारिक बन जाएँ। इस चरण में आप स्पष्ट व्यवहारों के साथ अपना मिलान करेंगे। इस व्यवस्थित दृष्टिकोण में अनुमान के लिए कोई जगह नहीं होती।

यह अवधारणा इतनी महत्वपूर्ण थी कि मैंने इसे एक नाम दे दिया – 'व्यवहार मिलान।' यह व्यवहार संरचना का सबसे महत्वपूर्ण चरण है। भले ही आप कोई भी बदलाव लाना चाहते हों, उपयुक्त व्यवहार के साथ अपना मिलान करना ही जीवन

में सकारात्मक बदलाव लाने की कुंजी है। व्यवहार संरचना में आपके साथ सर्वश्रेष्ठ ढंग से मेल खानेवाले व्यवहारों को 'सुनहरे व्यवहारों' के नाम से जान जाता है। एक 'सुनहरे व्यवहार' के तीन मापदंड होते हैं।

- वह व्यवहार आपकी आकांक्षाओं को पूरा करने में प्रभावी होना चाहिए (प्रभाव)
- आप वह व्यवहार करना चाहते हैं (प्रेरणा)
- आप वह व्यवहार कर सकते हैं (सक्षमता)

व्यवहार मिलान के कई कारगर तरीके हैं। अगर आपके जीवन में कोई ऐसा व्यक्ति है, जो सुनहरे व्यवहारों के साथ आपका मिलान कुशलतापूर्वक करवा सकता है, तो उसकी सहायता लेना एक अच्छा विकल्प है। शायद आप किसी प्रशिक्षक, किसी डॉक्टर, किसी डाइटीशियन या किसी ऐसे व्यक्ति के साथ काम कर रहे हों, जिसका सहज ज्ञान अच्छा हो या जो यह समझने में प्रशिक्षित हो कि आपके मामले में क्या कारगर रहेगा। उदाहरण के लिए वजन घटाने की छोटी-छोटी आदतों के मामले में प्रशिक्षित एक कोच ऐसे व्यवहारों के साथ आपका मिलान करवा सकता है, जो ज़्यादा से ज़्यादा वजन घटाने में सहायक हों। अगर आपने अपने लिए ऐसा कोई विशेषज्ञ ढूँढ़ लिया है, तो खुद को सौभाग्यशाली समझिए। पर जिनके पास कोई विशेषज्ञ नहीं है, उनके लिए मैं एक पद्धति प्रस्तुत कर रहा हूँ, जिसे 'फोकस मैपिंग' कहते हैं।

आपने जो व्यवहारों का झुंड तैयार किया था, अब आपको उसका उपयोग करना होगा। फोकस मैप करने में आपको दस मिनट से भी कम समय लगेगा। अंततः आपके पास ऐसे दो या तीन व्यवहार होंगे, जो शीर्ष पर आ जाएँगे। वही आपके सुनहरे व्यवहार होंगे। आखिरकार आप अपने लिए उन्हीं व्यवहारों को आकार देते हैं और बाकी विकल्पों को एक किनारे रख देते हैं।

एक सुनहरा व्यवहार ऐसा कार्य भी हो सकता है, जिसे सिर्फ एक बार किया जाए। जैसे अपना केबल सबस्क्रिप्शन कैंसिल करना ऐसा कार्य है, जिसे एक ही बार करना होगा और जिससे संभवतः आपका टीवी देखना कम हो जाएगा। जबकि अन्य सुनहरे व्यवहार वे होंगे, जो आप हर रोज़ दोहराएँगे, जैसे अपने फोन को अपने बिस्तर के बगल में रखकर चार्ज करने के बजाय रसोई में चार्ज करना।

फोकस मैपिंग

व्यवहार संरचना में फोकस मैपिंग मेरा पसंदीदा तरीका है। मैंने इसे दस साल तक स्टैनफोर्ड प्रोजेक्ट पर काम करते हुए, अपना जीवन बदलते हुए और नए उत्पादों

व सेवाओं को आकार देने में शीर्ष व्यवसाईयों की सहायता करते हुए तैयार किया था। पिछले कुछ सालों में फोकस मैपिंग को लगातार और बेहतर बनाने के लिए मैंने कड़ी मेहनत की है। आज मेरा मानना है कि सुनहरे व्यवहारों के साथ अपना मिलान करने का यह सर्वश्रेष्ठ तरीका है।

फोकस मैप का परिदृश्य कुछ इस प्रकार है।

अंततः आप प्रत्येक व्यवहार को इस परिदृश्य में अपने झुंड के अंदर रखनेवाले हैं। मेरा दोस्त मार्क अपना तनाव घटाना चाहता है। इसलिए सबसे पहले मैं मार्क का उदाहरण देते हुए आपको बताऊँगा कि यह तरीका कैसे काम करता है।

मार्क अपने व्यवहारों के झुंड के प्रत्येक व्यवहार को उसके इंडेक्स कार्ड पर लिखता है, फिर एक-एक करके सारे काड्र्स को देखता है।

पहला दौर

फोकस मैपिंग के पहले दौर में मार्क सिर्फ व्यवहार के प्रभाव के बारे में सोचता है कि यह उसका तनाव घटाने में कितना सहायक होगा। पहले दौर में मार्क हर व्यवहार की व्यावहारिकता या संभाव्यता पर विचार नहीं करता।

हर कार्ड के साथ वह खुद से पूछता है: यह व्यवहार मेरा तनाव घटाने में कितना प्रभावी है?

मार्क सबसे पहले अपने लिए हर रोज दस मिनट गिटार बजाने का व्यवहार चुनता है। दरअसल बात बहुत सीधी सी है – मार्क को गिटार बजाना बेहद पसंद है और वह जब भी गिटार बजाता है, भले ही कुछ पलों के लिए ही सही, तो उसका मूड अच्छा हो जाता है। मार्क जानता है कि यह व्यवहार काफी प्रभावी रहेगा इसलिए वह इस व्यवहार के कार्ड को फोकस मैप पर ऊपर की ओर लगा देता है, जहाँ 'बेहद प्रभावी व्यवहार' लिखा हुआ है। इसके बाद मार्क अपने लिए हर रोज पंद्रह मिनट पहले ऑफिस से निकलने का व्यवहार चुनता है। शुरुआत में उसे लगता है कि यह बहुत बढ़िया विचार है, लेकिन बाद में उसे महसूस होता है कि शायद इसका विपरीत प्रभाव पड़ सकता है – खासकर जब उसे कोई डेडलाइन पूरी करनी हो। इसलिए वह इस व्यवहार के कार्ड को फोकस मैप पर नीचे की ओर लगा देता है, जहाँ 'कम प्रभावी व्यवहार' लिखा हुआ है।

आप एक-एक करके प्रत्येक व्यवहार के कार्ड के साथ यह प्रक्रिया जारी रखते हैं। अगर आप किसी व्यवहार के प्रभाव को लेकर निश्चिंत नहीं हैं, तो अपनी ओर से सर्वश्रेष्ठ प्रयास करते हुए उस व्यवहार के कार्ड को फोकस मैप पर ऐसी जगह लगा दें, जो आपको उसके लिए सबसे उपयुक्त लगे। बाद में ज़रूरत पड़ने पर आप उसका स्थान बदल सकते हैं।

जैसे अगर मार्क 'हर रोज पंद्रह मिनट पहले ऑफिस से निकलने' का कार्ड मैप पर वहाँ लगा देता है, जहाँ 'बेहद प्रभावी व्यवहार' लिखा हुआ है, तो इसमें कोई परेशानीवाली बात नहीं है। ऐसा करने पर ज़्यादा से ज़्यादा बुरा यही होगा कि वह कुछ दिनों तक ऑफिस से पंद्रह मिनट पहले निकलेगा और फिर उसे एहसास होगा कि ऑफिस से निकलने के लिए जल्दबाजी करने के चलते उसका तनाव घटने के बजाय बढ़ रहा है। मार्क जानता है कि इस पद्धति में नए-नए विकल्प आज़माना ज़रूरी होता है। और चूँकि रोज दस मिनट गिटार बजाने से वह बड़ा आनंदित रहता है, इसलिए वह इस बात को लेकर परेशान नहीं होता कि हर रोज पंद्रह मिनट पहले ऑफिस छोड़ने से उसके तनाव में कोई कमी नहीं आई।

अपने संभावित नए व्यवहारों के कार्ड्स को फोकस मैप पर लगाने के बाद आपको उन्हें एक नए नज़रिए से देखना है।

दूसरा दौर

इस दौर में आप व्यवहार की व्यावहारिकता और संभाव्यता पर ध्यान केंद्रित करते हैं। आप अपना काल्पनिक संस्करण बनने के बजाय वह बन जाते हैं, जो आप सचमुच हैं। दूसरे दौर में आप व्यवहार के कार्ड्स को फोकस मैप पर ऊपर या नीचे नहीं करते बल्कि उन्हें संभाव्यता के आयाम पर अगल-बगल लगा देते हैं।

फिर मार्क अपने गिटार बजाने और ऑफिस से जल्दी निकलनेवाले व्यवहारों पर नज़र डालकर खुद से पूछता है: क्या मैं इनके लिए खुद को तैयार कर सकता हूँ?

इस सवाल का वाक्य-विन्यास महत्वपूर्ण है। यह प्रेरणा और सक्षमता को एक ही समय में साथ लेकर आता है। इस एक सवाल से आप मेरे व्यवहार मॉडल के दो घटकों को संबोधित करते हैं।

अधिकांश लोग संभाव्यता से जुड़े इस सवाल का जवाब आसानी से दे सकते हैं। जब मार्क खुद से पूछता है, 'क्या मैं हर रोज गिटार बजाने के लिए खुद को तैयार कर सकता हूँ?' तो उसके लिए इसका स्वाभाविक जवाब होता है – हाँ। लेकिन जब वह खुद से पूछता है कि 'क्या मैं हर रोज ऑफिस से जल्दी निकलने के लिए खुद को तैयार कर सकता हूँ?' तो वह थोड़ा परेशान हो जाता है, उसके मन में बहस शुरू हो जाती है। यह इस बात का संकेत है कि वह खुद को इसके लिए तैयार नहीं कर सकता।

अधिकांश व्यवहारों के मामले में यह इतना ही आसान होता है। पर कुछ व्यवहारों के मामले में यह जानना बेहतर होता है कि वह कौन सी चीज़ है, जो हमारे अंदर उन व्यवहारों के लिए हिचक पैदा कर रही है।

इसके लिए खुद से पूछें, 'क्या मैं यह व्यवहार करना चाहता हूँ?'

दूसरे शब्दों में कहें, तो यहाँ प्रेरणा की बात हो रही है।

आप जो व्यवहार नहीं करना चाहते, उसके लिए खुद को तैयार नहीं कर सकते। कम से कम विश्वसनीय रूप से तो बिलकुल नहीं। हो सकता है कि आप एक या दो बार वह व्यवहार कर भी लें, लेकिन इस बात की संभावना कम ही है कि वह व्यवहार एक आदत में तब्दील हो पाएगा। जब हम ऐसे व्यवहारों के साथ अपना मिलान करते हैं, जो हम पहले से ही करना चाहते हैं, बजाय उन व्यवहारों के, जिनके बारे में हमें लगता है कि हमें उन्हें करना चाहिए, तो फिर प्रेरणा बढ़ानेवाली किसी युक्ति या तकनीक की ज़रूरत नहीं होती। इस तरह हम प्रेरणा रूपी लंगूर को निष्क्रिय कर देते हैं।

मान लीजिए कि आप हर रोज आईसक्रीम खाने की आदत अपनाना चाहते हैं। यह आदत अपनाना आपके लिए बहुत आसान होगा, है ना? क्योंकि हर रोज ऑफिस के बाद अपनी पसंदीदा चॉकलेट चिप आइसक्रीम का स्वाद लेने के लिए आपको किसी प्रेरणा की ज़रूरत नहीं है। अगर आप इस व्यवहार की फोकस मैपिंग करें, तो आपको लगेगा, 'हाँ, यह व्यवहार करने के लिए मैं खुद को तैयार कर सकता हूँ।' और आप इस व्यवहार के कार्ड को चार्ट के दाईं ओर लगा देंगे।

जब आप विभिन्न व्यवहारों के कार्ड्स को चार्ट पर अलग-बगल लगाएँ, तो याद रखें कि इस दौरान आपको अपनी आलोचना या आंकलन नहीं करना है। बस यह कल्पना करें कि आप वह व्यवहार कर रहे हैं। क्या आपको ज़रा चिढ़ महसूस हो रही है? या फिर आप वह व्यवहार करने को लेकर उत्साहित महसूस कर रहे हैं? हालाँकि इन दो परस्पर विपरीत भावनाओं के बीच कई अन्य भावनाएँ भी हो सकती हैं। लेकिन यहाँ मुख्य अंतर 'आप करना चाहते हैं' और 'आपको करना चाहिए' के बीच है।

व्यवहार संरचना इस सच्चाई को पहचानती है: स्थाई परिवर्तन की कुंजी है- ऐसे व्यवहारों के साथ अपना मिलान करना, जिन्हें आप सचमुच करना चाहते हैं। उदाहरण के लिए हर रोज व्यायाम करने की आदत अपनाने के मामले में आपको कई विकल्प मिलेंगे। अगर आप अपने लिए नाश्ता तैयार करते हुए बियॉन्से नोल्स के गाने बजाकर पाँच मिनट तक थिरकना चाहते हैं - जो दरअसल किसी व्यायाम से कम नहीं है - तो इसे अपनी रोज की आदत बना लें और जिम जाकर ट्रेडमिल पर मेहनत करने का इरादा छोड़ दें।

व्यवहार संरचना और अन्य दृष्टिकोणों के बीच एक बड़ा अंतर ये है कि मेरी इस पद्धति में आप उन आदतों पर ध्यान केंद्रित करते हैं, जिन्हें अपनाने के लिए आप पहले से ही प्रेरित हैं। क्योंकि पहले आदत का चुनाव करना और फिर उसके लिए खुद को प्रेरित करना व्यर्थ है। व्यवहार संरचना की हर आदत में प्रेरणा पहले से ही अंतर्निहित होती है। जबकि अन्य दृष्टिकोणों में आप उस आदत को बनाए रखने के लिए संघर्ष करते रहेंगे, जिसके बारे में आपको लगता है कि आपको उसे अपनाना चाहिए। जबकि यह तरीका ज़्यादा कारगर नहीं है।

स्थाई बदलाव के लिए ऐसे व्यवहारों के साथ लोगों का मिलान करना, जो वे सचमुच करना चाहते हैं, इतना ज़रूरी होता है कि मैंने इस अवधारणा को व्यवहार संरचना में एक विशेष दर्जा दिया है।

फॉग का सिद्धांत १: लोगों को वह करने में सहायता करें जो वे पहले से करना चाहते हैं

मैंने जिन पेशेवरों को व्यवहार संरचना का प्रशिक्षण दिया है, उनमें से कईयों के लिए यह सिद्धांत क्रांतिकारी साबित हुआ है। और अगर आप वह करते हैं, जो आप पहले से करना चाहते हैं, तो यह सिद्धांत आपके लिए भी क्रांतिकारी साबित हो सकता है। मैंने फोकस मैपिंग की पद्धति को भी इसी सिद्धांत के अनुसार तैयार किया है। पर यह बात यहीं तक सीमित नहीं है। दूसरे दौर का सवाल - क्या मैं यह व्यवहार करने के लिए खुद को तैयार कर सकता हूँ - सक्षमता से भी जुड़ा हुआ है।

जैसे अगर आप हर रोज ताजे आड़ू खाने के लिए प्रेरित रहते हैं, पर अगर आप अमेरिका के 'मेन' राज्य में रहते हैं, तो सर्दी के मौसम में आपको वहाँ आड़ू नहीं मिलेगा, इसलिए हर रोज आड़ू खाना संभव नहीं होगा। यानी आप विश्वसनीय रूप से यह व्यवहार करने में सक्षम नहीं होंगे। इसलिए आप फोकस मैप पर इस व्यवहार का कार्ड बायीं ओर लगाएँगे।

जब आप एक-एक करके व्यवहार के सारे कार्ड्स को देखें, तो अपने रोज़मर्रा के जीवन के संदर्भ में वह व्यवहार करने की कल्पना करें। मान लीजिए, आपकी आकांक्षा अपने खाने में फलों की मात्रा बढ़ाने की है और इसके लिए आपने अपने ओटमील में ब्लूबेरी डालने का व्यवहार चुना है। तो यह फंतासी भरी कल्पना न करें कि आप अपना ओटमील तैयार करने के लिए हर रोज सुबह जल्दी जागेंगे। बल्कि यह यथार्थवादी सोच रखें कि शायद आप घर से निकलने के बीस मिनट पहले ही बिस्तर छोड़ पाएँगे। हर रोज अपने लिए ओटमील तैयार करना और उसमें ब्लूबेरी मिलाकर खाना संभवत: यथार्थवादी नहीं होगा। इसके बजाय अगर आप घर से निकलने से पहले हर रोज अपने बैग में एक सेब रख लें, तो कैसा रहेगा?

फोकस मैप का उद्‌देश्य है, अपना मिलान ऐसे व्यवहारों के साथ करना, जिन्हें आप करना भी चाहते हों और जो आपकी आकांक्षाएँ पूरी करने में भी सहायक हों। जब आप सबसे आसान और सबसे प्रेरित व्यवहार से शुरुआत करते हैं, तो स्वाभाविक है कि धीरे-धीरे आप अपेक्षाकृत अधिक मुश्किल व्यवहार भी एक-एक करके चुन सकेंगे - ऐसा करते हुए आप संभवत: आखिरकार हर रोज ओटमील में ब्लूबेरी मिलाकर खाने का व्यवहार भी चुन सकेंगे।

व्यवहार संरचना में, जब हम बेहद जल्दबाजी में होते हैं या बिलकुल प्रेरित महसूस नहीं कर रहे होते हैं, तब भी हम उन्हीं आदतों के साथ अपना मिलान करते हैं, जिन्हें हम अपनाना चाहते हैं। अगर आप अपने सप्ताह के सबसे मुश्किल दिन में भी वह व्यवहार करने की कल्पना कर सकते हैं, तो इसका अर्थ है कि संभवत: वह आपके साथ बढ़िया ढंग से मेल खाता है। संभवत: वह एक 'सुनहरा व्यवहार' है।

अपने सुनहरे व्यवहारों का आसानी से पता लगाना

जब मैंने पहली बार 'व्यवहार मिलान' पर शोध और प्रयोग करना शुरू किया, तो मैंने ढेर सारे इंडेक्स कार्ड खरीदे। अभ्यास करते-करते जल्द ही मैंने व्यवहारों के झुंड पर जादू की छड़ी घुमाना सीख लिया। मैं अपनी स्टॉप वॉच पर पाँच मिनट का समय सेट करता और देखता कि क्या इन पाँच मिनटों में इंडेक्स कार्ड्स पर पच्चीस व्यवहार दर्ज कर सकता हूँ (यह उम्मीद से कहीं ज़्यादा आसान है)। इसके बाद मैं व्यवहारवाले कार्ड्स को छाँटता और उन्हें फोकस मैप पर लगा देता। यह कोई पहेली

सुलझाने जैसा था। मेरी व्यवहार संरचना प्रक्रिया हमेशा किसी अमूर्त चीज़ – आकांक्षा या परिणाम – के साथ शुरू होती। व्यवहार संरचना के चरणों को पूरा करने के बाद करीब बीस मिनट के अंदर मैं उन स्पष्ट व्यवहारों का पता लगा लेता, जिन्हें मैं आसानी से वास्तविकता में बदल सकता था। सिर्फ बीस मिनट में यह प्रक्रिया पूरी हो जाती।

मैं अब भी अक्सर ये करता हूँ। यह बहुत ही तेज और प्रभावी तरीका है।

अब मैं आपको एक ऐसे फोकस मैप में बारे में बताने जा रहा हूँ, जो शुरुआत में मेरे लिए बड़ा कारगर रहा। मुझे यह उस समय मिला, जब मैं स्टैनफोर्ड यूनिवर्सिटी में एक सम्मेलन का आयोजन कर रहा था और बहुत तनाव में था। ऊपर से उन दिनों मैं ठीक से सो भी नहीं पा रहा था। मैं स्वभाव से काफी आशावादी व्यक्ति हूँ। लेकिन उन दिनों ऐसा नहीं था। मैं इस बात को लेकर बड़ा चिंतित था कि कहीं यह सम्मेलन बुरी तरह विफल न हो जाए।

लेकिन मुझे यह भी लगा कि अगर मैं अच्छी नींद ले सकूँ, तो मुझे आशावादी महसूस करने में मदद मिलेगी और मैं अधिक काम कर पाऊँगा। इसे अपनी आकांक्षा बनाकर मैंने अपना पसंदीदा काला मार्कर व कुछ इंडेक्स काड्र्स लिए और फोकस मैप के सामने बैठ गया। मैंने उन व्यवहारों के लिए जादू की छड़ी घुमाना शुरू किया, जो बेहतर नींद लेने में मेरे सहायक हो सकते थे।

शाम सात बजे के बाद अपना मोबाइल फ्लाइट मोड पर डालना।

रात का खाना एक घंटे पहले खा लेना।

रोज रात को अपनी व्हाइट–नॉइस मशीन चालू करना।

कमरे में रोशनी आने से रोकने के लिए खिड़कियों पर गहरे रंग के ब्लाइंड्स लगाना।

बेहतर बिस्तर खरीदना।

रोज शाम को पंद्रह मिनट तक शांति से लेटकर आराम करना।

बिस्तर पर जाने से पहले अपनी सारी चिंताओं की एक सूची बनाना।

अपनी नवजात बेटी को रात में उसके पालने पर लिटाना।

ये व्यवहार उन सभी व्यवहारों का करीब एक चौथाई हैं, जिनका पता मैंने उस दिन लगाया था।

अब मेरे पास ढेर सारे संभावित व्यवहारों के काड्र्स थे। जिन्हें मैंने उनके प्रभाव

के अनुसार फोकस मैप पर लगाना शुरू कर दिया। अपने फोन को फ्लाइट मोड पर डालना, रात में व्हाइट-नॉइस मशीन चालू करना और खिड़कियों पर गहरे रंग के ब्लाइंड्स लगाना; ये कुछ ऐसे व्यवहार थे, जिनके बारे में मुझे पता था कि ये काफी प्रभावी रहेंगे। इसलिए मैंने उन्हें फोकस मैप पर ऊपर की ओर लगाया, जहाँ बेहद प्रभावी व्यवहार लिखा हुआ था। मैं यह भी जानता था कि रात में अपनी नवजात बेटी को पालने में लिटाना भी कारगर होगा क्योंकि जैसे-जैसे वह बड़ी हो रही थी, रात में जमीन पर घिसटते हुए यहाँ-वहाँ जाने की उसकी प्रवृत्ति बढ़ रही थी। इसी तरह रात का खाना एक घंटे पहले खा लेने का अर्थ था कि मैं जल्द ही बिस्तर पर चला जाऊँगा, लेकिन मैं इस बात को लेकर निश्चिंत नहीं था कि इससे मुझे जल्द ही नींद भी आ जाएगी। इसलिए मैंने इस व्यवहार का कार्ड फोकस मैप के बीच में लगा दिया। पहली नज़र में लगा था कि अपनी चिंताओं की सूची बनाने का व्यवहार कारगर होगा, लेकिन मैं इसे लेकर भी निश्चिंत नहीं था।

इसके बाद मैं दूसरे दौर की ओर चला गया और मैंने खुद से पूछा कि क्या मैं प्रत्येक व्यवहार करने के लिए खुद को तैयार कर सकता हूँ?

मुझे तुरंत एहसास हुआ कि रात का खाना जल्दी खाने का व्यवहार कुछ ज़्यादा ही मुश्किल है इसलिए मैंने उसे फोकस मैप पर बायीं ओर लगा दिया। लेकिन खिड़कियों पर गहरे रंग के ब्लाइंड्स लगाना एक आसान व्यवहार था, जिसे सिर्फ एक बार ही करना था (और इसे मैं एक बढ़ई से करवा सकता था)। इसलिए मैंने इस व्यवहार के कार्ड को फोकस मैप पर दायीं ओर लगा दिया। व्हाइट-नॉइस मशीन के मामले में भी कुछ ऐसा ही था - जिसे हर रोज रात को चालू करना मेरे लिए काफी आसान काम था। अपने फोन को फ्लाइट मोड पर डालना मुझे ज़रा झंझटभरा लगा (फोन को उठाना, स्वाइप करना वगैरह) इसलिए इस व्यवहार के कार्ड को मैंने ज़रा संपादित कर दिया : 'अपने फोन को साइलेंट मोड पर डालना,' जो मुझे अपेक्षाकृत आसान लगा। फिर उस कार्ड को मैंने फोकस मैप पर दायीं ओर लगा दिया। इसी तरह रात को अपनी नवजात बेटी को उसके पालने पर लिटाने का कार्ड भी मैंने दायीं ओर लगा दिया।

जब आप एक फोकस मैप पूरा कर लेंगे, तो देखेंगे कि आपके सारे व्यवहार चार्ट पर चारों ओर फैले हुए हैं। तब आपका फोकस मैप कुछ ऐसा नज़र आएगा।

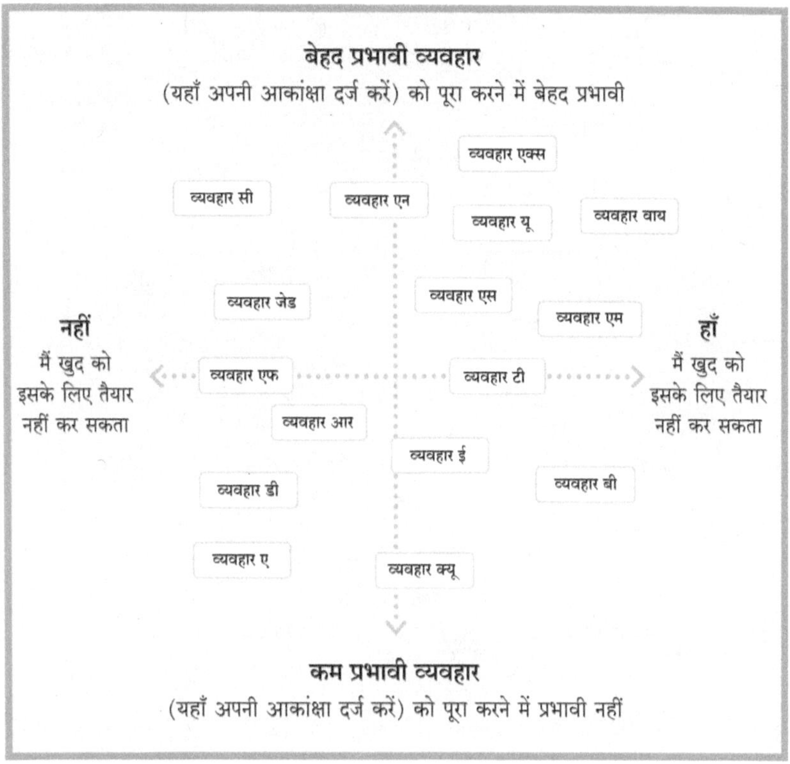

फोकस मैपिंग की इस पूरी प्रक्रिया में कुछ ही मिनट लगे और अचानक मुझे अपने 'सुनहरे व्यवहार' मिल गए : एक ऐसा व्यवहार जो सिर्फ एक बार करना है (खिड़कियों पर गहरे रंग के ब्लाइंड्स लगाना) और तीन ऐसे व्यवहार जिन्हें मैं आदतों में तब्दील कर सकता हूँ (अपना फोन साइलेंट मोड पर डालना, व्हाइट-नॉइस मशीन चालू करना और अपनी नवजात बेटी को उसके पालने में लिटाना)।

फोकस मैपिंग पद्धति का आखिरी चरण है कि आप कौन सा व्यवहार अपनाएँगे। इसमें क्या-क्या होगा? आप लगभग हमेशा ही कुछ ऐसे व्यवहार चुनेंगे, जो फोकस मैप पर ऊपर की ओर दायें कोने पर होंगे। बस आपको इन्हीं सुनहरे व्यवहारों को अपनाना है और बाकी व्यवहारों को छोड़ देना है।

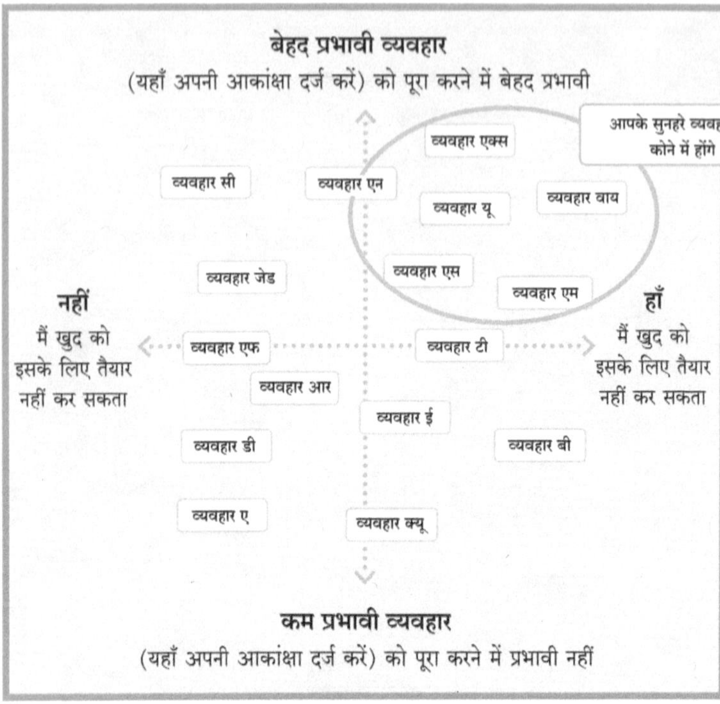

जब मैंने फोकस मैप पर ऊपर की ओर दायें कोने में अपने सुनहरे व्यवहारों को देखा, तो मेरा दिमाग इस प्रक्रिया की तेज गति के बजाय, इस बात पर केंद्रित हो गया कि यह कितना सच्चा महसूस हो रहा था। मैं कई हफ्तों से सोच रहा था कि ऐसा क्या करूँ कि बेहतर नींद ले सकूँ। मुझे अपनी यह समस्या बहुत बड़ी लगने लगी थी। आधुनिक संसार में कभी-कभी नींद बड़ी मुश्किल चीज़ बन जाती है। लेकिन आकांक्षा से व्यावहारिकता की ओर के चलते हुए अचानक मुझे ऐसे कई आसान व्यवहार मिल गए, जिन्हें मैं कर सकता था। हालाँकि ऐसा नहीं था कि ये व्यवहार बड़े रचनात्मक या नए किस्म के रहे हों पर इन्हें मैंने चुना था। मैं जानता था कि मैं - बी जे फॉग अपने असल जीवन में - ये व्यवहार कर सकता हूँ। जब मैंने अपने सुनहरे व्यवहारों पर नज़र डाली, तो मुझे लगा, मानों मैंने किसी बहुत बड़े सच की पहचान कर ली हो। मुझे ये भी लगा कि मैं निश्चित ही ये व्यवहार कर सकता हूँ और आखिर मैंने पहले इनके बारे में क्यों नहीं सोचा?

अपनी मिलान प्रक्रिया पर इस तरह की प्रतिक्रिया देनेवाला मैं अकेला व्यक्ति नहीं हूँ। जब भी मैं छात्रों या ग्राहकों के साथ फोकस मैपिंग करता हूँ, तो कई बार लोग ऐसी ही प्रतिक्रियाएँ देते हैं।

एक बार किया जानेवाला व्यवहार करने और नींद संबंधी नई आदतें अपनाने

के करीब एक सप्ताह बाद ही मुझे अपनी नींद में काफी सुधार देखने को मिला। इसके पहले मेरी अधिकांश रातें आधी-अधूरी नींद के साथ सम्मेलन के आयोजन की चिंता करते हुए बीत जाती थीं। मुझे बिस्तर पर जाने से घृणा होने लगी थी - क्योंकि मुझे ऐसा लगता था, मानों मैं किसी संघर्ष की तैयारी कर रहा हूँ। लेकिन मैं इस स्थिति को बदलने में सफल रहा। मुझे अच्छी नींद आने लगी, मैं फिर से आशावादी महसूस करने लगा और एक सफल सम्मेलन का आयोजन करने में कामयाब रहा, जो पहले मुझे करीब-करीब असंभव नज़र आ रहा था। इसके लिए मैं अपने फोकस मैप - और व्यवहार संरचना प्रक्रिया को धन्यवाद देता हूँ।

(अपडेट : तब से मैंने रात को अपनी नवजात बेटी को उसके पालने में लिटाना बंद कर दिया। बेचारी नन्हीं सी बच्ची को एक पालने के छोटे से दायरे में कैद होकर कैसा महसूस होता होगा, यह सोचकर मुझे अपराधबोध होने लगा। और मुझे अपराधबोध महसूस करना कतई पसंद नहीं है इसलिए मैंने इस आदत को छोड़ दिया। जो कि सही था: अगर आपको अपनी कोई नई आदत गलत लगने लगे, तो आप उसे छोड़ने या संशोधित करने के लिए पूरी तरह स्वतंत्र हैं।)

अगर आप भी अधिकांश लोगों जैसे हैं, तो अपने फोकस मैप को तैयार करने के बाद, जब आप अपने सुनहरे व्यवहारों पर नज़र डालेंगे, तो आशावादी और ऊर्जावान महसूस करेंगे। आप जो करना चाहते हैं और आप जो कर सकते हैं, वह आपस में संयुक्त होकर वह बन जाएगा, जिसे करने की आपकी संभावना सबसे ज़्यादा होगी। यह दरअसल आदतें विकसित करने का सबसे उपयुक्त आधार है।

छोटी-छोटी आदतों की पद्धति में, मैं लोगों को सिखाता हूँ कि वे अपनी नई आदतों को छोटे-छोटे बीज के रूप में देखें। अगर आप सही स्थान पर अच्छा बीज बोते हैं, तो वह बिना किसी समस्या के फलने-फूलने लगता है। जो व्यवहार आप करना चाहते हैं और जो व्यवहार करने में आप सक्षम हैं, उनसे शुरुआत करना अच्छा बीज बोने जैसा ही है। खुद को सफलता के रास्ते पर लानेवाले व्यवहारों का चुनाव करने से आपका आत्मविश्वास बढ़ता है और समय के साथ आपको उनमें महारथ हासिल होने लगती है। जिससे आपकी और बड़े व्यवहार करने की स्वाभाविक प्रेरणा बढ़ जाती है। लेकिन इन सभी चीज़ों की शुरुआत छोटी, ईमानदार और स्पष्ट ही होती है।

हमें अपनी आकांक्षाओं को लेकर सपने तो देखने चाहिए, लेकिन उन व्यवहारों को लेकर नहीं, जो हमारी आकांक्षाओं को पूरा करने का जरिया हैं। व्यवहार आधार हैं और वे ठोस होते हैं। वे आपकी गाड़ी का इंजन हैं, जो बड़ी-बड़ी बाधाएँ पार कर आपको नई ऊँचाईयों पर ले जाते हैं। शीर्ष तक पहुँचने का रास्ता, आपका अपना

रास्ता है और आप अपने लिए व्यवहार का चुनाव उस बाधा के अनुसार ही करते हैं, जिसे आपको पार करना हो।

सही व्यवहारों के साथ अपना मिलान करना न सिर्फ व्यवहार संरचना प्रक्रिया का सबसे महत्वपूर्ण कदम है बल्कि समस्या का निवारण करते समय ज़रूरत पड़ने पर अपने कदम पीछे खींचने का महत्वपूर्ण बिंदु भी।

व्यवहार संचरना के चरण

चरण १: आकांक्षाएँ स्पष्ट करें

चरण २: व्यवहार विकल्पों का पता लगाएँ

चरण ३: स्पष्ट व्यवहारों के साथ मिलान करें

समीक्षा करने के लिए : अपनी आकांक्षाएँ स्पष्ट करें, व्यवहारों के ढेर सारे विकल्पों का पता लगाएँ और स्पष्ट सुनहरे व्यवहारों के साथ अपना मिलान करें। व्यवहार संरचना को अपने जीवन में उतारने का यही तरीका है। छोटी-छोटी आदतों की पद्धति अपनाने के लिए सर्वश्रेष्ठ आदतों के साथ अपना मिलान भी आपको इसी तरह करना है।

आप अपने व्यावसायिक जीवन में व्यवहार संरचना का उपयोग करके एक कल्याणकारी कार्यक्रम तैयार कर सकते हैं, सर्वश्रेष्ठ प्रतिभाओं को भर्ती कर सकते हैं और उत्पादकता बढ़ाने के लिए नई आदतें विकसित कर सकते हैं। मैं यहाँ जो पद्धतियाँ साझा कर रहा हूँ, वे व्यावसायिक मामलों में सफल होने का सबसे व्यावहारिक, सशक्त और भरोसेमंद तरीका हैं। इन अवधारणाओं को विस्तारपूर्वक लागू किया जा सकता है: बेहतर बैठकों के लिए छोटी-छोटी आदतें, प्रभावी टीमवर्क के लिए छोटी-छोटी आदतें और कामकाजी माँओं के लिए छोटी-छोटी आदतें।

व्यवहार संरचना की प्रक्रिया का अगला चरण है, चीज़ों को यथासंभव सरल और सहज बनाना। मैं जिस तरह की सरलता की बात कर रहा हूँ, वह शायद आपके लिए आश्चर्यजनक हो। यूँ तो छोटे-छोटे कदम उठाने के बारे में तो हर किसी ने सुना है, लेकिन मैं कई साल पहले ही यह समझ गया था कि व्यवहार में बदलाव लाने के मामले में इस दृष्टिकोण को कोई नहीं अपनाता। इसलिए मैंने इसे अपना लिया, जिससे क्रांतिकारी सफलताएँ संभव होने लगीं। अगले अध्याय में मैं आपको बताऊँगा

कि 'छोटी' का वास्तविक अर्थ क्या है और सोच-समझकर, उद्देश्यपूर्ण और मूलत: छोटी शुरुआत करके आप अपने सुनहरे व्यवहारों को वास्तविकता में कैसे बदल सकते हैं।

व्यवहार संरचना पर अमल करने के लिए छोटे-छोटे अभ्यास

पहले अभ्यास में मैं आपकी आकांक्षा को परिभाषित करूँगा: बेहतर नींद लेना। जबकि दूसरे अभ्यास में आप खुद अपनी आकांक्षा तय करेंगे।

अभ्यास 1: व्यवहार मिलान का शॉर्टकट

चरण 1 : एक कागज पर बादल की आकृति बनाएँ।

चरण 2 : 'बेहतर नींद लेने' की आकांक्षा को इस आकृति के अंदर लिखें।

चरण 3 : ऐसे दस या उससे ज़्यादा व्यवहारों का पता लगाएँ, जो 'बेहतर नींद लेने' की आपकी आकांक्षा पूरी करने में सहायक हों। प्रत्येक व्यवहार को बादल की आकृति के बाहर लिखें, जहाँ तीर उस आकृति की ओर इंगित कर रहे हों। बस आपका 'व्यवहारों का झुंड' बनाकर तैयार है।

चरण 4 : उन चार-पाँच व्यवहारों के पास एक सितारा बनाएँ, जो आपके अनुसार आकांक्षा पूरी करने में सबसे अधिक प्रभावी होंगे।

चरण 5 : आप खुद से जो प्रभावी व्यवहार आसानी से कर सकते हैं, उसके चारों ओर गोला बना दें। इस दौरान अपना दृष्टिकोण यथार्थवादी रखें।

चरण 6 : उन व्यवहारों पर नज़र डालें, जिन पर सितारा और गोला दोनों बने हों। यही आपके सुनहरे व्यवहार हैं।

चरण 7 : अपने सुनहरे व्यवहारों को जीवन की वास्तविकता में तब्दील करने का रास्ता ढूँढ़ें। इस चरण में अपना सर्वश्रेष्ठ प्रदर्शन करें। मैंने अब तक आपको यह नहीं बताया है कि व्यवस्थित ढंग से समाधान कैसे ढूँढ़ें इसलिए फिलहाल इसके लिए अपने अंतर्ज्ञान का उपयोग करें।

अभ्यास 2 : सुनहरे व्यवहारों का पता लगाने के लिए फोकस मैपिंग

इस बार अपनी आकांक्षाएँ स्वयं चुनें और सुनहरे व्यवहारों के साथ अपना मिलान करने के लिए सितारे या गोला बनाने के बजाय फोकस मैपिंग का उपयोग करें।

चरण 1 : एक कागज पर बादल की आकृति बनाएँ।

चरण 2 : अपनी आकांक्षा को इस आकृति के अंदर लिखें। (अगर मन में कोई आकांक्षा न आए, तो लिखें 'अपना तनाव घटाना')

चरण 3 : ऐसे दस या उससे ज़्यादा व्यवहारों का पता लगाएँ, जो आपकी आकांक्षा पूरी करने में सहायक हों। प्रत्येक व्यवहार को बादल की आकृति के बाहर लिखें, जहाँ तीर उस आकृति की ओर इंगित कर रहे हों।

चरण 4 : प्रत्येक व्यवहार को एक कार्ड या कागज के छोटे से टुकड़े पर लिखें। यह फोकस मैपिंग के उपयोग का पहला चरण है।

चरण 5 : व्यवहारों के कार्ड्स को उनके प्रभावी होने के अनुसार फोकस मैप पर ऊपर या नीचे की ओर लगाएँ। फिलहाल संभाव्यता के बारे में न सोचें। बल्कि इस बात पर ध्यान केंद्रित करें कि व्यवहार का प्रभाव कैसा होगा। (मार्गदर्शन के लिए पिछले पन्नों में प्रस्तुत फोकस मैपिंग के ग्राफिक की मदद लें।)

चरण 6 : व्यवहार के कार्ड्स को उनकी संभाव्यता के अनुसार दायीं और बायीं ओर लगा दें। इस दौरान यथार्थवादी दृष्टिकोण रखें। क्या आप सचमुच खुद से ये व्यवहार करवा सकते हैं?

चरण 7 : ऊपर की ओर दायें कोने पर नज़र डालें। यहाँ दर्ज व्यवहार ही आपके सुनहरे व्यवहार हैं। (अगर इस दायें कोने पर कोई व्यवहार नहीं है, तो वापस चरण 3 पर जाएँ।)

चरण 8 : अपने सुनहरे व्यवहारों को जीवन की वास्तविकता में तब्दील करने का एक कारगर तरीका ढूँढ़ें। इसके लिए फिलहाल अपने अंतर्ज्ञान का उपयोग करें। मैं आगे के किसी अध्याय में इसका व्यवस्थित तरीका साझा करूँगा।

3

सक्षमता - सावधानी बरतें

याहू और गूगल के बीच क्या फर्क है? ब्लॉगर और ट्विटर के बीच क्या फर्क है? आखिर ऐसा क्यों होता है कि एक नवाचार लुप्त हो जाता है, जबकि दूसरा दुनिया पर छा जाता है? क्या है इसके पीछे? प्रतिभा? विज़न? पैसा? किस्मत?

दरअसल इसके पीछे इन सब चीज़ों के साथ-साथ और भी बहुत कुछ है। लेकिन इसके पीछे जो सबसे बड़ी चीज़ है, शायद उसे सबसे ज़्यादा नज़रअंदाज किया गया है।

सरलता।

सन 2009 में जब माइक क्राइगर और केविन सिस्ट्रॉम के बीच एक नया एप बनाने के बारे में चर्चा शुरू हुई, तो सबसे पहले उन्होंने अपनी पिछले साल की विफलता को परखा - बरबेन नामक एक लोकेशन-शेयरिंग एप। उन्होंने बड़ी गहराई से इसकी डिजिटल जाँच-पड़ताल की और न सिर्फ इस बात का विश्लेषण किया कि क्या गड़बड़ हुई बल्कि यह भी देखा कि क्या सही हुआ। अपनी विफलता के इस विश्लेषण के दौरान एक बेशकीमती विचार उनके हाथ लगा: तस्वीरें साझा करना।

बरबेन[1] में चेक-इन करने की बाध्यता भले ही बहुत कम लोगों को पसंद आई हो, लेकिन इसमें मौजूद फोटो शेयर करने की सुविधा लोगों को बड़ी पसंद आई थी। इसलिए सिस्ट्रॉम और क्राइगर ने तय किया कि वे एक ऐसा एप तैयार करेंगे, जिससे लोग अपनी जेब में पड़े आईफोन कैमरे का पूरा फायदा उठा सकें। फोटो शेयर करना सिस्ट्रॉम और क्राइगर के लिए 'सुनहरा व्यवहार' था - और उनके संभावित ग्राहक पहले से ही यह व्यवहार करना चाहते थे। दूसरों के साथ फोटो साझा करना मजेदार होता है और उन पर सकारात्मक प्रतिक्रिया पाना हर किसी को पसंद होता है।

इन दोनों की जोड़ी के लिए एक और महत्वपूर्ण 'सुनहरा व्यवहार' था, एप

---

[1] यह एप रियल टाइम में आपकी लोकेशन आपके दोस्तों के साथ साझा करता था।

उपयोग करनेवालों को फिल्टर्स की सुविधा देना, जिनकी मदद से वे अपने खाने की, पालतू कुत्तों की और सूर्यास्त की फोटो को और बेहतर बना सकते थे। इससे यूजर्स उन फोटोज को लेकर अच्छा महसूस करते, जिन्हें वे शेयर करते, जिससे उन्हें बार-बार ऐसा करने का प्रोत्साहन मिलता। ज़रा गौर करें कि लोग पहले से ही जो व्यवहार करना चाहते थे, क्राइगर और सिस्ट्रॉम ने उसका चुनाव करके प्रेरणा का घटक अपने काबू में कर लिया था। व्यवहार मॉडल के अनुसार वे पहले से ही अच्छी स्थिति में थे। कुछ सफलता तो उन्हें इसी के चलते मिली होगी। लेकिन इसके बाद उन्होंने जो किया, उसने इन दोनों को सिलिकॉन वैली के सबसे सफल और प्रभावशाली लोगों के तौर पर स्थापित कर दिया - उन्होंने अपने सुनहरे व्यवहार करना सरल बना दिया।

क्राइगर स्टैनफोर्ड यूनिवर्सिटी की मेरी कक्षा से हाल ही में निकला था। उसे पता था कि इंसानी व्यवहार कैसे काम करता है और अगर आप लोगों से कोई चीज़ कराना चाहते हैं, तो उसे आसान बनाना कितना ज़रूरी है। यह एक और बिंदु था, जिसके मामले में बरबेन कमजोर पड़ गया था। उसमें ऐसे कई फीचर्स थे, जिनकी या तो लोगों को ज़रूरत ही नहीं थी या फिर उन्हें यह पता नहीं था कि उन फीचर्स का उपयोग कैसे करें। इस बात का एहसास होने पर ही क्राइगर और सिस्ट्रॉम अपने नए फोटो शेयरिंग एप को आसान बनाने के लिए प्रेरित हुए। और उन्होंने यही किया।

सन 2010 में जब इंस्टाग्राम लाँन्च हुआ, तब इसमें सिर्फ तीन बार क्लिक करके फोटो पोस्ट की जा सकती थी। एप स्टोर पर इसके मूल विवरण के अनुसार इंस्टाग्राम का उपयोग करना बहुत सरल था। अगर इंस्टाग्राम के शुरुआती प्रतिस्पर्धियों पर नज़र डालें, तो आपको खुद ही एहसास हो जाएगा कि यह कितना सरल है। क्राइगर और सिस्ट्रॉम यह बात समझनेवाले पहले लोग नहीं थे कि लोगों को फोटोज बहुत पसंद होती हैं और शायद वे उन्हें शेयर करना चाहते होंगे। जब उन्होंने इंस्टाग्राम लॉन्च किया था, तब उनके सबसे बड़े प्रतिस्पर्धी थे- फ्लिकर, फेसबुक और हिप्सटैमिक। ये तीनों एप्स अपने यूजर्स को फुल-फीचर का अनुभव देते थे, ऊपर से फेसबुक और फ्लिकर के पास अपेक्षाकृत कहीं ज़्यादा पूँजी और बेहतर बुनियादी ढाँचा भी था। जबकि इंस्टाग्राम एक मुफ्त एप था, जिसे कुछ दोस्तों ने कॉफी शॉप में बैठकर तैयार किया था। इसका उपयोग करने के लिए आपको सिर्फ एक फोटो लेकर, उस पर कोई फिल्टर लगाकर, उसे लोगों के साथ शेयर करना होता था। इस प्रकार की सरलता उस समय (और आज भी) कोई आम बात नहीं थी। इंस्टाग्राम के सारे प्रतिद्वंदी एप्स में वे तमाम फीसर्च थे, जो लोग चाहते थे, लेकिन इसके बावजूद उनमें से कोई भी एप फोटो शेयर करने के मामले में अग्रणी स्थान हासिल नहीं कर सका। इंस्टाग्राम लाँन्च हुए अभी अठारह महीने भी नहीं हुए थे कि फेसबुक ने इसे एक बिलियन डॉलर्स में

खरीद लिया। (तब फेसबुक का काफी मज़ाक भी उड़ाया गया और कहा गया कि उसने इंस्टाग्राम जैसे एप के लिए ज़रूरत से ज़्यादा पैसा खर्च किया है। जबकि आज बाजार में इंस्टाग्राम का अनुमानित मूल्य 100 बिलियन डॉलर्स से भी ज़्यादा है।)

तो इंस्टाग्राम का यह सरल दृष्टिकोण सफल क्यों रहा? आखिर हर एप डेवलपर ऐसा क्यों नहीं करता? ऐसा करना सचमुच फायदे का सौदा लगता है। है ना?

जी नहीं। अधिकांश लोग इस धारणा के साथ काम करते हैं कि 'या तो तत्काल बड़े और साहसिक कदम उठाओ या फिर चुपचाप अपने कदम पीछे खींच लो...।' उन्हें लगता है कि किसी बुरी आदत को छोड़ने, तनाव घटाने या ढेर सारा पैसा कमाने के लिए उन्हें कुछ बड़ा करना होगा। यानी पहली ही गेंद पर छक्का मारना, अपना घर-बार बेचकर समंदर किनारे जाकर बस जाना, एक बार में सब कुछ दांव पर लगा देगा, बिना कुछ सोचे-समझे बस कूद पड़ना। जो लोग ऐसे चरमपंथी कदम उठाते हैं और सफल हो जाते हैं, उन्हें बहुत महिमामंडित किया जाता है। अगर आपने टीवी पर देखा हो कि फलाँ ओलंपिक एथलीट तीन साल की उम्र से हर दिन बाहर घंटे प्रशिक्षण ले रही थी या फलाँ व्यवसायी अपना सब कुछ बेच-बाच कर सच्ची खुशी की तलाश में इटली चला गया, तो आप समझ गए होंगे कि मेरा इशारा किस तरफ है। हालाँकि साहसिक कदम उठाने में कुछ गलत नहीं है। इंसान को जीवन में कभी-कभी ऐसा करना भी पड़ता है। पर याद रखें कि आप हमेशा अपने जीवन में बड़े-बड़े बदलाव लानेवालों के बारे में इसलिए सुनते हैं क्योंकि वे अपवाद हैं, न कि अनिवार्यता। दरअसल सफलता की कहानियों में मजेदार नाटकीयता तभी आती है, जब साहसिक कदम उठाए गए हों। जबकि क्रमश: प्रगति करते हुए स्थाई सफलता हासिल करने की कहानी में कोई नाटकीयता नहीं होती। इसीलिए तो मैंने अपने आसपास कैमरा लेकर खड़े लोगों की कोई टीम नियुक्त नहीं कर रखी है, जो हर वक्त मेरे साथ रहे और जब भी मैं पेशाब करने के बाद पुश-अप करूँ, तो उसे फिल्माना शुरू कर दें। (अच्छा ठीक है, मैं मानता हूँ कि यह इकलौता कारण नहीं है।) दरअसल मैं सिर्फ ये कह रहा हूँ कि बड़े और साहसिक कदम उठाना आमतौर पर उतना प्रभावी नहीं होता है, जितना हमें लगता है।

छोटे-छोटे कदम उठाना या छोटी शुरुआत करना भले ही आकर्षक न लगे, पर यह सफल और टिकाऊ ज़रूर है। आमतौर पर लोग अपने जीवन में जो बदलाव लाना चाहते हैं, उनमें से ज़्यादातर के मामले में, बिना किसी दिखावे के छोटे-छोटे कदम उठाना, बड़े और साहसिक कदम उठाने से कहीं ज़्यादा कारगर होता है। 'या तो तत्काल बड़े और साहसिक कदम उठाओ या फिर चुपचाप अपने कदम पीछे खींच लो...' यह दृष्टिकोण हर चीज़ पर लागू करने से आपको निराशा ही हाथ लगेगी और आप आत्म-आलोचना के जाल में फँस जाएँगे। हम पहले से ही जानते हैं कि

प्रेरणा रूपी लंगूर को, बड़े और साहसिक कदम उठाने में हमारी मदद करना बहुत पसंद होता है। लेकिन जैसे ही स्थितियाँ मुश्किल होने लगती हैं, वह अचानक हमें छोड़कर भाग जाता है। बड़ी चीज़ें करना तकलीफदेह हो सकता है। हम अक्सर अपनी शारीरिक, मानसिक और भावनात्मक सीमाएँ पार करने की कोशिश करते रहते हैं। हो सकता है कि कुछ समय तक हम अपनी यह कोशिश जारी रखने में सफल भी हो जाएँ, लेकिन इस सच से भी इंकार नहीं किया जा सकता कि लोग लंबे समय तक तकलीफदेह कार्य नहीं कर पाते। आप देख सकते हैं कि यह सफल आदतें विकसित करने का उचित तरीका नहीं है।

इसके बावजूद बहुत से लोग जीवन में बदलाव लाने के लिए 'या तो तत्काल बड़े और साहसिक कदम उठाओ या फिर चुपचाप अपने कदम पीछे खींच लो...' के दृष्टिकोण पर ही विश्वास करते हैं। परिणामस्वरूप अधिकांश लोगों को 'छोटा' सोचना आता ही नहीं है। सरल व्यवहारों को अपनाना एक ऐसा हुनर है, जो हर किसी के पास नहीं होता। और अगर लोग चीज़ों को आसान बनाने के लिए उन्हें कई हिस्सों (या चरणों) में बाँटते भी हैं, तो अक्सर ये हिस्से काफी बड़े या जटिल होते हैं। परिणामस्वरूप लोग अक्सर दबाव में आ जाते हैं। फिर जब उनकी प्रेरणा में लगातार उतार-चढ़ाव आता है, तब वे अपने तरीकों में कोई सुधार लाने की स्थिति में नहीं होते क्योंकि लगातार कमजोर पड़ती प्रेरणा के चलते वे बेबस हो चुके होते हैं।

बेंगलुरू स्थित एक फॉर्च्यून 500 कंपनी में प्रोजेक्ट मैनेजर के तौर पर कार्यरत सारिका ने भी सालों तक प्रेरणा में उतार-चढ़ाववाले ऐसे ही दुश्चक्र का अनुभव किया है। छोटी-छोटी आदतों की पद्धति अपनाने से पहले सारिका ने अपना खाना खुद पकाने और नियमित व्यायाम की आदत अपनाने की बहुत कोशिश की। सारिका बाईपोलर डिसऑर्डर (एक मानसिक विकार) से ग्रस्त है। इसलिए उसकी मनोदशा और ऊर्जा के स्तर में बहुत तेजी से उतार-चढ़ाव आते हैं। अपने मानसिक विकार को नियंत्रण में रखने के लिए पहले सारिका दवाईयों का सहारा लेती थी, लेकिन वह इन दवाईयों के साइड-इफेक्ट्स से परेशान थी। उसके डॉक्टरों का कहना था कि व्यायाम, थेरेपी और दवाईयों की मदद से उसका इलाज हो सकता है। लेकिन यह तभी संभव था, जब सारिका अपना एक रूटीन बनाकर रखे।

एक निश्चित रूटीन से सारिका को सही समय पर अपने लक्षणों की गंभीरता का अंदाजा लगाने में मदद मिलती और इससे पहले कि वे उसके जीवन पर नकारात्मक प्रभाव डालें, सारिका ज़रूरी कदम उठा सकती थी। सारिका के लिए हर बार यह समझ पाना काफी मुश्किल था कि उसकी मनोदशा में गंभीर उतार-चढ़ाव कब आ सकता है। इसलिए उसे एहसास था कि अगर वह कुछ स्पष्ट दैनिक आदतें अपना ले, तो उनकी मदद से उसे अपनी मानसिक व भावनात्मक स्थिति का बेहतर अंदाजा रहेगा।

जैसे अगर वह हर रोज सुबह अपने दालान में लगे पौधे में पानी देना शुरू कर देती, तो उसे पता होता कि इस एक काम को पूरा करने पर उसे कैसा लगता है। कभी-कभी वह बिना किसी दिक्कत के सरलता से यह काम पूरा कर लेती। पर जिस दिन उसके मन में इस काम को टालने का भाव आता और वह पानी के उस डिब्बे को अनदेखा करने लगती, जिसे रिमाइंडर के तौर पर दालान में रखा गया था, तो वह समझ जाती कि कुछ गड़बड़ है और उसे इस बात पर बारीकी से गौर करना चाहिए कि अन्य आदतों को दोहराते समय वह कैसा महसूस करती है।

बस एक ही समस्या थी। लाख कोशिशों के बाद भी सारिका अपना एक रूटीन नहीं बना पा रही थी।

छोटी-छोटी आदतों की पद्धति अपनाने से पहले सारिका के जीवन में कोई रूटीन नहीं था - सिवाय हर रोज ऑफिस जाने के - और ऐसा कम ही होता कि वह हर रोज नियत समय पर ऑफिस पहुँच जाए। ऑफिस जाते समय वह रास्ते में किसी फूड स्टॉल से अपना नाश्ता खरीद लेती। इसी तरह जब लंच की बारी आती - अगर किसी दिन वह लंच करती - तो किसी रेस्त्रां से खाना मँगवा लेती। वह अपने घर की रसोई तब तक साफ नहीं करती, जब तक वहाँ गंदगी का अंबार न लग जाए। और जब ऐसा होता, तो वह सब कुछ छोड़छाड़ कर घंटे भर तक सफाई में जुटी रहती। सारिका को ध्यान करना बहुत पसंद है, लेकिन अक्सर हफ्तों बीतने के बाद भी वह ध्यान के लिए भी नहीं बैठ पाती। दवाइयों और एक ठोस आधार के रूप में काम करनेवाली इन आदतों के बिना सारिक खुद को अक्सर काबू से बाहर पाती। व्यक्तिगत जीवन में वह काफी चिड़चिड़ी हो गई थी और पेशेवर जीवन में भी बुरी तरह पिछड़ती जा रही थी। जब उसके डॉक्टर ने उसे कुछ स्पष्ट आदतें विकसित करने के लिए कहा, तो ये उसे इतना मुश्किल लगा, मानो किसी ने उसे मंगल ग्रह पर जाने के लिए एक अंतरिक्ष यान बनाने को कह दिया हो।

सारिका उतार-चढ़ाव से भरे एक दुश्चक्र में फँस गई थी। उसके जीवन की सबसे तकलीफदेह समस्या थी फिजिकल थेरेपी की। विशेषज्ञों की सलाह पर सारिका कई महीनों से तीस मिनट का व्यायाम कर रही थी, पर कभी-कभार ही। इसके बावजूद उसे अपने चोटिल घुटने में कोई सुधार नज़र नहीं आया। उसे नियमित रूप से व्यायाम करने की ज़रूरत थी, लेकिन वह घुटने पर बँधी इलास्टिक बैंड खोलने के लिए खुद को तैयार ही नहीं कर पाती थी। जब सारिका दर्द बर्दाश्त न कर पाती, तो उसके अंदर अचानक प्रेरणा का विस्फोट सा होता, तब जाकर सारिका वह कार्य कर पाती, जिसे वह अब तक टाल रही थी। चूँकि वह नियमित व्यायाम नहीं करती थी इसलिए यह उसके लिए सामान्य से ज़्यादा तकलीफदेह होता था। और इस तरह उसकी प्रेरणा अचानक कम हो जाती। फिर वह अगले कुछ दिनों तक कोई व्यायाम

नहीं करती। तो ये था 'उतार-चढ़ाव' का वह चक्र, जिसमें सारिका फँसी हुई थी। बात चाहे नियमित व्यायाम की हो या फिर कोई और नई आदत अपनाने की, सारिका हर बार उतार-चढ़ाव के इस दुश्चक्र में फँस जाती थी।

सारिका के साथ जो हो रहा था, वह बहुत आम है। बहुत से लोग उतार-चढ़ाव के इस दुश्चक्र में फँसकर बेचैन और निराश हो जाते हैं, भले ही वे सोडा पीने की आदत छोड़ना चाहते हों या सूर्योदय से पहले जागने, हर रोज अपने लिए रात का खाना बनाने, अपने सारे खर्च का हिसाब रखने या फिर हर रोज नए ग्राहक तलाशने में अपना समय निवेश करने की आदत अपनाना चाहते हों। इस दुश्चक्र में फँसे अधिकतर लोगों की ही तरह सारिका भी परस्पर विपरीत मनोभावों से गुज़र रही थी। कभी-कभी वह अच्छा महसूस करती, जबकि कभी-कभी उसे यह सोचकर बहुत बुरा महसूस होता कि स्वास्थ्यवर्धक आदतें अपनाने में वह लगातार विफल हो रही है। उसका आत्मविश्वास करीब-करीब खत्म हो चुका था और वह इस बात को लेकर बड़ी चिंतित रहने लगी थी कि शायद वह अपने जीवन में स्थाई बदलाव लाने में सक्षम ही नहीं है।

आखिरकार सारिका को नए व्यवहारों का पता लगाने और उन्हें आदतों के रूप में अपनाने का एक आसान तरीका मिल ही गया। उसने छोटी-छोटी आदतोंवाली पद्धति के अनुसार - यानी छोटे-छोटे पर ठोस कदम उठाते हुए - अपना रूटीन बनाना शुरू किया। उसने अपने लिए हर रोज बीस मिनट ध्यान करने का लक्ष्य रखने के बजाय, कमरे के बीचों-बीच रखे तकिए पर बैठकर तीन बार गहरी साँस लेते हुए इसकी शुरुआत की। इसी तरह अपने लिए पूरा नाश्ता तैयार करने का लक्ष्य रखने के बजाय, उसने रसोई में कदम रखते ही गैस-स्टोव चालू करना शुरू किया। फिजिकल थेरेपी के लिए हर रोज तीस मिनट तक व्यायाम करने के बजाय वह अपनी पसंदीदा नीली चटाई पर तीस सेकेन्ड्स तक स्ट्रेचिंग करने लगी। इन छोटे-छोटे व्यवहारों को अपनाकर उसने अपना आत्मविश्वास और कौशल बढ़ाया और तब तक ऐसा करती रही, जब तक कि ये व्यवहार आदतों में तब्दील नहीं हो गए। फिर इन व्यवहारों का दायरा विस्तृत होने लगा। इतने सालों से सारिका जिस डेली रूटीन को अपनाने के लिए संघर्ष कर रही थी, अब वह उसमें महारथ हासिल कर चुकी थी। धीरे-धीरे उसका स्वास्थ्य भी बेहतर होने लगा क्योंकि अब वह बाहर का हानिकारक खाना खाने के बजाय अपना खाना खुद पकाती, अपनी रसोई साफ करती, व्यायाम करती, ध्यान करती और घर के पौधों को हर रोज पानी देती। सारिका ने मुझे बताया कि अब वह अपने अंदर एक किस्म का लचीलापन महसूस करती है - जबकि पहले उसके अंदर यह विशेषता नहीं थी।

सारिका के अनुसार इस प्रक्रिया का सबसे महत्वपूर्ण हिस्सा स्वास्थ्यवर्धक

आदतें अपनाना या अपने मानसिक विकार पर काबू पाना नहीं था बल्कि वह आत्मविश्वास था, जो इसके चलते उसे हासिल हुआ था। अब सारिका जानती है कि वह अपना हर मनचाहा कार्य कर सकती है - बस उसे छोटी शुरुआत करने की ज़रूरत है।

इसके बाद अगर कभी ऐसा होता कि सारिका अच्छा महसूस न करने के चलते अपनी आदतों को व्यवहार में लाने में असमर्थ होती, तब भी वह शर्म और ग्लानि के जाल में नहीं फँसती। हाल ही में सारिका को पैर में मोच आने के कारण कुछ दिनों तक बिस्तर पर रहना पड़ा। चूँकि उसकी बिल्डिंग में लिफ्ट नहीं है इसलिए मोच का दर्द घटने के बाद भी वह तब तक घर से बाहर नहीं जा सकी, जब तक दर्द पूरी तरह खत्म नहीं हो गया। उसने मुझे बताया कि अगर छोटी-छोटी आदतों की पद्धति अपनाने से पहले उसके साथ ऐसा कुछ हुआ होता, तो शायद वह इतनी परेशान हो जाती कि रो पड़ती और यह सोचती कि आखिर उसके साथ ही हमेशा ऐसा क्यों होता है? लेकिन इस बार उसने अपनी तकलीफ को बिना किसी भावनात्मक उफान के स्वीकार कर लिया। वह एक-एक करके अपने दिन गुजारती रही। उसे पता था कि जैसे ही उसके पैर की मोच ठीक होगी, उसका रूटीन पहले जैसा हो जाएगा। उसे ऐसा इसलिए महसूस हुआ क्योंकि जब चीज़ें छोटी होती हैं, तो उन्हें दोबारा नियंत्रण में लेना आसान होता है। अब उसे कठिनाईयों के विशाल पहाड़ पर चढ़ाई नहीं करनी थी बल्कि सिर्फ कुछ छोटी-मोटी बाधाओं को पार करना था। यह करना सरल था। इससे बहुत फर्क पड़ा - न सिर्फ कर्म करने की सारिका की सक्षमता पर बल्कि इस बात पर भी कि वह दिन-प्रतिदिन कैसा महसूस करती है। अब अगर वह किसी दिन अच्छा महसूस न करती, तो इसे लेकर ज़्यादा परेशान न होती। क्योंकि उसे पता होता कि अगले दिन से वह दोबारा अपना रूटीन शुरू कर सकती है। जिस दिन उसकी प्रेरणा का स्तर ऊँचा रहता, उस दिन वह अपनी आदतों को आसानी से व्यवहार में ले आती। वह देखती कि उसकी मानसिक और भावनात्मक स्थिति इतनी दृढ़ है कि अब वह न सिर्फ प्रयोग करने के लिए तैयार है बल्कि इस बात को लेकर उत्सुक भी है कि अपने जीवन में और कौन-कौन सी सकारात्मक चीज़ें ला सकती है। अब उसे हर चीज़ सरल और अधिक करने योग्य लगती। अब अगर उसे कोई नई आदत अपनानी होती, तो वह उसे लेकर परेशान होने के बजाय उत्साहित और उत्सुक महसूस करती। उसकी मानसिकता में आए इस बदलाव का सकारात्मक प्रभाव उसके जीवन के हर पहलू पर नज़र आने लगा।

सारिका और इंस्टाग्राम के संस्थापक, दोनों ही बदलाव से जुड़े एक मूल मिथक से पार पाने और सफलता हासिल करने में कामयाब रहे। क्योंकि उन्होंने व्यवहार का संचालन करने के सबसे विश्वसनीय तरीके - सक्षमता प्रबंधन करते हुए चीज़ों को

सरल बनाना – का लाभ उठाया। वैसे तो ये किताब मुख्य रूप से आदतों पर केंद्रित है, लेकिन चीज़ों को सरल बनाने से आपको हर प्रकार के व्यवहार में मदद मिलती है। मैं आपको स्पष्ट रूप से बताऊँगा कि सिर्फ एक बार किए जानेवाले जिन व्यवहारों को आप अब तक टाल रहे थे, उनका समाधान कैसे निकाला जाए। साथ ही मनचाहा जीवन जीने के कुछ कारगर तरीकों से आपका परिचय भी कराऊँगा। आप इन नए कौशलों को अपने दीर्घकालीन ऊँचे लक्ष्य पूरे करने के लिए उपयोग कर सकेंगे। व्यवहार संरचना के चलते आपमें अनंत संभावनाएँ हैं। आप जो बदलाव लाना चाहते हैं, वह बड़ा हो या छोटा, बेहतर यही होगा कि आप छोटी शुरुआत करें।

व्यवहार संचरना के चरण

- चरण १: आकांक्षाएँ स्पष्ट करें
- चरण २: व्यवहार विकल्पों का पता लगाएँ
- चरण ३: स्पष्ट व्यवहारों के साथ मिलान करें
- चरण ४: छोटी शुरुआत करें

आदतें विकसित करने के लिए सक्षमता का उपयोग करना

हम अपने किसी व्यवहार को इसलिए आसान बनाना यानी छोटी शुरुआत करना चाहते हैं ताकि प्रेरणा रूपी लंगूर का अप्रत्याशित स्वभाव हमारी भविष्य की सफलता में बाधा न बने। व्यवहार करने के लिए ज़रूरी है कि उसके लिए आपमें पर्याप्त प्रेरणा और सक्षमता हो ताकि आप व्यवहार मॉडल में क्रिया रेखा से ऊपर रहें। हम जानते हैं कि प्रेरणा भरोसेमंद नहीं होती। सौभाग्य से सक्षमता के साथ ऐसी कोई समस्या नहीं है। व्यवहार मॉडल पर हमारी सक्षमता किस स्थान पर है, यह देखकर हम काफी हद तक ये समझ सकते हैं कि कौन से व्यवहार, आदत में तब्दील हो सकते हैं। मान लीजिए आप हर रोज बीस पुश-अप्स करना चाहते हैं। व्यवहार मॉडल पर मैप करने के बाद यह व्यवहार कुछ ऐसा दिखेगा।

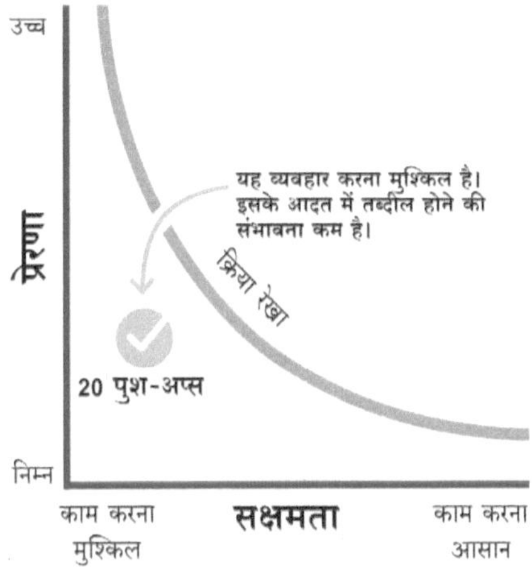

दिनभर में अधिकांश समय ऐसा होगा, जब बीस पुश-अप्स करने की आपकी प्रेरणा शायद निचले स्तर पर होगी। जो इस व्यवहार को चित्र में प्रस्तुत लंबवत अक्ष पर नीचे की ओर ले जाता है। जबकि क्षैतिज अक्ष पर यह व्यवहार बिलकुल बायीं ओर स्थित है क्योंकि इसे करना आपके लिए मुश्किल है। ये दोनों ही इनपुट्स व्यवहार को क्रिया रेखा पर काफी नीचे ले आते हैं। इससे हमें पता चलता है कि अधिकांश लोगों के मामले में यह संभावना कम ही है कि एक बार में बीस पुश-अप्स करना उनकी आदत में तब्दील हो जाए। चूँकि आपकी सक्षमता का स्तर कम है इसलिए आप यह व्यवहार सिर्फ उन्हीं दिनों में कर सकेंगे, जब आप उच्च प्रेरणा की लहर पर सवार होंगे (और ऐसा कम ही होता है)। पर अगर आपकी नई आदत सिर्फ दो पुश-अप्स की है, तो यह व्यवहार मॉडल पर कुछ ऐसी नजर आएगी।

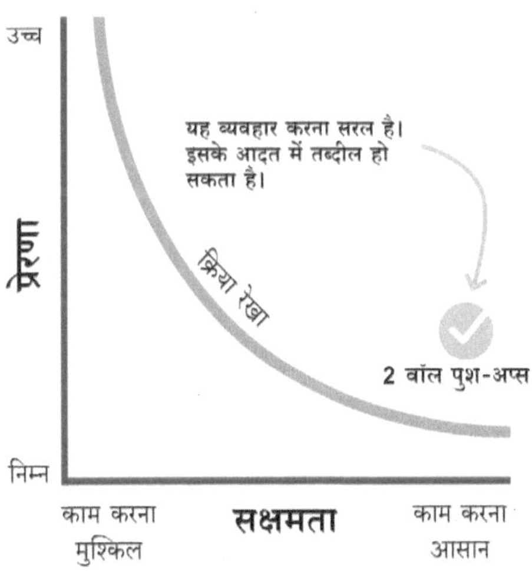

अगर हम प्रेरणा के लंबवत अक्ष पर नज़र डालें, तो पाएँगे कि यह बीस पुश-अप्स वाले लंबवत अक्ष का ही दूसरा संस्करण है। बस एक प्रमुख अंतर है: दो पुश-अप्स वाला व्यवहार क्षैतिज अक्ष पर बिलकुल दायीं ओर आ गया है। गौर कीजिए कि जब आप किसी व्यवहार को आसान बना देते हैं, तो प्रेरणा कम होने के बावजूद आप क्रिया रेखा से ऊपर ही रहते हैं। यह 'छोटी-छोटी आदतों' की पद्धति का एक कारगर औजार है: व्यवहारों को इतना छोटा बना दो कि उनके लिए आपको अधिक प्रेरणा की ज़रूरत ही न पड़े। दो पुश-अप्स करना आसान है इसलिए पूरी संभावना है कि आप इसे एक आदत के तौर पर अपना लेंगे।

जब आप नई आदत विकसित करते हैं, तो दरअसल आप स्थिरता हासिल करने में जुटे होते हैं। स्थिरता पाने की कुंजी है सरलता। मैं अपने छात्रों को भी यही बताता हूँ: सरलता ही व्यवहार में बदलाव लाती है।

अगर आप किसी आदत को निरंतर अपने व्यवहार में लाना चाहते हैं, तो आपको 'बी = एमएपी' मॉडल की सबसे विश्वसनीय चीज़ - सक्षमता - को समायोजित करना होगा। व्यवहार मॉडल में 'सक्षमता' ही वह घटक है, जिससे हमें स्थितियों को अपने पक्ष में करने की सबसे ज़्यादा शक्ति मिलती है। अगर कोई व्यवहार मुश्किल है, तो उसे अपने लिए सरल बनाएँ। आप देखेंगे कि समय के साथ आपकी प्रेरणा का स्तर बदलता रहता है, लेकिन आप अपनी नई आदत को अपने व्यवहार में जितना ज़्यादा लाएँगे, आपकी सक्षमता उतनी ही बढ़ेगी और यह बढ़ोत्तरी ही आपकी आदत के विकास में सहायक होगी। अगर आप कुछ हफ्तों तक निरंतर दो पुश-अप्स करेंगे, तो व्यवहार मॉडल पर यह कुछ ऐसा नज़र आएगा।

फॉग व्यवहार मॉडल

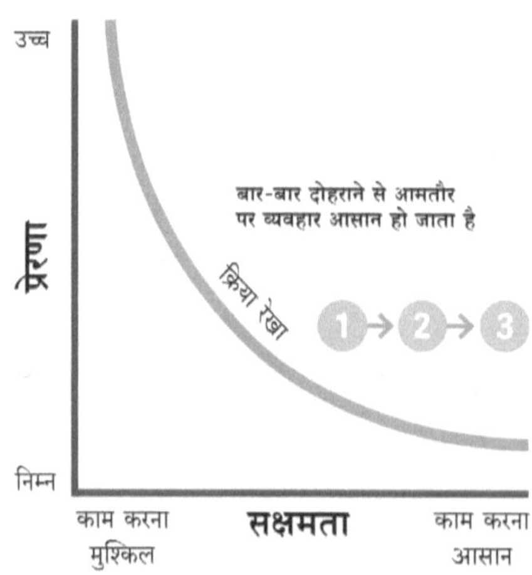

हर दिन व्यवहार दोहराने से आपकी माँसपेशियों की शक्ति, लचीलापन और कौशल बढ़ता है। इससे व्यवहार करना आसान होता जाता है और क्षैतिज अक्ष पर दायीं ओर बढ़ता जाता है। (और अगर आप सफल महसूस करते हैं, तो आपकी प्रेरणा भी बढ़ती है। अगले अध्याय में इसके बारे में विस्तार से बताया गया है।)

जब आप प्रेरणा को किनारे रखकर चालाकी के साथ सक्षमता का उपयोग करते हुए आदतें विकसित करेंगे, तो यह देखकर हैरान रह जाएँगे कि आपकी आदतें कितनी जल्दी सक्रिय होकर आकार लेने लगती हैं। मुझे इस बात का एहसास बहुत पहले ही हो गया था, जब मैं अपनी छोटी-छोटी आदतें विकसित करने के लिए नए-नए प्रयोग कर रहा था। यह तब की बात है, जब मैंने इसे 'छोटी-छोटी आदतों' की पद्धति कहना शुरू भी नहीं किया था। मैंने व्यवहार मॉडल तैयार कर लिया था और मुझे मालूम था कि समय के साथ किसी भी व्यवहार को संभव बनाने के लिए सक्षमता (जो 'बी = एमएपी' का एक घटक है) कितनी महत्वपूर्ण है। पर मैंने इसका उपयोग स्टैनफोर्ड की अपनी रिसर्च में और नए उत्पाद व सेवाएँ तैयार करने के लिए पेशेवरों की सहायता करने में ही किया था। तब तक मैंने इसे व्यक्तिगत बदलाव के मामले में लागू ही नहीं किया था।

फिर एक दिन मैंने ऐसा कर दिया।

उस दिन मैं दाँतों के डॉक्टर के पास गया था। अपने दाँतों की फ्लॉसिंग (कच्चे रेशम के धागे से दाँतों के बीच सफाई) न करने के कारण मैं वहाँ मरीजोंवाली कुर्सी पर बैठा था और डॉक्टर से सजा मिलने का इंतजार कर रहा था।

कितना शर्मनाक है ना? मैं, जो पेशे से खुद एक व्यवहार वैज्ञानिक हूँ, हर रोज दाँतों की फ्लॉसिंग के लिए खुद को तैयार नहीं कर पा रहा था। कभी-कभी मैं इसके लिए बड़ा प्रेरित महसूस करता था (जैसे उस दिन, जब मैं दाँतों के डॉक्टर के पास गया था) लेकिन फिर कभी-कभी मुझे इसकी ज़्यादा परवाह न रहती। यानी प्रेरणा रूपी लंगूर इस संघर्ष में जीत रहा था।

लेकिन मुझे पूरा यकीन था कि अगर मैं अपने व्यवहार मॉडल के घटक 'सक्षमता' पर ध्यान केंद्रित करूँ, तो दाँतों की फ्लॉसिंग को अपनी दैनिक आदत बना सकता हूँ।

उस दिन जब मेरे दाँतों की सफाई करने के बाद डॉक्टर की सहायक आखिरी बार मुआयना करने के लिए डॉक्टर को बुलाने गई, तो मैंने खुद से पूछा: मैं फ्लॉसिंग को अपने लिए आसान कैसे बना सकता हूँ?

मुझे एक जवाब सूझा हालाँकि मैंने डॉक्टर की सहायक को इसके बारे में कुछ

नहीं बताया, वरना वह सचमुच घबरा जाती।

मैंने तय किया कि मैं हर रोज अपना एक दाँत साफ करूँगा।

जी हाँ, मैं मज़ाक नहीं कर रहा।

हर रोज सुबह ब्रश करने के बाद मैं अपना एक दाँत साफ करूँगा।

बस, हो गया।

मेरा नुस्खा : छोटी-छोटी आदतों की पद्धति

सुबह ब्रश करने के बाद...	अपना एक दाँत फ्लॉस करूँगा...	इस आदत को अपने दिमाग में स्थापित करने के लिए मैं तत्काल: 

संभवत: यह तरीका आपको बचकाना लगेगा लेकिन यह कारगर रहा। शुरू-शुरू में कुछ दिनों तक मैं हर रोज अपना एक दाँत साफ करता था ताकि यह व्यवहार मेरे लिए सरल रहे। लेकिन मैंने अपने लिए एक नियम तय कर रखा था: भले ही मुझे सिर्फ एक दाँत साफ करना हो, पर अगर मैं एक से ज़्यादा दाँतों को साफ करता हूँ, तो इसके लिए मुझे अतिरिक्त श्रेय मिलेगा। करीब दो सप्ताह तक ऐसा करने के बाद मैं हर रोज दिन में दो बार अपने सारे दाँत साफ करने लगा। यह सिलसिला अब भी जारी है।

एक बार जब मैंने अपनी कार्य-योजना बना ली तो नियमित रूप से दाँतों की सफाई करना आसान हो गया। लेकिन इसमें एक सुंदर जटिलता भी अंतर्निहित है, जिसने यह सब संभव बनाया। मुझे अपना समाधान तब मिला, जब मैंने दाँतों की फ्लॉसिंग यानी सफाई को अपने लिए बेहद आसान बना दिया। लेकिन इसके लिए पहले मुझे यह समझना पड़ा कि वह क्या है, जो हमारे लिए चीज़ों को मुश्किल बना देता है। इसीलिए आपको हमेशा इस सवाल के साथ ही शुरुआत करनी चाहिए- वह क्या है, जो मेरे लिए यह व्यवहार मुश्किल बना रहा है?

अपने सालों के अनुभव और रिसर्च से मुझे पता चला है कि आपके जवाब में पाँच कारकों में से कम से कम एक कारक ज़रूर शामिल होगा। मैं इन्हें सक्षमता-कारक कहता हूँ, जो इस प्रकार हैं।

* क्या आपके पास ये व्यवहार करने के लिए पर्याप्त समय है?

* क्या आपके पास ये व्यवहार करने के लिए पर्याप्त पैसा है?
* क्या आप ये व्यवहार करने के लिए शारीरिक रूप से सक्षम हैं?
* क्या ये व्यवहार करने के लिए बहुत सी रचनात्मक और मानसिक ऊर्जा की ज़रूरत पड़ती है?
* क्या ये व्यवहार आपके रूटीन के अनुरूप है या इसके लिए आपको सामंजस्य बिठाना पड़ता है?

सक्षमता श्रृंखला की सबसे कमजोर सक्षमता-कारक कड़ी जितनी मज़बूत होगी, सक्षमता श्रृंखला भी उतनी ही मज़बूत होगी।

सक्षमता श्रृंखला

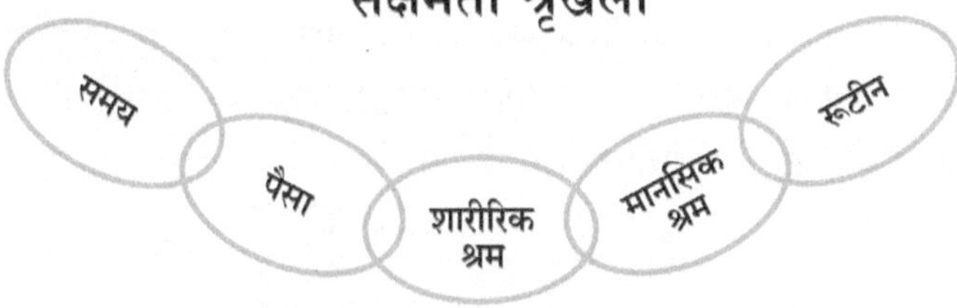

'वह क्या है, जो मेरे लिए इस व्यवहार को मुश्किल बना रहा है?' यह सवाल - जिसे मैं खोज संबंधी सवाल कहता हूँ - पूछकर दरअसल हम इस बात पर ध्यान केंद्रित कर रहे होते हैं कि वह कौन सा कारक है, जो हमारे लिए सबसे ज्यादा मुश्किलें खड़ी करेगा। और जब मैं 'मुश्किल' शब्द का उपयोग करता हूँ, तो दरअसल इसका आशय सिर्फ 'बेहद मुश्किल' से नहीं होता। बल्कि 'थोड़ा मुश्किल' से भी होता है, जिसके चलते आप वह व्यवहार न कर पा रहे हों।

इसे आगे प्रस्तुत उदाहरण की सहायता से समझते हैं।

आइए, अब एक नज़र डालते हैं, हर रोज सात मिनट व्यायाम करने की आदत पर - यह एक ऐसी आदत है, जो पहली नज़र में हर किसी को आसान लगती है। पर क्या सचमुच ऐसा ही है? आइए इसे सक्षमता श्रृंखला की मदद से छोटे-छोटे हिस्सों में बाँटकर देखते हैं। संभवत: इसकी सबसे मज़बूत कड़ी है समय; हर रोज सात मिनट का समय निकालना हर किसी के लिए आसान है, भले ही आप कितने भी व्यस्त व्यक्ति हों। कम से कम हर रोज तीस मिनट व्यायाम करने के मुकाबले तो यह आसान ही है। समय के बाद अगर पैसे की बात करें, तो यह ऐसा व्यवहार है, जिसे आप अपने घर पर ही कर सकते हैं। इसके लिए कोई पैसा खर्च नहीं करना होता। यह व्यवहार बिलकुल मुफ्त है। समय और पैसे के बाद जब हम शारीरिक श्रम के पहलू को देखते

हैं, तो यह मामला ज़रा रोचक हो जाता है। कुछ लोगों को हर रोज सात मिनट व्यायाम करना आसान लगेगा। हालाँकि इस व्यायाम से जुड़े अधिकांश मोबाइल एप आपको इस बात के लिए प्रेरित करते रहते हैं कि आप धीरे-धीरे व्यायाम की अवधि को बढ़ाएँ। ये आसान नहीं होता। इसलिए जो लोग इस व्यायाम से जुड़े मोबाइल एप के निर्देशों का पालन करते हैं, उनके लिए शारीरिक श्रम की कड़ी संभवत: कमजोर होती है। हर रोज सात मिनट व्यायाम की आदत अपनाने के आपके प्रयासों को पटरी से उतारने के लिए सिर्फ यह एक चीज़ ही काफी है।

इस तरह हम वापस दाँतों की फ्लॉसिंग (कच्चे रेशम के धागे से दाँतों के बीच सफाई) पर लौट आते हैं। यह एक ऐसा व्यवहार है, जिसे आदत में तब्दील करने के लिए छोटे-छोटे प्रयासों की ज़रूरत होती है। फ्लॉसिंग करने में सिर्फ कुछ ही सेकंड लगते हैं (समय)। इस पर होनेवाला खर्च करीब-करीब न के बराबर है (पैसा)। मैं पहले से ही जानता हूँ कि इसे कैसे करना है (मानसिक श्रम)। यह आसानी से मेरे जीवन का हिस्सा बन जाता है (रूटीन)। तो ये सारे कारक मज़बूत कड़ियों का काम करते हैं। लेकिन जब मैंने शारीरिक श्रम के कारक पर विचार किया, तो मैं हैरान रह गया।

शारीरिक श्रम के लिहाज से देखें, तो फ्लॉसिंग करना एक कठिन कार्य है। संभवत: ये बात ज़रा अजीब लग सकती है क्योंकि फ्लॉसिंग करना, कोई गड्ढा खोदने या किसी कार को हाथों से उठाने जितना कठिन नहीं है। लेकिन यह इतना कठिन ज़रूर है कि मेरी आदत अपनाने की प्रक्रिया को पटरी से उतार दे। यहाँ एक मुख्य बात ये है कि मेरी बत्तीसी के सारे दाँत एक-दूसरे के बहुत करीब हैं। उनके बीच नाममात्र की जगह है। मेरे दाँतों के डॉक्टर के अनुसार इस स्थिति को 'क्लोज़ कॉन्टेक्ट' कहते हैं। इसका अर्थ है कि कच्चे रेशम के धागे को अपने दाँतों के बीच लाना मेरे लिए किसी संघर्ष से कम नहीं है। पहले तो मुझे उस रेशम के धागे को दाँतों के बीच ले जाने में ही काफी मेहनत करनी पड़ती है। फिर जब मैं उस धागे को वहाँ से हटाता हूँ, तब भी मुझे इतनी मेहनत करनी पड़ती है, मानो मैं अपने दाँत को खींचकर बाहर निकाल रहा हूँ। कभी-कभी यह सब करते समय धागा दाँतों के बीच फँस जाता है या फिर टूट जाता है। ऐसे में मुझे एक नया धागा लेकर, नए सिरे से शुरुआत करनी पड़ती है।

मेरी 'सक्षमता श्रृंखला' की यह कमजोर कड़ी फ्लॉसिंग के व्यवहार को महीनों तक बाधित करने के लिए काफी थी। यह व्यवहार काफी मुश्किल था और इसे करने के लिए मेरी प्रेरणा का स्तर इतना कम था कि अगर मैं इसी तरीके को अपनाए रखता तो फ्लॉसिंग (दाँतों के बीच की सफाई) को कभी अपनी आदत नहीं बना पाता।

तो फ्लॉसिंग को आसान बनाने के लिए मैंने क्या किया? मैंने ऐसा रेशम का धागा ढूँढ़ना शुरू किया, जो आसानी से मेरे दाँतों के बीच जा सके। करीब 15 अलग-अलग प्रकार के धागे खरीदने और आजमाने के बाद आखिरकार मुझे वह धागा मिल गया, जो मेरे लिए बिलकुल उपयुक्त था। मेरी जान-पहचान के करीब-करीब सभी लोग ऐसी कोई न कोई आदत अपनाने के लिए संघर्ष कर रहे हैं और उसे पूरी तरह अपने जीवन में उतार पाने में असमर्थ हैं। ज़रा अपने स्वास्थ्य, अपनी उत्पादकता और अपने मन की शांति से जुड़ी उन सारी चीज़ों के बारे में सोचिए, जो आप चाहकर भी नहीं कर पा रहे हैं? क्या लगता है आपको? आप यह सब क्यों नहीं कर पा रहे हैं?

सच तो ये है कि आप ये सब कर सकते हैं - बस ज़रूरत है, सही तरीके की।

खोज संबंधी सवाल पूछकर अपनी सक्षमता श्रृंखला की कमजोर कड़ियों की पहचान करें। इसके बाद सही समस्या को हल करने पर केंद्रित हो जाएँ। यही वह चीज़ है, जो सक्षमता श्रृंखला को एक परिवर्तनकारी औजार बनाती है। यह आपको बिना किसी दुविधा, रोष या आवेग के क्रिया करने का मौका देती है। फ्लॉसिंग के मामले में मैंने अपनी कम प्रेरणा के लिए खुद को दोष नहीं दिया। इसके बजाय मैंने फ्लॉसिंग को अपने लिए आसान बनाने की ओर ध्यान केंद्रित किया और इसकी शुरुआत हर रोज सिर्फ एक दाँत की सफाई करके व पतले धागे का उपयोग करके की। इस तरह जब मैं सक्षमता के कारक को नियंत्रित करने में सफल हो गया, तो मैंने इस व्यवहार को बार-बार दोहराना शुरू कर दिया। इस तरह मैंने एक ऐसी आदत विकसित कर ली, जिसे अपनाने के लिए मैं कई सालों से संघर्ष कर रहा था। पहला कदम उठाने के बाद मुझे यह पूरी प्रक्रिया आसान लगने लगी। एक तो मैं पहले से ही यह आदत अपनाने की कोशिश कर रहा था, ऊपर से जब मैंने इसे बार-बार दोहराना शुरू किया, तो मुझे इसमें महारथ हासिल होने लगी। हर दिन सफलतापूर्वक फ्लॉसिंग करने के एहसास ने ही मुझे हर अगले दिन इसे दोहराने के लिए प्रेरित किया।

व्यवहार (यानी हर रोज एक दाँत की फ्लॉसिंग करने) को छोटा रखना, इस आदत को अपने रूटीन में स्थाई रूप से स्थापित करने में सहायक साबित हुआ। इसे ऐसे देखें- छोटी-छोटी जड़ोंवाले एक विशाल पौधे की कल्पना करें। अगर इस पौधें को किसी तेज आंधी या तूफान का सामना करना पड़े तो संभवत: यह उखड़ जाएगा क्योंकि यह मज़बूती से अपने स्थान पर स्थापित नहीं है। आदत विकसित होने की प्रक्रिया भी कुछ ऐसी ही है। अगर आप किसी ऐसे बड़े व्यवहार के साथ शुरुआत करेंगे, जिसे करना कठिन है, तो पूरी संरचना मज़बूती से स्थिर नहीं रह पाएगी; यह भी छोटी-छोटी जड़ोंवाले एक विशाल पौधे जैसी होगी। ऐसे में जब आपके जीवन में कोई तूफान आएगा, तो आपकी बड़ी आदत के लिए खतरा पैदा हो जाएगा। वहीं

अगर आपकी आदत ऐसी होगी, जिसे व्यवहार में लाना आसान हो, तो किसी लचीले अंकुरण की तरह उसके लिए भी तूफान का सामना करना संभव होगा। इसके बाद वह अपनी गहरी और मज़बूत जड़े विकसित कर सकता है।

इसलिए अगर आप पिछले एक साल से अपना ज़्यादातर समय सोफे पर लेटकर बिताते रहे हैं, तो अचानक हर रोज सात मिनट तक कठिन व्यायाम करना शुरू न कर दें। इसके बजाय छोटी शुरुआत करें। अपनी सक्षमता श्रृंखला की सबसे कमजोर कड़ी को टूटने से बचाने के लिए व्यायाम करने की अपनी नई आदत को बेहद सरल रखें। हर रोज एक पुश-अप्स से शुरुआत करें। जी हाँ, सिर्फ एक। ऐसे में कोई बाधा - जैसे जुकाम हो जाना - आने पर भी आप एक पुश-अप तो कर ही सकते हैं। छोटी शुरुआत करके आप निरंतरता सुनिश्चित करने में सफल हो जाते हैं; लगातार छोटे-छोटे कदम उठाकर आप अपनी नई आदत को अपने जीवन में दृढ़तापूर्वक स्थापित करने में भी सफल होंगे।

अब बारी आती है उस दूसरे महत्वपूर्ण सवाल की, जो आपको अपने मनचाहे व्यवहार या आदत के बारे में पूछना चाहिए, 'मैं इस व्यवहार को अपने लिए सरल कैसे बना सकता हूँ?' मैं इसे क्रांतिकारी खोज संबंधी सवाल कहता हूँ और इसके तीन जवाब हैं।

किसी व्यवहार को अपने लिए सरल कैसे बनाएँ, यह देखने के लिए 'पीएसी व्यक्ति' रेखा-चित्र की ओर वापस लौटते हैं:

ये तीनों ही तरीके आपको क्रिया-रेखा के ऊपर ले जाने और व्यवहार करने की आपकी संभावना बढ़ाने के लिए बी = एमएपी के सक्षमता तत्त्व में हेरफेर करते हैं। भले ही आपकी आकांक्षाएँ जो भी हों, अपना कौशल बढ़ाने, ज़रूरी औज़ार व संसाधन जुटाने और व्यवहार को छोटा बनाने से ही चीज़ों को करना सरल होगा।

लेकिन ये याद रखना महत्वपूर्ण है कि व्यवहारों को तैयार करने के कई अलग-अलग तरीके हैं। कभी-कभी किसी नई आदत को आसान बनाने के लिए आपको सिर्फ उपयुक्त औज़ार की ज़रूरत पड़ती है, जैसे दाँतों की सफाई करने के लिए रेशम के पहले धागे का उपयोग करना। जबकि कभी-कभी आपको सिर्फ अपने व्यवहार को उसके सबसे छोटे संस्करण में तब्दील करना होता है, जैसे सिर्फ एक दाँत की फ्लॉसिंग करना। व्यवहार को असान बनाने की प्रक्रिया को एक ऐसे तालाब के रूप में देखना चाहिए, जिसमें उतरने के तीन रास्ते हैं। चाहे आप किसी ऊँची जगह से छलाँग लगाकर तालाब में कूदें या धीरे-धीरे चलते हुए पानी में उतरें या फिर तालाब किनारे के किसी विशाल पेड़ पर बँधी रस्सी पर झूलते हुए पानी में गिरें, आखिरकार आप तालाब के पानी में तैरते हुए ही दिखाई देंगे।

आइए अब तीनों तरीकों का विश्लेषण करते हैं।

व्यवहार को आसान बनाने के तीन तरीके

1. अपना कौशल बढ़ाएँ

जब आप किसी काम को करने में बेहतर होते हैं, तो उसे करना आपके लिए आसान होता है। कौशल प्राप्त करके आप अपनी सक्षमता बढ़ा लेते हैं। आप अपना कौशल कैसे बढ़ाएँगे, यह व्यवहार पर निर्भर है; जैसे ऑनलाइन रिसर्च करना, किसी दोस्त से सलाह-मशवरा करना या संबंधित विषय की कक्षाओं में हिस्सा लेना। आप बार-बार यह व्यवहार दोहराकर अपना कौशल बढ़ा सकते हैं। मैंने दाँतों की फ्लॉसिंग करने का अपना कौशल इंटरनेट पर इससे जुड़े वीडियो देखकर बढ़ाया। (अगर आप एक स्पष्ट व्यवहार तय कर लेते हैं, तो उसे कैसे करें, यह बतानेवाले कुछेक वीडियो इंटरनेट पर मिल ही जाते हैं।) जापानी लेखिका मैरी कॉन्डो की किताब 'द लाइफ

चेंजिंग मैजिक ऑफ टाइडिंग अप' एक ग्लोबल बेस्टसेलर है। लेकिन इसलिए नहीं क्योंकि ये किताब लोगों को अपना घर साफ रखने के लिए प्रेरित करती है बल्कि इसलिए क्योंकि यह घर को साफ रखने के स्पष्ट तरीकों की कदम-दर-कदम व्याख्या करती है।

ऐसे कई व्यवहार हैं, जिनसे आप अपने विभिन्न कौशलों को बढ़ा सकते हैं, जैसे अपने लिए एक वॉइस-कोच रखना, स्थानीय सुपर मार्केट में रसोई वाले चाकू का सही उपयोग सिखानेवाले प्रशिक्षण कार्यक्रम में हिस्सा लेना, पुश-अप्स का अभ्यास करना वगैरह। जब आप उच्च प्रेरणा की लहर पर सवार होते हैं, तो कौशल बढ़ाने के लिए किया गया हर कार्य आपको स्वाभाविक महसूस होता है क्योंकि तब आप इस लहर का उपयोग अपने लाभ के लिए कर रहे होते हैं। ये एक बार किए जानेवाले ऐसे व्यवहार हैं, जिनसे भविष्य में व्यवहार करना आसान हो जाता है। तो फिर इन व्यवहारों को तब क्यों न किया जाए, जब आपकी प्रेरणा का स्तर उफान पर हो? मान लीजिए कि ये अध्याय पूरा करने के बाद आप अचानक पुश-अप्स करने के लिए बहुत प्रेरित महसूस करने लगते हैं। अब चूँकि आपकी प्रेरणा का स्तर बढ़ा हुआ है, इसलिए यह ऐसे इंटरनेट वीडियो देखने का बढ़िया मौका है, जो पुश-अप्स करना सिखाते हैं।

हो सकता है कि आप अपना कौशल बढ़ाने के लिए हमेशा ऊर्जावान महसूस न करें। इसमें कुछ गलत भी नहीं है। व्यवहार को आपके लिए आसान बनाने के कुछ और तरीके भी हैं।

2. औजार और संसाधन जुटाएँ

ऑफिस में लंच के लिए घर से सलाद लेकर जाने के बजाय रास्ते में ही कहीं बर्गर वगैरह खा लेने के पीछे कोई बहुत छोटा कारण भी हो सकता है, जैसे सलाद बनाने के लिए सब्जियाँ न धो पाना या घर पर मौजूद टिफिन बॉक्स के सारे ढक्कन एक रंग के न होना। अगर किसी व्यवहार के चलते आप हताश महसूस करते हैं, तो वह कभी आदत में तब्दील नहीं हो पाएगा। किसी भी व्यवहार को आसान बनाने के लिए आपको सही औज़ारों की ज़रूरत पड़ती है। जैसे अपनी रसोई के लिए चाकुओं का एक अच्छा सेट खरीदना या ऐसे जूते खरीदना, जिन्हें पहनकर चलना आरामदायक हो। अगर आप छोटी-छोटी आदतों की पद्धति को अपने लिए आसान बनाना चाहते हैं, तो ऐसा करने के लिए यह किताब एक बढ़िया पहला कदम साबित हो सकती है। मेरे द्वारा प्रशिक्षित किए गए कोच से व्यक्तिगत मार्गदर्शन लेना भी एक अच्छा विकल्प है।

मेरे मामले में फ्लॉसिंग को आसान बनाने के लिए सही औजार जुटाना महत्वपूर्ण

साबित हुआ। मुझे अपने लिए सही फ्लॉस – पतला और बेहद चिकना रेशम का धागा – ढूँढ़ना पड़ा। फिर तो मैं इसका इतना बड़ा प्रशंसक बन गया कि जब मैं अपने काम के सिलसिले में डबलिन की यात्रा पर गया, तो वहाँ मैंने खासतौर पर फ्लॉस के कारखाने का दौरा किया। मैं जानता हूँ कि यह थोड़ा अजीब लग रहा होगा (डैनी को लगा कि मैं पागल हो गया हूँ)। लेकिन मेरे जैसे फ्लॉस के प्रशंसक के लिए इसके कारखाने का दौरा करना कतई अजीब नहीं था।

मेरे बूट कैम्प में हिस्सा ले चुकी मॉली इस बात का एक और उदाहरण है कि कैसे औजार और संसाधन बदलाव को उत्प्रेरित कर सकते हैं। दस साल की उम्र से ही मॉली अपना वजन संतुलित रखने की लिए संघर्ष करती आई थी। एक वयस्क के रूप में अपना वजन संतुलित रखने में उसके लिए सबसे बड़ी समस्या थी, अपना खाना खुद बनाना। वह हर रोज ऐसा नहीं कर पाती थी, जबकि उसे अच्छी तरह पता था कि पिज्जा या वेडिंग मशीन लंच जैसी चीज़ों के बजाय जब वह घर पर पकाया हुआ खाना खाती है, तो कितना बेहतर महसूस करती है। जब वह घर से खाना लिए बिना ऑफिस चली जाती, तो दोपहर को लंच का समय होते-होते इस दुविधा से घिर जाती कि 'अब मैं क्या खाऊँ? मुझे खाने के लिए कहाँ जाना चाहिए? क्या वहाँ का खाना मेरे स्वास्थ्य के लिए ठीक होगा?' मॉली इसे 'निर्णय लेने का दबाव' कहा करती थी – यानी एक विकल्प चुनने का बोझ, वह भी तब, जब मॉली इसके लिए पूरी तरह तैयार नहीं होती थी। (काम की व्यस्तता के बीच भूख लगना) इसके चलते उसे बेवजह मानसिक दबाव झेलना पड़ता था और इस दबाव से बचने के चक्कर में वह अक्सर न चाहते हुए भी ऐसी चीज़ें खा लेती थी, जो उसके स्वास्थ्य के लिए अच्छी नहीं थीं। एक व्यस्त पेशेवर महिला होने के चलते न सिर्फ उसके पास समय की कमी रहती थी बल्कि वह इस बात को लेकर बड़ी दुविधा में भी रहती थी कि उसे खुद खाना पकाना चाहिए या नहीं।

बी = एमएपी के दृष्टिकोण से देखें, तो ऐसा नहीं था कि मॉली की खाना पकाने की प्रेरणा बिलकुल शून्य रही हो, पर हाँ, उसकी प्रेरणा कम ज़रूर थी – मॉली सचमुच बेहतर स्वास्थ्य, ऊर्जा और आत्मविश्वास चाहती थी, जो स्वास्थ्यवर्धक खाना खाने से ही मिलता है। इसलिए मॉली को सक्षमता के मामले में सबसे ज़्यादा सुधार करने की ज़रूरत थी। सौभाग्य से एक अच्छा संसाधन उसके हाथ लग गया – जो काफी अच्छा दिखता भी था। उसका नाम था रेयान और वह मॉली का भावी पति था। रेयान ओलंपिक के लिए वेट लिफ्टंग (भारोत्तोलन) की तैयारी कर रहा था और शारीरिक पोषण पर बारीकी से ध्यान देता था। वह अपना खाना पकाने की साप्ताहिक योजना पहले से ही तैयार कर लेता था और यह सब बड़े ही व्यवस्थित ढंग से करता था। मॉली को अपना खाना खुद पकाने में बड़ी परेशानी महसूस होती

थी, जबकि रेयान बड़े आराम से ऐसा कर लेता था। इसलिए मॉली ने उसकी कुछ तकनीकों पर गौर किया और उन्हें खुद अपना लिया - जैसे हल्के व सुविधाजनक बर्तनों का उपयोग करना और ब्लड शुगर की मात्रा कम होने की स्थिति से निपटने के लिए ढेर सारे शकरकंद पकाकर रख लेना। जल्द ही वे दोनों अपना खाना खुद पकाने लगे और रविवार को हफ्तेभर के खाने की तैयारी करने की आदत भी विकसित करने लगे। यूँ तो मॉली को अपने पति के साथ समय बिताना बेहद पसंद था, लेकिन छुट्टी के दिन रसोई में हफ्तेभर के खाने की तैयारी करने में पाँच घंटे बिताने को लेकर वह ज़्यादा उत्साहित नहीं रहती थी। इसलिए हर रविवार को वह अपना दिन बिताने की कोई न कोई नई योजना बना लेती ताकि उसे रसोई में न जाना पड़े। वह खुद से वादा करती, अब वह हर रोज ऑफिस जाते समय लंच के लिए सलाद खरीद लिया करेगी। जबकि वास्तव में वह शायद ही कभी ऐसा करती हो। फिर वह हर रोज लंच के समय इस बात को लेकर दुविधा से घिर जाती कि उसे क्या खाना चाहिए। फिर बार-बार उसका ध्यान पिज्जा की ओर जाता और अंतत: वह पिज्जा खा लेती। फिर अपने इस गलत चुनाव के चलते वह खुद से बुरी तरह निराश भी हो जाती।

मेरे दो दिवसीय बूट कैम्प में हिस्सा लेने के बाद मॉली को एहसास हुआ कि इसमें उसका कोई व्यक्तिगत दोष नहीं है और न ही यह उनकी आंतरिक प्रेरणा का मामला है बल्कि यह तो व्यवहार संरचना से जुड़ी समस्या है। इसलिए रविवार का दिन अपने भावी पति के साथ रसोई में बिताने से बचने के लिए खुद को कोसने के बजाय मॉली ने इस बात पर रणनीतिक ढंग से विचार करना शुरू किया कि खाना बनाने की प्रक्रिया को वह अपने लिए और आसान कैसे बनाए। वह मज़ाक में कहती कि चूँकि रेयान को खाना बनाना काफी पसंद है, तो क्यों न वह अपने साथ-साथ उसके लिए भी खाना बना दे। मॉली ने बताया कि इस सुझाव के बदले में उसे सिर्फ रेयान का ठहाका सुनने को मिला, लेकिन उसका पकाया खाना नहीं मिला।

एक दिन मॉली अपनी एक सहेली के घर गई। वहाँ उसने अपनी सहेली को फ्लैट फ्रेम और एडजस्टेबल ब्लेड वाला एक औज़ार इस्तेमाल करते देखा। मॉली की सहेली ने उस औज़ार से मिनटों में गाजर के पतले-पतले टुकड़े काट लिए। इसके लिए उसे न तो किसी कटिंग बोर्ड की ज़रूरत पड़ी और न किसी चाकू की। मॉली को यह किसी जादू जैसा लगा। उसने फौरन अपनी सहेली से पूछा, 'अरे वाह! ये क्या चीज़ है?' दरअसल यह एक मैन्डोलाइन था - यह उस समय बाजार में नया-नया आया था - जिसके चलते मॉली रसोई के लिए बहुत से अन्य औज़ार खरीदने से बच गई। (चेतावनी: मैन्डोलाइन स्लाइसर कमाल की चीज़ है, लेकिन साथ ही यह खतरनाक भी होता है - इसलिए इसका इस्तेमाल करते समय ज़रा सावधान रहें।) मॉली ने अपने भावी पति का उपयोग एक संसाधन के रूप में किया, साथ ही मैन्डोलाइन जैसे कुछ

मुख्य औज़ारों की मदद भी ली। इस तरह उसने हर रविवार को हफ्तेभर के खाने की तैयारी का अपना समय पाँच घंटे से घटाकर ढाई घंटे कर लिया। अब वह मैन्डोलाइन की मदद से गाजर, खीरा और शिमला मिर्च जैसी चीज़ों को काटकर सप्ताह के हर दिन के हिसाब से हल्के और सुविधाजनक डिब्बों में भरकर रख लेती है। दरअसल सिर्फ सलाद और सब्जियाँ काटने का समय घटाना और इस प्रक्रिया को अपने लिए अधिक आनंददायक बनाना ही, व्यवहार मॉडल में मॉली को क्रिया रेखा से ऊपर पहुँचाने के लिए काफी था।

अपने व्यवहार में बदलाव लाने के कई महीने बाद भी मॉली और रेयान हर सप्ताह दस बार खाना पका रहे थे, जो सप्ताह के पाँच दिन उनके लंच और डिनर का इंतजाम करने के लिए काफी था। हर रोज खाने से जुड़े 'निर्णय लेने के दबाव' से छुटकारा पाने के चलते मॉली नियमित व्यायाम करने के लिए मानसिक रूप तैयार महसूस करने लगी। इससे मॉली को अपनी ऊर्जा बढ़ाने और अपने स्वास्थ्य को और बेहतर बनाने में बहुत मदद मिली। अब जब वे दोनों ट्रेल रनिंग (पहाड़ी और जंगली रास्तों पर दौड़ना) पर जाते, तो वह रेयान की बराबरी से दौड़ पाती। उसने रेयान के सामने यह प्रस्ताव भी रखा कि अब वे छुट्टियाँ बिताने के दौरान भी अपनी खान-पान संबंधी आदतें बरकरार रखेंगे। शादी के बाद हनीमून पर जाने के एक रात पहले मॉली रेयान को खींचकर सुपरमार्केट ले गई ताकि वे हवाई यात्रा के दौरान अपने खाने के लिए फलियाँ और ब्लूबेरी जैसी स्वास्थ्यवर्धक चीज़ें खरीद रखें। इसके एक साल बाद मॉली ने मुझे बताया कि वह फिलहाल जितनी ऊर्जावान और उत्पादक हो गई है, उतनी पहले कभी नहीं थी। सबसे महत्वपूर्ण बात ये कि अपना कोई मनचाहा कार्य करने की प्रेरणा कम होने पर वह खुद से ये पूछना सीख गई है कि 'मैं इसे अपने लिए आसान कैसे बना सकती हूँ?'

व्यवहार को आसान बनाने के लिए हर किसी को मैन्डोलाइन या रसोई के नए-नवेले औज़ार खरीदने की ज़रूरत नहीं है, लेकिन मॉली ने इसके अलावा कई अन्य तरीके भी आज़माकर देखे थे, जैसे पका-पकाया खाना खरीदना और हर रोज शाम को अपने लिए खाना बनाना, लेकिन इनमें से कोई भी तरीका उसके लिए कारगर साबित नहीं हुआ। वह जानती थी कि औज़ार और संसाधन जुटाना ही व्यवहार संरचना से जुड़ी एक ऐसी रणनीति है, जिसे उसने अब तक नहीं आजमाया है। इसलिए उसने इसे भी आज़माकर देखा। हर रविवार को हफ्तेभर के खाने की तैयारी करने में लगनेवाले समय को घटाकर आधा करके मॉली व्यवहार मॉडल पर 'काम करना मुश्किल' से 'काम करना आसान' की ओर पहुँच गई। अंततः मैं आपसे कहना चाहूँगा कि समस्याओं के समाधान के लिए एक लचीला और प्रयोगात्मक रवैया ही मॉली का सबसे कारगर औज़ार था।

आसानी का विश्लेषण

खाना पकाने की आदत - वह क्या है, जो इस व्यवहार को मुश्किल बना रहा है?

समस्या : मॉली की सक्षमता श्रृंखला की सबसे कमजोर कड़ी थी समय (पाँच घंटे का समय कुछ ज़्यादा ही था) और शारीरिक परिश्रम (पुराने औज़ारों से सब्जियाँ काटना काफी परिश्रमवाला काम था)।

खाना पकाने की आदत - मैं इस व्यवहार को अपने लिए आसान कैसे बनाऊँ?

समाधान : खाना पकाने में लगनेवाले ढेर सारे समय और परिश्रम के चलते मॉली की क्रिया करने की क्षमता प्रभावित हो रही थी। इसलिए उसने कुछ ऐसे औज़ारों का उपयोग किया, जो समय और परिश्रम को घटाने में सहायक हों। उसने अपने पति रेयान को एक संसाधन की तरह उपयोग किया ताकि उसे इस बारे में मार्गदर्शन मिल सके कि सप्ताह के हर दिन के लिए उसे कौन सा खाना पकाना है और कैसे।

3. व्यवहार को छोटा बनाएँ

किसी व्यवहार को बेहद छोटा बनाना या छोटी-छोटी आदतों की पद्धति की आधारशिला यूँ ही नहीं है - यह किसी चीज़ को आसान बनाने का सबसे कारगर तरीका है। इसीलिए इसकी मदद से शुरुआत करना एक बेहतरीन विकल्प है, भले ही आपकी प्रेरणा का स्तर कैसा भी हो। चीज़ों को छोटा कैसे बनाया जाए, हम इसके कुछ उदाहरण पहले ही देख चुके हैं। इन्हें दो श्रेणियों में बाँटा जा सकता है: शुरुआती चरण और मात्रा घटाना।

शुरुआती चरण

यह बिलकुल अपने शाब्दिक अर्थ जैसा है : मनचाहे व्यवहार की ओर एक छोटा सा कदम। अगर आप हर रोज तीन मील पैदल चलने की आदत अपनाना चाहते हैं, तो इसके लिए अपने जूते पहनना भी आपका शुरुआती चरण हो सकता है। यह शुरुआती चरण आपका छोटा व्यवहार बन जाता है और किसी नई आदत की शुरुआत में आपको यही एक क्रिया करनी होती है। इसका उद्देश्य है, मनचाहा व्यवहार करने की प्रक्रिया के एक महत्वपूर्ण चरण से शुरुआत करना। खुद से कहें : मुझे चलना नहीं है, सिर्फ यह सुनिश्चित करना है कि हर दिन अपने जूते पहनूँ।

जूते पहनना आपकी धारणा बदल देगा। फिर आपको अचानक चलना शुरू करना मुश्किल नहीं लगेगा। फिर अधिकांश दिनों में कुछ ऐसा होगा कि आप जूते पहनकर बाहर निकलेंगे और अपने ब्लॉक का एक चक्कर लगाकर वापस आ जाएँगे। शुरुआती चरण को बड़ी आदतों में तब्दील करने का यह एक बढ़िया तरीका है। अब

मैं छोटी-छोटी आदतोंवाले दृष्टिकोण का एक महत्वपूर्ण हिस्सा आपसे साझा करना चाहता हूँ : समय से पहले ज़्यादा ऊँचे मानदंड तय न करें... किसी व्यवहार को बड़ा बनाने में जल्दबाजी न करें। अगर किसी दिन आप जूते पहनने के बाद घर से बाहर नहीं जाना चाहते, तो कोई बात नहीं। क्योंकि अपने मानदंडों को छोटा रखकर आप अपनी आदत को जीवित रख सकते हैं। इस तरह आप यह सुनिश्चित करते हैं कि आप वह व्यवहार करने में हमेशा सक्षम रहें, भले ही आपकी प्रेरणा के स्तर में कितना भी उतार-चढ़ाव हो रहा हो।

जैसे सारिका की सबसे बड़ी जीत थी, अपने लिए नाश्ता बनाना। यह एक ऐसा काम था, जो उसे बेहद मुश्किल लगता था। लोग तो हर रोज अपने लिए नाश्ता बनाते हैं, तो फिर सारिका को यह इतना मुश्किल क्यों लगता था? छोटी-छोटी आदतों का एक कोर्स करने और शुरुआती चरण के बारे में जानने के बाद सारिका नई-नई आदतों का अभ्यास करने के लिए प्रतिबद्ध थी ताकि देख सके कि क्या इस तरह वह अपनी समस्याओं का समाधान निकाल सकती है। इसलिए उसने तय किया कि अब वह हर रोज सुबह उठने के बाद सबसे पहले रसोई में गैस स्टोव का बर्नर चालू करेगी। यह उसकी नई आदत थी और बेहद छोटी भी थी। यह अपने लिए नाश्ता बनाने का सारिका का शुरुआती चरण था। और पहले कुछ दिनों तक उसने सिर्फ यही किया। वह कुछ देर के लिए गैस स्टोव का बर्नर चालू रखती और फिर उसे बंद कर देती। लेकिन इस शुरुआती चरण को उसने जल्द ही पार कर लिया और गैस स्टोर का बर्नर चालू करने के बाद उस पर एक बर्तन रखने लगी। कुछ दिनों तक ऐसा करने के बाद उसे लगा कि जब मैं बर्तन को गैस स्टोव पर चढ़ा रही हूँ, तो फिर अपने लिए दलिया बनाने के लिए पानी उबालने में क्या परेशानी है? फिर उसे लगा कि सिर्फ पानी उबालना तो बेवकूफी होगा, इसलिए उसने उबलते पानी में दलिया डालना शुरू कर दिया। और इस तरह वह अक्सर अपना नाश्ता तैयार करने लगी। वह हैरान थी कि ये तो बड़ा ही आसान काम है, जबकि पहले वह इसे बेहद मुश्किल मानकर बैठी हुई थी। हाँ, अगर किसी दिन वह जल्दी में होती या उसका ध्यान कहीं और होता, तो वह सिर्फ गैस स्टोव का बर्नर चालू करती और फिर उसे बंद कर देती। क्योंकि शुरुआती चरण वह व्यवहार है, जिसे अपना रूटीन बनाना ज़रूरी होता है।

दरअसल शुरुआती चरण एक किस्म का मानसिक प्रशिक्षण है। यह एक छोटा सा व्यवहार है पर इसका प्रभाव आश्चर्यजनक होता है। यह ऐसा आवेग तैयार करता है, जिससे आप आसानी से अगले चरण में जाने के लिए प्रेरित हो जाते हैं। बस ऊँचे मानदंड न बनाएँ। शुरुआती चरण पूरा करना सफलता है। यह चरण पूरा करके आप न सिर्फ आदत को जीवित रखते हैं बल्कि उसके विकास की संभावना भी बढ़ा देते हैं।

सारिका हैरान थी कि बर्नर चालू करने की आदत कितनी जल्दी ऐसी कई आदतों में तब्दील हो गई, जिनसे वह हर रोज अपने लिए नाश्ता बनाने की आदत विकसित करने में सफल रही। अपनी सफलता से उत्साहित होकर उसने तय किया कि वह अपनी माँ को एक संसाधन के रूप में उपयोग करेगी। साथ ही उसने अपना कौशल बढ़ाना भी शुरू कर दिया। कुछ ही महीनों के अंदर वह हर रोज दलिया बनाने से कहीं आगे निकल गई। फिर वह नाश्ते में डोसा, चटनी और ऐसी ही कई अन्य चीज़ें भी तैयार करने लगी।

आसानी का विश्लेषण

खोज संबंधी सवाल

नाश्ते की आदत – वह क्या है, जो इस व्यवहार को मुश्किल बना रहा है?

समस्या : सारिका की सक्षमता श्रृंखला की सबसे कमजोर कड़ी थी, मानसिक श्रम। सारिका के पास इस बारे में कोई ठोस योजना नहीं थी कि उसे नाश्ते में क्या बनाना है। रसोई के काउंटर पर बर्तनों का अंबार लगा हुआ था, जिसके चलते रसोई में जगह की बहुत कमी थी। इसीलिए उसे यह सब बड़ा मुश्किल लगता था।

क्रांतिकारी खोज संबंधी सवाल

नाश्ते की आदत – मैं इस व्यवहार को अपने लिए आसान कैसे बनाऊँ?

समाधान : सारिका ने शुरुआती चरण का उपयोग करते हुए इस जटिल प्रक्रिया को छोटे-छोटे विभिन्न चरणों में बाँटकर इस व्यवहार को अपने लिए आसान बना लिया। गैस स्टोव का बर्नर जलाना आसान था और यह आसान व्यवहार करने पर सारिका को सफलता का एहसास होता था, जिससे उसकी आदत को विकसित होने में मदद मिली।

मात्रा घटाना

व्यवहार को छोटा बनाने का दूसरा तरीका है: मात्रा घटाना।

इसका अर्थ है कि आप जो व्यवहार करना चाहते हैं, उसे कम कर देना। परिणामस्वरूप आपकी छोटी सी आदत आपके मनचाहे व्यवहार का बेहद छोटा संस्करण बन जाती है। जैसे मेरी दाँतों की फ्लॉसिंग की आदत : मैं अपने सारे दाँतों की फ्लॉसिंग करना चाहता था, लेकिन इस आदत की शुरुआत मैंने सिर्फ एक दाँत की फ्लॉसिंग से की यानी मैंने मात्रा घटाई।

अगर आपका मनचाहा व्यवहार है, हर रोज एक मील पैदल चलना, तो इसकी

मात्रा घटाकर आप सड़क के उस पार लगे मेलबॉक्स तक पैदल चलकर इस व्यवहार की शुरुआत कर सकते हैं। बस, इससे ज़्यादा नहीं। शुरुआती चरण के साथ ही, मात्रा घटाने पर व्यवहार का जो संस्करण बचता है, वही आपकी छोटी आदत है – आपका आधारभूत व्यवहार है। फिर आपको हर रोज सड़क के उस पार लगे मेल बॉक्स तक चलने की आदत विकसित करनी है और अंततः वह बढ़ते-बढ़ते आपके मनचाहे व्यवहार में बदल जाएगी।

आसानी का विश्लेषण

खोज संबंधी सवाल

फ्लॉसिंग की आदत – वह क्या है, जो इस व्यवहार को मुश्किल बना रहा है?

समस्या : मेरी सक्षमता श्रृंखला की सबसे कमजोर कड़ी थी, शारीरिक परिश्रम। मैं जो मोटा फ्लॉस (कच्चे रेशम का धागा) उपयोग कर रहा था, वह मेरे दाँतों के बीच मुश्किल से ही जा पाता था। यह काफी परिश्रमवाला काम था, जिससे मैं निराश हो जाता था क्योंकि मुझे उस रेशम के धागे को दाँतों के बीच ले जाने के लिए खासा संघर्ष करना पड़ता था।

क्रांतिकारी खोज संबंधी सवाल

फ्लॉसिंग की आदत – मैं इस व्यवहार को अपने लिए आसान कैसे बनाऊँ?

समाधान : मैंने सही औज़ार – कच्चे रेशम का पतला और चिकना धागा जो मेरे दाँतों के बीच आसानी से चला जाता था – जुटाकर फ्लॉसिंग को अपने लिए आसान बना लिया। फिर इसके लिए मुझे कोई परिश्रम नहीं करना पड़ता था, कोई जोर नहीं लगाना पड़ता था। इसमें सबसे महत्वपूर्ण बात थी कि मैंने इस व्यवहार की मात्रा को भी घटाया – अपने सारे दाँतों की फ्लॉसिंग करने के बजाय सिर्फ एक दाँत की फ्लॉसिंग करना – मात्रा घटाए बिना दाँतों की फ्लॉसिंग करना एक आदत में तब्दील नहीं हो पाता। स्पष्ट है कि मुझे बस एक छोटी शुरुआत करने की ज़रूरत थी।

अपनी छोटी-छोटी आदतों को आकार देना

अध्याय 2 से अपने सुनहरे व्यवहार लें और देखें कि क्या आप उन्हें छोटा बना सकते हैं। एक शुरुआती चरण का पता लगाएँ या फिर मात्रा घटाएँ – आप इन दोनों में से कोई भी विकल्प चुनें, वह आपके लिए कारगर साबित होगा।

आइए इसके कुछ उदाहरणों पर नज़र डालते हैं।

वह आदत जिसे छोटा बनाना है	शुरुआती चरण	मात्रा कम करना
हर रोज पढ़ना	अपनी किताब खोलकर देखना	एक पैराग्राफ पढ़ना
ज़्यादा पानी पीना	अपने हैंडबैग में पानी की बोतल रखना	एक घूँट पानी पीना
दस मिनट तक ध्यान करना	ध्यानवाली चटाई को अलमारी से बाहर निकालना	तीन बार साँस लेने तक ध्यान करना
खाने के बाद हर बार रसोई की सफाई करना	डिशवॉशर खोलना	खाने के बाद हर बार मेज को व्यवस्थित करना
हर रोज विटामिन लेना	विटामिन की गोलियों को एक छोटे बर्तन में रखना	एक विटामिन लेना
नाश्ते में ब्लूबेरी खाना	ऑफिस के बैग में ब्लूबेरी पैक करके रखना	दो या तीन ब्लूबेरी खाना
अपने सारे बिलों का ऑनलाइन भुगतान करना	बिल भुगतान की एक वेबसाइट विजिट करना	एक बिल का भुगतान करना

किससे शुरू करूँ? कौशलों से, औजारों से या छोटे-छोटे कदमों से?

चूँकि व्यवहार संरचना एक ऐसी प्रणाली है, जिस पर अमल करने के कई तरीके हैं इसलिए इस सवाल का कोई एक जवाब नहीं है। हालाँकि मैं यह निर्णय लेने में आपकी मदद कर सकता हूँ। किसी व्यवहार को आसान बनाने के लिए आपको ये तीनों चीज़ें करने की ज़रूरत नहीं है। लेकिन इन तीनों विकल्पों का उपयोग करना इस मामले में सफलता पाने का एक बढ़िया तरीका है क्योंकि इस तरह आप अपने व्यवहार को जितना संभव हो, उतना आसान बनाना सुनिश्चित कर लेते हैं।

आपके लिए सबसे अच्छा क्या होगा, यह तय करने के लिए आपको अपनी प्रेरणा के स्तर पर नज़र डालनी चाहिए। कौशल विकसित करने और औज़ारों का इंतजाम करने जैसी चीज़ें सर्वश्रेष्ठ ढंग से तभी हो सकती हैं, जब आपकी प्रेरणा उच्च स्तर पर हो। दरअसल जब हमारी प्रेरणा का स्तर ऊँचा होता है, तो हम अपेक्षाकृत अधिक मुश्किल चीज़ें भी आसानी से कर सकते हैं; पर जब प्रेरणा कम होती है, तो हमें इसकी भरपाई करने के लिए व्यवहार को छोटा बना लेना चाहिए। किसी व्यवहार को करने के लिए हम कितने प्रेरित हैं, यह अनुमान लगा लेने से हमें यह तय करने में मदद मिलती है कि उस व्यवहार को आदत में तब्दील करने की प्रक्रिया में हमारा अगला कदम क्या होना चाहिए। यह अपनी कार के पहियों की हवा चेक करने जैसा है। क्या आपको अपनी कार के पहियों में और हवा भरवाने की ज़रूरत है या ऐसा किए बिना भी आप कार चला सकते हैं?

चूँकि मैं इस प्रणाली को बेहद पसंद करता हूँ इसलिए मैंने एक फ्लोचार्ट तैयार किया है, जो आपको बताता है कि किसी व्यवहार को अपने लिए आसान कैसे बनाया जा सकता है। यह फ्लोचार्ट आपको इस किताब के 'परिशिष्ट' में मिलेगा। पर यहाँ मैं आपके सामने इससे जुड़ा एक उदाहरण प्रस्तुत कर रहा हूँ ताकि आप यह समझ सकें कि वास्तविक जीवन में यह कैसे काम करता है।

मान लीजिए आप हर रोज बीस पुश-अप्स करने की आदत अपनाना चाहते हैं। आगे प्रस्तुत चरणों की मदद से आप इस व्यवहार को अपने लिए आसान बना सकते हैं। इसके साथ ही कुछ ऐसे सवाल भी दिए गए हैं, जिनसे आपको काफी मदद मिलेगी।

विश्लेषण का चरण

खोज संबंधी सवाल पूछें : वह क्या है, जो मेरे लिए बीस पुश-अप्स करना मुश्किल बनाता है?

इसका जवाब आपको अपनी सक्षमता श्रृंखला में मिलेगा। संभवत: जो चीज़ पुश-अप्स करना मुश्किल बनाती है, वह है शारीरिक परिश्रम। आपको इसी कड़ी की पहचान करनी है।

संरचना का चरण

क्रांतिकारी खोज संबंधी सवाल पूछें : मैं पुश-अप्स करने को अपने लिए आसान कैसे बनाऊँ?

शारीरिक श्रम सबसे कमज़ोर कड़ी है, यह जानने के बाद खुद से पूछें कि आपके

लिए इस व्यवहार को आसान बनानेवाला कौन सा विकल्प कारगर रहेगा। संरचना के चरण में हमें तीन भागवाले पीएसी मॉडल का उपयोग करना है।

क्या अपना पुश-अप्स करने का कौशल बढ़ाने से यह मेरे लिए आसान हो जाएगा?

ये संपूर्ण समाधान नहीं है, लेकिन अगर आप इसके लिए प्रेरित हैं, तो संभवत: यह एक अच्छा विचार है।

क्या सही औज़ारों और संसाधनों की मदद से यह करना मेरे लिए आसान हो जाएगा?

ये ज़रूरी नहीं है। इंटरनेट पर ऐसे कई वीडियो उपलब्ध हैं, जो आपको पुश-अप्स करने के सही तरीके के बारे में बता सकते हैं, लेकिन वे आपके लिए यह व्यायाम करना आसान नहीं बनाते। इसी तरह अगर आप अपने लिए एक प्रशिक्षक रख लेते हैं, तो उससे भी ज़्यादा फर्क नहीं पड़नेवाला।

क्या मैं बीस पुश-अप्स करने के व्यवहार को अपने लिए छोटा बना सकता हूँ ताकि यह नई आदत मेरे लिए आसान हो जाए?

जी हाँ। बीस पुश-अप्स करने के लिए अच्छे-खासे शारीरिक श्रम की ज़रूरत होती है। इसलिए इस आदत को छोटा बनाना ही सबसे बेहतर विकल्प है। जैसे सिर्फ एक पुश-अप करना या घुटने के बल दो-चार पुश-अप्स करना या किसी दीवार पर अपने दोनों हाथ टिकाकर पुश-अप्स करना।

भले ही आप कोई भी आदत विकसित करना चाहते हों, ये सारे सवाल और तीनों तरीके एक नई आदत को आपके लिए आसान बनाने की प्रक्रिया में आपका मार्गदर्शन करेंगे। और लगातार अभ्यास करते-करते ये सारे सवाल आपके स्वभाव का हिस्सा बन जाएँगे।

व्यवहार को अपने लिए आसान बनाएँ – संरचना प्रवाह

- क्या आप एक नया कौशल सीखने के लिए प्रेरित महसूस कर रहे हैं?

  हाँ? बढ़िया। इसे सीखें। और अब अगले सवाल पर जाएँ।

  नहीं? तो फिर अगले सवाल पर जाएँ।

- क्या आप एक औज़ार या संसाधन जुटाने के लिए प्रेरित महसूस कर रहे हैं?

  हाँ? अच्छी बात है। ऐसा ज़रूर करें। और अब अगले सवाल पर जाएँ।

नहीं? तो फिर अगले सवाल पर जाएँ।

- क्या आप व्यवहार को छोटा करने के लिए उसकी मात्रा घटा सकते हैं?

हाँ? बहुत खूब। बस काफी है। अब आप अपनी नई आदत का अभ्यास शुरू कर सकते हैं।

नहीं? तो फिर अगले सवाल पर जाएँ।

- क्या आप अपने व्यवहार के लिए एक शुरुआती चरण का पता लगा सकते हैं?

हाँ? बढ़िया। शुरुआती चरण को अपनी प्रारंभिक आदत बनाएँ और फिर जब भी आपको लगे, तो वह व्यवहार थोड़ा और करें।

नहीं? ओह। अगर इन सारे सवालों के जवाब में आपने 'नहीं' कहा है, तो संभवत: आपको पीछे जाकर अपने 'व्यवहारों के झुंड' में से किसी और व्यवहार के साथ अपना मिलान की ज़रूरत है।

आदत को जीवित रखें

व्यवहार को अपने लिए आसान बनाने से न सिर्फ इसकी जड़ें गहरी होती है ताकि यह और बड़ा एवं विस्तृत हो सके बल्कि ऐसा करने से आपको विषम परिस्थितियों में भी इसे एक आदत के तौर पर अपनाए रखने में मदद मिलती है। इसे कुछ इस तरह देखें: छोटे-छोटे पौधों को हर रोज पानी की कुछ बूँदों से सींचकर आप उन्हें जीवित रख सकते हैं। आदतों के मामले में भी कुछ ऐसा ही होता है। मेरे साथ अब भी कभी-कभी ऐसा होता है, जब दाँतों की फ्लॉसिंग करने की मेरी प्रेरणा का स्तर असामान्य रूप से कम होता है। जब भी ऐसा होता है, तो उस दिन मैं सिर्फ एक दाँत की फ्लॉसिंग करता हूँ। महत्वपूर्ण बात ये है कि मैं इसे लेकर कभी बुरा महसूस नहीं करता क्योंकि एक दाँत की फ्लॉसिंग करके मैं अपनी आदत को व्यवहार में ले आता हूँ - मैं जानता हूँ कि आदत को जीवित रखने के लिए एक दाँत की फ्लॉसिंग करना काफी है। अधिकांश दिन ऐसे होते हैं, जब मैं अपने सारे दाँतों की फ्लॉसिंग करता हूँ, तो फिर कभी-कभार फ्लॉसिंग न करने को लेकर परेशान होने की क्या ज़रूरत है? ऐसी चीज़ें होती रहती हैं। तभी तो बीमार पड़ने पर या कोई आपातकालीन स्थिति आने पर लोग कुछ दिन के लिए काम से छुट्टी ले लेते हैं। इस मामले में हमारा लक्ष्य पूर्णता हासिल करना नहीं बल्कि निरंतरता बनाए रखना है। आदत को जीवित रखने का अर्थ है, उसे अपने रूटीन का हिस्सा बनाए रखना, भले ही वह कितनी भी छोटी आदत हो।

जीत का पैटर्न : सरलता व्यवहार में बदलाव लाती है

जब बात आदत विकसित करने की हो, तो जीत हमेशा सरलता की ही होती है। और ऐसा सिर्फ हमारे व्यक्तिगत जीवन में ही नहीं होता।

आज लाखों लोग तरह-तरह के डिजिटल उत्पादों का उपयोग करते हैं। मैंने इन उत्पादों में एक स्पष्ट पैटर्न देखा है कि हर चीज़, जो शुरुआत में बड़े आकार की थी, लगातार छोटी होती जा रही है।

ज़रा गूगल, इंस्टाग्राम, अमेजॉन और स्लैक पर नज़र डालें। इन सभी कंपनियों की शुरुआत छोटी और केंद्रित थी। चूँकि इनका उपयोग करना सरल था इसलिए ये सारे उत्पाद लोगों के जीवन का महत्वपूर्ण हिस्सा बन गए। कंपनियों ने इन उत्पादों में नए फीचर्स तभी जोड़े, जब इनका उपयोग करना लोगों की दृढ़ आदत बन गया। (अधिकांश उत्पाद जो ढेर सारे फीचर्स और जटिलताओं के साथ शुरू हुए, वे जल्द ही बर्बाद हो गए।)

मेरा आग्रह है कि सफलता के इस पैटर्न को आप अपने जीवन पर भी लागू करें। अगर आप अपनी किसी आदत को विकसित करते हुए, उसे और बड़ी बनाना चाहते हैं, तो आपको छोटी और सरल शुरुआत करनी होगी। एक बार जब वह आदत आपके जीवन में स्थापित हो जाएगी, तो फिर आप उसे स्वाभाविक रूप से विकसित करते हुए बड़ा बना सकते हैं।

अपनी आदतों को सक्रिय करने से पहले सारिका और मॉली, दोनों ही अपने हालातों से बेहद परेशान थीं। वे डर, आत्मविश्वास की कमी और प्रतिरोध की एक रहस्यमय भावना का अनुभव कर रही थीं। लेकिन छोटी-छोटी आदतें विकसित करने और छोटी शुरुआत करने का विचार अपनाने के बाद सब कुछ बदल गया। उनकी शुरुआत आसान रही और जल्द ही उन्हें सफलता का एहसास होने लगा। जो उनके लिए बेहद आनंददायक अनुभव था। हर नई सफलता के साथ उनके डर कम होते गए। अब उन्हें बदलाव की प्रक्रिया एक काम के बजाय मजेदार चीज़ लगने लगी।

छोटे-छोटे कदम उठाने का यह तरीका आप आदतों के साथ-साथ बाकी सभी चीज़ों पर भी लागू कर सकते हैं। आपको कुंठित कर देनेवाली बहुत सी पारिवारिक समस्याएँ और कार्यक्षेत्र की नाटकबाजी इस गलत धारणा के कारण ही पैदा होती हैं कि हेर-फेर करने की प्रेरणा ही व्यवहार में बदलाव लाने की कुंजी है। पर अब आप यह जानते हैं कि व्यवहार में विश्वसनीय बदलाव सरलता ही लाती है।

एक बार किए जानेवाले व्यवहारों पर टिप्पणी

शुरुआती चरण उन चीज़ों पर भी जादू की तरह काम करता है, जिन्हें आदत

बनाने की ज़रूरत नहीं है। ज़्यादा पुरानी बात नहीं है, जब मुझे दाँतों के सर्जन से मुलाकात का समय लेने के लिए कॉल करना था, (यह करना मेरे लिए कतई मज़ेदार नहीं था) मैं इसे टाल रहा था, जबकि यह कोई ऐसा व्यवहार नहीं था, जिसे करना मुश्किल हो। पर यह उन चीज़ों का एक अच्छा उदाहरण है, जिन्हें टालना हमें बचकाना लगता है, फिर भी हम उन्हें टालते और अनदेखा करते रहते हैं। टालने के बारे में याद रखने लायक सबसे महत्वपूर्ण बात ये है कि कठिनता की धारणा भी, सच्ची कठिनता की तरह ही महत्वपूर्ण हो सकती है। इसके अलावा एक बात ये भी है, आप इसे जितना टालते हैं, यह आपके ऊपर उतना ही हावी होने लगती है और फिर उसे करना और कठिन लगने लगता है। इससे पहले कि मैं भी इस अंधेरी खाई में गिरूँ, मैंने इससे जुड़े एक शुरुआती चरण का पता लगा लिया : 'एक कागज के टुकड़े पर डॉक्टर का फोन नंबर लिखना और उसे अपने फोन पर चिपका देना।' मैंने खुद से कहा कि सिर्फ इतना करना ही काफी है। और फिर मैंने ऐसा ही किया।

तो इसके मानदंड को नीचा करके मैं अपने मस्तिष्क पर नियंत्रण पाने में सक्षम हो गया। डॉक्टर का नंबर लिखना कोई ऐसी चीज़ नहीं थी, जो मुझ पर हावी हो जाए या मुझे डरावनी लगे - मुझे लगा कि मैं यह कर सकता हूँ। डॉक्टर का नंबर लिखना, उसे कॉल करने के व्यवहार का पहला चरण पूरा करने के बराबर था। फिर क्या था, मैंने फोन उठाया और उसे कॉल कर दिया। ज़रा सोचिए कि ऐसे कितने सारे छोटे-छोटे काम हैं, जिन्हें आप करना नहीं चाहते और वे हर रोज आपके मस्तिष्क में जमा होकर एक रूकावट का रूप लेते जा रहे हैं। यह मानसिक रूप से बेहद थका देनेवाली चीज़ है। पहला कदम उठाना, भले ही वह कितना भी छोटा हो, आपके मन में आगे बढ़ने का एहसास पैदा कर सकता है और आपके मस्तिष्क को यह एहसास बेहद पसंद होता है। किसी कार्य को पूरा करने से हमारा आत्मविश्वास बढ़ जाता है, जिससे वह व्यवहार करने की हमारी प्रेरणा का स्तर भी बढ़ जाता है।

अगले अध्याय में हम संकेतों पर चर्चा करेंगे। व्यवहार मॉडल का यह आखिरी चरण, छोटी-छोटी सफल आदतें विकसित करने की प्रक्रिया का अगला चरण भी है। हम जानते हैं कि बिना संकेत के कोई व्यवहार संभव नहीं होता। संकेत हमें क्रिया करने की याद दिलाते हैं। वे उस चिंगारी की तरह हैं, जो रोशनी पैदा करने के लिए आग जलाती है। तो फिर क्यों न संकेतों को भी आसान बना दिया जाए? अगर आप एक ऐसे संकेत को आकार दें, जो पहले से ही आपकी दिनचर्या में शामिल हो तो कैसा रहेगा? कोई ऐसी चीज़, जिसे तैयार करने में ज़रा भी समय, परिश्रम और पैसा नहीं लगता। देखा आपने, यह कितना आसान लग रहा है?

आदत को आसान बनानेवाले छोटे-छोटे अभ्यास

इस अभ्यास के दो भाग हैं। पहला भाग विश्लेषण पर केंद्रित है और दूसरा संचरना पर।

पहला भाग : एक मुश्किल आदत का विश्लेषण

चरण 1 : किसी ऐसी आदत को एक कागज पर लिखें, जिसे आपने पहले कभी विकसित करने का प्रयास किया हो, पर असफल रहे हों। अगर आपको अपने जीवन में ऐसी कोई आदत नज़र न आए, तो इस आदत का उपयोग करें: हर रोज अपेक्षाकृत अधिक सब्जियों का सेवन करना।

चरण 2 : खुद से खोज संबंधी सवाल पूछें: वह क्या है, जिसने इस आदत को आपके लिए मुश्किल बना दिया? अपनी सक्षमता श्रृंखला की कड़ियों पर विचार करें: क्या ये मनचाही आदत विकसित करने के लिए आपको बहुत सारे समय की ज़रूरत है या फिर पैसे की? या फिर मानसिक या शारीरिक परिश्रम की? क्या इसके चलते आपकी दिनचर्या बाधित हो जाती है?

दूसरा भाग : अपनी आदत को इस प्रकार आकार दें कि वह आपके लिए आसान हो जाए।

चरण 3 : चरण 2 में मिली प्रत्येक कमजोर कड़ी के लिए खुद से क्रांतिकारी खोज संबंधी सवाल पूछें: आप इस आदत को आसान कैसे बना सकते हैं? उदाहरण के लिए, आप इस बात पर विचार कर सकते हैं कि ऐसा क्या किया जाए, जिससे इस आदत में कम समय लगे। बस यह सुनिश्चित करें कि प्रत्येक कमजोर कड़ी के लिए आपके पास कई अलग-अलग विचार हों।

चरण 4 : चरण तीन से पहले शीर्ष तीन विचारों का चयन करें।

चरण 5 : कल्पना करें कि आदत को आसान बनाने के लिए आप अपने शीर्ष तीन विचारों के अनुसार क्रिया कर रहे हैं। आप ऐसा कैसे करेंगे, इसका पता विस्तार पूर्वक लगाएँ।

अतिरिक्त क्रेडिट : अपनी अंतदृष्टि के अनुसार क्रिया करें और देखें क्या होता है।

इस अभ्यास में आपकी सहायता के लिए मैं हमारे दोस्ताना 'पीएसी व्यक्ति' को एक बार फिर प्रस्तुत कर रहा हूँ ताकि आपको किसी व्यवहार को आसान बनाने के तीन तरीकों के बारे में याद दिला सकूँ।

सक्षमता

4

संकेत - बाद की शक्ति

संकेत हमारे जीवन के अदृश्य संचालक हैं।

हम हर दिन सैकड़ों संकेतों का अनुभव करते हैं, फिर भी उनमें से अधिकांश संकेतों पर हम मुश्किल से ही गौर करते हैं। आमतौर पर हम बस क्रिया करते रहते हैं। जैसे सड़क पर ट्रैफिक सिग्नल ग्रीन होता है – और आप अपनी गाड़ी आगे बढ़ा देते हैं। ग्रॉसरी स्टोर में आपके सामने खाने-पीने की किसी चीज़ का सैम्पल पेश किया जाता है – और आप उसे खा लेते हैं। आपकी कंप्यूटर स्क्रीन पर एक नए ई-मेल का नोटिफिकेशन आता है – और आप उसे खोलने के लिए उस पर क्लिक कर देते हैं। कुछ संकेत प्राकृतिक होते हैं – जैसे आपके हाथ पर बारिश की कुछ बूँदें गिरती हैं और आप फौरन अपना छाता खोल लेते हैं। जबकि कुछ संकेतों को कृत्रिम रूप से तैयार किया जाता है – जैसे स्मोक अलार्म का बजना ताकि आप कमरे की खिड़कियाँ खोल दें और उस पिज्जा को फौरन ओवन से बाहर निकाल लें, जिसे आप रखकर भूल गए थे। संकेत प्राकृतिक हो या उसे किसी ने कृत्रिम रूप से तैयार किया हो, वह आपसे ये कह रहा होता है कि 'फलाँ व्यवहार करें, तुरंत!'

लेकिन सबसे महत्वपूर्ण बात है : बिना संकेत के कोई व्यवहार नहीं होता।

जब लोग प्रेरित और सक्षम होते हैं, तो वे संकेतों पर विश्वसनीय प्रतिक्रिया देते हैं। यही वह चीज़ है, जो सही समय पर दिए गए संकेतों को बेहद शक्तिशाली बनाती है। क्लिकबेट हेडलाइन्स लिखनेवाले पत्रकार और हमारे फोन में मौजूद एप्स तैयार करनेवाले डिजाइनर्स यह बात अच्छी तरह जानते हैं। तभी तो हमें जैसे ही अपने किसी मोबाइल एप पर लाल रंग का नंबर (एप पर आए नोटिफिकेशंस की संख्या) नज़र आता है, तो हममें से ज़्यादातर लोग वह एप खोलने से खुद को रोक नहीं पाते – यह फीचर इसीलिए डिजाइन किया गया है ताकि वह हमारा ध्यान खींच सके और हम फौरन उस पर क्रिया करें। इंटरनेट पर विज्ञापन प्रकाशित करनेवाले जानते हैं कि अगर किसी संकेत को प्रेरक के साथ जोड़ दें (जैसे – पुरस्कार जीतने के लिए यहाँ क्लिक करें!) तो उस पर प्रतिक्रिया देनेवालों की संख्या अचानक बढ़ जाती है।

दूसरी ओर अगर कोई संकेत न हो, तो अच्छी–खासी प्रेरणा और सक्षमता के बावजूद व्यवहार संभव नहीं हो पाता। जैसे मान लीजिए कि आप ध्यान करना चाहते हैं और अपनी सुविधा के लिए ध्यान से जुड़ा एक एप डाउनलोड कर लेते हैं। लेकिन एक सप्ताह गुज़रने के बाद भी आपको याद नहीं आता कि आपको उस एप का उपयोग करना है। क्यों? क्योंकि उस एप ने आपको कोई संकेत (नोटिफिकेशन) नहीं दिया इसलिए आप उसका उपयोग करना भूल गए।

हमारा जीवन ढेरों अनचाहे संकेतों से भरा पड़ा है। साथ ही हमारे पास मनचाहे संकेतों की भी कोई कमी नहीं होती। लेकिन अधिकांश लोग तमाम अदृश्य संकेतों के कारण ऑटोपायलट मोड में चलते रहते हैं और साथ ही हताशपूर्ण ढंग से खुद को उन कार्यों की याद दिलाते रहते हैं, जिन्हें करना वे अक्सर भूल जाते हैं। जैसे अगर आपकी डेस्क पर ढेर सारे नोट्स चिपके हुए हैं और आपके फोन पर आनेवाले नोटिफिकेशंस् बार–बार आपको परेशान कर रहे हैं, इसके बावजूद भी आप वह नहीं कर रहे हैं, जो करना चाहते हैं, तो इसका सीधा सा अर्थ यही है कि संकेतों की शक्ति को अपने नियंत्रण में लेने का समय आ गया है।

मैं इस अध्याय में आपको सिखाऊँगा कि संकेतों को कैसे तैयार किया जाता है या उससे पीछा कैसे छुड़ाया जाता है। एक बार जब आप उचित व्यवहार के साथ अपना मिलान करके उसे अपने लिए आसान बना लेते हैं, तो अगला कदम उठाने के लिए तैयार हो जाते हैं यानी अपने मनचाहे व्यवहार के लिए एक अच्छा संकेत तैयार करना। यह सचमुच महत्वपूर्ण होता है। इसलिए संकेतों को भाग्य के भरोसे न छोड़ें।

व्यवहार संचरना के चरण

चरण १: आकांक्षाएँ स्पष्ट करें

चरण २: व्यवहार विकल्पों का पता लगाएँ

चरण ३: स्पष्ट व्यवहारों के साथ मिलान करें

चरण ४: छोटी शुरुआत करें

चरण ५: एक अच्छा संकेत ढूँढ़ें

व्यवहार मॉडल में प्रेरणा और सक्षमता किसी न किसी रूप में हमेशा मौजूद रहते हैं। जबकि संकेतों के मामले में ऐसा नहीं है। या तो आप संकेतों पर गौर कर पाते हैं या नहीं। और जब आप किसी संकेत पर गौर नहीं कर पाते या आपको गलत समय पर संकेत मिलता है, तो व्यवहार संभव नहीं हो पाता। इसीलिए संकेत के मामले में कोई गलती नहीं होनी चाहिए। एक अच्छा संकेत फॉग के पहले सिद्धांत – वह करने में अपनी सहायता करें, जो आप पहले से करना चाहते हैं – का महत्वपूर्ण हिस्सा है।

अगर संकेत तैयार करने की विधी किसी ने सचमुच प्रभावशाली ढंग से सीखी है, तो वह है मेरी दोस्त और सहकर्मी एमी, जिसके 'छोटी-छोटी आदतों की पद्धति' अपनाने के निर्णय के बारे में इस किताब की शुरुआत में विस्तार से बताया गया है। करीब सात साल पहले की बात है, जब एमी अपने तीन बच्चों का पालन-पोषण करने और शिक्षा के क्षेत्र में स्वतंत्र लेखन के अपने व्यवसाय को बढ़ाने में व्यस्त थी। वह डॉक्टरों और अस्पतालों के लिए ऐसी लिखित सामग्री तैयार किया करती थी, जिसे पढ़कर उनके मरीजों की जानकारी और समझ बढ़े। एमी को अपना काम बहुत पसंद था। लेकिन अपने इस व्यवसाय को बढ़ाने के लिए उसे जो व्यवहार करने की ज़रूरत थी, वह नहीं कर रही थी। आमतौर पर आशावादी स्वभाव की एमी को महसूस हुआ कि वह हमेशा भविष्य की चिंता से घिरी रहती है। वह ठीक से सो नहीं पाती थी और इस विचार से परेशान रहती थी कि एक न एक दिन उसके हालात इतने बदतर हो जाएँगे कि वह उन्हें सँभाल नहीं पाएगी। वैसे तो हर व्यवसायी हमेशा शीर्ष पर रहने को लेकर चिंतित रहता है। लेकिन जो चीज़ एमी के डर को सचमुच पोषित कर रही थी, वह व्यवसाय में पिछड़ जाने या ग्राहक गँवाने से कहीं ज़्यादा बदतर थी – उसका असली डर था कि कहीं वह अपने बच्चों को खो न दे।

एमी और उसका पति एक-दूसरे के साथ कई सालों से खुश नहीं थे। लेकिन पिछले कुछ दिनों से हालात असहनीय हो गए थे। दोनों के झगड़े बढ़ गए थे और एमी जानती थी कि उनके बच्चों के लिए यह माहौल ठीक नहीं है। वह इस रिश्ते से बाहर निकलना चाहती थी। उसका अनुमान था कि शायद उसका पति भी यही चाहता है। एक-दूसरे से नाता तोड़कर अलग-अलग रास्तों पर जाना बहुत तकलीफदेह एहसास था, लेकिन एमी के लिए इससे भी ज़्यादा तकलीफदेह यह था कि आगे क्या होगा? वह सालों से अपने पति की बुराईयों को नज़रअंदाज कर केवल उसकी अच्छाई पर ध्यान दे रही थी – वह उदार व मज़ाकिया स्वभाव का व्यक्ति था और पेशेवर मामलों में हमेशा एमी का साथ देता था – लेकिन अब उन दोनों के बीच द्वेष, कड़वाहट और उपेक्षा का भाव बढ़ रहा था। उनके बीच पारदर्शिता की भी भारी कमी थी। जिसके चलते एमी खुद को बहुत अकेला पाती और इस स्थिति को सुलझाने का उसे कोई स्पष्ट तरीका नज़र नहीं आ रहा था। अब एमी अपने पति के व्यक्तित्व के इन

नकारात्मक पहलुओं का सामना करने को तैयार नहीं थी। इन्हीं चीज़ों के चलते एमी की रातों की नींद उड़ी हुई थी। आमतौर पर तलाक एक ऐसी चीज़ होती है, जो लोगों के सबसे बुरे पहलुओं को उजागर कर देती है। एमी को डर था कि अगर उसने कुछ ऐसा-वैसा किया, तो न जाने उसका पति क्या करेगा। उसे यकीन था, उसका पति तलाक की कानूनी प्रक्रिया में बच्चों को भी घसीट लेगा। और चूँकि एमी की आय बहुत ज़्यादा नहीं थी इसलिए संभव था कि कोर्ट तलाक के बाद बच्चों को एमी से छीनकर उसके पति के संरक्षण में रहने भेज देगा।

एमी को अपने बच्चे बहुत प्यारे हैं। उसे भावनात्मक रूप से तोड़ने के लिए यह एक विचार ही काफी था कि एक दिन वह अपने बच्चों से दूर हो जाएगी और जब उन्हें उनकी माँ की ज़रूरत महसूस होगी तो एमी उनके पास नहीं होगी...। वह जानती थी कि अगर उसने अपनी आर्थिक स्थिति नहीं सुधारी, तो उसका सबसे बड़ा डर – अपने बच्चों को खो देना – सच हो सकता था। एमी इस बात को लेकर चिंतित थी कि उसका पति उसके सारे विकल्प खत्म करने के लिए कोई भी हथकंडा अपना सकता है और संभवत: वह कभी न खत्म होनेवाले संघर्ष में उलझकर रह जाएगी, जिसमें उसके नन्हे बच्चे दांव पर लगे होंगे। अब उसके हाथ में सिर्फ इतना ही था कि वह एक काबिल वकील नियुक्त करे और तलाक की कानूनी प्रक्रिया शुरू होने से पहले अपनी आर्थिक स्थिति सुधारे। अब वह इस विचार में उलझी हुई थी कि अपना व्यवसाय कैसे बढ़ाया जाए।

शादी टूटने की तकलीफ और तीन बच्चों को पालने-पोसने से जुड़ी रोज़मर्रा की समस्याओं के चलते एमी के लिए अपना ध्यान केंद्रित करना मुश्किल हो गया था। लेकिन एमी के पास ऐसे कई वाजिब कारण थे कि वह फोन कॉल्स का जवाब देने, कामकाज के लिए भागदौड़ करने और लेखन के लिए मेहनत करने जैसी चीज़ों को पूरी गंभीरता से ले – इसके बावजूद वह चाहकर भी खुद को वह सब करने के लिए तैयार नहीं कर पा रही थी, जो करना उसके लिए बेहद ज़रूरी था। एमी हर रोज सुबह से ही अपनी पेशेवर जिम्मेदारियों को निपटाने की कोशिश शुरू कर देती। लेकिन जिन कार्यों से उसे कमाई होती और उसकी आर्थिक स्थिति सुधरती, उनके बजाय आमतौर पर उसका पूरा दिन घर में सभी के कपड़े ठीक से रखने और रसोई की साफ-सफाई करने जैसे घरेलू कार्यों में बीत जाता। जिसके चलते उसे अपने पेशे से जुड़े कार्यों की सूची को कई बार अपडेट करना पड़ता, जिसमें काफी समय खर्च होता था। वह इस सूची में दर्ज हुए कुछ कार्य तो पूरे कर लेती, लेकिन आमतौर पर वे आसान व कम महत्वपूर्ण कार्य होते। या तो वह बेवजह ज़रूरत से ज़्यादा सोचती या फिर कम सक्रिय रहती, पर कुल मिलाकर अपनी पेशेवर जिम्मेदारियों को पूरा नहीं कर पाती। वह न तो पैसे की बचत कर पा रही थी और न ही अपने बच्चों के साथ

अपना भविष्य सुरक्षित करने की दिशा में आगे बढ़ पा रही थी।

व्यवहार संरचना और छोटी-छोटी आदतों की पद्धति के बारे में जानने के बाद एमी को आखिरकार अपना समाधान मिल गया: हर रोज अपने एक कार्य को कागज पर लिखकर एक नोट बनाना - ऐसा कार्य जो सबसे महत्वपूर्ण हो और जिसे उस दिन पूरा करना ज़रूरी हो। तो यह थी एमी की नई आदत। एमी को पूरा भरोसा था कि वह ऐसा कर सकती है। क्योंकि आखिरकार उसे वह कार्य सचमुच नहीं करना था बल्कि सिर्फ उस कार्य को कागज पर लिखकर एक नोट बनाना था। है ना आसान? तो इस तरह एमी ने अपनी सक्षमता को सक्रिय करना शुरू किया। लेकिन जिस चीज़ ने इस आदत को सफल बनाया, वह क्या थी? प्रेरणा? सक्षमता? जी नहीं। वह थी, एक अच्छा संकेत तैयार करना।

दरअसल कुछ आदतें ऐसी होती हैं, जिनके मामले में आपको सिर्फ इतना पता लगाना होता है कि वे आपके दिनभर के रूटीन में कहाँ फिट बैठती हैं।

किसी आदत के संदर्भ में आप क्रिया करेंगे या निष्क्रिय रहेंगे, सफलता प्राप्त करेंगे या असफल हो जाएँगे, कई बार यह इससे तय होता है कि आप अपने दिनभर के रूटीन में उस आदत पर कब अमल करेंगे। सौभाग्य से एमी ने पहली कोशिश में ही यह पता लगा लिया कि ये आदत उसके रूटीन में कहाँ फिट बैठती है: उसने अपनी नई आदत का बीज बिलकुल सही स्थान पर बोया था।

यह कुछ ऐसे हुआ : एमी अपनी बेटी रेचेल को हर रोज सुबह स्कूल छोड़ने जाती। नन्हीं रेचेल अपनी माँ को गुडबाय बोलती, कार से उतरती और दरवाजा बंद कर स्कूल की ओर बढ़ जाती। कार का दरवाजा बंद होना ही एमी का संकेत था। वह फौरन अपनी गाड़ी स्कूल के पास ही स्थित पार्किंग एरिया में ले जाकर खड़ी कर देती और फिर अपनी आदत पर अमल करती - एक कागज के नोट पर उस दिन का सबसे महत्वपूर्ण कार्य लिखना। इसके बाद वह उस नोट को अपनी कार के डैशबोर्ड पर चिपका देती, अपने लिए एक बार ताली बजाती और कहती, 'बस, हो गया!'

एमी के अनुसार, एक सप्ताह के अंदर ही यह आदत उसे सहज लगने लगी और फिर स्वचालित हो गई। उसने अपने रूटीन में इस आदत के लिए एक सहज स्थान ढूँढ़ लिया था। अब एमी के मन में कामकाज से जुड़े विचार ही आते। अपने सबसे महत्वपूर्ण कार्य को कागज के नोट पर लिखना, उसके कामकाज से जुड़ी वह पहली चीज़ होती, जिसे एमी हर रोज सुबह करती थी। इसलिए अब उसके पास इतना समय ही नहीं था कि वह बेवजह ज़रूरत से ज़्यादा सोचे और उसका ध्यान भटके। उसने अपने शुरुआती चरण को बेहद केंद्रित बनाया था, जो उसके लिए बहुत फायदेमंद रहा। 'कार का दरवाजा बंद और दिमाग काम पर केंद्रित: कार पार्क करो और यह

तय करो कि आज का सबसे महत्वपूर्ण काम क्या है और फिर उसे कागज के नोट पर दर्ज करो।' बस काम खत्म। (हुर्रे!) यह करना बड़ी आसानी से उसकी सुबह का हिस्सा बन गया क्योंकि एमी ने एक ऐसी चीज़ को इसका आधार बनाया, जो पहले से ही उसके रूटीन का हिस्सा थी। अपनी बेटी रेचेल को हर रोज स्कूल छोड़ने के लिए एमी को अपने मोबाइल पर किसी टेक्स्ट अलर्ट की या कैलेंडर नोटिफिकेशन की ज़रूरत नहीं थी। यानी उसे कागज के नोट पर अपना काम लिखने के लिए किसी कृत्रिम रिमाइंडर की ज़रूरत नहीं थी। एमी ने एक बढ़िया संकेत तैयार कर लिया था ताकि उसकी नई आदत स्वाभाविक तरीके से विकसित हो।

एमी इस बात से बड़ी खुश थी कि एक साधारण सी आदत से उसके रूटीन में एक किस्म की स्पष्टता आ गई है। हालाँकि उसे पता था कि ये बस एक छोटी सी क्रिया है लेकिन अब सफलता और केंद्रित होने की उसकी भावनाएँ काफी तेजी से बड़ी क्रियाओं में तब्दील होने लगी थीं। उसने कई अन्य आदतें विकसित कर लीं, जो मूल रूप से उसकी उस पहली आदत पर ही आधारित थीं। अपनी बेटी रेचेल को स्कूल छोड़कर वापस घर लौटने पर एमी उस नोट को कार के डैशबोर्ड से निकालती, घर पर ही बने अपने ऑफिस में जाती और उसे अपनी डेस्क के सामनेवाली दीवार पर लगा देती।

कभी-कभी ऐसा भी होता, जब एमी दिन का सबसे महत्वपूर्ण कार्य पूरा न कर पाती, लेकिन अधिकांश दिन ऐसे होते, जब वह उसे पूरा करने में सफल रहती। इससे एमी के अंदर उपलब्धि और गर्व की भावनाएँ बढ़ीं, जिन्होंने उसे ऐसे ही कई अन्य कार्य निर्धारित करने और उन्हें पूरा करने के लिए प्रेरित किया। चूँकि एमी के सुनहरे व्यवहार आदत के रूप में मज़बूती से स्थापित थे इसलिए वह पहले से इतनी ज़्यादा उत्पादक हो गई थी, जिसकी उसने कभी कल्पना भी नहीं की थी। समय के साथ उसका डर खत्म होने लगा। और फिर एक समय ऐसा आया, जब उसने खुद से कहा, 'वाह! मैं वाकई ये कर पा रही हूँ। मैं सचमुच यह कर सकती हूँ।'

और उसने इस रास्ते पर लगातार आगे बढ़ना जारी रखा।

जो चीज़ एक साधारण से नोट पर अपना सबसे महत्वपूर्ण काम लिखने से शुरू हुई थी, अब वह उत्पादकता की एक विशाल धारा में तब्दील हो चुकी थी। एमी को एहसास हुआ कि उसके मन में इस बात की गहरी ललक छिपी हुई है कि वह अपना व्यवसाय बढ़ाए और उसे एक कर्मचारीवाले छोटे से प्रतिष्ठान से बदलकर, रणनीति और कंटेट तैयार करनेवाली एक ऐसी एजेंसी में तब्दील कर दे, जहाँ ढेर सारे कर्मचारी काम करते हों। एक बार जब उसने अपने सही संकेत का पता लगा लिया, तो उसकी सारी मानसिक अड़चन खत्म हो गई और उसके अंदर दबी महत्वाकांक्षा

तेजी से बाहर आई। परिणामस्वरूप उसने लेखन से जुड़े अपने सारे प्रोजेक्ट निपटाकर, नए प्रोजेक्ट पाने के लिए ढेर सारे प्रपोजल भी तैयार कर लिए। फिर जब स्वास्थ्य के क्षेत्र से जुड़ी एक कंपनी ने एमी से कई मिलियन डॉलर्सवाले एक प्रोजेक्ट के लिए प्रपोजल माँगा, तो एमी ने ज़रा भी संकोच नहीं किया। इस प्रोजेक्ट को अपने हाथ में लेने का मतलब था, ऐसे ढेर सारे कर्मचारियों की भर्ती करना, जो यह सारा काम पूरा कर सकें। यह कोई आसान काम नहीं था। लेकिन महीनों की सफलता के बाद एमी की आत्म-संदेह की प्रवृत्ति खत्म हो चुकी थी। एमी ने मुझे बाद में बताया कि असल में उसे यह प्रोजेक्ट इसीलिए मिला क्योंकि उस कंपनी के साथ हुई मीटिंग के दौरान वह आत्मविश्वास से भरी हुई थी।

छह महीने बाद एमी को तलाक भी मिल गया। अब उसकी आय पहले के मुकाबले चार गुनी हो चुकी थी। सबसे महत्वपूर्ण ये कि कोर्ट ने बच्चों को एमी के संरक्षण में ही रखा। अब वह हर रात चैन की नींद सो पाती थी।

एक आसान सी नई आदत, ऐसी कई नई आदतों को जन्म दे सकती है, जो उस प्रारंभिक आदत से कहीं अधिक व्यापक परिणाम लाती हैं। एमी की सफलता इस बात से तय हुई कि उसने अपने लिए एक सही संकेत तैयार किया। चाहे आप एक नई आदत विकसित कर रहे हों या फिर किसी ऐसी पुरानी आदत को अपनाने की कोशिश कर रहे हों, जो आपसे अक्सर छूट जाती है, आपको उस संकेत का पता तो लगाना ही होगा, जिसकी मदद से आप हर बार उस आदत पर अमल कर सकें। व्यवहार संरचना आपको एक ऐसी प्रणाली प्रदान करती है, जिसकी मदद से आप अपने लिए सबसे अच्छा संकेत ढूँढ़ सकें।

संकेतों को भाग्य के भरोसे न छोडें!

अच्छी बात ये है कि आपके पास पहले से ही संकेत तैयार करने का अच्छा-खासा अनुभव होता है, भले ही आपको इस बात का एहसास न हो। जैसे कार्यों की सूची बनाने के लिए किसी से कहना कि वह आपको फलाँ चीज़ की याद दिलाए, अपने ई-मेल पर कैलेंडर नोटिफिकेशन एक्टिवेट करना वगैरह। इन सभी मामलों में आप दरअसल अपने व्यवहार को प्रभावित करने के लिए एक संकेत तैयार कर रहे हैं। पर अक्सर लोग जिन संकेतों को कारगर मानकर उपयोग करते हैं, उन्हें ठीक से तैयार नहीं किया गया होता। अगर आप एक ऐसे व्यक्ति हैं, जिसे सुबह-सुबह उठने के लिए फोन-अलार्म को छह बार स्नूज करना पड़ता है, तो आप समझ ही गए होंगे कि मैं क्या कहने की कोशिश कर रहा हूँ। (कुछ फोन-अलार्म में स्नूज बटन बड़े आकार का होता है, जिसे दबाना, ऑफ बटन दबाने के मुकाबले ज़्यादा आसान होता है। कभी-कभी तो ऐसा लगता है कि शायद इसे जानबूझकर ऐसा

बनाया गया है, जो अपने आपमें बड़ी अजीब बात है।)

अपने लिए संकेत तैयार करते समय अगर आप एक नोट पर कोई कार्य लिखकर उसे अपनी कंप्यूटर स्क्रीन पर चिपका लेते हैं, जबकि उस स्क्रीन पर पहले से ही ऐसे कई नोट्स चिपके हुए हैं, तो यकीन मानिए एक और नोट चिपकाने का कोई लाभ नहीं है। इसी तरह अगर आप किसी बिजनेस मीटिंग में जाने से पहले अपनी हथेली पर कोई रिमाइंडर लिख लेते हैं, तो यह पेशेवर शिष्टाचार के विपरीत होगा। जो भी हो, वास्तविकता यही है कि कौन सा संकेत कारगर होगा और कौन सा नहीं, यह मामला उतना सीधा भी नहीं है। क्योंकि अगर ऐसा होता, तो हम सब आदतों के मामले में किसी शूरवीर से कम नहीं होते।

संकेत तैयार करना एक कौशल है, जिसे सीखना पड़ता है और जिसका अभ्यास करना पड़ता है।

संकेतों का एक सुनियोजित दृष्टिकोण

आइए देखें कि हमारे पास किस प्रकार के संकेत उपलब्ध हैं और वे कैसे काम करते हैं। जब हम ये पता लगा लेते हैं, तो हम संकेतों को भाग्य के भरोसे या अन्य लोगों के भरोसे छोड़ना बंद कर सकते हैं और अपनी नई आदत को एक ऐसा मज़बूत आधार दे सकते हैं, जिससे उसका निरंतर विकास होता रहे। संकेतों को समझने के लिए हम एक बार फिर 'पीएसी व्यक्ति मॉडल' की मदद ले सकते हैं। हमारे जीवन में तीन प्रकार के संकेत होते हैं: व्यक्ति-संकेत, संदर्भ-संकेत और क्रिया-संकेत।

आइए सबसे पहले व्यक्ति-संकेत पर नज़र डालते हैं।

इस प्रकार के संकेत, व्यवहार के लिए आपके अंदर की किसी चीज़ पर निर्भर होते हैं। बुनियादी शारीरिक इच्छाएँ हमारे सबसे प्राकृतिक व्यक्ति-संकेत होते हैं। हमारा शरीर हमें सोने और खाने जैसी महत्वपूर्ण चीज़ों की याद दिलाता है। आपके ब्लैडर पर महसूस होनेवाला दबाव भी एक संकेत है, जो आपको बताता है कि अब आपको मूत्र त्याग करना होगा। इसी तरह पेट में होनेवाली गुड़गुड़ाहट भी एक संकेत है। हमसे ये व्यवहार कराने के मामले में ये सारे संकेत काफी भरोसेमंद हैं और इसका सारा श्रेय हमारे क्रमिक-विकास को जाता है।

हालाँकि व्यक्ति-संकेत आपके किसी ऐसे व्यवहार के मामले में कारगर नहीं होता, जिस पर आपका अस्तित्व निर्भर न हो। क्योंकि कई बार हमारी याद्दाश्त काफी दोषपूर्ण होती है। हाँ, ये सच है कि कभी-कभी आपको कोई चीज़ यूँ ही अचानक याद आ जाती है - जैसे आपकी माँ का जन्मदिन - लेकिन अगर आप ऐसी चीज़ों के लिए भी व्यक्ति-संकेत पर निर्भर होते, तो संभवत: आप हर साल उनका जन्मदिन याद रखना भूल जाते।

कुछ साल पहले की बात है, जब मेरी मुलाकात अपने नए पड़ोसी बॉब और उनकी पत्नी वॉन्डा से हुई। वॉन्डा इंटेल कंपनी की सेवानिवृत्त अधिकारी थी और बॉब एक इंजीनियर थे। जब उन दोनों ने मुझे और मेरी पत्नी डैनी को डिनर पर बुलाया, तो मुझे बड़ी खुशी हुई। मैंने उत्साहित होकर उनका यह आमंत्रण स्वीकार कर लिया और वादा किया कि हम नियत दिन पर शाम छह बजे तक उनके घर पहुँच जाएँगे।

इसके दो सप्ताह बाद एक दिन शाम को 6:42 पर मेरा फोन बजा। मैं उस समय काम में डूबा हुआ था क्योंकि डेडलाइन नज़दीक थी। मैं फोन करनेवाले का नंबर भी पहचान नहीं पाया। इसलिए मैंने फोन उठाने के बजाय कॉल को वॉइस मेल पर जाने दिया। अपनी उत्सुकता शांत करने के लिए मैंने तुरंत वॉइस मेल का मैसेज सुना। जैसे ही मैंने वॉन्डा की आवाज सुनी, मैं पछतावे से भर गया। संदेश कुछ इस प्रकार था, 'अरे बीजे, पास्ता ठंडा हो रहा है। मैंने इसे बड़ी मेहनत से पकाया है और यह ज़्यादा देर तक नहीं चलेगा। हम शाम छह बजे से आप दोनों का इंतजार कर रहे हैं। आप लोग आ रहे हैं ना? बाय।'

जी हाँ। मुझसे गलती हो चुकी थी।

मैंने फौरन वॉन्डा को फोन किया और माफी माँगी। मैं बहुत ग्लानि महसूस कर रहा था। मैंने जो किया था, वह अपने नए पड़ोसियों का स्वागत करने का सबसे खराब तरीका था।

इस घटना ने भले ही मुझे ग्लानि से भर दिया हो, लेकिन यह इस बात का एक बेहतरीन उदाहरण है कि आमतौर पर आपको व्यक्ति-संकेतों से बचना क्यों चाहिए

और व्यवहार निर्धारण करते समय इन संकेतों को पूरी तरह अनदेखा क्यों करना चाहिए। एक बार की जानेवाली क्रियाओं - जैसे पड़ोसी के घर डिनर पर जाना - के मामले में भी व्यक्ति-संकेतों पर निर्भर नहीं रहना चाहिए। लेकिन उन व्यवहारों के मामले में ऐसा करना और महत्वपूर्ण हो जाता है, जिन्हें आप आदत में तब्दील करने की कोशिश कर रहे हैं। कोई नया व्यवहार करना आपको हर रोज याद रहे, इसके लिए अगर आप खुद पर ही निर्भर रहेंगे, तो संभवत: कोई सार्थक बदलाव नहीं ला पाएँगे। आदत के विकास के लिए किसी और की सहायता करने के मामले में भी ठीक यही बात लागू होती है। मान लीजिए, आप चाहते हैं कि आपकी बेटी हर रोज रात को एक घंटे अपने फोन पर व्यस्त रहने के बजाय अपना होमवर्क पूरा करे। लेकिन उससे ये कहना कोई कारगर रणनीति नहीं है कि उसे हर रोज खुद ये बात याद रखनी चाहिए। ऐसा इसलिए क्योंकि व्यक्ति-संकेत भरोसेमंद नहीं होते।

अब बारी आती है, संदर्भ-संकेतों की।

यह संकेत आपके आसपास के वातावरण की ऐसी कोई भी चीज़ हो सकती है, जो आपको क्रिया करने का इशारा करती है। जैसे- दीवार पर चिपकानेवाले नोट्स, एप नोटिफिकेशन, आपके फोन का बजना किसी सहकर्मी द्वारा याद दिलाना कि आपको मीटिंग में शामिल होना है वगैरह। आप इन संदर्भ-संकेतों को प्रभावशाली ढंग से तैयार करना सीख सकते हैं। अगर मैंने अपने डिनर कार्यक्रम को अपने फोन के कैलेंडर पर एक पॉप-अप रिमाइंडर के साथ दर्ज कर लिया होता, तो मैं और डैनी निर्धारित समय पर वॉन्डा के घर पर पहुँच जाते। यह संदर्भ-संकेत तैयार करने में मुझे बीस सेकंड से ज़्यादा का समय नहीं लगता। पर अगर मैंने अपने कार्यों की सूची में

सिर्फ यह लिख लिया होता कि 'वॉन्डा और बॉब के घर पर डिनर पर जाना' तो शायद इसका कोई लाभ नहीं होता क्योंकि जब मैं अपने काम में उलझा होता हूँ, तो अपने कार्यों की सूची की ओर नहीं देखता। प्रभावशाली ढंग से संदर्भ-संकेत तैयार करना एक कौशल है और इस कौशल को सीखने के लिए अभ्यास की ज़रूरत होती है।

करीब दस साल पहले की बात है, जब मुझे एहसास हुआ कि कुछ ऐसे व्यवहार हैं, जिन्हें मुझे सप्ताह में सिर्फ एक बार करना होता है। जैसे पौधों को पानी देना, अपने बिलों का भुगतान करना और अपने कंप्यूटरों को रीस्टार्ट करना। पहले तो मैंने अपने फोन पर अलार्म लगाने की युक्ति आजमाई। हर शनिवार को सुबह दस बजे पौधों को पानी देने के लिए फोन का अलार्म बज उठता। पर कभी-कभी उस समय मैं ग्रॉसरी स्टोर में होता इसलिए वह कार्य करने में सक्षम नहीं होता। यानी उस समय मैं व्यवहार मॉडल में क्रिया रेखा से काफी नीचे होता था। कभी-कभी मेरा अलार्म किसी ऐसे कार्य के लिए बज उठता, जिसे मैं पहले ही कर चुका होता था। यानी इस संकेत के चलते मेरा कुछ कीमती समय बर्बाद भी हुआ।

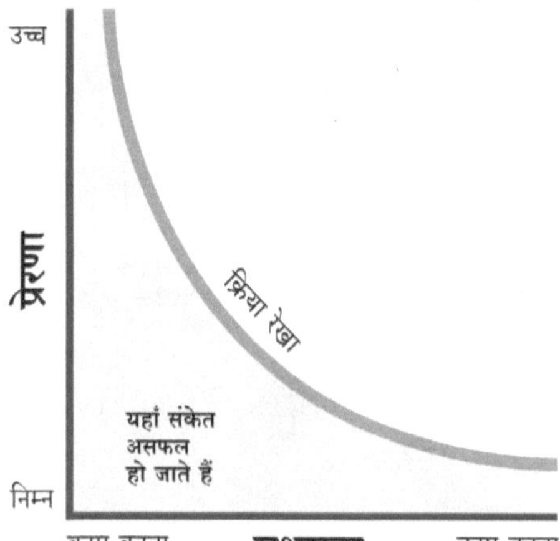

मैंने इस समस्या का हल खोजना शुरू किया और आखिरकार मुझे अपना जवाब मिल गया। मैंने सप्ताहांत में किए जानेवाले अपने हर कार्य को प्लास्टिक के छोटे-छोटे स्टिकर्स पर दर्ज किया। फिर मैंने प्लास्टिक के उन स्टिकर्स को एक ऐसी लेमिनेटेड शीट पर चिपका दिया, जिस पर 'सप्ताहांत के कार्य' लिखा हुआ था। अब हर शनिवार की सुबह मेरा रूटीन था, उस लेमिनेटेड शीट को निकालना और उसे अपनी रसोई के काउंटर पर रख देना। बस इतना ही। यह लेमिनेटेड शीट मेरे सप्ताहांत की चेकलिस्ट बन गई। जब भी मैं कोई एक कार्य पूरा कर लेता, तो उसके स्टिकर को लेमिनेटेड शीट के सामनेवाले हिस्से से निकालकर पीछे की ओर लगा देता ताकि सिर्फ वे कार्य

ही मेरी आँखों के सामने रहें, जिन्हें पूरा करना अभी बाकी है। रविवार को जब मैं सप्ताहांत का आखिरी कार्य पूरा करता, तो (किसी विजेता की तरह) उसके स्टिकर को निकालकर लेमिनेटेड शीट के पीछे की ओर लगाता और फिर अगले सप्ताह के लिए उस शीट को पलटकर रख देता। सप्ताहांत की इस चेकलिस्ट ने मेरे लिए सब कुछ बदलकर रख दिया। आखिरकार अब मैं अपने फ्रिज की सफाई और पौधों में पानी देने जैसे कार्य पूरी विश्वसनीयता के साथ कर पा रहा था।

कई बार आपको खुद के लिए या दूसरों के लिए संदर्भ-संकेत तैयार करने की ज़रूरत पड़ती है। यह संकेत एक बार किए जानेवाले व्यवहारों (जैसे डॉक्टर से मुलाकात का समय लेना) के लिए सबसे उपयुक्त होता है, इसके बावजूद ये कोई आदत विकसित करने का बढ़िया नुस्खा नहीं है। जब मैं किसी क्षेत्र में नए बदलाव लानेवालों को प्रशिक्षण देता हूँ, तो मैं उनसे अपने सबसे प्रभावी संदर्भ-संकेत साझा करने को कहता हूँ। इनमें से कुछ संकेत बड़े आम और कुछ बड़े ही आश्चर्यजनक होते हैं। इनमें से कुछ संकेत इस प्रकार हैं।

* अपनी अँगूठी को गलत उँगली में पहनना।
* खुद को एक टेक्स्ट मैसेज भेजना।
* एक मार्कर से अपने बाथरूम के आईने पर लिखना।
* कमरे के फर्नीचर की जगह बदलना ताकि ऐसा लगे, मानों चीज़ें गलत जगह पर रखी हुई हैं।
* अपने वॉइस असिस्टेंट पर अलार्म लगाना।
* फ्रिज के अंदर एक रिमाइंडर नोट रखना।
* अपने बच्चे से कहना कि वह आपको काम की याद दिलाए।
* अपने मोबाइल फोन की स्क्रीन पर कागज का एक नोट चिपकाना।

संदर्भ-संकेत अक्सर काफी उपयोगी और प्रभावी तो साबित होते हैं, लेकिन वे काफी तनावपूर्ण भी हो सकते हैं। अपने संकेतों के परिदृश्य का प्रभावी प्रबंधन करना हमारे आधुनिक जीवन की सबसे बड़ी चुनौतियों में से एक है। जब आप अपने लिए ज़रूरत से ज़्यादा संदर्भ-संकेत निर्धारित कर लेते हैं, तो वे विपरीत प्रभाव भी डाल सकते हैं - जैसे आप उनके प्रति असंवेदनशील हो जाएँगे और उन पर गौर करने में असफल होने लगेंगे। फिर आप अक्सर नोटिफिकेशन की बीप सुन नहीं पाएँगे और कागज के नोट्स पर आपकी नज़र भी नहीं जाएगी। यह कुछ वैसा ही है, जैसा रेल की पटरी के किनारे बने मकान में रहना। शुरू-शुरू में ट्रेन की आवाज इतनी तेज लगेगी, मानो आपको बहरा कर देगी पर कुछ दिनों बाद, ट्रेन वहाँ से गुज़र जाएगी

और आपकी नींद तक नहीं टूटेगी।

मेरे होम-ऑफिस में एक बड़ा सा व्हाइटबोर्ड लगा हुआ है, जिस पर दर्जनों कार्य अलग-अलग प्रोजेक्ट्स के अनुसार व्यवस्थित ढंग से लिखे हुए होते हैं। साथ ही उन्हें श्रेणीबद्ध करने के लिए विभिन्न रंगों का उपयोग किया गया है। इतने सारे अलग-अलग कार्यों को देखकर कहीं मैं भ्रमित न हो जाऊँ, इसीलिए मैं जिन कार्यों को नहीं कर रहा होता, उनके संकेतों को एक पर्दे से ढककर रखता हूँ। ताकि मुझे सिर्फ उन्हीं कार्यों के संकेत नज़र आएँ, जो मुझे उस दिन पूरे करने हैं। मैं पाया कि बाकी के सारे संकेतों को ढककर रखने से मैं अधिक शांत और केंद्रित महसूस करता हूँ।

अगर आपने एक संदर्भ-संकेत तैयार किया है और वह काम नहीं कर रहा है, तो इसका अर्थ ये नहीं है कि आप कुछ गलत कर रहे हैं। न ही इसका अर्थ ये है कि आपकी प्रेरणा और इच्छाशक्ति कम है। बस ये याद रखें कि इसके लिए आपको खुद को दोषी नहीं ठहराना है। बेहतर होगा कि आप संकेत को दोबारा तैयार करें। पता लगाएँ कि कौन सा संकेत कारगर रहेगा।

आज की दुनिया में हमारे बहुत से संदर्भ-संकेतों को अन्य लोग या संगठन तैयार करते हैं। जैसे हमें ऐसे ई-मेल मिलते हैं, जिनमें हमसे किसी की मदद करने का निवेदन किया जाता है, हमारी डिजिटल घड़ी हमें उठने के लिए कहती है और कोई नया मैसेज आने पर मोबाइल फोन के एप पर लाल रंग का बिंदु उभर आता है। ऐसे पुराने संकेत, जिनके साथ हम बड़े हुए हैं, उनका प्रबंधन करना अपेक्षाकृत आसान होता है: जैसे जंक मेल को रि-साइकिल बिन में डालना किसी मेलिंग लिस्ट से अपना नाम हटा देना... एड आने पर टीवी का चैनल बदल देना... और अपने केबिन के दरवाजे पर 'डू नॉट डिस्टर्ब' का नोट चिपका देना...।

हालाँकि डिजिटल टेक्नोलॉजी के संकेतों का प्रबंधन अपेक्षाकृत मुश्किल होता है। जैसे लिंक्डइन कंपनी ने आपको बार-बार यह बताने के लिए काफी सारा पैसा और समय खर्च किया है कि इस सप्ताह आपका प्रोफाइल कुल कितने लोगों ने देखा और आपको क्लिक करके पता लगाना चाहिए, वे लोग कौन हैं। क्या आप इस संकेत को हटाना चाहते हैं? शायद हाँ या शायद नहीं। आखिर आप इसे लेकर ज़रा उत्सुक भी तो होते हैं और यह किसे पसंद नहीं होता कि कोई आप पर ध्यान दे रहा है। दरअसल स्पैम एक बड़ी समस्या है, जो हर रोज हमारा कीमती समय बर्बाद करती है।

डिजिटल उपकरणों से पूरी तरह दूर होने के अलावा हमारे पास ऐसा कोई तरीका नहीं है, जिससे हम उन विभिन्न कंपनियों द्वारा भेजे जानेवाले अनचाहे संकेतों से बच सकें, जिनका बिजनेस-मॉडल हमारे क्लिक करने, पढ़ने, देखने, रेट करने, शेयर करने या प्रतिक्रिया देने पर टिका है। यह एक बड़ी समस्या है, जिसमें हमारी मानवीय

कमजोरियों को उत्कृष्ट डिजाइनर्स और शक्तिशाली कंप्यूटर एल्गोरिद्म के मुकाबले खड़ा कर दिया जाता है।

हालाँकि आप संदर्भ-संकेतों को शांत करने के तरीके भी ढूँढ़ सकते हैं। मेरा आग्रह है कि आप इसकी कोशिश अभी करें ताकि बाद में अपना समय और ऊर्जा बचा सकें। कभी-कभी यह बड़ा आसान और तेज होता है। एक बार मेरी जान-पहचान के एक व्यवसायी ने मुझे एक टेक्स्ट मैसेज भेजकर मुझसे कुछ सहायता माँगी। वह चाहता था कि मैं उसकी टीम को एक प्रेजेन्टेशन दूँ। मुझे उसका प्रस्ताव अच्छा लगा और मुझे पता था कि संभवत: मैं इसे स्वीकार कर लूँगा। लेकिन चूँकि उसने मुझसे यह आग्रह गलत माध्यम के जरिए किया था इसलिए मैंने अपने जवाबी टेक्स्ट मैसेज में ये लिखा- 'हेलो! मैं आपके प्रस्ताव पर अपनी प्रतिक्रिया देना चाहता हूँ, लेकिन बेहतर होगा कि आप मुझे अपना आग्रह ई-मेल पर भेजें। (मैं टेक्स्ट मैसेज का उपयोग सिर्फ अपने परिवार और दोस्तों के साथ करता हूँ।) धन्यवाद।' अगली सुबह मैंने देखा कि उसने जवाबी ई-मेल भेजा है- 'माफी चाहूँगा। आगे से मैं ई-मेल का ही उपयोग करूँगा।' यानी मैंने सिर्फ तीस सेकेंड में (उसे एक जवाबी टेक्स्ट मैसेज भेजकर) खुद को भविष्य में मोबाइल फोन पर मिलनेवाले ऐसे दर्जनों संकेतों से बचा लिया, जो न सिर्फ मेरे रूटीन में खलल डालते बल्कि बार-बार मेरा ध्यान भी भटकाते।

हालाँकि हममें से कोई भी इस चीज़ को पूरी तरह नियंत्रित नहीं कर सकता कि विभिन्न कंपनियाँ या हमारे सहकर्मी और नेक इरादोंवाले अन्य लोग हमें कैसे संकेत भेजेंगे। संदर्भ-संकेत कहीं नहीं जानेवाले, इनका उपयोग इसी तरह होता रहेगा। लेकिन बात जब अपने या दूसरों के लिए संकेत तैयार करने की हो, तो याद रखें कि हमारे पास संदर्भ-संकेत का एक बेहतर विकल्प मौजूद है।

ये हैं, तीसरे प्रकार के संकेत - जो मेरे पसंदीदा हैं - इन्हें मैं 'क्रिया-संकेत' कहता हूँ।

क्रिया-संकेत वह व्यवहार है, जो आप पहले से ही कर रहे होते हैं। ये आपको उस आदत पर अमल करने की याद दिलाता है, जिसे आप विकसित करना चाहते हैं। यह एक खास किस्म का संकेत है और एक ऐसा नुस्खा है, जिसमें आप छोटी-छोटी आदतोंवाली पद्धति से व्यवहार करते हैं।

उदाहरण के लिए सुबह-सुबह ब्रश करने की आपकी आदत, दाँतों की फ्लॉसिंग करने की नई आदत के लिए एक संकेत का काम कर सकती है। इसी तरह सुबह-सुबह कॉफी-मेकर को चालू करना, रसोई के काउंटर का उपयोग कर व्यायाम करने का संकेत हो सकता है।

आपके पास पहले से ही कई भरोसेमंद रूटीन हैं और प्रत्येक रूटीन एक नई आदत के लिए क्रिया-संकेत का काम कर सकता है। जैसे सुबह उठकर बिस्तर से उतरते समय अपने पैर जमीन पर रखना, चाय के लिए पानी उबालना, कॉफी-मेकर चालू करना, टॉयलेट फ्लश करना, अपने बच्चों को स्कूल छोड़ना, ऑफिस से लौटकर घर आने के बाद अपना कोट उतारकर अलमारी में टाँगना, रात को बिस्तर पर आकर तकिए पर सिर रखना, वगैरह।

ये सारी क्रियाएँ पहले से ही आपके जीवन में इस तरह अंतर्निहित हैं कि इन्हें करने के लिए आपको सोचना नहीं पड़ता। इसीलिए ये उत्कृष्ट संकेत का काम कर सकती हैं। यह एक बेहतरीन डिजाइन संबंधी समाधान है क्योंकि यह बिलकुल सहज है। आपके पास पहले से ही ऐसे विभिन्न रूटीन्स का एक पूरा तंत्र हैं, जिनका एक-दूसरे के साथ बढ़िया तालमेल है - आपको बस उनका उपयोग करना है।

व्यक्ति-संकेत और संदर्भ-संकेत के मुकाबले क्रिया-संकेत इतने उपयोगी हैं कि मैंने उन्हें एक उपनाम दे दिया है - एंकर्स (स्थिरक)। अब मैं छोटी-छोटी आदतों के बारे में बात करता हूँ, उन चीज़ों के लिए 'स्थिरक' शब्द का उपयोग करता हूँ, जो आपके जीवन में पहले से ही दृढ़तापूर्वक रची-बसी हैं। सीधी सी बात है कि अगर आप कोई आदत विकसित करना चाहते हैं, तो अपने मौजूदा रूटीन में ही एक उपयुक्त स्थिरक ढूँढ़ें, जो आपके लिए संकेत या रिमाइंडर का काम करे। मैंने 'स्थिरक' शब्द का चुनाव इसलिए किया क्योंकि आप अपनी नई आदत को एक दृढ़ और भरोसेमंद चीज़ से जोड़ रहे होते हैं।

खुद को किसी आदत पर अमल करने की याद दिलाने के लिए स्थिरक का उपयोग मैंने कई साल पहले शुरू किया था। उस दिन मैं बस नहाकर निकला था, जब यह विचार अचानक किसी देववाणी की तरह पहली बार मेरे मन में आया। (जी हाँ, हर किसी की तरह ही मैंने भी ऐसे लोगों के बारे में सुन रखा था, जिन्हें नहाते समय क्रांतिकारी विचार आए हैं। लेकिन शायद मैं दुनिया का पहला इंसान हूँ, जिसे नहाने

के ठीक बाद एक क्रांतिकारी विचार आया और आप जल्द ही देखेंगे कि यह कितना उपयुक्त रहा।) तो एक शाम नहाने के बाद जब मेरे मन में कोई खास सोच-विचार नहीं चल रहा था, मैं एक तौलिया लपेटकर बाथरूम से निकला और बेडरूम में आ गया। वहाँ आकर मैंने जैसे ही कपड़ों की अलमारी खोली, अचानक यह अंतदृष्टि मेरे मन में आई। इसकी मुख्य कुंजी थी 'बाद।'

मुझे लगता है कि मेरा दिमाग इस पैटर्न पर लगातार गौर कर रहा था कि 'नहाने के बाद मैं हमेशा तौलिए से अपना शरीर पोंछता हूँ। शरीर पोंछने के बाद मैं हमेशा बेडरूम में आ जाता हूँ। बेडरूम में आने के बाद मैं हमेशा कपड़ों की अलमारी खोलता हूँ।' और बस! - एक नई आदत विकसित करने के लिए आपको सिर्फ ये पता लगाना होता है कि उसे किस व्यवहार के 'बाद' आना चाहिए। उदाहरण के लिए अगर मैं हर रोज सुबह ब्रश करने के बाद अपने दाँतों की फ्लॉसिंग करना चाहता हूँ, तो इस नई आदत को अपनाने के लिए सुबह ब्रश करना एक बढ़िया संकेत साबित हो सकता है।

तो कपड़ों की अलमारी खोलते ही मुझे एहसास हुआ कि आखिरकार मुझे मेरा जवाब मिल गया है। और वह था: बिहेवियर सीक्वेंसिंग (व्यवहार अनुक्रम)। आपको सिर्फ इतना पता लगाना होता है कि किस चीज़ के बाद क्या आएगा। यूरेका!

अब मैं इसे कंप्यूटर कोडिंग की तरह देखता हूँ। अगर आपने सही एल्गोरिद्म तैयार कर ली - यानी पहले ये आएगा, फिर वो आएगा, इसके बाद ये और फिर वो आएगा - तो इसका अर्थ है कि आपको एक विश्वसनीय परिणाम मिल गया है।

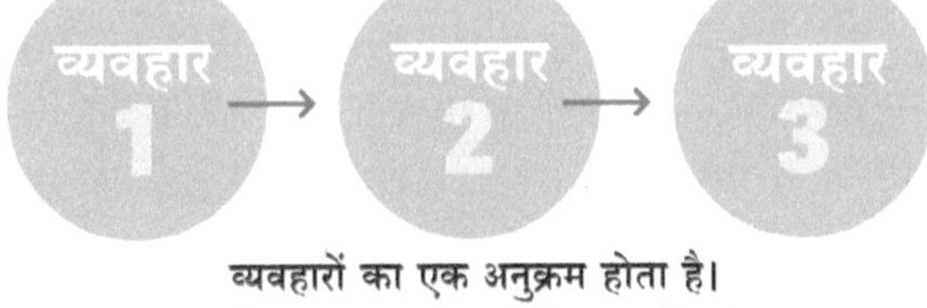

व्यवहारों का एक अनुक्रम होता है।
एक के बाद दूसरा... दूसरे के बाद तीसरा...

एक भरोसेमंद आदत। आपको सिर्फ चीज़ों को सही क्रम में रखकर उनकी ठीक-ठीक 'कोडिंग' करनी है।

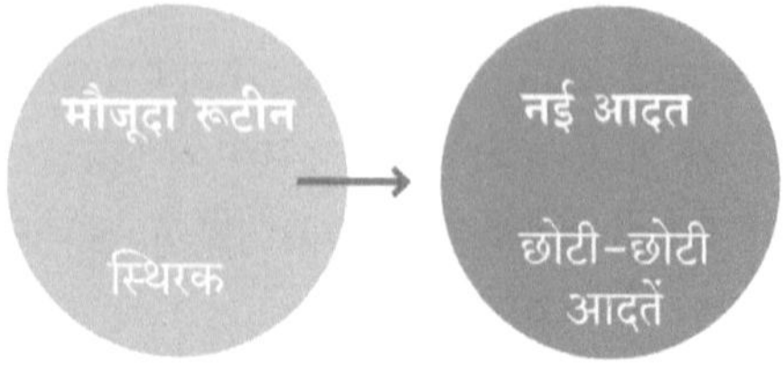

आप एक नई आदत के लिए अनुक्रम तैयार करते हैं।

जब मैंने कपड़ों की अलमारी खोली, तो मुझे एहसास हुआ कि ऐसी कई चीज़े हैं, जो मैं हर रोज पहले से ही करता आ रहा हूँ। अगर मैं अपने नए व्यवहार को अपनी मौजूदा आदतों में सम्मिलित कर सकूँ, तो उसे अपने जीवन में स्थापित करने के लिए ज़्यादा कोशिशें नहीं करनी पड़ेगी। इस प्रक्रिया का दायरा बड़ी खूबसूरती से बड़ा होता है - आप निरंतर नई आदतें विकसित करना जारी रख सकते हैं, बस आपको उन्हें अपनी मौजूदा आदतों पर टिकाना होगा यानी मौजूदा आदतों का उपयोग स्थिरक की तरह करना होगा। यह पद्धति आपको व्यक्ति-संकेतों और संदर्भ-संकेतों में होनेवाली हानियों से बचाती है क्योंकि इसमें आप व्यवहार करना याद रखने के लिए खुद पर या किसी और पर निर्भर नहीं होते। इसमें आप संकेतों के चलते परेशान नहीं होते। बल्कि आपका रोज़मर्रा का जीवन ही संकेतों की तरह काम करने लगता है। भला इससे ज़्यादा आसान और क्या होगा?

मैंने फौरन इसे आज़माकर देखा। मैंने इंसानों में पाए जानेवाले सबसे बुनियादी और विश्वसनीय व्यवहारों में से एक - बाथरूम जाना - को लिया और इसे पुश-अप्स करने की अपनी नई आदत के लिए एक संकेत की तरह उपयोग किया। मैंने तय किया कि टॉयलेट फ्लश करने के बाद मैं दो पुश-अप्स करूँगा। शायद आपको ये ज़रा अजीब लग रहा होगा, लेकिन ये तब की बात है, जब मैं आमतौर पर घर से ही काम किया करता था इसलिए मेरे लिए ऐसा करना कोई बड़ी बात नहीं थी। जल्द ही ऐसा करना मेरी आदत बन गई। यह किसी पहेली को सुलझाने जैसा अनुभव था। मूत्र-त्याग के बाद दो पुश-अप्स करना मेरे लिए एक ऐसी चीज़ हो गई, जिसे मैं दिनभर में कई बार करने लगा। जल्द ही मैं शारीरिक रूप से मज़बूत हो गया, जिससे मुझे इस आदत का विस्तार करने और अधिक पुश-अप्स करने में मदद मिली। मुझे ऐसा करते हुए सात साल बीत चुके हैं और यह आदत अब भी जारी है। कभी-कभी तो मैं दिनभर में करीब पचास पुश-अप्स कर लेता हूँ (यह संख्या इस बात पर निर्भर करती है कि उस दिन मैंने कितना पानी पिया!), और जब मैं घर पर होता हूँ, तो मूत्र-त्याग के बाद कम से कम दो पुश-अप्स तो ज़रूर करता हूँ। तो ये है छोटी-छोटी आदतों का मेरा एक नुस्खा: मूत्र-त्याग के बाद, मैं दो पुश-अप्स करूँगा।

मेरा नुस्खा : छोटी-छोटी आदतों की पद्धति

मूत्र-त्याग करने के बाद...	दो पुश-अप्स करूँगा...	इस आदत को अपने दिमाग में स्थापित करने के लिए मैं तत्काल: 
स्थिरक क्षण	**छोटा व्यवहार**	
आपके जीवन का एक मौजूदा रूटीन जो आपको छोटा व्यवहार (यानी आपकी नई आदत) करने की याद दिलाएगा।	आपकी नई मनचाही आदत, जिसे बेहद छोटा - और बेहद आसान बनाने के लिए आप उसकी मात्रा घटा देते हैं।	

स्थिरकों का उपयोग करना संकेत तैयार करने का एक बेहतरीन नुस्खा है क्योंकि इसका उपयोग कोई भी कर सकता है। नई आदतों पर अमल करने का संकेत देने के लिए किसी फैंसी घड़ी या मोबाइल एप की ज़रूरत नहीं है। आप खुद ही प्रभावी ढंग से ऐसा कर सकते हैं। साथ ही आप यह भी देखेंगे कि संरचना संबंधी ये छोटी सी युक्ति कितनी परिवर्तनकारी हो सकती है। 'बाद' की शक्ति कोई जादू नहीं है बल्कि यह काफी हद तक रसायन विज्ञान जैसी है। उपयुक्त व्यवहारों को सही क्रम में एक-दूसरे के साथ मिलाएँ, और बस, एक नई आदत तैयार।

छोटी-छोटी आदतों का नुस्खा

छोटी-छोटी आदतों की संरचना प्रक्रिया के इस बिंदु पर आकर, आप कम से कम एक ऐसी आदत की पहचान कर चुके हैं, जिसे आप अपने जीवन में अपनाना चाहते हैं। आपने अपना मिलान किया, आपने उन व्यवहारों को आसान बनाने के लिए उन्हें छोटा कर दिया और अब आप एक संकेत जोड़ने जा रहे हैं। जब आप इस अध्याय को खत्म कर लेंगे, तो आपके पास एक ऐसी चीज़ होगी, जो छोटी-छोटी आदतों का एक संपूर्ण नुस्खा रचने के लिए ज़रूरी है। यह कुछ इस प्रकार होगी।

(स्थिरक) का उपयोग करने के बाद, (नई आदत) पर अमल करूँगा।

* मूत्र-त्याग करने के बाद, दो पुश-अप्स करूँगा।

* कार को रोकने के बाद, दिन का सबसे महत्वपूर्ण काम कागज के नोट पर लिखूँगा।

* ब्रश करने के बाद, अपने एक दाँत की फ्लॉसिंग करूँगा।

सही अनुक्रम का पता लगाने और अपनी नई आदत के लिए उपयुक्त स्थिरक ढूँढ़ने में आपको थोड़ा समय लग सकता है, लेकिन यह साधारण सा काम है। अगर आप ऐसे कई नुस्खों पर नज़र डालना चाहते हैं, तो इस किताब के आखिर में प्रस्तुत 'परिशिष्ट' देखें, जहाँ मैंने छोटी-छोटी आदतों के तीन सौ नुस्खे साझा किए हैं।

अपने स्थिरकों की पहचान करें

आपका स्थिरक ऐसा होना चाहिए, जो विश्वसनीय ढंग से आपके जीवन में घटित होता हो। कुछ लोग अपना जीवन तय शिड्यूल के अनुसार जीते हैं, जो विश्वसनीय रूटीन्स से भरा होता है। जबकि अन्य लोगों का जीवन अपेक्षाकृत अधिक अप्रत्याशित होता है। भले ही आपका दिन कितना भी अव्यवस्थित नज़र आता हो, पर मैं गारंटी के साथ कह सकता हूँ कि आपके भी कई सारे रूटीन्स होंगे, जो इतनी निरंतरता के साथ होते होंगे कि उन्हें एक स्थिरक की तरह उपयोग में लाया जा सकता है। छोटी-छोटी आदतों की पद्धति तैयार करने के लिए कुछ साल तक मैंने एक रिसर्च की थी, जिसमें मैंने पाया कि आमतौर पर लोगों के सबसे ज़्यादा रूटीन्स सुबह के समय होते हैं। यानी सुबह का समय नई आदतों का बीज बोने के लिए बिलकुल उपयुक्त होता है।

रिसर्च के दौरान कई लोगों ने मुझे बताया कि जैसे-जैसे दिन आगे बढ़ता है, उनके रूटीन्स गड़बड़ होने लगते हैं। अगर एक रूटीन गड़बड़ हो जाए, तो अक्सर अगला रूटीन भी गड़बड़ हो जाता है: जैसे आपकी एक मीटिंग देर से खत्म होती है, जिसके कारण आपको अपने बच्चों को डे-केयर से वापस लाने में देरी हो जाती है। फिर रात में घर पर अपना डिनर खुद पकाने के बजाय आप पिज्जा ऑर्डर कर देते हैं क्योंकि दिनभर की मेहनत के बाद आप बुरी तरह थक चुके हैं। ऐसी चीज़ें होना आम बात है।

इस लिहाज से सुबह का समय सबसे कम अप्रत्याशित होता है, लेकिन दोपहर और शाम के समय पर भी ऐसा काफी कुछ होता है, जिसका उपयोग किया जा सकता है। दिन के अलग-अलग समय पर मौजूद रहनेवाले आम स्थिरक कुछ इस प्रकार हैं।

सुबह के रूटीन्स

* सुबह पलंग से उतरकर पैर जमीन पर रखने के बाद, मैं.... करूँगा।

* बिस्तर पर बैठने के बाद, मैं... करूँगा।
* अपना अलार्म बंद करने के बाद, मैं... करूँगा।
* मूत्र त्याग करने के बाद, मैं... करूँगा।
* टॉयलेट फ्लश करने के बाद, मैं... करूँगा।
* बाथरूम में शॉवर चालू करने के बाद, मैं... करूँगा।
* दाँत ब्रश करने के बाद, मैं... करूँगा।
* बालों में कंघी करने के बाद, मैं... करूँगा।
* अपना बिस्तर लगाने के बाद, मैं... करूँगा।
* अपने जूतों के फीते बाँधने के बाद, मैं... करूँगा।
* रसोई में कॉफी-मेकर चालू करने के बाद, मैं... करूँगा।
* अपने कप में कॉफी डालने के बाद, मैं... करूँगा।
* कप को डिशवॉशर में डालने के बाद, मैं... करूँगा।
* पालतू कुत्ते को खाना खिलाने के बाद, मैं... करूँगा।
* कार में चाबी लगाने के बाद, मैं... करूँगा।

दोपहर (या किसी भी समय) के रूटीन्स

* फोन की रिंग बजने के बाद, मैं... करूँगा।
* फोन रखने के बाद, मैं... करूँगा।
* एक कप कॉफी पीने के बाद, मैं... करूँगा।
* अपने इनबॉक्स को खाली करने के बाद, मैं... करूँगा।
* बाथरूम से बाहर आने के बाद, मैं... करूँगा।

शाम के रूटीन्स

* ऑफिस से लौटकर घर में कदम रखने के बाद, मैं... करूँगा।
* घर के अंदर आकर अपनी चाबियाँ नियत जगह पर टाँगने के बाद, मैं... करूँगा।
* जेब से पर्स निकालकर रखने के बाद, मैं... करूँगा।

* पालतू कुत्ते के गले का पट्टा उतारने के बाद, मैं... करूँगा।

* खाने के लिए डाइनिंग टेबल पर बैठने के बाद, मैं... करूँगा।

* डिनर करके बर्तनों को डिशवॉशर में डालने के बाद, मैं... करूँगा।

* डिशवॉशर को चालू करने के बाद, मैं... करूँगा।

* टीवी बंद करने के बाद, मैं... करूँगा।

* तकिए पर अपना सिर रखने के बाद, मैं... करूँगा।

आप इस किताब के 'परिशिष्ट' में स्थिरकों के और भी उदाहरण देख सकते हैं। मैंने वहाँ छोटी-छोटी आदतों के तीन सौ नुस्खे प्रस्तुत किए हैं।

आप देखेंगे कि वे सब सटीक घटनाओं के उदाहरण हैं। एक अस्पष्ट स्थिरक (जैसे 'डिनर के बाद' या 'जब भी मैं तनाव महसूस करूँगा') कारगर साबित नहीं होता। इसलिए उसे सटीक और स्पष्ट बनाएँ। स्थिरकों के बारे में विचार करने का एक अच्छा तरीका है, उन्हें 'स्थिरक क्षण' कहना, जिसका तात्पर्य है, एक सटीक क्षण।

चूँकि अब आप इसका सार समझ चुके हैं इसलिए इस अध्याय के अंत में छोटे-छोटे अभ्यासों का उपयोग करते हुए ऐसे स्थिरकों की एक सूची बनाएँ, जो आपके जीवन में अनूठे तौर पर मौजूद हों।

इन स्थिरकों की सूची तैयार करने के बाद उस नई आदत पर ज़रा बारीकी से गौर करें, जो आप विकसित करना चाहते हैं ताकि उस आदत के लिए उपयुक्त स्थिरक का चुनाव कर सकें।

यह आदत मेरे रूटीन में स्वाभाविक रूप से कहाँ फिट बैठ सकती है?

अब तक मैं हज़ारों लोगों को यह सिखा चुका हूँ कि उन्हें अपनी नई आदतों के लिए उपयुक्त स्थिरक कैसे ढूँढ़ना चाहिए। इस दौरान मैंने जाना कि स्थिरक ढूँढ़ते समय आपको तीन मुख्य बातों का खयाल रखना चाहिए।

स्थान का मिलान करें

सबसे पहले उस स्थान पर विचार करें, जहाँ आप अपनी नई आदत पर अमल करेंगे। फिर उसी स्थान पर ऐसा स्थिरक ढूँढ़ें, जिसे आप पहले से करते आ रहे हों। जैसे अगर आप रसोई की मेज को साफ करने की आदत विकसित करना चाहते हैं, तो किसी ऐसे मौजूदा रूटीन को ढूँढ़ें, जो रसोई में होता हो। यह आपका स्थिरक बन सकता है। ऐसी किसी भी स्थिति से बचें, जहाँ स्थिरक किसी एक स्थान पर हो

और नई आदत किसी दूसरे स्थान पर। मेरी रिसर्च से पता चलता है कि स्थिरक और नई आदत का स्थान अलग-अलग हो, तो यह आमतौर पर कारगर नहीं रहता। नई आदतों के साथ स्थिरकों को जोड़ते समय, उनका स्थान बहुत महत्त्व रखता है।

आवृत्ति का मिलान करें

इसके बाद, जब आप अपने मौजूदा रूटीन को देखें, तो यह तय करें कि अपनी नई आदत पर कितने बार अमल करना चाहते हैं। अगर आप इस पर दिन में एक बार अमल करना चाहते हैं, तो अनुक्रम तैयार करते समय इसे किसी ऐसे स्थिरक के बाद रखें, जो दिन में एक ही बार होता हो। अगर आप अपनी नई आदत पर दिन में चार बार अमल करना चाहते हैं, तो इसे किसी ऐसे स्थिरक के बाद रखें, जो दिन में चार बार होता हो। जैसे मैं दिन में कई बार पुश-अप्स करना चाहता था इसलिए इसे मूत्र-त्याग के बाद रखना एक अच्छा - और ज़रा अजीब सा भी - समाधान था।

थीम/उद्देश्य का मिलान करें

अंत में - यह पिछले दोनों तत्त्वों से कम महत्वपूर्ण है - सबसे अच्छे स्थिरक वे होते हैं, जिनकी थीम या उद्देश्य नई आदत के समान हों। अगर आप कॉफी और उससे आपके शरीर को मिलनेवाली कैफीन को अपनी उत्पादकता बढ़ाने के तरीके के रूप में देखते हैं, तो यह अपना टू-डू एप खोलने की आपकी नई आदत के लिए एक अच्छा स्थिरक हो सकता है। वहीं अगर आपके लिए सुबह-सुबह कॉफी पीने का अर्थ है, शांति और सुकून महसूस करना तो फिर एक टू-डू एप इस थीम के साथ फिट नहीं बैठेगा। कॉफी के साथ सुकून महसूस करने के लिए आप यह नुस्खा अपना सकते हैं - 'कॉफी का कप हाथ में लेने के बाद, मैं अपनी डायरी खोल लूँगा।'

आपको याद होगा, पिछले अध्याय में मैंने आपको सारिका के बारे में बताया था। उसने अपने सुबह के रूटीन में जो सबसे शुरुआती आदतें शामिल की थीं, उनमें से एक थी, चाय या कॉफी पीने से पहले एक गिलास पानी पीना। इसमें उसके लिए जो स्थिरक सबसे कारगर रहा, वह था, बाथरूम में रखे पौधे को पानी देने के बाद, मैं एक गिलास पानी पिऊँगी। जब मैंने उससे पूछा कि यह स्थिरक इतना कारगर क्यों रहा, तो उसने बताया कि उसने क्रिया और पोषण, दोनों पर विचार किया था। पौधे को पानी देकर वास्तव में सारिका उसके विकास के लिए ज़रूरी, सबसे महत्वपूर्ण चीज़ दे रही थी और खुद को 'पानी देकर' सारिका वह कर रही थी, जो उसके अपने विकास के लिए ज़रूरी था। यहाँ दरअसल 'खयाल रखने की क्रिया' एक थीम है। जिसने सारिका के लिए यह याद रखना और आसान बना दिया कि चाय या कॉफी के पहले उसे एक गिलास पानी पीना है। दोनों आदतें एक-दूसरे के साथ परस्पर इतनी अच्छी तरह गुँथ गईं कि फिर उन्हें अलग करना मुश्किल था।

वहीं अगर नुस्खा ये हो कि ब्रश करने के बाद, मैं गैराज की सफाई करूँगा तो आदत विकसित करने में असफल होना तय है। क्योंकि इन दोनों के स्थान, आवृत्ति और थीम में कोई समानता नहीं है। अगर आप हर शनिवार को अपने गैराज की सफाई करना चाहते हैं, तो स्थिरक के रूप में उपयोग करने के लिए एक ऐसा रूटीन ढूँढ़ें, जो आप पहले से ही हर शनिवार को अपने घर पर करते आ रहे हों। (आदर्श रूप से यह एक ऐसा रूटीन होना चाहिए, जो गैराज में होता रहा हो।)

जब आप अपनी नई आदत तैयार करें, तो एक अचूक नुस्खा ढूँढ़ने के चक्कर में ज़्यादा परेशान न हों। अगर कोई नुस्खा आपको पसंद नहीं आ रहा है, तो उसे बदल दें। इसीलिए तो मैंने इस प्रारूप को 'नुस्खा' नाम दिया है। आप अपने द्वारा तैयार की गई चीज़ों को संशोधित करने के लिए पूरी तरह स्वतंत्र हैं, फिर चाहे वे स्थिरक व नई आदतें हों या कुछ और।

मैंने यह प्रारूप इसलिए तैयार किया था ताकि आपको छोटी-छोटी आदतोंवाली पद्धति के हिसाब से नुस्खे तैयार करने में मदद मिले। आप चाहें तो एक खाली इंडेक्स कार्ड भी उपयोग कर सकते हैं। या फिर ऑनलाइन जाकर मेरे टेम्पलेट का उपयोग कर सकते हैं। आप इनमें से जो भी तरीका चुनें, बस इस नुस्खेवाले कार्ड को, आदतों के नुस्खेवाले ऐसे संग्रह के हिस्से के रूप में देखें, जिसे आप धीरे-धीरे समय के साथ तैयार करेंगे। आप इन काड्र्स को एक डिब्बे में सँभालकर रख दें। इस तरह उन आदतों की समीक्षा करना आसान हो जाएगा, जिन पर आप अमल कर रहे हैं। ज़रूरत पड़ने पर आप जब चाहें, इसे संशोधित कर सकते हैं और जो पहले लिखा था, उसे काटकर उसका नया संस्करण सीधे काड्र्स पर ही दर्ज कर सकते हैं।

मेरा नुस्खा : छोटी-छोटी आदतों की पद्धति

के बाद...	करूँगा...	इस आदत को अपने दिमाग में स्थापित करने के लिए मैं तत्काल:
स्थिरक क्षण	छोटा व्यवहार	जश्न मनाना
आपके जीवन का एक मौजूदा रूटीन जो आपको छोटा व्यवहार (यानी आपकी नई आदत) करने की याद दिलाएगा।	आपकी नई मनचाही आदत, जिसे बेहद छोटा - और बेहद आसान बनाने के लिए आप उसकी मात्रा घटा देते हैं।	कोई ऐसा कार्य, जिसे आप अपने अंदर सकारात्मकता की भावना पैदा करने के लिए करते हैं। (इस भावना को रौनक कहते हैं।)

प्रयोग करना अच्छा होता है

अब आप अपनी छोटी-छोटी आदतों के मामले में नए-नए प्रयोग कर सकते हैं क्योंकि इस बिंदु पर आकर आपके पास वह सब है, जो इन प्रयोगों के लिए ज़रूरी हैं। चूँकि हमारा जीवन काफी जटिल व अनूठा होता है इसलिए स्वाभाविक है कि आपको थोड़ा-बहुत तालमेल तो बिठाना ही होगा। अब आपके सामने यह फौरन स्पष्ट हो जाएगा कि कुछ आदतों को कहाँ रखा जाए - जैसे दाँतों की फ्लॉसिंग करने का सबसे अच्छा समय ब्रश करने के बाद होगा - वहीं कुछ आदतें ऐसी होंगी, जिनकी सही जगह तय करने में आपको थोड़ा समय लग सकता है। हो सकता है कि इन प्रयोगों के शुरुआती कुछ दिनों या हफ्तों में आपकी नई आदतों का स्थान बदल जाए। जो कि निश्चित रूप से एक सकारात्मक बदलाव है। क्योंकि इसका अर्थ होगा कि आप अपना कौशल बढ़ा रहे हैं और ज़्यादा से ज़्यादा सीख रहे हैं कि छोटे-छोटे व्यवहारों को उपयुक्त स्थिरक के साथ कैसे जोड़ें।

अगर कोई आदत किसी स्थिरक के साथ सहज रूप से नहीं जुड़ पा रही है, तो हो सकता है कि शायद आप उसे किसी अन्य आदत से जोड़ने के लिए प्रेरित हो जाएँ, जो उसके लिहाज से ज़्यादा उपयुक्त लग रही हो। जैसे बिस्तर पर लेटते समय तकिए पर सिर रखना, तीन गहरी साँसें लेने का उपयुक्त समय लगता है। मैंने इसे आज़माकर भी देखा। लेकिन मुझे नहीं लगा कि इससे कोई खास फर्क पड़ रहा है। इस तरह तीन गहरी साँसे लेने की मेरी आदत सहज ही विकसित नहीं हो रही थी और कभी-कभी ऐसा लगता, मानो यह बिलकुल अर्थहीन हो। इसके लिए खुद को दोषी ठहरने के बजाय अचानक मेरी उत्सुकता बढ़ गई। मुझे लगा कि अगर यह कारगर नहीं है, तो फिर और क्या है, जो कारगर हो सकता है? मैं लंबे समय से चाह रहा था कि मेरे अंदर कृतज्ञता का भाव बढ़े। इसलिए रात को तकिए पर सिर रखते ही मैंने उस दिन हुई किसी ऐसी चीज़ के बारे में सोचना शुरू कर दिया, जिसके प्रति मेरे अंदर धन्यवाद का भाव हो। पहली बार इसका अभ्यास करते ही मुझे महसूस हुआ कि मैंने सही स्थान ढूँढ़ लिया है।

आदतें विकसित करने के दौरान उनके साथ नए-नए प्रयोग करने और उन्हें एक खेल की तरह लेने से हमारा कौशल बढ़ता है। जब आप निरंतर अभ्यास करेंगे, तो अपनी आकांक्षाओं को पूरा करनेवाली छोटी-छोटी आदतें अपनाने के दौरान, इन सिद्धांतों का उपयोग करने में और बेहतर होते जाएँगे। दरअसल आपको सचमुच जो कौशल विकसित करने की ज़रूरत है, वो है, एक अच्छा स्थिरक ढूँढ़ना और उसे एक उपयुक्त छोटे व्यवहार के साथ जोड़ना। फिर आप अपने रोज़मर्रा के जीवन में बदलाव लाने के लिए प्रभावी ढंग से काम कर सकते हैं।

कुछ साल पहले की बात है, एक दिन मैं एक शानदार रेस्त्रां में खाना खा रहा था। मैं चाहकर भी वह स्वादिष्ट खाना खत्म नहीं कर पा रहा था क्योंकि मेरा पेट करीब-करीब भर चुका था। ऐसा मेरे साथ पहली बार नहीं हो रहा था। मैं जानता था कि समस्या क्या है: खाने की शुरुआत में कुछ ज़्यादा ही ब्रेड खा लेना। दरअसल जब भी मेरे सामने ताजी खुशबूदार मक्खन लगी ब्रेड परोसी जाती, तो वह मुझे इतनी लुभावनी लगती कि मैं खुद को रोक नहीं पाता। जी भरकर ब्रेड खाने के कारण मैं खाने के मेन कोर्स का पूरा आनंद नहीं ले पाता और अगर मेन कोर्स खत्म कर देता, तो अंत में महसूस होता कि मैंने ज़रूरत से ज़्यादा खा लिया है। मैं इन दोनों ही समस्याओं से छुटकारा पाना चाहता था। इसलिए मैंने छोटी-छोटी आदतों की पद्धति का सहारा लिया और आखिरकार मुझे इनका समाधान मिल गया।

मैंने इसके लिए एक नुस्खा निकाला, जो कुछ इस प्रकार था:

मुझे ब्रेड परोसे जाने के बाद, मैं कहूँगा, 'धन्यवाद। मुझे ब्रेड नहीं चाहिए।' और इस छोटे से कथन से मुझे फौरन वह परिणाम मिलने लगा, जो मुझे चाहिए था। अब मैं ब्रेड खाकर पेट नहीं भरता और खाने के मेन कोर्स का पूरा आनंद लेता हूँ। हाँ, इस आदत को अपने दिमाग में स्थापित करने के लिए मुझे थोड़ा अभ्यास ज़रूर करना पड़ा और साथ ही खाने के दौरान अपने साथ बैठे लोगों की प्रतिक्रियाओं को भी सँभालना पड़ा। पर अब ये वाक्य - 'धन्यवाद। मुझे ब्रेड नहीं चाहिए' - कहना मेरे लिए बेहद सहज हो गया है।

सही समय पर एक छोटा सा कथन। बस, इतना ही काफी रहा।

मेरा नुस्खा : छोटी-छोटी आदतों की पद्धति

मेरे सामने ब्रेड परोसे जाने के बाद...	धन्यवाद... मुझे ब्रेड नहीं चाहिए	इस आदत को अपने दिमाग में स्थापित करने के लिए मैं तत्काल: 
स्थिरक क्षण	छोटा व्यवहार	जश्न मनाना
आपके जीवन का एक मौजूदा रूटीन जो आपको छोटा व्यवहार (यानी आपकी नई आदत) करने की याद दिलाएगा।	आपकी नई मनचाही आदत, जिसे बेहद छोटा - और बेहद आसान बनाने के लिए आप उसकी मात्रा घटा देते हैं।	कोई ऐसा कार्य, जिसे आप अपने अंदर सकारात्मकता की भावना पैदा करने के लिए करते हैं। (इस भावना को रौनक कहते हैं।)

ट्रेलिंग एज से अपने स्थिरक को बेहतर बनाएँ

मैं एक बार फिर ये बात दोहराना चाहूँगा कि अपने मौजूदा रूटीन में से एक सटीक घटना का चुनाव करना बहुत महत्वपूर्ण हैं – यही आपका स्थिरक क्षण है। 'मूत्र-त्याग के बाद' स्थिरक की मदद से मैं दो पुश-अप्स करने लगा। मुझे इससे ज़्यादा सटीक स्थिरक की ज़रूरत नहीं थी। यह मेरे लिए काफी था। पर अगर यह कारगर साबित नहीं हुआ होता, तो मैंने अपने स्थिरक पर और बारीकी से गौर किया होता ताकि एक क्षण विशेष को ढूँढ़ सकूँ, जिसे मैं 'ट्रेलिंग एज' कहता हूँ। इसके लिए आपको किसी व्यवहार में अपने द्वारा की जानेवाली आखिरी क्रिया पर गौर करना होगा। जैसे मेरे लिए मूत्र-त्याग के व्यवहार की आखिरी क्रिया है, टॉयलेट फ्लश करना। यानी ज़रूरत पड़ने पर मैं अपने इस नुस्खे को बेहतर बनाकर कुछ ऐसा कर सकता था: 'टॉयलेट फ्लश करने के बाद, मैं दो पुश-अप्स करूँगा।'

ट्रेलिंग एज को ढूँढ़ने के लिए स्थिरक को बारीकी से देखने की ज़रूरत होती है ताकि यह पता लगाया जा सके कि क्रिया का अंतिम हिस्सा कैसा नज़र आता है। यह बात उन स्थिरकों पर खास तौर पर लागू होती है, जो ज़रा अस्पष्ट किस्म के होते हैं। आगे कुछ उदाहरण दिए गए हैं कि और अधिक सटीक कैसे हों और अपने नुस्खे में ट्रेलिंग एज का उपयोग करके अपनी सफलता की संभावना कैसे बढ़ाएँ?

'नाश्ता करने के बाद' जैसे अस्पष्ट स्थिरक को इसके ट्रेलिंग एज 'डिशवॉशर चालू करने के बाद' पर ध्यान केंद्रित करके बेहतर बनाया जा सकता है। इसी तरह 'ऑफिस से घर लौटने के बाद' जैसे अस्पष्ट स्थिरक को 'ऑफिस का बैग बेंच पर रखने के बाद' कहना कहीं ज़्यादा बेहतर है।

मेरे द्वारा प्रशिक्षित एक हैबिटीयर (ऐसा व्यक्ति जो छोटी-छोटी आदतों की पद्धति का उपयोग करता हो) एलीना अपनी रसोई का काउंटर साफ करने की आदत विकसित करने की कोशिश कर रही थी। उसने एक ऐसा नुस्खा तैयार किया, जो एक सटीक स्थिरक जैसा लग रहा था: नाश्ते के बर्तनों को सिंक में डालने के बाद, मैं रसोई का काउंटर साफ करूँगी।

यह नुस्खा तो बिलकुल सही लग रहा है! है ना?

लेकिन यह ज़्यादा कारगर नहीं रहा। रसोई का काउंटर साफ करना नियमित रूप से जारी नहीं रह सका। एलीना ने ये समस्या ट्रेलिंग एज का पता लगाकर हल की। उसे एहसास हुआ कि 'नाश्ते के बर्तनों को सिंक में रखने के बाद' की आखिरी क्रिया थी, 'बर्तनों में पानी डालने के बाद नल बंद करना।' तो नल बंद करना स्थिरक का आखिरी छोर था। इस तरह उसकी आदत का संशोधित नुस्खा बना: 'नल बंद करने के बाद, मैं रसोई का काउंटर साफ करूँगी।'

अंदाजा लगाइए कि इसका परिणाम क्या रहा होगा? जी हाँ, आपका अंदाजा सही है। एलीना अपनी कोशिश में सफल रही।

अपनी नई आदत को अपनाने के लिए उसे सिर्फ एक ट्रेलिंग एज की ही ज़रूरत थी। नल बंद करना और सिंक में गिरते पानी की आवाज अचानक बंद होना ऐसे एहसास थे, जिन्होंने संकेत को और ठोस व ध्यान देने योग्य बना दिया। भले ही रसोई का काउंटर साफ करना एक साधारण सा कार्य लगता हो, लेकिन एलीना के अनुसार यह उसके और उसके पति के बीच सुबह-सुबह तनाव बढ़ानेवाली एक बड़ी समस्या थी (रसोई के काउंटर पर गंदगी देख उसका पति खीझ जाता था।) अपने रोज़मर्रा के रूटीन में यह छोटी सी आदत शामिल करके एलीना ने अपनी सुबह का सुर ही बदल दिया।

यहाँ कुछ अस्पष्ट स्थिरक और उनके संशोधित संस्करणों को प्रस्तुत किया जा रहा है, जो सटीक ट्रेलिंग एज की सहायता से तैयार किए गए हैं।

अस्पष्ट स्थिरक	**स्थिरक की ट्रेलिंग एज**
अपने दाँत ब्रश करना	अपने इलेक्ट्रिक टूथब्रश को वापस चार्जर पर लगाना
कप में कॉफी/चाय लेना	कॉफी का जग वापस रखना
नहाना	नहाने के बाद अपना तौलिया सूखने के लिए टाँगना
शेव करना	अपने इलेक्ट्रिक रेज़र को वापस चार्जर पर लगाना
ऑफिस पहुँचना	अपना ऑफिस का बैग डेस्क पर रखना
बालों पर कंघी करना	कंघी को वापस काउंटर पर रखना

ठोस कदम: स्थिरकों से शुरुआत करें

अब क्या आप एक झटके के लिए तैयार हैं?

छोटी-छोटी आदतों की पद्धति में सफल नुस्खे तैयार करने के लिए आप अपनी शुरुआत एक स्थिरक से भी कर सकते हैं। हम अब तक जो करते आए हैं, ये उसका ठीक उल्टा है। इसमें आप अपनी मनचाही आदत से शुरुआत करके उसके लिए सही स्थान ढूँढ़ने के बजाय, अपने मौजूदा रूटीन से शुरुआत करके वह नई आदत ढूँढ़ते हैं, जिसे उससे जोड़ना संभव हो। जैसे अगर आप हर रोज सुबह अपना डिशवॉशर ज़रूर खाली करते हैं, तो वह कौन सी आदत हो सकती है, जिसे आप इसके ठीक बाद रख सकते हैं? बर्तन पोंछनेवाले तौलिए को तह लगाकर रखना या रसोई के

काउंटर को साफ करना? इसी तरह कार की सीट बेल्ट लगाने के बाद आप कौन सी नई आदत पर अमल कर सकते हैं? संभवत: इसके बाद आप विश्राम महसूस करने के लिए एक गहरी साँस ले सकते हैं। मान लीजिए आप अपनी कॉफी का कप हमेशा अपनी ऑफिस डेस्क पर रखते हैं। तो ज़रा सोचिए कि वह कौन सी नई आदत हो सकती है, जो इस नियमित व्यवहार के बाद फिट बैठती हो। शायद अपने दिनभर के कार्यों की सूची दराज से बाहर निकालना?

रोज़मर्रा के रूटीन - यानी अपने स्थिरकों - से शुरुआत करके आप यह पता लगा सकते हैं कि उनके बाद कौन से छोटे-छोटे व्यवहार रखे जाएँ। कुछ लोग इस दृष्टिकोण का उपयोग एक उन्नत तकनीक की तरह करते हैं - यानी वे इसे एक ऐसी चीज़ की तरह देखते हैं, जिसका उपयोग कुछ नई आदतें विकसित करने के बाद, नए मौकों की तलाश में किया जाए। वहीं हो सकता है कि कुछ लोग अपनी शुरुआत इसी से करना चाहें। जो भी हो, अब आपके पास ऐसी एक से अधिक रणनीतियाँ हैं, जिन्हें आप छोटी-छोटी आदतों की पद्धति में नए नुस्खे तैयार करने के लिए उपयोग कर सकते हैं।

इस बीच की आदतें

अगर आप अपने मौजूदा रूटीन पर बारीकी से नज़र डालेंगे, तो पाएँगे कि कई बार आपके पास थोड़ा ही सही, पर खाली समय होता है। यह खाली समय नई आदतें विकसित करने के लिए आदर्श होता है। जैसे जब मैं नहाने के लिए शॉवर चालू करता हूँ, तो शुरुआत में उससे ठंडा पानी निकलता है। चूँकि मुझे ठंडे पानी से नहाना पसंद नहीं है इसलिए मेरा आम रूटीन होता है, तब तक प्रतीक्षा करना, जब तक शॉवर से गरम पानी न निकलने लगे। इस प्रतीक्षा की अवधि करीब बीस सेकंड की होती है। यह छोटी सी अवधि एक बढ़िया अवसर है: शॉवर चालू करने के बाद (प्रतीक्षा के दौरान), मैं.... करूँगा।

मैं इन आदतों को 'इस बीच की आदतें' कहता हूँ।

जब मैं शॉवर से गरम पानी निकलने की प्रतीक्षा कर रहा होता हूँ, तो अपने शरीर की किसी ऐसी चीज़ के बारे में विचार करने लगता हूँ, जिसके लिए मैं आभारी महसूस करता हूँ। मैं हर रोज एक ऐसी नई चीज़ ढूँढ़ता हूँ, जिसकी सराहना कर सकूँ। इसमें मेरे कंधों के लचीलेपन से लेकर, किसी खरोंच या छोटी-मोटी चोट को स्वत: ही ठीक करने की शरीर की क्षमता तक, सब कुछ शामिल है।

हम सबके पास थोड़ा-बहुत खाली समय ज़रूर होता है: जैसे सड़क पर रेड लाइट चालू होने के बाद, ग्रॉसरी स्टोर की लाइन में लगने के बाद, बरामदे में लगे

पौधों को पानी देने के बाद वगैरह। हम सबके पास दो विकल्प होते हैं। या तो हम इन क्षणों को झुँझलाने, खीझने या अपना ध्यान भटकाने में खर्च कर दें या फिर हम इन क्षणों का उपयोग नई आदतों के स्थिरक के रूप में करें।

इन नई आदतों की शुरुआत छोटी ही होगी और ये आगे भी छोटी ही रहेंगी – जैसे मेरे पास गरम पानी की प्रतीक्षा के दौरान सिर्फ बीस सेकंड का समय होता है। लेकिन 'इस बीच की आदतों' को कम न समझें। अगर एक छोटे से व्यवहार को नियमित रूप से किया जाए, तो वह बड़ा फर्क ला सकता है। जब आप हर रोज एक नए तरीके से अपने शरीर की सराहना करेंगे, तो प्रकृति द्वारा रची गई इस शानदार भौतिक संरचना – यानी अपने शरीर की बेहतर देखभाल करने के लिए अपेक्षाकृत अधिक प्रेरित महसूस करेंगे।

एक ओर जहाँ अधिकांश 'इस बीच की आदतें' छोटी ही रहेंगी, वहीं दूसरी ओर आप अपनी मनचाही आदतों के लिए अधिक खाली समय निकाल सकते हैं। ब्रिटनी जो पाँच बच्चों की माँ होने के साथ-साथ एक कामकाजी महिला भी है, उसके बिस्तर के बगल में अक्सर पाँच से दस किताबें हमेशा रखी रहती हैं। इन किताबों की संख्या बढ़ना उसके लिए तनाव भी पैदा कर सकता है। पर ब्रिटनी छोटी-छोटी आदतों की पद्धति सिखानेवाली एक प्रमाणित कोच है और उसने रात में किताबें पढ़ने की एक ठोस आदत विकसित की है; लेकिन चूँकि वह बहुत कुछ नया सीखना चाहती थी इसलिए इतना करना उसके लिए काफी नहीं था। तो ब्रिटनी ने अपने जीवन में ऐसे स्थानों की तलाश शुरू कर दी, जहाँ वह आराम से ऑडियोबुक सुन सके। इस तरह कुछ ही दिनों बाद उसने एक 'इस बीच की आदत' तैयार कर ली, जिसके लिए उसने इस नुस्खे का उपयोग किया: कार की सीटबेल्ट लगाने के बाद, मैं अपनी ऑडियो बुक का बटन चालू कर दूँगी। तो अब वह ऑफिस जाते समय रास्ते में ऑडियो बुक सुनती है, और वह भी एक नहीं, कई सारी ऑडियो बुक्स। अपनी 'इस बीच की आदत' के चलते ब्रिटनी हर महीने में कम से कम पाँच किताबें पूरी कर लेती है। अब उसके बिस्तर के बगल में रखी किताबें उसके लिए तनाव का कारण नहीं हैं।

आपके ग्राहकों के लिए सर्वश्रेष्ठ संकेत

चाहे आप एक एप बना रहे हों या लोगों से चंदा माँग रहे हों या फिर मैग्नीशियम सप्लीमेंट्स के सेवन में लोगों की मदद कर रहे हों, किसी भी व्यवसाय के लिए एक ऐसा संकेत बहुत महत्वपूर्ण है, जिसे बहुत अच्छी तरह तैयार किया गया हो। दरअसल ऐसे किसी भी उत्पाद या सेवा की कल्पना करना भी मुश्किल है, जो ग्राहकों को क्रिया करने के लिए तैयार करने पर निर्भर न हो। अगर कोई संकेत नहीं होगा, तो क्रिया भी नहीं होगी। अपने उत्पाद या सेवा को सफल बनाने के लिए ये पता लगाना ज़रूरी है

कि वह क्या है, जो ग्राहकों को सही समय पर क्रिया करने का संकेत देगा।

मोबाइल एप्स, ई-मेल और सोशल मीडिया के इस दौर में अलग-अलग व्यवसायों द्वारा हम पर लगातार संदर्भ-संकेत की बारिश की जा रही है। इसके अलावा डाक और फोन कॉल भी हैं, जो हमें संकेत देने के लिए ही बनाए गए हैं। मैं जानता हूँ कि ये आपके लिए कोई नई खबर नहीं है। पर अब मैं एक पूर्वानुमान लगाने जा रहा हूँ, जो बहुत से लोगों के लिए एक नई खबर होगा। मेरा पूर्वानुमान है कि समय के साथ संदर्भ-संकेत निष्प्रभावी होते जाएँगे। व्यवसायी अपने ग्राहकों तक पहुँचने के लिए बहुत सारा पैसा और संसाधन खर्च करेंगे पर बदले में उन्हें जो मिलेगा, वह उनके लिए काफी नहीं होगा। पर क्यों? क्योंकि भविष्य में संदर्भ-संकेत ग्राहकों तक सही समय पर नहीं पहुँच सकेंगे या फिर वे पहले ही छँट जाएँगे और उन पर किसी का ध्यान नहीं जाएगा। और अगर वे लोगों तक पहुँच भी गए, तब भी लोग उन्हें छोड़ देने में ज़्यादा से ज़्यादा सक्षम होंगे। ठीक वैसे ही जैसे टीआईवीओ (पुराने ज़माने का एक डिजिटल वीडियो रिकॉर्डर) में हम विज्ञापनों को फास्ट-फॉरवर्ड करने में सक्षम हुआ करते थे। (मेरे छात्र हैरान होंगे कि आखिर ये टीआईवीओ क्या है।)

मेरा पूर्वानुमान है कि अपने व्यवसाय की सफलता के लिए आपको अपने ग्राहकों को संकेत देने का एक बेहतर तरीका ढूँढ़ना होगा क्योंकि संदर्भ-संकेत अपना प्रभाव तेजी से खो रहे हैं। अच्छी खबर ये है कि हमारे पास क्रिया-संकेत भी हैं। व्यवसायी शायद ही कभी क्रिया-संकेतों को लागू करते हों, लेकिन मेरा मानना है कि भविष्य के सबसे सुनहरे मानक यही होंगे। बहुत से उत्पाद और सेवाएँ क्रिया-संकेत तैयार करने में ग्राहकों की मदद कर सफलता हासिल करेंगे। यह कुछ इस तरह काम करेगा।

मान लीजिए, आप स्वास्थ्य के क्षेत्र में सक्रिय एक संगठन चलाते हैं, जिसके लिए ये ज़रूरी है कि उस संगठन से जुड़े मरीज हर रोज अपना ब्लड प्रेशर नापकर बताएँ। पहले आप व्यक्ति-संकेतों पर निर्भर थे - जहाँ मरीज खुद हर रोज यह याद रखते थे कि उन्हें अपना ब्लड प्रेशर नापना है। अब आपको पता चला कि यह ज़्यादा कारगर नहीं है। इसलिए आपने संदर्भ-संकेतों का प्रयोग शुरू कर दिया: टेक्स्ट मैसेज भेजना या एप द्वारा लाल रंग का रिमाइंडर भेजना या फिर मरीजों के घर पर नर्सों से फोन करवाना। पर समय के साथ ये संकेत भी ज़्यादा कारगर नहीं रहे। क्योंकि आपके मरीजों पर हर रोज ऐसे बहुत से संकेतों की बारिश हो रही है, जो आपके संकेतों के लिए प्रतिस्पर्धी की तरह हैं। ऐसे में संदर्भ-संकेतों को बढ़ाने के बजाय आप क्रिया-संकेतों का रुख करते हैं।

अच्छे क्रिया-संकेतों का पता लगाने के लिए थोड़ा शोध करें। अपने दो सौ

सर्वश्रेष्ठ मरीजों से संपर्क करें यानी ऐसे लोग, जो विश्वसनीय ढंग से अपना ब्लड प्रेशर नापते और रिपोर्ट करते हैं। उनसे पूछें, 'आपके रोज़मर्रा के रूटीन में वह कौन सा समय है, जब आप आमतौर पर अपना ब्लड प्रेशर नापते हैं?'

उनके जवाबों का विश्लेषण करें और उनमें रुझान तलाशे। मान लीजिए 26 फीसदी मरीज कहते हैं कि वे अपना ब्लड प्रेशर उस वक्त नापते हैं, जब वे कॉफी लेकर सुबह-सुबह अखबार पढ़ने बैठते हैं। वहीं 21 फीसदी मरीज कहते हैं कि वे अपने पालतू जानवर को खाना खिलाने के तुरंत बाद अपना ब्लड प्रेशर नापते हैं। जबकि 17 फीसदी मरीज सुबह-सुबह अपना पसंदीदा टीवी शो शुरू होने के बाद ब्लड प्रेशर नापते हैं। लेकिन बाकी बचे 36 फीसदी मरीज अलग-अलग किस्म के जवाब देते हैं, जिनमें कोई रूझान स्पष्ट नहीं होता।

इन आँकड़ों और रूझानों को देखने के बाद अब आपके पास इस बारे में एक अंतर्दृष्टि है कि लोगों के लिए कौन सा तरीका कारगर हो रहा है; अब आपके पास ये डाटा है कि रोज़मर्रा के वे कौन से रूटीन्स हैं, जो ब्लड प्रेशर नापने की आदत के स्थिरक के रूप में कारगर हो सकते हैं। तो जब आप किसी मरीज में इस आदत पर अमल करने की प्रवृत्ति बढ़ाने का प्रयास करें, तो उसे बताएँ कि इसे अपनाने में सफल रहे अन्य मरीज हर रोज तीन में से किसी एक तरीके का उपयोग कर ब्लड प्रेशर नापने की आदत पर अमल करते हैं।

उनसे पूछें, 'इन तीनों में से कौन सा तरीका आपके लिए सर्वोत्तम रहेगा?'

इस तरह आप यह जानने में अपने मरीजों की मदद कर सकेंगे कि उनके जीवन में नई आदत सहज रूप से कहाँ फिट बैठती है। यह हर इंसान के रोज़मर्रा के रूटीन के लिए संकेत को अनुकूलित करता है। आप इस बात के लिए अपने मरीजों पर निर्भर नहीं हैं कि वे ब्लड प्रेशर नापना खुद याद रखें। आप उन्हें नोटिफिकेशंस भेजकर परेशान भी नहीं कर रहे हैं और न ही आप उनसे ये उम्मीद कर रहे हैं कि वे अपने बूते ही ये सब कर लें। आप अपने मरीजों की सफलता में मदद करने के लिए व्यवहार संरचना और क्रिया-संकेतों की शक्ति का उपयोग कर रहे हैं।

हो सकता है कि उपरोक्त परिदृश्य आपको ज़रा अजीब लग रहा हो, लेकिन मेरा पूर्वानुमान है कि भविष्य में यह न सिर्फ बहुत आम होगा बल्कि अनिवार्य भी होगा। ऐसे व्यवसाय, जो ग्राहकों को आदतें विकसित करने में मदद करते हैं, वे उन व्यवसायों के मुकाबले कहीं ज़्यादा फायदे में रहेंगे, जिनका ग्राहकों की आदतें विकसित कराने से कोई संबंध नहीं है।

मोती जैसी आदतें – चिड़चिड़ाहट से सुंदरता की रचना

जब आप अपने जीवन में संकेतों का निर्माण और पुनर्निर्माण करना सीखते हैं, तो वास्तव में उन परिस्थितियों से निपटने के नए रास्ते बना रहे होते हैं, जो आमतौर पर आपको परेशान कर सकती हैं।

पिछले कुछ दशकों में अच्छी नींद लेना मेरे लिए हमेशा एक चुनौती था। मैं अच्छी नींद का महत्त्व समझता हूँ, लेकिन फिर भी संभवत: यह मेरी सबसे प्रमुख स्वास्थ्य समस्या रही है। मैं जानता था कि मेरे बेडरूम में हो रहा शोर ही आधी रात को मेरी नींद खराब कर देता है। दरअसल मेरे बेडरूम के एसी का वॉल-कंट्रोल जब भी एसी को चालू या बंद करता, तो उसमें से 'क्लिक' की आवाज़ आती थी। इससे निपटने के लिए मैं एक उच्च तकनीकवाला थर्मोस्टैट गैजेट लगवाने की सोच रहा था, लेकिन फिर मुझे इससे निपटने का एक तेज और आसान तरीका मिल गया। एक रात जब मैं जाग रहा था, तो मैंने तय किया कि मैं अपने चेहरे और गर्दन को आराम देने के लिए एसी से आनेवाली 'क्लिक' की आवाज को एक स्थिरक के रूप में उपयोग करूँगा। तो मेरा नुस्खा ये था कि 'क्लिक' की आवाज सुनने के बाद मैं अपने चेहरे और गर्दन को आराम दूँगा।

मेरा नुस्खा : छोटी-छोटी आदतों की पद्धति

एसी से आनेवाली क्लिक की आवाज सुनने के बाद...	मैं अपने चेहरे और गर्दन को आराम दूँगा...	इस आदत को अपने दिमाग में स्थापित करने के लिए मैं तत्काल: 
स्थिरक क्षण	छोटा व्यवहार	जश्न मनाना
आपके जीवन का एक मौजूदा रूटीन जो आपको छोटा व्यवहार (यानी आपकी नई आदत) करने की याद दिलाएगा।	आपकी नई मनचाही आदत, जिसे बेहद छोटा - और बेहद आसान बनाने के लिए आप उसकी मात्रा घटा देते हैं।	कोई ऐसा कार्य, जिसे आप अपने अंदर सकारात्मकता की भावना पैदा करने के लिए करते हैं। (इस भावना को रौनक कहते हैं।)

यह कारगर रहा और जल्द ही मेरे दिमाग में स्थापित हो गया। अब जब मैं 'क्लिक' की आवाज सुनता, तो आराम करता। इस सकारात्मक परिणाम के चलते, जब भी मुझे क्लिक की आवाज सुनाई देती, तो मुझे अच्छा महसूस होता क्योंकि यह

आवाज मुझे याद दिलाती थी कि मुझे आराम महसूस करना है ताकि मैं अच्छी नींद ले सकूँ।

मैं ऐसी आदतों को 'मोती जैसी आदतें' कहता हूँ। क्योंकि ये ऐसे संकेतों का उपयोग करती हैं, जो चिड़चिड़ाहट के रूप में शुरू हुए थे, लेकिन फिर एक सुंदर चीज़ में तब्दील हो गए।

मेरे इस उदाहरण में कोई महान बात नहीं छिपी है, लेकिन हाल ही में मुझे पता चला कि मेरी दोस्त एमी ने भी रचनात्मक और सकरात्मक ढंग से 'बाद की शक्ति' का लाभ उठाने के लिए कुछ ऐसा ही किया था।

एमी की समस्या मेरी समस्या के मुकाबले कहीं अधिक जटिल थी। लेकिन उससे निपटने के लिए एमी ने एक उल्लेखनीय मोती जैसी आदत तैयार की।

जब एमी और उसके पति का तलाक हो रहा था, तब वकीलों से लेकर, कोर्ट द्वारा नियुक्त उनके बच्चों के थेरेपिस्ट तक, हर कोई बार-बार एक्रेमोनिअस (कटुतापूर्ण) शब्द का उपयोग करता था। यहाँ तक कि जब बच्चों के संरक्षण संबंधी सारी बातें आपसी सहमति से तय हो गईं, तब भी एमी का पति उससे बेहद नाराज था। एमी भी उससे खुश नहीं थी, लेकिन परिस्थितियाँ कुछ ऐसी थीं कि वे दोनों एक-दूसरे को नज़र अंदाज नहीं कर सकते थे।

कुछ महीनों बाद एमी को एक पैटर्न नज़र आया। उसकी जब भी अपने पति से नोक-झोंक होती, तो वह दोनों के बीच हुई कड़वी बातों को दिनभर याद करके परेशान, क्रोधित और दोषी महसूस करती। इसलिए उसने तय किया कि इस स्थिति से निपटने के लिए उसे कुछ करना होगा।

एमी का इस पर तो कोई नियंत्रण नहीं था कि उसका पति उससे क्या कहेगा या हर बार उन दोनों के बीच की बातचीत क्या मोड़ लेगी। उसके पति के मौखिक हमले बुरे मौसम की तरह थे - कभी-कभी तो एमी यह अनुमान लगाने में सफल हो जाती कि मौखिक हमले शुरू होने ही वाले हैं और कभी-कभी वे यूँ ही अचानक शुरू हो जाते। लेकिन जिस चीज़ का अनुमान हर बार लगाया जा सकता था, वह ये था कि इन मौखिक हमलों को झेलने के बाद एमी कैसा महसूस करेगी। इसलिए एमी ने तय किया कि वह इसमें बदलाव लाएगी। एमी का उद्देश्य था, पति से अपना ध्यान हटा लेना। पति के व्यवहार को अपने संकेत की तरह उपयोग करते हुए, एमी ने एक योजना बनाई: जब भी वह अपने पति द्वारा पराजित महसूस करेगी या जब भी उसे लगेगा कि वह उस पर हमला कर रहा है, तो वह फौरन अपने लिए कुछ ऐसा करने का निर्णय लेगी, जिसमें उसे आनंद आता हो - जैसे अपने पसंदीदा बैंड का एलबम सुनना या वह ऑडियोबुक पूरी सुनना, जिसे सुनने का उसे समय नहीं मिल रहा था।

वहीं कभी-कभी एमी अपनी पसंदीदा चाय का आनंद लेने के लिए सीधे स्टारबक्स चली जाती। बस महत्वपूर्ण ये था कि वह कुछ ऐसा करे, जिसमें उसे आनंद आता हो। चूँकि दिनभर में एमी के पास अपने लिए बहुत कम समय ही होता था इसलिए उसे एहसास हुआ कि अपने इस नए व्यवहार को, अपनी परवाह करने की आदत बना लेने से उसे दोगुना लाभ हो रहा है - अब वह अपनी परिस्थिति पर कुछ हद तक नियंत्रण पाकर अपने लिए कुछ अच्छा कर सकती थी। उसका नुस्खा था: खुद को अपमानित महसूस करने के बाद, मैं अपने लिए कुछ ऐसा करने का निर्णय लूँगी, जिसमें मुझे आनंद आता हो।

मेरा नुस्खा : छोटी-छोटी आदतों की पद्धति

अपमानित महसूस करने के बाद...	मैं मैं कुछ ऐसा करने का निर्णय लूँगी, जिसमें मुझे आनंद आता हो...	इस आदत को अपने दिमाग में स्थापित करने के लिए मैं तत्काल: 
स्थिरक क्षण	छोटा व्यवहार	जश्न मनाना
आपके जीवन का एक मौजूदा रूटीन जो आपको छोटा व्यवहार (यानी आपकी नई आदत) करने की याद दिलाएगा।	आपकी नई मनचाही आदत, जिसे बेहद छोटा - और बेहद आसान बनाने के लिए आप उसकी मात्रा घटा देते हैं।	कोई ऐसा कार्य, जिसे आप अपने अंदर सकारात्मकता की भावना पैदा करने के लिए करते हैं। (इस भावना को रौनक कहते हैं।)

यह बड़ी खूबसूरती से कारगर साबित हुआ। पति के मौखिक हमलों से अपमानित होकर, पति का भी अपमान करने के बजाय एमी खुद से कहती, 'ओह! तो इसने फिर अपमानित करना शुरू कर दिया। यानी अब वह मजेदार फिल्म देखने का समय आ गया है, जिसे मैं काफी दिनों से देखना चाह रही थी।' यानी पति की बातों पर प्रतिक्रिया देने के बजाय एमी फौरन उसे गुड-बाय बोलती, वापस मुड़ती और शाम का आनंद उठाने की योजना बनाने लगती। इस तरह उसका दिन खराब नहीं होता। अब वह दिनभर पति की कड़वी बातें याद करके परेशान नहीं होती। अब वह इस नकारात्मक भावना को पकड़कर नहीं बैठती... बल्कि उसे जाने देती। एमी ने पति के अपमान को अनजाने में मिलनेवाले उपहार की तरह लेना शुरू कर दिया। आखिर मौखिक हमले करके एमी का पति उसे अपनी परवाह करने का संकेत ही तो दे रहा था। एमी जानती थी कि यह तर्क ज़रा अनोखा है, लेकिन इस कठिन परिस्थिति के बारे में सोचना कम करने से, उसे इससे निकलने में बड़ी मदद मिली।

अगर आदर्श परिस्थितियों की कल्पना करें, तो एमी किसी भी ऐसे व्यक्ति को अपने जीवन में नहीं रहने देती, जो उसे बार-बार इतना बुरा महसूस कराता हो। लेकिन कई बार परिस्थितियाँ ऐसी होती हैं कि हम चाहकर भी इस किस्म के लोगों को अपने जीवन में पूरी तरह दूर नहीं कर सकते। कई बार हमें ऐसे लोगों को झेलना पड़ता है, जो हमें बुरा महसूस कराते हैं या हमसे अन्यायपूर्ण व्यवहार करते हैं या फिर अपनी बातों और हरकतों से हमें परेशान करते हैं। हम ऐसे लोगों के व्यवहार को तो नियंत्रित नहीं कर सकते, लेकिन हम उनके इस व्यवहार पर अपनी प्रतिक्रिया को ज़रूरत नियंत्रित कर सकते हैं। एमी ने भी यही किया और इसके लिए उसने बड़े ही बेहतरीन ढंग से संकेतों का उपयोग किया। एक नकारात्मक प्रतिक्रिया के बजाय एक सकारात्मक प्रतिक्रिया के संकेत के तौर पर किसी के व्यवहार का उपयोग करना एक बेहतरीन विचार है। यह विचार ऐसी हर परिस्थिति में कारगर हो सकता है, जहाँ हम खुद को कमजोर या पराजित महसूस करते हैं। एमी ने पाया कि इसके सकारात्मक प्रभाव उसकी उम्मीद से कहीं ज़्यादा है। एमी के बच्चे, जो अक्सर इस झगड़े का केंद्र बन जाते थे, अब हर सप्ताह अपने पिता से मुलाकात के बाद उतने तनाव में नहीं रहते, जितना पहले रहते थे। एमी को यह भी महसूस हुआ कि यह करके उसने जो मानसिक शांति हासिल की है, उसका प्रभाव अब उसके पति पर भी होने लगता है। यह कुछ ऐसा था, मानो एमी ने अपने पति के गुस्से का गुबार भी कम कर दिया हो। हालाँकि वह अब भी कभी-कभी एमी पर तीखी टिप्पणियाँ किया करता था पर अब उसके अंदर उतनी कड़वाहट नज़र नहीं आती थी, जितनी पहले हुआ करती थी। इस बदलाव के बाद पहली बार एमी यह सोचने की हिम्मत कर सकी कि शायद एक बार फिर वह और उसका पूर्व पति एक-दूसरे के दोस्त बन सकें या कम से कम एक-दूसरे से शिष्टाचारपूर्वक व्यवहार करते हुए अपने बच्चों को पाल सकें। इस अतिरिक्त बदलाव का प्रभाव एमी के पूर्व पति पर हुआ और जल्द ही उसने एमी पर तीखी और अपमानजनक टिप्पणियाँ करना पूरी तरह बंद कर दिया। यह सुधार इस हद तक हो गया कि एक दिन जब एमी अपने बच्चों को साप्ताहिक मुलाकात के लिए पति के घर छोड़ने गई, तो उसने एमी से मज़ाकिया अंदाज में बात की। पिछले दो साल में यह पहला मौका था, जब वे दोनों एक-दूसरे के सामने एक साथ हँसे थे। यह बड़ा ही अवास्तविक किस्म का अनुभव था। अब उन दोनों के बीच एक अनकहा समझौता सा हो गया था, जबकि सिर्फ एक साल पहले तक ऐसा कुछ भी होना असंभव लगने लगा था।

हाल ही में जब मैंने एक प्रोजेक्ट में मदद के लिए एमी को फोन किया, तो उसने मुझे बताया कि कुछ दिनों पहले ही उसने और उसके पूर्व पति ने मिलकर सबसे छोटी बेटी की ग्रेजुएशन पार्टी की मेजबानी की। मैंने कहा, 'ये तो बहुत बढ़िया रहा

और काफी आश्चर्यजनक भी।' मेरी बात के जवाब में एमी ने हँसते हुए कहा, 'सच कहूँ बीजे, तो मैं खुद भी इससे हैरान हूँ।' मैंने उससे पूछा कि उसे क्या लगता है, ये सब कैसे संभव हुआ और उसने जवाब दिया कि इसके पीछे करूणा का बड़ा हाथ है। अपने पूर्व पति के नकारात्मक व्यवहार को, खुद सकारात्मक व्यवहार करने के संकेत के रूप में उपयोग करके, एमी न सिर्फ पहले से ज़्यादा खुश थी बल्कि अब वह अपने पति को करूणापूर्वक देखने में भी सक्षम हो गई थी। शर्म और निराशा जैसी नकारात्मक भावनाओं के जाल से छूटते ही एमी के लिए पहले से कहीं ज़्यादा स्पष्टता के साथ सोच-विचार करना संभव हो गया। उसे एहसास हुआ कि दूसरों के साथ शिष्टाचारपूर्वक सकारात्मक व्यवहार करने का कौशल विकसित करने की जितनी कोशिश उसने की है, उतनी उसके पति ने नहीं की। जब वे दोनों साथ थे, तो पति का मूड खराब होने पर लोगों के सामने सामाजिक शिष्टाचार बनाए रखने में एमी का बड़ा हाथ होता था। यानी पहले वह अपने पति के लिए किसी ढाल की तरह थी। इस ढाल के कारण ही उसके पति को कभी सामाजिक रूप से चीज़ों को संभालने की ज़रूरत नहीं पड़ी। लेकिन तलाक के बाद अब उसे यह सब खुद सँभालना पड़ रहा था। एमी यह बात समझती थी कि उसके पूर्व पति के लिए यह काफी मुश्किल है और इसलिए अब एमी के मन में उसके लिए करूणा का भाव था।

इंसान के तौर पर हम सबके पास सहज-ज्ञान होता है, जो हमें बताता है कि कोई हमारे बारे में कैसा महसूस करता है, भले ही वह व्यक्ति स्पष्ट रूप से हमें कुछ न बताए। एमी को लगता है कि उसके दृष्टिकोण में जो बदलाव आया और उस बदलाव से उसके अंदर जो करूणा भाव आया, उसे उसके पति ने भी महसूस किया। जिसके चलते वह भी अपने अंदर बदलाव लाने लगा। एमी ने मुझे बताया कि यह पूरी तरह अनपेक्षित था। जब उसने अपनी परवाह करने की आदत अपनाई थी, तो इसके पीछे उसका इरादा यही था कि वह खुद को सँभाल सके और उस भयावह परिस्थिति को बदल सके।

दरअसल जब आप एक कौशल विकसित करते हैं और खुद को उसके साथ नए व अद्भुत तरीकों से प्रयोग करने की छूट देते हैं, तो ऐसा ही होता है। अपनी समस्याएँ सुलझाने और पति के व्यवहार पर अपनी प्रतिक्रिया बदलने के लिए संकेतों का उपयोग करना, एक अनोखा और रचनात्मक समाधान था। लेकिन एमी की इस शुरुआती सकारात्मक आदत का उसके जीवन पर और अन्य लोगों पर जो प्रभाव पड़ा, वह कोई अलबेली चीज़ नहीं है क्योंकि ऐसा कोई भी कर सकता है।

इसका इतना सकारात्मक प्रभाव कैसे पड़ा, यही वह अंतर्निहित रहस्य है, जिसके चलते छोटी-छोटी आदतों की पद्धति इतनी खूबसूरती से काम करती है: लोगों में सर्वश्रेष्ठ ढंग से बदलाव तभी आता है, जब वे उसे लेकर अच्छा महसूस करते

हों, न कि बुरा। एमी ने बदलाव लाने के लिए जिस तरह सोच–समझकर संकेतों का उपयोग किया, उसी से उसकी सफलता सुनिश्चित हुई। ये बदलाव कारगर सिद्ध हुए क्योंकि इनसे एमी को वह करने में मदद मिली, जो वह पहले से करना चाहती थी। और उस सफलता से एमी को अच्छा महसूस हुआ। इसलिए उसने सफलता की उस भावना को बार–बार महसूस करने की कोशिशें जारी रखीं और वह इस बात को लेकर आत्मविश्वास से भरी हुई थी कि इस तरह वह अपने जीवन में अच्छी चीज़ें लाने में सफल होगी। व्यवहार को अपने लिए आसान बनाने की उसकी क्षमता और संकेतों को अपनी उँगलियों पर नचाने की इच्छा धीरे–धीरे बढ़ती गई, जिसके चलते कोई नई आदत अपनाना उसके लिए बाएँ हाथ का खेल हो गया। इस प्रक्रिया के लगातार आसान होने के चलते एमी की प्रेरणा भी बढ़ती रही। जिससे नई व अपेक्षाकृत कठिन चीज़ें आजमाने की उसकी संभावना भी बढ़ गई।

लेकिन इन सबके अलावा एक और कारण था, जिसके चलते एमी को सफलता मिली।

वह सकारात्मकता लाने के लिए एक महत्वपूर्ण कदम उठा रही थी। वह एक ऐसी तकनीक का उपयोग करके मौके पर ही सकारात्मक भावनाएँ पैदा कर रही थी, जिसे उसने छोटी–छोटी आदतों की पद्धति से सीखा था: दरअसल वह जश्न मनाती थी। हमारा अगला विषय भी यही है।

मैं अगले अध्याय में एक तकनीक साझा करूँगा, जिसकी मदद से आपका दिमाग आपको तेजी से और आसानी से नई आदतें अपनाने की शक्ति देगा।

अपनी नई आदतों के लिए संकेतों का पता लगाने के लिए छोटे-छोटे अभ्यास

अभ्यास 1 : अपने स्थिरकों का पता लगाएँ

आपकी आदतों (या रूटीन्स) की सूची एक मूल्यवान संसाधन है। एक नई आदत विकसित करने के लिए संकेत – या स्थिरक – के रूप में आप इस सूची की किसी भी विश्वसनीय आदत का उपयोग कर सकते हैं।

मैंने अपने एक कामकाजी दिन को नीचे दिए गए चरणों में कई भागों में बाँटा है ताकि इसकी मदद से आप एक बड़ी सूची तैयार कर सकें।

चरण 1 : सुबह ऑफिस आने से पहले की अपनी दैनिक आदतों को सूचीबद्ध करें।

चरण 2 : सुबह लंच के पहले की अपनी दैनिक आदतों को सूचीबद्ध करें।

चरण 3 : लंच के दौरान की अपनी दैनिक आदतों को सूचीबद्ध करें।

चरण 4 : लंच के तुरंत बाद की अपनी दैनिक आदतों को सूचीबद्ध करें। (अगर आप भी अन्य लोगों जैसे ही हैं, तो संभवत: आपकी दोपहर की आदतों की संख्या बहुत कम होगी। इसमें कोई बुरी बात नहीं है।)

चरण 5 : ऑफिस में काम खत्म करने की अपनी दैनिक आदतों को सूचीबद्ध करें। (संभवत: इन आदतों की संख्या बहुत कम होगी, लेकिन ये नई आदतों के लिए बेहतरीन स्थिरक का काम करती हैं।)

चरण 6 : ऑफिस से निकलने के बाद की अपनी दैनिक आदतों को सूचीबद्ध करें। (इनमें घर आने की आदत की आदतों को भी शामिल करें।)

चरण 7 : रात को बिस्तर पर आने से ठीक पहले की अपनी दैनिक आदतों को सूचीबद्ध करें।

चरण 8 : अपनी सूची को सहेजें। इसका उपयोग अगले अभ्यास में होगा।

अभ्यास 2 : अपनी मौजूदा आदतों की सूची का उपयोग करके छोटी-छोटी आदतों के नुस्खे तैयार करें

नई आदतें विकसित करने का एक तेज और प्रभावी तरीका है, अपनी मौजूदा आदतों के साथ शुरुआत करना और फिर एक ऐसी नई आदत ढूँढ़ना जो सहज रूप से विकसित हो सके। पिछले अभ्यास में आपने अपनी दैनिक आदतों की एक बड़ी सूची तैयार की। जो कि अच्छा है। अब आप उस सूची का उपयोग करेंगे।

चरण 1 : अपनी दैनिक आदतों की सूची में से एक ऐसी विश्वसनीय आदत चुनें, जिस पर अमल करना आप कभी नहीं भूलते।

चरण 2 : विचार करें कि वे कौन सी नई आदतें हो सकती हैं, जो इस आदत के बाद सहज रूप सें फिट बैठ सकती हैं। इस बारे में कुछ नए विचार सोचें।

चरण 3 : दूसरे चरण से अपनी पसंदीदा नई आदत का चुनाव करें। फिर छोटी–छोटी आदतों के प्रारूप का उपयोग करते हुए उसके लिए एक नुस्खा लिखें: .... के बाद, मैं........ करूँगा।

चरण 4 : दो और विश्वसनीय आदतों का उपयोग करके, दो और नुस्खे तैयार करने के लिए पहले चरण से लेकर तीसरे चरण तक को दोहराएँ। (एक साथ तीन आदतों पर काम करके आप अपेक्षाकृत ज़्यादा सीखेंगे।)

चरण 5 : अपनी नई आदतों का अभ्यास शुरू करें। (इसे लेकर ज़रूरत से ज़्यादा गंभीर न हों और न ज़्यादा तनाव लें। बस अभ्यास करें और उसका आनंद लें।)

अभ्यास 3 : आपके अंदर चिढ़ पैदा करनेवालों से निपटने के लिए मोती जैसी आदतें विकसित करें

यह अभ्यास आपके अंदर चिढ़ पैदा करनेवालों के माध्यम से कुछ महत्वपूर्ण रचने से जुड़ा है।

चरण 1 : कम से कम ऐसी दस चीज़ों को सूचीबद्ध करें, जो आपके साथ अक्सर होती हैं और आपके अंदर चिढ़ पैदा करती हैं। (जैसे लंबी लाइन में लगना, शोर करनेवाली मोटरसाइकिल, पड़ोसी का पालतू कुत्ता, जो दिनभर बेवजह भौंकता रहता है।)

चरण 2 : इस सूची की दस चीज़ों में से उस चीज़ का चुनाव करें, जो आपके साथ सबसे ज़्यादा होती है और जिससे आपको सबसे ज़्यादा चिढ़ होती है।

चरण 3 : ऐसी नई व लाभप्रद आदतों का पता लगाएँ, जिन्हें आप चिढ़ महसूस करने के बाद कर सकते हों। ऐसी आदतों के कम से कम पाँच विकल्प ढूँढ़ें।

चरण 4 : तीसरे चरण से अपना सर्वश्रेष्ठ विकल्प चुनें और छोटी–छोटी आदतों का एक नुस्खा तैयार करें। उदाहरण के लिए: मुझे लाइन में खड़ा होना ही पड़ेगा, यह एहसास होने के बाद, मैं एक पैर पर खड़ा होने और फिर दूसरे पैर पर खड़ा होने का अभ्यास करूँगा।

चरण 5 : अपनी मोती जैसी आदतों का अभ्यास शुरू करें (और इस बात पर गौर करें कि आपके अंदर की चिढ़ में कोई फर्क पड़ रहा है या नहीं।)

इससे पहले कि हम अगले अध्याय की ओर बढ़ें, यह रहा एक 'पीएसी व्यक्ति।' ये हमें याद दिलाता है कि संकेतों के स्त्रोतों के बारे में हमने अब तक क्या सीखा है।

5

आदतों का निर्माण भावनाओं से होता है

लिंडा ने फ्रिज पर अपने बच्चों द्वारा हाथ से पेंट की गई कलाकृतियों के बगल में एक पोस्टकार्ड चिपका रखा था। इस पोस्टकार्ड पर 1950 के दशक की एक गृहिणी की ब्लैक-एंड-व्हाइट तस्वीर थी, जो फोन पर बात कर रही। उस महिला के सिर के ऊपर एक बुलबुला बना हुआ था, जिसके अंदर उसके ये शब्द अंकित थे: 'अगर शाम को पाँच बजे मेरे बच्चे जीवित हैं, तो इसका अर्थ है कि मैंने अपनी दिनभर की जिम्मेदारियाँ पूरी कर दी हैं।'

जब लिंडा ने इसे पहली बार देखा, तो वह जोर से हँस पड़ी।

इस तस्वीर ने लिंडा के चेहरे पर मुस्कान ला दी और उसे सोचने पर मज़बूर कर दिया। तस्वीर पर बनी गृहिणी और उसके शब्द आत्म-स्वीकृति के उस दृष्टिकोण का प्रतिनिधित्व कर रहे थे, जिसे लिंडा भी अपनाना चाहती थी, पर उसे लगता था कि ऐसा करना उसके लिए बहुत मुश्किल होगा। आप अपने बच्चों के लिए जितना कर पाते हैं, उतने में ही संतुष्ट महसूस कर सकते हैं, यह विचार लिंडा को तार्किक लगा, लेकिन भावनात्मक रूप से यह उसकी पहुँच से पूरी तरह बाहर था। इसीलिए उसने वह पोस्टकार्ड अपने फ्रिज पर चिपका लिया था।

जब उसका पति घर आया और उसने वह पोस्टकार्ड फ्रिज पर लगा देखा, तो उसे यह विडंबनापूर्ण लगा।

'इसमें अपने अरमानों की बात की गई है,' लिंडा ने ठंडी साँस लेते हुए कहा।

उस समय लिंडा एक गृहिणी थी और तेरह साल से कम उम्र के छह बच्चों का पालन-पोषण कर रही थी। उसे घर पर रहकर बच्चे संभालना पसंद था और वह इसमें कोई बदलाव नहीं चाहती थी। इसके बावजूद उसे हमेशा घुटन महसूस होती और लगता कि जैसे वह भावनात्मक थकान की शिकार है। हर रोज रात को जब वह बिस्तर पर आकर तकिए पर सिर रखती, तो उसके मन में चल रहा हर विचार इस

बात से जुड़ा होता कि आज वह क्या-क्या नहीं कर सकी। दिनभर की विभिन्न छवियाँ उसके मन में कौंधने लगती: कार की पिछली सीट पर बच्चों द्वारा फैलाए गए चिप्स के टुकड़े (मुझे कार की सीट को वैक्यूम क्लीनर से साफ कर देना चाहिए था); धुले हुए कपड़ों का ढेर (मुझे इन कपड़ों को करीने से रख देना चाहिए था); उसके बेटे का दुःखी होना, जब लिंडा ने उसे छोटी बहन को धक्का देने के लिए फटकार लगाई (मुझे उसके साथ ज़रा धीरज रखना चाहिए); सिंक में पड़े ढेर सारे गंदे बर्तन (मुझे सारे बर्तन धो लेने चाहिए थे; अगर मेरी जगह मेरी माँ होती, तो गंदे बर्तनों को कभी इस तरह सिंक में पड़ा नहीं रहने देती) यानी घर के दैनिक कार्यों से जुड़ी ये छोटी-छोटी बातें, लिंडा के मन में बड़ा रूप धारण कर लेतीं। घर के अधूरे कामों से जुड़े तमाम विचार लिंडा के मन में आते रहते और उसे यह महसूस कराते कि कैसे वह एक अच्छी माँ, एक अच्छी पत्नी या एक अच्छा इंसान होने के लिए ज़रूरी मापदंडों को पूरा नहीं कर पा रही है।

कभी-कभी जब लिंडा कोई खाने का सामान रखने के लिए फ्रिज खोलती और उसकी नज़र उस पोस्टकार्ड पर पड़ती, तो उसे लगता कि मानो 1950 के दशक की वह गृहिणी भी उससे निराश है। न तो लिंडा शाम पाँच बजे वे सारे काम करना बंद करती, जो एक माँ के रूप में उसकी जिम्मेदारी थी और न ही कभी वह खुद को अपनी ढेर सारी मेहनत का श्रेय दे पाती। फ्रिज पर लगी उस गृहिणी की तस्वीर भी लिंडा के लिए धीरे-धीरे एक प्रेरणा कम और इस बात का सबूत ज़्यादा लगने लगी कि वह खुद आत्म-स्वीकृति का वह अरमानों से भरा दृष्टिकोण अपनाने से कितनी दूर है।

सालों बाद जब लिंडा ने मुझे अपनी ये कहानी बताई, तो मुझे कोई हैरानी नहीं हुई।

मैंने अपने शोध में पाया है कि वयस्कों के पास खुद से ये कहने के तो कई तरीके होते हैं कि 'मैंने अपना काम अच्छी तरह नहीं किया,' लेकिन उनके पास खुद से ये कहने के तरीके कम ही होते हैं कि 'मैंने अपना काम बहुत अच्छी तरह किया।' ऐसा कम ही होता है कि हम अपनी सफलताओं को पहचान पाएँ और जो हमने कर दिखाया, उसे लेकर अच्छा महसूस कर पाएँ।

अपनी छोटी-छोटी सफलताओं पर अच्छा महसूस करना आपको अजीब लग सकता है। हो सकता है कि शायद आप भी लिंडा की तरह सिर्फ अपनी कमियों पर ही ध्यान केंद्रित कर पाते हों। मैं आपको बताना चाहता हूँ कि ऐसा करनेवाले आप अकेले इंसान नहीं हैं और इसीलिए मैं आपके लिए यह अध्याय लिख रहा हूँ।

आगे के पन्नों में मैं आपको दिखाऊँगा कि एक सुपरपॉवर – किसी भी समय

अच्छा महसूस करने की क्षमता – कैसे हासिल करें। आप इस सुपरपॉवर का उपयोग करके अपनी आदतों को और अंतत: अपने जीवन को पूरी तरह बदल सकते हैं।

अच्छा महसूस करना, छोटी-छोटी आदतों की पद्धति का एक महत्वपूर्ण हिस्सा है। आप एक विशेष तकनीक का उपयोग कर अपने मन में अच्छा एहसास पैदा कर सकते हैं। मैं इस तकनीक को 'जश्न मनाना' कहता हूँ। जब आप छोटी-छोटी आदतोंवाली पद्धति से जश्न मनाते हैं, तो अपने मन में एक सकारात्मक भावना पैदा कर लेते हैं। यह भावना आपके दिमाग में इस आदत को स्थापित कर देती है। आप पाएँगे कि जश्न मनाना आश्चर्यजनक रूप से बड़ा प्रभावी है और साथ ही तेज, आसान व मजेदार भी।

जश्न मनाना, व्यवहार बदलने की एक सटीक तकनीक भी है और मनोवैज्ञानिक प्रवृत्ति में आनेवाला एक बदलाव भी। कल्पना कीजिए कि अगर लिंडा के पास कोई ऐसा तरीका होता, जिससे वह खुद को ज़रा सकारात्मक महसूस करा पाती, तो उसका भावनात्मक संसार कितना अलग होता। हर किसी की तरह लिंडा के जीवन में भी हर रोज कुछ सकारात्मक क्षण होते थे और कुछ नकारात्मक। कभी किसी चीज़ के चलते उसका तनाव बढ़ जाता, तो कभी किसी चीज़ में उसे सफलता भी मिलती। भले ही वह अपनी कार की सीट को वैक्यूम क्लीनर से साफ न कर पाई हो, लेकिन वह अपने दोनों बच्चों को नियत समय पर स्कूल पहुँचाती थी और स्कूल के बाद उन्हें फुटबॉल एवं वायलिन क्लास लेकर जाती थी। भले ही वह धुले हुए कपड़ों को अच्छी तरह से न रख पाई हो, लेकिन वह सारे गंदे कपड़ों को धोती और सुखाती थी। भले ही वह बर्तन धोकर न रख पाई हो, लेकिन वह हर रोज अपने बच्चों को खाना बनाकर खिलाती थी और एक परिवार के रूप में एक साथ बैठकर खाते समय वे सब अच्छा समय बिताते थे। लेकिन तब लिंडा ये बात नहीं समझ पा रही थी कि उसके व्यवहार और उसके जीवन को बदलने के लिए ये छोटी-छोटी सफलताएँ कितनी महत्वपूर्ण हैं। उसके जीवन में ये सफलताएँ हमेशा से थीं, लेकिन अधिकांश लोगों की तरह ही लिंडा को भी ये जानने के लिए कौशल की ज़रूरत थी कि इन सफलताओं का जश्न कैसे मनाया जाए।

एक स्वीकारोक्ति : मैंने आपको यह नहीं बताया कि दाँतों की फ्लॉसिंग करने की मेरी आदत इतनी जल्दी इतनी सफल कैसे हो गई।

इसमें कोई दोराय नहीं कि मैंने अपने व्यवहार को बी = एमएपी के दृष्टिकोण से सक्रिय किया था। मैंने फ्लॉसिंग को अपने लिए आसान बनाया। मैंने इसके लिए एक बेहतरीन संकेत का पता लगाया। आखिर... यह सब अच्छा दिखने के लिए किया जा रहा था, है ना?

दरअसल इस पहेली की एक और कड़ी थी। यह कड़ी मेरे हाथ तब लगी, जब मैं इतना तनावग्रस्त रहा करता था कि मेरे लिए अपना दिन गुज़ारना भी एक मुश्किल काम था। मैंने एक नया व्यवसाय शुरू किया था, जो असफल हो रहा था और उसी दौरान मेरे युवा भतीजे की एक हादसे में दर्दनाक मौत हो गई थी। अपनी व्यक्तिगत और दैनिक समस्याओं को लगातार झेलने का परिणाम यह हुआ कि हफ्तों बीतने के बाद भी मैं ठीक से सो नहीं पा रहा था। मैं अक्सर इतना बेचैन हो जाता कि रात को 3 बजे उठकर बैठ जाता। उस वक्त सिर्फ एक ही चीज़ थी, जिससे मुझे थोड़ी शांति मिलती - इंटरनेट पर कुत्तों के नन्हें पिल्लों के वीडियो देखना। फिर सुबह-सुबह मैं किसी तरह बिस्तर छोड़ता और अपने दैनिक कार्यों में लग जाता। जब मैं बाथरूम में होता तो खुद को शीशे में देखने से बचता। दरअसल मैं उस सच्चाई का सामना नहीं करना चाहता था, जो शीशे के उस पार से मेरी ओर घूर रही होती: मैं बहुत बुरा दिखने लगा था, बुरा महसूस करने लगा था और अब मुझे दुनिया का सामना करने में भी घबराहट होने लगी थी।

एक बार बेचैनी के चलते आधी रात को उठने के बाद नन्हें पिल्लों के वीडियो देखकर भी मेरे मन को शांति नहीं मिली। अगली सुबह मैंने झिझकते हुए खुद को शीशे में देखा और सोचा, हो सकता है कि आज का दिन ऐसा हो कि सब कुछ खत्म हो जाए। एक ऐसा दिन, जिसमें मुझे सिर्फ असफलताएँ नहीं बल्कि पूरी तरह तोड़कर रख देनेवाली नाकामियाँ हासिल हों।

इसके बाद मेरा सुबह का रूटीन शुरू हुआ। मैंने अपने दाँत साफ करने के लिए फ्लॉस उठाया और खुद से कहा, 'भले ही आज का मेरा दिन असफलताओं से भरा रहे, लेकिन फिर भी मैं पूरी तरह असफल नहीं होऊँगा। कम से कम आज मैं अपना एक दाँत तो साफ कर रहा हूँ।

यह सोचकर मेरे चेहरे पर मुस्कान आ गई और शीशे में खुद को देखते हुए मैंने एक शब्द कहा : विजय!

फिर अचानक मुझे विजय का एहसास भी हुआ।

कुछ तो था, जो अचानक बदल गया। यह कुछ ऐसा था, जैसे सर्दी के मौसम में मेरे सीने में खासी जकड़न हो और फिर गर्माहट मिलने से मानों अचानक कुछ खुल गया हो और जकड़न कम हो गई हो। मैं शांत महसूस करने लगा और मेरे अंदर थोड़ी ऊर्जा का संचार भी हुआ। और मेरे मन में दोबारा इसी भावना का एहसास करने की चाहत पैदा हो गई।

लेकिन फिर मुझे चिंता हुई कि मैं यह एहसास खोता जा रहा हूँ। मैंने अपने प्यारे

भतीजे को हाल ही में खोया था और मुझे लगने लगा था, मानों मेरा जीवन बस किसी अंधेरे कुँए में गिरने ही वाला है और इतना सब होने के बाद भी आज अचानक अपने एक दाँत की फ्लॉसिंग करके मैं बेहतर महसूस करने लगा? क्या पागलपन है! भला दाँत की फ्लॉसिंग करके मैं बेहतर कैसे महसूस कर सकता हूँ?

अगर मैं एक व्यवहार वैज्ञानिक नहीं होता और इंसानी स्वभाव को लेकर बेहद उत्सुक प्रवृत्ति का नहीं होता, तो शायद खुद पर हँसता और इस विषय पर विचार करना बंद कर देता। लेकिन मैंने खुद से पूछा कि अपने एक दाँत की फ्लॉसिंग करके मैं बेहतर कैसे महसूस करने लगा? क्या ऐसा वाकई फ्लॉसिंग करने के चलते हुआ? या फिर शीशे में खुद को देखते हुए 'विजय!' शब्द का उच्चारण करने से ऐसा हुआ? या फिर मेरे चेहरे पर आई मुस्कान के कारण ऐसा हुआ?

उस दिन शाम को मैंने एक बार फिर इसे आज़माकर देखा। मैंने अपने एक दाँत की फ्लॉसिंग की, शीशे में खुद को देखकर मुस्कुराया और बोला, 'विजय!' फिर मैं हर रोज यह दोहराने लगा : एक दाँत की फ्लॉसिंग करना और शीशे में खुद को देखकर विजय की घोषणा करना। हालाँकि मेरे जीवन में मुश्किलें अब भी आती थीं। लेकिन चाहे जो भी हो, मैं हर रोज ये करके अच्छा महसूस करने में सफल रहा – जो सचमुच एक उल्लेखनीय बात थी।

मेरा नुस्खा : छोटी–छोटी आदतों की पद्धति

स्थिरक क्षण	छोटा व्यवहार	जश्न मनाना
ब्रश करने के बाद...	अपने दाँत की फ्लॉसिंग करूँगा...	इस आदत को अपने दिमाग में स्थापित करने के लिए मैं तत्काल: 
आपके जीवन का एक मौजूदा रूटीन जो आपको छोटा व्यवहार (यानी आपकी नई आदत) करने की याद दिलाएगा।	आपकी नई मनचाही आदत, जिसे बेहद छोटा – और बेहद आसान बनाने के लिए आप उसकी मात्रा घटा देते हैं।	कोई ऐसा कार्य, जिसे आप अपने अंदर सकारात्मकता की भावना पैदा करने के लिए करते हैं। (इस भावना को रौनक कहते हैं।)

उस समय मुझे ये नहीं पता था कि 'जश्न मनाना' मेरे लिए कारगर क्यों रहा, लेकिन मुझे एक महत्वपूर्ण बदलाव ज़रूर दिख रहा था। मैंने अपनी अन्य नई आदतों के साथ भी विजय की घोषणा करना शुरू कर दिया। मैंने पाया इस तरह ये नई आदतें,

उन आदतों के मुकाबले जल्दी स्थापित हो जाती हैं, जिनका मैंने जश्न नहीं मनाया। इसलिए मैंने जश्न मनाने के कुछ नए तरीके आज़माने की कोशिश की, जैसे खुद को थम्ब्स-अप करना या मुट्ठी बाँधकर हवा में लहराते हुए खुद से कहना, 'कमाल कर दिया!'

मैंने चुपचाप जश्न मनाने के तरीके भी ढूँढ़ लिए : मैं सिर्फ मुस्कुराते हुए अपने मन में ही 'वाह!' कहकर अपने अंदर सफलता की भावना जगा लेता था।

जब सन 2011 में मैंने छोटी-छोटी आदतों की पद्धति को दूसरों से साझा करना शुरू किया, तो जश्न मनाने को मैंने इसका हिस्सा बना दिया। मैंने यह स्पष्ट नहीं किया कि मैं इस पद्धति को आजमानेवालों से ये कराना क्यों चाहता हूँ। मैंने सिर्फ इतना कहा, 'अपनी नई आदत पर अमल करने के बाद, जश्न मनाएँ।'

बाद में, छोटी-छोटी आदतों की पद्धति सिखानेवालों को प्रशिक्षित और प्रमाणित करते हुए मैंने सीखा कि हर किसी के लिए इस तरह जश्न मनाना सहज नहीं होता बल्कि कुछ लोग तो इससे असहज हो जाते हैं। (कोई बात नहीं, हम इस विषय पर बाद में चर्चा करेंगे।)

जश्न कैसे मनाना है, इस बारे में मेरे स्पष्ट निर्देशों के बावजूद कुछ लोग ठीक से ऐसा नहीं कर पाते। उन्हें लगता कि शायद जश्न मनाना वैकल्पिक है या शायद कुछ ज़्यादा ही अस्वाभाविक है। यहाँ तक कि ऐसे पेशेवर लोग, जो मेरी इस पद्धति को गहनता से सीख रहे थे, वे भी जश्न मनाने को गंभीरता से नहीं लेते थे। इसलिए मैं इस पर ज़्यादा ज़ोर देने लगा क्योंकि मुझे लगातार इस बात का गहन विश्वास होता जा रहा था कि अच्छा महसूस करना, आदतों के निर्माण का सर्वश्रेष्ठ तरीका है। मैं जानता था कि जिन लोगों ने जश्न मनाने की यह तकनीक खुले दिल से अपनाई है, वे आदतों का निर्माण तुरंत करने के मामले में सबसे ज़्यादा सफल रहे थे। इससे भी बड़ी बात ये कि जो लोग जश्न मनाते थे, उन्होंने मुझे बताया कि वे ये देखकर बड़े हैरान हैं कि कैसे एक छोटी सी चीज़ से इतना बड़ा फर्क पड़ता है। लोगों ने बताया कि वे अपनी नई आदतों पर अमल करने की राह देखते रहते हैं, वह भी सिर्फ इसलिए ताकि उनका जश्न मना सकें। इनमें से कुछ लोगों ने तो मुझसे यह तक पूछा कि 'इस तरह जश्न मनाने की राह देखना कहीं पागलपन तो नहीं? (जी नहीं, यह तो बड़ा अच्छा संकेत है।)

व्यवहार संचरना के चरण

चरण १: आकांक्षाएँ स्पष्ट करें

चरण २: व्यवहार विकल्पों का पता लगाएँ

चरण ३: स्पष्ट व्यवहारों के साथ मिलान करें

चरण ४: छोटी शुरुआत करें

चरण ५: एक अच्छा संकेत ढूँढ़ें

चरण ६: सफलताओं का जश्न मनाएँ

मैं जश्न मनाने को लेकर इतना अडिग क्यों हूँ? इसका जवाब देने के लिए मुझे छोटी-छोटी आदतों की पद्धति के अपने शुरुआती दिनों में वापस जाना होगा।

मैंने छोटी-छोटी आदतों की पद्धति को लोगों से साझा करना शुरू किया और कुछ ही दिनों बाद मुझे एक ऐसा अनुभव हुआ, जिसे मैं कभी नहीं भूल सकता। मुझे रॉन्डा नामक एक महिला का ई-मेल मिला। उसने मुझे धन्यवाद देने के लिए ई-मेल किया था। उसने लिखा था कि मेरी जश्न मनाने की तकनीक ने उसके जीवन पर बड़ा गहरा प्रभाव डाला था। वह ये देखकर हैरान थी कि आखिरकार अब उसे अपनी क्षमताओं का एहसास हो रहा है और इसके चलते वह बहुत आशावान महसूस कर रही थी। मेरी इस पद्धति का अभ्यास शुरू करने के बाद उसे एहसास हुआ कि वह जीवनभर मन ही मन खुद को बुरा-भला कहती आई है।

रॉन्डा से यह अंतर्दृष्टि पाकर मैं हैरान भी था और उत्साहित भी। इससे प्रभावित होकर मैंने छोटी-छोटी आदतों की पद्धति और जश्न मनाने की शक्तिशाली तकनीक दूसरों के साथ साझा करने का दृढ़ संकल्प लिया। मैंने अपने इस कोर्स में एक महत्वपूर्ण बदलाव किया, जिसका पूरा श्रेय रॉन्डा को ही जाता है : छोटी-छोटी आदतों के अपने प्रोजेक्ट को रिसर्च तक सीमित रखने के बजाय, आगे ले जाना ज़रूरी था। अब इसे एक वैश्विक माध्यम की ज़रूरत थी।

अपनी इस खोज में और प्रभावी ढंग से आगे बढ़ने के लिए मैंने और ज़्यादा सीखने का निश्चय किया। मैं यह पता लगाना चाहता था कि 'विजय!' जैसा एक

छोटा सा शब्द बोलने से इतना फर्क क्यों पड़ता है और जश्न मनाने से मेरी अपनी फ्लॉसिंग की आदत फौरन पक्की क्यों हो गई?

इन सवालों का जवाब जानने के लिए मैं जश्न मनाने की तकनीक हज़ारों लोगों को सिखाता रहा और हर सप्ताह इसके प्रभाव का मूल्यांकन करता रहा। मैंने दैनिक जीवन में भी यह बात गौर की कि कैसे कुछ लोग – जिनमें विश्वस्तरीय एथलीट भी शामिल थे – बड़ी सहजता से अपनी सफलता का जश्न मनाते हैं। मैंने वैज्ञानिक साहित्य को गहनता से खंगालना शुरू किया और पाया कि आज तक किसी ने भी इसका अध्ययन नहीं किया है। हालाँकि मुझे इससे संबंधित कुछ अवधारणाओं के बारे में ज़रूर पता चला। अगले कुछ सालों तक इन्हें आपस में गूँथने के बाद आखिरकार मुझे मेरा जवाब मिल गया।

जब आप प्रभावी ढंग से जश्न मनाते हैं, तो अपने दिमाग के रिवॉर्ड सर्किट (पुरस्कार परिपथ) को सक्रिय कर देते हैं। सही समय पर अच्छा महसूस करके आप अपने दिमाग को अभी-अभी किए गए अपने व्यवहारों के अनुक्रम की पहचान करने और उन्हें संकेतों के रूप में स्थापित करने के लिए मज़बूर कर देते हैं। दूसरे शब्दों में कहें, तो आप जश्न मनाकर और उस पर खुद बल देकर अपने दिमाग को आदत का निर्माण करने के लिए मज़बूर कर सकते हैं। मैंने अपनी रिसर्च में पाया कि आज तक न तो कभी इस तकनीक को कोई नाम दिया गया है, न ही इसकी व्याख्या की गई है और न ही इसका अध्ययन किया गया है। मुझे एहसास हुआ कि जश्न मनाने की तकनीक का अध्ययन करके और उसे दूसरों को सिखाकर मैं लोगों को बेहतर बनाने के मामले में कुछ ऐसा कर रहा था, जो इससे पहले कभी किसी ने नहीं किया था।

अब समय आ गया था कि 'अच्छा महसूस करने' का स्वागत किया जाए।

सकारात्मक अनुभव आदतों को और मज़बूत बनाते हैं

जब एक नन्हा बच्चा चलना सीखता है और अपना पहला कदम आगे बढ़ाता है, तो उसकी खुशी हर माता-पिता को जिंदगीभर याद रहती है। यह एक ऐसी कहानी है, जिसकी रूप-रेखा भले बदलती रहे, पर कथानक हमेशा एक ही रहता है। एक नन्हा सा बच्चा, मेज या कुर्सी का सहारा लेते हुए अपने पैरों पर खड़ा होता है। उसे गिरने से बचाने के लिए उसकी माँ कुछ ही फीट आगे खड़ी होती है। वह नज़रें उठाकर अपनी माँ को पलभर के लिए देखता है। वह लड़खड़ा रहा होता है पर उसकी आँखों में एक चमक दिखाई दे रही होती है। हो सकता है कि उस समय उस बच्चे का पिता सोफे पर बैठकर इस यादगार पल को कैमरे में कैद कर रहा हो। दोनों माता-पिता कई दिनों से बच्चे को चलने के लिए प्रोत्साहित कर रहे थे और आज वह दिन आ गया था, जिसका उन्हें इंतजार था। आखिरकार बच्चा पूरी हिम्मत जुटाकर उस कुर्सी से

अपना एक हाथ हटा लेता है, जिसे पकड़कर वह खड़ा हुआ था। माँ अपने दोनों हाथ आगे बढ़ा देती है और कहती है, 'शाबाश बेटा! आगे बढ़ो! तुम कर सकते हो!'

बच्चा अपना पहला कदम आगे बढ़ाता है, फिर दूसरा कदम बढ़ाता है और फिर तीसरा कदम बढ़ाते ही उसकी माँ उसे गोद में उठा लेती है।

वाह! शाबाश बेटा! देखो, आज तुमने चलना शुरू कर दिया!'

इस पूरे वाक्ये को अपने फोन पर रिकॉर्ड कर रहा पिता, फोन छोड़कर उठता है और बच्चे को गले से लगा लेता है। शायद वह उसे गोद में लेकर चारों ओर घुमाता है और बच्चा खिलखिलाता रहता है।

चलना एक ऐसा व्यवहार है, जो तब तक दोहराया जाता है, जब तक यह आपकी प्रकृति न बन जाए। और माता-पिता चलना शुरू कर रहे अपने बच्चों के लिए खुश होकर ताली बजाते हैं। दुनिया के हर माता-पिता की सहज प्रतिक्रिया यही होती है और इससे एक उद्देश्य भी पूरा होता है: सही समय पर जश्न मनाने से उनके नन्हें बच्चे को जल्दी सीखने में मदद मिलती है।

सीखने से मेरा मतलब पहाड़े याद करने से नहीं है। मनोविज्ञान में सीखना वह प्रक्रिया है, जिससे आपका दिमाग व्यवहार में बदलाव करने में आपकी सहायता करता है। इन बदलावों का क्रमिक-विकास संबंधी लक्ष्य है: हमें अपने अस्तित्व को बनाए रखने, विकास करने और प्रजनन करने में और अधिक सक्षम बनाना।

निरंतर सकारात्मक अनुभव नए व्यवहार को मज़बूत बनाते हैं, जो धीरे-धीरे आदतन प्रतिक्रिया में तब्दील हो जाता है। उदाहरण के लिए ऐसी कोई भी चीज़ जो आपके लिए फौरी तौर पर आनंददायक होती है, किसी व्यवहार को मज़बूत बना सकती है और भविष्य में वही व्यवहार करने की आपकी संभावना को बढ़ा देती है। इसीलिए इस मामले में खाने-पीने की चीज़ें एक शक्तिशाली औज़ार की तरह काम करती हैं। चाहे आप अपने पालतू कुत्ते को अपने निर्देशों पर बैठना या दौड़ना वगैरह सिखाने की कोशिश कर रहे हों या फिर शुरुआती पीरियड्स में नाश्ता देकर छात्रों को सही समय पर स्कूल पहुँचने के लिए प्रेरित कर रहे हों, खाने-पीने की चीज़ें न सिर्फ किसी व्यवहार को प्रेरित कर सकती हैं बल्कि किसी आदत को और मज़बूत भी बना सकती हैं।

कुछ साल पहले स्टैनफोर्ड यूनिवर्सिटी की मेरी लैब में हम देखना चाहते थे कि क्या हास्य का उपयोग रीसाइकलिंग (पुनर्चक्रण) को बढ़ावा देने का एक प्रभावी तरीका हो सकता है। हमने एक रीसाइकलिंग-बिन में ज़रा हेराफेरी करके उसमें एक ऑडियो प्लेयर लगा दिया। ताकि जब भी लोग उसमें कुछ डालें, तो उन्हें द सिम्प्संस

(एक मशहूर अमेरिकी टीवी कार्यक्रम) की कोई मजेदार ऑडियो क्लिप सुनने को मिले। फिर जब कोई व्यक्ति एक खाली सोडा कैन को रीसाइकलिंग-बिन में डालता, तो होमर (द सिम्प्संस का मुख्य किरदार) की आवाज में एक ऑडियो क्लिप बजने लगती, 'मार्ज, डाक आ गई है।' हमने इस रीसाइकलिंग-बिन को चुपचाप सैन जोस के एक व्यापार-मेले में लगा दिया और लोगों की प्रतिक्रियाओं का इंतजार करने लगे। जब भी लोग इस रीसाइकलिंग-बिन का उपयोग करते, तो ऑडियो क्लिप सुनकर हैरान रह जाते। कुछ लोग तो व्यापार-मेले में घूमते-फिरते हुए अपने आसपास किसी फालतू कागज के टुकड़े वगैरह ढूँढ़ने लगते ताकि उन्हें रीसाइकलिंग-बिन में डालकर कुछ और मजेदार ऑडियो क्लिप्स सुन सकें। वहीं कुछ लोग सिर्फ ऑडियो क्लिप्स सुनने के लिए रीसाइकलिंग-बिन का सामान बाहर निकालकर उसे वापस डालने लगे। क्या इस तरह का कोई बिन लोगों में रीसाइकलिंग की आदत विकसित कर सकता है? शायद हाँ। जो भी हो, इतना तो तय था कि हम सही रास्ते पर थे। हास्य से पैदा हुई सकारात्मक भावना व्यवहार को सचमुच मज़बूत बनाती है।

शारीरिक, भावनात्मक और मनोवैज्ञानिक परेशानी से राहत पाना भी एक सकारात्मक अनुभव है। मान लीजिए कि रात के तीन बज रहे हैं और आप एक बार फिर अनिद्रा से परेशान हैं। आप बेचैन हैं और काम के बारे में सोच रहे हैं। कल एक महत्वपूर्ण प्रोजेक्ट पूरा करने की डेडलाइन है और हर कोई काम में जुटा हुआ है। आप मैनेजर हैं और इस प्रक्रिया को चालू रखना आपकी जिम्मेदारी है। आप बिस्तर पर लेटे हुए इस बात को लेकर चिंतित हैं कि कल सुबह आपका मेल-बॉक्स कामकाज से जुड़े ढेरों ई-मेल्स से भरा होगा। इस विचार से ही आपको बेचैनी होने लगती है। आप करवट लेकर अपना फोन उठा लेते हैं और इनबॉक्स चेक करते हैं। शुक्र है, अभी तक कोई ऐसा ई-मेल नहीं आया है, जिसका जवाब तत्काल देने की ज़रूरत हो। आप ज़रा राहत महसूस करते हैं। यह एक सकारात्मक अनुभव है और अगली बार जब आधी रात को आपकी नींद खुलेगी, तो आप दोबारा यही अनुभव करना चाहेंगे। आप अपना इनबॉक्स चेक करते हैं और एक बार फिर राहत महसूस करते हैं। और फिर ई-मेल चेकर करना आपकी आदत बनने लगता है। अपने कुछेक कॉरपोरेट भाषण कार्यक्रमों में मैंने दर्शकों से पूछा कि क्या आपको यह अनुभव जाना-पहचाना सा लग रहा है? इसके जवाब में आमतौर पर करीब 30 फीसदी लोग सहमति जताते हुए अपना हाथ ऊपर कर देते थे। उन्होंने स्वीकार किया कि यह आदत उनके अंदर भी है। हालाँकि उन्हें अंदाजा भी नहीं था कि इसकी वजह सकारात्मक अनुभव से मिलनेवाली राहत है।

जैसे कुछ वीडियो गेम्स के शुरुआती लेवल्स को ऐसे डिजाइन किया जाता है, जिससे खेलनेवाले को महसूस हो कि वह बड़ी आसानी से सफल हो रहा है। इससे

आपके खेलने की उत्सुकता बनी रहती है। कैंडी क्रश नामक गेम को दो बिलियन बार डाउनलोड किया गया। यह एक आसान (और मुफ्त) मैचिंग गेम है, जिसे आप अपने मोबाइल पर खेल सकते हैं। इसका पहला लेवल बेहद आसान है। आप इसमें सफल हो रहे हैं, यह संकेत देने के लिए डिजाइनर्स ने इसमें कई तरह के मजेदार संवेदी अनुभव जोड़ दिए हैं। इसमें कई मजेदार झंकारें और सुखद विजुअल-इशारे दिए गए हैं। यहाँ तक कि जब आप एक निश्चित स्कोर तक पहुँच जाते हैं, तो आपको शाबाशी भी मिलती है। और इसका परिणाम क्या होता है? आप बहुत जल्द सफल महसूस करने लगते हैं – और फिर जब आपके पास एक मिनट का भी खाली समय होता है, आप खेलना शुरू कर देते हैं। क्यों? क्योंकि आप इस खेल में शाबाशी पाने योग्य हैं – और यह एक सुखद एहसास है।

हालाँकि ये सारे अनुभव आदत तक पहुँचने के विभिन्न सुखद रास्तों जैसे हैं, लेकिन इन सबमें एक बात समान है। सकारात्मक सुदृढ़ीकरण का अनुभव करने पर आपके दिमाग में जो होता है, वह कोई जादू नहीं है – बल्कि एक न्यूरोकेमिकल बदलाव है। सुखद भावनाएँ डोपामीन नामक एक न्यूरोट्रांसमीटर (दिमाग में मौजूद एक केमिकल मैसेन्जर) के निर्माण को बढ़ा देती हैं, जो दिमाग के रिवॉर्ड सिस्टम (पुरस्कार प्रणाली) को नियंत्रित करता है। और यह याद रखने में हमारी मदद करता है कि किस व्यवहार के कारण हमारे अंदर सुखद भावनाएँ पैदा हुईं ताकि हम वही व्यवहार दोबारा करें। डोपामीन की मदद से हमारा दिमाग कारक और प्रभाव के संबंधों को अंकित कर लेता है और इसी से भविष्य से की जानेवाली उम्मीदें पैदा होती हैं।

आप अपने दिमाग में एक घटना (जिसे न्यूरो साइंटिस्ट रिवॉर्ड प्रिडिक्शन एरर कहते हैं) तैयार करके इस रिवॉर्ड सिस्टम का उपयोग कर सकते हैं। यह कुछ ऐसे काम करता है- आपका दिमाग तमाम अनुभवों, ध्वनियों, गंधों और आपके आसपास की गतिविधियों का निरंतर मूल्यांकन और पुनर्मूल्यांकन करता रहता है। पिछले अनुभवों के आधार पर आपके दिमाग ने इस बारे में कई पूर्वानुमान लगा रखे होते हैं कि आप किसी स्थिति में क्या अनुभव करेंगे। जैसे आपका दिमाग पहले ही यह अनुमान लगा लेता है कि अगर आप अपना फोन कंक्रीट की फर्श पर गिरा देंगे, तो क्या होगा (ओह नहीं!)। इसी तरह आपका दिमाग आपके पसंदीदा रेस्त्रां के क्लैम सूप के स्वाद का पूर्वानुमान भी लगा लेता है (वाह!) लेकिन जब कोई अनुभव, आपके दिमाग द्वारा अपेक्षित पैटर्न से अलग होता है (ओह, कंक्रीट पर गिरने के बावजूद मेरा फोन नहीं टूटा) तब आप रिवॉर्ड प्रिडिक्शन एरर का सामना करते हैं और आपके दिमाग के न्यूरॉन्स अपेक्षित अनुभव में हुए इस बदलाव को अंकित करने के लिए डोपाइन के स्राव को आवश्यकता अनुसार समायोजित कर लेते हैं।

मान लीजिए, आपको हर रोज डायरी लिखने की आदत है। एक दिन आप लिखने के लिए एक नया पेन लेते हैं, जिसमें बैंगनी रंग की स्याही है। जैसे ही आप डायरी में लिखना शुरू करते हैं, आप गौर करते हैं कि यह नया पेन कागज पर बड़ी आसानी से चल रहा है; इससे लिखना इतना सहज लग रहा है, मानों अचानक आपके पास कोई सुपरपॉवर आ गया हो। फिर आपका ध्यान अपनी लिखावट पर जाता है, जो पहले से कहीं ज़्यादा सुंदर नज़र आ रही है। अब इस बैंगनी पेन से लिखना आपको किसी सफलता से कम नहीं लग रहा। यह आपके दिमाग के लिए हैरान करनेवाला अनुभव है - दरअसल यह एक रिवॉर्ड प्रिडिक्शन एरर है। उस क्षण आपकी इन भावनाओं के कारण आपके न्यूरॉन्स डोपामीन का स्राव करने लगते हैं, जो इस नए व्यवहार को फौरन एक ऐसी चीज़ के रूप में अंकित कर लेता है, जिसे आपको दोहराना चाहिए। इसी तरह जब अपने नन्हे बच्चे के चलना सीखने पर माता-पिता खुशी से चहकने लगते हैं, तब भी ठीक यही हो रहा होता है। माता-पिता की सकारात्मक प्रतिक्रिया देखकर बच्चे के दिमाग में डोपामीन का स्राव होता है और वह 'चलने' को एक ऐसी अच्छी चीज़ के रूप में अंकित कर लेता है, जिसे उसे निश्चित रूप से दोहराना चाहिए।

आदतों का निर्माण भावनाओं से होता है

कोई व्यवहार करने पर आप जो महसूस करते हैं और भविष्य में वह व्यवहार दोहराने की संभावना के बीच एक सीधा संबंध होता है। जब मैंने छोटी-छोटी आदतों की पद्धति पर शोध करके भावनाओं और आदतों के बीच के इस संबंध का पता लगाया, तो मैं इस बात से हैरान था कि आखिर मैं इस सच को पहले क्यों नहीं देख सका। किसी पहेली के जवाब की तरह यह अचानक बड़ा स्पष्ट और आसान लगने लगा। मैं हैरान था कि आखिर यह अंतर्दृष्टि पहले से ही सामान्य ज्ञान के रूप में प्रचलित क्यों नहीं है। बड़े लंबे समय से लोगों की यह मान्यता रही है कि आदतों का निर्माण दोहराव करने से होता है। इस मान्यता का केंद्र हमेशा ये बात रही है कि आदत के निर्माण के लिए उसे कितने दिनों तक दोहराना ज़रूरी होगा। आज भी आदतों के बारे में लिखनेवाले कुछ मशहूर ब्लॉगर्स दोहराव या निरंतरता को आदत निर्माण करने की कुंजी की तरह प्रस्तुत करते हैं। आप बस ये याद रखें कि ऐसा करके वे दरअसल पुराने, घिसे-पिटे विचारों को नया जामा पहनाकर प्रस्तुत कर रहे हैं और उन्होंने कोई ऐसा शोध नहीं किया है, जिससे अभूतपूर्व परिणाम सामने आए हों।

मैंने अपने शोध में पाया कि आदतें बहुत जल्दी निर्मित हो सकती हैं। आमतौर पर आदत के निर्माण में बस कुछ ही दिन लगते हैं, बस उस व्यवहार के साथ कोई मज़बूत सकारात्मक भावना जुड़ी होनी चाहिए। वास्तव में, कुछ आदतें तो ऐसी होती

हैं कि आपके दिमाग में फौरन स्थापित हो जाती हैं: एक बार कोई व्यवहार करना और फिर दोबारा उसकी जगह किसी और विकल्प पर विचार भी न करना। बस, इस तरह आप एक त्वरित आदत निर्मित कर लेते हैं। उदाहरण के लिए, आप अपनी किशोर बेटी को एक मोबाइल लाकर देते हैं। मोबाइल उपयोग करने पर आपकी बेटी के मन में पैदा होनेवाली भावनात्मक प्रतिक्रिया उसके दिमाग में फौरन मोबाइल के उपयोग की आदत को स्थापित कर देगी। इसके लिए किसी दोहराव की ज़रूरत नहीं होगी।

जब मैं लोगों को इंसानी व्यवहार के बारे में सिखाता हूँ, तो इस बिंदु को स्पष्ट करने के लिए सिर्फ सात शब्दों की ज़रूरत पड़ती है: आदतों का निर्माण भावनाओं से होता है। न दोहराव, न निरंतरता और न ही कुछ और। सिर्फ भावनाएँ!

जब आप अपने या दूसरों के लिए आदतें निर्मित कर रहे होते हैं तो वास्तव में आप भावनाओं पर काम कर रहे होते हैं।

अब जरा इस बारे में विचार करें कि कैसे इंस्टाग्राम इसी चीज़ का लाभ उठाता है। आप एक तस्वीर लेते हैं और इंस्टाग्राम आपके लिए उस तस्वीर पर एक फिल्टर लगाना बेहद आसान बना देता है। जब आप तरह-तरह के फिल्टर्स आजमाकर देखते हैं, तो वह तस्वीर आपकी आँखों के सामने किसी जादुई चीज़ की तरह अपना रूप बदलती है। फिर आपकी वह तस्वीर, सिर्फ एक साधारण सी तस्वीर नहीं रह जाती। फिर जब आप उसे इंस्टाग्राम पर पोस्ट करते हैं, तो आपको लगता है कि आप एक अनूठी कलात्मक रचना को लोगों से साझा करने जा रहे हैं। संभवत: आप अपने इस कौशल से प्रभावित या आश्चर्यचकित भी महसूस कर रहे होते हैं। जब ऐसा होता है, तो आपका दिमाग डोपामीन का स्राव करता है। इसीलिए आप बार-बार इंस्टाग्राम उपयोग करने का अवसर ढूँढ़ते रहते हैं क्योंकि इससे आपको अच्छा महसूस होता है।

बात जब व्यवहार की हो, तो निर्णय और आदत एक-दूसरे से विपरीत होते हैं। निर्णय लेने के लिए सोच-विचार करने की ज़रूरत होती है, जबकि आदतों के मामले में ऐसा नहीं है। जैसे शायद आप हर रोज सुबह यह निर्णय लेते होंगे कि आज आपको क्या पहनकर ऑफिस जाना है। लेकिन ज़्यादातर लोगों को इस बारे में कोई निर्णय लेने की ज़रूरत नहीं पड़ती कि वे घर से निकलते समय अपना फोन साथ लेकर जाएँगे या नहीं। वे बस फोन लेकर घर से निकल जाते हैं। इसके लिए उन्हें कोई सोच-विचार करने की ज़रूरत नहीं पड़ती। यह व्यवहार स्वचालित होता है।

निर्णयों और आदतों के बीच के अंतर को समझाने के लिए मैंने एक आसन मॉडल तैयार किया है। इसे मैं स्पेक्ट्रम ऑफ ऑटोमैटिसिटी (स्वचालितता का वर्णक्रम) कहता हूँ।

व्यवहार कितना स्वचालित है?

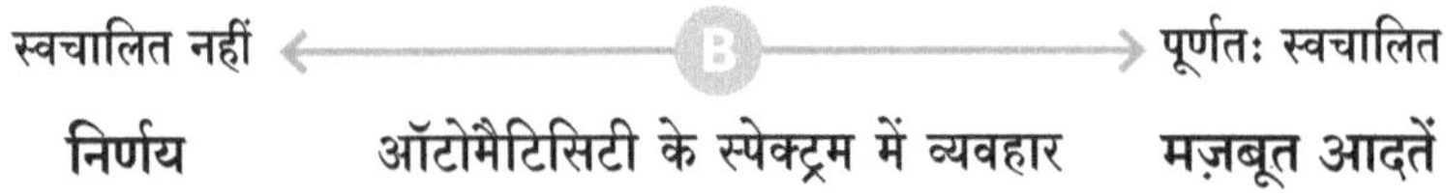

स्पेक्ट्रम के बाईं ओर वे व्यवहार हैं, जो स्वचालित नहीं हैं। वे निर्णय या सोच-समझकर चुने गए विकल्प हैं। दाईं ओर मज़बूत आदतें हैं यानी ऐसे व्यवहार, जिन्हें करने के लिए आपको सोच-विचार करने की ज़रूरत नहीं होती, जैसे लिखने के लिए पेंसिल पकड़ना या अपने जूतों के फीते बाँधना। स्पेक्ट्रम के बीचों-बीच में बना चक्र उस व्यवहार को प्रदर्शित करता है, जिसे करने के लिए आपको थोड़ा-बहुत सोच-विचार करना पड़ता है। इसलिए इसे पूरी तरह स्वचालित नहीं कहा जा सकता। अगर आप वह व्यवहार करते हैं, जो इस स्पेक्ट्रम के बीचों-बीच है और उस पर आपकी प्रतिक्रिया भावनात्मक है - यानी व्यवहार करते समय या उसके तुरंत बाद आपको एक सकारात्मक एहसास होता है - तो वह व्यवहार इस स्पेक्ट्रम में दाईं ओर चला जाता है और अपेक्षाकृत अधिक स्वचालित हो जाता है।

भावनाएँ व्यवहार को अधिक स्वचालित बना देती हैं

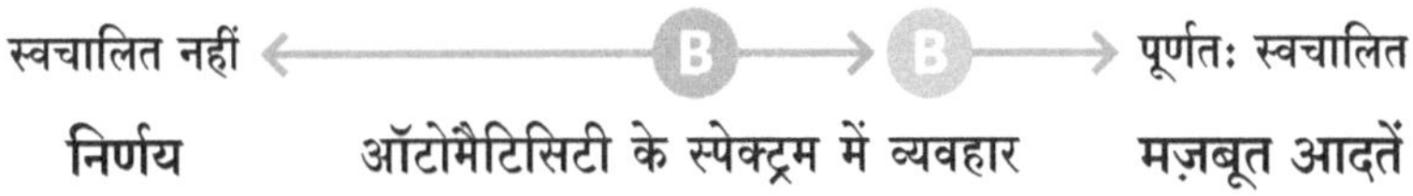

अब ज़रा इस उदाहरण पर विचार करें: ऊबर कैब या आम टैक्सी में से किसी एक का चुनाव करना। जब आपने पहली बार अपने लिए ऊबर कैब बुक की होगी, तो संभवत: आपने आम टैक्सी का उपयोग करने के मुकाबले इसके फायदों और नुकसान पर विचार किया होगा और इसके बाद अपना निर्णय लिया होगा। इस बात की पूरी संभावना है कि ऊबर कैब उपयोग करने का आपका अनुभव बढ़िया रहा होगा। वैसे भी ऊबर बुक करना इतना आसान है, मानों इसके लिए आपको कुछ करने की ज़रूरत ही न हो। मैंने जब पहली बार ऊबर कैब का उपयोग किया, तो बड़ा खुश हुआ। मैंने अपने फोन पर कुछ बटन दबाए और ऐसा लगा मानों दंत कथाओं में प्रचलित जादुई कालीन एक शानदार और आरामदायक यात्रा का अनुभव देने के लिए मेरे सामने आ गया हो। सचमुच कमाल! यह मेरी अपेक्षा से कहीं बेहतर निकला।

अगली बार जब मुझे टैक्सी की ज़रूरत पड़ी, तो मैंने इस बारे में शायद ही कोई सोच-विचार किया हो कि मुझे अपने गंतव्य तक जाने के लिए किसका उपयोग

करना है। मैंने आम टैक्सी के बारे में सोचा तक नहीं। यानी मुझे कोई निर्णय लेने की ज़रूरत ही नहीं पड़ी। मैंने तो बस अपने फोन पर ऊबर का एप खोला और कुछ बटन दबाए। जी हाँ, यह आदत बड़ी जल्दी निर्मित हो गई: बस एक बार किया और हो गया। हालाँकि अधिकांश व्यवहार ऐसे होते हैं, जिन्हें निर्णय से आदत में तब्दील होने में इससे ज़्यादा समय लगता है पर मुझे उम्मीद है कि अब आप मेरी बात का मर्म समझ गए होंगे।

यह तथ्य है कि आदतों का निर्माण भावनाओं से होता है, अच्छा भी है और बुरा भी। आइए मैं इसके बुरे पहलू से शुरुआत करता हूँ।

आदतों के निर्माण की संपूर्ण प्रक्रिया 'अच्छी' आदतों के लिए भी ठीक वैसी ही होती है, जैसी 'बुरी' आदतों के लिए। आपके दिमाग को इस बात की कोई परवाह नहीं कि आधी रात को उठकर केक खाना एक ऐसा व्यवहार है, जो स्वास्थ्य के लिए अच्छा नहीं होता। उसे तो वह आनंद चाहिए, जो केक खाने पर मिलता है। ऐसे कई व्यवहार हैं (जैसे वीडियो गेम खेलना), जिन्हें करना आपको अच्छा लगता है और फिर वे धीरे-धीरे आदत में तब्दील हो जाते हैं। जबकि ऐसी आदतों से दूर रहना ही बेहतर होता है। कहने का अर्थ है कि आपके दिमाग का रिवॉर्ड सिस्टम सीधे तौर पर भावनाओं से ज़्यादा प्रभावित होता है और इस बात से कम कि किस चीज़ को 'अच्छा' या 'बुरा' माना जाता है। इंसान होने के तौर पर हम बहुत गहन रूप से भावनाओं से बँधे होते हैं, इसीलिए हममें से ज़्यादातर लोग आमतौर पर अपनी आदतों के गुलाम होते हैं – जिनमें कुछ मनचाही आदतें होती हैं और कुछ अनचाही।

अच्छी खबर ये है कि अपने दिमाग की केमिस्ट्री के मामले में हम लाचार नहीं हैं। हमारा दिमाग किस तरह काम करता है, इसके बारे में हमें जितनी भी जानकारी है, उसका उपयोग करके हम अपने दिमाग से वह करवा सकते हैं, जो हम करना चाहते हैं।

पर कैसे? अपने अंदर मनचाही आदतों को स्थापित करने के लिए जानबूझकर भावनाएँ पैदा करके हम ऐसा कर सकते हैं। जब हम अपने दिमाग के प्राचीन व्यवहार परिपथों को नियंत्रित कर लेते हैं, तो सीखने और बदलाव करने संबंधी हमारी अद्भुत इंसानी क्षमता के रास्ते स्वत: ही खुल जाते हैं। हमारे पास यह अवसर होता है कि हम अच्छा महसूस करने और व्यवहार में बदलाव लाने के लिए उस दिमागी तंत्र का उपयोग करें, जो हमारे पास पहले से मौजूद है।

अपने दिमाग में किसी आदत को स्थापित करने के लिए आप कई किस्म के सकारात्मक सुदृढ़ीकरण का उपयोग कर सकते हैं। लेकिन अपने शोध और शिक्षण में मैंने पाया है कि सफलता की भावना पैदा करना इसका सबसे कारगर विकल्प है।

जश्न मनाना आदतें निर्मित करने में सबसे कारगर क्यों है

जश्न मनाना वह सकारात्मक भावना पैदा करने का सर्वश्रेष्ठ तरीका है, जो आपकी नई आदत को आपके दिमाग में स्थापित करती है। यह मुफ्त है, तेज है और हर व्यक्ति को उपलब्ध है, चाहे उसका रंग, आय या व्यक्तित्व जो भी हो। इसके अलावा, जश्न मनाने से हम ये भी सीखते हैं कि अपने साथ अच्छी तरह कैसे पेश आएँ - एक ऐसा कौशल जिसके लाभ बहुत बड़े हैं।

लेकिन इससे पहले कि आप जश्न मनाने की तकनीक और उन चीज़ों को एक समान मान लें, जो आपने रिवॉर्ड (पुरस्कार) के बारे में सुनी हैं, आइए एक कदम पीछे चलते हैं।

तो ये रहे रिवॉर्ड (पुरस्कार) के बारे में मेरी ओर से दो शब्द। अच्छा चलिए, दो शब्द नहीं बल्कि थोड़ी बड़बड़।

कई तथाकथित आदत-विशेषज्ञ इस विचार पर काफी बल देते हैं कि किसी नई आदत को रिवॉर्ड (पुरस्कार) द्वारा प्रेरित किया जा सकता है। दरअसल ऐसा करके ये विशेषज्ञ बस सच्चाई के चारों ओर गोल-गोल चक्कर काट रहे हैं। क्योंकि इसमें कोई दोराय नहीं कि रिवॉर्ड (पुरस्कार) प्राप्त करने की प्रेरणा ही रिवॉर्ड सर्किटरी (पुरस्कार परिपथ-तंत्र) को सक्रिय करती है। लेकिन जैसा कि अकादमिक दुनिया से लोक-विज्ञान की दुनिया में आनेवाले हर शब्द के साथ होता है, रिवॉर्ड (पुरस्कार) शब्द का अर्थ भी इस हद तक दूषित हो गया कि कई मामलों में इसका उपयोग करना न सिर्फ निरर्थक बल्कि भ्रामक तक हो गया है।

मान लीजिए आपने प्रण लिया है कि अगले दो सप्ताह तक आप हर रोज दौड़ेंगे और दो सप्ताह पूरे होने के बाद आप खुद को रिवॉर्ड के रूप में एक संदेश देंगे। आप खुद से कहेंगे, 'बहुत बढ़िया!' क्योंकि इन संदेशों से हम सभी को लाभ होता है। लेकिन मैं कहना चाहूँगा कि आपका ये संदेश कोई रिवॉर्ड नहीं बल्कि सिर्फ एक इन्सेटिव (प्रोत्साहन) है।

व्यवहार विज्ञान के क्षेत्र में रिवॉर्ड का अर्थ होता है, किसी व्यवहार से सीधे तौर पर जुड़ा ऐसा अनुभव, जो दोबारा वह व्यवहार करने की संभावना बढ़ा दे। इसमें यह बात भी बहुत महत्वपूर्ण है कि रिवॉर्ड कब दिया जाएगा। वैज्ञानिक दशकों पहले ही यह जान चुके थे कि रिवॉर्ड या तो व्यवहार करने के दौरान या फिर व्यवहार करने के तुरंत बाद मिल जाना चाहिए। हमारे दिमाग में डोपामीन का स्राव और संसाधन बहुत तेजी से होता है। जिसका अर्थ ये है कि आपको किसी आदत के निर्माण के लिए अपने अंदर अच्छी भावनाएँ फौरन पैदा करनी होंगी।

जैसे सेल्स करने पर प्रोत्साहन के रूप में बोनस या प्रशंसाभरे मासिक संदेश मिलना आपको प्रेरित ज़रूर कर सकता है, लेकिन यह आपके दिमाग में उस व्यवहार को स्थापित नहीं कर सकता। ऐसे प्रोत्साहन इतनी देर से मिलते हैं कि इनसे आपको डोपामीन की वह महत्वपूर्ण खुराक नहीं मिल पाती, जो आपके अंदर किसी नई आदत को स्थापित करने के लिए ज़रूरी है। सुबह-सुबह तीन स्क्वाट्स (एक प्रकार का व्यायाम) करना और उसके लिए रिवॉर्ड के रूप में शाम को एक फिल्म देखना कारगर नहीं होगा। क्योंकि स्क्वाट्स करने और फिल्म देखने से महसूस होनेवाली सकारात्मक भावना के बीच इतने घंटों की दूरी है कि व्यवहार और डोपामीन के स्राव के बीच कोई जुड़ाव संभव ही नहीं हो सकेगा।

आप जो न्यूरोकेमिकल प्रतिक्रिया पाने की कोशिश कर रहे हैं, वह न सिर्फ समय पर आश्रित है बल्कि बहुत व्यक्तिगत भी होती है। जो चीज़ किसी एक व्यक्ति के अंदर सकारात्मक भावनाएँ जगाती है, ज़रूरी नहीं कि वह सभी के अंदर वैसी ही भावनाएँ जगा सके। जैसे, हो सकता है कि आपके बॉस को कॉफी की खुशबू बड़ी पसंद हो और जब वह किसी कॉफी शॉप में कदम रखता हो, तो वहाँ की खुशबू से उसके अंदर सकारात्मक भावनाएँ जागती हों और ये तात्कालिक भावनाएँ उसके अंदर बार-बार कॉफी शॉप जाने की आदत निर्मित कर दें। लेकिन हो सकता है कि आपकी सहकर्मी को कॉफी की खुशबू पसंद न हो और उसका दिमाग कॉफी पर आपके बॉस जैसी प्रतिक्रिया न देता हो।

एक वास्तविक पुरस्कार - यानी कुछ ऐसा जो आदत का निर्माण कर सके - एक ऐसा लक्ष्य है, जिसे साधना आपकी कल्पना से कहीं ज़्यादा मुश्किल होता है।

मैं अपने शोध और शिक्षण कार्य में सटीकता को बहुत महत्त्व देता हूँ। मेरी कोशिश रहती है कि मैं हमेशा ऐसे शब्दों का उपयोग करूँ, जिनका अर्थ सटीक और स्पष्ट हो। चूँकि हमारी रोज़मर्रा की भाषा में उपयोग होने के कारण रिवॉर्ड (पुरस्कार) शब्द का अर्थ दूषित हो चुका है, इसलिए मैं इसकी स्पष्ट परिभाषा दिए बिना इसका उपयोग नहीं करता। वास्तव में आज इस शब्द का अर्थ इतना अस्पष्ट हो चुका है कि इसका उपयोग करना अंततः व्यर्थ ही है।

शब्दावली की इस समस्या के बावजूद मैं नहीं चाहता कि आप इस विषय को लेकर भ्रमित हों : आपके दिमाग में नई आदतों को स्थापित करने के लिए एक अंतर्निहित प्रणाली होती है और जश्न मनाकर आप इस प्रणाली का पूरा लाभ उठा सकते हैं।

जब आपको जश्न मनाने का एक ऐसा तरीका मिल जाता है, जो आपके लिए कारगर हो और फिर जब आप किसी नए व्यवहार के तुरंत बाद इस तरीके से जश्न

मनाते हैं, तो इस व्यवहार को भविष्य में अधिक स्वचालित बनाने के लिए आपका दिमाग इसके पैटर्न को फिर से स्थापित कर लेता है। लेकिन एक बार आदत निर्मित हो जाने के बाद जश्न मनाना अनिवार्य नहीं रह जाता। किसी आदत का जश्न हमेशा मनाने की कोई ज़रूरत नहीं है। हालाँकि कुछ लोग जश्न मनाने को उस आदत का हिस्सा बना लेते हैं और उसके लिए जश्न मनाना जारी रखते हैं। वे ऐसा इसलिए करते हैं क्योंकि इससे उन्हें अच्छा महसूस होता है और इसके कई सकारात्मक प्रभाव भी होते हैं।

एक और बात, जिसे याद रखना ज़रूरी है कि जश्न मनाना आदत के लिए खाद का काम करता है। किसी आदत का जितने बार जश्न मनाया जाता है, उस आदत की जड़ें उतनी ही ज़्यादा मज़बूत होती हैं। समय के साथ जब आप हर आदत का जश्न मनाते हैं, तो आपकी आदतों के पूरे बगीचे को खाद-पानी मिलता है। सफलता और आत्मविश्वास की भावनाएँ पैदा करके हम उन आदतों के लिए इस बगीचे की मिट्टी को और पोषक बना देते हैं, जिनके बीज हम बोना चाहते हैं।

फॉग का सिद्धांत – 2

इस किताब के दूसरे अध्याय में मैंने आपको सिद्धांत – 1 के बारे में बताया था: लोगों को वह करने में सहायता करें, जो वे पहले से करना चाहते हैं।

यह सिद्धांत कितना महत्वपूर्ण है, ये मुझे तब पता चला, जब मैंने बहुत से सफल उत्पादों और सेवाओं के बीच समानताओं का अध्ययन किया: इन सफल उत्पादों और सेवाओं ने लोगों को वह करने में सहायता की, जो वे पहले से करना चाहते थे। इसके बिना ये उत्पाद और सेवाएँ विफल हो जाते।

मैंने इसी अंतर्दृष्टि को व्यवहार में बदलाव लाने पर लागू किया, जो कारगर सिद्ध हुआ। सफलता तब आती है, जब हम वह करने में अपनी मदद करते हैं, जो हम पहले से करना चाहते हैं। जब आप सिद्धांत – 1 का पालन करते हैं और सुनहरे व्यवहार से अपना मिलान करते हैं, तो आपको अपनी प्रेरणा बनाए रखने के लिए ज़्यादा कोशिश करने की ज़रूरत नहीं पड़ती। फिर आप प्रेरणा रूपी लंगूर को अलविदा कहने और स्थाई बदलाव लाने में सक्षम हो जाते हैं।

समय आ गया है कि अब मैं सिद्धांत – 2 को आपसे साझा करूँ। यह भी हर लिहाज से सिद्धांत – 1 जितना ही महत्वपूर्ण है।

फॉग का सिद्धांत – 2 : लोगों को सफल महसूस करने में मदद करें

यह सिद्धांत सिर्फ आठ शब्दों का है, लेकिन बहुत महत्वपूर्ण है।

जरा ध्यान दें कि यह सिद्धांत आपसे ये नहीं कहता कि 'लोगों को सफल होने में मदद करें।' बल्कि इसका संबंध सफल महसूस करने से है।

हर वह सेवा और उत्पाद, जो आज फल-फूल रहा है, वास्तव में यही करता है। वह सफल महसूस करने में हमारी मदद करता है। जरा उन उत्पादों और सेवाओं पर नज़र डालें, जिन्हें आप पसंद करते हैं - ऑनलाइन खरीदारी से लेकर आपके कपड़ों और उन सारे एप्स तक, जिन्हें आप हर रोज गाड़ी चलाने, संवाद करने और गेम्स खेलने के लिए उपयोग करते हैं। आप देखेंगे कि उन सभी से आपको सफलता का एहसास मिल रहा है।

इंस्टाग्राम अपने शुरुआती दिनों में कई प्रतिस्पर्धियों से मुकाबला कर रहा था और अंततः मेरे पूर्व छात्र मिकी और उसके सह-संस्थापक दोस्त ने इस मुकाबले में जीत हासिल की क्योंकि उन्होंने लोगों को सफल महसूस करने में मदद करने के लिए सबसे आसान और सर्वश्रेष्ठ तरीका ढूँढ़ा था।

यदि किसी उत्पाद का उपयोग करके आप किसी अनाड़ी या बेवकूफ जैसा महसूस करते हैं, तो इस बात की पूरी संभावना है कि आप उसका उपयोग हमेशा के लिए बंद कर देंगे। पर जब किसी चीज़ के उपयोग से आप सफल महसूस करते हैं, तो आप उसे और अधिक चाहने लगते हैं। आप उससे जुड़ जाते हैं और उसे अपने जीवन का हिस्सा बना लेते हैं।

यह इस बात पर भी लागू होता है कि हम अपने जीवन में कोई बदलाव कैसे लाते हैं। छोटी-छोटी आदतों की इस पद्धति का संबंध आपको सफल महसूस कराने से ही है।

छोटी-छोटी आदतों की पद्धति के अनुसार जश्न कैसे मनाएँ

अपने दिमाग में फौरन और आसानी से किसी आदत की जड़ें जमाने के लिए : पहले उस पर व्यवहार अनुक्रम (स्थिरक - छोटा व्यवहार) के अनुसार अमल करें और फिर तत्काल जश्न मनाएँ।

कितना आसान है! है ना?

लेकिन जश्न मनाना आसान भी है और जटिल भी। तो आइए इस तकनीक की बारीकियों पर थोड़ी और चर्चा कर लेते हैं।

सबसे पहले तो, जब मैं ये कहता हूँ कि आपको व्यवहार के बाद फौरन जश्न मनाना है, तो मेरे कहने का मतलब बिलकुल स्पष्ट है, आपको बिना देर किए, फौरन जश्न मनाना है। क्योंकि फौरन जश्न मनाना, तेजी से आदत निर्मित करने के लिए

ज़रूरी कई चीज़ों में से एक चीज़ है।

दूसरी चीज़ है, भावना की तीव्रता, जो आप जश्न मनाते समय महसूस करते हैं। यह दोहरा मामला है: आपको व्यवहार करने के फौरन बाद जश्न मनाना है (यानी तात्कालिकता) और वह जश्न आपको सच्चा महसूस होना चाहिए (यानी तीव्रता)।

जब मैंने मूत्र-त्याग के बाद पुश-अप्स करना शुरू किया था, तो मैं जोश में आकर, अपनी दोनों मुट्ठियाँ बाँधकर उन्हें हवा में उठाता और खुद से कहता, 'बहुत बढ़िया।' यह जश्न मनाने का अच्छा तरीका था क्योंकि इससे मेरे अंदर फौरन एक सकारात्मक भावना पैदा हो जाती। हालाँकि हो सकता है कि कुछ लोगों को मेरा यह तरीका बचकाना, यहाँ तक कि मूर्खतापूर्ण लगे। पर कोई बात नहीं। बस यह याद रखिए कि बी जे फॉग का जश्न मनाने का यह तरीका आपके लिए उचित नहीं है।

जश्न मनाने के लिए जोरदार शारीरिक अभिव्यक्ति ज़रूरी नहीं है। चेहरे पर एक छोटी सी मुस्कान लाना या फिर खुद को शाबाशी देने के लिए अपने मन में दृढ़तापूर्वक कोई वाक्य कहना भी कारगर हो सकता है।

आप आज से ही अपनी यह खोज शुरू कर दें: ऐसे जश्नों का पता लगाएँ, जो आपको प्रामाणिक महसूस हों। अगर आप कोई जश्न मनाते समय अजीब महसूस करते हैं या फिर वह जश्न आपको दिखावा करने जैसा लगता है, तो आपकी सारी कोशिशें बेकार चली जाएँगी। आपका दिमाग अजीब महसूस करना नहीं चाहता - वह तो अच्छा महसूस करना चाहता है। जश्न मनाना एक व्यक्तिगत मसला है। इसलिए ये ज़रूरी नहीं है कि अच्छा (न कि बचकाना) महसूस करने का मेरा और आपका तरीका समान हो।

जश्न मनाने के इस दोहरे मामले का पहला हिस्सा - तात्कालिकता - आमतौर पर लोगों के लिए आसान होता है, लेकिन जश्न मनाने के एक ऐसे तरीके का पता लगाना, जो आपके अंदर सचमुच एक अच्छी भावना जगाए, कहीं ज़्यादा चुनौतीपूर्ण होता है। इसका समाधान संभवत: इंसान के व्यक्तित्व और उसकी संस्कृति पर निर्भर करता है। अपनी सफलता का जश्न मनाने की ओर कुछ लोगों का झुकाव स्वाभाविक रूप से ज़्यादा होता है। अगर आप एक उत्साही और आशावादी व्यक्ति हैं, तो संभवत: जश्न मनाना आपके लिए न सिर्फ आसान बल्कि मजेदार भी होगा। दरअसल, हो सकता है कि आप पहले अपनी सफलता का जश्न मनाते आ रहे हों पर आपने इसे कोई नाम न दिया हो। लेकिन अगर आप आत्म-आलोचना करनेवाले या ज़रा निराशावादी दृष्टिकोण रखनेवाले व्यक्ति हैं, तो संभवत: जश्न मनाना आपके लिए इतना सहज न हो।

मैंने यह भी पाया कि कुछ संस्कृतियों (ब्रिटिश और जापानी दोस्तों को मेरा

नमस्कार!) के लोग खुद अपना मज़ाक उड़ाने या अपनी आलोचना करने के मामले में ज़्यादा सहज होते हैं। ये विशेषता उन्हें आसानी से जश्न नहीं मनाने देती। हालाँकि आप कोई भी हों या कहीं से भी ताल्लुक रखते हों, लेकिन वह जश्न मनाने में हमेशा सक्षम होते हैं, जो फौरन किसी आदत को आपके दिमाग में स्थापित करने में आपका सहायक हो सकता है।

मेरे अंकल ब्रेंट को ही ले लीजिए। वे करीब 75 वर्ष के हैं। एक जमाने में वे यूथा राज्य में एक सख्त मिजाज अधिवक्ता हुआ करते थे। उनके लिए लोगों से तर्क-वितर्क करना और उन्हें सच्चाई से अवगत कराना, जश्न मनाने के मुकाबले कहीं ज़्यादा आसान है। कुछ साल पहले की बात है, जब मैं अपने एक पारिवारिक कार्यक्रम में ढेर सारे रिश्तेदारों को छोटी-छोटी आदतों की पद्धति सिखाते हुए उन्हें जश्न मनाने की अवधारणा समझा रहा था। अंकल ब्रेंट ने मुझे बीच में ही टोकते हुए सख्त लहजे में कहा, 'मेरे पास जश्न मनाने के लिए कुछ नहीं है यानी तुम्हारा ये विचार हर किसी पर लागू नहीं हो सकता। इसलिए अब बस भी करो। थैंक यू वेरी मच।'

मैंने अंकल ब्रेंट से पूछा कि 'अपने जमाने में अदालत में दलीलें देते वक्त जब आपको ये महसूस होता कि अब आपके पास एक ऐसी दलील है, जो केस जितवा सकती है, तो आप क्या करते थे?' मेरा सवाल सुनकर वे मुस्कुराए और अपनी उँगली उठाकर हवा में लहराते हुए बोले, 'बिंगो!'

हर कोई हँस पड़ा क्योंकि यह ऐसी चीज़ थी, जो सिर्फ अंकल ब्रेंट ही कर सकते थे। मैंने उनसे कहा, 'बस यही तो है! 'बिंगो!' कहना ही आपका सबसे सहज जश्न है।'

तो मेरे पाठकों, मैं आपसे कहना चाहता हूँ कि अगर मेरे खडूस अंकल ब्रेंट के पास जश्न मनाने का तरीका हो सकता है, तो आपके पास भी हो सकता है। आपको बस उसका पता लगाने की ज़रूरत है।

ज़रूरी नहीं कि आपके लिए भी जश्न मनाने का अर्थ ऊँची आवाज में कुछ बोलना या कोई शारीरिक अभिव्यक्ति करना हो। इसका सिर्फ एक ही नियम है कि यह कुछ ऐसा होना चाहिए, जिसे कहकर या करके (बाहरी तौरपर या अपने मन में, दोनों ही विकल्प कारगर हैं) आपको अच्छा महसूस हो और आपके मन में सफलता की भावना पैदा हो।

इसमें आपके लिए हैरानीवाली बात ये हो सकती है कि सफलता का एहसास करने से हमारे अंदर जो सकारात्मक भावना पैदा होती है, उसका वर्णन करने के लिए अंग्रेजी भाषा में कोई सटीक शब्द नहीं है। मैंने संबंधित विषयों पर ढेर सारा

वैज्ञानिक-साहित्य पढ़ा है, साथ ही इस क्षेत्र में शोध भी किया है और इसीलिए मैं पूरे विश्वास के साथ कह सकता हूँ कि हमारे पास इसके लिए कोई सटीक शब्द नहीं है (इसका सबसे करीबी विकल्प हो सकता है 'प्रामाणिक स्वाभिमान' लेकिन यह भी इसका वर्णन पूरी सटीकता से नहीं कर पाता)। तो इंसानी भावनाओं के तीन अंतर्राष्ट्रीय विशेषज्ञों द्वारा प्रोत्साहित करने पर मैंने तय किया कि मैं सफलता से पैदा होनेवाली सकारातमक भावना के लिए एक नया शब्द रचूँगा।

तो आप तैयार हैं?

मैं इस भावना को 'रौनक' कहता हूँ। आप इस भावना को पहले से ही जानते हैं। जैसे जब आप किसी परीक्षा में अच्छा प्रदर्शन करते हैं, तो आप अपने अंदर यह रौनक महसूस करते हैं। जब आप एक बढ़िया प्रेजेन्टेशन देते हैं और उसके अंत में लोग तालियाँ बजाते हैं, तब भी आप अपने अंदर यही रौनक महसूस करते हैं। जब आप पहली बार कोई व्यंजन बनाते हैं तो उसकी शानदार खुशबू से आप अपने अंदर यही रौनक महसूस करते हैं।

मेरा मानना है कि आदतों के निर्माण के मामले में मेरी जश्न मनाने की तकनीक किसी क्रांति से कम नहीं है। उम्मीद है कि आप देख सकते हैं कि मैं ऐसा क्यों कह रहा हूँ। पूरी निपुणता के साथ जश्न मनाकर आप अपने अंदर रौनक की भावना महसूस करते हैं, जिससे आपके दिमाग में वह नई आदत स्थापित हो जाती है।

अगर यह संभव होता कि मैं आपके घर आकर व्यक्तिगत रूप से आपको छोटी-छोटी आदतों की पद्धति सिखा सकूँ, तो मैं इस प्रशिक्षण की शुरुआत आपसे ये कहते हुए करता कि सबसे पहले आपको अपना ध्यान जश्न मनाने पर केंद्रित करना है। मैं जश्न मनाने के ऐसे तरीके ढूँढ़ने में आपकी मदद करता, जो आपके लिए सहज व प्रभावी हों। हम एक-दूसरे के साथ मिलकर उन तरीकों का अभ्यास करते, जो बड़ा ही मजेदार अनुभव होता। मैं आपको फॉग व्यवहार मॉडल या सरलता की शक्ति या छोटी-छोटी आदतों के नुस्खे या फिर स्थिरकों के बारे में सिखाने से पहले अपनी सफलताओं का जश्न मनाने का प्रशिक्षण देता। ऐसा इसलिए क्योंकि जश्न मनाना आदतें निर्मित करने का सबसे महत्वपूर्ण कौशल है।

चूँकि मैं आपके घर आकर व्यक्तिगत रूप से आपको जश्न मनाना नहीं सिखा सकता इसलिए आगे कुछ ऐसे अभ्यास प्रस्तुत कर रहा हूँ, जिनसे आपको अपने लिए जश्न मनाने का सबसे कारगर तरीका ढूँढ़ने में मदद मिलेगी।

जश्न मनाने का ऐसा तरीका ढूँढ़ें जो आपके लिए सहज हो

एक सहज और गहन एहसासवाला जश्न मनाने से आपको आदतें निर्मित

करने का सुपरपॉवर मिल जाता है।

अगर आप इस बात को लेकर निश्चित नहीं हैं कि आपके लिए कौन सा तरीका कारगर होगा, तो खुद को आगे प्रस्तुत परिदृश्यों में रखकर देखिए और गौर कीजिए कि उन पर आपकी प्रतिक्रिया क्या होगी। इससे आपको जश्न मनाने के अपने सहज तरीकों का अंदाजा हो जाएगा। रौनक की भावना महसूस करने और अपने दिमाग में आदत को स्थापित करने के लिए अपनी इस सहज प्रतिक्रिया का उपयोग करें। (इन परिदृश्यों को पढ़ते समय ज़रूरत से ज़्यादा सोच-विचार या विश्लेषण न करें। बस अपनी सहज प्रतिक्रिया दें।)

आपके सपनों की नौकरी का परिदृश्य

आप अपनी पसंदीदा कंपनी में अपने सपनों की नौकरी पाने के लिए आवेदन देते हैं। आप उसकी चयन प्रक्रिया के सारे चरणों को पार करते हुए आखिरी चरण में होनेवाले इंटरव्यू तक पहुँचने में सफल हो जाते हैं। कंपनी की एचआर मैनेजर आपसे कहती है : 'हम आपको ई-मेल भेजकर अपना निर्णय बता देंगे।' अगली सुबह उसका ई-मेल आता है। आप उसे खोलते हैं और उसका पहला शब्द है, 'बधाई!'

उस क्षण में आप क्या करेंगे?

ऑफिस का परिदृश्य

कल्पना करें कि आप अपने ऑफिस में बैठे हुए हैं। आपके पास एक फालतू कागज है, जिसे आपको कचरे के डिब्बे में डालना है। पर कचरे का डिब्बा कमरे के आखिरी छोर पर कोने में रखा हुआ है। आप तय करते हैं कि आप कागज को अपने हाथों से मसलकर उसका गोला बनाएँगे और फिर उसे कचरे के डिब्बे की ओर फेकेंगे। आप इस बात को लेकर निश्चिंत नहीं हैं कि कागज का वह गोला कचरे में डिब्बे में ही गिरेगा। आप निशाना लगाकर कागज के गोले को कचरे के डिब्बे की ओर फेंकते हैं। वह हवा में तैरते हुए सीधे कचरे के डिब्बे में गिरता है यानी एक बेहतरीन शॉट।

उस क्षण में आप क्या करेंगे?

प्रतियोगिता का परिदृश्य

आपकी पसंदीदा टीम एक प्रतियोगिता में हिस्सा ले रही है। मैच समाप्त होने की ओर बढ़ रहा है और दोनों टीमों का स्कोर बराबर है। खेल खत्म होने में बस थोड़ा सा ही समय बचा है, तभी अचानक आपकी टीम एक और गोल

करके प्रतियोगिता जीत लेती है।

उस क्षण में आप क्या करेंगे?

क्या इन उदाहरणों में आपको जश्न मनाने का एक ऐसा तरीका नज़र आया, जो आपके मन में रौनक की सकारात्मक भावना पैदा कर दें? अगर नहीं, तो चलिए जश्न मनाने के कुछ और तरीकों को आजमाकर देखते हैं।

तो ये रहे जश्न मनाने के कुछ तरीके, जिन्हें आप आजमाकर देख सकते हैं। इनमें वे तरीके भी हैं, जिनसे किसी सार्वजनिक स्थान पर लोगों के बीच भी जश्न मना सकते हैं और ऐसे तरीके भी हैं, जिनसे आप अपने घर की निजता में भी जश्न मना सकते हैं।

- कहिए, 'वाह!' या 'कमाल!'
- मुठ्ठी बाँधकर हवा में लहराईए।
- चेहरे पर एक बड़ी सी मुस्कान लाइए।
- कल्पना कीजिए कि आपका बच्चा आपके लिए ताली बजा रहा है।
- कोई ऐसा जोश भरा गाना गुनगुनाइए, जो आपको बहुत पसंद हो (जैसे मशहूर हॉलीवुड फिल्म रॉकी का थीम सॉन्ग।)
- थोड़ा डांस करिए।
- अपने लिए ताली बजाइए।
- सहमति जतानेवाली मुद्रा में अपना सिर हिलाइए।
- खुद को एक थम्ब्स-अप दीजिए।
- कल्पना कीजिए कि लोगों की भीड़ आपके समर्थन में चीख रही है।
- अपने लिए मन में कहिए, 'बहुत बढ़िया।'
- एक गहरी साँस लीजिए।
- एक चुटकी बजाइए।
- कल्पना कीजिए कि आसमान में आतिशबाजियाँ चल रही हैं और आप उन्हें निहार रहे हैं।
- ऊपर की ओर देखिए और अपनी बाहें उठाकर अंग्रेजी का वी (V) बनाइए।
- मुस्कुराइए और कहिए, 'मैं ये कर सकता हूँ।'

अगर आप जश्न मनाने के तरीकों की और लंबी सूची देखना चाहते हैं, तो किताब के अंत में 'जश्न मनाने और रौनक महसूस करने के सौ तरीके' देखिए।

विभिन्न संदर्भों में जश्न

मैं आपको ऐसे जश्नों की एक पूरी श्रृंखला तैयार करने को प्रोत्साहित करता हूँ, जिन्हें आप निजी और सार्वजनिक, दोनों तरह से मना सकें। निजी तौर पर मनाए जानेवाले मेरे पसंदीदा जश्नों में से एक जश्न ऐसा है, जो मुझे माइक नामक एक हैबिटीयर से मिला। (माइक ऐसा व्यक्ति है, जो छोटी-छोटी आदतों की पद्धति का उपयोग करता है।) वह एक मार्केटिंग कंपनी में क्रिएटिव डायरेक्टर था। माइक अपना वजन घटाना चाहता था और इसकी शुरुआत वह सुबह-सुबह स्ट्रेचिंग जैसे छोटे-मोटे व्यायामों से करना चाहता था। योग आदत विकसित करने के लिए उसने 'शुरुआती चरण' पर ध्यान केंद्रित किया। सुबह-सुबह कॉफी बनाने के लिए एक बर्तन में पानी लेकर उसे गैस स्टोव पर रखने के बाद, वह लिविंग रूम में आता और जमीन पर चटाई बिछा देता। बस, सिर्फ इतना ही। सिर्फ चटाई बिछाना। इस आदत को अपने दिमाग में स्थापित करने के लिए माइक ने जश्न मनाने का एक अनूठा तरीका निकाला। वह कल्पना करता कि जमीन पर बिछी चटाई एक बॉक्सिंग रिंग है और फिर वह किसी बॉक्सर की तरह चटाई पर आगे-पीछे होते हुए हॉलीवुड फिल्म रॉकी-3 का थीम सॉन्ग 'आइज़ ऑफ द टाइगर' गाना शुरू कर देता। इस दौरान वह अपने हाथ ऊपर करके उन्हें हवा में रखता, ठीक वैसे ही, जैसे इस फिल्म का मुख्य किरदार 'रॉकी' करता था। एक दिन सुबह-सुबह जब माइक रोज की तरह यह जश्न मना रहा था, तभी उसने लिविंग रूम की खिड़की से देखा कि बाहर से एक डाकिया गुज़र रहा है। डाकिए ने भी खिड़की के इस ओर माइक को हवा में हाथ ऊपर कर ऊँची आवाज में गाते देख लिया। चूँकि माइक काफी हँसी-मज़ाक करनेवाला व्यक्ति है इसलिए इस घटना से ज़्यादा शर्मिंदा नहीं हुआ, लेकिन आप देख सकते हैं कि कुछ जश्न ऐसे होते हैं, जिन्हें खिड़की के पर्दे लगाकर ही मनाना चाहिए।

आप ऑफिस में जिन आदतों पर अमल करते हैं, उनका जश्न मनाने के लिए किसी कागज पर एक मुस्कुराते हुए चेहरे का चित्र बनाना भी सफल महसूस करने के लिए काफी हो सकता है - अगर आप चित्र नहीं बनाना चाहते, तो ये कह सकते हैं, 'वाह! मैंने कर दिखाया!' इसी तरह अगर आप जिम में हैं और जश्न मनाने के लिए कुछ ऐसा नहीं करना चाहते, जिससे लोगों का ध्यान आपकी ओर आकर्षित हो, तो आप जिस मशीन पर व्यायाम कर रहे हैं, उस पर पलभर के लिए कुछ इस तरह उँगलियाँ थपथपा सकते हैं, मानों ड्रम बजा रहे हों और साथ ही ब्रिटिश रॉक बैंड क्वीन का मशहूर गाना 'वी आर द चैंपियन्स' अपने मन में गुनगुना सकते हैं।

कभी-कभी जश्न मनाने में आप दूसरों की मदद भी ले सकते हैं। जिल नामक एक हैबिटीयर (ऐसा व्यक्ति जो छोटी-छोटी आदतों की पद्धति का उपयोग करता हो) अपने सुबह के रूटीन में स्क्वॉट (एक प्रकार का व्यायाम) लगाने की आदत

शामिल करना चाहती थी, लेकिन वह जश्न मनाने के विचार से जूझ रही थी। उसकी नन्ही बेटी एमा हर वक्त उसकी नकल करने की कोशिश करती रहती थी। जब भी जिल स्क्वाट्स लगाती, उसकी बेटी भी अपनी माँ के बगल में आकर स्क्वाट्स लगाने की कोशिश करने लगती। एक दिन जिल ने तय किया कि जब वे दोनों स्क्वाट्स लगा लेंगी, तो वह अपनी बेटी को एक हाई-फाइव[1] देगी। जब जिल ने ऐसा किया, तो उसे इतना अच्छा लगा कि उसने अगले दिन भी इसे दोहराया और उसके अगले दिन भी। इस तरह जश्न मनाने का एक तरीका स्पष्ट हो गया। यह तरीका कुछ ऐसा था, जो इस आदत विशेष के लिए बिलकुल कारगर था, बस इसके लिए ज़रूरी था कि नन्हीं एमा आसपास ही हो।

इससे कोई फर्क नहीं पड़ता कि आप ऊँची आवाज में गाना गाकर जश्न मनाते हैं या एक छोटा सा थम्ब्स-अप देकर। फर्क सिर्फ इस बात से पड़ता है कि आपके जश्न से रौनक की भावना पैदा हो यानी ऐसी भावना, जो आपको सफल महसूस कराए।

ज़ोरदार जश्न

जब आप अपने जश्नों की एक श्रृंखला तैयार कर रहे हों, तो मैं आपको इस सूची में कम से कम एक ऐसा जश्न शामिल करने के लिए ज़रूर प्रोत्साहित करूँगा, जो बेहद शक्तिशाली हो - इसे मैंने पॉवर सेलिब्रेशन (ज़ोरदार जश्न) का नाम दिया है। आप जिन आदतों को अपने दिमाग में फौरन स्थापित करना चाहते हैं, उनके लिए जश्न के इस तरीके को एक विकल्प के रूप में अपने पास रखना ज़रूरी है।

जब मुझे गहन रौनक की भावना महसूस करने की ज़रूरत पड़ती है, तो मैं अपने अतीत में चला जाता हूँ और मिस बॉन्डिएटी के बारे में सोचने लगता हूँ। तब मैं कैलीफोर्निया के फ्रेस्नो में चौथी कक्षा में पढ़ता था और मिस बॉन्डिएटी मेरी टीचर थीं। मैं उनकी कल्पना एक अद्‌भुत - और बेहद सख्त मिजाज़ टीचर के रूप में करता हूँ, जो मेरे कंधे पर हाथ रखकर मुझसे कहती हैं, 'शाबास। बहुत बढ़िया!'

बस, मेरे लिए इतना ही काफी होता है। इस कल्पना का मुझ पर भावनात्मक प्रभाव पड़ता है और बहुत अच्छा महसूस होता है। इससे मेरे अंदर रौनक की एक सशक्त भावना पैदा हो जाती है। पर मैं जश्न मनाने के इस तरीके का उपयोग ज़रूरत से ज़्यादा नहीं करता। मैं इसे उस वक्त के लिए बचाकर रखता हूँ, जब मुझे फौरन कोई आदत विकसित करनी हो।

---

[1] जश्न मनाने या अभिवादन करने की एक मुद्रा, जिसमें एक व्यक्ति अपने एक हाथ की हथेली को दूसरे व्यक्ति की हथेली से टकाराता है।

जब आप इसे चाहकर भी महसूस न कर पा रहे हों, तो क्या करें

छोटी-छोटी आदतों की पद्धति के जश्नवाले हिस्से के कारण कभी-कभी लोग गलती भी कर बैठते हैं। कभी-कभी वे जश्न मनाने के लिए खुद को तैयार ही नहीं कर पाते और कभी वे कई तरह के जश्नों को आज़माकर देख चुके होते हैं। हर बार उन्हें ऐसा गलता है, जैसे वे दिखावा कर रहे हों। ऐसा इसलिए नहीं होता कि उनके जश्न मनाने का तरीका ढूँढ़ने में कोई गड़बड़ है। आमतौर पर इसके पीछे कोई और बड़ा कारण होता है। तो आइए, इसकी पड़ताल करते हैं।

जिल की ओर वापस लौटते हैं।

जब जिल ने छोटी-छोटी आदतों की पद्धति का कोर्स शुरू किया, तब वह जश्न मनाने के विचार से जूझ रही थी। पर ऐसा इसलिए नहीं था कि वह अपनी सफलता की अभिव्यक्ति का कोई शानदार तरीका नहीं ढूँढ़ पा रही थी। जिल जब हाईस्कूल में थी, तो बास्केटबॉल खेलती थी और तमाम प्रतिस्पर्धाओं में हिस्सा लेती थी। खेल के दौरन वह जब भी बॉल को बास्केट में डालने में सफल होती, तो मुट्ठी बाँधकर नाटकीय अंदाज में हवा में मुक्का मारती थी। (संभवत: अपनी सफलता का जश्न इस तरह मनाने के कारण ही उसके दिमाग में बॉल को पूरी सटीकता से बास्केट में डालने की आदत स्थापित हुई हो।)

लेकिन समस्या ये थी कि अब उसे जश्न मनाने का यह तरीका बचकाना लगता। जिल ने छोटी-छोटी आदतों की पद्धति सिखानेवाले कोच को बताया कि 'अब ऐसा करने से मुझे ज़रा शर्मिंदगी महसूस होती है।' पर क्यों? स्क्वाट लगाने की नई आदत और बेसबॉल में थ्री-पॉइंटर स्कोर करने के बीच क्या फर्क है? आखिरकार जिल को एहसास हुआ कि वास्तव में उसे नहीं लगता कि वह जश्न मनाने की हकदार है। जब वह बेसबॉल खेलते हुए कोई कमाल का शॉट लगाती थी, तो उसे लगता था कि ये करके उसने जश्न मनाने का हक अपने बूते हासिल किया है। लेकिन रसोई का काउंटर साफ करने के लिए जश्न मनाना? इसमें कौन सी बड़ी बात है? ये तो कोई भी कर सकता है। इसके लिए तो किसी हुनर, प्रतिभा या कोशिश की ज़रूरत नहीं पड़ती। यानी जिल को इतनी छोटी सी सफलता के लिए जश्न मनाना बचकाना लगता था।

शायद आपको भी ऐसा ही लगता हो: भला दो पुश-अप्स करने के लिए या एक दाँत फ्लॉस करने के लिए मुझे खुद को बधाई क्यों देनी चाहिए?

इसके जवाब के तीन पहलू हैं।

व्यवहार की पद्धति कुछ इस प्रकार काम करती है

मान लीजिए कि आपका टीवी काफी पुराना हो चुका है। कभी-कभी यह

चलते-चलते अपने आप ही बंद हो जाता है। फिर जब आप उसे बगल में एक थपकी मारते हैं, तो वह वापस चालू हो जाता है। थपकी मारने से टीवी फिर से चालू कैसे हो जाता है, यह आपकी समझ से बाहर है, लेकिन यह तरीका हर बार कारगर साबित होता है। अगर आप किसी इंजीनियर से पूछें, तो शायद वह आपको बता सकेगा कि ऐसा क्यों होता है। लेकिन इससे कोई फर्क नहीं पड़ता क्योंकि आपको जो चाहिए, वह आपको मिल गया। यानी जिस टीवी कार्यक्रम के बीच में आपका टीवी अचानक बंद हुआ, उसे आप पूरा देखना चाहते थे और टीवी पर एक थपकी मारकर आपने वह पूरा कार्यक्रम देख लिया। इसी तरह व्यवहार भी एक ऐसी पद्धति है, जिसके कुछ अदृश्य घटक हैं। लेकिन हम ये जानते हैं कि डोपामीन किसी आदत को मजबूत बनाने की मुख्य कुंजी है। आपका दिमाग इसी तरह काम करता है।

जश्न मनाना एक कौशल है

हो सकता है कि जश्न मनाना आपको सहज न लगे। अगर ऐसा है, तो कोई बात नहीं। लेकिन इस कौशल का अभ्यास करने से धीरे-धीरे यह आपके लिए आसान हो जाएगा। जब मैं वॉयलिन बजाना सीख रहा था, तो मेरी टीचर ने मुझे उसका बो (वह खोंचा या छड़ी जिससे वॉयलिन बजाया जाता है) पकड़ने का सही तरीका बताया, लेकिन मैंने विरोध किया क्योंकि मैं उसे अपने तरीके से पकड़ना चाहता था। टीचर ने ज़ोर दिया कि अगर मुझे सचमुच वॉयलिन बजाने की विद्या में कुशल होना है, तो इसका सिर्फ वही एक तरीका है, जो वह मुझे बता रही है। लेकिन मैंने उसकी बात को अनसुना कर दिया, परिणामस्वरूप मैं ठीक से वॉयलिन बजाना नहीं सीख पाया। तब मुझे समझ में आया कि मेरी टीचर सही थी।

इसलिए शायद आपको लगे कि मैं आपके साथ कुछ ज़्यादा ही सख्ती बरत रहा हूँ, लेकिन फिर भी मैं यही कहूँगा कि भले ही आप जश्न मनाना सीखने का प्रतिरोध करें, लेकिन ये मत भूलिए कि इससे आप आदतें निर्मित करने के मामले उतने कुशल नहीं बन पाएँगे, जितने कुशल आप बन सकते हैं। आदतें निर्मित करने में पारंगत होने के लिए जश्न मनाना सीखना, अधिकांश लोगों के लिए बस एक छोटी सी कीमत चुकाने जैसा होता है।

आप कुछ ऐसा कर रहे हैं, जो सचमुच जश्न मनाने योग्य है

यह सबसे महत्वपूर्ण जवाब है क्योंकि यह एक बात समझ लेने से बहुत कुछ बदल जाता है कि आप कुछ ऐसा कर रहे हैं, जो सचमुच जश्न मनाने योग्य है। फिर आत्म-आलोचना को अनदेखा करने और अपनी सफलता पर अच्छा महसूस करने की आपकी क्षमता, किसी तेज लहर की तरह आपके जीवन को इतने सकारात्मक ढंग से भिगोएगी कि उसका लाभ सिर्फ आपके द्वारा निर्मित छोटी-छोटी आदतों तक

ही सीमित नहीं रहेगा।

मैं अपने सारे छात्रों से कहता हूँ कि किसी नई आदत को आपने जिस प्रकार निर्मित किया था, उस पर ठीक उसी अंदाज में अमल करना कोई छोटी उपलब्धि नहीं है। मेरा तर्क यही होता है कि बदलाव लाना बहुत बड़ी बात है, भले ही वह बदलाव कितना भी छोटा हो और भले ही वह धीरे-धीरे आया हो। भला ऐसी किसी चीज़ का जश्न क्यों नहीं मनाना चाहिए?

अगर आपको छोटी-छोटी चीज़ों का जश्न मनाना मुश्किल लगता है, तो शायद इसका अर्थ ये है कि आपके मन में भी 'बड़े और साहसिक कदम उठाओ या फिर चुपचाप अपने कदम पीछे खींच लो...' का ये दृष्टिकोण पनपने लगा है। आपको इससे बचना चाहिए। यह एक ऐसा जाल है, जिसमें आप बड़ी आसानी से फँस सकते हैं। किसी सफलता का जश्न मनाना - भले ही वह एक छोटी सी सफलता हो - आपको फौरन और सफलताएँ हासिल करने की दिशा में आगे ले जाता है। ज़रा एक बार हर उस अवसर के बारे में सोचिए, जिसका लाभ उठाकर आप बदलाव ला सकते थे, लेकिन नहीं ला पाए। पर अब आप सही रास्ते पर हैं और एक बार में दो स्क्वाट्स (एक प्रकार का व्यायाम) लगाकर बदलाव ला रहे हैं।

आप जो कर रहे हैं, यह उसका गहन अर्थ खोजने में भी सहायक है। सतही तौर पर छोटी-छोटी आदतों की पद्धति बड़ी साधारण लग सकती है पर जब आप इसकी गहराई में जाएँगे, तब आपको वह असली कारण समझ में आएगा, जिसके चलते आप इसे अपनाना चाहते थे। साथ ही आपको यह भी पता चलेगा कि कर्म सचमुच इतना मूल्यवान होता है कि उसका जश्न मनाया जाए। जिल हर रोज नाश्ता करने के बाद रसोई का काउंटर साफ करने की आदत विकसित करना चाहती थी। पर जश्न मनाते समय उसके लिए अपने अंदर रौनक की भावना महसूस करना बड़ा मुश्किल हो रहा था। जिसके चलते उसके दिमाग में आदत का स्थापित होना कठिन हो गया था। इसलिए उसने इस बात पर विचार करना शुरू किया कि उसके जीवन के विस्तृत संदर्भ में आदत का मतलब क्या है और वह विशेष रूप से यही एक आदत क्यों निर्मित करना चाहती है? यह उसके लिए इतनी महत्वपूर्ण क्यों है?

इन सवालों पर जिल का जवाब था कि रसोई का काउंटर साफ रखना उसके पति कॉलिन के लिए बहुत महत्त्व रखता है और उसका पति, उसके लिए महत्त्व रखता था। घर में खाना पकाने का काम कॉलिन का ही था। और जब वह शाम को ऑफिस से घर लौटता और रसोई का काउंटर गंदा देखता, तो खीझ उठता। जिससे परिवार के लिए खाना पकाने की उसकी सारी इच्छाशक्ति क्षीण हो जाती - यानी रसोई के काउंटर पर जिल जो गंदगी छोड़ देती, उसका नकारात्मक प्रभाव उसके पति कॉलिन पर पड़ता।

कॉलिन कई बार जिल से काउंटर साफ रखने के लिए कह चुका था, पर वह अक्सर भूल जाती या समय की कमी के कारण सफाई न कर पाती। यूँ तो यह एक छोटी सी बात थी, लेकिन आमतौर पर छोटी-छोटी बातें ही आपसी विवादों को और जटिल बना देती हैं। जब दो लोगों के बीच किसी बात को लेकर तनाव हो और उनके बीच अक्सर बहस होने लगे, तो ऐसी चीज़ें उस बहस को और तीखा व बेरहम बना देती हैं। जिल ने पाया कि जिस दिन वह रसोई का काउंटर साफ करने की अपनी नई आदत पर अमल करती है, उस दिन उनकी शाम ज़्यादा अच्छी बीतती है। कॉलिन ऑफिस से घर आता, परिवार के लिए स्वादिष्ट डिनर बनाता और सब मिलकर खाने का आनंद उठाते। यह एक छोटी सी चीज़ थी, लेकिन बहुत महत्वपूर्ण थी। इस आदत को निर्मित करने का निश्चय करते समय वास्तव में जिल अपनी नन्ही बेटी एमा के लिए पारिवारिक माहौल को और सुखद बना रही थी। साथ ही यह जिल के लिए पति के साथ अपने रिश्ता और मजबूत करने का एक तरीका भी था। जिल को एहसास हुआ कि रसोई का काउंटर साफ करना सचमुच एक ऐसी चीज़ है, जिसे करके उसे अच्छा महसूस होता है। यही उस गहन अर्थ की कुंजी थी, जिसे जिल ढूँढ़ रही थी। इस गहन अर्थ ने न सिर्फ जिल के अंदर जश्न मनाने की भावना का संचार किया बल्कि इससे उसे अपने दिमाग में नई आदत को स्थापित करने में भी मदद मिली।

सफल महसूस करने का तेज तरीका

समय आ गया है कि यह बात स्पष्ट शब्दों में कह दी जाए: आपको अपनी अपेक्षाएँ कम करनी होंगी।

मेरी यह बात सुनकर लोग अक्सर चकित रह जाते हैं या उनके चेहरे पर एक कृत्रिम मुस्कुराहट आ जाती है या फिर उन्हें लगता है कि मैं मज़ाक कर रहा हूँ।

लेकिन ये कोई मज़ाक नहीं है। मैं इसे लेकर सचमुच गंभीर हूँ।

जी हाँ, उपलब्धियों के प्रति आसक्त इस संसार में मैं आपसे अपनी अपेक्षाएँ कम करने के लिए कह रहा हूँ। इसलिए नहीं कि मैं आपको नई ऊँचाईयाँ छूते हुए नहीं देखना चाहता बल्कि इसलिए क्योंकि मैं जानता हूँ कि उन ऊँचाईयों तक पहुँचने के लिए आपको छोटी शुरुआत करने की ज़रूरत है। लेकिन अगर आप छोटी शुरुआत को नीची नज़रों से देखते हैं, तो इससे आपको कोई लाभ नहीं होगा। जब एक नन्हा सा बच्चा पहली बार चलना शुरू करता है, तो भला हम खुश होकर उसके लिए ताली क्यों बजाते हैं? इसलिए नहीं क्योंकि वह बहुत अच्छी तरह चल रहा है या यह उसकी 'मेहनत का नतीजा' है या फिर इसलिए क्योंकि उसने पड़ोसी के नन्हे बच्चे के मुकाबले ज्यादा या बेहतर ढंग से चल के दिखाया है। हम तो उसके लिए ताली इसलिए बजाते है क्योंकि हम जानते हैं, जीवन में चलना शुरू करने की दिशा में यह

उसका पहला कदम है – और यह बहुत महत्वपूर्ण है।

बदलाव लाने में सफल होने का यही तरीका है, इस बात को स्वीकार करना आपमें से कुछ लोगों के लिए चुनौतीपूर्ण हो सकता है। अगर ऐसा है, तो कोई बात नहीं। आगे कुछ ऐसी रणनीतियाँ बताई जा रही हैं, जिन्हें आप आजमा सकते हैं। ये ऐसी रणनीतियाँ हैं, जो उन लोगों के मन में भी सफलता की भावना पैदा करने में सहायक हैं, जिन्हें ऐसा करने में मुश्किल हो रही हो।

* अपने साथ जश्न मनाने के लिए एक बच्चे की मदद लें (वे बहुत अच्छी तरह ऐसा करते हैं!): जिल को समझ में आया कि जश्न मनाने में अपनी तीन साल की नन्ही सी बेटी को शामिल करने से उसे रौनक की भावना को और अधिक सच्चाई के साथ महसूस करने में काफी मदद मिली।

* कोई शारीरिक गतिविधि करें : अपने चेहरे पर मुस्कुराहट लाएँ, अपनी मुट्ठियाँ बाँधकर हवा में लहराएँ या फिर वंडर वुमन (एक काल्पनिक सुपर हीरोइन किरदार, जिस पर हॉलीवुड में फिल्में भी बन चुकी हैं) की मुद्रा में खड़े हो जाएँ (छाती बाहर निकालकर अपनी मुट्ठियों को कमर पर रखना)। कभी-कभी शारीरिक गतिविधि से सकारात्मक भावना पैदा हो जाती है। अपने मन में रौनक की भावना लाएँ और देखें कि क्या शारीरिक गतिविधि करने से यह भावना और बढ़ रही है।

* जब आप जश्न मना रहे हों, तो कल्पना करें कि आप किसी ऐसे व्यक्ति का जश्न मना रहे हैं, जिसे आप प्रेम करते हैं। आप उस व्यक्ति से क्या कहेंगे? वह जो कर रहा है, क्या आप उस पर सचमुच गर्व महसूस करेंगे? जी हाँ, आप गर्व महसूस करेंगे। इसका उपयोग रौनक की भावना को पाने के रास्ते के तौर पर करें।

दो आदतों की समस्या का एक आश्चर्यजनक समाधान

शायद यह उन दो सवालों का जवाब देने का आदर्श समय है, जो छोटी-छोटी आदतों की पद्धति अपनानेवाले लोग मुझसे सबसे ज़्यादा पूछते हैं: मैं अपने दिमाग में आदत को तेजी से कैसे स्थापित करूँ? और मैं अक्सर अपनी आदत पर अमल करना भूल जाता हूँ; उसे याद रखने के लिए क्या करूँ?

मुझे पूरा विश्वास है कि मेरा जवाब आपको हैरान कर देगा, लेकिन एक बार जब आपको इस बात का एहसास हो जाएगा कि आदतें निर्मित करना एक कौशल है, तो आपको मेरा ये जवाब अर्थपूर्ण लगने लगेगा।

तो क्या आप तैयार हैं?

किसी आदत को अपने दिमाग में तेजी से स्थापित करने के लिए या फिर ये याद रखने के लिए कि उस पर अमल करना है – आपको व्यवहार अनुक्रम (पहले स्थिरक और फिर नई आदत) का पूर्वाभ्यास करना होगा और फिर तत्काल उसका जश्न मनाना होगा। यह अनुक्रम आपको सात से दस बार दोहराना होगा।

पूर्वाभ्यास करने से आदतें बहुत तेजी से निर्मित होती हैं। आज भले ये पागलपन लगे, लेकिन मेरा मानना है कि भविष्य में यह तकनीक बहुत आम हो जाएगी। जब आप अपनी आदत का पूर्वाभ्यास करते हैं, तो वास्तव में आप खुद को उस क्षण के लिए प्रशिक्षित कर रहे होते हैं, जब आप असल जीवन में उस आदत पर अमल करेंगे। यह डांस या सेल्स पिच का पूर्वाभ्यास करने जैसा ही है। पूर्वाभ्यास न करने पर आपका डांस परफार्मेंस प्रभावित होता है और आपकी सेल्स पिच विफल हो सकती है। बात जब सर्वश्रेष्ठ प्रदर्शन करने की हो, तो पूर्वाभ्यास करना ज़रूरी हो जाता है।

स्टीफेन करी (मशहूर अमेरिकी बास्केटबॉल खिलाड़ी) ने थ्री-पॉइंट शॉट्स का अभ्यास कितने बार किया होगा? एक मिलियन से ज़्यादा बार? वे अभ्यास इसलिए करते हैं ताकि उन्हें विजयी शॉट मारने से पहले कोई सोच-विचार न करना पड़े। उन्होंने यह शॉट मारने की आदत अपने दिमाग में स्थापित कर ली है।

जब आप छोटी-छोटी आदतों की पद्धति से अभ्यास करते हैं, तो अपनी मसल-मेमोरी[2] को भी तैयार कर रहे होते हैं और अपने दिमाग में आदत को फिर से स्थापित भी कर रहे होते हैं ताकि ज़रूरत पड़ने पर वह आपको याद रहे। अगर आपके पास जश्न मनाने का एक प्रभावी तरीका हो, तो आप न सिर्फ यह अभ्यास आसानी से कर पाते हैं बल्कि नई आदत को दिमाग में जल्दी स्थापित भी कर पाते हैं।

मान लीजिए कि आपकी पत्नी आपसे नाराज है क्योंकि आप टीवी देखने के बाद कभी भी रिमोट को उसकी तयशुदा जगह – कमरे की चिमनी के ऊपरवाली अलमारी – पर नहीं रखते हैं। अब अगर आपने दोबारा ऐसा किया, तो घर में आपकी मुश्किलें बढ़ सकती हैं। इसलिए आपको रिमोट को उसकी तयशुदा जगह रखने की आदत को अपने दिमाग में तत्काल स्थापित करना होगा। अभ्यास करके और जश्न मनाकर आप ऐसा कर सकते हैं। इसका नुस्खा कुछ इस प्रकार का होगा: रात को रिमोट का ऑफ बटन दबाने के बाद, मैं उसे उसकी तयशुदा जगह – कमरे की चिमनी के ऊपरवाली अलमारी – पर रख दूँगा। आपको इसका अभ्यास कुछ इस तरह करना होगा।

---

2 मांसपेशीय-स्मृति : किसी कार्य को मांसपेशी की सहायता से लगातार कई बार करने से उस मांसपेशी को वह कार्य याद रहता है और हम उस कार्य को जल्दी कर पाते हैं। उदाहरण के लिए साइकिल चलाना या कंप्यूटर के की-बोर्ड का उपयोग करना।

उस कुर्सी पर बैठें, जिस पर बैठकर आप टीवी देखते हैं। रिमोट उठाएँ, ऑफ बटन दबाएँ और खड़े हो जाएँ। फिर रिमोट को उसकी तयशुदा जगह - कमरे की चिमनी के ऊपरवाली अलमारी - पर रखें। अब इसका एक शानदार जश्न मनाएँ - जैसे रॉकी फिल्म का थीम सॉन्ग गाना या वंडर वुमन की मुद्रा में खड़े हो जाना - अगर आप शांति से जश्न मनाना चाहते हैं, तो अपने मन में खुद को इसके लिए शाबाशी दें और अपनी सफलता पर मुस्कुराएँ। साथ ही यह सुनिश्चित करें कि जश्न मनाने से आपके अंदर रौनक की भावना पैदा हो रही हो। लीजिए, हो गया। पर अभी सिर्फ एक ही बार हुआ है। आपको इसे दोहराना है। वापस रिमोट लेकर उस कुर्सी पर बैठ जाएँ। रिमोट का ऑफ बटन दबाएँ और खड़े हो जाएँ...।

आप समझ ही गए होंगे कि इसके आगे आपको क्या करना है।

मेरा नुस्खा : छोटी-छोटी आदतों की पद्धति

रात में रिमोट का ऑफ बटन दबाने के बाद...	मैं रिमोट को चिमनी के ऊपरवाली अलमारी में रख दूँगा...	इस आदत को अपने दिमाग में स्थापित करने के लिए मैं तत्काल: 
स्थिरक क्षण	**छोटा व्यवहार**	**जश्न मनाना**
आपके जीवन का एक मौजूदा रूटीन जो आपको छोटा व्यवहार (यानी आपकी नई आदत) करने की याद दिलाएगा।	आपकी नई मनचाही आदत, जिसे बेहद छोटा - और बेहद आसान बनाने के लिए आप उसकी मात्रा घटा देते हैं।	कोई ऐसा कार्य, जिसे आप अपने अंदर सकारात्मकता की भावना पैदा करने के लिए करते हैं। (इस भावना को रौनक कहते हैं।)

मैं जानता हूँ कि ये ज़रा अजीब है। आज तक कभी भी किसी ने आपको यह सलाह नहीं दी होगी कि किसी आदत को अपने दिमाग में स्थापित करने के लिए आपको व्यवहार अनुक्रम का अभ्यास करना होगा और फिर तत्काल जश्न मनाना होगा। पर अभी मैं आपसे यही करने को कह रहा हूँ।

एक बार इस प्रक्रिया पर विश्वास करके देखें और सात से दस बार इस अनुक्रम का अभ्यास करें। सुनिश्चित करें कि आपका जश्न आपके अंदर रौनक की भावना पैदा करें। फिर देखें कि आगे क्या होता है। मेरा अनुमान है कि इसे सात से दस बार दोहराने के बाद अगले दिन जब आप रिमोट का ऑफ बटन दबाएँगे, तो आपका दिमाग कहेगा, 'देखो, रिमोट को चिमनी के ऊपरवाली अलमारी में रखना मत भूलना।'

आपको बिलकुल सही समय पर याद आएगा कि रिमोट को उसके तयशुदा स्थान पर रखना है क्योंकि आपने इसका प्रशिक्षण लिया है।

जश्न मनाने के तीन अवसर

मैं लोगों को सलाह देता हूँ कि वे जिस व्यवहार को आदत में तब्दील करना चाहते हैं, उसे करने बाद वे तत्काल उसका जश्न मनाएँ। मैं ये सलाह इसलिए देता हूँ ताकि यह उनके लिए आसान रहे। जबकि आप तीन अलग-अलग अवसरों पर जश्न मनाकर अपेक्षाकृत अधिक तेजी और अधिक विश्वसनीय ढंग से आदतें निर्मित करने में पारंगत हो सकते हैं। इन तीनों में से पहला है, वह क्षण जब आपको आदत पर अमल करने की याद आए; दूसरा, जब आप आदत पर अमल कर रहे हों; और तीसरा, आदत पर अमल करने के तत्काल बाद। इन तीनों जश्नों का प्रभाव भी एक-दूसरे से अलग होता है।

मान लीजिए कि आपकी एक छोटी आदत का नुस्खा कुछ इस प्रकार का है: ऑफिस से लौटकर घर में कदम रखने के बाद, मैं अपनी चाबियों को उनकी तयशुदा जगह पर टांग दूँगा। मैं आपको इस बात के लिए प्रोत्साहित करूँगा कि आदत निर्मित करने के दौरान आप ठीक उसी क्षण जश्न मनाएँ, जब आपको नई आदत पर अमल करने की याद आए। कल्पना कीजिए कि ऑफिस से लौटकर आप घर में कदम रखते हैं और जैसे ही अपने बैग को कंधे से उतारकर मेज पर रखते हैं, आपके मन में यह विचार आता है: ओह, यही तो वह समय है, जब मुझे अपनी चाबियों को उनकी तयशुदा जगह पर टांगना होता है ताकि अगले दिन वे मुझे आसानी से मिल जाएँ। जिस क्षण आपके मन में यह विचार आए, बस आपको उसी क्षण जश्न मनाना है। दरअसल रौनक की भावना महसूस करके, आप चाबियों को उनकी तयशुदा जगह पर टांगना याद रखने की आदत को अपने दिमाग में स्थापित कर रहे होते हैं, न कि चाबियों को उनकी नियत जगह पर टांगने की आदत स्थापित कर रहे होते हैं।

जश्न मनाने के तीन अवसर

आदत पर अमल करने के तत्काल बाद	जब आप आदत पर अमल कर रहे हों	वह क्षण जब आपको आदत पर अमल करने की याद आए

जब आप किसी छोटी आदत पर अमल करना याद रखने का जश्न मनाते हैं, तो वास्तव में आप उस क्षण को अपने दिमाग में स्थापित कर देते हैं। यह महत्वपूर्ण

है। क्योंकि अगर आपको याद ही नहीं आएगा, तो भला आप आदत पर अमल कैसे करेंगे?

जश्न मनाने का एक और अवसर तब होता है, जब आप अपनी नई आदत पर अमल कर रहे हों। ऐसा करने पर आपका दिमाग उस व्यवहार को रौनक की सकारात्मक भावना से जोड़कर देखने लगता है। जिल के मामले में वह इस विचार से पूरी तरह सहमत थी कि रसोई का काउंटर साफ करना निश्चित ही जश्न मनाने योग्य है। इसलिए उसका अगला कदम था, इस आदत को अपने दिमाग में स्थापित करने के लिए जश्न मनाने का सही तरीका ढूँढ़ना। कुछेक तरीके आजमाने के बाद उसे अपने लिए उपयुक्त तरीक मिल गया। उसके लिए अपने मन में रौनक की भावना पैदा करने का सबसे विश्वसनीय तरीका था, उस डिनर की कल्पना करना, जो जिल का पति ऑफिस से लौटकर पकाता था और साथ ही यह कल्पना करना कि इसके बाद वह अपने पति को चूमेगी और कहेगी, 'बहुत बढ़िया डार्लिंग।' जिल के लिए जश्न मनाना सीधे तौर पर कर्म करने से जुड़ा हुआ था। इस कल्पना के चलते जिल रसोई का काउंटर साफ करने जैसे अपने साधारण से काम को, परिवार के सदस्यों को एक-दूसरे के करीब लाने से, जोड़कर देख सकी। इस जश्न के चलते, उसके दिमाग में स्थापित हो गया कि उसे आदत पर अमल करना याद रखना है। साथ ही इससे भविष्य में रसोई का काउंटर साफ करने की जिल की प्रेरणा भी बढ़ गई। और आज काउंटर साफ करने के लिए जिल को कोई सोच-विचार नहीं करना पड़ता। अब यह उसकी सहज आदत बन चुकी है।

आदतों की जड़ें मजबूत रखें

आदत के स्वचालित होने के बाद आपको जश्न मनाने की कोई ज़रूरत नहीं है। लेकिन मेरे प्रिय पाठकों, आपको अपनी आदतों की जड़ों में नमी बनाए रखने के लिए कभी-कभी उन्हें जश्न की फुहार से सींचना पड़ सकता है। कम से कम दो परिदृश्य ऐसे हैं, जहाँ जश्न मनाकर आप अपनी आदत की जड़ों को मज़बूती से जमाए रख सकते हैं।

1. जब आप लंबी छुट्टी पर जाने के कारण या किसी नई जगह रहना शुरू करने के चलते या फिर किसी और कारण से अपनी किसी आदत पर लंबे समय से अमल न कर पाए हों।

2. जब आप अपनी आदत की अवधि और तीव्रता तेजी से बढ़ा रहे हों। जैसे आपकी मूल आदत रही हो, एक बार में सिर्फ दो पुश-अप्स करना, लेकिन फिर एक दिन आपने तय किया हो कि मैं रोज पच्चीस पुश-अप्स करके देखूँगा कि इससे क्या फर्क पड़ता है।

पहला बिंदु बहुत आम है: आदत को दोबारा अपने जीवन में स्थापित करने के लिए जश्न का उपयोग करें।

वहीं दूसरा बिंदु इतना आम नहीं है। जब आप किसी आदत की अवधि को बढ़ा देते हैं, तो आप उस पर अपनी ज़्यादा ऊर्जा खर्च कर रहे होते हैं। यह फिर से जश्न मनाना शुरू करने का अच्छा समय है। ज़रा मेरी दो पुश-अप्स करने की आसान आदत पर विचार करें। मुझे एक बार में बस इतना ही करने की ज़रूरत थी। इसके बावजूद पुश-अप्स करने की मेरी आदत समय के साथ स्वत: ही बढ़ती गई। यही कारण है कि आज मैं आमतौर पर एक बार में आठ से दस पुश-अप्स तो कर ही लेता हूँ। इसमें कोई ज़्यादा मेहनत भी नहीं लगती। हालाँकि कभी-कभी मैं इससे भी ज़्यादा - एक बार से पच्चीस या तीस - पुश-अप्स करता हूँ। हालाँकि जब भी ऐसा करने पर मुझे थकान होती है या जब यह मेरे लिए तकलीफदेह बनने लगती है, तो मैं एक बार फिर जश्न मनाना शुरू कर देता हूँ। दरअसल मैं इसे कुछ इस तरह देखता हूँ: मैं किसी आदत पर अमल करूँ और अगर वह मेरे लिए किसी भी प्रकार से तकलीफदेह, अजीब या अप्रिय बनने लगे, तो इसका अर्थ है कि मेरा दिमाग मुझे इस आदत से बचने के लिए प्रेरित करना शुरू कर देगा। ऐसी नकारात्मक भावनाएँ आदत के स्वचालित होने की विशेषता को कमजोर कर देती हैं। इसलिए तीस पुश-अप्स करने से पैदा हुई तकलीफ को कम करने के लिए मैं अतिरिक्त जश्न मनाता हूँ और अपनी इस आदत को बनाए रखता हूँ। साथ ही रौनक की भावना भी आदत को जिंदा रखने में मेरी मदद करती है।

बिना नुस्खे के जश्न मनाना

हमारे पास ऐसी क्रिया करने का अवसर हर रोज होता है, जो हमारी आत्म-अवधारणा को निर्मित और संचालित करती हैं। क्या मैं ऐसा व्यक्ति हूँ, जो खरीदारी के बाद शॉपिंग कार्ट को वापस उसकी जगह पर रख देता है या फिर उसे पार्किंग लॉट में ही छोड़कर चला जाता है? क्या मैं ऐसा व्यक्ति हूँ, जो फर्श पर गंदगी फैलाकर सोचता है कि मेरी पत्नी उसे साफ कर देगी? क्या मैं ऐसा व्यक्ति हूँ, जो बर्फ गिरने के बाद अपने बुजुर्ग पड़ोसी के घर के सामने पड़ी बर्फ हटा देता है, ताकि उन्हें चलने में दिक्कत न हो? ये ऐसे छोटे-छोटे मौके हैं, जो तय करते हैं, हम वास्तव में किस तरह के व्यक्ति हैं। कभी-कभी हम असफल रहते हैं और हो सकता है कि हम खुद से कुछ हद तक निराश भी हो जाएँ। जबकि कभी-कभी हम अच्छा काम करते हैं और क्षणभर के लिए अपने बारे में अच्छा महसूस करते हैं। पर क्या हो, अगर बार-बार अच्छा व्यवहार करने की अपनी संभावनाओं को बढ़ाना हमारे लिए आसान हो जाए? क्या हो कि जब तक हम अपना सर्वश्रेष्ठ व्यक्तित्व हासिल

नहीं कर लेते, तब तक हम चुपचाप उन क्षणों को संभव बनाते रहें, जब हम अपना सर्वश्रेष्ठ व्यवहार करते हैं? (अगर हर रोज नहीं, तो कम से कम अधिकांश दिनों में।)

अब मैं आपको एक ऐसा तरीका बताने जा रहा हूँ, जिसकी मदद से आप छोटी-छोटी आदतों के किसी नुस्खे के बिना भी, सिर्फ जश्न मनाकर ऐसा कर सकते हैं। दरअसल इसके लिए आपको अपनी रोज़मर्रा की जिंदगी में जश्न मनाना होगा। यह बहुत ही आसान है। बस इसमें आपको उन क्षणों पर ध्यान देना होगा, जब आप कुछ अच्छा करें और फिर उसका जश्न मनाकर आप उस अच्छे व्यवहार को और मज़बूत बना सकते हैं।

चलिए मैं आपको एक उदाहरण देकर समझाता हूँ।

सारा एक सिंगल मॉम है, जिसके दो बच्चे हैं। वह पहले ही छोटी-छोटी आदतों की पद्धति का उपयोग करके कुछ ऐसी आदतें विकसित कर चुकी हैं, जिनसे उसे अधिक कुशलता से काम करने और स्वास्थ्यप्रद खाद्य पदार्थों का सेवन करने में काफी मदद मिली।

रात को अपने दोनों बच्चों को सुलाने के बाद उसके साथ अक्सर ऐसा होता कि बच्चों के बगल में ही उसकी भी आँख लग जाती। फिर वह न तो अपने ऑफिस के कपड़े बदल पाती है और न अपना मेकअप साफ कर पाती। अगर बच्चों के साथ उसकी आँख न लगी, तो भी वह ऑफिस के कपड़ों और मेकअप के साथ ही अपने बेडरूम में जाकर सीधे बिस्तर पर सो जाती। और अगर वह किसी तरह ऑफिस के कपड़े बदलने में सफल हो भी जाती, तो उन्हें करीने से अलमारी में टांगने के बजाय बेडरूम की कुर्सी पर फेंककर सीधे बिस्तर में घुस जाती। हालाँकि कभी-कभी वह ऑफिस के कपड़े बदलने के बाद ब्रश करती और फिर सोने जाती। लेकिन शायद ही कोई दिन ऐसा रहा हो, जब वह बिस्तर पर जाने से पहले अपना चेहरा धोकर सारा मेकअप साफ कर पाई हो। अपनी ये आदत उसे बड़ा परेशान करती – आखिर हम सब जानते हैं कि चेहरे से मेकअप साफ किए बिना सो जाना ठीक नहीं है। सारा से कई लोगों ने कहा कि 'अगर तुम ऐसा ही करती रहोगी, तो तुम्हारे चेहरे की त्वचा के रोमछिद्र बंद हो जाएँगे और उसमें झुर्रियाँ पड़ जाएँगी!'

सारा ये बातें कई बार सुन चुकी थी, लेकिन उसके पास इसके कहीं ज़्यादा महत्वपूर्ण समस्याएँ थीं, जैसे अपने बच्चों को सही समय पर खाना खिलाना और घर की बत्तियाँ जलाए रखना ताकि आधी रात को अगर बच्चों की नींद खुले और वे अपनी माँ के कमरे में आकर सोना चाहें, तो अंधेरे में किसी चीज़ से टकराकर गिर न जाएँ। इसीलिए उसने कभी अपनी अन्य समस्याओं के बारे में ठीक से सोच-विचार किया ही नहीं। लेकिन एक दिन जब उसके बच्चे अपने नाना-नानी के घर पर रूके हुए

थे और सारा के पास बच्चों को खाना खिलाकर सुलाने की जिम्मेदारी नहीं थी, तब उसने इस बारे में थोड़ा सोचा और सोने से पहले अपना चेहरा धोकर सारा मेकअप साफ किया। यह बहुत छोटी सी चीज़ थी। अपना गीला चेहरा तौलिए से पोंछने के बाद जब वह आईने के सामने आई तो उसके चेहरे पर मुस्कान आ गई। इससे उसे रौनक की वही भावना महसूस हुई, जो उसे अपनी अन्य आदतों का जश्न मनाने पर महसूस होती थी। इससे प्रेरित होने के कारण, उसके अंदर चलनेवाले उन विचारों में भी बदलाव आया, जो वह अपने बारे में सोचा करती थी। वे विचार कुछ इस प्रकार थे, 'बहुत बढ़िया सारा। आखिरकार तुम सोने से पहले अपना चेहरा धोने लगीं! तुम एक ऐसी महिला हो, जो अपनी देखभाल रखना जानती है।' इस तरह वह खुद के बारे में बुरा महसूस करने के बजाय अच्छा महसूस करने लगी।

सारा ने सोने से पहले अपना चेहरा धोकर मेकअप साफ करने के लिए छोटी-छोटी आदतों का कोई नुस्खा तैयार नहीं किया। इसके बावजूद जश्न मनाने के चलते उसे इस आदत को अपने दिमाग में स्थापित करने में मदद मिली। यह वाकई बहुत अच्छी बात थी। लेकिन सारा की कहानी यहीं खत्म नहीं होती।

चूँकि अब वह एक ऐसी महिला की तरह महसूस कर रही थी, जो अपनी देखभाल करना जानती है, इसलिए उसने सोने से पहले अपना चेहरा धोने के अलावा कुछ और करना भी शुरू कर दिया। उसने रात को अपने ऑफिस के कपड़े बदलकर उन्हें कुर्सी पर फेंकने के बजाय अलमारी में करीने से रखना शुरू कर दिया। उसने इसका भी जश्न मनाया और इसी दिशा में आगे बढ़ना जारी रखा ताकि अच्छा महसूस करने का प्रभाव उसके जीवन के अन्य पहलुओं पर भी पड़े। गौर कीजिए कि कैसे एक दिन अवसर मिलने पर उसने अपना एक मनचाहा व्यवहार करके उसका जश्न मनाया और इस तरह वह उसके मन में स्थापित हो गया। यह छोटी सी शुरुआत उसके लिए अपने बारे में बेहतर महसूस करने के लिए ज़रूरी बदलाव लाने का एक शक्तिशाली तरीका बन गई।

मेरा कहना ये है कि आप अपने जीवन में जश्न मनाने की तकनीक का उपयोग कभी भी कर सकते हैं। इसके लिए आपको कोई योजना बनाने की ज़रूरत नहीं है और न इसके लिए आपको छोटी-छोटी आदतों का एक नुस्खा तैयार करके उसे कागज पर लिखने की ज़रूरत है। बस अपने किसी सकारात्मक व्यवहार पर गौर करें और उसका जश्न मनाएँ। अगर इससे आपके मन में रौनक की भावना पैदा होती है, तो इसका अर्थ है कि आपने इस सकारात्मक व्यवहार को स्वचालित बनाने की दिशा में आगे बढ़ना शुरू कर दिया है। लेकिन इससे भी ज़्यादा महत्वपूर्ण बात ये है कि आपने नकारात्मक भावनाओं पर ध्यान केंद्रित करने के बजाय, सकारात्मक महसूस करने के अवसरों की तलाश करके, अपने भावनात्मक जीवन को सकारात्मक रूप से

प्रभावित करने की क्षमता विकसित कर ली है। याद रखें कि सर्वश्रेष्ठ बदलाव तभी आता है, जब आप उसे लेकर अच्छा महसूस करते हैं, न कि बुरा।

जश्न मनाना छोटी–छोटी आदतों और बड़े बदलावों के बीच का पुल है

भविष्य में एक न एक दिन जश्न मनाने को भी, चेतना और कृतज्ञता जैसी उन चीज़ों में गिना जाएगा, जिनका प्रतिदिन अभ्यास करने से हमारी सुख-शांति में समग्र बढ़ोत्तरी होती है। अगर आपको मेरी इस किताब से सिर्फ एक चीज़ सीखनी हो, तो मैं अपेक्षा करता हूँ कि वह एक चीज़ ये होगी: अपनी छोटी-छोटी सफलताओं का जश्न मनाएँ। यह छोटा सा बदलाव आपके जीवन पर बड़ा प्रभाव डाल सकता है, भले ही आपको अपनी नकारात्मक परिस्थितियों से निकलना मुश्किल लग रहा हो और कोई रास्ता दिखाई न दे रहा हो। जश्न मनाना आपकी जीवनरेखा बन सकता है।

जब लिंडा ने पहली बार छोटी-छोटी आदतों की पद्धति अपनाई, तो उसने जश्न मनानेवाले हिस्से को महत्त्व नहीं दिया। अपने लिए चीज़ों को छोटा और आसान बनाना उसके व्यावहारिक और विश्लेषणात्मक दिमाग को सही लगा। लेकिन हर छोटी-मोटी सफलता के बाद उसका जश्न मनाना लिंडा को निरर्थक लगा। जश्न मनाना उसके लिए न तो सहज था और न ही आकर्षक इसलिए उसने जो आदतें निर्मित की थी, वह उन पर अमल करने तक ही सीमित रही। उसे कभी सफलता मिली, तो कभी असफलता, लेकिन उसे ऐसा कोई बड़ा बदलाव नज़र नहीं आया, जिसके बारे में अन्य लोग बातें करते नहीं थकते थे।

लिंडा के जीवन में बदलाव लाने के मामले में छोटी-छोटी आदतों की पद्धति को और सार्थक बनाने के लिए जब मैंने और उसने मिलकर काम करना शुरू किया, तो मैंने पाया कि जश्न को स्वीकार करने के लिए उसे अभ्यास की ज़रूरत है।

सफल महसूस करना सिर्फ एक ऐसा कौशल नहीं है, जिसका उपयोग करके हम किसी आदत को अपने जीवन में स्थापित करते हैं – बल्कि यह 'बड़े और साहसिक कदम उठाओ या फिर चुपचाप अपने कदम पीछे खींच लो...' की संस्कृति के विरुद्ध एक कारगर औज़ार भी है, साथ ही खुद को देखने का एक नया नज़रिया भी।

जश्न मनाने को एक बोझ की तरह देखनेवाली सोच से बाहर निकलने के लिए लिंडा ने सकारात्मक भावना महसूस करानेवाली मेरी पसंदीदा तकनीक – सेलिब्रेशन ब्लिट्ज – को आज़माकर देखा। अगर आपको सफलता हासिल करने के मामले में अपना स्कोर बढ़ाना है, तो मैं आपको इसका उपयोग करने के लिए प्रोत्साहित करता हूँ। अपने घर के सबसे अस्त-व्यस्त कमरे में जाएँ (या अपने ऑफिस के सबसे बुरे

हिस्से में जाएँ), तीन मिनट का टाइमर सेट करें और कमरे को व्यवस्थित करने में जुट जाएँ। हर बिखरे सामान को उसकी तयशुदा जगह पर करीने से रखने के बाद जश्न मनाएँ। हर फालतू कागज को कचरे के डिब्बे में डालने के बाद जश्न मनाएँ। हर कपड़े को अच्छी तरह से अलमारी में रखने के बाद जश्न मनाएँ। हर खिलौने को उसकी जगह पर रखने के बाद जश्न मनाएँ – आप समझ ही गए होंगे कि मेरे कहने का मतलब क्या है। जश्न मनाने के लिए खुद से कहिए, 'बहुत बढ़िया!' और 'वाह, ये तो बेहतर दिखने लगा।' और मुट्ठी बाँधकर हवा में लहराइए या फिर आपको जो भी तरीका उचित लगे, उसके हिसाब से जश्न मनाइए। हर छोटी सफलता का जश्न मनाइए, भले ही ऐसा करना आपको प्रामाणिक न लगे। तीन मिनट का टाइमर बंद होते ही रूक जाइए और फिर इस बात पर गौर कीजिए कि आप कैसा महसूस कर रहे हैं।

मेरा अनुमान है कि आपका मूड हल्का हो जाएगा और आप अपने अंदर रौनक की भावना को स्पष्ट रूप से महसूस करेंगे। आप अपनी आगे की गतिविधियों को लेकर ज़्यादा आशावादी महसूस करेंगे। संभवत: आपको ये देखकर हैरानी होगी कि आप अपने दृष्टिकोण में कितनी जल्दी बदलाव ले आए। मैं गारंटी देता हूँ कि जब आप उस कमरे के चारों ओर देखेंगे तो अपने अंदर सफलता की भावना महसूस करेंगे। आप पाएँगे कि आपने सिर्फ तीन मिनट में अपने जीवन को थोड़ा और बेहतर बना लिया है (आपको इसे फिर से दोहराना चाहिए। आखिर इसके जरिए आपने अपना जीवन पहले से बेहतर जो बना लिया है)। और वह भी सिर्फ इसलिए नहीं क्योंकि वह कमरा अब पहले से कहीं ज़्यादा व्यवस्थित लग रहा है बल्कि इसलिए क्योंकि आपने तत्काल छोटे-छोटे जश्न मनाने के प्रभावों को परखते हुए, तीन मिनट तक बदलाव लाने के कौशल का अभ्यास किया।

लिंडा ने इस प्रक्रिया पर भरोसा करते हुए इसे अपने तीन मिनट दिए और बस इतना ही काफी रहा। इस तरह वह स्व-घोषित रूप से जश्न मनाने की प्रक्रिया की अनुयायी बन गई। कुछ महीनों बाद उसने गौर किया कि अब वह उन चीज़ों का भी जश्न मनाने लगी है, जो आदतें नहीं हैं। जब उसे जल्दी होती और वह सड़क पर ट्रैफिक सिग्नल ग्रीन होने के बाद उसे पार करती, तो कार चलाते हुए ही ऊँची आवाज में कहती, 'वाह!' इसी तरह जब वह सारे कपड़ों को अलमारी में करीने से रखने के बाद आखिरी कपड़े को अच्छी तरह से रख रही होती, तो खुद से कहती, 'बहुत बढ़िया लिंडा!' जबकि पहले वह इन क्षणों पर ध्यान भी नहीं देती थी। वह बस उन्हीं चीज़ों पर ध्यान देती, जिनके चलते उसे खीझ या परेशानी महसूस होती थी – जैसे लिंडा के गुज़रने से ठीक पहले ही सड़क पर ट्रैफिक सिग्नल का रेड हो जाना या जब वह काफी देर से बैंक के काउंटर की लाइन में लगी हो, तो कैशियर द्वारा अचानक

अपना काउंटर बंद करके वहाँ से चले जाना। पर अब छोटी-छोटी सफलताएँ भी उसे खास लगतीं और वह उनका जश्न मनाती। लिंडा ने मुझे बताया कि ऐसा करना उसका सोचा-समझा चुनाव नहीं था। क्योंकि उसके दिमाग में यह बात स्थापित हो चुकी है कि जश्न मनाने से अच्छा महसूस होता है। उसने अनजाने में ही जश्न मनाने की आदत विकसित कर ली।

आपको याद होगा, मैंने आपको बताया था कि हमारा दिमाग अच्छा महसूस करना चाहता है। छोटी-छोटी सफलताओं का जश्न मनाने से उसे जो मिलता है, वह उसी के अनुसार हमारे जीवन में नए पैटर्न्स तैयार कर देता है। लिंडा ने मुझे बताया कि उसने नकारात्मक सोच-विचार के बजाय सकारात्मक सोच-विचार के लिए अपने दिमाग को फिर से प्रशिक्षित किया। यह कदम उठाना बिलकुल सही है। यहाँ तक कि अब वह कठिन परिस्थितियों में भी ऐसी छोटी-छोटी चीज़ें ढूँढ़ सकती है, जिन्हें वह जश्न के जरिए एक सकारात्मक भावना के साथ जोड़ सके। इससे उसे चीज़ों के नकारात्मक पहलू में अटकने के बजाय सकारात्मक पहलू को देखने और उस पर ध्यान केंद्रित करने में मदद मिलती है। पिछले अध्याय में एमी ने भी कुछ ऐसा ही किया था, जब उसने अपने पति के व्यवहार पर अपनी प्रतिक्रिया को बदला और पति की नकारात्मक को खुद को सकारात्मक महसूस कराने के संकेत की तरह उपयोग करना शुरू कर दिया। चूँकि एमी महीनों तक बहुत सी आदतों का जश्न मनाने का अभ्यास कर चुकी थी, इसलिए उसका दिमाग असामान्य परिस्थितियों में भी अच्छा महसूस करने का अवसर तलाशने के लिए बिलकुल तैयार था।

हो सकता है कि आपका मन शंका से घिरा हुआ हो। बार-बार 'सकारात्मक' और 'नकारात्मक' जैसे शब्द पढ़कर संभवत: आपको ये सब बड़ा बचकाना लग रहा होगा। आपने लोगों को कहते सुना होगा, 'सकारात्मक सोच रखो!' या 'उम्मीद की किरण तलाशो।' हो सकता है कि उनके मुँह से ये बातें सुनकर आपको लगता हो कि 'ये लोग कैसी घिसी-पिटी बातें कर रहे हैं? अगर सकारात्मक सोच रखना और उम्मीद की किरण तलाशना इतना ही आसान होता, तो क्या हर कोई बड़े आशावादी दृष्टिकोणवाला नहीं होता?' जी हाँ, आप सही सोच रहे हैं, अगर ये इतना आसान होता, तो हर व्यक्ति आशावादी ही होता।

लेकिन मैं एक बात स्पष्ट कर दूँ। एमी ने जो किया, वह कोई जादू नहीं था। इसी तरह लिंडा ने जो किया, वह कोई जादू की छड़ी घुमाकर नहीं किया। उन दोनों ने कई चीज़ों को आज़माया, कई प्रयोग किए और तमाम दिक्कतों और रूकावटों को पार करते हुए ऐसे सदाबहार तरीकों का पता लगाया, जो स्थितियाँ बिगड़ने पर काम आ सकते हैं। अपने दिमाग के रिवॉर्ड सेंटर (पुरस्कार केंद्र) को नियंत्रित करके उन्होंने अपनी सोच को बदल डाला। यह एक विचारशील और सोच-समझकर की

गई प्रक्रिया थी, जो समय के साथ परिष्कृत होते हुए हर बार कारगर रही।

लेकिन लिंडा की कहानी यहीं खत्म नहीं होती।

सन 2016 की शरद ऋतु आते-आते लिंडा को लगा कि वह एक बार फिर डिप्रेशन के अंधे कुएँ में गिरती जा रही है। उसके पति की अल्ज़ाइमर की बीमारी और गंभीर हो गई थी और अब उसे जिस इलाज की ज़रूरत थी, उसका खर्च वहन करना उनके लिए काफी मुश्किल हो गया था। ऐसे कठिन हालात में लिंडा खुद को इतना बेबस महसूस करती कि हर रोज ऑफिस की डेस्क पर सिर रखकर काफी देर तक रोती रहती। उसके ऊपर अपने आर्थिक हालत को काबू में रखने का भारी दबाव था। इसके साथ ही उसे अपनी पेशेवर जिम्मेदारियाँ भी पूरी करनी थी और बच्चों को भी सँभालना था। इसलिए वह अपना मन हल्का करने के लिए थोड़ा रो लेती थी (जो कोई बुरी चीज़ नहीं है)। लेकिन अंतत: उसने तय किया कि 'बस बहुत हुआ! अब मुझे इस बारे में कुछ करना होगा!' और फिर वह अपनी कुर्सी से उठकर खड़ी हुई और अपने ऑफिस में ही सेलिब्रेशन ब्लिट्ज करना शुरू कर दिया। फिर वह हर रोज तीन मिनट तक सब कुछ व्यवस्थित करके उसका जश्न मनाने लगी - जिस दिन उसे अपने अंदर ज़्यादा सकारात्मकता जगाने की ज़रूरत महसूस होती, उस दिन वह तीन मिनट के बजाय पाँच मिनट तक ऐसा करती। ऐसा करके वह 'खुद पर तरस खाने' वाली मन:स्थिति से बाहर आ जाती। जीवन में ढेरों तकलीफें और दुःख झेलने के कारण लिंडा यह समझ चुकी थी कि भले ही आप कुछ देर के लिए खुद पर तरस खा लें, लेकिन हमेशा उस नकारात्मक मन:स्थिति में नहीं जी सकते। आपको उससे बाहर आना ही होगा।

लिंडा के लिए सेलिब्रेशन ब्लिट्स उस जीवनरेखा की तरह था, जिसका उपयोग करके वह खुद को नकारात्मकता के जाल से आज़ाद कर लेती थी। उस साल पूरी शरद ऋतु में लिंडा ने करीब-करीब हर रोज ऐसा ही किया। वह हर रोज अपने आपको 'खुद पर तरस खाने' वाली मन:स्थिति से बाहर निकालती और आगे बढ़ जाती। उसने यह सुनिश्चित किया कि वह अपना ध्यान इस तथ्य पर केंद्रित करे कि वह अपनी, अपने परिवार की और छोटी-छोटी आदतों की पद्धति सीख रहे अपने प्रशिक्षुओं की बेहतरी के लिए जो कुछ भी कर सकती है, वो सब कर रही है। और वह इस बात का जश्न भी मनाती थी - यह एक ऐसा कौशल था, जो समय के साथ उसने अपने अंदर विकसित कर लिया था। कभी-कभी वह सोचती थी कि काश यह कौशल उसके पास तब भी होता, जब वह अपनी युवावस्था में थी।

विपरीत परिस्थितियों से भरे लिंडा के जीवन की कहानी दुखद है, लेकिन साथ ही काफी आम भी है। छोटी-छोटी आदतों की पद्धति का प्रशिक्षण देते हुए मैंने ऐसे

कई किस्से सुने हैं, जिनका मूल संदेश समान है: सफलता की भावना बदलाव का एक शक्तिशाली स्रोत है। जब आप जश्न मनाते हैं, तो आपका आत्मविश्वास बढ़ जाता है पर सिर्फ इसलिए नहीं क्योंकि आप नई आदतें निर्मित करनेवाली एक मशीन की तरह हैं बल्कि इसलिए भी क्योंकि आप अपने साथ अच्छा व्यवहार करने के मामले में और बेहतर हो जाते हैं। अपने आपको भला-बुरा कहने के बजाय, आप अपना जश्न मनाने के अवसर तलाशने लगते हैं। फिर कुछ मूलभूत चीज़ें बदल जाती हैं और आपको उनका एहसास भी नहीं होता। हो सकता है कि आप खुद को माइक जैसा व्यक्ति मानते थे, जो व्यायाम करना शुरू तो करता है, पर कुछ ही दिनों में बंद भी कर देता है। या शायद आप खुद को जिल जैसा व्यक्ति मानते थे, जिसमें फर्श पर गंदगी फैलाने की प्रवृत्ति है। या फिर संभवत: आप लिंडा जैसे व्यक्ति थे, जो खुद पर तरस खाकर इतना रोता है कि ऑफिस की डेस्क आँसुओं से भीग जाती है। आपने कल्पना भी नहीं की थी कि आप खुद को बदल पाएँगे। लेकिन आपने अपने जीवन में जो छोटी-छोटी और सरल आदतें विकसित कीं, उन्होंने कुछ ही महीनों में आपकी दुनिया पूरी तरह बदलकर रख दी। आपने देखा कि आप एक अलग ही व्यक्ति बन गए हैं। आपने कभी नहीं सोचा था कि आप एक दिन इस प्रकार के व्यक्ति बन जाएँगे - एक ऐसा व्यक्ति जो अपने बच्चों के सोकर उठने से पहले खुद उठ जाता है ताकि व्यायाम कर सके। या फिर एक ऐसा व्यक्ति जिसे रॉकी फिल्म के मुख्य किरदार की जोरदार मुद्रा में देखकर घर के बाहर से गुजर रहा डाकिया घबरा जाता है। या फिर एक ऐसा व्यक्ति जो अपने दैनिक विफलताओं को भूलकर अपनी दैनिक सफलताओं का जश्न मनाता है। या फिर एक ऐसा व्यक्ति जो जानता है कि वह अपने जीवन में जैसे चाहे, वैसे बदलाव ला सकता है।

जश्न मनाने की शक्ति ऐसी है, जो आपके जीवन को और इस संसार को भी बदल सकती है। यह बड़े ही प्रभावी ढंग से सूक्ष्मता के साथ आपके जीवन में बदलाव लाती हैं। इसकी मदद से आप वह व्यक्ति बन सकते हैं, जो आप सचमुच बनना चाहते हैं।

रौनक की भावना महसूस करने के लिए छोटे-छोटे अभ्यास

इस अध्याय में पहले ही ऐसे कई अभ्यास बताए जा चुके हैं, जिनकी मदद से आप जश्न मनाने के उस तरीके का पता लगा सकते हैं, जो आपके लिए सबसे सहज हो। ये सारे अभ्यास ज़रूर करें। ऐसा करना सचमुच महत्वपूर्ण है।

आगे कुछ ऐसे अतिरिक्त अभ्यास बताए गए हैं, जिनकी मदद से आप जश्न मनाने उन तरीकों का पता लगा सकें, जो आपके अंदर प्रमाणिक रूप से रौनक की भावना पैदा करें।

अभ्यास 1 : जश्न के विभिन्न तरीके

इस अभ्यास से आपको अपनी छोटी-छोटी सफलताओं का जश्न मनाने के नई तरीकों का पता लगाने में मदद मिलेगी। इन विकल्पों को आजमाएँ और देखें कि आपके मामले में कौन सा विकल्प कारगर रहता है। अगर आपको और प्रेरणा की ज़रूरत है, तो किताब के अंत में दिए गए 'परिशिष्ट' पर नज़र डालें, जहाँ 'जश्न मनाने और रौनक महसूस करने के सौ तरीके' बताए गए हैं।

आपके पसंदीदा गाने

कोई ऐसा गाना याद करें, जिसे सुनकर आप खुश, सफल और उत्साहित महसूस करते हों। अपनी छोटी-छोटी सफलताओं का जश्न मनाने के लिए इस गाने की कुछ पंक्तियाँ गुनगुनाएँ।

शारीरिक गतिविधियाँ

उन शारीरिक गतिविधियों को आजमाकर देखें, जिन्हें करने से आप खुश और सफल महसूस करते हैं। जैसे मुट्ठी बाँधकर हवा में लहराना, कुछ पलों तक डांस करना या स्वीकृति जताने के लिए दृढ़तापूर्वक सिर हिलाना। किसी ऐसी शारीरिक गतिविधि का पता लगाएँ, जिससे आपको रौनक की भावना महसूस करने में मदद मिले और फिर एक नई आदत को अपने दिमाग में स्थापित करने के लिए उस गतिविधि का उपयोग करें।

मौखिक कथन

ऐसे वाक्यांश खोजें, जिन्हें बोलने से आप खुश व सफल महसूस करते हों। जैसे कुछ लोग अपनी खुशी जताने के लिए ऊँची आवाज में 'वू-हू!' बोलते हैं। इसी तरह कुछ लोग कुछ अच्छा करने के बाद खुद को शाबाशी देने के लिए बोलते हैं, 'बहुत बढ़िया।' ऐसे विकल्पों पर गौर करें और कम से कम एक ऐसे मौखिक कथन का पता लगाएँ, जिसे बोलकर आपको रौनक की भावना महसूस हो।

साउंड इफेक्ट्स

ऐसे साउंड्स (ध्वनियों) का पता लगाएँ, जिन्हें सुनकर आपके अंदर सकारात्मक भावनाएँ जागें - जैसे भीड़ द्वारा उत्साह में चीखना, किसी शहनाई की धुन या फिर स्लाट मशीन में जैकपॉट लगने का साउंड। अपनी पसंद के एक साउंड इफेक्ट का चुनाव करें और उसका उपयोग करके आदत को अपने दिमाग में स्थापित करने का अभ्यास करें।

कल्पना

कुछ लोग अपने अंदर रौनक की भावना पैदा करने के लिए अपनी कल्पनाशक्ति का उपयोग करते हैं। हो सकता है कि यह विकल्प आपको पिछले चार विकल्पों से ज़्यादा मुश्किल लगे। लेकिन अच्छी बात ये है कि आप इसे कहीं भी कर सकते हैं और यह बहुत शक्तिशाली तरीका है (इससे रौनक की गहन भावना पैदा की जा सकती है)।

जिन चीज़ों से आप खुश व सफल महसूस करते हैं, उनके बारे में आप क्या सोचते हैं, इसकी एक सूची बनाएँ। इनमें आपके नाती-पोतों के मुस्कुराते हुए चेहरे, अपने पालतू कुत्ते के साथ खेलने और पसंदीदा समुद्री किनारे की गर्म रेत पर नंगे पैर चलने जैसी कई चीज़ें शामिल हो सकती हैं। आपको जो उचित लगे, आप उसका उपयोग करें। अपने विकल्पों का पता लगाएँ और उनमें से किसी एक ऐसे विकल्प का चुनाव करें, जिसकी कल्पना करना आपके लिए आसान हो और जो आपके अंदर रौनक की भावना पैदा करने में सबसे ज़्यादा कारगर हो। अपनी छोटी-छोटी सफलताओं का जश्न मनाने के लिए इसी कल्पना का उपयोग करें।

अभ्यास 2 : सेलिब्रेशन ब्लिट्स को आजमाकर देखें

इस अभ्यास को कम से कम एक बार ज़रूर आजमाएँ। अतिरिक्त श्रेय पाने के लिए इसे नियमित रूप से अपने जीवन में शामिल करें।

चरण 1 : अपने घर या ऑफिस का एक ऐसा हिस्सा ढूँढ़ें, जो सबसे कम व्यवस्थित हो।

चरण 2 : घड़ी में तीन मिनट का टाइमर सेट करें।

चरण 3 : हर सामान को व्यवस्थित करने बाद अपनी इस सफलता का जश्न मनाएँ।

चरण 4 : चीज़ों को व्यवस्थित करना और जश्न मनाना जारी रखें।

चरण 5 : जब तीन मिनट पूरे हो जाएँ, तो रूक जाएँ और अपना ध्यान इस बात पर केंद्रित करें कि आप कैसा महसूस कर रहे हैं। क्या बदलाव आया? आपने क्या सीखा?

अभ्यास 3 : एक रिमाइंडर तैयार करें : सर्वश्रेष्ठ बदलाव तभी आता है, जब आप उसे लेकर अच्छा महसूस करते हैं

इस किताब की प्रस्तावना में भी यह अभ्यास बताया गया है। यहाँ आपको वही अभ्यास दोहराना है। अगर उस वक्त आपने यह अभ्यास नहीं किया, तो अब करें। ठीक है? धन्यवाद।

लोगों में सर्वश्रेष्ठ बदलाव तभी आता है, जब वे उसके बारे में अच्छा महसूस करते हैं, न कि तब, जब वे बुरा महसूस करते हैं। ये बात आपको याद रहे, इसके लिए आगे एक आसान कार्य दिया जा रहा है।

चरण 1 : कागज के एक टुकड़े पर यह वाक्यांश लिखें: मेरे अंदर सर्वश्रेष्ठ बदलाव अच्छा महसूस करने पर ही आता है (न कि बुरा महसूस करने पर)।

चरण 2 : इस कागज के टुकड़े को अपने बाथरूम के शीशे पर या किसी भी ऐसी जगह पर चिपका दें, जहाँ आप उसे बार-बार देख सकें।

चरण 3 : इस वाक्यांश को अक्सर पढ़ें।

चरण 4 : इस बात पर गौर करें कि यह अंतर्दृष्टि आपके (और आपके आसपास के लोगों के) जीवन में किस प्रकार काम कर रही है।

6

अपनी छोटी-छोटी आदतों को परिवर्तनकारी बनाना

जब सुकुमार 26 साल का हुआ, तो उसका ध्यान दो बातों पर गया: उसकी जान-पहचान के अधिकांश लोग शादी कर रहे थे, जबकि उसका पेट निकल रहा था। ये दोनों ही चीज़ें अचानक होने लगी थीं। कुछ ही महीनों पहले तक लगता था, जैसे हर कोई अविवाहित है और वह खुद भारत के चेन्नई से आया एक दुबला-पतला व्यक्ति है। पर अब... सुकुमार के पेट का आकार उसके पैंट की नाप से ज़्यादा होता जा रहा था और जब वह किसी पार्टी से वापस आ रहा होता, तो देखता कि उसके सारे दोस्त अपनी-अपनी पत्नियों के साथ घर लौट रहे हैं, जबकि वह अकेले लौट रहा है। ऐसे में उसके मन में अक्सर एक ही बात आती: भला कोई लड़की मुझसे शादी क्यों करेगी?

अंततः सुकुमार ने तय किया कि उसे अपने बढ़ते वजन को लेकर कुछ करना होगा। उसने अपने खानपान पर बारीकी से ध्यान देना शुरू किया और साथ ही वह कोशिश करने लगा कि नियमित रूप से व्यायाम करे।

अपना खान-पान सुधारने और व्यायाम करने के बावजूद उसका पेट आश्चर्यजनक रूप से जस का तस ही रहा। लेकिन वह कोशिश करता रहा और उसका 'पेट कम करने का संघर्ष' (अपनी कोशिशों को उसने यही नाम दे रहा था) अच्छा दिखने से ज़्यादा अपने स्वास्थ्य को बेहतर बनाने पर केंद्रित हो गया।

सुकुमार को पीठ और गर्दन में दर्द महसूस होने लगा और ये दर्द इतना बढ़ गया कि अपनी डेस्क पर 30 मिनट से ज़्यादा बैठना उसके लिए दूभर हो गया। वह एक टेक कंपनी में आईटी विशेषज्ञ था, इसलिए ये संभव नहीं था कि वह डेस्क पर बैठकर काम करना बंद कर दे। वह दर्द झेलने के लिए तैयार था, लेकिन उसे ऑफिस में बैठकर घंटों काम करना होता था, जो इस स्थिति में काफी मुश्किल हो गया था। उसे चिंता होने लगी कि कहीं इससे उसके प्रदर्शन में गिरावट न आ जाए, इसलिए आखिरकार वह डॉक्टर के पास गया। डॉक्टर ने कहा कि बढ़ते वजन के चलते उसके

पेट और कमर में आया भारीपन, उसके दर्द की एक बड़ी वजह है।

सुकुमार लगातार अपने स्वास्थ्य को बेहतर बनाने की कोशिश कर रहा था।

वह ज़्यादा से ज़्यादा व्यायाम करता था।

उसने अपना खाना भी कम कर दिया था।

और वह सालों तक ऐसा करता रहा।

दरअसल सुकुमार क्रैश डाइटिंग और अनियमित लेकिन भारी व्यायाम के जाने-पहचाने जाल में उलझ चुका था, जो सचमुच बहुत ही दुर्भाग्यपूर्ण था। क्रैश डाइटिंग के चलते वह भूखा रहता और भारी व्यायाम के कारण थकान से घिरा रहता, फिर भी उसे मनचाहे परिणाम नहीं मिले। सुकुमार की हताशा और दर्द बढ़ते जा रहे थे, लेकिन उसके स्वास्थ्य में कोई बेहतरी नज़र नहीं आ रही थी। जिसके चलते वह अक्सर अपने महत्वाकांक्षी फिटनेस लक्ष्यों को अनदेखा करने लगता और फिर चिप्स का पैकेट लेकर सोफे पर बैठा रहता।

लेकिन अंततः सुकुमार ने शादी कर ली, (एक ऐसी लड़की से, जिसे सुकुमार का बढ़ा हुआ पेट प्यारा लगता था)। जब उसकी पत्नी ने अपनी फिटनेस पर बारीकी से ध्यान देना शुरू किया, तो उसने सुकुमार को सुझाव दिया कि वह भी उसके पर्सनल ट्रेनर की मदद ले। ये तरीका कुछ हफ्तों तक तो कारगर रहा, लेकिन फिर स्थितियाँ बदल गईं। ऑफिस के काम का बोझ काफी बढ़ गया था और व्यायाम के लिए दिन में एक घंटे का खाली समय निकालना भी मुश्किल हो गया। ऐसे में सुकुमार ने खुद को यह कहकर दिलासा दिया कि 'दिक्कत ये है कि मेरे पास समय ही नहीं है।'

स्वास्थ्य सुधारने की ऐसी अनियमित कोशिशें करना और बहाने बनाकर खुद को दिलासे देना बेहद निराशाजनक था; इसने सुकुमार की चिंता को भी उकसाया। उसे अच्छी नींद लेने और ध्यान केंद्रित करने में दिक्कत होने लगी, इसके बावजूद उसे यही लगता रहा कि इस स्थिति को सुधारना उसके वश में नहीं है।

जब सुकुमार 43 साल का हुआ, तो उसे अचानक एहसास हुआ कि वह पिछले 17 सालों से अपना वजन घटाने के लिए संघर्ष कर रहा है।

उसकी एक छोटी सी असुरक्षा अब एक तकलीफदेह चक्र में तब्दील हो चुकी थी, जो तभी खत्म हुआ, जब सन 2012 में उसका परिचय छोटी-छोटी आदतों की पद्धति से हुआ।

सुकुमार ने भी इस पद्धति की शुरुआत अधिकांश लोगों की तरह ही की - पुश-अप्स करके। शुरुआत में उसने छोटे-छोटे कदम उठाए। सुबह ब्रश करने के बाद

वह पुश-अप्स करने लगा। साथ ही उसने पाँच सेकंड्स तक प्लैन्किंग (एक प्रकार का व्यायाम) करने की आदत भी अपना ली। और ऐसे ही छोटे-छोटे कदम उठाते हुए वह सफलता के मार्ग आगे बढ़ने लगा। यह आदत बढ़ती गई और अंततः सुकुमार ने अपना 20 पाउंड वजन घटा लिया। उसकी कमर भी पाँच इंच घट गई। सुकुमार को यह सफलता यूँ ही नहीं मिली थी बल्कि उसके व्यक्तित्व में आए भारी बदलाव ने उसके लिए यह संभव बना दिया कि वह अपने पुराने चक्र को तोड़कर अपना वजन काबू में करे और समय के साथ पहले के मुकाबले अधिक चुस्त-दुरुस्त और मज़बूत बन सके।

आज सुकुमार की उम्र 51 साल है और वह अब भी हर रोज सुबह-सुबह 50 पुश-अप्स करके अपना एक घंटे का व्यायाम कार्यक्रम शुरू करता है और फिर अंत में पाँच मिनट तक प्लैन्किंग (एक प्रकार का व्यायाम) करता है। हालाँकि अभी भी उसे कभी-कभी पीठ में दर्द की शिकायत हो जाती है, लेकिन अब वह उपयुक्त व्यायाम की मदद से ऐसी किसी भी समस्या से निपट लेता है।

हाल ही में जब मैंने सुकुमार से संपर्क किया और उससे अपनी कहानी साझा करने के लिए कहा, तो उसका कहना था, 'बीजे, मैंने खुद को पूरी तरह बदल लिया है।'

इस किताब में मैंने ऐसे कई लोगों की सच्ची कहानियों को प्रस्तुत किया है, जिन्होंने छोटी-छोटी आदतों से शुरुआत करते हुए परिवर्तनकारी कदम उठाए और अपनी समस्याओं का समाधान निकाला। ऐसे हर मामले में हमने उनकी व्यवहार संरचना यात्रा के एक मुख्य पहलू पर गौर किया कि उसके पीछे क्या है - प्रेरणा मिलान, बढ़ती सक्षमता, संकेत तैयार करना या फिर जश्न मनाना? मैंने आपको नई आदतें निर्मित करने की पूरी प्रक्रिया से परिचित कराते हुए, कुछ ऐसे महत्वपूर्ण कौशलों के बारे में भी बताया है, जो आपको आदतें विकसित करने के मामले में सही मायनों में एक शूरवीर बना सकते हैं।

लेकिन आखिर आप दो पुश-अप्स करते-करते पचास पुश-अप्स तक कैसे पहुँचेंगे? आखिर आप अपने 'पेट कम करने के संघर्ष' में विजयी कैसे होंगे? आखिर आप अपना दस किलो वजन कैसे घटाएँगे, जिसका सपना आप सालों से देख रहे हैं? आखिर आप अचानक आई किसी आपातकालीन स्थिति से निपटने के लिए पैसे की बचत कैसे करेंगे? आखिर आप वह व्यवसाय कैसे शुरू करेंगे, जिसके बारे में आप महीनों से बातें कर रहे हैं? आखिर आप अपना कोलेस्ट्रॉल लेवल कम कैसे करेंगे और फिर उसे हमेशा कम कैसे रखेंगे?

मैं आपको इन सारे सवालों का जवाब एक अच्छी खबर के रूप में दे सकता हूँ: जब आप छोटी–छोटी आदतों की पद्धति नियमितता के साथ लागू करते हैं, तो आपकी आदतों का विस्तार स्वत: ही होने लगता है।

इस अध्याय में आपको बताया जाएगा कि आदतों का विकास और उनकी संख्या में वृद्धि कैसे होती है। साथ ही मैं एक ऐसा तंत्र भी प्रस्तुत करूँगा, जिससे आपको बदलाव से जुड़े अपने मौजूदा कौशल को पहचानने में मदद मिलेगी और साथ ही यह भी पता चलेगा कि अपनी बिगड़ी हुई आदतों को कैसे सुधारा जाए। इससे आपको अपनी छोटी–छोटी आदतों को परिवर्तनकारी बनाने का रास्ता स्पष्ट नज़र आने लगेगा।

आइए इसकी शुरुआत करने के लिए उस रूपक पर दोबारा चर्चा करते हैं, जिसका उपयोग मैंने पहले अध्याय में किया था।

आदतें विकसित करना – अच्छी या बुरी – काफी हद तक एक बगीचा तैयार करने जैसा होता है।

इसे ऐसे देखें: आप अपने घर के बरामदे में जाकर खड़े हो जाते हैं और सामने मौजूद अस्त–व्यस्त आँगन को देखकर सोचते हैं कि काश घर का ये हिस्सा किसी तरह साफ–सुथरा और सुंदर बन जाए। कुछ हफ्ते गुजर जाते हैं और वहाँ घास (खरपतवार) उगने लगती है। आप थोड़ी–बहुत घास उखाड़कर निकाल देते हैं, लेकिन ये बड़ी मेहनत का काम है इसलिए आप ज़्यादा कोशिश नहीं करते और उसे जस का तस छोड़ देते हैं। लेकिन अब भी आप यही सोचते रहते हैं कि काश आपके घर के आँगन में घास की जगह सुंदर पेड़–पौधे उगें और वह घर के एक सुखद हिस्से में तब्दील हो जाए।

इससे बेहतर ये होगा कि आप अपना मनचाहा बगीचा (यानी आदतें) खुद तैयार करें। आप खुद यह पता लगाएँ कि आप अपने बगीचे में कौन से फूल और सब्जियाँ उगते देखना चाहेंगे (यानी प्रेरणा), आप बगीचे के लिए ऐसे पौधों का चुनाव करें, जिन्हें उगाना आसान हो (सक्षमता) और यह भी तय करें कि आँगन का कौन सा हिस्सा किस पौधे को उगाने के लिए सबसे अच्छा रहेगा (अपने मौजूदा रूटीन में एक अवसर ढूँढ़ना)।

नन्हें पौधों को उगाने के लिए शुरुआत में आपको न सिर्फ उनकी देखभाल करनी होगी बल्कि सब कुछ योजनाबद्ध ढंग से भी करना होगा। लेकिन आपने अपनी छोटी–छोटी सफलताओं का जश्न मनाकर उनकी जड़ों की मज़बूती सुनिश्चित कर दी है। इसके बाद आपको अपनी मज़बूत आदतों को स्वत: ही बढ़ने देना होगा – ताकि उनका सहज विस्तार हो सके।

हालाँकि आप अपनी ओर से हर चीज़ का ध्यान रखना जारी रखेंगे – जैसे उनकी जड़ों में पानी देना और घास उखाड़ना, लेकिन किसी और प्रक्रिया में शामिल नहीं होंगे और न ही किसी दबाव में रहेंगे। आपकी नई आदतों के मामले में भी ठीक ऐसा ही होता है। हो सकता है कि शुरुआत में आपको अतिरिक्त प्रयोग करने पड़ें और थोड़ा ध्यान देना पड़े, पर एक बार जब आप अपनी नई आदतों को सही ढंग से स्थापित कर देते हैं, फिर आपको सिर्फ उन पर अमल करना होता है और वे स्वत: ही फलने-फूलने लगती हैं।

जब आप अपना ये बगीचा तैयार कर लेंगे, तो उसमें सुंदर सूरजमुखी खिलेगा और लाल सुर्ख स्ट्रॉबेरी के पौधों की पंक्तियाँ बिछी होंगी।

पौधों की तरह ही आपकी प्रत्येक आदत का विस्तार भी अलग-अलग ढंग से होगा और उनके विकास की गति भी एक-दूसरे से अलग होगी। एक पुश-अप करने की आदत, पचास पुश-अप्स करने की आदत भी बन सकती है। हालाँकि कोई आदत अंतत: किस हद तक विकसित हो सकती है, ये इस बात पर निर्भर करता है कि व्यक्ति उसे कितना समय देता है और उसकी व्यक्तिगत क्षमता क्या है। जैसे हो सकता है कि हर रोज सुबह एक एवोकैडो (रुचिरा) खाने की आदत कभी न बढ़े बल्कि जस की तस रहे। लेकिन हो सकता है कि ये आदत आपको डिनर के बाद ब्लूबेरी (नीलबदरी) या लंच के साथ सेलेरी (अजमोदा) खाने की आदत विकसित करने की दिशा में ले जाए।

आदतों को पूरी तरह विकसित होने में कितना समय लगता है? इस सवाल का कोई एक सर्वमान्य जवाब नहीं है। इसलिए जब भी आपको ऐसा कुछ सुनने को मिले कि आदत को विकसित होने में 21 दिन या 60 दिन का समय लगता है, तो याद रखें कि यह पूरी तरह सच नहीं है। क्यों? क्योंकि किसी आदत को विकसित होने में कितना समय लगेगा, ये तीन चीज़ों पर निर्भर करता है।

उस व्यक्ति पर, जिसे आदत पर अमल करना है

खुद आदत (क्रिया) पर

संदर्भ पर

वास्तव में इन तीन तत्त्वों के बीच होनेवाली अंत:क्रिया से ही ये तय होता है कि उस आदत को विकसित करना कितना मुश्किल (या आसान) होगा। यही कारण है कि कोई भी व्यक्ति ये दावा नहीं कर सकता कि किसी आदत को पूरी तरह विकसित होने में कितने दिन लगते हैं।

बदलाव लाना एक प्रक्रिया है, ठीक वैसे ही जैसे, बगीचे में एक फूल का खिलना या आपकी उंगली पर लगी चोट का ठीक होना। और हर प्रक्रिया की तरह ही, इसे भी गति देने के लिए कुछ चीज़ें की जा सकती हैं - और प्रक्रिया के बीच में ही ज़रूरी संशोधन भी किए जा सकते हैं। हमारी आदतों का विकास कैसे होता है और इस विकास-प्रक्रिया में हमारी क्या भूमिका है, यह समझकर हम विश्वसनीय ढंग से ये सुनिश्चित कर सकते हैं कि हमारा मनचाहा बदलाव - या रूपांतरण - कैसा हो।

आइए, कुछ बारीकियों पर गौर करते हैं।

विकास और संख्या में वृद्धि

जब बात आदतों की विस्तार प्रक्रिया की हो, तो इन्हें मुख्यत: दो श्रेणियों में बाँटा जा सकता है: ऐसी आदतें जो विकसित होती हैं और ऐसी आदतें जिनकी संख्या में वृद्धि होती है।

जब मैं इस संदर्भ में 'विकास' शब्द का उपयोग करता हूँ, तो मेरे कहने का अर्थ होता है कि आदत का बड़ा होना। जैसे दिन में तीन बार गहरी साँस लेने की आदत विकसित होते-होते हर रोज तीस मिनट तक ध्यान करने की आदत बन जाती है। रसोई का काउंटर साफ करने की आदत विकसित होते-होते पूरी रसोई साफ करने की आदत बन जाती है। इन व्यवहारों का सार समान होता है, लेकिन आप इन्हें ज़्यादा करते हैं यानी आदत का विकास होता है।

किसी पौधे की तरह आदत भी स्वाभाविक रूप से विकसित होती है

जब आप देखेंगे कि आदतों का विकास कैसे होता है, तो आपको पता चलेगा कि प्रत्येक आदत का विकास एक सीमा तक ही होता है (पेड़-पौधों के मामले में भी ऐसा ही होता है)। सुकुमार की हर रोज प्लैंकिंग (एक प्रकार का व्यायाम) की आदत की अवधि अधिकतम पाँच मिनट तक ही हो सकी, जो कि अपने आपमें कम प्रभावशाली नहीं है। या तो वह बिना थके इससे ज़्यादा अवधि तक प्लैंकिंग नहीं कर पाता था या फिर वह इससे ज़्यादा व्यायाम करना ही नहीं चाहता था - ये दोनों ही ऐसी चीज़ें हैं, जो किसी आदत को कमजोर कर देती हैं। उसकी प्लैंकिंग की आदत के विकास की स्वाभाविक सीमा बस इतनी ही थी।

संभवत: आपके मन में ये सवाल उठ रहा होगा कि शुरुआती दिनों में सुकुमार को ये कैसे पता चलता था कि उसे पाँच सेंकेड से ज़्यादा देर तक प्लैंकिंग कब करना है?

अच्छा सवाल है। हम जल्द ही इसकी गहराई में जाएँगे पर फिलहाल इसका संक्षिप्त जवाब है: वह इससे ज़्यादा देर तक प्लैंकिंग तब कर पाता, जब वह सचमुच करना चाहता।

आदतों के विस्तार का दूसरा तरीका है, उनमें वृद्धि होना। यह आमतौर पर तब होता है, जब आपके द्वारा निर्मित की जा रही आदत व्यवहारों के एक विस्तृत तंत्र का हिस्सा हो। जैसे अगर आप अपना हर दिन समग्र रूप से और अधिक उत्पादक बनाना चाहते है, तो संभवत: आप 'माउई आदत' नामक उत्कृष्ट विकल्प चुनेंगे। सुबह उठकर पलंग से उतरते समय जमीन पर पैर रखने के बाद, आप कहते हैं, '**आज का दिन शानदार बीतेगा।**' चूँकि इस आदत पर अमल करने का समय बिलकुल स्पष्ट है, इसलिए इसका विकास नहीं होगा, लेकिन आपकी ऐसी आदतों की संख्या में वृद्धि ज़रूर होगी, जिनसे आप व्यापक प्रभाव की उम्मीद कर सकते हैं।

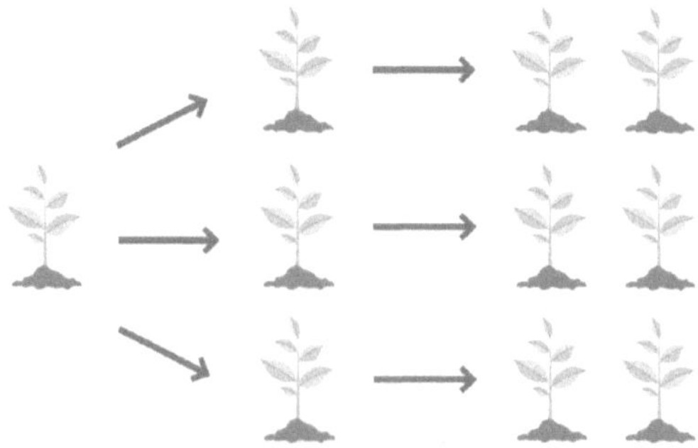

पौधों की तरह ही आदत की संख्या में भी वृद्धि हो सकती है।

'माउई आदत' एक सकारात्मक भावना पैदा कर देती है, जिसके चलते बहुत से लोग सुबह-सुबह अमल करने के लिए कुछ अन्य अच्छी आदतें भी निर्मित कर लेते हैं - जैसे अपने बिस्तर को व्यवस्थित करना। जब आप माउई आदत पर अमल करते हैं, तो अन्य आदतों के साथ भी प्रयोग कर सकते हैं, जैसे घर से निकलने से पहले बर्तन धोकर रखना या ब्रश करते समय एक ऐसी चीज़ के बारे में सोचना, जिसे लेकर आप आभार महसूस करते हैं।

मैं माउई आदत में पारंगत हो गया क्योंकि यह छोटी सी क्रिया सुबह की अन्य चुनौतियों का सामना करने में आपकी सहायक होती है। जब आपको सुबह की सारी चुनौतियों का सामना करने में सफलता मिलती है, तो आपके दिन की एक सकारात्मक और सफल शुरुआत होती है, जिससे न सिर्फ आपका मूड बढ़िया रहता है बल्कि कामकाज से लेकर अन्य सभी मामलों में आपका प्रदर्शन भी बेहतर रहता है।

माउई आदत अपनानेवाले, इसके सकारात्मक व्यापक प्रभाव के बारे में जो बताते हैं, उससे स्पष्ट है कि माउई आदत का विकास उतना नहीं होता, जितनी उसकी संख्या में वृद्धि होती है, ठीक वैसे ही जैसे पेड़-पौधों के बीज हवा में उड़ते हुए इधर-उधर चले जाते हैं और फिर कई स्थानों पर वैसे ही पेड़ उग आते हैं। माउई आदत और ऐसे ही अन्य छोटे-छोटे बदलाव आसान होते हैं और वे तब तक स्वत: ही सक्रिय रहते हैं, जब तक आपका दिन पूरी तरह रूपांतरित नहीं हो जाता (और सुबह-सुबह बिस्तर छोड़ने का आपका संघर्ष खत्म नहीं हो जाता)।

एक स्पष्ट इच्छा के साथ अपनी आदत की निर्माण प्रक्रिया शुरू करना आपको कुछ विशेष विकासशील और वृद्धिशील आदतें निर्मित करने की दिशा में आगे ले जाता है। अगर मैराथन दौड़ना आपकी प्रमुख आकांक्षाओं में से एक है, तो संभवत:

आप एक ऐसी आदत ज़रूर निर्मित कर लेंगे, जिसका संबंध चलने या दौड़ने से होगा – यह एक विकासशील आदत है। इसके बाद धीरे-धीरे आपके दौड़ने की गति और दूरी बढ़ती जाएगी। साथ ही आप वृद्धिशील आदतें भी निर्मित कर लेंगे, जैसे ज़्यादा पानी पीना और अपने खाने में ताजी सब्जियों की मात्रा बढ़ाना। ऐसी आदतों की संख्या में स्वत: ही वृद्धि होती रहेगी, जो आपको खान-पान व पोषण संबंधी अन्य सकारात्मक आदतों की ओर ले जाएँगी। ये सब आपको मैराथन में दौड़ने की अपनी आकांक्षा पूरी करने के करीब ले जाएगा।

विकास के आयाम

जब मैंने पहली बार छोटी-छोटी आदतों की पद्धति का उपयोग करना शुरू किया, तो मैंने पाया कि मेरी आदतें विकसित हो रही हैं और मेरे जीवन का संपूर्ण परिदृश्य बदल रहा है। लेकिन सन 2011 में जब मैंने इसे दूसरों से साझा करना शुरू किया, तब जाकर मुझे एहसास हुआ कि छोटी-छोटी आदतों की पद्धति का विस्तृत प्रभाव सार्वभौमिक है। जब मैंने इसे और करीब से देखा, लोगों से बातचीत की और संबंधित डाटा इकट्ठा किया, तो पाया कि विकास के अलग-अलग स्पष्ट पैटर्न्स उभर रहे हैं। आपको भी ये पैटर्न्स उभरते हुए दिखाई देंगे।

आपने पहले भी सुना होगा और मेरा शोध भी इसी बात की पुष्टि करता है कि **सफलता आपको और अधिक सफलता की ओर ले जाती है।** लेकिन एक बात और है, जो आपको हैरान कर सकती है। सफलता बड़ी हो या छोटी, उससे ज़्यादा फर्क पड़ता नहीं दिखता। जब आप किसी चीज़ में सफल महसूस करते हैं – भले ही वह एक छोटी सी सफलता हो – उससे आपका आत्मविश्वास अचानक बढ़ जाता है और उससे जुड़ी आदत पर बार-बार अमल करने व संबंधित व्यवहार करने की आपकी प्रेरणा भी बढ़ जाती है। मैं इसे 'सफलता का आवेग' कहता हूँ। हैरानी की बात ये है कि इस आवेग का निर्माण सफलता की निरंतरता से होता है, न कि सफलता के आकार से। छोटी-छोटी आदतों की पद्धति के जरिए आप वास्तव में उन छोटी-छोटी सफलताओं को अपना लक्ष्य बनाते हैं, जिन्हें तत्काल हासिल किया जा सकता है। छोटी-छोटी आदतों की पद्धति पर मेरे शोध के डाटा से पता चलता है कि ऐसे लोगों की संख्या आश्चर्यजनक रूप से काफी ज़्यादा है, जिन्होंने छोटी-छोटी आदतों में सफल होने के परिणामस्वरूप बड़े व्यवहार किए हैं। शुरुआत में ये बात मेरे लिए बहुत हैरान करनेवाली थी। लेकिन फिर जब मैंने गुणात्मक प्रश्न पूछने शुरू किए, तो मुझे एहसास हुआ कि मैंने उस सक्रिय प्रक्रिया का पता लगा लिया है, जो व्यापक प्रभाव डालते हुए, 'बड़ी छलांग' लगानेवाली क्रांतिकारी खोजों को प्रेरित करती है।

ये समझने के लिए कि वास्तव में क्या हो रहा है, हमें पीछे मुड़कर व्यवहार

मॉडल की ओर देखना होगा।

हमारे जीवन में ऐसे कई व्यवहार होते हैं, जिनके लिए हमारी प्रेरणाएँ परस्पर विरोधी प्रकृति की होती हैं। एक ओर हम वह व्यवहार करना भी चाहते हैं पर दूसरी ओर उससे बचना भी चाहते हैं – जैसे हम हर रोज सुबह जल्दी उठना चाहते हैं, लेकिन साथ ही हम ज़्यादा सोने की चाहत में बिस्तर छोड़ने से बचना भी चाहते हैं।

इस आयाम को और स्पष्टता से समझने के लिए मैं आपसे डांस के बारे में बात करूँगा।

मान लीजिए कि आप अपने ऑफिस की किसी पार्टी में हैं और वहाँ एक बेहतरीन बैंड आपका पसंदीदा म्यूजिक बजा रहा है। उस म्यूजिक पर कुछ ही लोग डांस कर रहे हैं। आप भी अपने पसंदीदा म्यूजिक पर डांस करना चाहते हैं। आपके अंदर आशा की भावना का संचार होता है, जो आपको डांस करने के लिए प्रेरित करती है: 'मुझे इसमें बड़ा मज़ा आएगा और अच्छा महसूस होगा – हो सकता है कि इससे लोग मुझे एक खुशमिजाज़, दिलचस्प और आत्मविश्वास से भरपूर व्यक्ति की तरह देखने लगें।' यह अच्छे परिणाम प्राप्त होने का अनुमान है। वहीं दूसरी ओर आपके मन में थोड़ा डर भी है। यह डर दरअसल बुरे परिणाम का अनुमान है। डर के चलते आप संभवत: ये सोच रहे होंगे, 'कहीं मैं डांस करते हुए बेवकूफ न लगूँ। हो सकता है कि ऐसा करने से सहकर्मियों के बीच मेरा सम्मान कम हो जाए और अगर मेरे बॉस ने मुझे डांस करते देख लिया, तो कहीं वह मुझे एक फूहड़ व्यक्ति न मान ले और जब प्रमोशन देने की बात आए, तो मुझे अनदेखा न कर दे।'

आशा और डर दो परस्पर कारक हैं और दोनों के जोड़ से ही आपकी प्रेरणा का स्तर तय होगा। अगर आप डर की भावना को अपने मन से निकाल देंगे, तो आशा की भावना प्रबल हो जाएगी और आपकी प्रेरणा का स्तर ऊँचा हो जाएगा, जो संभवत: आपको व्यवहार मॉडल में क्रिया रेखा से ऊपर ले जाएगा – फिर आप वह व्यवहार कर सकेंगे।

इस डर को खत्म करने या कमजोर करने के कुछ तरीके भी हैं। सामाजिक वातावरण में अपने अंदर के डर और चिंता को कम करने का एक आम तरीका है, शराब पीना। इससे आपके अंदर का स्वाभाविक डर या तो खत्म हो जाएगा या फिर कम हो जाएगा और अच्छा महसूस करने, मौज करने व खुशमिजाज़, दिलचस्प और आत्मविश्वास से भरपूर दिखने की आशा का संचार होगा। आशा की यह भावना सबके सामने डांस करने को व्यवहार मॉडल में क्रिया रेखा से ऊपर ले जाएगी यानी फिर आप सबके सामने डांस कर सकेंगे। लेकिन, ऑफिस की पार्टी में शराब पीकर डांस करना कोई समझदारी नहीं है।

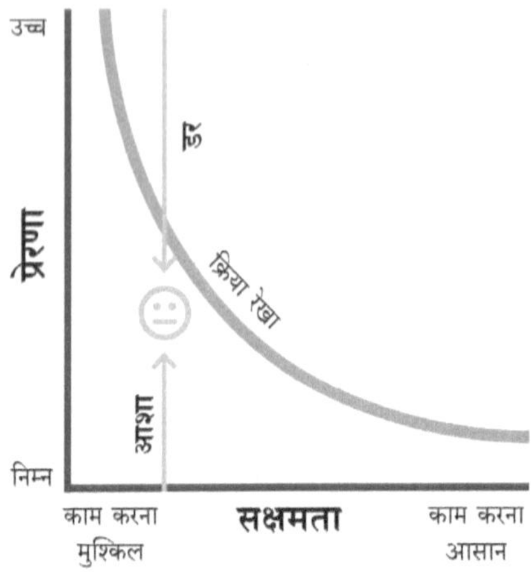

डांस करने से जुड़े डर से निपटने के अन्य तरीके भी हैं। आप डांस फ्लोर की लाइट्स बंद कर सकते हैं या आप आसान स्टेप्स के साथ ग्रुप डांस भी शुरू कर सकते हैं, जो सभी को अच्छा लगेगा या फिर आप पहले अन्य लोगों को डांस के लिए प्रोत्साहित कर सकते हैं। जैसे स्वास्थ्यकर्मियों के लिए आयोजित एक सम्मेलन में मैंने लोगों को भड़कीले चश्मे बाँटकर डांस करने के लिए प्रोत्साहित किया। ये तरीका कारगर रहा (यह शराब पीने से कहीं बेहतर विकल्प था और शराब की तरह स्वास्थ्य के लिए बुरा भी नहीं था)। ये सारे तरीके ऐसे हैं, जो सबके सामने डांस करने का डर कम करके आपकी प्रेरणा का स्तर बढ़ा सकते हैं।

सबके सामने आकर डांस करने का व्यवहार मॉडल पर क्रिया रेखा से ऊपर लाने का एक और तरीका है, प्रेरकों का उपयोग करना। कभी-कभी यह तरीका बढ़िया रहता है, लेकिन ऐसा करके आप आमतौर पर लोगों के जीवन में तनाव बढ़ा रहे होते हैं क्योंकि इससे प्रेरणा के दोनों कारकों के बीच लगातार संघर्ष बढ़ने लगता है।

मान लीजिए कि उस पार्टी में कोई भी व्यक्ति डांस नहीं कर रहा है। तभी आपकी कंपनी का बॉस, जिसने पार्टी में बैंड के लाइव म्यूजिक का इंतजाम करने के लिए अच्छे-खासे पैसे खर्च किए हैं, वह डांस स्टेज पर आकर कहता है कि अगर आप लोग डांस नहीं करेंगे, तो इस साल किसी को बोनस नहीं मिलेगा। ओफ! तो अंततः आपको डांस करना पड़ता है, लेकिन माहौल ज़रा तनावपूर्ण है।

मान लीजिए कि आपके सारे दोस्त डांस फ्लोर पर हैं, जबकि आप वहाँ से दूर अकेले खड़े हुए हैं। अचानक आपके दोस्त ऊँची आवाज में आपका नाम पुकारना शुरू कर देते है और इशारे से आपको डांस फ्लोर पर बुलाने लगते हैं। आप सिर हिलाकर इंकार कर देते हैं। आपको इंकार करता देख पार्टी में मौजूद सारे लोग आपका

नाम पुकारने लगते हैं ताकि आप डांस फ्लोर पर जाएँ। इससे निश्चित ही आपकी प्रेरणा बढ़ जाएगी। लेकिन यह आपकी आशा की भावना नहीं बल्कि सामाजिक दबाव है, जो आपको प्रेरित कर रहा है। आपके डर के बावजूद प्रेरणा का कारक दृढ़ता से ऊपर की ओर जा रहा है, जो व्यवहार मॉडल पर आपको क्रिया रेखा से ऊपर ले जाता है। जिसका अर्थ है कि आप डांस फ्लोर पर जाएँगे और सबके साथ मजे करने का दिखावा करेंगे क्योंकि सामाजिक दबाव (एक शक्तिशाली प्रेरक) आपके डर (आपकी प्रेरणा को कम करनेवाला कारक) को कमजोर कर देता है।

इस उदाहरण से स्पष्ट है कि जिस व्यवहार को एक बार किया जाना है, उसके लिए परस्पर विरोधी प्रेरक कैसे कार्य करते हैं। ठीक यही आयाम – परस्पर विरोधी कारकों के बीच संघर्ष – दैनिक आदतों और दीर्घकालिक बदलावों पर भी लागू होता है।

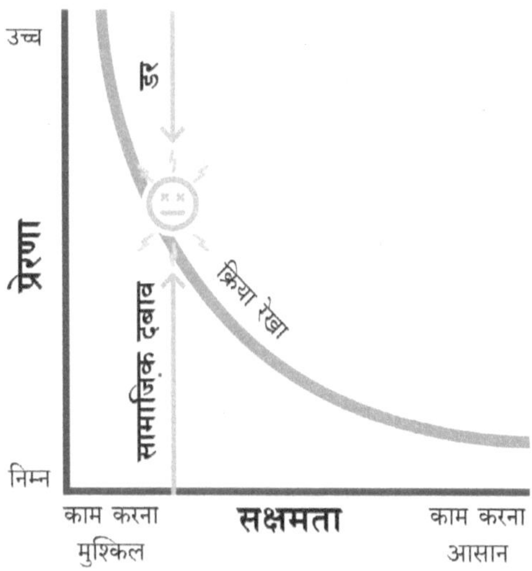

दीर्घकालिक बदलाव लाने की एक मुख्य कुंजी है, प्रेरणा कम करनेवाले कारकों को या तो कम करना या फिर खत्म कर देना। इससे सहज प्रेरक (आमतौर पर आशा की भावना) को फलने-फूलने का मौका मिलता है और यह प्रेरक ही समय के साथ संबंधित व्यवहार को बनाए रखता है।

मान लीजिए आपका बॉस आपको टीम की दैनिक मीटिंग का नेतृत्व करने का प्रस्ताव देता है। एक ओर आप इस प्रस्ताव को स्वीकार करना चाहते हैं क्योंकि आपको उम्मीद है कि इससे आपके कॅरियर को फायदा होगा। लेकिन दूसरी ओर आप इससे घबरा भी रहे हैं क्योंकि यह बड़ा जिम्मेदारीवाला काम है।

आपका बॉस जानता है कि आप दैनिक मीटिंग का नेतृत्व करने से थोड़ा हिचक

रहे हैं (और उसने ये किताब भी नहीं पढ़ी है) इसलिए वह आपको प्रोत्साहित करने के लिए कह देता है कि अगर आप सिर्फ एक दिन इस मीटिंग का नेतृत्व कर लें, तो वह सभी कर्मचारियों को लंच पर ले जाएगा।

अंततः आप एक दिन के लिए मीटिंग का नेतृत्व कर लेते हैं।

जब कोई किसी व्यवहार को पहली बार करता है, तो वह आदत निर्माण के संदर्भ में एक महत्वपूर्ण क्षण होता है। अगर आप मीटिंग का नेतृत्व करते समय खुद को असफल महसूस करते हैं, तो आपका डर का कारक मज़बूत होता जाएगा, जिससे आपकी प्रेरणा का स्तर कम हो जाएगा और फिर संभवतः दोबारा आप मीटिंग का नेतृत्व करना नहीं चाहेंगे।

लेकिन आपकी कहानी अलग है। आप शानदार ढंग से उस मीटिंग का नेतृत्व करते हैं। आप काफी सारा काम पूरा करवा लेते हैं और आपके सहकर्मी आपकी नेतृत्व शैली की तारीफ करते हैं। यही वह बिंदु है, जहाँ सफलता की भावना एक महत्वपूर्ण भूमिका निभाती है। अगर आप मीटिंग का नेतृत्व करने में सफल महसूस करते हैं, तो आपकी प्रेरणा को कम करनेवाला डर कमजोर पड़ जाएगा या शायद पूरी तरह खत्म हो जाएगा और आपकी प्रेरणा का स्तर समग्र रूप से बढ़ जाएगा। अब चूँकि आप व्यवहार मॉडर पर क्रिया रेखा से निरंतर ऊपर होंगे, इसलिए आप हर रोज मीटिंग का नेतृत्व करने की शानदार आदत को अपना लेंगे।

लेकिन ये बात यही खत्म नहीं होती।

प्रेरणा कम करनेवाला कारक समाप्त होने के बाद आप एक बड़े व मुश्किल व्यवहार के लिए रास्ते खोल देते हैं। व्यवहार मॉडल की क्रिया रेखा ये दिखाती है कि आपकी प्रेरणा का स्तर जितना बढ़ता है, आप उतना ही मुश्किल व्यवहार कर सकते हैं। अगर आप मीटिंग का नेतृत्व करने के डर पर विजय हासिल कर लेते हैं, तो इस बात की संभावना बढ़ जाती है कि जब आपका बॉस आपको पूरी कंपनी की सभी मीटिंग्स् का नेतृत्व करने का प्रस्ताव देगा – जो एक मुश्किल व्यवहार है क्योंकि इसके लिए अधिक समय, ऊर्जा और सोच-विचार करने की ज़रूरत पड़ेगी – तो आप उसे स्वीकार कर लेंगे। जिससे आपकी आशा की भावना और बढ़ जाती है। परिणामस्वरूप आप कंपनी की बड़ी-बड़ी मीटिंग्स् का नेतृत्व भी करने लगते हैं, जिससे आपका कॅरियर एक ऊँचाई पर पहुँच जाता है।

सफलता से पहले

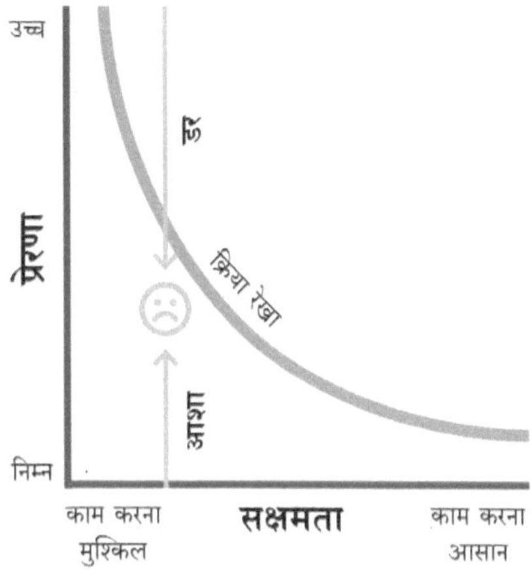

सफलता से बाद

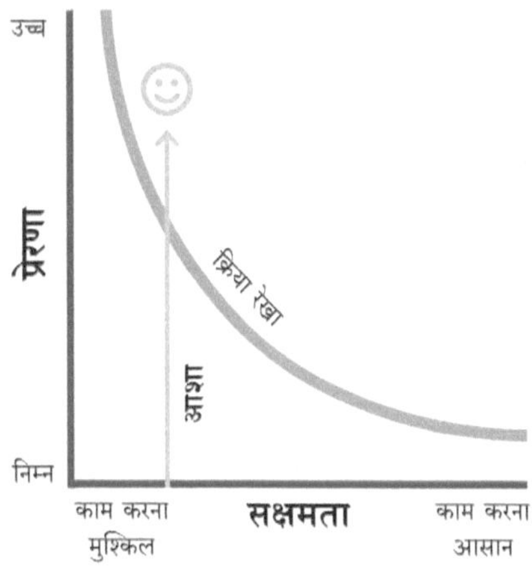

छोटी-छोटी आदतों की पद्धति का डाटा ढेर सारी क्रांतिकारी खोजें क्यों दर्शाता था, इसका कारण मुझे अब समझ में आता है। दरअसल जब लोग सफल महसूस करते हैं - भले ही छोटी-छोटी चीज़ों में - तो उनकी प्रेरणा का स्तर नाटकीय रूप से बढ़ जाता है और जब प्रेरणा का स्तर ऊँचा हो, तो लोग मुश्किल व्यवहार भी कर सकते हैं। तो छोटी-छोटी सफलताएँ इसी तरह आपके ऑफिस में, घर में और यहाँ तक कि आपके मन में आपकी स्थितियों को बदल देती हैं।

इसका सबक ये है: बदलाव के मार्ग पर अपने मनचाहे स्थान से शुरुआत करें। खुद को सफल महसूस करने का मौका दें और प्रक्रिया पर भरोसा रखें। लेकिन मैं आपसे कुछ और भी साझा करना चाहता हूँ ताकि आप आदतों के शूरवीर बन जाएँ - यानी एक ऐसे व्यक्ति बन जाएँ, जो ये समझ रखता हो कि बदलाव कैसे लाना

है। मैं चाहता हूँ कि आप कोई भी आकांक्षा करने और फिर उसे पूरे आत्मविश्वास के साथ विश्वसनीय ढंग से पूरा करने में सक्षम बन जाएँ। फिर अनुमान लगाने और आकर्षक लेकिन अंधी गलियों की ओर कदम बढ़ाकर बार-बार भटकने के बजाय आपको यह मालूम होगा कि आपको वास्तव में क्या करना है।

आदतों का शूरवीर बनने के लिए आपको जो करना होगा, उससे आप अच्छी तरह परिचित हैं: दरअसल इसके लिए आपको कुछ कौशल विकसित करने होंगे।

बदलाव लाने के कौशल

बहुत से लोगों को लगता है कि अच्छी आदतें निर्मित करने और अपने जीवन में बदलाव लाने की कोई रहस्यमयी या जादुई प्रक्रिया होती होगी। जबकि ऐसा नहीं है। जैसा कि अब आपको पता है, बदलाव की एक पद्धति है और इस पद्धति में कुछ कौशल अंतर्निहित होते हैं। मैंने पाया कि अन्य कौशलों की ही तरह बदलाव लाना भी एक कौशल ही है। जिसका अर्थ है कि शुरुआत में आप जो भी करेंगे, संभवत: उसे सर्वश्रेष्ठ ढंग से नहीं कर सकेंगे। लेकिन अभ्यास करते-करते सुधार आएगा और फिर आप पहले से कहीं बेहतर हो जाएँगे। एक बार ये कौशल विकसित होने के बाद आप उन्हें किसी भी परिस्थिति में लागू कर सकेंगे।

जब मैंने बदलाव लाने के कौशलों को आकार देना शुरू किया, तो पाया कि उन्हें पाँच अलग-अलग श्रेणियों में बाँटा जा सकता है। इन पाँचों श्रेणियों के कौशल सिखाने के लिए ही मैंने छोटी-छोटी आदतों की पद्धति तैयार की। पिछले अध्यायों में मैंने आपसे जो साझा किया, उसे लागू करके आप दरअसल बदलाव लाने के कौशल ही विकसित कर रहे थे और उनका अभ्यास भी कर रहे थे। मैंने तब इस बात की ओर इशारा नहीं किया, लेकिन अब समय आ गया है कि मैं आपको स्पष्ट रूप से इससे अवगत करवा दूँ।

बदलाव लाने के कौशल विकसित करना, कोई भी अन्य कौशल विकसित करने जैसा ही है। जैसे एक शानदार पियानो वादक बनने के लिए ज़रूरी है कि आपको म्यूजिकल नोटेशंस को पढ़ना, टेम्पो बनाकर रखना, मेलोडीज तैयार करना, म्यूजिक याद रखना और पियानो के की-बोर्ड पर उँगलियाँ चलाना आता हो। आप सही ढंग से इन चीज़ों का जितना अभ्यास करते हैं, उतने ही बेधड़क, सक्षम और लचीले पियानो वादक बन जाते हैं।

आप रातोंरात एक कुशल पियानो वादक नहीं बन सकते। ठीक इसी तरह आप रातोंरात आदतों के शूरवीर नहीं बन सकते। लेकिन आप तत्काल इसकी शुरुआत ज़रूर कर सकते हैं। फिर देखिए, आपका कौशल कैसे बढ़ता जाएगा।

अब ज़रा ऐसे किसी कौशल पर विचार करें, जो आपने विकसित किया हो: जैसे कार चलाना, तैरना, ताश खेलना, कोई दूसरी भाषा बोलना सीखना, यहाँ तक कि चलना भीं। शुरुआत में आप इन सभी कौशलों में निपुण नहीं थे - और तब आप खुद से निपुण होने की उम्मीद भी नहीं कर रहे थे। शुरुआत में जो करना मुश्किल और डरावना लगता था - जैसे कार को किसी व्यस्त हाईवे पर ले जाना - वह अंततः आपके लिए आसान हो गया। अब उसे करना आपको बाएँ हाथ का खेल लगता है। कौशल इसी तरह काम करते हैं और व्यवहार में बदलाव लाने के बारे में विचार करने का सही तरीका भी यही है।

बदलाव लाने के विभिन्न कौशलों को कैसे विकसित किया जाता है, ये सीखने से आपको उनकी पहचान करने और उनका अभ्यास करने में मदद मिलेगी। हालाँकि आपको अपना जीवन बदलने में निपुण बनने के लिए बदलाव लाने के प्रत्येक कौशल में महारत हासिल करने की ज़रूरत नहीं है। लेकिन आप जितने ज़्यादा कौशलों में महारत हासिल करेंगे, उतनी ही तेजी और आसानी से अपनी आकांक्षाओं को वास्तविकता में बदल सकेंगे।

कौशल 1 - व्यवहार-शिल्प

'व्यवहार-शिल्प' एक अजीब सा नाम है, लेकिन यह कारगर है। व्यवहार-शिल्प कौशल उन आदतों का चुनाव और समायोजन करने से संबंधित है, जिन्हें आप अपने जीवन का हिस्सा बनाना चाहते हैं।

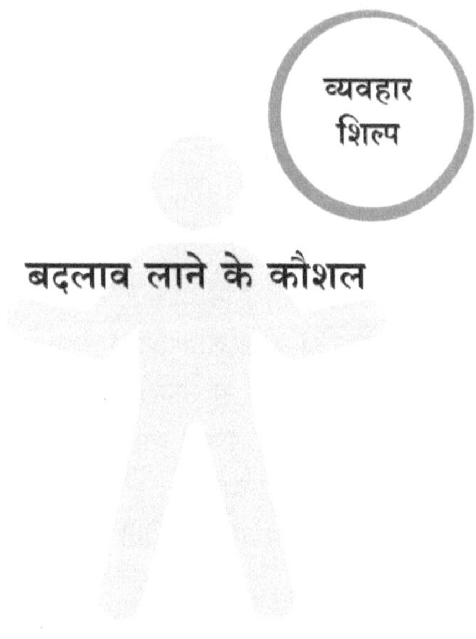

पिछले अध्यायों में आप पहले से ही व्यवहार-शिल्प पर काम कर रहे थे, भले ही तब मैंने इस शब्द का उपयोग न किया हो। आप निम्नलिखित कौशलों को पहले ही सीख चुके हैं :

* विभिन्न व्यवहार विकल्पों की पहचान करना (अध्याय 2)
* उन व्यवहारों से अपना मिलान करना, जो आपको आकांक्षाओं की ओर ले जाएँ (अध्याय 2)
* व्यवहार को अपने लिए आसान बनाना (अध्याय 3)

उम्मीद है कि आप ये देख पा रहे होंगे कि आप कितनी दूर आ चुके हैं। अब मैं आपसे एक नया कौशल साझा करना चाहता हूँ, जो छोटी-छोटी आदतों से सीधे परिवर्तनकारी आदतों की ओर जाने में आपकी मदद करेगा।

यह जानना कि एक बार में कितनी नई आदतों पर अमल करना है और कुछ अन्य नई आदतें कब जोड़नी हैं।

पियानो का उदाहरण यहाँ भी लागू होता है। पियानो बजाने का अपना कौशल बेहतर बनाने के लिए आपको गानों का अभ्यास करना होगा। अब आप ये कैसे तय करेंगे कि इसके लिए कौन से गाने का चुनाव किया जाए और अभ्यासवाले गानों की सूची में एक नया गाना जोड़ने से पहले, पिछले गाने का अभ्यास कितनी देर तक किया जाए? आप अपने अभ्यास के लिए पोलैंड के महान पियानो वादक और संगीतकार फ्रेडरिक शॉपेन की मशहूर रचना फैंटेसी-इम्प्रॉम्प्टू को सी-माइनर स्केल पर बजा सकते हैं और यह सुनिश्चित कर सकते हैं कि किसी नई रचना पर ध्यान केंद्रित करने से पहले आप इसे बजाने में महारत हासिल करें (जो अधिकांश लोगों के लिए बेहद मुश्किल होगा) या फिर आप अपने अभ्यासवाले गानों की सूची में हर सप्ताह इट्सी बिट्सी स्पाइडर जैसी कोई आसान और मजेदार रचना भी जोड़ सकते हैं। या फिर आप इन दोनों के बीच की कोई रचना ले सकते हैं। अपने अभ्यास के लिए किसी रचना का चयन प्रभावशाली ढंग से करना भी किसी कौशल से कम नहीं है।

चयन करने का ठीक ऐसा ही कौशल आपकी भविष्य की आदतों पर भी लागू होता है। एक बार में कितनी नई आदतों पर अमल करना है और इस सूची में अन्य नई आदतें कब जोड़नी हैं, ये जानना भी एक कौशल है, जो आमतौर पर आदतों पर अमल करने, नई आदतें आज़माने और यह सीखने से विकसित होता है कि आपके मामले में कौन सी नई आदत कारगर साबित होगी। इस व्यवहार-शिल्प के कुछ दिशा-निर्देश इस प्रकार हैं।

* अपना ध्यान उन चीज़ों पर केंद्रित करें, जिनमें आपकी दिलचस्पी हो। कुछ लोगों को ढेर सारी छोटी-छोटी और आसान आदतें विकसित करने में मजा आता है। जबकि कुछ लोगों का झुकाव ज़रा चुनौतीपूर्ण आदतें विकसित करने की ओर होता है। आपको सबसे दिलचस्प और रोमांचक क्या लगता है? बस आपको वही करना चाहिए। अगर आप इसे लेकर दुविधा मे हैं, तो ये करें: तीन ऐसी आदतों से शुरुआत करें, जो बिलकुल आसान हों - छोटी-छोटी आदतों की पद्धति अपनानेवाले अधिकांश लोग अपनी शुरुआत इसी तरह करते हैं - और फिर हर महीने आदतों की इस सूची में तीन अन्य आदतें जोड़ें।

* विविधता अपनाएँ। आप जितनी विविध चीज़ों से शुरुआत करेंगे, उतनी ही तेजी से यह कौशल और बदलाव लाने के अन्य कौशलों को सीख सकेंगे। कुछ ऐसी नई आदतों का चुनाव करें, जिन्हें आप शुरुआती चरण की तरह उपयोग कर सकें - जैसे अपने व्यायामवाले जूते पहनना। ऐसी अन्य आदतों का चुनाव करें, जो उस आदत का सबसे छोटा संस्करण हो, जो आप विकसित करना चाहते हैं - जैसे अपने एक दांत की फ्लॉसिंग करना। अगर आप हर किस्म की मुख्य आदतों का एक समूह बना लें, तो और भी अच्छा रहेगा - जैसे एक व्यायाम संबंधी आदत, एक खान-पान संबंधी आदत, एक उत्पादकता बढ़ाने संबंधी आदत। ऐसी विविधता यह सीखने में आपकी सहायक होती है कि आपके लिए सबसे कारगर क्या रहेगा।

* लचीलापन बनाए रखें। अगर आप उन आदतों की एक सूची तैयार करना चाहते हैं, जिन्हें आप अंतत: अपनाने की इच्छा रखते हैं, तो ज़्यादा सख्ती न बरतें। समय के साथ आपकी प्राथमिकताएँ और ज़रूरतें बदल जाएँगी। जैसे, हो सकता है कि अभी आप हर रोज सुबह हैंडस्टैंड (एक प्रकार का व्यायाम) करने की आदत को अपनी इस सूची में शामिल कर लें, लेकिन पाँच-छह सप्ताह के बाद शायद आपको इस व्यायाम की कोई परवाह न रहे। आगे बढ़ते समय लचीलापन बनाए रखें और नई चीज़ों के लिए जगह छोड़कर रखें।

सहजतापूर्वक नई आदतें जोड़ना

जब सारिका ने अपने जीवन में आदतें निर्मित करना शुरू किया, तो उसने तीन आदतों के साथ शुरुआत की। सबसे पहले उसने सुबह-सुबह अपने गैस स्टोव का बर्नर चालू करना शुरू किया (शुरुआती चरण), फिर वह अपनी ध्यानवाली चटाई पर बैठकर तीन बार गहरी साँस लेने लगी और फिर पौधों में पानी देने के बाद खुद एक घूँट पानी पीने लगी। उसकी मुख्य आकांक्षा थी, अपने जीवन को अपेक्षाकृत अधिक

पूर्वानुमान लगाने योग्य बनाना ताकि वह अपने बाईपोलर डिसऑर्डर (एक मानसिक विकार) को अधिक बेहतर तरीके से नियंत्रित कर सके और जीवनशैली संबंधी ऐसे चुनाव कर सके, जो उसके स्वास्थ्य के लिए बेहतर हों। सुबह-सुबह गैस स्टोव का बर्नर चालू करते-करते कुछ ही हफ्तों में वह हर रोज अपने लिए नाश्ता बनाने लगी और फिर अंततः उसने अपने लिए दिन में दो बार खाना पकाना भी शुरू कर दिया - यह ऐसी चीज़ थी, जो कुछ दिन पहले तक उसके लिए असंभव थी। यह सब संभव बनाने के लिए सारिका को गैस स्टोव का बर्नर चालू करने के अलावा भी काफी कुछ करना पड़ा। तो आखिर उसने यह सब कैसे किया? आइए इस प्रक्रिया को छोटे-छोटे हिस्सों में बाँटकर देखते हैं। इसके लिए हमें, 'अन्य नई आदतें कब जोड़नी हैं, ये जानने' के उस कौशल पर गौर करना होगा, जिस पर हम पहले चर्चा कर रहे थे।

सुबह-सुबह गैस स्टोव का बर्नर चालू करने की आदत स्वचालित होने के बाद सारिका ने एक बर्तन में पानी भरकर बर्नर पर रखने की आदत भी जोड़ दी। ऐसा करना उसके लिए स्वाभाविक भी था और आसान भी। इसके बाद आदतों की उसकी सूची में जल्द ही अन्य आदतें भी जुड़ने लगीं - रसोई की अलमारी से चावल निकालना, फ्रिज से दूध निकालना और फिर डिब्बे से दालचीनी निकालना। जैसे-जैसे सारिका खाना पकाने की प्रक्रिया की गहराई में गई, उसे एहसास हुआ कि ऐसी रसोई में खाना बनाना काफी मुश्किल है, जहाँ गंदगी फैली हुई हो। दरअसल पिछली रात बाजार से मँगाए गए खाने के खाली डिब्बे और बर्तन वगैरह उसके रसोई के काउंटर पर फैले रहते थे - जो अपना नाश्ता बनाते समय उसके लिए किसी बाधा से कम नहीं थे। इस बिंदु पर आकर उसे ऐसा लगा कि अब नाश्ता बनाने की आदत की तरह ही अन्य आदतों की संख्या बढ़ाने का ये बिलकुल सही समय है।

अब सारिका अपना दायरा बढ़ाने को लेकर सहज और आत्मविश्वास से भरपूर महसूस कर रही थी। उसका अगला कदम था, अपनी आदतों की इस सूची में गैस स्टोव के सबसे करीबी काउंटर की सफाई करने की आदत को जोड़ना, ताकि सुबह नाश्ता तैयार करने के लिए उसे एक साफ-सुथरा काउंटर मिले। यह आदत जल्द ही उसके दिमाग में स्थापित हो गई क्योंकि अब वह सफल महसूस कर रही थी। और इसीलिए आगे बढ़ने की उसकी उत्सुकता बनी रही, भले ही आगे बढ़ने का अर्थ हो, इस प्रक्रिया में कुछ नए चरण जोड़ना। यह आदत विकासित होने के बाद सारिका ने हर रोज रात को रसोई के सारे काउंटर साफ करना शुरू कर दिया। फिर वह हर रोज डिनर के बाद सारे बर्तन धोने लगी और रसोई का सिंक भी साफ करने लगी। क्योंकि सुबह उठकर साफ-सुथरी रसोई में कदम रखना उसे बहुत अच्छा लगने लगा। आदतों की व्यापक सफलता और प्रत्येक व्यवहार की सहजता ने सारिका को छोटी-छोटी आदतों के अपने शुरुआती नुस्खे में ऐसी ही कुछ अन्य नई आदतें जोड़ने के लिए भी

प्रेरित किया।

मैंने आपको यह प्रक्रिया इतने विस्तार से इसलिए बताई ताकि आप देख सकें कि अन्य नई आदतें कब जोड़नी हैं, ये जानने का कौशल किसी कठोर सूत्र जैसा नहीं है। ये कोई ऐसी चीज़ नहीं है, जिसके लिए आपको ज़्यादा परेशान होने की ज़रूरत हो। यह एकदम सहज भी हो सकता है। आप अपनी शुरुआत विविध प्रकार की कुछ आदतों से करें - मेरा सुझाव है कम से कम तीन आदतों से - और फिर देखें कि आगे क्या होता है।

यह सब करते हुए अगर आप आशावादी महसूस करते हैं और अपने कदम आगे बढ़ते हुए देख पाते हैं, तो इसका अर्थ है कि आप सही रास्ते पर हैं। सारिका कहती है कि उसके लिए यह अनुभव लहर की दिशा में तैरने जैसा था। सालों तक हर रोज सुबह रसोई को गंदा और अस्त-व्यस्त देखने, नाश्ता करने का समय न मिलने और अपने दिन की निराशाजनक शुरुआत करने के बाद, अब ये नए बदलाव देखकर उसे विश्वास नहीं हो रहा था कि यह प्रक्रिया असल में कितनी आसान थी। वह कहती है, यह कुछ ऐसा था, जैसे कोई उसे निराशा के भँवर से ऊपर उठा रहा हो और निरंतर प्रेरित कर रहा हो ताकि वह वो सब करना जारी रख सके, जो वह हमेशा से करना चाह रही थी।

कौशल 2 - आत्म-अंतर्दृष्टि

इसके बाद आता है, अपनी प्राथमिकताओं, आकांक्षाओं और अपनी शक्ति को समझना। पिछले अध्यायों में हम आत्म-अंतर्दृष्टि से जुड़े निम्नलिखित कौशलों पर चर्चा कर चुके हैं।

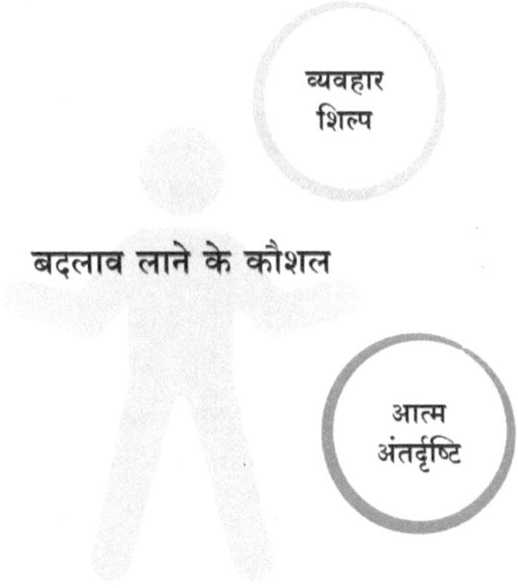

* अपनी आकांक्षाओं और मनचाहे परिणामों में स्पष्टता लाने का कौशल।

* यह समझने का कौशल कि आपको कौन सी चीज़ प्रेरित करती है - यानी आप सचमुच जो चाहते हैं और जो आपको लगता है कि आपको करना चाहिए, उन दोनों में अंतर करने का कौशल।

तो ये रहा वह कौशल जो आपको छोटी-छोटी आदतों से परिवर्तनकारी आदतों की ओर ले जाएगा।

कौन सी नई आदतें आपके लिए सार्थक होंगी यह जानने का कौशल

इस पंक्ति के दो शब्द - 'आपके लिए' - बहुत महत्वपूर्ण हैं क्योंकि किसके लिए कौन सी आदतें सचमुच उचित रहेंगी, यह अलग-अलग व्यक्ति पर निर्भर करता है। जो आदतें आपके लिए उचित हैं, ज़रूरी नहीं कि वे मेरे लिए भी उचित हों। आपका लक्ष्य है, नई आदतें निर्मित करना, जो शुरुआत में भले छोटी हों पर उनके पीछे का अर्थ बड़ा हो।

कोई नई आदत आपके लिए सचमुच सार्थक होगी या नहीं, इसका अनुमान लगाने के लिए आगे कुछ दिशा-निर्देश किए जा रहे हैं।

* आप जो अपनी पहचान विकसित करना चाहते हैं, नई आदत उसके एक हिस्से की पुष्टि करती है। अगर आप एक ऐसे व्यक्ति बनना चाहते हैं, जो प्रेम और प्रशंसा करना जानता है, तो पति द्वारा डिनर पकाने पर उसे धन्यवाद कहने की आदत अपने आपमें बड़ी सार्थक होगी और संभवत: यह आपको बदलाव के लिए भी प्रेरित करेगी।

* नई आदत आपकी सबसे महत्वपूर्ण आकांक्षा को पूरा करने में सहायक होती है। दरअसल अगर आपके सामने यह स्पष्ट है कि आप अपनी नई आदत से अपनी आकांक्षा तक कैसे पहुँचेंगे, तो वह आदत आपके लिए सार्थक होगी। हर रोज अपने व्यायाम के जूते पहनने की आदत आपको छोटी या महत्वहीन लग सकती है, लेकिन अगर आप हर रोज पाँच कि.मी. दौड़ने की आकांक्षा रखते हैं, तो यह आदत आपके लिए किसी भी लिहाज से छोटी या महत्वहीन नहीं है।

* छोटी होने के बावजूद नई आदत का प्रभाव काफी बड़ा होता है। हर रोज सुबह रसोई में आकर गैस स्टोव का बर्नर चालू करना एक छोटी सी आदत थी, लेकिन इसी छोटी सी आदत ने सारिका के जीवन में बदलावों की एक पूरी श्रृंखला शुरू कर दी।

ऐसे छोटे-छोटे व आसान बदलावों का पता लगाएँ, जो आपको सबसे सार्थक लगते हों।

मेरे जीवन में आया एक बदलाव : मैं हर रोज सुबह फिल्टर से एक बोतल पीने का पानी भरता हूँ और घर से निकलते वक्त इसे अपने साथ लेकर जाता हूँ। ये दरअसल तीन अलग-अलग आदतों का ऐसा मिश्रण है, जिन पर मैं अलग-अलग समय पर अमल करता हूँ: फिल्टर में पानी डालना, उस पानी को एक बोतल भरना और उस बोतल को अपने साथ लेकर जाना। ये तीनों बहुत छोटी-छोटी आदतें हैं - और हो सकता है कि आपके लिए ये बिलकुल महत्वहीन हों - लेकिन मेरे लिए ये बड़ी सार्थक हैं।

मुझे प्लास्टिक की डिस्पोजेबल बोतलों से पानी पीना सहज नहीं लगता, जिसके लिए मैं काफी हद तक स्टैनफोर्ड यूनिवर्सिटी के अपने छात्रों को धन्यवाद दूँगा। मैं एक ऐसा व्यक्ति कतई नहीं बनना चाहता, जो अनावश्यक बर्बादी करता हो। साथ ही मैं अपने छात्रों के सामने एक ऐसा व्यक्ति भी नहीं बनना चाहता था, जिसे पर्यावरण की कोई परवाह न हो। वास्तव में इस मामले में मेरी पहचान दांव पर लगी हुई थी।

मैंने अपने विकल्प तलाशे और ये तीनों आदतें समाधान बनकर उभरीं। इन्हें निर्मित करना ठंडी हवा के सुखद झोंके जैसा था। इनके व्यापक प्रभाव भी थे जैसे मेरी अन्य ईको-फ्रेंडली आदतें, जिन पर अमल करने के लिए मुझे सोचना नहीं पड़ता। जैसे समंदर किनारे कचरा दिखाई देने पर उसे उठा लेना। (मेरी अगली आदत है: पहाड़ी इलाकों की सैर पर जाते समय अपनी जेब में कचरे की एक पन्नी लेकर जाना।)

आप इस कौशल का अभ्यास एक सवाल का जवाब देकर कर सकते हैं: मैं ऐसी कौन सी सबसे छोटी आदत निर्मित कर सकता हूँ, जो सबसे सार्थक हो? इस सवाल के कुछ जवाबों को एक कागज पर लिखें, भले ही आप फिलहाल ऐसी कोई आदत निर्मित करने का इरादा न रखते हों। आप जितने ज़्यादा जवाब लिखेंगे, आपके कौशल का उतना ही अधिक अभ्यास होगा।

इस कौशल में महारत हासिल करने से आपको उन आदतों के साथ अपना मिलान करने में मदद मिलेगी, जिन्हें आप आसानी से निर्मित करके आगे भी बनाए रख सकते हैं। इतना ही नहीं, जब आप यह कौशल विकसित कर लेंगे, तो उन आदतों की पहचान करने में और अधिक सक्षम हो जाएँगे, जो आपके लिए सार्थक नहीं हैं। इस तरह आप अपना कीमती समय बर्बाद होने से बचा सकेंगे।

अगर कोई आदत ऐसी है, जिसे आदत बनाए रखने में आपको परेशानी हो रही है, तो यह कौशल आपके काफी काम आ सकता है। याद है, जब जिल रसोई का काउंटर साफ करने की आदत के बारे में विचार कर रही थी, तो शुरुआत में उसके

लिए ये याद रखना मुश्किल हो रहा था कि उसे हर रोज इस आदत पर अमल करना है – आखिर सतही तौर पर देखें, तो ये बड़ी ही उबाऊ और नीरस आदत है। लेकिन जब जिल ने गहराई से देखा, तो उसे एहसास हुआ कि इस साधारण से व्यवहार का संबंध उसकी सबसे बड़ी आकांक्षा – यानी एक सौहार्द्रपूर्ण पारिवारिक जीवन और पति के साथ बेहतर रिश्ते – से है। इस संबंध का पता लगाने के बाद जिल को ये आदत सार्थक लगने लगी – जो वास्तव में इस आदत को मज़बूत बनाने के लिए ज़रूरी था। ऐसा करके जिल यह जानने के अपने कौशल का लाभ उठा रही थी कि उसके लिए कौन सी आदतें सार्थक होंगी।

यह कौशल उन आदतों के लिए काफी महत्वपूर्ण हो सकता है, जो प्रेरणा के संदर्भ में ज़रा पेचीदा होती हैं। यानी वे आदतें, जो 'मैं इन पर अमल करना चाहता हूँ' और 'मुझे इन पर अमल करना चाहिए' के बीच झूल रही होती हैं। कभी-कभी आप किसी व्यवहार की सार्थकता को उजाकर करके उसे बड़ी मज़बूती के साथ 'अमल करना चाहता हूँ' की ओर स्थानांतरित कर सकते हैं। जैसे हो सकता है कि आप सोचते हों कि 'मुझे हर रोज खाने के साथ हरी सब्जियों के सेवन की आदत विकसित करनी चाहिए, लेकिन न तो मुझे हरी सब्जियाँ ज़्यादा पसंद हैं और न ही मुझे उन्हें इस तरह पकाना आता है कि वे खाने में स्वादिष्ट लगें।' आप देख सकते हैं कि यहाँ आदत के लिए प्रतिरोध का भाव है।

हरी सब्जियाँ खाने से जुड़ी अपनी गहन आकांक्षा को पहचानने के बाद आप यह आदत निर्मित करने में ज़्यादा सफल रहेंगे। इसमें ऐसे कई अर्थ छिपे हो सकते हैं, जिनका आपको पता लगाना होगा। हो सकता है कि आप एक बुजुर्ग व्यक्ति हों, जो अपने नाती-पोतों को बड़ा होता देखने के लिए स्वस्थ रहना चाहता हो और इसीलिए हरी सब्जियों के सेवन की आदत विकसित करना चाहता हो। या फिर हो सकता है कि आप चाहते हों कि जब आप अपनी कंपनी के अगले वार्षिक सम्मेलन में जाएँ, तो इतने छरहरे और चुस्त-दुरुस्त हों कि बिजनेस सूट पहनकर गहरा आत्मविश्वास महसूस करें। इन दोनों में से आपकी गहन आकांक्षा जो भी हो, इतना तय है कि ये दोनों ही, हरी सब्जियाँ खाने के आपके संकल्प को दृढ़ बनाने के लिए काफी हैं।

दूसरी ओर, शायद आपको इस बात का एहसास हो कि हरी सब्जियाँ खाना आपके लिए कतई सार्थक नहीं है। वैसे भी खाने में हरी सब्जियाँ शामिल करने का विचार आपके जीवनसाथी का था और आपको लग रहा है कि भला ये आपके लिए मायने क्यों रखेगा। अगर ऐसा है, तब भी कोई बात नहीं। हरी सब्जियों की आदत छोड़िए और ऐसी चीज़ पर ध्यान केंद्रित कीजिए, जो आपके लिए सचमुच महत्वपूर्ण हो।

आत्म-अंतर्दृष्टि का अभ्यास करके आप किसी नई आदत के बारे में ये पता लगा सकते हैं कि उसे अपनाने का कोई लाभ है या नहीं। अगर वह आपके लिए लाभप्रद होगी, तो उसके लिए आपके अंदर नई प्रेरणा का संचार होगा। अगर नहीं - तब भी अच्छा है क्योंकि फिर आप उन आदतों के लिए जगह बना सकते हैं, जो आपके लिए ज़्यादा मायने रखती हों। इस कौशल में महारत हासिल करने से आपकी ऊर्जा अधिक महत्वपूर्ण बदलावों की ओर केंद्रित हो जाती है।

कौशल 3 - प्रक्रिया

जैसे-जैसे दिन बीतते हैं, आपकी आदतें बदल जाती हैं, आप बदल जाते हैं और आपके चारों ओर की दुनिया बदल जाती है। आपकी आदतों को मज़बूत बनाने और उनका विकास करने के लिए, प्रक्रिया से जुड़े सारे कौशल जीवन की गतिशील प्रकृति के साथ तालमेल बिठाने की ओर केंद्रित होते हैं।

ये रहे वे कौशल जिन्हें आप पहले ही सीख चुके हैं:

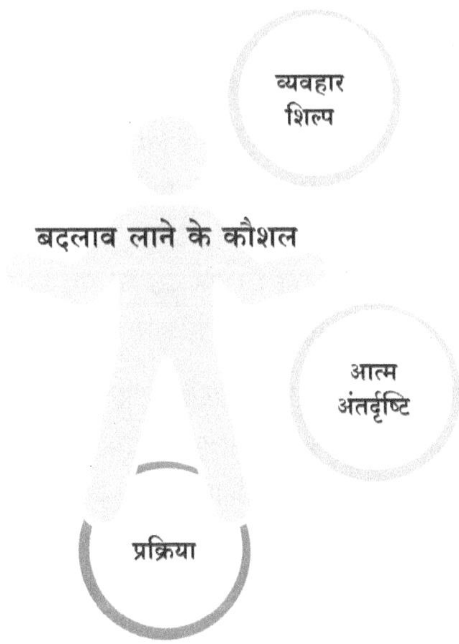

* समस्याओं का निवारण करना
* जब कोई आदत काम न करे, तो अपनी पद्धति को संशोधित करना
* अपनी आदतों का अभ्यास करना

प्रक्रिया संबंधी ये नया कौशल सीधे तौर पर अपनी आदत विकसित करने से जुड़ा है।

खुद को छोटी-छोटी आदतों के दायरे से आगे कब ले जाना है और अपनी आदत को और चुनौतीपूर्ण कब बनाना है यह जानने का कौशल

जब आप किसी आदत पर निरंतर अमल करते हैं, तो स्वाभाविक रूप से उस आदत के मामले में ज़्यादा प्रगति करते हैं। इस बिंदु पर आप अपने सुविधाजनक दायरे से एक कदम आगे जाना सीख सकते हैं और देख सकते हैं कि ऐसा करने पर कैसा महसूस होता है। अपने सुविधाजनक दायरे के बारे में पता होने से आपको अपनी आदत के बड़े और विस्तृत संस्करण पर अमल करने में मदद मिलती है और वह भी ऐसी किसी तकलीफ या निराशा का सामना किए बिना, जो आपकी आदत को कमजोर कर सकती हैं।

आइए अब सुकुमार की पुश-अप्स करने की आदत पर एक नज़र डालते हैं। उसे ये कैसे पता चला कि दो पुश-अप्स करने की अपनी आदत को विकसित करके तीन पुश-अप्स की आदत कब बनाना है। और फिर वह पचास पुश-अप्स तक कैसे पहुँच गया?

ऐसी किसी आदत के मामले में अपने सुविधाजनक दायरे का पता लगाना काफी आसान होता है क्योंकि इसके संकेत भौतिक होते हैं: अपनी माँसपेशियों में दर्द और साँस फूलना। सुकुमार की बात करें, तो उसने अपनी शुरुआत दो पुश-अप्स के साथ की और उसका ध्यान अपने शारीरिक गठन पर केंद्रित था। एक सप्ताह तक हर रोज सुबह ब्रश करने के बाद दो पुश-अप्स करने पर उसे एहसास हुआ कि इससे उसका शारीरिक गठन पहले से बेहतर हो रहा है। यह देखकर वह दो से ज़्यादा पुश-अप्स करने के लिए प्रेरित हुआ। उसने ऐसा ही किया और लगातार करता रहा।

सुकुमार ने पुश-अप्स करने की अपनी आदत को प्रभावशाली तरीके से विकसित किया क्योंकि वह अपने सुविधाजनक दायरे का पता लगाने में कुशल हो गया। परिणामस्वरूप उसने प्रगति के लिए अपनी ओर से भरसक प्रयास किए। आनेवाले दिनों में वह इसी प्रक्रिया को दोहराता रहा। हालाँकि जब कभी सुकुमार की ज़्यादा पुश-अप्स करने की इच्छा न होती, तो वह इसके लिए खुद को मज़बूर नहीं करता। ऐसे में वह सिर्फ दो पुश-अप्स कर लेता और यह सोचकर अच्छा महसूस करता कि ऐसा करके वह अपनी आदत को जिंदा रखे हुए है। इस कौशल का एक हिस्सा यह जानना है कि आपको कब अपने कदम पीछे खींचकर आदत पर सिर्फ न्यूनतम अमल करना है।

अब समय आ गया है कि इस कौशल को व्यवहार संरचना के चरणों में जोड़ दिया जाए।

व्यवहार संचरना के चरण

चरण १: आकांक्षाएँ स्पष्ट करें

चरण २: व्यवहार विकल्पों का पता लगाएँ

चरण ३: स्पष्ट व्यवहारों के साथ मिलान करें

चरण ४: छोटी शुरुआत करें

चरण ५: एक अच्छा संकेत ढूँढ़ें

चरण ६: सफलताओं का जश्न मनाएँ

चरण ७: **सफलताओं का निवारण करें, दोहराएँ, विस्तार करें**

आपका सुविधाजनक दायरा किसी सीधी रेखा जितना स्पष्ट नहीं होता है। दरअसल ये शेयर बाजार के किसी ग्राफ में बनी टेढ़ी-मेढ़ी रेखाओं जैसा होता है, जिनमें लगातार उतार-चढ़ाव आता रहता है। अगर आप अपनी आदत पर निरंतर अमल करते रहेंगे, तो आप स्थाई रूप से अपने सुविधाजनक दायरे का विस्तार कर लेंगे - पर इसके बारे में ज़्यादा सोच-विचार करने की कोई ज़रूरत नहीं है। फिलहाल अपना सारा ध्यान अपने सुविधाजनक दायरे का पता लगाने पर केंद्रित करें ताकि अपने लिए सबसे कुशल विकल्प का चुनाव कर सकें। आगे कुछ दिशा-निर्देश दिए जा रहे हैं, जिनका पालन करके आप ये जान सकते हैं कि अपनी आदत की कठिनता से तालमेल कैसे बिठाएँ।

* अपनी आदत के सबसे छोटे संस्करण से ज़्यादा कुछ करने के लिए खुद पर दबाव न डालें। अगर आप बीमार हैं, थके हुए हैं या फिर आपका मूड नहीं है, तो आदत के सबसे छोटे संस्करण की ओर लौट जाएँ। जब आप दोबारा अपनी ओर से ज़्यादा करने को तैयार हों, तो इसे फिर से पढ़ सकते हैं। आश्चर्य की बात ये है कि जब भी आपको ज़रूरत पड़े तब आप फौरन अपनी आदत के सबसे छोटे संस्करण की ओर वापस लौट सकते हैं। यह लचीलापन इसी कौशल का एक ज़रूरी हिस्सा है।
* अगर आप ज़्यादा करना चाहते हैं, तो खुद को आदत के बड़े संस्करण को

अपनाने से न रोकें। आप आदत के कितने बड़े संस्करण पर अमल करेंगे और वह कितनी चुनौतीपूर्ण होगी, यह अपनी प्रेरणा को तय करने दें।

* जब आप किसी आदत पर ज़रूरत से ज़्यादा अमल करें, तो सुनिश्चित करें कि उसका जश्न भी उतना ही ज़्यादा मनाएँ। किसी आदत का विस्तार करने के लिए खुद पर ज़्यादा दबाव डालना आपके लिए तकलीफ और हताशा का कारण बन सकता है, जिसका नुकसान ये है कि आपकी वह आदत कमजोर हो जाएगी। अगर आपके साथ ऐसा होता है (यकीन मानिए, ऐसा ज़रूर होगा) तो आप अपना जश्न बढ़ाकर अपनी नकारात्मक भावनाओं को दूर कर सकते हैं।

* अपने सुविधाजनक दायरे को पार करने के बाद भी अपना संतुलन और सहजता बनाए रखने के लिए भावनात्मक संकेतों का उपयोग करें। हताशा, तकलीफ, आनाकानी और टालमटोल करना इस बात का संकेत है कि आपकी आदत के साथ कुछ गड़बड़ ज़रूर है - हो सकता है कि आपने उसे अपने लिए कुछ ज़्यादा ही कठिन और चुनौतीपूर्ण बना लिया हो। दूसरी ओर अगर आप अपनी आदत से ऊब गए हैं, तो शायद आपको उसे और कठिन व चुनौतीपूर्ण बनाने की ज़रूरत है।

कौशल 4 - संदर्भ

संदर्भ का संबंध हमारे चारों ओर मौजूद चीज़ों और हमारे वातावरण से होता है। (मैं संदर्भ और वातावरण, दोनों शब्दों का उपयोग समानार्थी के रूप में करता हूँ।)

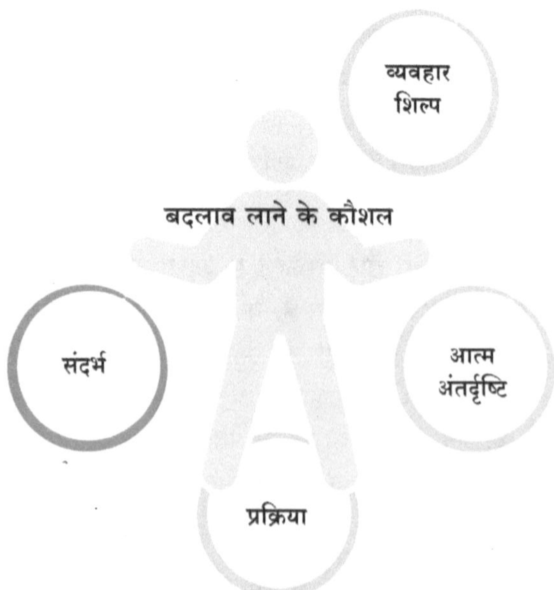

कोई भी व्यक्ति खालीपन में नहीं रहना चाहता। भले ही हम इस तथ्य को पहचान न सकें और स्वीकार न करें, लेकिन हमारा वातावरण, लोगों, विभिन्न चीज़ों के प्रभाव और आदतन किए जानेवाले हमारे विभिन्न व्यवहारों से मिलकर बनता है। चूँकि हमारी आदतें काफी हद तक हमारे वातावरण से ही पैदा होती हैं इसलिए बदलाव लाने और आदतों को बनाए रखने के लिए, संदर्भ संबंधी कौशलों में महारत हासिल करना बहुत महत्वपूर्ण होता है।

हमने पिछले अध्यायों में इन संदर्भ कौशलों पर थोड़ी चर्चा की थी, खासकर औज़ारों और संसाधनों के संबंध में। आपको याद होगा, अध्याय-3 में हमारी मुलाकात मॉली से हुई थी, जो अपने खानपान में सुधार करने की कोशिश में थी, लेकिन सप्ताह भर उचित विकल्पों का चुनाव करने के लिए पहले से योजना बनाने को लेकर संघर्ष कर रही थी। मॉली ने बड़ी कुशलता से अपने पति का उपयोग एक संसाधन के रूप में किया और अपनी आदत को सफल बनाने के लिए एक उचित औज़ार ढूँढ़ा। उपलब्ध अवसरों की पहचान करके और संदर्भ संबंधी रणनीतियों को लागू करके वह अपनी खानपान की आदतों के मामले में तेजी से सफल हुई।

मैं संदर्भ संबंधी इस कौशल की गहराई में जाना चाहता हूँ। इस कौशल का वर्णन मैं कुछ इस प्रकार करता हूँ:

अपनी आदतों पर अमल करना आसान बनाने के लिए अपने वातावरण को नया स्वरूप देने का कौशल

स्थाई बदलाव के लिए यह कौशल बहुत महत्वपूर्ण है। जब मैं वेट वॉचर्स (स्वास्थ्य संबंधी उत्पाद व सेवाएँ उपलब्ध करानेवाली एक अमेरिकी कंपनी) के साथ काम कर रहा था, तो मैंने कंपनी के सीईओ से पूछा कि क्या उसे लगता है कि अपने वातावरण को बदले बिना स्थाई रूप से वजन घटाना संभव है? इस पर उसका जवाब था - कतई नहीं। हम दोनों ही इस विषय पर एकमत थे कि अगर कोई व्यक्ति अपना वजन घटा लेता है पर अपना वातावरण नहीं बदलता, तो अंततः उसका वजन फिर से बढ़ जाएगा। हम दोनों ही जानते थे कि संदर्भ बहुत शक्तिशाली होता है।

वातावरण को बदलने में आपका मार्गदर्शन करने के लिए और आपकी अच्छी आदतों व आपके चारों ओर की दुनिया के बीच टकराव को कम करने के लिए दो सवाल पूछना महत्वपूर्ण है। जिनमें से पहला है, 'मैं अपने लिए इस नई आदत पर अमल करना आसान कैसे बना सकता हूँ?'

हमने अध्याय-3 में जिस बारे में चर्चा की थी, यह उससे थोड़ा अलग है लेकिन यहाँ मैं चाहता हूँ कि आप आदत को आसान बनाने के लिए उसकी मात्रा घटाने के

बजाय, आदत के चारों ओर मौजूद चीज़ों पर अपना ध्यान केंद्रित करें।

जब मैंने पहली बार दाँतों की फ्लॉसिंग को गंभीरता से लेने का निर्णय लिया, तो मैंने अपने बाथरूम पर एक नज़र डाली। मैं आमतौर पर फ्लॉस को मिरर-कैबिनेट के अंदर रखता था। मैंने सोचा: मैं इस आदत को आसान कैसे बना सकता हूँ? जवाब साफ था। मैंने फ्लॉस को कैबिनेट से बाहर निकाला और उसे काउंटर पर अपने टूथब्रश के बगल में रख दिया और तय किया अब उसे स्थाई रूप से यही रखूँगा। एक बार की गई इस क्रिया ने फ्लॉसिंग को एक मज़बूत आदत बनाने में बड़ी महत्वपूर्ण भूमिका निभाई।

मान लीजिए कि आप हर रोज ऑफिस से घर लौटने के बाद खीरे खाते हैं और यह आदत अपनाए हुए आपको एक हफ्ता हो गया है। जबकि इससे पहले आप ऑफिस से लौटकर कॉर्न चिप्स खा लिया करते थे, जिसके चलते डिनर के समय आपको ज्यादा भूख नहीं रहती थी। अब आपको आशा है कि खीरे खाने से आपको यह परेशानी नहीं होगी। शुरुआती कुछ दिनों तक खीरे खाने की यह आदत आपके लिए कारगर रही, लेकिन फिर एक दिन आप खीरे नहीं खाते और आपका हाथ रसोई के काउंटर पर रखे कॉर्न चिप्स के पैकेट की ओर बढ़ जाता है। यानी समय आ गया है कि इस समस्या का निवारण किया जाए और अगला सवाल पूछा जाए: वह क्या है, जो इन नई आदत पर अमल करना मुश्किल बना रहा है?

फिर आपको एहसास होता है कि उस दिन आप खीरे इसलिए नहीं खा सके क्योंकि खीरे खत्म हो चुके थे। फ्रिज में खीरे न मिलने पर आप पंद्रह-बीस सेकंड तक झुँझलाते रहे। फिर से कॉर्न चिप्स खाने के लिए आपको बस इसी बहाने की ज़रूरत थी कि खीरे खत्म हो गए हैं। फिर एक दिन आपको फ्रिज में खीरे तो मिल गए, लेकिन चूँकि आप थके हुए थे इसलिए आपने उन्हें धोने, छीलने और काटने के झंझट से बचने के लिए फिर से कॉर्न चिप्स खा लिए। अब आप समझ गए होंगे कि इस आदत को नया स्वरूप देने के लिए आपको क्या करना होगा।

* एक रात पहले खीरे धोकर और काटकर फ्रिज में रखने की नई आदत विकसित करें (जारी आदत)।
* घर के सारे सदस्यों से कह दें कि वे आपके खीरों से दूर रहें (एक बार की जानेवाली क्रिया)।
* सुनिश्चित करें कि फ्रिज में सारा सामान सुव्यवस्थित ढंग से रखा जाए ताकि आपको अपने खीरे फौरन मिल जाएँ (सप्ताह में एक बार अमल की जानेवाली आदत)।

अपने चारों ओर के वातावरण को नया स्वरूप देकर उसे आदत के साथ जोड़ने से टकराव में कमी आएगी। इस तरह आप अपनी आदत को व्यवहार मॉडल में क्रिया-रेखा से ऊपर जाने के लिए स्वतंत्र कर देंगे। इसका सारा श्रेय खीरों को पहले से धोकर और काटकर फ्रिज में रखने को जाता है।

वातावरण को नया स्वरूप देनेवाले कार्यों में से कुछ ऐसे होंगे, जिन्हें सिर्फ एक बार ही करना होगा और आपका काम हो जाएगा - जैसे अपने परिवार के सदस्यों से कहना कि वे आपके खीरों से दूर रहें या फिर फ्लॉस को बाथरूम के मिरर-कैबिनेट से निकालकर काउंटर पर रखना।

एक आदत विकसित करने के दौरान संभव है कि आप कुछ अन्य आदतें निर्मित करने के लिए भी प्रेरित हो जाएँ, जिनका संबंध आपके चारों ओर के वातावरण से हो। क्या आपको सारिका याद है? जब उसने गौर किया कि रसोई का अस्त-व्यस्त और गंदा काउंटर, उसकी नाश्ता बनाने की आदत में रुकावट बन रहा है, तो वह इसकी संरचना संबंधी कमी को पहचान गई और फिर उसने एक अन्य आदत - एक रात पहले रसोई की सफाई करना - की मदद से इस कमी को दूर कर दिया।

धीरे-धीरे आप अपने वातावरण का स्वरूप बदलने के नए-नए तरीके खोजने में लगातार बेहतर होते जाएँगे ताकि अपनी अच्छी आदतों का विकास सुनिश्चित कर सकें। जब आप दुनिया को इस अंदाज में देखना शुरू कर देंगे, तो आपको एहसास होगा कि कितनी मामूली सी चीज़ें भी आपकी अच्छी आदतों के रास्ते में रुकावट बन सकती हैं।

जब आप अपनी नई आदतों के साथ तालमेल बिठाने के लिए अपने वातावरण को काफी सोच-समझकर एक स्वरूप देते हैं, तो आपका पूरा जीवन आसान हो जाता है।

अपने वातावरण को नया स्वरूप देने के लिए आगे कुछ महत्वपूर्ण दिशा-निर्देश दिए जा रहे हैं :

* जब आप नई आदतें निर्मित करें, तो थोड़ा समय अपने वातावरण का स्वरूप बदलने में निवेश करें, जिससे आपके लिए उन आदतों पर अमल करना आसान हो।
* जब आप अपनी नई आदत पर अमल करना शुरू करें, तो साथ ही तालमेल बिठाने के लिए ज़रूरत पड़ने पर अपने वातावरण का स्वरूप भी बदलते जाएँ ताकि आदत पर अमल करना आसान रहे।
* परंपराओं पर सवाल उठाएँ। भला कौन कहता है कि अपने विटामिन सप्लीमेंट्स

को रसोई में या अपने फ्लॉस को बाथरूम में रखना ज़रूरी है? हो सकता है कि विटामिन सप्लीमेंट्स को अपने कंप्यूटर के बगल में रखना आपके लिए एक बेहतर विकल्प हो। हो सकता है कि आपके लिए फ्लॉसिंग तभी सबसे कारगर हो, जब आप फ्लॉस को अपने टीवी रिमोट के बगल में रखें। आप कोई कन्फॉर्मिस्ट (अनुरूपतावादी) नहीं बल्कि आदतों के शूरवीर हैं। इसलिए आपके लिए जो तरीका कारगर हो, उसका पता लगाएँ और फिर उसी के अनुसार कार्य करें।

* अपनी ज़रूरत के औज़ारों में निवेश करें। मान लीजिए कि आप बारिश और ठंड में भी सात मील दूर स्थित अपने स्कूल में बाइक से ही जाना चाहते हैं। तो कुछ ऐसी चीज़ें खरीदें, जो बाइक चलाने के दौरान आपको बारिश और ठंड से बचा सकें ताकि बाइक से जाने की आपकी प्रेरणा कम न होने पाए।

अब तक मैं पद्धतियों और सिद्धांतों पर ही केंद्रित था। विशिष्ट परिणाम हासिल करने के लिए मैंने इस किताब में कोई विशिष्ट आदतें नहीं बताई हैं बल्कि सिर्फ एक प्रक्रिया साझा की है। लेकिन अब मैं आपसे एक ऐसी तकनीक साझा करने जा रहा हूँ, जिससे आपको अपने भोजन को अधिक स्वास्थ्यप्रद बनाने में मदद मिलेगी।

मेरा मानना है कि इस किताब को पढ़नेवालों में से कुछ लोग ऐसे ज़रूर होंगे, जो अपना वजन घटाना चाहते होंगे और फिर उसे कम ही रखना चाहते होंगे - अगर आप नहीं, तो शायद आपका कोई करीबी ऐसा करना चाहता होगा - मैं वजन घटाने का अपना वह सर्वश्रेष्ठ तरीका आपसे साझा करना चाहता हूँ, जो पिछले दस साल में मुझे पता चला है।

मैं इसे सुपरफ्रिज कहता हूँ। आमतौर पर वजन घटाना तभी संभव होता है, जब अपनी खान-पान की आदतों को सुधारा जाए। हालाँकि व्यायाम कई मायनों में लाभदायक होता है, लेकिन वजन घटाने की मुख्य कुंजी व्यायाम करना नहीं है। अपने समय और ऊर्जा को पोषण पर केंद्रित करने से ही असली फर्क पड़ता है, लेकिन अपनी इच्छाशक्ति के भरोसे रहकर बेहतर खान-पान की कोशिश करना वजन घटाने का एक बुरा तरीका है - और हम पहले से ही जानते हैं कि ऐसा क्यों है: प्रेरणा संबंधी बहुत से परस्पर विरोधी कारक समय के साथ इसे लगभग असंभव बना देते हैं। दुर्भाग्यवश आज के जमाने का खान-पान संबंधी वातावरण, अधिक स्वास्थ्यप्रद खाद्य पदार्थों का सेवन करने की हमारी आकांक्षाओं के विरूद्ध काम करता है। जब हम ऑफिस में होते हैं या यात्रा कर रहे होते हैं या फिर किसी रेस्त्रां में जाते हैं, तो हमारे पास स्वास्थ्यप्रद खाद्य पदार्थों के बहुत कम विकल्प होते हैं। ऐसे में बहुत से कारक हमारे विरूद्ध काम करते हैं। यही सच्चाई है।

अब मैं आपको अपनी राय देने जा रहा हूँ: अपने खान-पान की आदतें बदलने का एक व्यावहारिक तरीका है, अपने खान-पान संबंधी वातावरण का स्वरूप बदलना, खासकर अपने घर के फ्रिज में रखी चीज़ों में बदलाव लाना।

डैनी और मैंने एक साथ मिलकर बहुत सी आदतें बदली हैं, पर संभवत: सुपरफ्रिज हमारा अब तक का सर्वश्रेष्ठ घरेलू बदलाव है। अपने घर के फ्रिज में रखी जानेवाली चीज़ों में बदलाव करके हम दोनों अपना 15 फीसदी से ज़्यादा बॉडी फैट घटाने में सफल रहे हैं और सालों से अपने आदर्श वजन पर बने हुए हैं। और यह पूरी प्रक्रिया - यहाँ तक कि वजन को बढ़ने न देना - हमें बिलकुल आसान लगती है।

हमारा सुपरफ्रिज कुछ ऐसा है:

जब मैं अपना फ्रिज खोलता हूँ, तो मुझे कई सारे कांच के कंटेनर दिखाई देते हैं, जिनमें खाना तैयार करके रखा हुआ होता है। एक कंटेनर में धुली और कटी हुई ब्रोकली रखी होती है। इसी तरह गोभी, सेलेरी, प्याज और मिर्चें भी अलग-अलग कंटेनर में कटी हुई रखी होती हैं। इनमें से एक कंटेनर पके हुआ क्विनोआ का भी होता है। साथ ही ताज़े फल और उबले हुए अंडे भी रखे होते हैं, जिन्हें फटाफट नाश्ते में खाया जा सकता है। इसके अलावा गाढ़ा दही, गोभी का खट्टा अचार और सरसों की चटनी जैसी चीज़ें भी मौजूद होती हैं।

हमारे सुपरफ्रिज के अंदर का ये परिदृश्य बड़ा सुंदर होता है। हमने इसके अंदर चीज़ों को कुछ इस तरह करीने से लगाकर रखा हुआ है कि सबसे स्वास्थ्यकर चीज़ें तुरंत नज़र आ जाएँ। हम किसी भी समय फ्रिज के अंदर रखी कोई भी चीज़ कितनी भी मात्रा में खा सकते हैं। बस हम अपने फ्रिज में ऐसा कोई खाद्य-पदार्थ नहीं रखते, जो हमारी खान-पान संबंधी योजना का हिस्सा न हो।

हम हर सप्ताह खरीदारी करते हैं और अपने सुपरफ्रिज को तैयार करते हैं ताकि वह अपना काम कर सके। हर रविवार को जब हम अपने सुपरफ्रिज के कंटेनरों में ताजी खाद्य सामग्री तैयार करके रख देते हैं, तो मैं सुकून की एक गहरी साँस लेता हूँ। ये सब करना रियल सिम्पल नामक पत्रिका में बताए जानेवाले नुस्खों पर अमल करने जैसा होता है। सचमुच कमाल!

अगला कदम ज़रा मुश्किल हो सकता है क्योंकि आप इसकी सुंदरता को खत्म करना नहीं चाहेंगे। लेकिन इस प्रक्रिया का सबसे महत्वपूर्ण हिस्सा यही है: सप्ताह के दौरान, आपको अपने सुपरफ्रिज में रखा सारा पौष्टिक और स्वास्थ्यवर्धक खाना खत्म करना होगा। किसी भी चीज़ को बर्बाद न हो जाने दें। कोशिश करें कि सप्ताह के अंत तक हर कंटेनर खाली हो जाए।

हालाँकि हर सप्ताह सुपरफ्रिज में ताजा सामान तैयार करके रखने में काफी समय और मेहनत लगती है, लेकिन आपकी यह कोशिश बहुत जल्द रंग लाती है। जैसे अगर मेरे पास लंच के लिए ज़्यादा समय न हो, तब भी मुझे चिंता करने की कोई ज़रूरत नहीं है। क्योंकि मुझे सिर्फ अपने सुपरफ्रिज में से कुछ चीज़ें बाहर निकालनी होती हैं और बस, मेरा लंच तैयार! इसी तरह डिनर तैयार करने में भी बस कुछ ही मिनट लगते हैं। और अगर कभी अचानक मेरा मन स्नैक्स खाने का हुआ (भले ही आधी रात को) तो मैं अपना सुपरफ्रिज खोलता हूँ और जो मर्जी हो, वह निकालकर खा लेता हूँ। अगर इसके बाद भी भूख न मिटे तो? तो मैं वापस सुपरफ्रिज खोलता हूँ और अपने खाने के लिए कोई और चीज़ निकाल लेता हूँ। यह सारा खाना पौष्टिक और स्वास्थ्यवर्धक हैं। इसलिए इन्हें खाने में न तो कोई नुकसान है और न ही मुझे खाने से बचने के लिए अपनी इच्छाशक्ति पर निर्भर रहने की ज़रूरत है।

सुपरफ्रिज का ही परिणाम था कि हमारा वजन घटा, हमारी नींद बेहतर हो गई और हमारी ऊर्जा का स्तर बढ़ गया। हालाँकि सुपरफ्रिज की इस प्रक्रिया की शुरुआत में सब कुछ बेहतरीन नहीं था। कतई नहीं। लेकिन समय के साथ हमने सीखा कि पौष्टिक व स्वास्थ्यप्रद खाद्य-पदार्थों के सेवन की प्रक्रिया में अपने फ्रिज को अपना सबसे अच्छा दोस्त और सबसे भरोसेमंद साथी कैसे बनाया जाए।

अपने वातावरण को नया स्वरूप देना मजेदार होता है और इसके लाभ भी तुरंत नज़र आने लगते हैं। समय के साथ आप इस कौशल को कोई सोच-विचार किए बिना ही लागू करने लगेंगे। फिर अगर कभी आप किसी होटल में रूकेंगे और वहाँ आपकी खान-पान संबंधी आदतों के अनुसार सुविधाएँ उपलब्ध नहीं होगी, तो आप कुछ ही मिनटों में उस स्थिति से तालमेल भी बिठा लेंगे - और बस! इसे कुछ इस तरह तैयार किया गया है ताकि आपका खान-पान, आपकी नींद एवं आपका व्यक्तिगत विकास बेहतर हो सके और आप अपनी सारी आकांक्षाएँ पूरी कर सकें।

कौशल 5 - मानसिकता

पाँचवीं और आखिरी श्रेणी मानसिकता संबंधी कौशलों पर केंद्रित है। इनका संबंध बदलाव के प्रति आपके दृष्टिकोण और आपके रवैये से तो है ही, साथ ही इस बात से भी है कि अपने चारों ओर की दुनिया के बारे में आपकी धारणा क्या है और आप उसे किस तरह देखते हैं।

जैसा कि स्पष्ट है, आप पहले ही मानसिकता संबंधी कुछ मूल्यवान कौशल सीख चुके हैं।

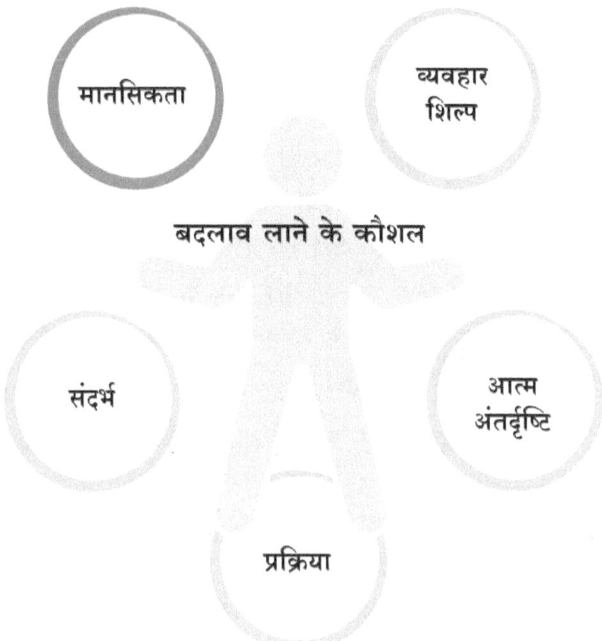

* बदलाव को खुले रवैए, लचीलेपन और जिज्ञासा के साथ देखना।
* अपनी अपेक्षाओं को कम करने में सक्षम होना।
* जश्न मनाकर अपनी सफलता के बारे में अच्छा महसूस करना - चाहे वह कितनी भी छोटी सफलता हो।
* धीरज रखना और बदलाव की प्रक्रिया पर भरोसा रखना।

जहाँ जश्न मनाना सबसे महत्वपूर्ण मानसिकता संबंधी कौशल है, वही यह अगला कौशल भी इससे कम महत्वपूर्ण नहीं है।

एक नई पहचान अपनाने का कौशल

जब आप अपनी पुरानी पहचान को छोड़कर नई पहचान को खुले रवैए के साथ अपनाएँगे, तो छोटी-छोटी आदतों को परिवर्तकारी आदतें बनाने का आपका कौशल तेजी से बढ़ेगा।

जब लोग छोटी-छोटी आदतों की पद्धति शुरू करते हैं, तो वे अक्सर कहते हैं, 'मैं अपने तरीकों पर ही चलता हूँ,' 'मैं ऐसा व्यक्ति नहीं हूँ, जो आसानी से बदल जाए,' या 'मेरे साथ कभी कोई चीज़ कारगर नहीं होती।' लेकिन इस पद्धति को अपनाने के पाँच दिनों के भीतर ही ऐसे अधिकांश लोगों के सुर बदल जाते हैं। फिर

वे मुझसे कहते हैं, 'बीजे, मुझे तो विश्वास ही नहीं हो रहा है! अपने बारे में मेरी राय गलत थी। मैं वास्तव में ऐसा व्यक्ति हूँ, जो बदल सकता है' और 'मैने सीखा कि मैं ऐसा व्यक्ति हूँ, जो चीज़ों का अनुसरण कर सकता है।'

यह वाक्य - मैं एक ऐसा व्यक्ति हूँ जो... - अक्सर सुनाई देता रहता है इसलिए मैंने तय किया कि इसे छोटी-छोटी आदतों की पद्धति से जुड़ी विकास प्रक्रिया में शामिल करूँगा। इसके लिए मैं अपने इस पाँच दिवसीय मुफ्त कार्यक्रम के अंत में लोगों से इस वाक्य को कुछ इस तरह पूरा करने के लिए कहूँगा - 'छोटी-छोटी आदतों की पद्धतिवाले इस कार्यक्रम में शामिल होने के बाद, अब मैं खुद को एक ऐसे व्यक्ति के रूप में देखता हूँ जो...।'

जब मैंने डाटा इकट्ठा करना शुरू किया, तो देखा कि आदतों के निर्माण में कुशल होने पर अपने बारे में लोगों की धारणाएँ कैसे बदलने लगती हैं। उन्होंने छोटी-छोटी आदतों की पद्धति का कार्यक्रम यह सोचकर शुरू किया कि वे फलाँ किस्म के व्यक्ति हैं और कार्यक्रम में पाँच दिन पूरे होते-होते उन्होंने अपनी नई पहचान को अपनाना शुरू कर दिया। इनमें से कई पहचानें बदलाव लाने की क्षमता पर केंद्रित थीं, जबकि अन्य पहचानों में हुई तब्दीली, उन आदतों व बदलावों से जुड़ी थी, जो लोग अपने अपने जीवन में ला रहे थे।

अगर आप पुश-अप्स के बादशाह चेन्नई निवासी सुकुमार से पूछेंगे, तो वह बताएगा कि वह जिस पहेली से जूझ रहा था, उसे सुलझाने की मुख्य कुंजी उसकी पहचान में छिपी हुई थी। पुश-अप्स करने से पहले वह सोचता था कि 'मैं ऐसा व्यक्ति नहीं हूँ, जिसकी व्यायाम करने में कोई दिलचस्पी हो और न ही मैं स्वास्थ्यप्रद भोजन करता हूँ। मैं तो वैसा व्यक्ति हूँ, जो आसानी से सुकून भरी गहरी नींद तक नहीं ले पाता।' वह इन्हें अपने व्यक्तिगत लक्षणों के रूप में देखता था और इन्हें बदलना उसे असंभव लगता था - सीधे शब्दों में कहें, तो ये सारे लक्षण ही उसकी पहचान थे। लेकिन फिर जब उसने पहली बार दो पुश-अप्स किए, तो यह उसके लिए अपने मनोविज्ञान को काबू में करने की दिशा में पहला कदम बढ़ाने जैसा था।

हर इंसान के अंदर अपनी पहचान के अनुसार जीने और कार्य करने की एक गहन ऊर्जा होती है। जब किसी समूह को खतरों का सामना करना पड़ता है, तो उस समूह का ऐसा कोई भी सदस्य, जिसमें अप्रत्याशित व्यवहार करने की प्रवृत्ति हो, वह समूह के लिए जोखिम पैदा कर देता है। ऐसे व्यक्ति को समूह द्वारा अक्सर नकार या त्याग दिया जाता है। इसके पीछे एक महत्वपूर्ण क्रमिक-विकासवादी कारण है - जब भोजन, आश्रय और अन्य संसाधन समूह की एकता और आपसी सहयोग पर निर्भर हों, तो विश्वसनीय ढंग से यह अनुमान लगाना महत्वपूर्ण हो जाता है कि कोई व्यक्ति

क्या करने जा रहा है। क्योंकि आपका जीवन संभवत: उसी पर निर्भर करेगा। एक सामाजिक प्राणी के तौर पर हम जो कुछ भी करते हैं, काफी हद तक अपनी पहचान के अनुसार ही करते हैं, भले ही हमें इसका एहसास हो या नहीं।

पुश-अप्स शुरू करने से सुकुमार की शारीरिक और मानसिक शक्ति बढ़ने लगी। जिसके चलते व्यायाम करते समय वह खुद को सफल महसूस करने लगा - अब उसे ऐसा नहीं लगता था कि मानो, वह जिम जाकर शारीरिक मेहनत करने का दिखावा कर रहा हो। हालाँकि शुरुआत में व्यायाम के विभिन्न उपकरणों का उपयोग करना उसे थोड़ा मुश्किल लगा, लेकिन वह लगातार खुद से पूछता रहता था कि क्या उसमें इतनी शक्ति है कि वह बेंच-प्रेस मशीन (व्यायाम का एक उपकरण) का उपयोग कर सके? और अगर वह इस व्यायाम को सिर्फ दो-चार बार ही दोहरा सका, तो क्या उसे शर्मिंदगी महसूस होगी?

प्लैंक्स और पुश-अप्स के साथ प्रयोग करने और उनके परिणाम देखने के बाद सुकुमार की पहचान बदल गई। अब उसे एहसास हुआ कि अपनी शक्ति कैसे बढ़ाई जाती है। अब वह जानता था कि वह अपनी शक्ति बढ़ाने में सक्षम है। अब वह नियमित रूप से जिम जाने लगा, जिससे उसे और अच्छा महसूस होने लगा। यहाँ तक कि उसने सप्ताह में दो बार अपनी पत्नी के व्यायाम प्रशिक्षक द्वारा अयोजित सामूहिक व्यायाम सत्र में भी हिस्सा लेना शुरू कर दिया। समूह में व्यायाम करना आश्चर्यजनक रूप से मज़ेदार था (जबकि पहले वह इसके विचार से भी घबराता था) उस समूह में से कुछ लोग सुकुमार के दोस्त भी बन गए।

इसका परिणाम क्या रहा? स्वाभाविक है कि इसका परिणाम विकास के रूप में सामने आया। लेकिन इन बदलावों को जो चीज़ संचालित कर रही थी, वह थी एक नई पहचान को खुले दिल से अपनाने की उसकी क्षमता। उसने इस विचार को भुला दिया कि वह एक ऐसा व्यक्ति है, जो व्यायाम नहीं कर सकता। छोटी-छोटी आदतों की पद्धति की सहायता से उसे सफलता का एहसास हुआ, जिसकी बदौलत वह खुद को एक नए नज़रिए से देख सका।

व्यक्ति की पहचान में आए परिवर्तन, वास्तव में बदलाव को गति देते हैं क्योंकि वे सिर्फ दो-चार साधारण आदतों के निर्माण में ही सहायक नहीं होते बल्कि व्यवहारों का एक अंतरंग समूह विकसित करने में भी हमारी मदद करते हैं। यह महत्वपूर्ण है क्योंकि अधिकतर आकांक्षाओं को पूरा करने के लिए एक से ज़्यादा किस्म की आदतों में बदलाव लाना ज़रूरी होता है। एक अकेली आदत नहीं बल्कि विभिन्न आदतों का एक समूह ही आपको अपनी मनचाही मंजिल तक पहुँचा सकता है - खासकर फिटनेस, नींद और तनाव के मामले में।

जो व्यक्ति अक्सर मैक्डॉनल्ड्स जाता है और जो व्यक्ति किसान-मंडी से खरीदारी करता है, उन दोनों का खान-पान संबंधी व्यवहार एक-दूसरे से बिलकुल अलग होगा। जब आप उस व्यक्ति जैसा भोजन करने लगते हैं, जो किसान मंडी से खरीदारी करता है, तो आपका दिमाग एक सुसंगत पहचान बनाने की दिशा में आगे बढ़ने के लिए आपको मार्गदर्शन देने लगता है और फिर आपको अपने सलाद में कद्दू के बीज शामिल करने जैसी चीज़ें अजीब नहीं लगतीं; फिर तो ऐसा करना आपके लिए स्वाभाविक हो जाता है। पहचान में बदलाव लाने से आपको उन नई आदतों पर विचार करने में सहायता मिलती है, जो आपको अपनी आकांक्षाओं की पूर्ति करने की ओर ले जाती हैं, जबकि इससे पहले आपने उनके बारे में कभी सोचा तक नहीं था।

किसी एक क्षेत्र में पहचान में हुए बदलाव को सफलतापूर्वक अपनाने से अन्य क्षेत्रों में नए बदलावों को बढ़ावा मिलता है। शुरुआती दौर में व्यायाम करने में हासिल हुई सफलता ने सुकुमार को अपने इस विचार को चुनौती देने के लिए प्रेरित किया कि वह स्वास्थ्यप्रद भोजन नहीं करता। फिर उसने अपनी खान-पान संबंधी आदतों को ऐसा बना लिया, जो उसे संपूर्ण स्वास्थ्य हासिल करने की ओर ले जा सकें। उसने कम खाना शुरू कर दिया और भोजन में कई छोटे-छोटे बदलाव भी किए, जैसे व्हाइट राइस (सफेद चावल) के बजाय ब्राउन राइस (भूरे चावल) का सेवन करना। यह भी पहचान में आया एक बदलाव था - वह जितना स्वास्थ्यप्रद भोजन करने लगा, उसकी स्वास्थ्यप्रद भोजन करने की इच्छा उतनी ही ज़्यादा बढ़ती गई। पहले वह कहता कि उसे मीठा खाना बहुत पसंद है, लेकिन छोटी-छोटी आदतों की पद्धति अपनाने के बाद कुछ ही महीनों में इसमें भी बदलाव आया। सबसे अद्भुत बात तो ये है कि उसने सीधे तौर पर चीनी का सेवन बंद नहीं किया। वास्तव में मीठे से दूरी होना उन बदलावों का व्यापक प्रभाव था, जो वह अपने जीवन में जान-बूझकर लेकर आया था। दरअसल सुकुमार ने चीनी रूपी इस राक्षस पर पीछे से हमला किया था।

उसे ये भी लगता था कि उसमें कपड़े पहनने का सलीका नहीं है, लेकिन बाद में उसे एहसास हुआ कि अपना पेट कम करने के बाद कपड़ों की खरीदारी करना उसके लिए पहले से कहीं ज़्यादा मजेदार अनुभव बन गया है। अब वह जब भी खुद को शीशे में देखता, तो पहले से कहीं बेहतर महसूस करता।

सुकुमार खुद के बारे में अपनी उन नकारात्मक धारणाओं पर सवाल उठा रहा था, जो पहले उसे बड़ी दृढ़ लगती थीं - ये वे पहचानें थीं, जिनके चलते वह एक समय तकलीफ और हताशा से घिरा रहता था। उसका तर्क था कि अगर वह अपने उन पहलुओं को बदल सके, जो उसे पत्थर की लकीर जितने दृढ़ लगते थे, तो फिर वह जो चाहे बदल सकता है। सशक्तिकरण और आशावाद का यह भाव ही सुकुमार

के जीवन में आया सच्चा बदलाव था। अब वह अपने जीवन के सभी आयामों पर अपेक्षाकृत अधिक आत्मविश्वासी महसूस करने लगा था। उसने वह कंपनी भी छोड़ दी, जिसमें वह पिछले उन्नीस साल से काम कर रहा था। अब वह अपना व्यवसाय शुरू करनेवाला था, जिसमें बड़े संगठनों में महत्वपूर्ण बदलाव लाने के लिए छोटी-छोटी आदतों की पद्धति को एक प्रमुख घटक के रूप में उपयोग किया जाना था।

आइए अब उन बारीकियों पर चर्चा करते हैं, जो अपनी नई पहचानों को खुले रवैये के साथ अपनाने का कौशल विकसित करने के लिए ज़रूरी हैं। 'मैं उस तरह का व्यक्ति हूँ जो...' इस वाक्य को उस पहचान के साथ पूरा करें, जिसे आप अपनाना चाहते हों।

ऐसे कार्यक्रमों में जाएँ, जहाँ आपकी उभरती हुई नई पहचान से संबंधित उत्पाद, सेवाएँ या लोग इकट्ठे होते हों। जैसे जब मैंने तय किया कि मैं अपने भोजन में खमीरवाले खाद्य-पदार्थ शामिल करूँगा, तो मैं स्थानीय खमीर महोत्सव में गया। वहाँ मेरी मुलाकात ऐसे लोगों से हुई, जो मेरी ही तरह इस किस्म के खाद्य-पदार्थों को लेकर उत्साहित थे और इस मामले में मुझसे कहीं ज़्यादा अनुभवी भी थे। मैंने इससे संबंधित नए उत्पादों के बारे में भी पता लगाया। इसके अलावा मैं एक वर्कशॉप में भी गया, जहाँ एक विशेषज्ञ ने बताया कि खमीरवाली खट्टी गोभी का अचार कैसे बनाते हैं। फिर मैंने कुछ सामान खरीदा, जिसकी मदद से मैं खमीरवाले खाद्य-पदार्थ तैयार कर सकूँ। ये सब करने के बाद जब मैं वापस घर आया, तो खमीरवाले खाद्य-पदार्थों का सेवन करने और उन्हें तैयार करनेवाले व्यक्ति की मेरी पहचान पहले से कहीं ज़्यादा मज़बूत हो चुकी थी।

आप जिस क्षेत्र में बदलाव लाना चाहते हैं, उससे संबंधित भाषा और शब्दावली सीखें। पता करें कि उसके विशेषज्ञ कौन हैं और साथ ही उससे संबंधित फिल्में देखें। जैसे जब मैंने सर्फिंग करना सीखा, तो मैंने उस शब्दावली के बारे में पता लगाया, जिसका उपयोग लहरों के वर्णन में किया जाता है और फिर मैंने उस शब्दावली का उपयोग शुरू कर दिया। मैं सर्फिंग के बड़े कार्यक्रमों पर ध्यान देने लगा। साथ ही मैंने इस खेल के महारथियों के वीडियो देखना भी शुरू कर दिया। मैंने ज्वार-भाटा (समुद्र के जल स्तर का उतार-चढ़ाव) में होनेवाले बदलावों को समझना सीखा और ऐसे विभिन्न लैंडमार्क (सीमा-चिन्ह) की पहचान कर ली, जिनसे पता चलता था कि कब ज्वार होगा और कब भाटा। हवाई के मावी द्वीप पर समुद्र में एक ज्वालामुखी निर्मित हो रहा है, जिसे स्थानीय लोग 'ड्रैगन' कहते हैं। आप ड्रैगन को देखकर ये बता सकते हैं कि समुद्र के जल का स्तर क्या होगा। अगर आपको इसका पूरा ऊपरी सिरा नज़र आ रहा है, तो इसका अर्थ है कि जल स्तर नीचे है और अगर सिर्फ उसकी नोक

दिखाई दे रही है, तो इसका अर्थ है कि जल स्तर ऊँचा है।

टी-शर्ट पहनना अपनी पहचान घोषित करने का एक आम तरीका है। नाइक कंपनी ऐसी टी-शर्ट बनाती है, जिस पर रनर (धावक) लिखा होता है। मैं ऐसी टी-शर्ट पहनता हूँ, जिन पर सर्फिंग बोर्ड का चित्र या सर्फिंग का कोई दृश्य बना होता है। चूँकि मैं साल में कम से कम सौ बार सर्फिंग करता हूँ इसलिए ऐसी टी-शर्ट पहनकर मुझे ये नहीं लगता कि मैं दिखावा कर रहा हूँ। बल्कि अपनी पहचान को एक टी-शर्ट के रूप में पहनना मुझे बड़ा सहज लगता है।

अपना सोशल मीडिया पेज अपडेट करें। एक नई प्रोफाइल पिक्चर लगाएँ, जो आपकी उभरती हुई पहचान बताती हो (और फिर गौर करें कि लोग उस पर कैसी प्रतिक्रिया देते हैं)। अपने ऑनलाइन बायो को नए सिरे से लिखें। अपनी नई पहचान से संबंधित चीज़ें पोस्ट करें।

अपनी नई पहचान को प्रेरित करने के लिए दूसरों को सिखाएँ या खुद एक आदर्श बनें। एक सामाजिक भूमिका सचमुच शक्तिशाली होती है।

इस किताब को सिर्फ पढ़े ही नहीं – बल्कि बदलाव लाने के कौशलों का अभ्यास भी करें

चिंता न करें, आपको बड़ी प्रगति करने के लिए एक ही बार में बदलाव लाने के सारे कौशल सीखने की ज़रूरत नहीं है। न ही आपको उन सभी को अपनाना है (हालाँकि मेरी अपेक्षा यही है कि आप ऐसा करें)। लेकिन आप जितना सीखेंगे, प्रगति करने में और अपने जीवन को बदलने में उतने ही अधिक कुशल बनेंगे। साथ ही आपका आत्मविश्वास व लचीलापन भी उतना ही बढ़ेगा। यह जानना भी उपयोगी है कि एक कोच भी आपके लिए कुछ कौशलों पर अमल कर सकता है। लेकिन इसके लिए ज़रूरी है कि आपके पास एक अच्छा कोच हो। फिर अंततः आप उन कौशलों को सीख सकते हैं और उन पर खुद अमल कर सकते हैं। कुछ चीज़ें ऐसी होती हैं, जिनके लिए अगर आपके पास एक अच्छा कोच मौजूद हो, तो उससे काफी फर्क पड़ता है। क्योंकि कई अन्य फायदों के अलावा, इसका एक प्रमुख लाभ ये भी है कि इसके चलते शुरुआत में आपको बहुत ज़्यादा कौशलों में महारत हासिल करने की ज़रूरत नहीं रह जाती।

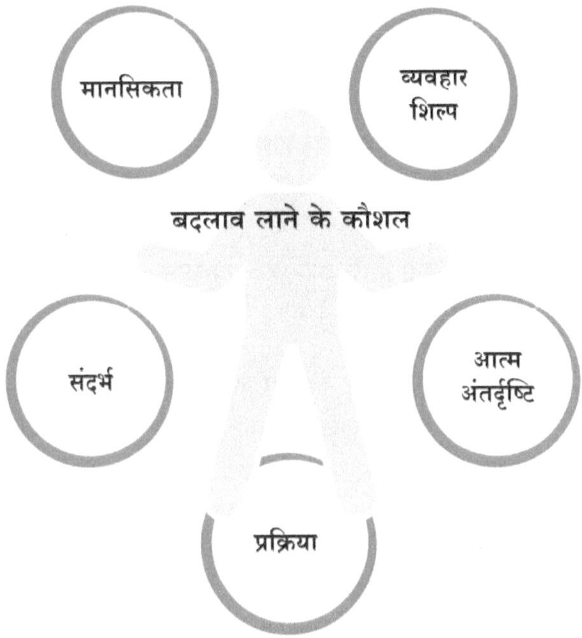

बदलाव से जुड़े किस्से और दिशा-निर्देश पढ़ना अच्छी बात है पर सिर्फ इतना करना काफी नहीं है। डांस के बारे में पढ़कर डांस करना नहीं सीखा जा सकता; नियम-पुस्तिका को पढ़कर कार चलाना नहीं सीखा जा सकता। मैं यह जानकर रोमांचित हूँ कि आप मेरी किताब पढ़ रहे हैं, पर कृपया मेरी अंतर्दृष्टियों को अपनी रोज़मर्रा की जिंदगी में लागू भी करें। आपने अब तक जो भी कौशल सीखे हैं, उन्हीं की तरह आप बदलाव का भी अभ्यास कर सकते हैं। इस अभ्यास के दौरान आपसे गलतियाँ भी होंगी, लेकिन गलतियाँ करने में कोई बुरी बात नहीं है।

मैं जानता हूँ कि आदतों के मामले में यह विचार काफी नया है कि व्यवहार में बदलाव लाना भी एक कौशल है - पर इससे आपको यह आत्मविश्वास मिलना चाहिए कि आप बदलाव लाने का कौशल भी उसी तरह सीख सकते हैं, जिस तरह आपने बाइक चलाने, तैरने और कंप्यूटर का उपयोग करने जैसे कौशलों को सीखा था। हो सकता है कि आपकी पहली कोशिश विफल रहे पर अगर आप लगातार कोशिश करते रहेंगे, तो मंजिल तक ज़रूर पहुँचेंगे। आपके कुछ छोटे-छोटे बदलाव विकासशील होंगे (यानी उनका विकास होगा); जबकि अन्य बदलाव वृद्धिशील होंगे (यानी उनकी संख्या बढ़ेगी)। जब आप सफल महसूस करेंगे, तो आपकी पहचान भी बदल जाएगी और इस तरह आप छोटी-छोटी आदतों को परिवर्तनकारी आदतें बना सकेंगे।

मेरा अनुमान है कि आप अपनी अपेक्षा से कहीं अधिक तेजी से सफल होंगे।

बदलाव के कौशल

अभ्यास 1 : उन कौशलों से सीखें, जिनमें आप पहले ही महारत हासिल कर चुके हों

इस अभ्यास में मैं चाहता हूँ कि आप बदलाव लाने के कौशलों को उन कौशलों से जोड़कर देखें, जो आपने इससे पहले सीखे थे।

चरण 1 : कम से कम पाँच ऐसे कौशलों को सूचीबद्ध करें, जो आपने सीखे थे - जैसे कार चलाना, फ्रेंच भाषा बोलना या फोटोशॉप का उपयोग करना वगैरह।

चरण 2 : एक कागज पर लिखें कि इन कौशलों को सीखने के लिए आपने क्या-क्या किया था - जैसे एक कोच या शिक्षक को नियुक्त किया था, आसान चीज़ों से शुरुआत की थी और हर रोज अभ्यास किया वगैरह (मेरा सुझाव है कि इस पर कम से कम पाँच मिनट तक विचार करें, उसके बाद ही नोट्स बनाएँ)।

चरण 3 : अब अपने बनाए इन नोट्स पर गौर करें और फिर बदलाव लाने के कौशलों को सीखने के लिए उन्हीं तकनीकों का उपयोग करें, जिन्हें आपने नोट्स पर दर्ज किया है।

अभ्यास 2 : एक व्यवहार-शिल्प कौशल का अभ्यास करें

व्यवहार-शिल्प का एक कौशल यह पता लगाना है कि एक समय में कितनी आदतों पर अमल करना चाहिए। इस अभ्यास में आप इसी के बारे में जानेंगे। आप एक समय में कई आदतें निर्मित करने की कितनी क्षमता रखते हैं, यह जानने के लिए आप एक बार में छह आदतें निर्मित करने की कोशिश करेंगे।

चरण 1 : अब तक आपने यह किताब पढ़कर जो कुछ भी सीखा है, उसका उपयोग करते हुए नई आदतों के लिए छह नुस्खे तैयार करें। आप किताब के अंत में प्रस्तुत किए गए परिशिष्ट 'छोटी-छोटी आदतों के तीन सौ नुस्खे' से भी प्रेरणा ले सकते हैं।

चरण 2 : हर नुस्खे को एक इंडेक्स कार्ड पर लिखें या फिर TinyHabits.com/recipecards पर दिए गए मेरे टेंपलेट का उपयोग करें।

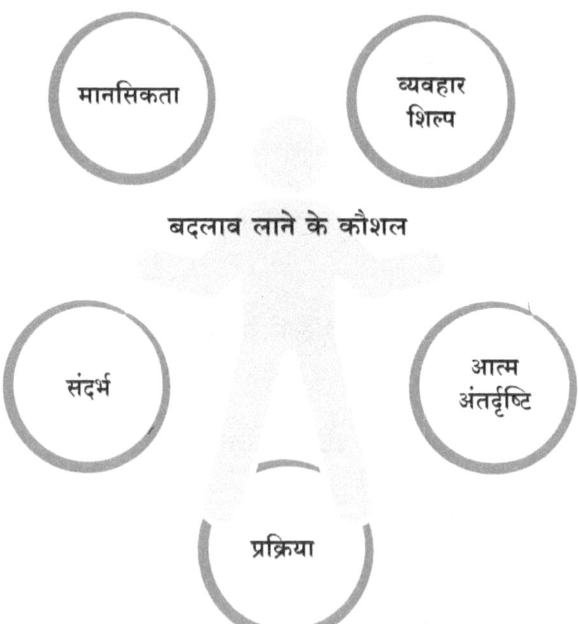

चरण 3 : प्रत्येक नुस्खे के लिए यह सुनिश्चित करें कि व्यवहार छोटा हो। अगर वह पर्याप्त छोटा नहीं है, तो उसकी मात्रा घटाएँ।

चरण 4 : प्रत्येक नुस्खे के लिए यह सुनिश्चित करें कि स्थिरक स्पष्ट हो। बोनस: प्रत्येक स्थिरक की ट्रेलिंग एज की पहचान करें।

चरण 5 : इन छह नई आदतों पर एक सप्ताह तक अमल करें और ज़रूरत पड़ने पर संशोधन और अभ्यास करें। (अगर कोई नई आदत ऐसी है, जो आपको पसंद नहीं आ रही है, तो उसे छोड़ दें और उसकी जगह इस सूची में कोई और चीज़ जोड़ लें।)

चरण 6 : एक सप्ताह के बाद इस बात पर विचार करें कि आपने छोटी-छोटी आदतों की पद्धति के बारे में क्या सीखा। इसके बाद जब आगे बढ़ें, तो उन आदतों को जारी रखें, जो आपको सबसे ज़्यादा पसंद आई हों और बाकियों को छूट जाने दें।

इस अभ्यास में अच्छा प्रदर्शन करने के लिए आपको अपना वातावरण बदलना होगा और साथ ही पूर्वाभ्यास करना होगा। अगले दोनों अभ्यासों में इन्हीं दो चीज़ों पर ध्यान केंद्रित किया गया है।

अभ्यास 3 : एक संदर्भ कौशल का अभ्यास करें

अपने जीवन में मनचाहे बदलाव को संभव बनाने के लिए आप इस अभ्यास में अपने वातवरण को बदलने के संदर्भ कौशल का अभ्यास करेंगे।

चरण 1 : व्यवहार-शिल्पवाले अभ्यास की प्रत्येक नई आदत के नुस्खे को देखें।

चरण 2 : प्रत्येक आदत के लिए अपने वातावरण को बदलने के तरीके ढूँढ़ें ताकि प्रत्येक आदत पर अमल करना आसान हो जाए।

अभ्यास 4 : एक प्रक्रिया कौशल का अभ्यास करें

एक महत्वपूर्ण प्रक्रिया कौशल है, अपनी आदतों का पूर्वाभ्यास करना और हर बार जश्न मनाना। ऐसा करने के लिए एक अभ्यास ये रहा।

चरण 1 : उन छह नुस्खों पर नज़र डालें, जिन्हें आपने अपनी छोटी-छोटी आदतों के लिए तैयार किया है।

चरण 2 : प्रत्येक नुस्खे के लिए स्थिरक-व्यवहार करें और नई आदत पर अमल करें।

चरण 3 : नई आदत पर अमल करते समय या उसके तत्काल बाद उसका जश्न मनाएँ।

चरण 4 : इस व्यवहार क्रम को सात से दस बार दोहराएँ।

चरण 5 : आदत का पूर्वाभ्यास करते समय अजीब महसूस करने से बचें। याद रखें कि खेल-कूद और बिजनेस प्रेजेन्टेशन जैसी चीज़ों में शानदार प्रदर्शन निरंतर अभ्यास से ही संभव होता है। व्यवहार में बदलाव के मामले में शानदार प्रदर्शन के लिए भी अभ्यास उतना ही ज़रूरी है।

अभ्यास 5 : एक मानसिकता कौशल का अभ्यास करें

केवल एक छोटा व्यवहार करने के लिए भी सहज रूप से तैयार रहना, एक महत्वपूर्ण मानसिकता कौशल है। सिर्फ एक दाँत की फ्लॉसिंग करना या सिर्फ दो

पुश-अप्स करना भी अच्छा है। आप इस अवधारणा के साथ सामंजस्य बिठा सकें, इसके लिए आगे एक अभ्यास दिया जा रहा है।

चरण 1 : कोई भी एक ऐसी आदत लें, जिस पर आप नियमित रूप से अमल कर रहे हों। (अगर आपके पास ऐसी कोई आदत नहीं है, तो दाँतों की फ्लॉसिंग करने की आदत चुनें।)

चरण 2 : अगली बार जब आप अपनी नई आदत पर अमल करें, तो जान-बूझकर उसके सबसे छोटे संस्करण को व्यवहार में लाएँ। इससे ज़्यादा करने के प्रलोभन से बचें।

चरण 3 : आदत को जानबूझकर छोटा रखने के लिए और इसे लेकर सहज रहने के लिए खुद को बधाई दें।

चरण 4 : बेहद छोटा बदलाव लाना भी अच्छा है, यह मानसिकता विकसित करने के लिए आदत के सबसे छोटे संस्करण को कम से कम तीन दिनों तक दोहराएँ। (आदत के आकार के मामले में आशा से कमतर प्रदर्शन करने पर भी आपको अच्छा महसूस करना है क्योंकि यही वह तरीका है, जिससे आप आदतों पर निरंतर अमल करने में अपनी अपेक्षा से कहीं ज़्यादा परिणाम हासिल करते हैं।)

अभ्यास 6 : एक आत्म-अंतर्दृष्टि कौशल का अभ्यास करें

अपने जीवन के लिए ऐसा सबसे छोटा बदलाव ढूँढ़ना जिसकी सार्थकता सबसे ज़्यादा हो, एक महत्वपूर्ण आत्म-अंतर्दृष्टि कौशल है। मेरा मानना है कि यह मेरे द्वारा सुझाए गए सारे अभ्यासों में सबसे मुश्किल अभ्यास है। यही कारण है कि मैं इसे आपके सामने सबसे आखिर में प्रस्तुत कर रहा हूँ।

चरण 1 : जीवन के उस एक क्षेत्र को सूचीबद्ध करें, जो आपके लिए सबसे ज़्यादा मायने रखता हो, जैसे अपने बच्चों के लिए एक अच्छी माँ बनना या दूसरों के साथ करुणापूर्ण व्यवहार करना।

चरण 2 : सिर्फ एक बार किए जानेवाले सबसे आसान व्यवहार पर कम से कम तीन मिनट तक विचार करें। यह ऐसा व्यवहार होना चाहिए, जो आपके जीवन के उस क्षेत्र में काफी मायने रखता हो। इसकी एक सूची बनाएँ।

चरण 3 : दूसरे चरण को दोहराएँ, लेकिन इस बार सबसे छोटी नई आदत पर विचार करें, जो जीवन के उस क्षेत्र में आपके लिए सबसे ज़्यादा मायने रखती हो। इसकी एक सूची बनाइए।

अतिरिक्त: यह तय करें कि दूसरे और तीसरे चरण के कौन-कौन से हिस्से को आप व्यवहार में लाना चाहते हैं।

7

बुरी आदतें सुधारना : एक सुनियोजित समाधान

जूनी (जिसे मीठा खाना बहुत पसंद था) ऑफिस के काम के सिलसिले में घाना की यात्रा पर गई। वहाँ एक दिन वह सुबह सात बजे आइसक्रीम खाने निकल पड़ी। जूनी के सहकर्मियों ने उसे याद दिलाया कि वह इस समय अमेरिका में नहीं बल्कि पश्चिम अफ्रीका में है। साथ ही उन्होंने हैरान होकर जूनी से पूछा कि आखिर वह सुबह के नाश्ते में आइसक्रीम क्यों खाना चाहती है।

इस पर जूनी का जवाब था, 'मैं कोई बच्ची नहीं हूँ। मेरी जो मर्जी होगी, मैं वही खाऊँगी।'

आज जब जूनी ये किस्सा सुनाती है, तो खुद हैरान रह जाती है। आखिर उसे ये समझने में इतना समय क्यों लग गया कि असल में उसके साथ क्या हो रहा था? और ऐसा नहीं था कि वह सिर्फ नाश्ते में ही चीनी और वसा से भरी चीज़ें खाती रही हो। वह तो लंच में डबल कैरेमल मैकचीटो, काम के बीच में ब्रेक के दौरान प्याज के स्वाद वाला मक्के का स्नैक (फनयन्स!) और डिनर में एक बार फिर आइसक्रीम ही खाती थी - खान-पान संबंधी ये सारे व्यवहार उसकी दिनभर की गतिविधियों का एक जटिल हिस्सा थे। जिसके परिणामस्वरूप न सिर्फ उसका स्वास्थ्य बिगड़ रहा था बल्कि उसके जीवन से खुशी का भाव भी खत्म होता जा रहा था।

आज जब जूनी अपने अतीत की ओर मुड़कर देखती है, तो हद से ज़्यादा मीठा खाने की अपनी खतरनाक लत के बारे में सोचकर सचमुच हैरान रह जाती है, लेकिन वह ऐसा समय था, जब जूनी का ध्यान अपने स्वास्थ्य के बजाय दूसरी चीज़ों पर केंद्रित था। हालाँकि मीठे की लत से घिरी होने के बावजूद उस समय भी जूनी का जीवन अन्य सभी मामलों में अविश्वसनीय रूप से बड़ा अनुशासित था। एक सफल रेडियो होस्ट होने के साथ-साथ उसे दौड़ने का भी बड़ा शौक था। दरअसल छोटी-छोटी आदतों की पद्धति सिखानेवाले कार्यक्रम का हिस्सा बनने के पीछे जूनी का मुख्य लक्ष्य था, शिकागो मैराथन में दौड़ना। शुरुआती सत्रों के दौरान उसने कुछ

ऐसी नई आदतें निर्मित कीं, जिनकी मदद से उसे ज़्यादा से ज़्यादा दौड़ने की क्षमता विकसित करने में मदद मिले। ये नई आदतें उसके लिए इतनी कारगर रहीं कि उसने ऑफिस में अपनी उत्पादकता बढ़ाने से जुड़ी कुछ और आदतें भी अपना लीं। और तो और, उसने अपनी खान-पान की आदतें सुधारने के लिए भी कुछ कड़े निर्णय लिए, जिसके चलते वह मीठा खाने की अपनी लत पर काफी हद तक काबू पाने लगी।

सन 2015 में एक दिन अचानक उसकी माँ चल बसीं।

जूनी की ही तरह उसकी माँ जून भी एक ऐसी महिला थीं, जो अपने काम पर गहनता से ध्यान केंद्रित करती थीं और अपनी सारी जिम्मेदारियों को पूरा करती थीं। उनकी मौत डायबिटीज की बीमारी से जुड़ी जटिलताओं के चलते हुई थी। माँ की मौत की खबर मिलते ही जूनी उनके अंतिम संस्कार में शामिल होने के लिए एलबामा चली गई। उसके छह भाई-बहन - जिनमें से सबसे छोटी बहन की उम्र सिर्फ उन्नीस साल थी - माँ की मौत से टूट गए थे। वे सब जूनी से भावनात्मक सहारे की उम्मीद कर रहे थे। माँ को खोने के दुःख और अपने तनाव के बावजूद जूनी अपने भाई-बहनों का भावनात्मक सहारा बनी। उसके लिए ये सब कतई आसान नहीं था और इस घटना के बाद वह खुद भी टूट गई थी। इसके बाद जब वह वापस लौटी तो उसके पति ने पूछा कि उसे कुछ चाहिए तो नहीं? इस पर जूनी ने बिना झिझके जवाब दिया, 'मुझे बस बैस्किन-रॉबिन्स की बबलगम आइसक्रीम चाहिए।'

इसके दो साल बाद - जब जूनी का वजन पंद्रह पाउंड बढ़ चुका था - उसे एहसास हुआ कि वह अब तक अपनी माँ को खोने के दुःख से उबर नहीं पाई है। माँ के अंतिम संस्कार से वापस लौटकर जूनी एक बार फिर अपने कामकाजी जीवन में व्यस्त हो गई थी। एक नौकरी, दो बच्चे और शादीशुदा जीवन, ये सब एक साथ संभालना आसान काम नहीं था। ऑटिज़्म (मानसिक विकास संबंधी एक रोग) से पीड़ित उसके ग्यारह साल के बेटे की ज़रूरतें भी दिन-ब-दिन बढ़ रही थीं और इसी के साथ-साथ जूनी का तनाव भी बढ़ता जा रहा था। आज जब जूनी अपने अतीत की ओर देखती है, तो उसे एहसास होता है कि माँ को खोने का दुःख हमेशा पृष्ठभूमि में मौजूद रहा और वह उसे नज़रअंदाज करते हुए किसी तरह अपनी जिम्मेदारियाँ पूरी करती रही। वह हमेशा जीवन में आगे बढ़ने की कोशिश में जुटी रही। अपने दुःख का सामना करने के बजाय जूनी उसे लगातार दबाती रही और कुकी-डो आइसक्रीम और केक जैसी मीठी चीज़ों में अपने लिए क्षणिक राहत ढूँढ़ती रहीं, जिससे उसकी मीठे की लत और गंभीर व तकलीफदेह बन गई।

अंततः मीठे की लत ने उसके जीवन को कुछ इस तरह प्रभावित करना शुरू कर दिया कि अब जूनी के लिए उसे अनदेखा करना असंभव हो गया। वजन बढ़ने

के कारण जूनी के लिए दौड़ने का अपना शौक पूरा करना मुश्किल हो गया। ऑफिस में भी उसे हमेशा थकान और बेचैनी महसूस होने लगी। एक रेडियो होस्ट होने के चलते ये ज़रूरी था कि वह अपने श्रोताओं के फोन कॉल्स का जवाब मजेदार ढंग से दे और उनकी अनोखी बातों पर उत्साही और मनोरंजक प्रतिक्रियाएँ दे। मीठे का सेवन करने के बाद जब तक उसके शरीर पर चीनी का प्रभाव रहता, उसकी ऊर्जा बनी रहती पर फिर भी उसका मूड उखड़ा हुआ सा रहता, साथ ही वह ध्यान केंद्रित करने में असमर्थ महसूस करती।

जूनी ने मेरे व्यवहार संरचना बूट कैम्प में भाग लिया ताकि पेशेवर मामलों में उसका परिचय नई अंतर्दृष्टियों से हो सके और उन्हें वह अपनी टीम के साथ साझा कर सके। लेकिन फिर उसे एहसास हुआ कि वह इन सभी तकनीकों का उपयोग अपने व्यक्तिगत जीवन को बेहतर बनाने के लिए भी कर सकती है। इससे उसका उत्साह अचानक बढ़ गया। उसने कैम्प से वापस लौटने पर अपने होम-ऑफिस की दीवारों पर कुछ कागज चिपकाए और उन पर लिखने के लिए मार्कर्स निकालकर रख लिए। उसने अपने जीवन के हर क्षेत्र के लिए अपनी एक आकांक्षा की पहचान की। फिर उसने 'व्यवहारों का झुंड' बनाया और इसके बाद उनकी 'फोकस मैपिंग' की। आखिरी खाली स्थान पर जूनी ने लिखा, 'मीठा खाना बंद करो' और मार्कर से उसके चारों ओर एक गोला बना दिया। इसके बाद उसने एक गहरी साँस ली।

उसने बस इतना ही किया।

यह उसका सबसे महत्वपूर्ण परिवर्तनकारी व्यवहार था। पर यह एक ऐसी चीज़ थी, जिसे एक ठोस संरचना देने के लिए जीवन की परिस्थितियों, ज़रूरतों और आकांक्षाओं का ध्यान रखना ज़रूरी था। इस पूरी योजना को स्पष्ट रूप देने के बाद जूनी को अपनी गर्दन के पीछे हल्की सिहरन सी महसूस हुई। वह फौरन समझ गई, ये उसके जीवन में सबसे मुश्किल मैराथन होनेवाली है।

उसके रास्ते में सिर्फ एक ही बात रोड़ा बनी हुई थी कि बूट कैम्प और छोटी-छोटी आदतों की पद्धति, ये दोनों ही बुरी आदतों को तोड़ने पर केंद्रित नहीं थे; इसीलिए जूनी ने सिर्फ यही सीखा था कि नई आदतें कैसे निर्मित करते हैं। पर चूँकि वह एक अनुशासित, बुद्धिमान और साहसी महिला थी इसलिए अंततः उसने व्यवहार मॉडल का उपयोग करके अपने जीवन के अनचाहे व्यवहारों से छुटकारा पाने का तरीका भी ढूँढ़ निकाला।

उसने मीठा खाने की स्पष्ट आदतों – 'मैं हर रोज रात को डिनर में आइसक्रीम खाती हूँ' – को व्यवहार मॉडल पर रखा और प्रेरणा, सक्षमता व संकेत के उस तंत्र का पता लगाया, जो उसे व्यवहार मॉडल पर क्रिया-रेखा से ऊपर ले जाने का कारण था।

उसे एहसास हुआ कि माँ को खोने का दुःख और उसकी शारीरिक व मानसिक थकान ही उसे मीठा खाने का संकेत देती है। दरअसल जूनी अपनी ऊर्जा और सक्रियता बनाए रखने के लिए भी मीठे खाद्य-पदार्थों का ही उपयोग करती थी। फिर अचानक उसे अपनी माँ की याद आने लगती, जिसके बाद वह हमेशा बिना सोचे-समझे ढेर सारी मीठी चीज़ें खा लेती।

चीनी के इस राक्षस से निपटने के लिए जूनी ने कोशिश की कि उसके घर में कोई मीठी चीज़ मौजूद ही न रहे। उसने अपनी थकान को अनदेखा करने व आइसक्रीम की जगह प्रेट्ज़ल्स (बेक करके बनाई गई नमकीन स्वादवाली पेस्ट्री) खाने की कोशिश की, साथ ही अपनी कार में शुगर-फ्री स्नैक्स रखने भी शुरू कर दिए। फिर जब भी वह अपनी माँ को याद करके दुःखी होती, तो अपना ध्यान हटाने के लिए कुछ मीठा खाने के बजाय पोकेमॉन-गो गेम खेलने लगती।

अंततः जूनी के लिए जो चीज़ सचमुच कारगर साबित हुई, वह थी अपने दुःख के संकेत की जड़ में जाकर उससे निपटना। सबसे पहले उसने कुछ सकारात्मक आदतें निर्मित कीं - जैसे डायरी लिखना और सोशल मीडिया के जरिए दोस्तों के साथ एक बार फिर मेल-जोल बढ़ाना - इससे उसे माँ को खोने के दुःख से निपटने में मदद मिली। वह जितने बेहतर तरीके से अपने दुःख से निपटती, उतना ही बेहतर महसूस करती और इस तरह सकारात्मक आदतों पर अमल करने की उसकी प्रेरणा भी बढ़ गई। जैसे-जैसे जूनी ने मीठे स्नैक्स खाना कम किया, उसे अपनी इन छोटी-छोटी सफलताओं का जश्न मनाने के अवसर नज़र आने लगे। शुरू-शुरू में जूनी ने अपने लंच से मीठी चीज़ों को सफलतापूर्वक दूर किया। इसके बाद वह कुछ मीठा खाए बिना कुछ घंटे और बिताने में सफल होने लगी। भले ही ये कोई बड़ी बात न लगे, लेकिन जूनी को पता लगा था कि उसे अपनी अपेक्षाएँ कम करनी होंगी। ये छोटे-छोटे पल भी जूनी को अपनी विजय के पल लगते थे।

सफलता की भावना का दोहन करना कितना महत्वपूर्ण है, इस बात का एहसास होने के चलते जूनी जब भी मीठे स्नैक्स खाए बिना अपना एक पूरा दिन बिताने में सफल हो जाती, तो जश्न ज़रूर मनाती। यह उसके लिए एक बड़ा मील का पत्थर होता। हालाँकि ऐसा नहीं था कि उससे कोई गड़बड़ न हो रही हो और वह हर बार सफल हो जाती हो, लेकिन उसने ये करना तब तक जारी रखा, जब तक वह मीठे स्नैक्स खाए बिना एक पूरा सप्ताह बिताने में सफल नहीं हो गई।

जूनी अच्छी तरह जानती थी कि लचीला रवैया बनाए रखना और दोहराव करना उसके लिए बहुत ज़रूरी है। उसने दर्जनों नई आदतें आज़माकर देखीं। कभी-कभी कुछ खास मौकों पर जब जूनी के सामने ढेर सारी मीठी चीज़ें मौजूद होंती, तो उसकी

स्थिति चुनौतीपूर्ण हो जाती। और अगर वह कभी-कभार अपनी पसंदीदा कुकी-डो आइसक्रीम खाने के संकेत से बच न पाती, तब भी वह इसके लिए खुद को दोष नहीं देती थी। बल्कि वह इसे एक चुनौती की तरह लेती और स्थिति का अध्ययन कर उसे गहनता से समझने की कोशिश करती ताकि अगली बार ऐसी स्थिति को नियंत्रित कर सके। मीठे की अपनी लत के सामने कमज़ोर पड़ने की स्थिति से निपटने के लिए उसने नए रास्ते निकाले। इस तरह कोशिशें करते हुए और अपनी गलतियों से सीखते हुए जूनी ने स्पष्ट रूप से ये पता लगा लिया कि उसके लिए क्या कारगर है और क्या नहीं। इस दौरान वह अपनी हर विजय का जश्न मनाती रही और खुद के प्रति करुणापूर्ण बनी रही।

ये छोटी-छोटी सफलताएँ संयोजित होकर एक बड़ी सफलता का रूप लेने लगीं और जूनी को अपने बहुआयामी दृष्टिकोण का लाभ दिखाई देने लगा। अंततः उसे लगने लगा कि अब उसके अंदर इतना आत्म-नियंत्रण विकसित हो गया है कि वह अपनी मर्जी से मीठा खाने का विकल्प चुन या छोड़ सकती है। पहले वह अपनी लत की गुलाम थी, पर अब उसे पता लगा कि वह गुलाम नहीं बल्कि खुद नियंत्रक है। जूनी ने व्यवहार संरचना का अपना बूट कैम्प मार्च के महीने में पूरा किया था और मई के अंत में उसने मुझे एक ई-मेल भेजकर बताया कि आखिरकार वह अपनी लत पर पूरी तरह काबू पाने में सफल रही।

जूनी ने चीनी नामक राक्षक को हरा दिया था।

जब जूनी ने मुझे बताया कि उसने व्यवहार संरचना और छोटी-छोटी आदतों की पद्धति के माध्यम से सीखे कौशलों का उपयोग करके अपनी मीठे की लत पर काबू पाया, तो मुझे उस पर बड़ा गर्व महसूस हुआ। इससे मुझे बुरी आदतों से और विस्तृत तरीके से छुटकारा पाने के अपने तरीकों को साझा करने की प्रेरणा मिली। मुझे पिछले कुछ सालों में खुद अपनी बुरी आदतों से छुटकारा पाने में सफलता मिली थी, लेकिन मेरा ध्यान हमेशा नई सकारात्मक आदतें निर्मित करने में लोगों की मदद करने पर ही केंद्रित रहा। मैं बुरी आदतों के क्षेत्र में कदम रखने से थोड़ा हिचकिचा भी रहा था क्योंकि मैं आधिकारिक रूप से लत छुड़ाने का विशेषज्ञ नहीं हूँ। साथ ही बुरी आदतों पर होनेवाली अधिकांश चर्चाएँ अक्सर मादक पदार्थों के सेवन और कम्पल्सिव बिहेवियर्स (ऐसे व्यवहार जिन्हें करने के लिए व्यक्ति बाध्य महसूस करे) की ओर केंद्रित हो जाती हैं। मैं एक थेरेपिस्ट या डॉक्टर की भूमिका अपनाना नहीं चाहता था। मैं जानता था कि मेरी छोटी-छोटी आदतों की पद्धति गंभीर व्यसनों का इलाज नहीं है। लेकिन बुरी आदतों (जो कोई गंभीर व्यसन न हों) से ग्रस्त लोगों के लिए मेरे पास एक अच्छी खबर है: आपके लिए छोटी-छोटी आदतों की पद्धति बेहद परिवर्तनकारी हो सकती है।

आदतों पर विचार करने का एक उपयोगी तरीका है, उन्हें तीन श्रेणियों में बाँट देना। यहाँ मैं हर तरह की आदतों की बात कर रहा हूँ, अच्छी भी और बुरी भी। पहली श्रेणी है आरोही आदतों की। इस श्रेणी की आदतों को जारी रखने के लिए उन पर निरंतर ध्यान देना पड़ता है, लेकिन उन्हें छोड़ना बड़ा आसान होता है – जैसे अलार्म बंद होते ही बिस्तर छोड़ देना, जिम जाना या हर रोज ध्यान करना।

दूसरी श्रेणी है अवरोही आदतों की। इस श्रेणी की आदतों को जारी रखना तो आसान होता है, लेकिन उन्हें छोड़ना मुश्किल होता है – जैसे अलार्म बजने पर स्नूज बटन दबाना, गाली-गलौच करना या यूट्यूब पर वीडियोज देखना।

तीसरी श्रेणी है, विनाशकारी आदतों की, जैसे मादक पदार्थों का सेवन करना। पेशेवर विशेषज्ञों की मदद के बिना इस श्रेणी की आदतों को छोड़ना बेहद मुश्किल होता है।

विनाशकारी आदतों से छुटकारा पाने में आपकी मदद के लिए मैंने एक नई प्रणाली तैयार की है, जिसे मैंने 'व्यवहार परिवर्तन का मास्टरप्लान' नाम दिया है। यह प्रणाली हर चरण का पालन करने के लिए एक व्यापक दृष्टिकोण उपलब्ध कराती है ताकि आपको समाधान ढूँढ़ते समय अनुमानों पर निर्भर न रहना पड़े।

मेरा यह मास्टरप्लान स्वाभाविक रूप से व्यवहार मॉडल पर ही आधारित है।

बी = एमएपी नई आदतें विकसित करने का और उन आदतों को अलविदा कहने का आधार है, जो आपके विकास में बाधक हैं। पिछले अध्यायों में हमारा ध्यान इस बात पर केंद्रित था कि चीज़ों को अपने लिए आसान कैसे बनाया जाए। अब हम उन्हें मुश्किल बनाने (सक्षमता घटने) के बारे में चर्चा करेंगे। अब आप प्रभावी संकेत निर्मित करने के बजाय उन्हें हटाने के तरीके ढूँढ़ेंगे। अब आप अपनी प्रेरणा का स्तर बढ़ाने के बजाय किसी अनचाही आदत के प्रति अपनी प्रेरणा का स्तर घटाने के रास्ते ढूँढ़ेंगे।

इससे पहले कि आप व्यवहार परिवर्तन के मास्टरप्लान पर अमल शुरू करें, आइए गौर करते हैं कि हमें बुरी आदतों को किस नज़र से देखना सिखाया गया है। क्योंकि ये समस्या का सबसे महत्वपूर्ण भाग है।

सकारात्मक आदतों की ही तरह बुरी आदतें भी दो विपरीत सिरों के बीच मौजूद होती हैं, जैसे – 'बदलने में आसान' और 'बदलने में मुश्किल'। 'मुश्किल' वाले सिरे की ओर जाने पर हमें जो भाषा सुनाई देती है, ज़रा उस पर गौर करें – 'बुरी आदतों को तोड़ना और लत छोड़ने के लिए संघर्ष करना।' यह भाषा कुछ ऐसी है, मानों हमारा अनचाहा व्यवहार वास्तव में कोई दुष्ट खलनायक हो, जिसे पूरी आक्रामकता के साथ

पराजित करना ज़रूरी है। लेकिन इस प्रकार की भाषा (और इससे पोषित होनेवाला दृष्टिकोण), व्यवहार और आदतों से संबंधित चुनौतियों को जिस अंदाज में हमारे सामने रखती है, वह उन चुनौतियों से निपटने में न तो सहायक है और न ही प्रभावी। खासतौर पर मैं चाहूँगा कि हम 'बुरी आदत को तोड़ना' वाक्यांश का उपयोग करना बंद कर दें। क्योंकि ये गुमराह करनेवाली भाषा है। 'तोड़ना' शब्द इस बात को लेकर गलत अपेक्षाएँ तय कर देता है कि किसी बुरी आदत से छुटकारा कैसे पाया जाए। ये शब्द जाहिर करता है कि अगर आप एक साथ खूब ज़ोर लगाएँ, तो बुरी आदत छूट हो जाएगी। जबकि वास्तविकता इससे अलग है। क्योंकि एक साथ खूब जोर लगाकर आप आमतौर पर किसी भी बुरी आदत से छुटकारा नहीं पा सकते।

'तोड़ने' के बजाय मैं एक अलग शब्द और एक अलग उपमा का सुझाव देता हूँ। ज़रा एक उलझी हुई रस्सी की कल्पना करें। बस आपको अपनी अनचाही आदतों को उलझी हुई रस्सी की तरह ही देखना है, जैसे तनाव लेना, टालमटोल करना और मोबाइल, लैपटॉप या टीवी की स्क्रीन के सामने बहुत ज़्यादा समय बिताना आदि। आप इस रस्सी की आपस में उलझी हुई सारी गाँठों को एक साथ नहीं सुलझा सकते। अगर आप उसे झटका देकर खींचने की कोशिश करेंगे तो वह सुलझने के बजाय और उलझ जाएगी। इसलिए आपको उसे चरणबद्ध तरीके से सुलझाना होगा। लेकिन आपको अपना ध्यान सबसे पहले उसके सबसे मुश्किल हिस्से (जो सबसे बुरी तरह उलझा हुआ हो) पर केंद्रित नहीं करना है। पर क्यों? क्योंकि सबसे मुश्किल गाँठ उसके सबसे गहरे सिरे पर होती है।

इसे सुलझाने के लिए आपको योजनाबद्ध तरीके से आगे बढ़ते हुए पहले सबसे आसान गाँठ खोलनी होगी।

जूनी ने मीठा खाने की अपनी आदत रूपी रस्सी को सुलझाने के लिए पहले उसकी सारी गाँठों की सूची बनाई। इसके बाद उसने सबसे आसान गाँठ को खोलना शुरू किया – पहले सप्ताह में सिर्फ एक दिन डिनर के बाद कुछ मीठा न खाना, फिर सप्ताह में दो दिन ऐसा करना और फिर सप्ताह में तीन दिन। इसके बाद उसने ऑफिस में ब्रेक के दौरान खाई जानेवाली आइसक्रीम से छुटकारा पाया। और अंततः उसने अपने घर के फ्रिज में रखी आइसक्रीम से भी छुटकारा पा लिया। गाँठें सुलझाने की इस प्रक्रिया ने जल्द ही तेजी पकड़ ली। पहले वह जिस चीज़ से बुरी तरह घबराती थी – मीठी चीज़ों का सेवन किए बिना अपने दुःख से उबरना – अब वह उसे उतनी डरावनी नहीं लगती थी। पहले दिन जब जूनी खुद को डिनर के बाद मीठा खाने से रोकने में सफल रही, तो उसे अचानक एहसास हुआ कि वह अपनी उम्मीद से कहीं ज़्यादा मज़बूत इरादोंवाली महिला है। इसी तरह उसे यह भी समझ में आने लगा कि आदत रूपी सारी गाँठें कैसे एक-दूसरे से जुड़ी होती हैं। इसके बाद उसके जीवन की

हर चीज़ तेजी से बदलने लगी। अगर उसने आदतों को तोड़ने के पारंपरिक तरीके अपनाए होते – जैसे स्वादिष्ट मीठे डोनट खाने के बजाय स्वास्थ्यवर्धक पर बेस्वाद सेलेरी स्टिक खाना – तो शायद वह बहुत पहले ही कोशिश करना छोड़ चुकी होती। क्योंकि सिर्फ इच्छाशक्ति के भरोसे कुछ भी करना मुश्किल होता है। और जो चीज़ मुश्किल होती है, उसे लगातार करते रहना असंभव है। वहीं अगर आप कोई व्यवहार करना ही नहीं चाहते (जैसे अगर जूनी सेलेरी स्टिक खाना न चाहे) तो फिर वह अच्छी आदत आपके दिमाग में स्थापित ही नहीं हो पाएगी। अगर जूनी ने पारंपरिक तरीके अपनाए होते और उसके साथ भी ऐसा हुआ होता, तो उसे अपनी असमर्थता पर बुरा महसूस होता और इस तरह उसके जीवन में विफलताओं का चक्र और प्रबल हो जाता।

अपनी किसी बुरी आदत से छुटकारा पाने में असमर्थ होने पर अक्सर लोग शर्म और अपराधबोध जैसी नकारात्मक भावनाओं से घिर जाते हैं। क्योंकि अधिकांश संस्कृतियों में व्यक्तिगत जिम्मेदारी पर बहुत जोर दिया जाता है – यानी अगर आप सही कदम नहीं उठा पा रहे हैं, तो इसके पीछे निश्चित रूप से आपकी कोई चारित्रिक कमजोरी होगी। यह विचार, व्यवहार संरचना के मामले में कतई सहायक नहीं है, लेकिन ये हम सबके मन में बड़ी गहराई से अंतर्निहित है।

पहली महत्वपूर्ण बात, जो आपको याद रखनी है कि अगर आपने आदतें तोड़ने के लिए किसी गलत सलाह पर अमल किया है और मनचाहे परिणाम पाने में विफल रहे हैं, तो मैं आपसे कहना चाहता हूँ कि इसमें आपका कोई दोष नहीं है। आपको समस्या पर विचार करने और उसे सुलझाने का दोषपूर्ण तरीका विरासत में मिला है और उसी के चलते आप हताशा और दुष्क्रिया के चक्र में उलझ गए हैं।

दूसरी महत्वपूर्ण बात ये है कि आप अपने जीवन में जो बदलाव लाना चाहते हैं, उसे एक बेहतर व बुद्धिमत्तापूर्ण तरीके से तैयार कर सकते हैं। और इसीलिए मैं आपके लिए ये अध्याय लिख रहा हूँ।

समय आ गया है कि इस तथ्य को स्वीकार कर लिया जाए कि बुरी आदतों और अच्छी आदतों में कोई बुनियादी फर्क नहीं होता। व्यवहार तो व्यवहार है, चाहे सकारात्मक हो या नकारात्मक; यह हमेशा प्रेरणा, सक्षमता और संकेत के आपस में एक साथ आने का परिणाम होता है।

व्यवहार परिवर्तन का मास्टरप्लान

अनचाही आदतों को बाधित करने के लिए मेरे मास्टरप्लान के तीन चरण हैं।

व्यवहार परिवर्तन का मास्टरप्लान

चरण १

नई आदतें **निर्मित** करने
पर ध्यान केंद्रित करें

अगला...

चरण २

पुरानी आदत को **लगाम** लगाने
पर ध्यान केंद्रित करें

जरूरत करने पर अगला...

चरण ३

पुरानी आदत की **जगह** नई
आदत लगाने पर ध्यान केंद्रित करें

इस मास्टरप्लान में आप सबसे पहले नई सकारात्मक आदतें निर्मित करते हैं। इसके बाद पुरानी आदतों से जुड़े विशिष्ट व्यवहारों पर लगाम लगाने पर ध्यान केंद्रित करते हैं। जब ये कोशिश कारगर नहीं होती, तब आप तीसरे चरण पर जाते हैं, जो नई आदत से पुरानी आदत की अदला-बदली करने पर केंद्रित है।

इन सभी चरणों के कुछ उप-चरण भी हैं, जिन्हें मैंने किताब के अंत में दिए गए 'परिशिष्ट' के फ्लोचार्ट में बताया है। (वे इतने विस्तृत थे कि उन्हें यहाँ प्रस्तुत करना संभव नहीं था।)

बदलाव के पारंपरिक तरीके (सिर्फ वे, जो सचमुच कारगर हैं) भी मेरे मास्टरप्लान में फिट होते हैं। जैसे एक प्रेरणादायी इंटरव्यू, एक परामर्श पद्धति जो ग्राहकों की प्रेरणा में स्पष्टता लाने में उनकी सहायक होती है। यह उन चुनिंदा पारंपरिक दृष्टिकोणों में से एक है, जो मुझे सचमुच सार्थक लगते हैं। जो लोग प्रेरणादायी इंटरव्यू का अनुभव करते हैं, वे कोई व्यवहार करने या न करने के पीछे के अपने कारणों को बेहतर ढंग से समझ सकते हैं।

जवाबदेही तय करने के लिए एक साथी का उपयोग करना आपके काफी काम आ सकता है। सतही तौर पर ऐसा लगता है, जैसे किसी के लिए जवाबदेह होने के लिए प्रेरणा ही सब कुछ है। इसमें कोई दोराय नहीं कि इसमें प्रेरणा की भूमिका काफी महत्वपूर्ण होती है, लेकिन अगर जवाबदेही तय करने के लिए एक साथी का उपयोग अच्छी तरह किया जाता है, तो इसका प्रभाव आपकी सक्षमता पर भी पड़ता है। एक साथी आपको ऐसे नए-नए सुझाव दे सकता है, जिसकी मदद से आप अपने किसी अनचाहे व्यवहार को अपने लिए मुश्किल या असंभव बना सकते हैं। जैसे अगर आप मोबाइल, लैपटॉप और टी.वी. स्क्रीन के सामने कम समय बिताने की कोशिश कर रहे हैं, तो जवाबदेही तय करनेवाला साथी आपको एक ऐसा टाइमर इंस्टॉल करने का सुझाव दे सकता है, जो शाम को आठ बजे के बाद आपका वाई-फाई बंद कर दे। इससे आपके लिए देर रात तक वेब सर्फिंग करना मुश्किल हो जाएगा। (इस सुझाव के लिए अपने साथी को धन्यवाद दें।)

मास्टरप्लान से पता चलता है कि अपनी अनचाही आदतों को सुधारने के लिए उपयोग की जानेवाली एक विस्तृत प्रणाली में, बदलाव की प्रमाणिक पद्धति कहाँ फिट हो सकती है। इसके साथ ही यह चीज़ों का अनुक्रम भी स्पष्ट करती है। यह सिर्फ कुछ तकनीकों की सूची या दिशानिर्देशों का एक समूह नहीं है बल्कि यह इससे कहीं ज़्यादा शक्तिशाली है: यह तकलीफदेह आदतों को सुधारकर आपके जीवन में बदलाव लानेवाली एक एल्गोरिद्म है। क्या आप इसके लिए तैयार हैं?

चरण 1 – नई आदतें निर्मित करने पर ध्यान केंद्रित करना

पहले एक अच्छी खबर।

यह किताब पढ़कर और छोटी-छोटी आदतों की पद्धति अपनाकर आप अपनी अनचाही आदतों को बाधित करने की दिशा में आगे बढ़ना शुरू कर चुके हैं। नई सकारात्मक आदतें निर्मित करना, व्यवहार परिवर्तन मास्टरप्लान का पहला चरण है। सबसे पहले इस पर ध्यान केंद्रित करके आप न सिर्फ बदलाव के कौशल सीखते हैं बल्कि इस वास्तविकता के साक्ष्य भी देख पाते हैं कि आप बदलाव ला सकते हैं। इससे आपको अपने जीवन की अनचाही आदतों को सुधारने की शक्ति मिलती है।

बदलाव के कौशल

क्या आपको याद है कि जूनी की कितनी नई आदतें सीधे तौर पर उसकी मीठे की लत पर केंद्रित थीं?

एक भी नहीं।

जूनी ने अपना कौशल उन आदतों का अभ्यास करते हुए बढ़ाया था, जिनका

कोई भावनात्मक बोझ नहीं था। नई आदतें सुरक्षित थीं और उनमें ऐसा कुछ नहीं था, जो डरावना हो। इससे जूनी को बिना किसी भावनात्मक भटकाव के बदलाव के कौशल को सीखने में मदद मिली।

मान लीजिए कि आप अपना वजन घटाने के लिए सालों से संघर्ष कर रहे हैं। हो सकता है कि लोगों ने आपके मोटापे का मज़ाक भी उड़ाया हो। हो सकता है कि इसके लिए डॉक्टर के पास जाना आपके लिए हर बार किसी भयावह अनुभव से कम न हो। ऐसे में संभवत: आपको लग सकता है कि मुख्य रूप से आपका ध्यान अपना वजन घटाने पर केंद्रित होना चाहिए।

मैं चरण-1 में एक अलग दृष्टिकोण की बात करता हूँ। अपना ध्यान सबसे पहले वजन घटाने पर या उस चीज़ पर केंद्रित न करें, जो आपको तकलीफ दे रही है। बल्कि ऐसी आदतें निर्मित करें, जो किसी अन्य क्षेत्र से संबंधित हों - सुव्यवस्था, रिश्ते, रचनात्मकता या कोई भी ऐसी चीज़, जिसका आपके वजन से कोई संबंध न हो।

बेहतर होगा कि पहले आप अपना कौशल विकसित कर बदलाव की प्रक्रिया पर महारथ हासिल करें। चरण-1 में आपको अपने गुणों पर आधारित आदतों का निर्माण करना चाहिए। जल्द सफलता हासिल करने का और बदलाव के कौशलों को सर्वश्रेष्ठ ढंग से सीखने का यही तरीका है कि आगे बढ़ने के लिए मुख्य कौशल और अंतर्दृष्टियाँ हासिल की जाएँ। लेकिन ये सिर्फ यही तक सीमित नहीं है।

पहचान में बदलाव

जब आप सकारात्मक बदलावों का एक माध्यम निर्मित करते हैं, तो अपना मनचाहा व्यक्ति बनने के और करीब पहुँच जाते हैं। अगर आप इस बदलावों को लेकर सफल महसूस करते हैं, तो सहज ही खुद को अलग ढंग से देखने लगेंगे और अपनी नई पहचान को स्वीकार करना शुरू कर देंगे। पिछले अध्याय में हमने इस बारे में चर्चा की थी कि ये हमें कुछ और सकारात्मक आदतें निर्मित करने की दिशा में ले जाता है। पर इसका एक दुष्प्रभाव भी है कि इससे वे अनचाहे व्यवहार बढ़ सकते हैं, जो न तो उस पहचान के अनुरूप होंगे, जिसे आप खुले दिल से स्वीकार कर रहे हैं और न ही उस व्यक्ति के अनुरूप होंगे, जो आप बन रहे हैं। जब सुकुमार ने अपनी दिनचर्या में ज़्यादा से ज़्यादा व्यायाम संबंधी व्यवहार शामिल किए, तो उसकी कुछ बुरी आदतें विलीन होने लगीं। वह लिफ्ट के बजाय सीढ़ियों का उपयोग करने लगा क्योंकि उसे लगता था कि वह ऐसा कर सकता है। इसी तरह हर रोज शाम को टी. वी. देखने की अपनी आदत को उसने कभी-कभार किए जानेवाले व्यवहार में तब्दील कर लिया। इसके बजाय अब वह शाम को या तो अपने दोस्त के साथ रैकेटबॉल

खेलता या फिर अपनी पत्नी और पालतू कुत्ते के साथ सैर पर निकल जाता। हालाँकि सुकुमार ने कोई खास योजना बनाकर अपनी बुरी आदतों को बाधित नहीं किया था। लेकिन अपनी नई पहचान को खुले दिल से स्वीकारने में सहायक कुछ सकारात्मक आदतें अपनाकर उसने अपने जीवन का परिदृश्य इस हद तक बदल लिया कि अब उसके जीवन में अधिकांश बुरी आदतों के लिए कोई जगह ही नहीं बची।

अगर जीवन में अच्छी आदतें शामिल करने मात्र से आपके सारे अनचाहे व्यवहार खत्म हो जाते, तो यह चर्चा इसी बिंदु पर आकर खत्म हो जाती। लेकिन अच्छे से अच्छे बगीचे में भी थोड़ी-बहुत खरपतवार उग ही आती है, इसलिए हमें इस बिंदु से और आगे जाना होगा।

पहले चरण को 'तैयारी करने की अवधि' के रूप में देखना आपके लिए सहायक होगा। मैं जानता हूँ कि 'तैयारी' शब्द बड़ा उबाऊ है, लेकिन अगर आप ऐसी आदतें चुनें, जिनमें आपको आनंद आता हो और साथ ही अपनी सफलताओं का जश्न मनाएँ, तो यह चरण आपके लिए मजेदार भी हो सकता है। दूसरे चरण के लिए आपकी नई आदतें, नए कौशल और नई पहचान काफी महत्वपूर्ण होगी। यही वह समय है, जब आप रस्सी की उलझी हुई गाँठों (अनचाही आदतों) को सुलझाने के लिए अपनी रणनीति तैयार करते हैं।

चरण 2 – किसी आदत पर लगाम लगाना

पिछले अध्याय में बताया गया था कि किसी आदत को अपनाने के लिए आपको क्या करना होगा। जिस तरह आप किसी आदत को अपनाते हैं, उसी तरह आप किसी आदत को त्याग भी सकते हैं और इसका आधार भी व्यवहार मॉडल ही होगा।

व्यवहार मॉडल के तीन घटकों में से कोई एक घटक बदलकर आप अपने किसी भी व्यवहार पर लगाम लगा सकते हैं। इसके लिए आप चाहें तो प्रेरणा या सक्षमता को घटा सकते हैं या फिर संकेत को हटा सकते हैं।

इनमें से कोई भी बदलाव लंबे समय तक करके आप आदत पर लगाम लगा सकते हैं।

आसान है ना?

हाँ भी और नहीं भी।

अधिकांश लोग हर रोज व्यायाम करने या सुबह पाँच बजे उठने जैसी 'आरोही आदतों' को बड़ी आसानी से रोक सकते हैं। लेकिन आप ये अध्याय इसलिए नहीं पढ़

रहे हैं क्योंकि आप अपनी आरोही आदतों पर लगाम लगाना चाहते हैं। बल्कि आप तो अपनी उन 'अवरोही आदतों' पर लगाम लगाना चाहते हैं, जो आपके स्वास्थ्य के लिए हानिकारक हैं और जिनके चलते आपकी खुशी का स्तर कम हो रहा है।

किसी आदत पर लगाम लगाने के लिए विशिष्ट बातों पर गौर करें

जब किसी बुरी आदत पर लगाम लगाने की बात आती है, तो लोगों की सबसे आम गलती होती है, खुद को किसी अमूर्त चीज़ के लिए प्रेरित करना, जैसे 'ऑफिस के काम का तनाव लेना बंद करो' या 'जंक फूड खाना बंद करो।' ये दोनों बातें सुनने में भले ही विशिष्ट और स्पष्ट लगें, लेकिन असल में ऐसा नहीं है। बल्कि ये अनचाही आदतों पर लगाए गए अमूर्त लेबल जैसी हैं और इन्हें मैं 'सामान्य आदतें' कहता हूँ। अगर आप अपना ध्यान सिर्फ सामान्य आदतों पर ही केंद्रित रखेंगे, तो संभवतः ज़्यादा आगे नहीं जा सकेंगे। ठीक वैसे ही जैसे अगर आप किसी उलझी हुई रस्सी की सारी गाँठों पर एक साथ ध्यान केंद्रित करने की कोशिश करेंगे, तो उसे सुलझा नहीं सकेंगे। इसके लिए आपको उसकी विशिष्ट गाँठों पर ध्यान केंद्रित कर पहले उन्हें सुलझाना होगा। जिसका अर्थ है, अपनी विशिष्ट आदतों का पता लगाना और फिर उन पर ध्यान केंद्रित करना और इसमें आपकी सहायता करेगा, व्यवहारों के झुंड का मॉडल।

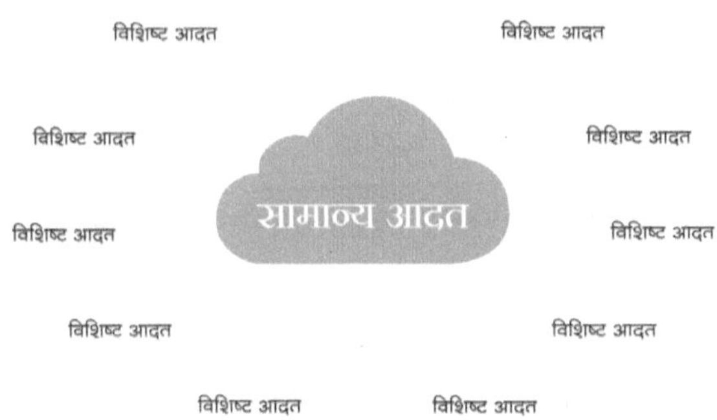

आप अपनी जिस सामान्य आदत पर लगाम लगाना चाहते हैं, उसे बादलों जैसी आकृति के अंदर लिखें।

मैं लगाम लगाना चाहता हूँ...

फिर उन विशिष्ट आदतों को सूचीबद्ध करें, जो बादलों जैसी आकृति के चारों ओर बक्सों में दर्ज सामान्य आदतों में अपना योगदान देती हों। ये कैसा दिखेगा, आपको ये बताने के लिए मैंने अगले चित्र को ज़रूरत से ज़्यादा जंक फूड खाने की सामान्य आदत के साथ प्रदर्शित किया है।

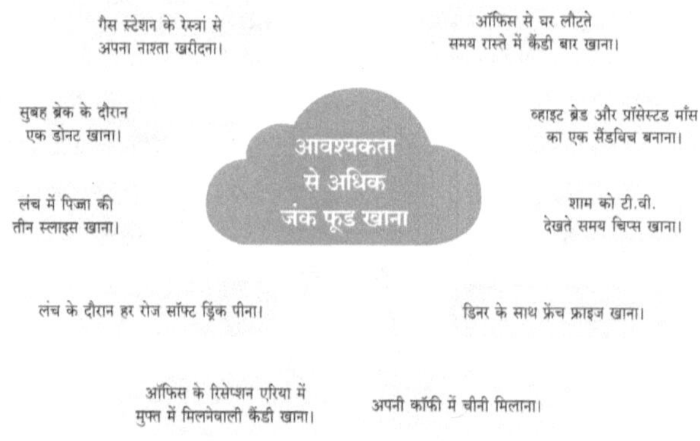

ये कदम क्यों मायने रखते हैं

अगर आप सिर्फ अपनी सामान्य आदत पर ध्यान केंद्रित करेंगे, तो संभवत: हताश या भयभीत महसूस करेंगे, जिसका परिणाम ये होगा कि आप उसे सुधारने से बचने लगेंगे: 'फिलहाल मेरे पास इसके लिए लिए समय नहीं है' या 'अभी छोड़ो, बाद में देखा जाएगा।'

लेकिन अगर आप अपनी सामान्य आदत से जुड़ी विशिष्ट आदतों को सूचीबद्ध कर लें, तो इस बुरी और कठिन आदत को सुधारना अपेक्षाकृत आसान लगने लगेगा।

जब मैंने एक अनचाही आदत पर लगाम लगाने के लिए पहली बार इस आदत का उपयोग किया, तो मैं इस बात से हैरान था कि मैं अपने घर को अस्त-व्यस्त रखने

की अपनी सामान्य आदत में योगदान देनेवाली पंद्रह से ज़्यादा चीज़ों को सूचीबद्ध करने में सफल रहा। पर मैं आपको पहले ही आगाह कर दूँ कि घर में अस्त-व्यस्त तरीके से रहने से संबंधित कई विशिष्ट आदतों को सूचीबद्ध करने के बाद मुझे अपने बारे में बहुत बुरा महसूस हुआ। अव्यवस्था की अपनी आदत की व्यापकता देखकर मैं काफी हैरान था। क्या मैं सचमुच इतना लापरवाह था? वाकई? जी हाँ, मैं सचमुच ऐसा था।

मैं नहीं चाहता कि जब आप यह प्रणाली लागू करें, तो आपके मन में ये अस्थाई नकारात्मक भावना उठे और आप इसके लिए तैयार न हों। ऐसा लगता है कि इस प्रक्रिया का पालन करनेवाले अधिकांश लोगों के साथ ऐसा होता है क्योंकि उस समय वे अपनी बुरी आदत की वास्तविकता का सामना कर रहे होते हैं। हालाँकि इस नकारात्मक भावना का उबाल जल्द ही खत्म भी हो जाता है। जब मैंने घर को व्यवस्थित न रखने की अपनी विशिष्ट आदत पर गौर करना शुरू किया, तो मुझे ऐसी कुछ अन्य अनचाही आदतें भी नज़र आईं, जिन्हें मैं बहुत जल्द और बड़ी आसानी से सुधारने में सफल रहा: जी हाँ, मैं अपने गंदे कपड़ों को यूँ ही ड्रेसर पर डाल देने और अपनी किताबों के ढेर को रसोई के काउंटर पर छोड़ देने जैसी आदतों से छुटकारा पाने में सफल रहा। इससे मेरी वह नकारात्मक भावना स्वत: ही विलीन हो गई।

इस योजना के चलते मुझे महसूस होने लगा कि अब चीज़ें मेरे नियंत्रण में हैं। बल्कि ये कहना गलत नहीं होगा कि मैं काफी आशावादी महसूस करने लगा। आप भी इससे ये अपेक्षा रख सकते हैं (फिर आपके ड्रेसर पर भी गंदे कपड़े पड़े हुए दिखाई नहीं देंगे) इस तरह आप कुछ मुश्किल आदतें सुधारने में सक्षम होंगे।

तो मेरा कहना है कि जब आपको ऐसी आदतों का एक समूह दिखाई दे, जिन्हें आप सुधारना चाहते हों, तो आपको उस बिंदु पर आकर रुकना नहीं है और न ही दबाव में आना है। बस आगे बढ़ना जारी रखें। अपनी एक अनचाही आदत लें और फिर उसे सुधारने में जुट जाएँ। लेकिन सबसे पहले आपको किन विशिष्ट आदतों से निपटना चाहिए?

इस सवाल का जवाब इतना महत्वपूर्ण है कि मैं इसे तीन अलग-अलग तरीके से आपके सामने रखूँगा : सबसे आसान आदत चुनें। वह आदत चुनें, जिसे सुधारने को लेकर आप आश्वस्त हों। वह आदत चुनें, जिसे सुधारना आपको कोई बड़ी चीज़ न लगे।

लोग अक्सर सबसे मुश्किल आदत चुन लेते हैं, जिसे छोड़ना या सुधारना सबसे कठिन होता है, लेकिन ऐसा करना गलत है। यह कसकर बाँधी गई एक बड़ी सी गाँठ के सबसे निचले हिस्से को सबसे पहले खोलने की कोशिश करने जैसा है। इसके

बजाय वह विशिष्ट आदत चुनें, जिसे सुधारना आपके लिए सबसे अधिक आसान हो।

और एक से अधिक विशिष्ट आदतों को एक साथ सुधारने में कोई बुराई नहीं है। ये चुनाव आपका है, लेकिन आप चाहे जो विकल्प चुनें, बस खुद पर बेवजह दबाव न डालें। याद रखें कि आप बदलाव के कौशल का अभ्यास कर रहे हैं और साथ ही उसे सीख भी रहे हैं। इसलिए मुश्किल आदतों को बाद के लिए छोड़ दें, जब आपके पास ज़्यादा कौशल हो और तेज गति हो। आप देखेंगे कि जैसे-जैसे आप आगे बढ़ेंगे और इस बारे में आपकी समझ व आत्मविश्वास बढ़ेगा, वैसे-वैसे इस रस्सी की गाँठें सुलझाना आपके लिए आसान होता जाएगा। और फिर शायद आपको अपनी सभी विशिष्ट आदतों को सुधारने की ज़रूरत ही न पड़े क्योंकि फिर उनमें से कुछ आदतें अपने आप ही सुधर जाएँगी।

यहाँ दिए गए चरण उस व्यवहार संरचना प्रक्रिया को दर्शाते हैं, जिसके बारे में मैंने इस किताब के पिछले अध्यायों में बताया था। बस फर्क ये है कि अब हम किसी व्यवहार पर लगाम लगाने के लिए चीज़ों को उल्टा कर रहे हैं। हम आदत की रिवर्स-इंजीनियरिंग कर रहे हैं, जिसका अर्थ है कि हम उसे सुधारने के लिए उसका पता लगा रहे हैं, जो पहले से ही अस्तित्व में है। आदतों को शुरू करने और उन पर लगाम लगाने - दोनों ही स्थितियों में ये ज़रूरी होता है कि कुछ विशिष्ट (न कि अमूर्त) व्यवहार तैयार किए जाएँ। जब आप उन विशिष्ट आदतों का चुनाव कर लें, जिन पर लगाम लगाना चाहते हैं (बी = एमएपी) तो अगले चरण की ओर बढ़ें। याद रखें कि अगर आप प्रेरणा, सक्षमता और संकेत को हटा दें, तो किसी विशिष्ट आदत को रोक सकते हैं और मेरे शोध से पता चलता है कि इस प्रक्रिया में एक कारगर क्रम मौजूद है। जिसमें आप संकेत से शुरुआत करते हैं। हमारे व्यवहार परिवर्तन के मास्टरप्लान का अगला चरण यही है।

आदत पर लगाम लगाने के लिए संकेत पर ध्यान केंद्रित करें

कभी-कभी आपको सिर्फ संकेत से निपटना होता है और बस, इतना करना काफी होता है। इसके तीन तरीके हैं: संकेत को हटाना, संकेत से बचना या संकेत को अनदेखा करना।

संकेत को हटाना

किसी अनचाही आदत पर लगाम लगाने का सबसे आसान तरीका है संकेत को हटा देना और संकेत को हटाने का सर्वश्रेष्ठ तरीका है अपने वातावरण को नया स्वरूप देना। मान लीजिए कि आप ऑफिस में या काम के समय सोशल मीडिया चेक करने की अपनी आदत पर लगाम लगाना चाहते हैं। इसके लिए आप अपना फोन

बंद कर सकते हैं, उसे फ्लाइट मोड पर डाल सकते हैं या फिर सोशल मीडिया एप के नोटिफिकेशंस बंद कर सकते हैं। इनमें से कोई भी तरीका प्रासंगिक संकेतों को हटा देगा। और संभवतः सिर्फ इतना करके ही आपकी इस आदत पर लगाम लग जाएगी।

इसके लिए छोटी-छोटी आदतों की पद्धति का एक नुस्खा ये हो सकता है कि ऑफिस में अपनी कुर्सी पर बैठने के बाद, मैं अपने सोशल मीडिया एप के नोटिफिकेशंस बंद कर दूँगा।

मेरा नुस्खा : छोटी-छोटी आदतों की पद्धति

ऑफिस में अपनी कुर्सी पर बैठने के बाद...	मैं अपने सोशल मीडिया एप के नोटिफिकेशंस बंद कर दूँगा...	इस आदत को अपने दिमाग में स्थापित करने के लिए मैं तत्कालः 
स्थिरक क्षण	**छोटा व्यवहार**	**जश्न मनाना**
आपके जीवन का एक मौजूदा रूटीन जो आपको छोटा व्यवहार (यानी आपकी नई आदत) करने की याद दिलाएगा।	आपकी नई मनचाही आदत, जिसे बेहद छोटा - और बेहद आसान बनाने के लिए आप उसकी मात्रा घटा देते हैं।	कोई ऐसा कार्य, जिसे आप अपने अंदर सकारात्मकता की भावना पैदा करने के लिए करते हैं। (इस भावना को रौनक कहते हैं।)

आप अपने फोन से सोशल मीडिया एप को हटा भी सकते हैं। यह एक बार किया जानेवाला व्यवहार है, जो आमतौर पर हर रोज की जानेवाली क्रिया से कहीं ज़्यादा प्रभावी होता है। क्योंकि इसे सिर्फ एक बार करना होता है और इसके लिए किसी आदत को अपने दिमाग में स्थापित करने की ज़रूरत नहीं होती।

जब आप संकेत को निष्क्रिय करना चाहें, तब या तो संकेत को हटाने के लिए नियमित रूप से छोटी-छोटी आदतों की पद्धति का उपयोग कर सकते हैं या फिर आप एक बार किया जानेवाला व्यवहार कर सकते हैं, जिससे संकेत हमेशा के लिए हट जाए। सोशल मीडिया के उपयोग के मामले में संभवतः छोटी-छोटी आदतों की पद्धति बेहतर रहेगी क्योंकि ऑफिस से लौटते समय रास्ते में सोशल मीडिया का उपयोग करना एक सुकून भरा और मनोरंजक अनुभव हो सकता है। इसलिए संभवतः उसके एप को हमेशा के लिए अपने फोन से हटा देना सर्वश्रेष्ठ विकल्प नहीं है।

संकेत से बचना

अगर आप अपनी बुरी आदत के संकेत को हटा नहीं सकते, तो उससे बचने की

कोशिश करें। जैसे अगर आप सुबह की कॉफी के साथ पेस्ट्री (जिसमें अच्छी-खासी मात्रा में चीनी होती है) खाने की अपनी आदत से बचना चाहते हैं, तो कैफे जाकर कॉफी पीने के बजाय घर पर बनाकर पिएँ क्योंकि घर पर पेस्ट्री खाने का प्रलोभन नहीं होगा।

संकेत से बचने के कुछ तरीके इस प्रकार हैं:

* ऐसे स्थानों पर न जाएँ, जहाँ आपको संकेत मिलता हो
* ऐसे लोगों से न मिलें, जो आपको संकेत देते हों
* अपने परिवेश में लोगों को संकेत देने का मौका न दें
* ऐसे मीडिया से बचें, जो आपको संकेत देता हो

आपको याद होगा कि मैं रेस्त्रां में खाने की शुरुआत में ही ताज़ी मक्खन लगी खुशबूदार ब्रेड पेट भरकर खा लेने की अपनी आदत से परेशान था और इससे बचने के लिए छोटी-छोटी आदतों का मेरा एक नुस्खा काफी काम आया था। जब भी ब्रेड परोसनेवाला मेरे पास आता, तो मैं कहता, 'धन्यवाद। मुझे ब्रेड नहीं चाहिए।' ऐसा करने पर सारा नियंत्रण मेरे हाथ में आ जाता और मैं अपनी डिनर टेबल पर ब्रेड के संकेत को अनदेखा करने में सफल हो जाता।

हालाँकि शायद आपके लिए हर उस स्थिति से बचना संभव नहीं होगा, जहाँ आपको संकेत मिलता है। जैसे मान लीजिए कि आप किसी ऐसे कैफे में काम करते हों, जहाँ स्वादिष्ट पेस्ट्री भी मिलती हो, तो फिर आपके सामने हर समय प्रलोभन मौजूद होगा और फिर आपके लिए पेस्ट्री खाने के संकेत से बचना संभव नहीं होगा। इसी तरह अगर आपका बॉस आपको ऐसे किसी व्यवहार का संकेत देता है, तो ऐसे में भला आप उससे कैसे बचेंगे?

संकेत को अनदेखा करना

आपका आखिरी विकल्प है, संकेत को अनदेखा करना लेकिन यह आपकी इच्छाशक्ति पर निर्भर होता है, जो कि समस्याजनक हो सकता है क्योंकि बुरी आदत का संकेत व्यवहार मॉडल पर क्रिया-रेखा से ऊपर होने पर (यानी जब आपके पास पर्याप्त प्रेरणा और सक्षमता हो) उसे अनदेखा करने के लिए आपको अतिरिक्त प्रयास करना होगा।

पर आपने पहले भी ऐसा किया है। व्यवहार करने का संकेत मिलने के बावजूद आपने उसका विरोध किया और वह व्यवहार करने से खुद को रोक लिया। पर बार-बार संकेत को ना कहते-कहते एक न एक दिन ऐसा आएगा, जब आपकी

इच्छाशक्ति कमजोर पड़ जाएगी। जैसे अगर आप किसी पार्टी में हों, तो एक-दो बार ही ड्रिंक्स के लिए ना कह सकते हैं। पर अगर लोग बार-बार आपको एक ड्रिंक पीने के लिए कह रहे हों (और आप खुद भी पीना चाहते हों) तो शायद आखिरकार आप हार मान लेंगे। ऐसा इसीलिए क्योंकि हर बार ड्रिंक्स को ना कहने के लिए आप इच्छाशक्ति पर निर्भर होते हैं।

जब आप चिंतित हों, तब ये बात खासतौर पर सच साबित होती है। जैसे एक दिन आपको सुबह-सुबह घर पर अपना स्वास्थ्यवर्धक नाश्ता करने का समय नहीं मिलता क्योंकि आपको ऑफिस के लिए देरी हो रही है। अब चूँकि आप सुबह की अपनी सारी मीटिंग बिना कुछ खाए-पिए नहीं निपटा सकते, इसलिए किसी कैफे से एक ब्लूबेरी मफिन लेकर खा लेते हैं। इसी तरह जब आप किसी वजह से चिंता और निराशा से घिरे हुए हों, तो हो सकता है कि थोड़ा सुकून पाने के लिए सोशल मीडिया पर समय बिताने की आपकी इच्छा अचानक बढ़ जाए। संकेत को अनदेखा करना दीर्घकालिक रूप से कोई सर्वश्रेष्ठ विकल्प नहीं है। हालाँकि अगर आपकी इच्छाशक्ति विशेष रूप से अच्छी हो और आप ज़रूरी कदम उठाने के लिए पूरी तरह तैयार हों, तो सुनिश्चित करें कि जब आप संकेत को अनदेखा करने और अनचाही आदत को सफलतापूर्वक छोड़ने में सफल हों, तो इस सफलता का जश्न जरूर मनाएँ।

तो अब आप जानते हैं कि संकेतों से निपटने के तीन तरीके होते हैं: उन्हें हटाना, उनसे बचना या फिर उन्हें अनदेखा करना।

अगर आपके जीवन में इन तीनों में से कोई एक तरीका भी कारगर रहता है, तो यह आपके लिए बढ़िया रहेगा। क्योंकि अब आपको अपने जीवन में एक विशिष्ट आदत से छुटकारा पाने का सबसे सरल समाधान मिल गया है।

अपनी किसी अनचाही विशिष्ट आदत को सुधारने के बाद 'व्यवहारों के झुंड' की ओर वापस लौटें और एक अन्य ऐसी विशिष्ट आदत का चुनाव करें, जिसे आप सुधारना चाहते हों। अगर आपने गैस स्टेशन से अपना नाश्ता खरीदने की आदत सुधार ली है, तो अब ऑफिस के रिसेप्शन में मिलनेवाली मुफ्त कैंडी खाने की अपनी आदत से निपटने का चुनाव कर सकते हैं।

लेकिन तब क्या, जब आप संकेत को हटा नहीं सकते, उससे बच नहीं सकते और न ही उसे अनदेखा कर सकते हैं?

कभी-कभी ऐसा होता है।

जब आपको किसी संकेत से छुटकारा न मिले, तो व्यवहार मॉडल के अगले घटक पर जाएँ।

आदत पर लगाम लगाने के लिए सक्षमता को नया रूप दें

व्यवहार परिवर्तन के मास्टरप्लान का अगला चरण है, आदत पर अमल करना मुश्किल बनाने पर ध्यान केंद्रित करना।

अध्याय 3 में मैंने अपनी सक्षमता श्रृंखला मॉडल के पाँच कारकों के बारे में बताया था: समय, पैसा, शारीरिक श्रम, मानसिक श्रम और रूटीन। हमने नई आदत पर अमल करने को आसान बनाने के लिए इस श्रृंखला का उपयोग किया था। पर अब हम आदत पर अमल करना मुश्किल बनाने के लिए इस श्रृंखला को तोड़ेंगे या फिर इसे कमजोर करेंगे। आइए इन पाँचों कड़ियों पर और इन्हें नया स्वरूप देने पर विचार करें।

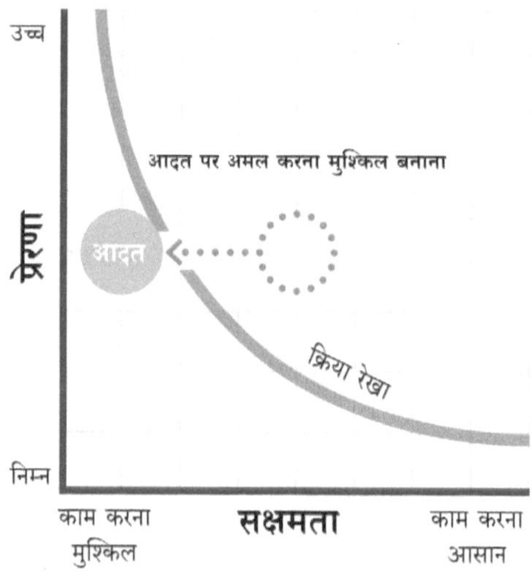

1. समय बढ़ाएँ

अगर आप अपने वातावरण का स्वरूप इस हद तक बदल दें कि बुरी आदत पर अमल करने के लिए आपको ज़्यादा समय की ज़रूरत पड़ने लगे, तो आप उसे अपने लिए मुश्किल बना सकते हैं। मान लीजिए कि आप मीठे स्नैक्स खाने की अपनी सामान्य आदत पर लगाम लगाना चाहते हैं। इसके लिए आप एक व्यवहारों का झुंड तैयार करते हैं और एक विशिष्ट आदत का पता लगाते हैं, जिस पर आपको लगाम लगानी है। वह आदत है – 'शाम को टी.वी. देखते समय आइस्क्रीम खाना।'

आप इसके संकेत को हटा नहीं सकते क्योंकि यह आंतरिक संकेत है। आपके अंदर से आवाज आती है, 'अभी आइसक्रीम का स्वाद लेना मजेदार होगा।' और आप इस किस्म के संकेत को अनदेखा नहीं कर सकते क्योंकि ऐसे में आपकी

इच्छाशक्ति पर आपकी मीठा खाने की प्रवृत्ति हमेशा हावी हो जाती है। तो अब आगे क्या?

सक्षमता श्रृंखला को तोड़ो

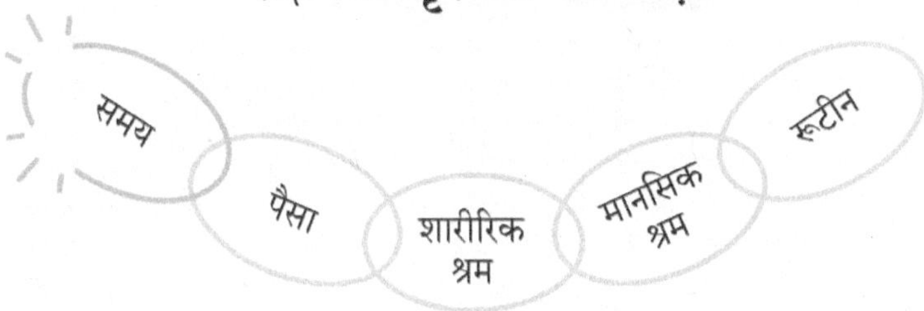

इसका एक विकल्प ये है कि आप अपना वातावरण बदलें - अपने घर में आइसक्रीम रखना बंद कर दें। करीब पंद्रह साल पहले की बात है, जब डैनी और मैंने तय किया कि हम अपने घर के फ्रीजर में कभी कोई आइसक्रीम नहीं रखेंगे। चाहें तो आप भी अपने घर के लिए ऐसा ही एक नियम बना सकते हैं। जिसका अर्थ ये होगा कि फिर जब आप कोई नेटफ्लिक्स सीरीज देखने बैठेंगे और आपके अंदर से आइसक्रीम खाने की आवाज आएगी, तो आपके पास आइसक्रीम का कंटेनर और चम्मच लेकर बैठने का विकल्प उपलब्ध ही नहीं होगा। यानी तब आपको अपनी आइसक्रीम खाने की इच्छा पूरी करने के लिए जूते पहनकर अपनी गाड़ी बाहर निकालनी होगी, फिर उसे चलाकर स्टोर तक जाना होगा और अपनी पसंदीदा आइसक्रीम खरीदकर वापस घर आना होगा। ये सब करने में बहुत समय लगेगा। तब जाकर आपको आइसक्रीम का स्वाद लेने का मौका मिलेगा। ऐसी आदर्श परिस्थिति में आप यही कहेंगे कि 'ये बड़ा झंझट का काम है। फिलहाल तो मैं बस नेटफ्लिक्स पर मॉडर्न फैमिली (एक अमेरिकी धारावाहिक) के एपिसोड्स देखकर चाहता हूँ।' इस तरह अपना वातावरण बदलने से आप शाम को आइसक्रीम खाने की अपनी आदत को कम या खत्म कर सकते हैं।

2. महँगा करें

सक्षमता श्रृंखला का अगला कारक है पैसा। यानी सवाल उठता है: मैं इस आदत को अपने लिए और महँगा कैसे बना सकता हूँ?

अगर आप कुछ आदतों को अपने जीवन से बाहर करने की कोशिश कर रहे हैं, तो ये आपके लिए थोड़ा मुश्किल हो सकता है। संभवत: आप आइसक्रीम खाने के लिए खुद को दस डॉलर नहीं चुकाएँगे। फिर भी आपको अपने लिए यह आदत

सक्षमता श्रृंखला को तोड़ो

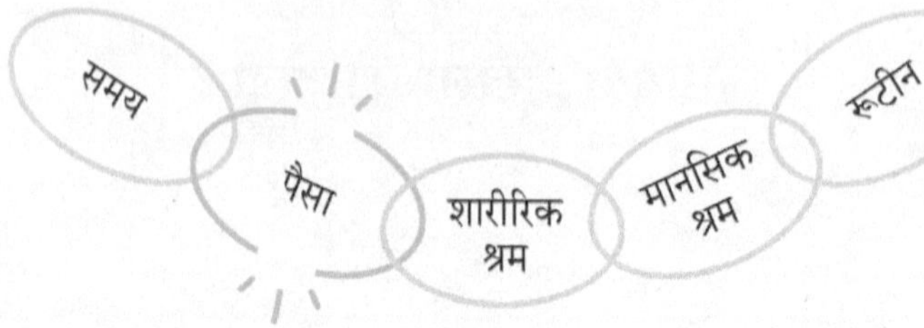

और महँगी बनाने पर विचार करना चाहिए। अगर ये तरीका कारगर साबित नहीं होता है, तो फिर आपको सक्षमता श्रृंखला की अन्य कड़ियों की ओर बढ़ जाना चाहिए।

अगर आप दूसरों की आदतें बदलने में उनकी मदद कर रहे हैं, तब पैसे खर्च करना एक व्यावहारिक विकल्प हो सकता है। जैसे मान लीजिए कि आप चाहते हैं कि आपके बच्चे वीडियो गेम खेलना कम कर दें। इसलिए आप यह नियम बना देते हैं, अब जब भी उन्हें वीडियो गेम खेलना होगा, तो उन्हें आपको एक घंटे के पाँच डॉलर देने होंगे। इसी तरह अगर आप चाहते हैं कि आपके कर्मचारी ऑफिस की वेंडिंग मशीनवाला सॉफ्ट ड्रिंक ज़रूरत से ज़्यादा न पीएँ, तो इसके लिए आप वेंडिंग मशीन में सॉफ्ट ड्रिंक की कीमत बढ़ा सकते हैं। इसी तरह अगर आप चाहते हैं कि आपकी यूनिवर्सिटी के कर्मचारी अपनी गाड़ी लेकर कैम्पस में न आएँ, तो आप यूनिवर्सिटी कैम्पस में पार्किंग शुल्क बढ़ा सकते हैं।

आप इस तरीके से पहले ही परिचित होंगे क्योंकि आपने गौर किया होगा कि सिगरेट और सॉफ्ट ड्रिंक जैसी चीज़ों पर सरकार ज़्यादा टैक्स लगाती है। जब टैक्स के चलते इस तरह के उत्पादों की कीमत बढ़ जाती है, तो लोग इन्हें कम खरीदते हैं, जिससे इनकी खपत घट जाती है। यह तरीका इसलिए कारगर होता है कि क्योंकि चीज़ों को महँगा कर देने से कुछ लोगों की बुरी आदत पर अमल करने की क्षमता कम हो जाती है।

3. शारीरिक श्रम बढ़ाएँ

आदत को मुश्किल बनाने के लिए उसमें लगनेवाले शारीरिक श्रम को बढ़ा दें। जैसे आइसक्रीम वाले उदाहरण में इस आदत पर लगाम लगाने के लिए उस पर अमल करने में लगनेवाला समय बढ़ा दिया गया था पर साथ ही उसमें लगनेवाला शारीरिक श्रम भी बढ़ाया गया था। इस दोहरी कोशिश के चलते ही हमारे मामले में 'घर पर आइसक्रीम न रखने' की नीति इतनी कारगर रही।

सक्षमता श्रृंखला को तोड़ो

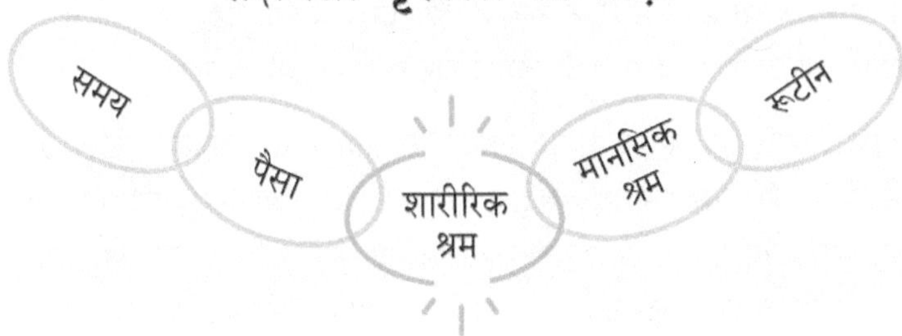

कैलीफोर्निया के मेरे होम-ऑफिस में कोई कुर्सी नहीं है। मैंने इसे जानबूझकर वहाँ से हटा दिया ताकि दिनभर बैठे रहने की मेरी आदत मुश्किल हो जाए। हाँ, मैं चाहूँ, तो होम-ऑफिस में बैठ सकता हूँ, इसकी कोई मनाही नहीं है। पर इसके लिए मुझे किसी दूसरे कमरे तक जाना होगा और फिर वहाँ रखी किसी कुर्सी को खींचकर होम-ऑफिस तक लाना होगा। जिसमें पर्याप्त शारीरिक श्रम लगेगा। इसीलिए अब मैं ज़्यादातर खड़ा ही रहता हूँ।

हवाई के माउई द्वीप स्थित हमारे घर पर ऐसा कोई टी.वी. नहीं है, जिसे देखना एक आसान अनुभव हो। हालाँकि घर पर एक टी.वी. ज़रूर है पर उसे हमने घर के स्टोर-रूम में रखा हुआ है। हमने ऐसा जानबूझकर किया है। टी.वी. देखने के लिए मुझे स्टोर-रूम तक जाना होगा, उसे उठाकर लिविंग रूम में लाना होगा और फिर केबल लगानी होगी। टी.वी. देखने की आदत को इस प्रकार मुश्किल बनाकर हमने यह सुनिश्चित किया कि हम यूँ ही बैठकर टी.वी. देखने से बच सकें। अब हम टी.वी. तभी देखते हैं, जब हमें लगे कि उसे स्टोर से लिविंग रूम तक लाने की मेहनत तर्कसंगत हो।

अगर आप इस अवधारणा की आखिरी हद तक जाना चाहते हैं, तो आप वह कर सकते हैं, जो मैंने बीस की उम्र में किया था। जब मैं कॉलेज में था, तो मेरी छोटी बहन किम मेरे साथ रहने आई। मेरे पास कोई टी.वी. नहीं था इसलिए किम अपने साथ एक टी.वी. लेकर आई। मैं नहीं चाहता था कि हम दोनों ज़्यादा टी.वी. देखें। जब टी.वी. चल रही हो, तो उसका शोर झेलते हुए पढ़ाई करने की कल्पना करना भी मुश्किल था। इस स्थिति से निपटने के लिए मैंने एक योजना बनाई। मैंने एक पुरानी स्टेशनरी बाइसिकल (व्यायामवाली साइकिल) खरीद ली और फिर उसे टी.वी. से जोड़ने के लिए एक इंजीनियरिंग के छात्र की मदद ली। ताकि टी.वी. सिर्फ तभी चालू हो, जब व्यायामवाली साइकिल के पैडल चल रहे हों। तो पैंसठ डॉलर्स खर्च करने के बाद हमें हमारा समाधान मिल गया - साइकिल वाली टी.वी.। फिर जब मुझे या मेरी

बहन को टी.वी. देखनी होती, तो हममें से किसी एक को उस व्यायामवाली साइकिल पर बैठकर पैडल चलाने पड़ते। यह तरीका मेरी उम्मीद से कहीं ज़्यादा कारगर साबित हुआ। इसके चलते हमने न सिर्फ कम टी.वी. देखा बल्कि पैडल चलाने के व्यायाम के कारण हम दोनों पहले से कहीं ज़्यादा चुस्त-दुरुस्त भी हो गए।

किसी बुरी आदत पर लगाम लगाने के मामले में सक्षमता श्रृंखला के सभी कारकों में से शारीरिक श्रम मेरा पसंदीदा कारक है। जब आपकी प्रेरणा का स्तर ऊँचा हो और जब आप आदत पर अमल करने के प्रलोभन से घिरे हुए न हों, तब इसका फायदा उठाकर बदलाव ला सकते हैं। फिर जब आपका मूड बदलेगा और आइसक्रीम खाने, टी.वी. देखने या वाइन पीने जैसी किसी बुरी आदत पर अमल करने की इच्छा उठेगी, तो आपको एहसास होगा कि अब इसे करना आपके लिए मुश्किल हो गया है और शायद अब इसे करने का कोई मतलब नहीं है।

4. मानसिक श्रम बढ़ाएँ

कुछ आदतों पर लगाम लगाने का सबसे अच्छा तरीका होता है, उन पर अमल करने की प्रक्रिया को ऐसा बना देना कि उसके लिए आपको ज्यादा मानसिक श्रम करना पड़े। यह कारक वास्तव में आलसी होने की हमारी मानवीय प्रवृत्ति का फायदा उठाता है। दूसरे शब्दो में कहें, तो एक प्रजाति के तौर पर हम इंसानों का क्रमिक-विकास कुछ इस तरह हुआ है कि ज़रूरत पड़ने पर हम अपनी ऊर्जा बचाने लगते हैं।

सक्षमता श्रृंखला को तोड़ो

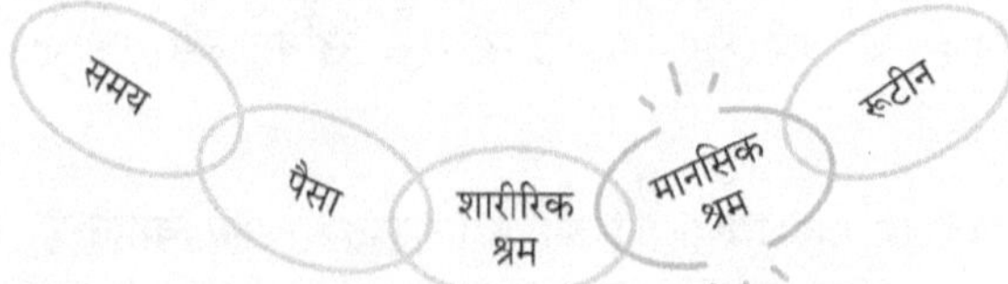

जरा विचार करें कि यह तरीका सोशल मीडिया के उपयोग की बुरी आदत के मामले में कैसे काम करेगा। अगर आप अपने सोशल मीडिया अकाउंट का पासवर्ड बदलकर 1Lik3be1ng0uT51de (translation: I like being outside) ऐसा कर दें, जो काफी मुश्किल है और साथ ही अपने कंप्यूटर को यह पासवर्ड सेव न करने दें, तो फिर जब भी आपको सोशल मीडिया चेक करना होगा या कुछ पोस्ट करना होगा, तो इसके लिए आपको अजीब व कठिन पासवर्ड डालना होगा। चूँकि सच्ची आदतें वास्तव में वे व्यवहार होती हैं, जिन्हें हम बिना सोच-समझे करते हैं इसलिए

किसी आदत पर लगाम लगाने या उसे कम करने का एक अच्छा तरीका ये है कि उस पर अमल करने की प्रक्रिया मे ध्यान केंद्रित करना ज़रूरी बना दिया जाए।

जब लोग ये गिनने लगते हैं कि वे हर रोज कितनी कैलोरी खर्च करते हैं या फिर जब वे किसी फिटनेस एप पर अपने ट्रैकिंग पॉइंट्स पर नज़र रखने लगते हैं (जैसा कि लोग वेट वॉचर्स एप में करते हैं) तो आमतौर अपने खाने की मात्रा कम कर देते हैं। क्योंकि इस तरह वे इस प्रक्रिया में एक ऐसा चरण जोड़ देते हैं, जिसके लिए सोचना-समझना ज़रूरी होता है।

क्या ये तरीका हमेशा कारगर साबित होता है? जी नहीं। पर क्या कैलोरी का हिसाब रखने में, बिना सोचे-समझे कुछ भी खाने-पीने के मुकाबले ज़्यादा मानसिक श्रम की ज़रूरत पड़ती है? जी हाँ। इसी कारण के चलते यह तरीका कभी-कभी कारगर भी हो सकता है।

5. आदत और महत्वपूर्ण रूटीन के बीच टकराव पैदा करें

सक्षमता श्रृंखला का अंतिम कारक है रूटीन। यह इस श्रृंखला का सबसे सूक्ष्म कारक है और इसे लागू करना सबसे मुश्किल होता है। फिर भी इस पर विचार किया जाना चाहिए। ऐसे तरीके ढूँढ़ें, जिनकी मदद से आप अपनी अनचाही आदत और अपनी किसी महत्वपूर्ण आदत के बीच टकराव की स्थिति पैदा कर सकें। यहाँ महत्वपूर्ण आदत का अर्थ है, कोई ऐसा रूटीन जो आपके लिए उस अनचाही आदत से कहीं ज़्यादा मूल्यवान हो, जिस पर आप लगाम लगाना चाहते हैं।

सक्षमता श्रृंखला को तोड़ो

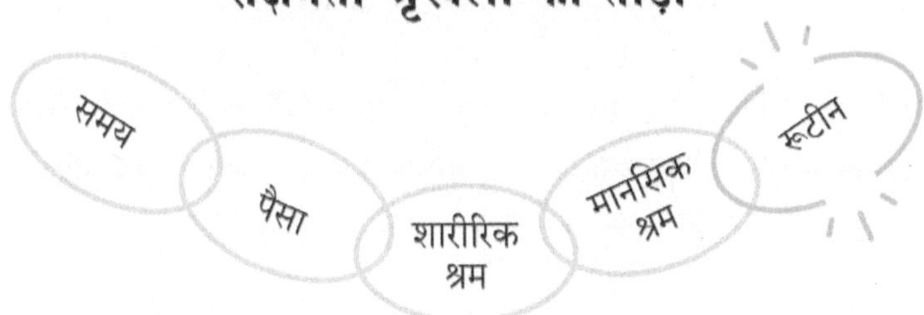

तड़के सुबह उठकर समंदर में सर्फिंग (लहरों की सवारी) करना मेरी एक महत्वपूर्ण आदत है और अब यह मेरी पहचान का एक ज़रूरी पहलू भी है। सर्फिंग के मेरे रूटीन ने, शाम के समय मेरी कुछ पुरानी आदतों पर अमल करना मुश्किल बना दिया है। क्योंकि मुझे सुबह जल्दी उठकर तेज लहरों की सवारी करने के लिए बिलकुल तैयार और सचेत रहना पड़ता है। मैंने शाम को जल्दी डिनर करना शुरू कर

दिया। मैंने देर रात तक लैपटॉप और मोबाइल में व्यस्त रहने के बजाय जल्दी सोना शुरू कर दिया। ये कुछ अच्छे बदलाव थे, जो सुबह का एक रूटीन तय करने के चलते संभव हुए क्योंकि इस रूटीन और शाम के वक्त की मेरी अस्वास्थ्यकर आदतों के बीच टकराव होता था।

तो अब तक हमने संकेतों को बदलने और किसी विशिष्ट अनचाही आदत को बाधित करने पर अपना ध्यान केंद्रित किया। पर अगर आप किसी ऐसी आदत में अटके हुए हैं, जिसके संकेत या सक्षमता को एक नया रूप देना काफी नहीं है, तब भी ऐसा बहुत कुछ है, जो आप कर सकते हैं।

मास्टरप्लान में आगे: प्रेरणा को समायोजित करना।

आदत पर लगाम लगाने के लिए प्रेरणा का समायोजन

अपनी अनचाही आदतों पर लगाम लगाने के लिए बहुत से लोग सबसे पहले अपनी प्रेरणा को प्रभावित करने की कोशिश करते हैं। जबकि अधिकांश मामलों में ऐसा करना गलत साबित होता है। क्यों? क्योंकि अवरोही आदतों के लिए प्रेरणा के स्तर का समायोजन करना मुश्किल होता है (जबकि विनाशकारी आदतों के मामले में ऐसा करना करीब-करीब असंभव होता है)।

इसीलिए अगर आप संकेत या सक्षमता पर ध्यान केंद्रित करके समस्या का समाधान कर सकते हैं, तो फिर आप प्रेरणा को प्रभावित करने के चक्कर में नहीं पड़ना चाहेंगे। आपको प्रेरणा के समायोजन की कोशिश सिर्फ तभी करनी चाहिए, जब इन पिछले चरण के बावजूद बुरी आदत पर लगाम न लगे।

इस उदाहरण पर विचार करें: अगर आप धूम्रपान करने की अपनी तलब को कम कर सकें, तो संभवत: धूम्रपान की आदत से पूरी तरह छुटकारा पाने में सफल हो सकते हैं। मान लीजिए कि आप निकोटीन पैच[1] लगवा लें या फिर अपने दोस्तों को भी धूम्रपान छोड़ने के लिए मना लें या शायद हिप्नोसिस (सम्मोहन) की मदद लें। ये सारी कोशिश वाकई करने लायक हैं क्योंकि कभी-कभी ये सचमुच रंग लाती हैं।

---

[1] बैंड-एड जैसा दिखनेवाला एक दवायुक्त पैबंद, जिसे धूम्रपान की आदत छुड़ाने के लिए त्वचा पर चिपकाया जाता है।

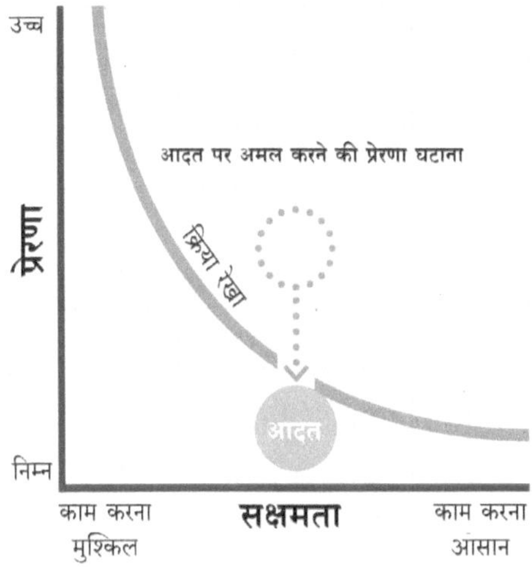

पहला विकल्प : आदत पर लगाम लगाने के लिए प्रेरणा घटाना

एक और उदाहरण: मान लीजिए कि आप ऑफिस के तनाव के चलते रोज शाम को ज़रूरत से ज़्यादा पीने लगे हैं। इस मामले में आप अपने ऑफिस की स्थितियाँ बदलने में सक्षम हो सकते हैं ताकि आपको तनाव न हो और आपके अंदर रोज शाम को पीने की प्रेरणा न रहे। रोज सुबह ऑफिस जाने से पहले अपना भावनात्मक संतुलन फिर से हासिल करने के लिए आप ध्यान कर सकते हैं या फिर ऑफिस से लौटते समय अपना तनाव कम करने के लिए सुकून देनेवाला संगीत सुन सकते हैं ताकि घर पहुँचकर आप पीने के लिए प्रेरित ही न हों।

आगे कुछ ऐसे उदाहरण दिए जा रहे हैं, जिनसे पता चलता है कि कैसे कोई व्यवहार किसी आदत पर अमल करने की आपकी प्रेरणा घटा सकता है।

* रात में जल्दी बिस्तर पर जाना, सुबह बार-बार अलार्म क्लॉक का स्नूज बटन दबाने की आपकी प्रेरणा घटा सकता है।
* एक निकोटीन पैच लगाना, धूम्रपान करने की आपकी प्रेरणा घटा सकता है।
* किसी पार्टी में जाने से पहले स्वास्थ्यकर खाद्य पदार्थों का सेवन करना, पार्टी में जाकर स्वास्थ्य के लिए हानिकारक चीज़ें खाने की आपकी प्रेरणा घटा सकता है।
* सप्ताह में एक बार एक्यूपंचर थेरेपी लेना, दर्द निवारक दवाएँ लेने की आपकी प्रेरणा घटा सकता है।

प्रेरणा घटाने का एक अनोखा उदाहरण है मेरा पूर्व छात्र ट्रिस्टन हैरिस। उसकी

कोशिश है कि लोग बिना सोचे-समझे टेक्नोलॉजी का उपयोग न करें। इसका एक तरीका है, अपने फोन का वॉलपेपर हटाकर स्क्रीन को ग्रेस्केल कर देना। हैरिस की अवधारणा के अनुसार, जब आपको अपनी स्क्रीन पर भड़कीले रंग दिखाई नहीं देते, तो जिन इंटरनेट मीम और सोशल मीडिया पोस्ट पर आप अपना ढेर सारा समय खर्च कर देते हैं, वे आपके मन को पहले जितने रोमांचक और प्रेरक नहीं लगते।

दूसरा विकल्प : आदत पर लगाम लगाने के लिए प्रेरणा घटानेवाले किसी कारक का उपयोग करें

दूसरा तरीका है, प्रेरणा घटानेवाले किसी कारक का उपयोग करना, लेकिन मैं यह तरीका अपनाने की सिफारिश नहीं करूँगा। हो सकता है कि कुछ मामलों में यह कारगर हो, लेकिन मुझे लगता है कि ये तरीका जितना लाभप्रद है, उससे कहीं ज़्यादा हानिकारक है। आगे ऐसे कुछ व्यवहारों के उदाहरण दिए जा रहे हैं, जो आपकी प्रेरणा को समग्र रूप से घटानेवाले कारक के रूप में कार्य करेंगे।

* फेसबुक पर जाकर हर किसी से ये वादा करें कि अब आप दोबारा कभी नहीं पीएँगे।
* यह प्रतिज्ञा लें कि अगर आपने दोबारा कभी धूम्रपान किया, तो अपनी मेहनत की कमाई से एक हज़ार डॉलर्स निकालकर किसी भ्रष्ट राजनेता को दे देंगे।
* कल्पना करें कि अगर आपने रात में वीडियो गेम खेलने की अपनी आदत जारी रखी, तो भविष्य में आपका जीवन कितना बुरा होगा।

गौर कीजिए कि कैसे ये तीनों क्रियाएँ आपके व्यवहार के मूल कारण को संबोधित नहीं कर रही हैं। आप सिर्फ एक परस्पर विरोधी प्रेरणा को जोड़ रहे हैं ताकि संभवत: अपनी आदत पर लगाम लगा सकें।

प्रेरणा का बढ़ना और प्रेरणा का घटना एक संघर्ष की तरह होता है। यह संघर्ष तनाव पैदा करता है, जो आपको निरंतर विफलताओं की ओर ले जाता है। यानी इससे फेसबुक पर आपकी फजीहत हो सकती है, आप अपनी मेहनत की कमाई के एक हज़ार डॉलर्स गँवा सकते हैं और आपको एक बुरे भविष्य की कल्पनाओं के थपेड़े खाने पड़ सकते हैं।

प्रेरणा घटानेवाले कारक हमें विनाशकारी आत्म-आलोचना की ओर ले जा सकते हैं। जैसे अगर आप अपनी खुराक में कैलोरी की मात्रा कम करना चाहते हैं, तो अपने फ्रिज पर 'बस करो। तुम बहुत मोटे हो' का नोट चिपकाने से आपकी प्रेरणा निश्चित रूप से घट जाएगी, लेकिन साथ ही आप हतोत्साहित भी हो जाएँगे। हमारे अंदर सर्वश्रेष्ठ बदलाव तभी आता है, जब हम अच्छा महसूस करते हैं, न कि बुरा।

इसलिए सुनिश्चित करें कि अनचाहे व्यवहारों की प्रेरणा घटाने की आपकी कोशिशें, आपको अपराध-बोध से ग्रस्त न करें।

प्रेरणा घटाने के कारकों का निर्माण आसान होता है। शायद इसीलिए यह तकनीक इतनी लोकप्रिय है। पर अगर इससे सचमुच सफलता मिलती होती, तो दुनिया में बुरी आदतोंवाले लोगों की संख्या बहुत कम होती। आमतौर पर खुद को दंडित करना या परिणाम भुगतने की धमकी देना, अपनी किसी अनचाही आदत पर लगाम लगाने का एक बुरा तरीका होता है। क्योंकि ऐसा जोखिम उठाने का कोई लाभ नहीं है, खासकर तब, जब आपके पास इसके अलावा अन्य विकल्प भी मौजूद हों। जब हम अगले अध्याय में 'बदलाव लाने में दूसरों की मदद करने के नैतिक मूल्यों' पर गौर करेंगे, तो इस विषय पर और चर्चा करेंगे।

बदलाव की मात्रा कम करना

अब तक हमने जिन-जिन तरीकों पर चर्चा की, अगर उनमें से कोई भी तरीका आपकी किसी आदत पर लगाम लगाने में कारगर साबित न हो, तब भी हार न मानें। आपके पास और भी विकल्प हैं। मास्टरप्लान का अगला चरण है, अपनी महत्वाकांक्षाएँ कम करना और इसके लिए आप आगे दिए गए तरीकों का उपयोग कर सकते हैं।

* अनचाही आदत पर लगाम लगाने के लिए एक छोटी समय-अवधि निर्धारित करें (जैसे धूम्रपान को हमेशा के लिए छोड़ने के बजाय सिर्फ तीन दिन के लिए छोड़कर देखें)।
* अनचाही आदत पर अमल करने की अवधि छोटी रखें (चार घंटे के बजाय सिर्फ तीस मिनट टी.वी. देखें)।
* अनचाही आदत पर कम अमल करें (दिन में दस बार सोशल मीडिया चेक करने के बजाय सिर्फ एक बार चेक करें)।
* अनचाही आदत को कम तीव्रता के साथ करें (तेजी से पीने के बजाय अपना ड्रिंक धीरे-धीरे पीएँ)।

मात्रा कम करने का यह तरीका कारगर क्यों होता है? लोग अक्सर अपनी किसी आदत पर लगाम लगाने को लेकर मानसिक अंतर्विरोध का सामना करते हैं। उनके मन का एक पहलू आदत पर लगाम लगाना चाहता है, जबकि दूसरा पहलू उसे जारी रखना चाहता है। ऐसे में अपनी अनचाही आदत की मात्रा कम करके आप अपने उस पहलू को परेशान होने से बचा लेंगे, जो आदत को जारी रखना चाहता है। मान लीजिए आप फेसबुक का उपयोग बंद करना चाहते हैं, लेकिन आपको फिक्र है कि

कहीं ऐसा करके आप बहुत सारी चीज़ों से चूक न जाएँ, जैसे दूसरे शहरों में रहनेवाले दोस्तों से संपर्क टूटना वगैरह। इस तनाव को कम करने के लिए आपको फेसबुक का उपयोग बंद करने के बजाय, सिर्फ उसमें कमी लानी चाहिए।

खुद से कहें कि आप सिर्फ अगले तीन दिनों तक फेसबुक का उपयोग नहीं करेंगे। इस तरह आपकी इस आदत में एक फेरबदल होगा: शायद आपको महसूस हो कि आदत को पूरी तरह छोड़ने के बजाय, उसे एक सीमित अवधि के लिए छोड़ना अपेक्षाकृत आसान है। इस तरह आपको अपने इस प्रयास में सफलता मिलने लगेगी और फिर आप इससे बड़ी चुनौती का सामना करने के लिए तैयार हो जाएँगे। उन तीन दिनों के दौरान शायद आपको एहसास हो कि फेसबुक का उपयोग बंद करना उतनी बड़ी चुनौती नहीं थी, जितनी आपको लग रही थी और इस अनचाही आदत में यह बदलाव लाना वाकई सुखद है। या फिर हो सकता है कि आपको ये महसूस हो कि फेसबुक का उपयोग बंद करने से आपके जीवन पर कोई ज़्यादा फर्क नहीं पड़ रहा है इसलिए अब इस आदत से छुटकारा पाना आपकी प्राथमिकता नहीं है। भले ही आपको इन दोनों में से जो भी एहसास हो, अंतत: इससे आपको अपने जीवन के अन्य क्षेत्रों में बदलाव लाने की अंतर्दृष्टि और कौशल ज़रूर मिल जाता है।

अगर उपरोक्त प्रणाली कारगर न हो, तो अपने मास्टरप्लान के अगले चरण में जाएँ: नई आदत से पुरानी आदत की अदला-बदली करना।

चरण 3 – व्यवहारों की अदला-बदली करना

अच्छे व्यवहार से बुरे व्यवहार की अदला-बदली करना एक आम तरीका है और कई तथाकथित विशेषज्ञ आपको इसी बिंदु से शुरुआत करने की सलाह देंगे। पर ये पूरी तरह सच नहीं है कि किसी आदत पर लगाम लगाने का इकलौता तरीका है, उसकी जगह कोई और आदत अपना लेना। हमने अब तक जिन-जिन चरणों पर चर्चा की, उनका कुशलतापूर्वक उपयोग करके कई आदतों पर लगाम लगाई जा सकती है। लेकिन कुछ आदतें ऐसी होती हैं, जिनकी जगह एक नई आदत अपनाने से कठिन से कठिन उलझनें भी सुलझ जाती हैं। अगर आपने इस मास्टरप्लान के पिछले चरणों का उपयोग पहले ही करके देख लिया है और उनमें से कोई भी कारगर साबित नहीं हुआ है, तो आदतों की अदला-बदली में आपका स्वागत है। आप यहाँ तक व्यवस्थित ढंग से पहुँचे हैं, जिसका अर्थ है कि आप सही चीज़ पर ध्यान केंद्रित कर रहे हैं और इसमें जो समय और कोशिशें लग रही हैं, उनका फल आपको मिलने की पूरी संभावना है।

आदतों की अदला-बदली के लिए स्पष्टता रखें

चरण-2 की तरह ही इस मामले में भी आपको उन आदतों को लेकर पूरी स्पष्टता रखनी होगी, जिनकी आप अदला-बदली करना चाहते हैं। यानी आप जिस पुरानी आदत पर लगाम लगाना चाहते हैं और उसकी जगह जो नई आदत अपनाना चाहते हैं, वे दोनों आदतें कौन सी होंगी, इस बारे में स्पष्टता रखें। साथ ही नई आदत का चुनाव समझदारी के साथ करना भी बहुत ज़रूरी है। वरना यह अदला-बदली कारगर नहीं होगी। अगर आप किसी नई चीज़ को सिर्फ यह सोचकर चुन लेते हैं कि वह 'आपके लिए अच्छी रहेगी' तो संभवत: आपकी यह अदला-बदली विफल हो जाएगी। जैसे मान लीजिए कि आप ऑफिस में काम करते समय राजनीतिक खबरें पढ़ने की अपनी आदत पर लगाम लगाना चाहते हैं। इसके लिए आप चाहें तो राजनीतिक खबरें पढ़ने के बजाय ऑफिस का कागजी कामकाज पूरा करके उस समय का सदुपयोग कर सकते हैं। पर संभवत: यह तरीका कारगर नहीं रहेगा। क्यों? क्योंकि कागजी कामकाज पूरा करने की नई आदत न सिर्फ राजनीतिक खबरें पढ़ने की तुलना में कम प्रेरक है बल्कि शारीरिक और मानसिक रूप से अपेक्षाकृत कठिन भी है। खबरें पढ़ने के मुकाबले कागजी कामकाज पूरा करने की प्रेरणा और सक्षमता कम होगी, जिसके चलते इस अदला-बदली का विफल होना तय है। दरअसल व्यवहारों की अदला-बदली के लिए आपको आदतों के निर्माण के अपने कौशल का उपयोग भी करना पड़ता है ताकि एक ऐसी नई आदत का पता लगाया जा सकें, जिस पर अमल करना न सिर्फ आसान हो बल्कि पुरानी आदत से कहीं अधिक प्रेरक भी हो।

मास्टरप्लान के इस हिस्से में आपको अध्याय-2 की पद्धतियों - व्यवहारों का एक झुंड तैयार करना और फिर सुनहरा व्यवहार खोजने के लिए परिणामों की फोकस मैपिंग करना - का उपयोग कर एक नई आदत से अपना मिलान करना है।

मान लीजिए मैं नई आदत से पुरानी आदत की अदला-बदली करने के लिए इन सभी चरणों का उपयोग करता हूँ। तो इस कोशिश में मिली सफलता कैसी होगी? अपनी बात करूँ, तो ब्लड प्रेशर बढ़ानेवाली खबरों को पढ़ने के बजाय मैं सर्फिंग के वीडियो देख सकता हूँ। इसके लिए मैं प्रेरित भी महसूस करूँगा क्योंकि मुझे समंदर में सर्फिंग करना बेहद पसंद है और मैं अपने इस कौशल को और निखारना चाहता हूँ। सर्फिंग के वीडियो देखना, खबरें पढ़ने से कहीं ज़्यादा आसान भी है। तो इस तरह मैंने अपने लिए एक नई आदत (सर्फिंग के वीडियो देखना) ढूँढ़ ली, जो मेरी पुरानी आदत (ऑफिस में काम के समय राजनीतिक खबरें पढ़ना) की जगह ले लेगी। यानी मैं सफल रहा!

एक सुनहरे व्यवहार के साथ अपना मिलान करने के तीन मापदंडों के बारे में

अध्याय-2 का एक आसान रिमाइंडर कुछ इस प्रकार है।

* प्रभाव : व्यवहार प्रभावी है।
* प्रेरणा : आप व्यवहार करना चाहते हैं।
* सक्षमता : आप व्यवहार कर सकते हैं।

अब जबकि आप एक सुनहरे व्यवहार के साथ अपना मिलान कर चुके हैं, तो अगला संकेत क्या है?

आदतों की अदला-बदली के लिए दोबारा संकेतों की मैपिंग करना

संकेतों की मैपिंग दोबारा करने का अर्थ है, संकेत मिलने पर पुरानी आदत के बजाय नई आदत पर अमल करना। मान लीजिए आप अपनी किशोर बेटी पर बार-बार गुस्सा करने की अपनी आदत पर लगाम लगाना चाहते हैं। ये आपकी पुरानी आदत है। इसका संकेत है, आपकी वह झुंझलाहट, जो उसकी किसी लापरवाही को देखकर पैदा होती है। अगली बार जब ऐसा कुछ हो, तो उस पर गुस्सा करने की अपनी पुरानी आदत को, ईमानदारी के साथ उससे कोई सकारात्मक बात कहने की नई आदत से बदल लें। फिर एक दिन जब वह फ्रिज से दही निकालती है तो उसका दरवाजा बंद करना भूल जाती है। ये देखकर आपके अंदर एक बार फिर वही जानी-पहचानी झुंझलाहट पैदा होती है पर अब ये झुंझलाहट आपके नए व्यवहार का संकेत बन चुकी है। इसलिए बेटी पर गुस्सा करके उसे ये कहने के बजाय कि 'तुमसे कितनी बार कहा है, फ्रिज का दरवाजा बंद कर दिया करो!' आप उससे कहेंगे, 'मुझे ये देखकर अच्छा लगा कि तुम दही जैसी स्वास्थ्यवर्धक चीज़ खा रही हो।'

जब आप इस नई आदत पर अमल करें, तो इसका जश्न मनाना न भूलें और तीव्र रौनक भी महसूस करें। यह एक नई आदत है, जिसका आप निर्माण कर रहे हैं। इसलिए आपको इसे अपने दिमाग में स्थापित करना होगा। दही खाने के निर्णय की प्रशंसा करने के बाद आपको यह महसूस करना होगा कि आपने अपनी बेटी के लिए कुछ अच्छा किया। उसका समर्थन करने के लिए और एक अच्छा पिता बनने के लिए खुद को बधाई दें। अगर वह पहले-पहल आपके मुँह से अपनी प्रशंसा सुनकर हैरान रह जाती है और फिर उसके चेहरे पर मुस्कान आ जाती है और इसके बाद वह खुद जाकर फ्रिज का दरवाजा बंद कर देती है, तो यह भी आपके लिए किसी विजय से कम नहीं है। (हालाँकि असल मुद्दा ये नहीं था!)

समस्या निवारक दिशानिर्देश: अगर आप अपनी नई आदत पर अमल करना भूल जाएँ, तो मानसिक या शारीरिक रूप से कई बार

आदतों की अदला-बदली का अभ्यास करें और पुराने संकेत को नई आदत से जोड़ने के लिए जश्न मनाएँ।

अगर आप पुराने संकेत को नई आदत के साथ फिर से मैप नहीं कर पाते हैं, तो इसका अर्थ है कि संभवत: आपका ये नया व्यवहार ज़्यादा 'सुनहरा' नहीं है। पर कोई बात नहीं। ये ज़रूरी नहीं है कि आप पहली बार में ही सर्वश्रेष्ठ व्यवहार का चुनाव कर लें। शायद आप जिस पुरानी आदत को बदलने की कोशिश कर रहे हैं, वह एक तीव्र अवरोही आदत है। संभवत: आप अपनी पुरानी आदत पर अमल करना मुश्किल नहीं बना सकते या शायद उसे कम प्रेरक नहीं बना सकते। अगर ऐसा है, तो सबसे उचित अगला कदम यही होगा कि आप पीछे लौटें और इस अदला-बदली के लिए किसी और नई आदत का चुनाव करें। फिर भी अगर आपको परेशानी का सामना करना पड़ रहा है, तो अगले चरण की ओर बढ़ जाएँ।

आदतों की अदला-बदली के लिए क्षमता और प्रेरणा दोनों को समायोजित करना

जब संकेत की मैपिंग दोबारा करने के बावजूद आपकी पुरानी आदत पर लगाम नहीं लगती, तो आप इस चरण में आ जाते हैं। यहाँ आकर आप इस बात को लेकर निश्चिंत हो सकते हैं कि आपकी पुरानी आदत या तो ज़्यादा प्रेरक है या फिर उस पर अमल करना, नई आदत पर अमल करने के मुकाबले ज़्यादा आसान है - या फिर ये दोनों ही बातें हो सकती हैं। व्यवहार मॉडल पर अपनी अनचाही आदत और नई आदत की मैपिंग करने से आपको यह देखने में मदद मिलती है कि असल में क्या हो रहा है। पुरानी आदत व्यवहार मॉडल पर क्रिया रेखा से काफी ऊपर है, जिसका अर्थ है कि ये पुरानी आदत आपके लिए अधिक सम्मोहक है और इसीलिए नई आदत के बजाय आप उस पुरानी आदत पर अमल करते रहेंगे।

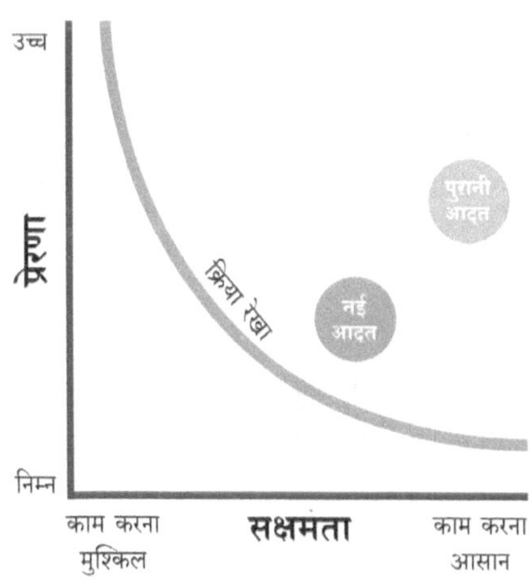

इस स्थिति को बदलने के लिए आपके पास चार विकल्प हैं, जो आगे प्रस्तुत रेखा-चित्र में दर्शाए गए हैं।

	नई आदत	पुरानी आदत
सक्षमता	**१. सक्षमता बढ़ाएँ** नई आदत पर अमल करना आसान बनाएँ	**२. सक्षमता घटाएँ** पुरानी आदत पर अमल करना मुश्किल बनाएँ
प्रेरणा	**३. प्रेरणा बढ़ाएँ** नई आदत को और अधिक प्रेरक बनाएँ	**४. प्रेरणा घटाएँ** पुरानी आदत को कम प्रेरक बनाएँ

इनमें से किसी भी बक्से पर अपनी ऊर्जा केंद्रित करने से आपको आदतों की अदला-बदली करने में मदद मिलेगी। पर अगर आप ये चारों समायोजन कर लेते हैं, तो आपको पुरानी आदत की जगह नई आदत लाने में और अधिक सफलता मिलेगी। अगले रेखा-चित्र में आदर्श परिदृश्य दर्शाया गया है।

हालाँकि सारे समायोजन कारगर नहीं होंगे। हो सकता है कि आप अपनी पुरानी आदत की प्रेरणा घटाने में सक्षम न हो पाएँ। पर कोई बात नहीं। अगर आप पुरानी आदत पर अमल करना मुश्किल बना देते हैं और नई आदत को प्रेरक और उस पर अमल करना आसान बना देते हैं, तो संभवत: आप आदतों की अदला-बदली में सफल हो जाएँगे।

अगर अब तक इनमें से कोई भी तरीका कारगर सिद्ध नहीं हुआ है तो...

निराश न हों। आपके पास अब भी कुछ विकल्प मौजूद हैं। यह प्रक्रिया इसीलिए है ताकि आप वह ढूँढ़ सकें, जो आपके मामले में कारगर रहे। वास्तव में ये काफी हद तक नए जूते खरीदने जैसा है। शो-रूम में आपको जूतों का जो पहला जोड़ा पसंद आता है, वह शेल्फ पर रखा हुआ तो बड़ा अच्छा दिखता है पर जब आप उसे पहनकर देखते हैं, तो आमतौर पर वह आपके पैरों में ठीक से फिट नहीं होता। ऐसे में उन जूतों को जबर्दस्ती अपने पैरों में फिट करने की कोशिश करने का कोई मतलब नहीं होता। तो इसके लिए खुद को दोष भी न दें और न ही जूते खरीदने का इरादा बदलें। बल्कि जूतों का कोई अन्य जोड़ा ढूँढ़ें और उसे पहनकर देखें।

ये रहे कुछ अन्य विकल्प जिन्हें आप आज़मा सकते हैं।

* विकल्प ए : अदला-बदली के लिए एक बेहतर नई आदत ढूँढ़ें और एक बार फिर से सारे चरणों का पालन करें।
* विकल्प बी : अदला-बदली को सीमित रूप से आज़माने का प्रयास करें। तीन दिन तक यह अदला-बदली करें और देखें कि इससे क्या होता है, इसके बाद तय करें कि आपको आगे क्या करना है।
* विकल्प सी : अपने मास्टरप्लान के पहले चरण पर लौटें और अपना कौशल व आत्मविश्वास विकसित करने के लिए अन्य नई आदतों का अभ्यास करें और अपनी पहचान बदल लें। इस निरंतर जारी बुरी आदत से बाद में निपटें।

यह प्रक्रिया एक कौशल है

ऐसी कोई एक तकनीक नहीं है, जिससे सारी आदतों पर लगाम लगाना संभव हो। पर अब आपके पास एक ठोस प्रक्रिया ज़रूर है और आप मेरे व्यवहार संरचना मास्टरप्लान का उपयोग फौरन शुरू कर सकते हैं। अभ्यास करते-करते आप इसमें और बेहतर हो जाएँगे। साथ ही महत्वपूर्ण मुद्दों का पता लगाने और समस्याओं को हल करने में भी और कुशल हो जाएँगे।

हो सकता है कि आपको हमेशा देर से आने की बुरी आदत हो। या फिर शायद आप टाल-मटोल करने की बुरी आदत से ग्रस्त हों। ये कुछ विशेष मामले हैं क्योंकि ये बुरी आदतें ऐसे व्यवहार से पैदा हो रही हैं, जो आप नहीं कर रहे हैं। जब आपको भूल-चूक और आनाकानी जैसी आदतों से निपटना हो, तो आपको कुछ व्यवहारों पर लगाम लगाने के बजाय उन्हें सक्रिय करना पड़ता है। इस प्रकार की बुरी आदतों के लिए एक कुशल हैबिटीयर (ऐसा व्यक्ति जो छोटी-छोटी आदतों की पद्धति का उपयोग करता हो) अपना ध्यान पहले चरण (नई आदतें निर्मित करने पर ध्यान केंद्रित करना) पर केंद्रित करेगा और एक कदम पीछे जाकर तब तक नई आदतें विकसित करेगा, जब तक समस्या का समाधान नहीं मिल जाता।

यह प्रक्रिया एक कौशल है। जब आप अपने लिए एक कारगर तरीका ढूँढ़ लेते हैं, तो भविष्य की चुनौतियों का सामना करना आसान हो जाता है। इसलिए बस आगे बढ़ते रहें।

हर बार एक सफल परिणाम हासिल करने के बाद एक और विशिष्ट आदत को खोलने के लिए अपने व्यवहारों के झुंड वाले रेखा-चित्र पर गौर करें। अपनी अनचाही सामान्य आदत के साथ विश्वसनीय और संतुलित ढंग से इसी तरह निपटा जाता है।

जब मुझे ये पता चला कि मेरे लिए सबसे कारगर तरीका है, 'अनचाही आदत को अपने लिए शारीरिक रूप से मुश्किल बना देना,' तो मुझे कुछ पैटर्न्स दिखाई दिए। ठीक इसी तरह आपको भी कुछ पैटर्न्स दिखाई देंगे। फिर आप ऐसी परिस्थितियों को पहचानने लगेंगे, जो आपके लिए बुरी आदत पर अमल करना आसान बना देती हैं। साथ ही आप यह भी सीख जाएँगे कि इन परिस्थितियों से कैसे बचा जाए।

आपको अपने जीवन में ऐसे लोग भी मिलेंगे, जो आपके लिए बुरी आदतों पर अमल करना आसान बना देते हैं। व्यवहार परिवर्तन के कुछ तरीकों में ऐसे लोगों को समर्थक कहा जाता है। इन लोगों को कम करके नहीं आंकना चाहिए! जैसे मैं मार्था नामक महिला को कभी नहीं भूल सकता - उससे मेरी मुलाकात कुछ साल पहले तब हुई थी, जब मैं वेट वॉचर्स[2] के साथ था (कुछ हद तक इसलिए क्योंकि मैं वेट वॉचर्स की प्रोडक्ट टीम को व्यवहार संरचना का प्रशिक्षण दे रहा था और इसलिए भी क्योंकि मैं खुद भी अपना वजन कम करना चाहता था)। मार्था कई सालों से वेट वॉचर्स के माध्यम से अपना वजन कम करने में जुटी हुई थी पर उसे ज़्यादा सफलता नहीं मिली थी। हालाँकि कभी-कभी वह कुछ पाउंड वजन घटाने में सफल भी हो जाती, लेकिन कुल मिलाकर उसे बहुत ज़्यादा लाभ नहीं हुआ था। एक दिन हमारे समूह की मीटिंग में किसी सदस्य ने खाने के प्रति ऐसे प्रलोभन का जिक्र छेड़ दिया, जो दूसरों के चलते

---

2 स्वास्थ्य संबंधी उत्पाद व सेवाएँ उपलब्ध करानेवाली एक अमेरिकी कंपनी

पैदा होता है। समूह के हर सदस्य के पास इससे जुड़ा कोई न कोई किस्सा ज़रूर था। कोई बता रहा था कि कैसे ऑफिस में ब्रेक के दौरान किसी सहकर्मी के ज़ोर देने पर उसने काफी सारा केक खा लिया और कोई बता रहा था कि कैसे ऑफिस में उसका कोई सहकर्मी उसे हमेशा अपने आधे बिस्किट खाने को दे देता है। मार्था ने भी ऐसा ही एक किस्सा सुनाया। उसका पूरा परिवार हर रविवार को टी.वी. पर फुटबॉल मैच देखता था। मार्था का पति पिज्जा ऑर्डर कर देता और उसकी बहन चीजी डिप तैयार कर लेती, जो मार्था की वजन घटाने की कोशिशों में किसी बाधा से कम नहीं था।

मार्था ने बताया कि कैसे पिछले रविवार को उसने टी.वी. पर मैच शुरू होने से पहले पेट भरके स्वास्थ्यप्रद भोजन कर लिया ताकि जब पिज्जा और चीजी डिप सामने आए, तो वह उन्हें खाने के प्रलोभन में न पड़े। मार्था अपने बेटे के साथ आराम से सोफे पर बैठकर मैच देख रही थी और अपनी पसंदीदा टीम को जीतता देखने के लिए खासी उत्साहित थी। हाफटाइम के समय पिज्जा आया और उसके पति ने फौरन एक बड़ी सी स्लाइस उठाकर खाना शुरू कर दिया। जैसे ही वह मार्था के करीब से गुजरा, पिज्जा स्लाइस को उसके मुँह के पास लाकर बोला, 'ये देखा मार्था, पिज्जा से कितनी अच्छी खुशबू आ रही है!' उसकी ये बात सुनकर हर कोई हँस पड़ा, सिर्फ मार्था को छोड़कर। आमतौर पर मार्था अपने पति के हर मज़ाक का जवाब मजाकिया ढंग से ही देती है, लेकिन इस बार वह चिढ़ गई। ये पहली बार नहीं था, जब मार्था का पति खुद कुछ खाते हुए उसकी टांग खींच रहा था ताकि अंत में हार मानकर मार्था भी वह खा ले। कभी-कभी मार्था सचमुच हार मान जाती, तो कभी-कभी खुद पर नियंत्रण रखने में सफल भी रहती। पर मार्था के मुताबिक, पिज्जावाली ये घटना ज़रा अलग थी क्योंकि इसके कारण उसे अपने परिवार के बाकी सदस्यों के सामने शर्मिंदगी महसूस हुई। मार्था ने बताया कि इस घटना के बाद अगले कुछ दिनों तक उसने पति को बेडरूम में अपने साथ नहीं सोने दिया और उस बेचारे को बाहर सोफे पर सोना पड़ा – पर इससे भी ज़्यादा महत्वपूर्ण ये है कि इससे मार्था को एहसास हुआ कि उसका पति बुरी आदतों को सक्रिय करके उसकी उस सफलता को खोखला कर रहा था, जो उसे वेट वॉचर्स के जरिए मिल रही थी।

आप अपनी दुनिया के हर पहलू को नहीं बदल सकते। जैसे आप किसी फिल्म थिएटर में ये बदलाव नहीं ला सकते कि वह सॉफ्ट ड्रिंक्स बेचना बंद कर दे। इसी तरह आप किसी बार या पब में ये बदलाव नहीं ला सकते कि वह हैप्पी आवर्स में कम कीमत पर ड्रिंक्स बेचना बंद कर दे। ठीक इसी तरह आप अपने पति या अपने सहकर्मी में संभवत: ऐसा कोई बदलाव नहीं ला सकते कि वे स्वास्थ्य के लिए हानिकारक खाद्य पदार्थों को आपके सामने पेश करना बंद कर दें (वैसे हो सकता है कि आप ऐसा करने में सक्षम हों, पर इस बारे में हम फिर कभी बात करेंगे)। लेकिन व्यवहार

संरचना दृष्टिकोण से देखें, तो हर गाँठ को ढीला करने के कई तरीके होते हैं। यूँ तो हर बुरी आदत अपने आपमें अनूठी होती है, लेकिन उन्हें सुधारने का दृष्टिकोण समान ही होता है यानी – कुछ ठोस कदम और तकनीकें, जिन्हें ज़रूरत पड़ने पर आपकी परिस्थिति के अनुसार बदला जा सके। इसमें कोई अनुमान लगाने की ज़रूरत नहीं होती – सिर्फ थोड़ी सी जिज्ञासा और ढेर सारी रौनक की भावना काफी होती है।

विघटन की सुंदरता

पिछले अध्याय में हमने उस खुशी पर बात की थी, जो सच्ची प्रगति होते हुए देखकर और आपकी सकारात्मक आदतों के प्रभाव से आती है। मेरा वादा है कि जब आप उन बुरी आदतों को कचरे के डिब्बे में पड़ा देखेंगे, जिनसे आपने छुटकारा पा लिया है, तब भी आपको ऐसी ही खुशी होगी। ये सचमुच बड़ी अच्छी बात है, पर इससे भी ज़्यादा अद्‌भुत और विस्मयकारी (कम से कम मेरे लिए) तो ये देखना होगा कि आपने अपने जीवन में जो खाली स्थान तैयार किया है, वहाँ नया क्या पैदा होता है। जब आप अपनी अनचाही आदतों से छुटकारा पा लेते हैं, तो उनके स्थान पर कुछ इस प्रकार की चीज़ें पैदा हो सकती हैं – 'आपको अपने पैशन प्रोजेक्ट के लिए अधिक समय मिलना, काम के मामले में आपकी उत्पादकता बढ़ना, रिश्तों में अधिक गहराई आना और आपकी नई पहचान का विस्तार होना।' उस खाली स्थान को भरनेवाली इन चीज़ों में से कुछ का चुनाव आप खुद करेंगे और कुछ चीज़ें आपको अपने आसपास के लोगों से मिलेंगी।

इसका एक अच्छा उदाहरण इस प्रकार है। अत्यधिक मीठा खाने की अपनी आदत को सुधारने के एक महीने बाद एक दिन दोपहर के समय जूनी को अपने कमरे की खिड़की से बाहर कोई आवाज सुनाई दी। जब उसने बाहर जाकर देखा, तो पाया कि उसका ग्यारह वर्षीय बेटा एलियाह धूप में बैठकर खुद का तैयार किया हुए एक गाना गा रहा है, जो डॉल्फिन्स के बारे में था। एलियाह एक शांत बच्चा था और ऑटिज़्म (मानसिक विकास संबंधी एक रोग) से पीड़ित था। जूनी ने पहले कभी उसे गाते हुए नहीं देखा था। जब एलियाह ने नज़रें उठाकर अपनी माँ को पास आते देखा, तो उसके चेहरे पर मुस्कान आ गई। जूनी उसके करीब आई। उसके लिए अपनी आँसू रोकना मुश्किल हो रहा था। उसे एहसास हुआ कि अगर ऐसा छह महीने पहले हुआ होता, तो वह शायद ढेर सारा मीठा खाने के बाद सोफे पर निढाल पड़ी सो रही होती और अपने बेटे की मीठी आवाज में गाना सुनने का मौका गँवा देती।

पर अब वह अपने बेटे के पास बैठकर उसे और गाने के लिए प्रोत्साहित कर रही थी, उससे बातें कर रही थी और उसे बता रही थी कि कैसे किसी जमाने में वह खुद भी गाया करती थी।

जब उसने अपने पति को बताया कि बेटे में अचानक आए इस बदलाव को देखकर वह कितनी हैरान है, तो पति ने उसे याद दिलाया कि कैसे पिछले कुछ महीनों में उन सभी के अंदर बदलाव आया है। यह कोई संयोग नहीं था कि ऑटिज़्म से पीड़ित उसके बेटे ने गाना शुरू कर दिया था और उसके पति ने सॉफ्ट ड्रिंक पीने की अपनी सालों पुरानी आदत छोड़ दी थी। दरअसल उन्होंने देखा था कि जूनी में कितना बदलाव आया था और वह इससे कितनी खुश थी। यह देखकर वे भी जूनी की तरह बदलाव लाने के लिए प्रेरित हुए। एलियाह ने अपनी माँ को आदर्श मान लिया और जब उसे समुचित ध्यान और संरचनात्मकता मिली, तो वह तेजी से प्रगति करने लगा। जूनी ने अपनी शुरुआत मीठा रहित भोजन का जश्न मनाने से की थी और अब तक वह टेक्सास के ऑस्टिन में आयोजित अपनी दूसरी मैराथन दौड़ चुकी थी। जूनी अपने जीवन में जो बदलाव लेकर आई थी, उससे न सिर्फ उसके परिवार के सदस्यों पर बल्कि उसके दोस्तों और सहकर्मियों पर भी गहरा प्रभाव पड़ा था।

यह जूनी की सारी कोशिशों से मिला एक उपहार भी था और एक साइड-इफेक्ट भी – जिसकी उसने कभी कल्पना तक नहीं की थी।

व्यवहार संरचना एकांत में की गई कोई खोज नहीं होती। हम जो भी व्यवहार अपनाते हैं, जो भी बदलाव लाते हैं, वह किसी झील में गिरनेवाली पानी की बूँद की तरह होता है, जिसका विस्तार पानी की हिलोरों की तरह होता है। हम अपने कर्मों से ही अपने परिवार, समुदाय और अपने समाज को आकार देते हैं और वे हमें आकार देते हैं। हम जो आदतें निर्मित करते हैं और अपनाते हैं, वे सचमुच मायने रखती हैं। यह किताब काफी हद तक इस बात पर केंद्रित है कि हमारा व्यवहार व्यक्ति के लिए कितना महत्वपूर्ण होता है। पर यह कहानी यहीं तक सीमित नहीं है। व्यवहार संरचना का संबंध सिर्फ वजन घटाने या खाने के दौरान फोन से दूर रहने भर से नहीं है। बल्कि व्यवहार संरचना तो बदलाव लाने और सर्वश्रेष्ठ बनने की दिशा में आगे बढ़ने से जुड़ी है। जी हाँ, ये हमारे लिए है। पर साथ ही ये उनके लिए भी है, जिन्हें हम प्रेम करते हैं और उस संसार के लिए भी, जिसे निर्मित करने की हम उम्मीद रखते हैं। इसीलिए अगला अध्याय संभवत: सबसे महत्वपूर्ण अध्याय है। जिसमें हम सीखेंगे कि एक-दूसरे के साथ मिलकर बदलाव लाने का सच्चा अर्थ क्या होता है।

लगाम लगाना और अदला-बदली सीखने के लिए छोटे-छोटे अभ्यास

आप आगे दिए गए अभ्यास किसी भी क्रम में कर सकते हैं।

अभ्यास 1 : किसी बुरी आदत पर लगाम लगाने के लिए व्यवहारों का झुंड बनाने का अभ्यास करें

कोई ऐसी बुरी आदत लें, जो आपमें न हो। क्यों? क्योंकि इससे यह अभ्यास थोड़ा आसान हो जाएगा और संभवत: आपको ज़्यादा सीखने को भी मिलेगा।

चरण 1 : कुछ देर के लिए यह दिखावा करें कि आप कोई और हैं, जिसके अंदर एक बुरी आदत है।

चरण 2 : व्यवहारों के झुंड का रेखा-चित्र खींचें या फिर TinyHabits.com/resources पर जाकर इसका टेम्पलेट डाउनलोड करें।

चरण 3 : आप जो व्यक्ति होने का दिखावा कर रहे हैं, उसकी सामान्य बुरी आदतों को बादलों जैसी आकृति के अंदर लिखें।

चरण 4 : बादलों जैसी इस आकृति के चारों ओर कम से कम दस स्पष्ट आदतें लिखें। इसके लिए आपको अपनी कल्पना-शक्ति का सहारा लेना होगा।

चरण 5 : अपने व्यवहारों के झुंड पर गौर करें और दो या तीन ऐसी स्पष्ट आदतें लें, जिन्हें सुधारना सबसे आसान हों।

नोट: एक काल्पनिक व्यवहारों का झुंड तैयार करने से आपका कौशल विकसित होगा। और जब आप इसी दृष्टिकोण को अपने जीवन की किसी वास्तविक चुनौती पर लागू करेंगे, तो उसे लेकर आपका आत्मविश्वास पहले से ज़्यादा होगा, भय कम होगा और साथ ही आप अधिक कुशल भी साबित होंगे।

अभ्यास 2 : किसी संकेत को एक दिन के लिए हटाने का अभ्यास करें

चरण 1 : कोई ऐसा सोशल मीडिया या स्पोर्ट्र्स एप लें, जिसे आप अक्सर इस्तेमाल करते हों।

चरण 2 : इस एप की सेटिंग में जाएँ और उसके नोटिफिकेशंस बंद कर दें।

चरण 3 : देखें कि अगले चौबीस घंटे में क्या होता है (और क्या नहीं होता है)।

नोट: अगर बिना नोटिफिकेशंस के आपको अपना जीवन बेहतर लगे, तो उन्हें बंद

ही रहने दें। पर अगर ऐसा करने से आपको अपना जीवन बदतर लग रहा हो, तो नोटिफिकेशंस को फिर से चालू कर लें। जो भी हो, इससे आपको कुछ न कुछ सीखने को ज़रूर मिलेगा।

अभ्यास 3 : आदत बनाकर रखने के लिए अदला-बदली और जश्न मनाने का अभ्यास करें

चरण 1 : एक खाली कंटेनर ढूँढ़ें, जिसे अस्थाई रूप से डस्ट-बिन के रूप में उपयोग किया जा सकता हो।

चरण 2 : इस नए डस्ट-बिन को अपने ऑफिस में रखे पुराने डस्ट-बिन से कुछ दूर किसी और स्थान पर रख दें।

चरण 3 : खुद से कहें कि आगे से आपको पुराने के बजाय नए डस्ट-बिन का उपयोग करना है।

चरण 4 : जब भी आपको कोई फालतू कागज या कोई और कचरा फेंकने का संकेत मिले, तो पुराने के बजाय नए डस्ट-बिन का उपयोग करें। हो सकता है कि शुरू-शुरू में आपको हर बार ऐसा करने की याद न रहे। इसलिए इस बदलाव में तेजी लाने के लिए चरण 5 में जाएँ।

चरण 5 : सात से दस बार नए डस्ट-बिन के उपयोग का अभ्यास करें और हर बार इसका जश्न ज़रूर मनाएँ। साथ ही रौनक की भावना भी महसूस करें।

चरण 6 : अगली बार जब आप काम पर वापस जाएँ, तो अपनी नई आदत पर गौर करें। इस बात पर गौर करना कि आपकी आदत कैसे बदलती है - आदतों की अदला-बदली करके कैसा लगता है - यही इस अभ्यास का उद्देश्य है।

नोट: अगर आप नए डस्ट-बिन का उपयोग करना भूल जाएँ, तो नई आदत का और अभ्यास करें। साथ ही जश्न भी मनाएँ (कुछ दिनों तक आदतों की अदला-बदली का अभ्यास करने के बाद अगर आप चाहें, तो वापस अपनी पुरानी आदत अपना लें)।

8

हम एक साथ मिलकर कैसे बदलते हैं

माइक और कार्ला को लगता था, मानो वे कहीं फँस गए हैं।

उनका बेटा क्रिस 21 साल का था। वह अब भी अपने माता-पिता के साथ ही रहता था और वयस्क जीवन की आम जिम्मेदारियों को पूरा करने में भी उसे भारी मुश्किल होती थी। इसीलिए 18 साल की उम्र में क्रिस की यूनिवर्सिटी की पढ़ाई भी छूट गई। उस समय उसके माता-पिता ने यह सोचकर संतोष कर लिया कि शायद वह कोई छोटी-मोटी नौकरी ढूँढ़ लेगा या फिर वापस किसी कॉलेज में दाखिला ले लेगा। पर क्रिस ने ऐसा कुछ नहीं किया। माता-पिता से मिलनेवाले आर्थिक और भावनात्मक सहयोग के बावजूद क्रिस अपना रास्ता बनाने में हमेशा नाकाम होता रहा। हालाँकि वह एक पार्ट-टाइम नौकरी कर रहा था पर चीज़ों को व्यवस्थित रखने, अपने बिलों का भुगतान करने और अपने छोटे भाई के साथ दोस्ताना व्यवहार करने जैसी बुनियादी चीज़ें करने में उसकी असमर्थता के कारण घर में तनाव बना रहता था, जिससे हर किसी को बड़ी घुटन महसूस होती थी।

क्रिस जब तक घर में रहा, पिता माइक के संबंध उसके साथ उतने ही खराब होते गए। क्रिस हमेशा सबसे अलग-थलग रहा करता और कभी-कभी जब किसी वजह से माहौल अधिक तनावपूर्ण हो जाता, तो वह अचानक भड़क उठता। हालत ये थी कि अगर कभी क्रिस से घर में सफाई रखने और अपने बर्तन धोने के लिए भी कह दिया जाता, तो सप्ताह भर के लिए उसका भड़कना और बड़बड़ करना शुरू हो जाता, जिसके चलते हर कोई तनाव से घिर जाता। जैसे जब माइक अपने बेटे से कहता कि उसे अपना कमरा व्यवस्थित रखना चाहिए तो क्रिस उसकी बात को अगले कई दिनों तक अनदेखा करता रहता। माइक एक बार फिर क्रिस को अपना कमरा व्यवस्थित रखने की याद दिलाता और इस बार ज़रा कड़ाई से पेश आता। लेकिन क्रिस 'हाँ-हाँ ठीक है' जैसा कोई अनमना सा जवाब देता, पर कभी अपना कमरा व्यवस्थित रखने की कोशिश भी नहीं करता।

दुर्भाग्य से, माइक का होम-ऑफिस क्रिस के कमरे के ठीक बगल में स्थित था

इसलिए उसकी नज़र अक्सर अपने बेटे के अस्त-व्यस्त कमरे पर पड़ जाती थी। जिसे देखकर माइक को हमेशा यही लगता कि 'मेरा बेटा न तो मेरी सुनता है और न ही उसके अंदर उन चीज़ों के लिए कृतज्ञता का भाव है, जो मैं उसके लिए करता हूँ। वह अपने कमरे को सलीके से नहीं रखता और किसी भी चीज़ की परवाह नहीं करता।' यह सब सोचकर माइक अक्सर गुस्से से भर जाता और फिर बेहद कड़े शब्दों में क्रिस से कहता कि 'क्रिस तुम इस घर के नियम-कायदों के हिसाब से चलो, अपने लिए एक ढंग की नौकरी ढूँढ़ो, घर में सलीके से रहना सीखो और अपने बिलों का भुगतान समय पर करो ताकि तुम्हें बार-बार लेट-फीस भरने के लिए अपने माता-पिता से आर्थिक मदद न लेनी पड़े।' ये सुनकर क्रिस चिढ़ जाता और गुस्से में घर से बाहर निकल जाता। आखिरकार वह न तो अपना कमरा व्यवस्थित करता और न ही अपने पापा की कही हुई कोई बात मानता। वह तो बस अपना हेडफोन कान में डालकर दुनिया के किसी दूसरे कोने में बैठे अजनबियों के साथ ऑनलाइन वीडियो गेम्स खेलता रहता।

फिर अगले कुछ दिनों तक - कभी-कभी तो हफ्तों तक माइक और क्रिस के बीच कोई बात नहीं होती। और जब उनके बीच दोबारा बातचीत शुरू होती, तो पृष्ठभूमि में हमेशा एक-दूसरे के प्रति द्वेष और निराशा का भाव मौजूद रहता। यहाँ तक कि अब तो माइक को ये लगने लगा था कि काश उसका काम भी दूसरों जैसा होता और घर पर बैठकर काम करने के बजाय उसे भी बाकी लोगों की तरह रोज ऑफिस जाना पड़ता। इस माहौल में जब माइक अपने दूसरे बेटे को उसका कमरा साफ करने का संकेत देता, तो वह प्रतिक्रिया में कुछ ऐसा जवाब देता, 'मैं क्यों करूँ? क्रिस भी तो अपना कमरा खुद साफ नहीं करता।'

छोटे बेटे की ऐसी प्रतिक्रिया देखकर माइक अक्सर गुस्से में घर का दरवाजा 'धड़ाक' से बंद करते हुए बाहर निकल जाता और सोचता कि 'मेरा बस चले तो मैं कभी इस घर में वापस कदम न रखूँ।'

जब कभी क्रिस पूरे परिवार के साथ बैठकर खाना खा रहा होता - जो कि कम ही होता था - तो डिनर टेबल के दूसरे छोर पर बैठा माइक अपने बेटे की ओर बड़ी हताशा भरी नज़रों से देखता और अचानक अपराध-बोध से भर जाता। जब क्रिस का जन्म हुआ था, तब माइक और कार्ला, दोनों ही यूनिवर्सिटी के पहले साल में थे। उस समय वे इतने परिपक्व नहीं थे कि यह समझ सकें कि इतनी कम उम्र में बच्चा पैदा करके वे असल में क्या कर रहे हैं। एक तरह से देखा जाए, तो क्रिस भी माइक और कार्ला के साथ-साथ ही बड़ा हुआ था। सच तो ये है कि क्रिस हमेशा से ही एक खास बच्चा था। वह अपनी उम्र से ज़्यादा समझदार लगता था, बड़ों की बातें फौरन समझ जाता था और उनके साथ बराबरी से बातचीत करता था। क्रिस स्कूल

जाता, पार्टियों में शामिल होता और अक्सर अपने माता-पिता के साथ लंबी यात्राओं पर जाता। उस समय माइक और कार्ला ये देखकर खुद को बड़ा भाग्यशाली समझा करते कि उनका नन्हा बेटा कितने तेज दिमागवाला है। हालाँकि तब भी कभी-कभार क्रिस अचानक किसी बात पर बुरी तरह भड़क जाता और अपना नियंत्रण खो देता। ये देखकर माइक और कार्ला उस वक्त भी काफी परेशान हो जाते थे।

क्रिस ने उम्मीद के मुताबिक स्कूल में हमेशा अच्छा प्रदर्शन किया। उसे कभी पढ़ाई में ज़्यादा मेहनत करने की ज़रूरत नहीं पड़ी बल्कि उसके लिए तो सिर्फ स्कूल की कक्षाओं में नियमित रूप से शामिल होना ही काफी होता था। लेकिन यही बात अन्य मामलों में उसके खिलाफ गई। उसने जीवन के लिए ज़रूरी कई कौशल नहीं सीखे। माइक ने उसे समझाने की कोशिश की कि जीवन में सिर्फ परीक्षा के अच्छे अंक ही काफी नहीं होते। माइक उसे बताता कि जीवन में दूसरों के साथ ठीक से पेश आना, सार्थक बातें करना, पेशेवर-नैतिकता का पालन करना, जवाबदेह और जिम्मेदार बनना भी ज़रूरी है - यही वे सब चीज़ें थीं, जिनमें क्रिस को खासी मुश्किल होती थी।

क्रिस की बौद्धिक क्षमता हमेशा से ही उसकी भावनात्मक क्षमता से बेहतर थी। क्रिस चीज़ों को बहुत गहनता से महसूस करता था पर उसके पास इस गहनता को सँभालने का कौशल नहीं था। उसके पिता माइक को ये बात तब समझ में आई, जब उसने कुछ सालों तक फैमिली-थेरेपी ली। हालाँकि माइक जानता था कि क्रिस का रूखा व्यवहार और सबसे अलग-थलग रहने की आदत कुछ और नहीं बल्कि उसका डिफेंस-मेकेनिज़्म (रक्षा-तंत्र) था। क्रिस के इस किस्म के व्यवहार से माइक दुःखी रहता था। कुछ हद तक इसलिए क्योंकि वह भावनात्मक रूप से अपने बेटे के करीब आना चाहता था और कुछ हद तक इसलिए भी क्योंकि माइक को लगता था कि अपने बेटे का भावनात्मक सहारा बनने में वह एक पिता के रूप में बुरी तरह असफल रहा है।

और देखिए, अब वे दोनों किस स्थिति में थे।

उनके पास कोई विकल्प नहीं बचा था।

वे दोनों भावनात्मक तकलीफ झेलते हुए एक-दूसरे से अलग-थलग जी रहे थे।

माइक और कार्ला के शादीशुदा जीवन में भी तनाव बढ़ता जा रहा था। शुरुआत में वे एक-दूसरे से हर बात पर आसानी से सहमत हो जाते थे। वे दोनों एक साथ फैमिली-थेरेपी लेने गए, उन्होंने क्रिस को प्रोत्साहन देनेवाले कई तरीके अपनाकर देखे और इस विषय से जुड़ी किताबों से मार्गदर्शन लेकर एक विस्तृत योजना भी बनाकर देखी ताकि क्रिस के मामले में चीज़ें बेहतर हों, लेकिन कुछ काम नहीं आया। और

अब वे यह समझ पाने में असमर्थ थे कि उन्हें आगे क्या करना चाहिए। क्या उन्हें क्रिस को घर से निकाल देना चाहिए? ताकि उसे अकल आए और वह अपनी जिम्मेदारी खुद अपने कंधों पर लेना सीख जाए? कार्ला ये कदम उठाने को लेकर निश्चिंत नहीं थी। माइक ने उसे याद दिलाया कि जब क्रिस हाईस्कूल में था और उन्होंने कुछ दिनों के लिए क्रिस से दूरी बना ली थी, तो क्या हुआ था – तब क्रिस ने स्थानीय माफिया के लिए काम करना शुरू कर दिया था। जी हाँ! वह जिस प्राइवेट बॉयज-स्कूल में पढ़ता था, वहाँ ऐसे बहुत से बच्चे पढ़ते थे, जो स्थानीय माफिया परिवारों से थे। इसलिए जब क्रिस ने ऐसे ही एक सहपाठी के पिता के लिए मैसेन्जर[1] का काम करना शुरू किया, तो माइक फौरन समझ गया कि उसका बेटा गलत रास्ते पर जा रहा है। इसके बाद माइक और कार्ला ने क्रिस को फौरन उस स्कूल से निकालकर एक अन्य स्कूल में डाल दिया। पर अब वे इस बात को लेकर घबराए हुए थे कि कहीं क्रिस एक बार फिर उसी रास्ते पर न चला जाए (जो क्रिस के लिए एक आसान विकल्प था और इसमें अच्छी कमाई भी थी, भले ही गैरकानूनी हो)। यही वो चीज़ थी, जिसके चलते माइक और कार्ला को लगता था, मानो वे कहीं फँस गए हैं। आप एक 21 साल के लड़के को छोटे बच्चों की तरह सज़ा नहीं दे सकते; आप ज़्यादा से ज़्यादा उसे घर से निकाल सकते हैं – और अगर आपको लगता है कि आप किसी वजह से ये भी नहीं कर सकते, तो फिर भला आपके पास क्या विकल्प बचता है? आपको ऐसा क्या करना चाहिए कि आपका वयस्क बेटा अपने जीवन में सही निर्णय लेना शुरू करे और खुद को बदले? क्रिस एक अच्छा इंसान था। वह मजाकिया और तेज दिमागवाला था। माइक को विश्वास था कि अगर उसका बेटा चाहे, तो अपने जीवन में बड़ी उपलब्धियाँ हासिल कर सकता है। उसे ये भी पता था कि क्रिस इस उम्र में आकर अपने माता-पिता के साथ रहना नहीं चाहता। बल्कि वह अपने लिए एक अलग घर, एक अलग जीवन चाहता है – बस उसे ये नहीं पता था कि वह ऐसा कैसे करे।

इन समस्याओं के चलते माइक गहरे मानसिक दबाव में था। वह इस बात को लेकर पगलाया हुआ था कि आखिर वह इन समस्याओं का कोई कारगर समाधान क्यों नहीं ढूँढ़ पा रहा है, जबकि वह एक सक्षम व्यक्ति था। भले ही वह पारिवारिक मामलों में असफल साबित हो रहा हो, पर अपने कामकाज के मामले में खूब तरक्की कर रहा था। वह एक सफल रणनीतिकार था और उसने पोषण संबंधी उत्पाद बनानेवाली अपनी छोटी सी कंपनी को उस क्षेत्र की अग्रणी कंपनी में तब्दील कर दिया था। माइक बड़ी-बड़ी चुनौतियों को नए और अनोखे तरीकों से हल करने में माहिर था। वह हमेशा सुधार की गुंजाइश ढूँढ़ने में लगा रहता था। इसीलिए आखिरकार एक

---

[1] संदेशवाहक – माफिया सदस्यों के गुप्त संदेशों को एक-दूसरे तक पहुँचाने वाला।

दिन वह मेरे व्यवहार संरचना बूट कैम्प में पहुँचा।

माइक उन लोगों में से था, जो कैम्प में बताई गई चीज़ों को तुरंत समझ जाते थे। वह किसी प्रबंधन-विचारक की तरह था, जो पुरानी चुनौतियों को हल करने के लिए तुरंत नई जानकारियाँ उपलब्ध करा देता था। मेरा अंदाज़ा था कि व्यवहार संरचना की जटिलताओं को सीखने के प्रति माइक इसलिए इतना उत्सुक है क्योंकि वह अपनी पेशेवर उत्कृष्टता बढ़ाना चाहता है। लेकिन मुझे बाद में पता चला कि वह इसमें इतनी दिलचस्पी इसलिए ले रहा है क्योंकि उसे एहसास है कि इससे वह अपने बेटे क्रिस की मदद भी कर सकता है। माइक को व्यवहार मॉडल बहुत अर्थपूर्ण लगा। पहले वह क्रिस के जिन व्यवहारों का कारण समझ नहीं पाता था, व्यवहार मॉडल के चश्मे से देखने के कारण वे सारे व्यवहार अचानक माइक के सामने स्पष्ट होने लगे। अब उसे समझ में आने लगा कि आखिर अपने बेटे के मामले में उसका कोई भी कदम अब तक कारगर क्यों नहीं रहा। माइक को एहसास हुआ कि उसे अपना ध्यान प्रेरणा के बजाय सक्षमता पर केंद्रित करना होगा। प्रेरणा, खासकर किसी किशोर उम्र के व्यक्ति के मामले में - भरोसेमंद नहीं होती। माइक को ये भी समझ में आया कि बेटे के अवगुणों के लिए उसे बार-बार डांटने के बजाय, एक यादगार और तत्काल संकेत देना कहीं ज़्यादा प्रभावी साबित होगा।

व्यवहार संरचना बूट कैम्प में माइक ने जो भी सीखा, वह उसे आजमाने को लेकर खासा उत्साहित था। साथ ही वह छोटी शुरुआत करने का महत्त्व भी समझता था। उसने तय किया कि सबसे पहले वह कॉफी मेकर की समस्या का समाधान ढूँढ़ेगा। यह एक छोटी सी घरेलू समस्या थी, लेकिन इसके कारण उसे हर रोज परेशान होना पड़ता था। दरअसल माइक ने अपने लिए एक बढ़िया कॉफी मेकर मशीन खरीदी थी। अपने लिए सबसे उपयुक्त कॉफी मेकर का चुनाव करने के लिए माइक ने खरीदारी से पहले काफी रिसर्च की। उसे अपने चुनाव पर सचमुच गर्व था। वह उसे ठीक से साफ करके रखता था - जिसका अर्थ था हर बार उपयोग के बाद कॉफी मेकर के फिल्टर को साफ करना ताकि वह हमेशा ठीक काम करे। माइक उसे हर बार साफ करके रखता था। वहीं दूसरी ओर क्रिस कॉफी मेकर के उपयोग के बाद उसे साफ करना हमेशा भूल जाता था। आज माइक इस बात को याद करके हँस पड़ता है, पर उस वक्त क्रिस की इस आदत पर वह गुस्से से अपने दाँत पीसने लगता था। माइक अपनी कॉफी बनाने के लिए अपने होम-ऑफिस से बाहर आता और देखता कि क्रिस पहले ही कॉफी मेकर का उपयोग कर चुका है और उसके फिल्टर को गंदा ही छोड़ गया है। फिर वह उसे साफ करता, अपने लिए कॉफी बनाता और वापस होम-ऑफिस की ओर जाते समय क्रिस के कमरे के बाहर से गुज़रते हुए एक तीखी टिप्पणी करता - जिसका सार यही होता कि 'तुम्हें कितनी बार बताना पड़ेगा कि

इस्तेमाल करने के बाद कॉफी मेकर का फिल्टर साफ कर दिया करो? अगर तुम मेरे सामान को ठीक से नहीं रख सकते, तो उसका इस्तेमाल भी मत किया करो, समझे!'

जवाब में या तो क्रिस माइक की ओर खीझकर देखता या फिर कोई कड़वी बात कह देता। इस तरह दोनों बाप-बेटे के दिन की एक बुरी शुरुआत होती और आपसी हताशा व द्वेष का ये चक्र इसी तरह लगातार चलता रहता।

पर चूँकि अब माइक व्यवहार संरचना के महत्वपूर्ण औज़ारों से लैस था, इसलिए इस समस्या को हल करने के लिए उसने इसे अलग-अलग हिस्सों में विभाजित किया। उसकी आकांक्षा स्पष्ट थी - वह चाहता था कि क्रिस उसके सामान को ठीक से रखे। इस मामले में विशिष्ट व्यवहार था, उपयोग के बाद कॉफी मेकर की सफाई करना। तो माइक ने क्रांतिकारी खोज संबंधी सवाल पूछा: मैं इस व्यवहार को आसान कैसे बना सकता हूँ? जब उसने इस पर विचार किया, तो स्पष्ट हो गया कि वह चाहता है कि क्रिस तीन चरणों की एक प्रक्रिया अपनाए। कॉफी मेकर का फिल्टर बाहर निकालना, उसे साफ करना और फिर उसे वापस मशीन में लगा देना। क्रिस से ये सब एक साथ करने के लिए कहना निश्चित रूप से कारगर साबित नहीं हो रहा था। इसलिए माइक ने इसे आसान बनाने के लिए कुछ चरणों में विभाजित किया। फिर उसने अपने बेटे से सिर्फ पहले विशिष्ट चरण पर अमल करने को कहा।

'क्रिस बेटा, अगली बार जब तुम कॉफी मेकर का इस्तेमाल करोगे, तो क्या उसका फिल्टर बाहर निकालकर रख दोगे?'

'हाँ, ठीक है,' पिता की ओर हैरानी से देखते हुए क्रिस ने हामी भरी।

अगली सुबह जब माइक अपनी कॉफी तैयार करने के लिए रसोई में आया, तो उसके चेहरे पर मुस्कान आ गई। क्रिस ने कॉफी मेकर का फिल्टर निकालकर काउंटर पर रख दिया था। हालाँकि इसके चलते कॉफी बीन्स के कुछ टुकड़े काउंटर पर फैले पड़े हुए थे, पर माइक को इससे कोई परेशानी नहीं थी। बल्कि उसके मन में तो गर्व का भाव पैदा हो गया। फिर जब माइक अपनी गर्मा-गर्म कॉफी का कप लेकर रसोई से बाहर निकला, तो उसे मेरा सिद्धांत याद आया : सफल महसूस करने में लोगों की मदद करें।

'अरे क्रिस, फिल्टर को निकालकर काउंटर पर रखने के लिए धन्यवाद। तुमने मेरा कहा माना, ये बात मेरे लिए बहुत मायने रखती है।'

'कोई बात नहीं डैड,' क्रिस ने जवाब में कहा और फिर किसी छोटे बच्चे की तरह अपने पिता की ओर देखा, मानो असल में कहना चाह रहा हो कि 'डैड, कभी-कभी आप कैसी अजीब बातें करते हैं!'

अगले दिन माइक को कॉफी मेकर का फिल्टर एक बार फिर काउंटर पर रखा मिला। वह सचमुच हैरान था। क्योंकि उसने तो क्रिस को दोबारा इसकी याद भी नहीं दिलाई थी। माइक ने फौरन जाकर क्रिस को धन्यवाद दिया। इसके बाद भी क्रिस ने हर रोज फिल्टर को निकालकर काउंटर पर रखना जारी रखा और माइक को एहसास होने लगा कि उसका तरीका सचमुच कारगर है - और ये कोई अनायास मिली सफलता नहीं है। इसके कुछ सप्ताह बार एक दिन माइक ने क्रिस से कहा कि वह फिल्टर को निकालकर काउंटर पर रखने से पहले धो दिया करे। क्रिस इसके लिए भी तैयार हो गया क्योंकि वह काफी दिनों से देख रहा था कि फिल्टर को निकालकर काउंटर पर रखने से उसके पिता काफी खुश रहने लगे हैं।

इसके एक सप्ताह बाद एक दिन माइक को कॉफी मेकर का फिल्टर रसोई के काउंटर पर रखा नहीं दिखा। पलभर के लिए उसका मन डूब सा गया। उसे लगा कि शायद क्रिस एक बार फिर अपने पुराने तौर-तरीकों की ओर लौट गया है। लेकिन उसने खुद को याद दिलाया कि उसका बेटा अभी भी इस आदत को सीखने की प्रक्रिया में है। उसने तय किया कि वह इसे लेकर क्रिस को भला-बुरा नहीं कहेगा। पर इसके बाद जैसे ही उसने फिल्टर को धोने के लिए कॉफी मेकर से बाहर निकाला तो देखा कि वह पहले से ही धुला हुआ है। क्रिस ने बिना कहे ही फिल्टर निकालकर, धोकर वापस लगा दिया था।

ये देखकर माइक खुशी से झूम उठा!

माइक को ऐसा लग रहा था, मानो उसे अचानक प्रमोशन मिला हो या जन्मदिन पर कोई शानदार तोहफा मिला हो। पहली नज़र में शायद ऐसा लगे कि फिल्टर को धोकर वापस लगाने जैसी छोटी सी चीज़ को लेकर माइक कुछ ज़्यादा ही खुश हो रहा था। लेकिन जैसा कि बाद में माइक ने मुझे बताया, 'इसका संबंध कॉफी मेकर के फिल्टर से नहीं बल्कि आशा की किरण से था।' पिछले कई सालों में यह पहली बार था, जब माइक अपने बेटे क्रिस के साथ अपने रिश्ते को लेकर आशावान महसूस कर रहा था। अब उनके दिन की शुरुआत बिलकुल अलग होती थी। अब सुबह-सुबह उनके बीच कोई तीखी नोक-झोंक नहीं होती थी, न ही कड़वे शब्दों के लिए कोई जगह बची थी। बल्कि अब तो माइक को अपने बेटे पर गर्व महसूस होता था। अब माइक छोटी-छोटी बातों पर क्रिस को डाँटने या उससे बहस करने के बजाय उसे परिपक्व बनने में अपना योगदान देता। अंततः वह एक अच्छे पिता जैसा महसूस करने लगा - यानी ऐसा व्यक्ति, जो अपने करीबियों को खुश रहने और दूसरों के साथ सद्भाव से रहना सीखने में मदद करता है।

जो चीज़ एक साधारण से कॉफी फिल्टर के साथ शुरू हुई थी, वह जल्द ही

क्रिस के उन सभी व्यवहारों में नज़र आने लगी, जिनके कारण परिवार के सदस्यों के बीच तनाव बढ़ जाता था और जो घर में होनेवाली कलह का कारण थे। माइक और कार्ला को एहसास हुआ कि क्रिस का गुस्सा और हताशा, दरअसल उसकी गहन भावनाओं का अति परिणाम था। जब वे क्रिस को अपना कमरा साफ करने या अपने बिलों का भुगतान समय पर करने जैसे महत्वपूर्ण काम करने को कहते, तो क्रिस को पता ही नहीं होता था कि उसे इसकी शुरुआत कहाँ से करनी चाहिए। जिसके चलते वह शर्म और द्वेष जैसी भावनाओं से भर जाता और खुद को अक्षम महसूस करने लगता। लेकिन जब माइक और कार्ला ने इन विशिष्ट कार्यों को छोटे-छोटे व्यवहारों में विभाजित करना शुरू किया। उन्होंने क्रिस से ऐसे सवाल पूछना शुरू किया कि 'क्या तुम उपयोग के बाद अपना गीला तौलिया बाहर सूखने के लिए डाल सकते हो?' या 'क्या तुम डिनर के बाद अपने बर्तन उठाकर सिंक में रख सकते हो?' तो क्रिस बड़े कार्यों को पूरा करने की पहली सीढ़ी पार करने में सफल होने लगा। ये छोटे-छोटे कार्य करके खुद को सफल महसूस करने के चलते, क्रिस को बाकी सीढ़ियाँ पार करने का आत्मविश्वास मिला। उसका साथ देने के लिए माइक और कार्ला हमेशा मौजूद रहते थे और उसकी सफलताओं का जश्न भी मनाते रहते थे। इससे न सिर्फ क्रिस को अच्छा महसूस होता था बल्कि माइक और कार्ला भी बेहतर महसूस करने लगे। कोई नहीं चाहता कि वह अपने बच्चों को डाँटे और उन्हें लेकर निराश महसूस करे। बल्कि हम तो अपने बच्चों पर गर्व करना चाहते हैं, उनकी मौजूदगी का जश्न मनाना चाहते हैं। जब आप व्यवहार को छोटा रखते हैं और सफलता हासिल करने में उनकी मदद करते हैं, तो ऐसा करना सचमुच आसान हो जाता है।

मैंने हाल ही में माइक से उसके व्यवसाय के बारे में बात की, लेकिन वह अपने घर में आए बदलावों के बारे में बात करने को लेकर ज़्यादा उत्सुक था। क्रिस अब भी अपने माता-पिता के साथ ही रहता था पर अब वह दो पार्ट-टाइम नौकरियाँ करता था और साथ ही पैसे बचा रहा था ताकि अपने लिए एक अलग घर लेने के लिए डिपॉजिट का इंतजाम कर सके।

अब उनके आपसी संबंध पहले से बहुत बेहतर हो गए हैं। उनके बीच बार-बार पैदा होनेवाला तनाव खत्म हो गया है और अब वे एक-दूसरे के साथ कहीं ज़्यादा भावनात्मक जुड़ाव महसूस करने लगे हैं। पहले की तरह सबसे अलग-थलग रहने के बजाय अब क्रिस सबके साथ बैठकर खाना खाता है, पहले से कहीं ज़्यादा खुश रहता है और सबसे अपने सुख-दुःख भी बाँटता है। अब उसका छोटा भाई क्रिस के व्यवहार का बहाना बनाकर अपनी जिम्मेदारियों से बचने की कोशिश नहीं करता। इसीलिए अब घर का माहौल शांत रहता है। अब क्रिस को लगता है कि उसका परिवार उसकी भावनाओं को बेहतर समझता है। इसी तरह अब माइक और कार्ला भी जीवन में अपने

बेटे की मदद करने और उसका सहारा बनने के लिए खुद को अधिक समर्थ महसूस करते हैं। कभी-कभी तो माइक को विश्वास ही नहीं होता कि वे आपस में सद्भाव बनाने में सफल रहे हैं, जबकि पहले ऐसा करना बिलकुल असंभव लगता था।

और फिर एक दिन ये हुआ : माइक को सालों बाद अपने बेटे की ओर से जन्मदिन का तोहफा मिला (हालाँकि ये तोहफा उसे कुछ दिन की देरी से मिला, पर क्या फर्क पड़ता है)। जब माइक ने ये तोहफा खोला, तो उसमें से उसके पसंदीदा संगीतकारों स्टीव वंडर, रे चार्ल्स और जेम्स ब्राउन के तीन वाइनिल रिकॉर्ड्स निकले। माइक ने अपने बेटे को गले लगाकर धन्यवाद दिया। उस समय माइक के लिए अपने आँसू रोकना मुश्किल हो रहा था। ये देखकर क्रिस ने मुस्कुराते हुए कहा, 'कोई बात नहीं डैड।'

सामूहिक बदलाव लाना

हम सब जानते हैं कि सामाजिक आयाम व्यवहारों के शक्तिशाली चालक होते हैं। इनके प्रभाव हमें अपने चारों ओर देखने को मिलते रहते हैं: जैसे हम फुटबॉल मैच देखते समय कैसा व्यवहार करते हैं या राजनीति पर किस प्रकार चर्चा करते हैं या फिर एक-दूसरे से आमने-सामने और ऑनलाइन कैसा व्यवहार करते हैं वगैरह। चूँकि हम इंसान करीब-करीब हमेशा समुदाय में रहते आए हैं इसलिए हम पर हमेशा से ही सामाजिक प्रभाव पड़ता रहा है। लेकिन चूँकि अब सोशल मीडिया ने इस प्रभाव में न सिर्फ काफी वृद्धि कर दी है बल्कि इसे बढ़ा-चढ़ाकर दिखाना भी शुरू कर दिया है, इसलिए अब हम सबका जीवन बड़ी तेजी से एक-दूसरे के साथ जुड़ता जा रहा है। इसीलिए इस बारे में गहनता से विचार करना ज़रूरी हो गया है कि कैसे ये सामाजिक शक्तियाँ हमारे व्यक्तिगत और सामूहिक व्यवहार को आकार दे रही हैं, जिसका प्रभाव अंततः इस संसार के हर व्यक्ति पर पड़ता है।

आपने यह किताब पढ़कर अब तक जो भी सीखा, उससे न सिर्फ आपको कमजोर बनानेवाले प्रभावों से खुद को बचाने की शक्ति मिलती है बल्कि ऐसी नई आदतें निर्मित करने की समझ भी मिलती है, जिनसे आपका और आपके आसपास के लोगों का जीवन अधिक सद्भावनापूर्ण, स्वस्थ और सार्थक बन सके।

अब आप ये पता लगा सकते हैं कि अनचाही आदतें कैसे निर्मित हो जाती हैं। इनमें वे अनचाही आदतें भी शामिल हैं, जो सामाजिक दबाव के चलते पैदा हुई हैं। हो सकता है कि आपके परिवार के सदस्य खाना खाते समय अपने-अपने मोबाइल में मशगूल रहते हों। हो सकता है कि आपके ऑफिस में प्रतिस्पर्धा का ऐसा माहौल हो कि कोई व्यक्ति छुट्टियाँ न लेता हो। हो सकता है कि आप जिस बुक क्लब के सदस्य हैं, वह अब बुक क्लब से ज़्यादा वाइन क्लब बन गया हो। व्यक्तिगत आदतों

की तुलना में किसी समूह की आदतें और उसके मानदंड कहीं ज़्यादा मज़बूत और महत्वपूर्ण लग सकते हैं। पर ये याद रखना ज़रूरी है कि हम सब एक साथ मिलकर बदलाव लाने में सक्षम हैं।

चूँकि अब आप ये जानते हैं कि व्यवहार कैसे काम करता है इसलिए यह भी पता लगा सकते हैं कि मनचाही आदतों को अपनाने में या अनचाही आदतों को छोड़ने में कौन सी चीज़ बाधा बन रही है। जब बात सामूहिक व्यवहार में बदलाव लाने की हो, तो इसके लिए आपके पास तीन मुख्य तरीके होते हैं। सबसे पहले तो आप अपने व्यवहार में बदलाव ला सकते हैं ताकि खुद को अपने समूह से थोड़ा दूर करके उसके नकारात्मक प्रभावों से बच सकें। दूसरा, आप अपने सामूहिक व्यवहार में बदलाव लाने के लिए अन्य लोगों के साथ मिलकर प्रयास कर सकते हैं। या फिर तीसरा, आप दूसरों में कोई ऐसा बदलाव ला सकते हैं, जिससे उन्हें लाभ हो – ठीक वैसे ही जैसे माइक ने क्रिस के मामले में किया। यह अध्याय अंतिम दो तरीकों के बारे में है। हम इस बारे में विस्तार से चर्चा करेंगे कि इन दोनों तरीकों का वास्तविक अर्थ क्या है और इनकी प्रक्रिया को हम अपनी ज़रूरत के हिसाब से कैसे तोड़-मरोड़ सकते हैं।

'छोटी-छोटी आदतों की पद्धति' और 'व्यवहार संरचना' का उपयोग करके आप दूसरों के जीवन पर सकारात्मक प्रभाव डाल सकते हैं। किसी समूह को बदलने के लिए सिर्फ एक ऐसे व्यक्ति (यानी आप!) की ज़रूरत होती है, जो कुशल हो और सचमुच परवाह करता हो। लेकिन मेरी सलाह है कि आप अपनी शुरुआत पूरे देश को बदलने की कोशिशों से न करें, भले ही 'व्यवहार संरचना' से एक पूरी की पूरी संस्कृति में बदलाव लाना सचमुच संभव हो। बदलाव से जुड़े अपने कौशल विकसित करें और फिर इसकी शुरुआत अपने करीबी लोगों से करें – जैसे आपका परिवार या आपकी ऑफिस की टीम। मैंने हमेशा इस बात की वकालत की है कि परिवार ही बदलाव की सच्ची इकाई है, न कि कोई एक व्यक्ति। इसलिए व्यवहार को आकार देनेवालों के रूप में, हमें ऐसे उत्पाद और सेवाएँ विकसित करनी चाहिए, जिनसे परिवार के सभी सदस्यों को एक-दूसरे के साथ मिलकर बदलाव लाने में मदद मिले।

दैनिक आदतों में नियमितता लाने में क्रिस की मदद करने से पहले माइक ने अपना व्यवहार बदला, जो सचमुच एक अच्छा और उपयोगी कदम था। माइक क्रिस से जो काम करने को कहा करता था, उसे उसने बदल दिया। इसके साथ ही उसने क्रिस से संवाद करते समय हताशा और खीझ भरा अपना लहज़ा व आक्रामक शारीरिक मुद्रा भी बदली। अब वह क्रिस के साथ कहीं ज़्यादा सहयोगी व दोस्ताना ढंग से पेश आता था। अपनी इस कोशिश में उसे जो सफलता मिली, उसका सकारात्मक प्रभाव न सिर्फ क्रिस पर बल्कि खुद माइक पर भी पड़ा। हम दूसरों के साथ जीते और

काम करते हैं और हम जो भी बदलाव लाते हैं, उसका प्रभाव हर किसी पर पड़ता है, फिर भले ही वह प्रभाव सकारात्मक हो या नकारात्मक। भले ही हम अपनी ओर से किसी बदलाव को आकार दें या नहीं, पर सच यही है कि हम सब हमेशा एक साथ मिलकर बदलते रहते हैं। पर मुझे नहीं लगता कि आपको बदलाव को भाग्य के भरोसे छोड़ देना चाहिए। बल्कि आपको तो सोच-समझकर और कुशलतापूर्वक अपने भविष्य को आकार देना चाहिए ताकि आपके जीवन के किसी भी पहलू में आनेवाला हर बदलाव, एक सकारात्मक बदलाव हो।

जब आप अपने परिवार, अपनी ऑफिस की टीम या फिर अपने सामुदायिक समूह में बदलाव लाने की तैयारी करते हैं, तो आदर्श रूप से आपको हर किसी का पूरा सहयोग और समर्थन मिलना चाहिए। पर ऐसा होने की संभावना कम ही है। जब मैंने स्टैनफोर्ड यूनिवर्सिटी की लैब में अपने वार्षिक प्रोजेक्ट के रूप में पहली बार एक साथ मिलकर बदलने के विषय का अध्ययन करना शुरू किया, तो अपने भोलेपन में मैंने यह मान लिया कि हर किसी का परिवार मेरे परिवार जैसा ही होगा। जब भी मैं या मेरा जीवनसाथी कोई बदलाव लाना चाहते – जैसे हमारा खान-पान का तरीका या टेक्नोलॉजी के उपयोग का तरीका – तो हम एक-दूसरे का पूरा सहयोग करते। बचपन में एक बार मेरी माँ ने अचानक बड़े ही नाटकीय ढंग से हमारी खान-पान संबंधी आदतें बदल दी थीं ताकि मेरी छोटी बहन को अपनी 'सीखने से जुड़ी अक्षमताओं' से निपटने में मदद मिल सके। तब मुझे और मेरी बहन को अचानक हमारी पसंदीदा वंडर ब्रेड (जिसमें फाइबर की मात्रा शून्य होती थी) और डिब्बाबंद जूस (जिसमें शक्कर की मात्रा बहुत ज़्यादा होती थी) जैसी चीज़ों का सेवन बंद करना बहुत बुरा लगा था। लेकिन फिर भी एक परिवार के रूप में हमने ऐसा किया।

जब मैंने ये व्यक्तिगत उदाहरण स्टैनफोर्ड लैब के शोधकर्ताओं के सामने रखे, तो उन्होंने अपने ऐसे उदाहरण बताने में ज़रा भी देर नहीं की, जो मेरे उदाहरणों के बिलकुल विपरीत थे। ऐसे ही एक उदाहरण के अनुसार एक अभिभावक ने अपने बेटे की 'ध्यान' करने की इच्छा पर कुछ ऐसी प्रतिक्रिया दी थी कि 'इस उम्र में ऐसा होता है। ये बस एक दौर है, जो जल्द ही गुज़र जाएगा।' इसी तरह लैब के एक अन्य सदस्य ने बताया कि उसके जीवनसाथी ने उससे कहा था, 'क्या हम तुम्हारी फलाँ योजना को तब तक के लिए टाल सकते हैं, जब तक हमारे बच्चे स्कूल जाना शुरू नहीं कर देते?' स्टैनफोर्ड लैब के साथी सदस्यों से ऐसे व्यक्तिगत किस्से सुनने के बाद मुझे एहसास हुआ कि कभी-कभी हमारे परिवार के सदस्य ही बदलाव की दिशा में जानेवाला हमारा रास्ता मुश्किल बना देते हैं, जबकि कभी-कभी वे हमारी आकांक्षाओं के दृढ़ समर्थक भी बन सकते हैं।

अगर आपको अपने परिवार में कोई बदलाव लाने के लिए खासा संघर्ष करना पड़ रहा है, तो व्यवहार संरचना का सिद्धांत इसमें आपकी सहायता कर सकता है। इसका एक तरीका है मेरा पहला सिद्धांत लागू करें, जो है – वह करने में लोगों की सहायता करें, जो वे पहले से करना चाहते हैं। वह क्या है, जो आपका जीवनसाथी पहले से ही हासिल करना चाहता है? आपकी ऑफिस की टीम की मौजूदा आकांक्षाएँ क्या है? (अगर आपको इस बारे में कोई जानकारी नहीं हैं, तो अपनी टीम से पूछ लें!) और फिर ये आकांक्षाएँ पूरी करने में उनकी सहायता करें।

हो सकता है कि स्वास्थ्यप्रद खाद्य-पदार्थों का सेवन करने में फिलहाल आपके जीवनसाथी की कोई दिलचस्पी न हो, पर वह घर को हमेशा व्यवस्थित देखना चाहता हो। अगर ऐसा है, तो अपनी शुरुआत इसी से करें। इस सच्चाई को हमेशा याद रखें: बदलाव ही अगले बदलाव को संभव बनाता है। लोगों की बदलाव की यात्रा उस बिंदु से शुरू करें, जहाँ से वे खुद शुरू करना चाहते हों। मैं आपसे वादा करता हूँ कि जैसे-जैसे उनका आत्मविश्वास और कौशल बढ़ेगा, वैसे-वैसे अन्य बदलावों की ओर उनका झुकाव भी बढ़ेगा। इसलिए अगर आप अपने परिवार की खान-पान संबंधी आदतों को बदलना चाहते हैं, तो अपना इरादा बदलें। हो सकता है कि जिस बिंदु से आप इस बदलाव की शुरुआत कर रहे थे, वह एक उचित शुरुआती बिंदु न हो। शायद आपको अपनी शुरुआत घर को व्यवस्थित रखने के लिए ज़रूरी बदलावों से करनी चाहिए या फिर ऐसी ही कोई और आकांक्षा, जिसे आप और आपका जीवनसाथी पूरा करना चाहते हों। संभवत: इस तरह आपका जीवनसाथी सकारात्मक बदलावों को लेकर उत्साहित हो जाएगा और अपनी ओर से भी ऐसी आदतों का सुझाव देने लगेगा, जो आपके मूल उद्देश्य को पूरा करने में ज़्यादा सहयोगी हों। जैसे 'अरे सुनो, मैं सोच रहा था कि हमें ज़्यादा सॉफ्ट ड्रिंक पीना बंद कर देना चाहिए।'

अगर आप किसी कारणवश बदलाव के मुखिया की भूमिका नहीं निभा सकते, तब भी अपना इरादा न बदलें। व्यवहार संरचना और छोटी-छोटी आदतों की पद्धति में ऐसे तरीके हैं, जिनकी मदद से कोई भी समूह, किसी भी स्थिति में एक साथ मिलकर बदलाव ला सकता है। ये दोनों ही आपको एक व्यावहारिक ढाँचा उपलब्ध कराते हैं, भले ही आपके पास ज़रूरी अधिकार या सहयोग न हो। आखिर हर समूह की परिस्थितियाँ अलग-अलग होती हैं – और व्यक्ति में बदलाव लाने की तरह ही, समूह में बदलाव लाने का सबसे कारगर तरीका है- एक प्रक्रिया का पालन करना, न कि सिर्फ निर्देशों के भरोसे रहना।

दूसरों में बदलाव लाने की नैतिकता

'दूसरों में बदलाव लाने' के बारे में एक छोटी लेकिन महत्वपूर्ण बात एक ऐसी

अवधारणा है, जो लोगों में घबराहट पैदा कर सकती है। सबसे पहले तो हमें ये समझना होगा कि हम दूसरों के व्यवहार को हर समय प्रभावित कर रहे होते हैं और आमतौर पर हमें इसका एहसास भी नहीं होता – सामुदायिक जीवन की प्रकृति ही ऐसी है – और इस पर कोई ज़्यादा ध्यान नहीं देता।

जब परिवार का कोई सदस्य नया डायट प्लान अपनाता है या जब कोई सहकर्मी अपनी उत्पादकता बढ़ाने की कोशिश करता है, तो लोग अक्सर सहयोग करते हैं। पर अगर आप लोगों को कोई बेहद मुश्किल काम करने की चुनौती देंगे, तो संभवत: वे विफल हो जाएँगे और यह विफलता भविष्य में कोई और बदलाव लाना मुश्किल बना देती है। मुझे लगता है कि सबसे नैतिकतापूर्ण तरीका यही है कि दूसरों की मदद करने के लिए सर्वोत्तम पद्धतियों का उपयोग करते समय हम उन पर अपने प्रभाव को लेकर सचेत रहें।

व्यवहार संरचना और छोटी–छोटी आदतों की पद्धति का उपयोग करते समय इस बात को लेकर आश्वस्त रहें कि आप लोगों की सफलता का रास्ता खोल रहे हैं।

बदलाव प्रक्रिया में लोगों की सहायता करते समय मेरे दोनों सिद्धांतों को मार्गदर्शक की तरह लें।

- वह करने में लोगों की सहायता करें, जो वे पहले से करना चाहते हैं।
- लोगों को सफल महसूस करने में मदद करें।

अगर आप अपने जीवनसाथी, अपने सहकर्मी, अपने बॉस, अपने ग्राहकों या अपने बच्चों की आकांक्षा पूरी करने में उनकी सहायता कर रहे हैं, तो संभवत: आपका नैतिक आधार दृढ़ है। सफल महसूस करने में किसी की मदद करने में कोई बुराई नहीं है। आप जो बदलाव लाने में दूसरों की सहायता करना चाहते हैं, उसके बारे में अच्छा महसूस करते ही समझ जाएँ कि आप मैदान में उतरने के लिए पूरी तरह तैयार हैं।

एक साथ मिलकर कैसे बदलें

एक साथ मिलकर बदलने के जो दो तरीके मैंने पहले बताए थे, इस अध्याय में उन्हीं पर चर्चा करेंगे। मैं इन दोनों तरीकों को एक–एक मजेदार नाम – नायक और शूरवीर – दे रहा हूँ ताकि वे स्पष्ट और याद रखने में आसान रहें। तो आप सामूहिक बदलाव पर एक 'नायक' या फिर एक 'शूरवीर' की तरह काम करें।

नायक

एक नायक के तौर पर आप समूह में बदलाव का नेतृत्व करते हैं। इसके लिए आप सबके साथ मिलकर काम करते हैं और उनके साथ वह सब साझा करते हैं,

जो आपने व्यवहार संरचना और छोटी-छोटी आदतों की पद्धति के बारे में सीखा है। परिवारों में ऐसा खूब होता है और अनौपचारिक रूप से कार्यस्थल पर भी होता है। जैसे आप ऑफिस के ब्रेक रूम में किसी महत्वपूर्ण समस्या को हल करने पर चर्चा कर रहे हैं और तभी अचानक आपको ये विचार आता है कि हमें एक व्यवहारों का झुंड और फोकस मैप बनाना चाहिए! आप फौरन अपने सहकर्मियों को इसके बारे में बताते हैं और फिर अगले दिन जब आप सब फिर से ऑफिस में मिलते हैं, तो समस्या की मैपिंग कर चुके होते हैं और हर किसी के पास ज़रूरी बदलाव लाने से जुड़े सुझाव होते हैं। नायक की तरह कार्य करने का दूसरा तरीका है, व्यवहार संरचना और छोटी-छोटी आदतों की पद्धति सीखने में दूसरों की मदद करना। जिसका एक आसान और प्रभावी तरीका है, इस किताब को सभी के साथ साझा करना।

या फिर आप गुप्त तरीका अपना सकते हैं।

शूरवीर

एक शूरवीर के रूप में आप व्यवहार संरचना का इस्तेमाल गुप्त रूप से करते हैं। आपके परिवार या समूह को ये पता भी नहीं चलता कि आप ऐसा कुछ कर रहे हैं। माइक ने अपने बेटे क्रिस के साथ कॉफी मेकर के मामले में यही तरीका अपनाया था। उसने क्रिस को नहीं बताया कि वह इस प्रक्रिया को विभिन्न चरणों में विभाजित करके उसके लिए आसान बना रहा है या फिर वह क्रिस की सफलताओं का जश्न जानबूझकर मना रहा है - फिर भी माइक का ये तरीका कारगर रहा। व्यवहारों का झुंड तैयार करने या किसी व्यवहार को आसान बनाने जैसी व्यवहार संरचना की तकनीकों का उपयोग, बदलाव लाने में दूसरों की मदद के लिए किया जा सकता है - और सबके सामने इसकी घोषणा करने की भी कोई ज़रूरत नहीं होती।

आप नायक हों या शूरवीर, आपको यहाँ प्रस्तुत चार्ट में दिए गए चरणों का ही पालन करना है।

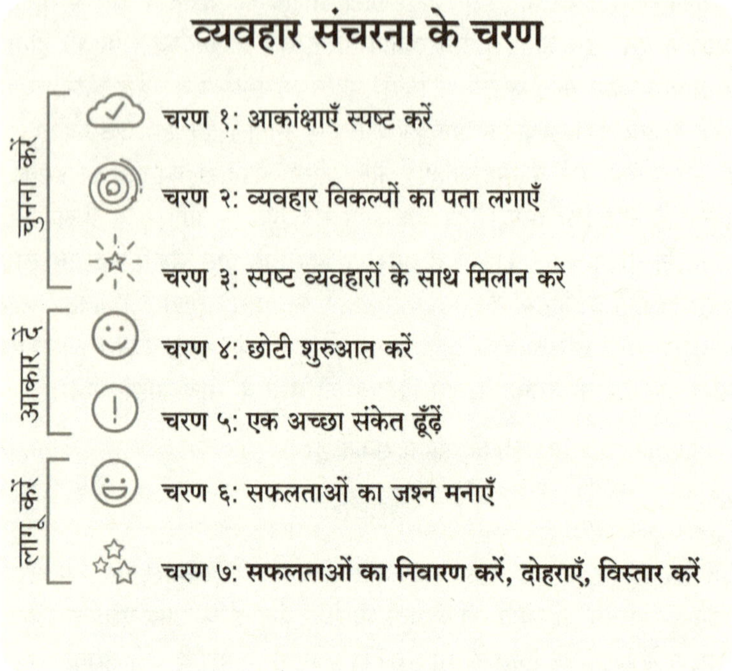

सामूहिक बदलाव की प्रक्रिया तैयार करें

समूह में बदलाव लानेवाली और व्यक्ति में बदलाव लानेवाली पद्धतियाँ मूल रूप से समान ही होती है। पर इन पद्धतियों को व्यवहार में लाने के तरीके निश्चित तौर पर अलग-अलग हो सकते हैं।

1. अपनी आकांक्षाओं को एक साथ मिलकर स्पष्ट करें

व्यवहार संरचना की शुरुआत अपनी आकांक्षाएँ स्पष्ट करने से ही होती है। किसी उत्पाद को आकार देने, अपनी किसी आदत का निर्माण करने या किसी समूह को एक साथ मिलकर बदलने में मदद करने का पहला कदम यही है।

नायक

अगर आप खान-पान संबंधी आदतें बदलने में अपने परिवार की सहायता कर रहे हैं, तो ये आकांक्षा उनके सामने रखकर देख सकते हैं कि 'हम एक परिवार के रूप में अपने खाने में ताजे फल और सब्जियों की मात्रा बढ़ाना चाहते हैं - हम यही लक्ष्य हासिल करना चाहते हैं, है ना?' फिर ये देखें कि आपके परिवार के सदस्य हामी भरते हैं या नहीं। इसी तरह हो सकता है कि किसी व्यावसायिक परियोजना में आपको एक स्पष्ट परिणाम हासिल करना हो - जैसे 'अगले साल तक बिक्री में

20 फीसदी की बढ़ोत्तरी लाना।' या फिर हो सकता है कि आपके सामने एक कम स्पष्ट आकांक्षा रखी गई हो – जैसे 'कर्मचारियों का तनाव घटाना।' ये आपके लिए शुरुआती बिंदु बनेगा। एक नायक के रूप में आपको अपनी टीम के साथ स्पष्ट करना होगा कि वास्तव में आप क्या परिणाम हासिल करना चाहते हैं। साथ ही सुनिश्चित करना होगा कि टीम के हर सदस्य को आपकी बात अच्छी तरह समझ में आ गई या नहीं।

शूरवीर

आपको ये कहने की ज़रूरत नहीं है कि आप ज़रूरी स्पष्टता लाने के लिए व्यवहार संरचना का उपयोग कर रहे हैं। आप सीधे अपने उद्देश्य से शुरुआत कर सकते हैं:

'हमें फलाँ परिणाम हासिल करने के लिए ही काम करना है ना? मैं बस इसलिए पूछ रहा हूँ ताकि कोई दुविधा न रहे।'

'हाँ, तुमने सही कहा,' एक व्यक्ति जवाब देता है।

'फिर ठीक है! मैं बस एक बार पक्का करना चाहता था। धन्यवाद!'

शूरवीरवाला ये कदम उठाना भले ही साधारण सी बात लगे, लेकिन वास्तव में इस तरह उद्देश्य स्पष्ट करके आप बाकी सबका भला ही कर रहे हैं।

2. एक साथ मिलकर व्यवहार विकल्पों का पता लगाएँ

आकांक्षाएँ स्पष्ट होने के बाद आप व्यवहार विकल्पों का पता लगा सकते हैं।

नायक

व्यवहार संरचना में एक समूह का नेतृत्व करते समय आप 'जादू की छड़ी घुमाने' का सत्र चला सकते हैं, जिसकी व्याख्या अध्याय-2 में की गई है। या फिर आप व्यवहारों के झुंडवाली वर्कशीट का उपयोग कर सकते हैं और लोगों से उन विभिन्न व्यवहारों को वर्कशीट में बने बक्सों में दर्ज करने के लिए कह सकते हैं, जो उन्हें आकांक्षाएँ पूरी करने की दिशा में ले जाते हों।

मैंने पाया कि जादू की छड़ी घुमाने से सावधानीपूर्वक निर्देशित किए गए एक छोटे समूह में व्यापक श्रेणी के व्यवहार पैदा होते हैं। पर अगर आपके पास बीस से ज़्यादा लोग हैं, तो नियंत्रण बनाए रखना मुश्किल हो सकता है। अगर समूह बड़ा हो, तो व्यवहारों के झुंड के लिए खुद सबको वर्कशीट उपलब्ध कराएँ। आप न्यूनतम निर्देशों का उपयोग करके अपने परिवार, ऑफिस की टीम या फिर अपनी पूरी कंपनी

को व्यवहारों के झुंड में दर्ज करने के लिए व्यवहारों का पता लगाने में सफल बना सकते हैं – मैं एक साथ हज़ार से भी ज़्यादा लोगोंवाले समूह के साथ ऐसा कर चुका हूँ। आप किन पद्धतियों का चुनाव करेंगे, ये आपके समूह और आपकी नेतृत्व शैली पर निर्भर करता है।

शूरवीर

आप सही समय पर ऐसे सवाल पूछकर गुप्त रूप से जादू की छड़ी चला सकते हैं:

* आप क्या होते देखना चाहते हैं? अगर हमारे पास जादुई शक्तियाँ होतीं, तो समूह का कौन सा सदस्य क्या-क्या करता?
* कल्पना कीजिए कि हम किसी को कुछ भी करने के लिए तैयार कर सकते हैं। तो वह आदर्श कार्य क्या होगा, जो हम उससे करवा सकते हैं?

शूरवीरवाली व्यवहार संरचना के इस परिदृश्य पर विचार करें: आप स्थानीय पार्कों से संबंधित एक मीटिंग में हैं। आप यहाँ एक स्वयंसेवक के रूप में आए हैं। मीटिंग की डायरेक्टर चाहती है कि अधिक से अधिक लोग पार्कों का उपयोग करें। आप समझ जाते हैं कि ये उसकी आकांक्षा है।

मीटिंग को सफल बनाने में सहयोग करने के लिए आप उसकी आकांक्षा की पुष्टि करते हैं और फिर जादू की छड़ी घुमानेवाले उपरोक्त सवालों का उपयोग करते हैं।

जब आप अपनी टीम को इस ढंग से सोच-विचार करने के लिए आमंत्रित करेंगे, तो यह मीटिंग सभी के लिए अधिक दिलचस्प हो जाएगी क्योंकि यहाँ आप दो चीज़ें कर रहे हैं। एक तो आपने मीटिंग को एक स्पष्ट उद्देश्य पर केंद्रित करके, अमूर्त उद्देश्य से आगे जाने में सभी की सहायता की। और दूसरा आपने कई संभावित समाधानों पर गौर करने में सभी की सहायता की। परिणामस्वरूप अब समूह सबसे पहले प्रस्तुत विचार को यूँ ही स्वीकार नहीं करेगा।

इसका श्रेय शूरवीर की तरह जादू की छड़ी घुमाने को जाता है। सिर्फ पाँच मिनट पहले जिस समस्या को सुलझाना बेहद मुश्किल लग रहा था, अब वह एकदम आसान नज़र आ रही है।

3. सुनहरे व्यवहारों के साथ अपने समूह का मिलान करें

एक बार जब आपके पास ढेर सारे संभावित व्यवहार होंगे, तो आप यह तय कर सकेंगे कि उनमें से आप किन-किन व्यवहारों को वास्तविकता में बदलेंगे। जैसा

कि मैंने अध्याय-2 में बताया था, आपको प्रभावी, अमल करने में आसान और प्रेरणादायी व्यवहारवाले लोगों के साथ मिलान करना है। आप जिन व्यवहारों का चुनाव करेंगे, उनमें आदर्श रूप से सभी तीन विशेषताएँ होनी चाहिए। यही आपके सुनहरे व्यवहार हैं।

सुनहरे व्यवहारों के साथ अपनी टीम का मिलान कराने का सर्वश्रेष्ठ तरीका है, फोकस मैपिंग। आप इसे एक समूह के रूप में कर सकते हैं। परिवार के सदस्यों या ऑफिस की टीम द्वारा आपस में एक-दूसरे का सहयोग करते हुए काम करने से आपको कई लोगों की बुद्धिमत्ता का फायदा मिलेगा। और जब फोकस मैपिंग की प्रक्रिया के दौरान आपसी सहमति बन जाएगी, तो सुनहरे व्यवहारों को वास्तविकता में बदलने में आपके समूह के सदस्य एक-दूसरे का सहयोग करने के लिए स्वत: ही आगे आने लगेंगे। व्यवहार संरचना की सभी पद्धतियों में से, समूह के रूप में फोकस मैपिंग मेरी पसंदीदा पद्धति है।

नायक

मैंने सैकड़ों टीमों को ये सिखाया है कि कामकाज संबंधी किसी प्रोजेक्ट के लिए या आत्म-उन्नति के लिए सुनहरे व्यवहारों का पता लगाने में फोकस मैपिंग पद्धति का उपयोग कैसे किया जाता है। एक समूह के रूप में फोकस मैपिंग में उसी समग्र ढाँचे का उपयोग किया जाता है, जिसका वर्णन मैंने अध्याय-2 में किया था, लेकिन साथ ही इसमें कुछ महत्वपूर्ण चीज़ें जोड़ी भी गई हैं।

व्यक्तिगत फोकस मैप की बात करें, तो इसमें आप काड्र्स में दर्ज किए गए व्यवहारों से शुरुआत करते हैं। काड्र्स पर दर्ज ये व्यवहार 'जादू की छड़ी घुमाने' या 'व्यवहारों के झुंड की वर्कशीट' से आते हैं। एक नायक के तौर पर आपको ये समझाना है कि फोकस मैप में विभिन्न दौर होते हैं और पहले दौर में वे हर कार्ड को एक लंबवत अक्ष पर रखकर, बेहद प्रभावी व्यवहारों को ऊपर की ओर व कम प्रभावी व्यवहारों को नीचे की ओर रखेंगे।

अपनी टीम के सदस्यों द्वारा बारी-बारी से फोकस मैप पर सारे काड्र्स लगवाएँ। इसके बाद सभी सदस्यों को बारी-बारी से काड्र्स का स्थान बदलने को कहें और उन्हें यह न बताएँ कि उन्हें ऐसा क्यों करना है। अपनी बारी आने पर हर सदस्य एक कार्ड की जगह बदलकर उसे फोकस मैप पर कहीं और लगा सकता है। उसे बस कार्ड को पढ़ना है और उसका स्थान बदलना है। कभी-कभी कोई कार्ड ऐसा भी होगा, जिसके स्थान को लेकर टीम के सदस्य एकमत नहीं होंगे इसलिए फोकस मैप पर उसकी जगह कई बार बदलेगी। ऐसा होना सामान्य बात है (इसलिए चिंतित न हों, बस प्रक्रिया को आगे बढ़ाते रहें)।

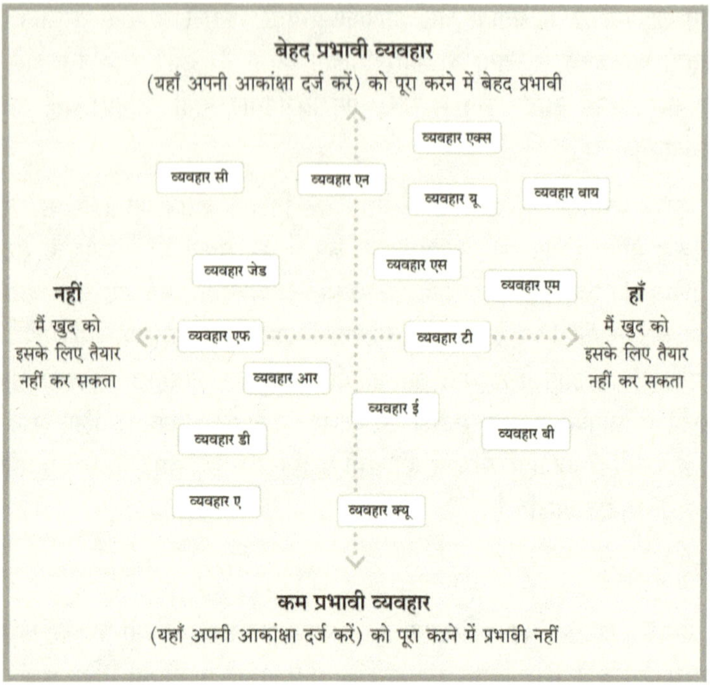

टीम के सदस्यों को बारी-बारी से फोकस मैप पर काड्र्स का स्थान बदलना तब तक जारी रखना है, जब तक हर कोई संतुष्ट न हो जाए। जब सारे सदस्य हर कार्ड के स्थान को लेकर एकमत हो जाए, तो इसका अर्थ है कि पहला दौर पूरा हो गया।

दूसरे दौर में आपकी टीम के सदस्य बारी-बारी से इन काड्र्स को फोकस मैप पर बने संभाव्यता के आयाम पर दाईं या बाईं ओर खिसकाएँ। टीम के सदस्यों को बताएँ कि उन्हें ऐसे व्यवहारों को दाईं ओर रखना है, जिन्हें करने के लिए वे खुद को तैयार कर सकते हैं और उन व्यवहारों को बाईं ओर रखना है, जिन्हें करने के लिए वे खुद को तैयार नहीं कर सकते। टीम के सदस्यों को बारी-बारी से फोकस मैप पर काड्र्स का स्थान बदलना तब तक जारी रखना है, जब तक हर कोई संतुष्ट न हो जाए।

इस बिंदु पर आकर कुछ संक्षिप्त टिप्पणियों और व्यवहार काड्र्स का स्थान सुनिश्चित करने के बाद, फोकस मैप के ऊपरी हिस्से में दाएँ कोने पर जो व्यवहार दर्ज होंगे, वे ही आपके सुनहरे व्यवहार होंगे। अपनी टीम के साथ यह चर्चा करें कि आप कितने सुनहरे व्यवहारों को वास्तविकता में तब्दील करना चाहते हैं। आपको ऐसे दो या तीन सुनहरे व्यवहारों का चुनाव करना चाहिए (इनकी संख्या पाँच से कम रहे, तो ही बेहतर होगा)।

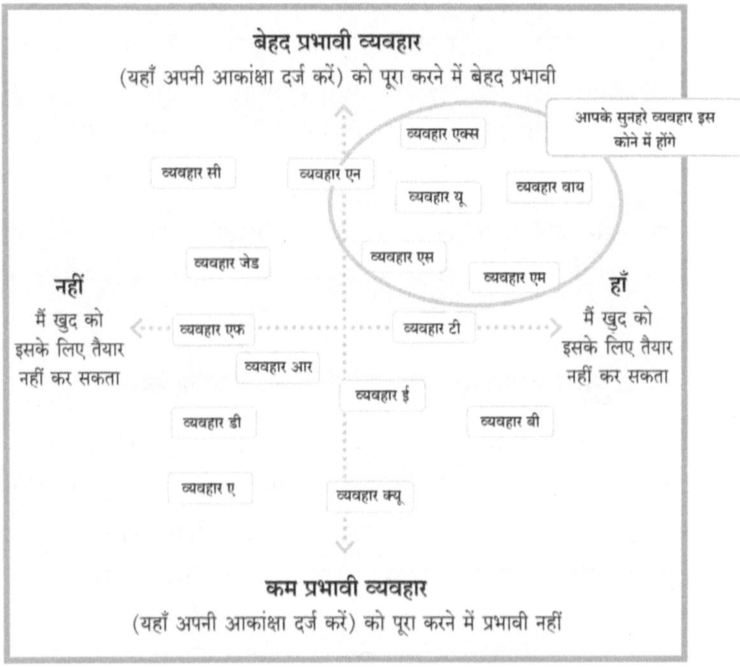

अधिकांश टीमें इस बात से हैरान रह जाती हैं कि फिलहाल किस व्यवहार पर ध्यान केंद्रित करना है, किस व्यवहार को किनारे रखकर भूल जाना है और इसे लेकर टीम के सारे सदस्य कितनी जल्दी और आसानी से एकमत हो गए। इस तरह जो प्रक्रिया काफी लंबी और तनावपूर्ण हो सकती थी, वह सुव्यवस्थित ढंग से एक ऐसे सत्र में तब्दील कर दी जाती है, जिसे एक नायक सिर्फ तीस मिनट में निपटा सकता है। आमतौर पर ऐसे सत्र के अंत में हर कोई परिणामों से संतुष्ट होता है। (अगर आप समूह का फोकस मैपिंग सत्र आयोजित करने के लिए और मार्गदर्शन चाहते हैं, तो FocusMap.info पर जाकर मेरे दिए गए निर्देशों को देख सकते हैं।)

नोट : आपके समूह ने अपना जो सुनहरा व्यवहार निकाला है, अगर वह एक आदत है, तो अपना अगला कदम छोटी-छोटी आदतोंवाली पद्धति के अनुसार उठाएँ। लेकिन हर सुनहरा व्यवहार एक आदत नहीं होगा। उनमें से कुछ 'एक बार किए जानेवाले व्यवहार' भी होंगे।

शूरवीर

मान लीजिए कि आप किसी पारिवारिक चर्चा या कंपनी की मीटिंग में हैं और आपको अपनी टीम को केंद्रित और सरेखित करने की ज़रूरत है, लेकिन फिलहाल आप एक आधिकारिक फोकस मैपिंग सत्र आयोजित करने की स्थिति में नहीं हैं।

ऐसे में मेरे पास आपके लिए एक शूरवीरोंवाला समाधान है। आपके समूह द्वारा विभिन्न विचारों का सुझाव देने के बाद आप यह पूछ सकते हैं कि वास्तव में हम इनमें से किस सुझाव पर अमल करने के लिए खुद को तैयार कर सकते हैं? ये सुझाव संभवत: आपके शूरवीरोंवाले जादू की छड़ी घुमाने के संकेत के चलते सामने आ रहे होंगे।

ये सवाल मेरे व्यवहार मॉडल के घटकों – प्रेरणा और सक्षमता – को जोड़ता है और ये उन व्यवहारों का पता लगाने का सबसे तेज तरीका है, जो सुनहरे व्यवहार बन सकते हैं।

4. सुनहरे व्यवहारों को सभी के लिए आसान बनाएँ

अगर आप चाहते हैं कि समूह का सुनहरा व्यवहार एक मौजूदा आदत हो, तो छोटी–छोटी आदतों की पद्धतिवाले मोड में जाएँ और व्यवहार को जितना हो सके, उतना आसान बना दें। लेकिन ये न भूलें कि एक बार किए जानेवाले व्यवहार – जैसे किसी ट्रेनिंग या सेमिनार – को भी जितना हो सके, उतना आसान बनाना चाहिए।

नायक

अपने समूह से पूछें कि वह क्या है, जो इस मनचाहे व्यवहार (या आदत) को मुश्किल बना रहा है और वे इस व्यवहार (या आदत) को आसान कैसे बना सकते हैं। मान लीजिए कि दो सप्ताह पहले आपने अपनी टीम के साथ एक नई पहल शुरू की। मैनेजर होने के नाते आप चाहते हैं कि हर कोई आपको दिन में एक बार ई–मेल भेजकर बताए कि फिलहाल कौन सी चीज़ उनके रास्ते का रोड़ा बनी हुई है। ये कुछ भी हो सकता है – जैसे कानूनी विभाग द्वारा अब तक नए समझौते की समीक्षा न करना या अच्छी यूजर रिसर्च के लिए पर्याप्त बजट न होना या फिर इंटरनेट का बार–बार डाउन होना। मैनेजर होने के नाते आप चाहते हैं कि आपको सही समय पर इन समस्याओं की पूरी जानकारी मिले ताकि आप इनका समाधान ढूँढ़कर अपनी टीम के सदस्यों को पूरी कुशलता के साथ आगे बढ़ने में मदद कर सकें। ये तरीका काफी उपयोगी नज़र आ रहा था और आपकी टीम का उत्साह भी बढ़ा हुआ था। लेकिन पिछले दो सप्ताह के परिणाम उत्साहजनक नहीं थे। यानी 'खोज संबंधी सवाल' पूछने का समय आ गया है।

अगली प्रोजेक्ट मीटिंग में अपनी टीम से ई–मेल के बारे में पूछें: वह क्या है, जो इस रोज़मर्रा के रूटीन को आपके लिए मुश्किल बना रहा है?

आप और भी स्पष्ट शब्दों में सक्षमता श्रृंखला की हर कड़ी के बारे में पूछ सकते हैं: क्या इसके लिए आपके पास पर्याप्त समय है? पैसा है? मानसिक श्रम की क्षमता

है? शारीरिक श्रम की क्षमता है? क्या इसका आपके मौजूदा रूटीन से टकराव होता है? इस तरह एक साथ मिलकर काम करके आपका समूह इस श्रृंखला की कमजोर कड़ियों की पहचान करने में आपकी – और एक-दूसरे की – मदद कर सकता है। जैसा कि स्पष्ट है, यह वास्तव में समय का मुद्दा नहीं है बल्कि असली समस्या तो ये है कि टीम के अधिकतर लोगों को पता ही नहीं कि अपने रास्ते में आनेवाली बाधाओं पर कैसे विचार करना है। यह बात समझ में आने के बाद आपको एहसास होता है कि असल में ये मानसिक क्षमता का मुद्दा है (लेकिन आप सबके सामने इसकी घोषणा नहीं करते)। आपके पास अन्य विकल्प हैं: रास्ते में आनेवाली बाधाओं को पहचानने की टीम की कुशलता बढ़ाकर आप रोज़मर्रा के इस रूटीन को आसान बना सकते हैं। या फिर आप उन्हें एक ऐसी चेकलिस्ट दे सकते हैं, जिससे उन्हें विभिन्न विकल्पों – जैसे प्रोजेक्ट में स्पष्टता, कानूनी मसले, बजट की कमी, आपसी सहयोग से जुड़े मसले, तकनीकी समस्याएँ आदि – पर विचार करने की दिशा में ले जाए। सक्षमता श्रृंखला की कमजोर कड़ी में एक बार आवश्यक सुधार करने के बाद ये एक मज़बूत कड़ी में तब्दील हो जाएगी। इससे हर किसी को उस बाधा से पार पाने में कहीं ज़्यादा मदद मिलेगी, जिसका जिक्र रोज ई-मेल भेजकर किया जाता था।

अतिरिक्त नोट: इस किताब को लिखते समय मैं इस बारे में ज़्यादा से ज़्यादा चीज़ें साझा करना चाहता था कि व्यापार में सफलता हासिल करने के लिए छोटी-छोटी पद्धति का उपयोग कैसे करें, पर इससे मेरी ये किताब बहुत लंबी हो जाती। फिर भी मैं व्यापार में सफलता के लिए छोटी-छोटी आदतों की पद्धति पर अपना विशेष अध्याय आपके सामने प्रस्तुत करना चाहता हूँ। इस अध्याय को आप TinyHabits.com/business पर जाकर प्राप्त कर सकते हैं।

शूरवीर

मान लीजिए, आप चाहते हैं कि आपका जीवनसाथी हर रोज आपके साथ व्यायाम करे, लेकिन वह इसके लिए तैयार नहीं हो रहा है। इसलिए आप उससे खोज संबंधी सवाल पूछें: तुम्हें क्या लगता है, वह क्या है, जिसके कारण तुम्हारे लिए हर रोज व्यायाम करना इतना मुश्किल है?

संभव है कि इस सवाल पर आपके जीवनसाथी का जवाब होगा, 'मेरे पास व्यायाम करने का समय नहीं है।' अब एक कुशल शूरवीर होने के नाते आपको एहसास है कि यहाँ समय असली मुद्दा हो भी सकता है और नहीं भी। पर मान लें कि समय ही असली मुद्दा है और फिर पूछें: अगर तुम किसी तरह मेरे साथ हर रोज़ सिर्फ दस मिनट व्यायाम करने का समय निकाल सको, तो क्या तुम ऐसा कर सकते हो? अगर वह 'हाँ' में जवाब देता है, तो अब ये तय करें कि उस दस मिनट में कौन

सा व्यायाम करना है। हालाँकि हो सकता है कि अब आपका जीवनसाथी व्यायाम न करने का एक नया कारण देना शुरू कर दे: मैं इतना थक जाता हूँ कि व्यायाम करने की स्थिति में नहीं होता।

और बस अब ये स्पष्ट हो गया कि असली मुद्दा समय नहीं; शारीरिक श्रम है। तो कोई ऐसा व्यायाम सुझाएँ, जिसमें कम शारीरिक श्रम की ज़रूरत हो, जैसे हर रोज सुबह किसी डिस्को गाने पर थिरकना या फिर सूर्य-नमस्कार जैसा कोई सरल योगासन करना। और वातावरण को नया रूप देना न भूलें ताकि आपके जीवनसाथी को व्यायाम करना आसान लगे - जैसे रोज रात को सोने से पहले व्यायामवाले कमरे में योगवाली चटाई बिछा दें। इस बारे में ज़्यादा सोच-विचार न करें कि एक बार सूर्य-नमस्कार करने से स्वास्थ्य को कितना लाभ होगा। क्योंकि एक स्वास्थ्यप्रद आदत - भले ही वह कितनी भी छोटी आदत हो - पर अमल की शुरुआत करना ही एक बड़ी बात है। अगर आपका जीवनसाथी एक बार सूर्य-नमस्कार करने में सफल महसूस करता है, तो वह स्वत: ही अपनी व्यायाम की आदत का विस्तार कर लेगा।

एक शूरवीर के रूप में आप अनौपचारिक पर व्यवस्थित रूप से ये पता लगाते हैं कि वह क्या है, जो किसी व्यवहार को एक व्यक्ति के लिए मुश्किल बना रहा है और फिर आप उन कमजोर कड़ियों को मज़बूत बनाने के लिए ज़रूरी कदम उठाते हैं।

आपने कमाल कर दिया मेरे शूरवीर!

5. सुनहरे व्यवहार का संकेत देने का रास्ता ढूँढ़ें

आप अध्याय-4 पहले ही पढ़ चुके हैं इसलिए आपको मालूम है कि संकेत तीन प्रकार के होते हैं- व्यक्ति-संकेत, संदर्भ-संकेत और क्रिया-संकेत। इस चरण में आपको यह पता लगाने की ज़रूरत है कि आपके समूह के मामले में इन तीनों में से कौन सा संकेत विश्वसनीय रूप से कारगर रहेगा।

नायक

अगर आप कोई आदत निर्मित करने में अपने समूह का सहयोग कर रहे हैं, तो पहले छोटी-छोटी आदतों की पद्धतिवाले तरीके का उपयोग करें और अपने समूह से पूछें: आपके रोज़मर्रा के रूटीन में ये आदत स्वाभाविक रूप से कहाँ फिट हो सकती है? जैसे अगर आप रोज की सबसे बड़ी बाधा के बारे में एक ई-मेल भेजने के मामले में अपनी टीम का सहयोग कर रहे हैं, तो उनसे पूछें: आपका वह कौन सा मौजूदा रूटीन है, जो आपको हर रोज इस आदत पर अमल करने की याद दिला सकता है?

समूह एक साथ मिलकर विकल्पों का पता लगा सकता है, लेकिन हर व्यक्ति खुद के लिए अपना एक एंकर (स्थिरक) चुन सकता है। कुछ लोगों के लिए इसका

नुस्खा कुछ ऐसा हो सकता है: लंच ब्रेक से लौटने के बाद, मैं अपने रास्ते में आनेवाली बाधाओं की एक चेकलिस्ट निकालूँगा और फौरन एक ई-मेल लिखूँगा।

मेरा नुस्खा : छोटी-छोटी आदतों की पद्धति

लंच ब्रेक से लौटने के बाद...	मैं अपने रास्ते में आनेवाली बाधाओं की एक चेकलिस्ट निकालूँगा और फौरन एक ई-मेल लिखूँगा...	इस आदत को अपने दिमाग में स्थापित करने के लिए मैं तत्काल: 
स्थिरक क्षण	छोटा व्यवहार	जश्न मनाना
आपके जीवन का एक मौजूदा रूटीन जो आपको छोटा व्यवहार (यानी आपकी नई आदत) करने की याद दिलाएगा।	आपकी नई मनचाही आदत, जिसे बेहद छोटा - और बेहद आसान बनाने के लिए आप उसकी मात्रा घटा देते हैं।	कोई ऐसा कार्य, जिसे आप अपने अंदर सकारात्मकता की भावना पैदा करने के लिए करते हैं। (इस भावना को रौनक कहते हैं।)

जैसा कि आप जानते ही हैं किसी व्यवहार को संकेत देने के अन्य तरीके भी हैं। जैसे आप अपने संगठन के नए इंटर्न से कह सकते हैं कि वह पूरे ऑफिस का एक चक्कर लगाए और सभी को ये याद दिलाए कि उन्हें आपको हर रोज एक ई-मेल भेजना है। लेकिन यह कोई ऐसा समाधान नहीं है, जो दीर्घकालिक रूप से कारगर हो। शायद आप सभी को याद दिलाने के लिए एक-एक रिमाइंडर ई-मेल भेज सकते हैं? हाँ, ये तरीका कारगर हो सकता है, लेकिन ये उतना शिष्टतापूर्ण नहीं लगता, जितना एक मौजूदा रूटीन को संकेत के रूप में उपयोग करना।

शूरवीर

इस चरण में शूरवीर का तरीका, नायक के तरीके के समान ही है। अगर यह कारगर नहीं होता है, तो आप ज़रा सख्ती से पूछ सकते हैं कि 'तुम्हारे अनुसार इसके लिए एक अच्छा रिमाइंडर क्या हो सकता है?'

मैं कारगर तरीका ढूँढ़ने और फिर उसका विस्तार करने का प्रशंसक हूँ। आइए एक बार फिर अपनी बाधाओं के बारे में ई-मेल लिखने की आदत की ओर लौटते हैं। कार्य को आसान बनाने के बाद देखें कि आगे क्या होता है। जब आपको ये पता लग जाए कि इस कार्य में कौन सफल हो रहा है, तो उनसे पूछें कि उन्हें यह व्यवहार करने का संकेत किस चीज़ से मिलता है। उनका कोई न कोई संकेत ज़रूर होगा (भले

ही वे उसे पहचानते हों या नहीं)। जब आप एक सफल पैटर्न ढूँढ़ लें, तो सभी को समान संकेत के उपयोग का सुझाव दें। मान लीजिए कि आप अपनी टीम के ऐसे दस सदस्यों के साथ चर्चा करते हैं, जो आपको बाधाओं के बारे में ई-मेल लिखने की कोशिश कर रहे हैं। इनमें से पाँच सफलतापूर्वक ई-मेल लिख भी रहे हैं। आपको पता चलता है कि पाँच में से चार ऐसे हैं, जो लंच के लिए जाने से पहले अपने की-बोर्ड पर चेकलिस्ट कार्ड लगा रहे हैं। जब वे लंच करके वापस आते हैं, तो ये चेकलिस्ट उन्हें ई-मेल लिखने की याद दिलाती है। तो यह नुस्खा कुछ ऐसा होगा: लंच पर जाने के लिए अपना बटुआ जेब में रखने के बाद, मैं बाधाओंवाली चेकलिस्ट अपने की-बोर्ड पर लगा दूँगा। आप इस तकनीक को हर किसी से साझा करें। आपने एक कारगर तरीका ढूँढ़ निकाला और उसका विस्तार अपनी टीम के अन्य सदस्यों तक किया।

6. आदत को अपने दिमाग में स्थापित करने के लिए सफल-ता का जश्न मनाएँ

यह चरण केवल तभी लागू होता है, जब आप अपने समूह में एक आदत निर्मित करना चाहते हों। अगर आपका समाधान केवल एक बार किया जानेवाला व्यवहार या निर्णय है, तो आप इस चरण को छोड़कर आगे बढ़ सकते हैं।

नायक

इस किताब को लेकर मेरी एक आशा है कि जिस तरह नेतृत्वकर्ता अपनी टीम से संवाद करते हैं, माता-पिता अपने बच्चों से संवाद करते हैं और डॉक्टर्स अपने मरीज़ों से संवाद करते हैं, उस तरीके में बदलाव लाया जा सके। जब आप मेरा ये मुख्य बिंदु समझने लगते हैं कि लोगों में सर्वश्रेष्ठ बदलाव तभी आता है, जब वे अच्छा महसूस करते हैं, न कि बुरा, तब आप इसे अपने जीवन में भी उतार सकते हैं। लेकिन इसके साथ ही आप इसका उपयोग करके अपने आसपास के लोगों को बदलने में सहयोग कर सकते हैं, चाहे वे आपके कर्मचारी हों, आपके बच्चे हों, आपका जीवन साथी हो या फिर आपके मरीज।

किसी शक्तिशाली व्यक्ति से मिलनेवाला फीडबैक महत्वपूर्ण होता है और ऐसे किसी व्यक्ति का समर्थन आपके जीवन में बड़े बदलाव के रास्ते खोल सकता है। सफल महसूस करने में लोगों का सहयोग करने के लिए सही समय पर अपना फीडबैक देकर आप अच्छे व्यवहारवाली एक आदत निर्मित कर सकते हैं। इतना ही नहीं, जैसा कि मैंने अध्याय-5 में साझा किया था, सफल महसूस करने का प्रभाव किसी तेज लहर की तरह आपके जीवन के हर पहलू पर होगा। हम जिस व्यक्ति का आदर करते

हैं, जिस पर भरोसा करते हैं, उससे मिलनेवाली प्रशंसा हमारे लिए सबसे बड़ी चीज़ होती है। और कुछ लोगों के लिए वह आदरणीय और भरोसेमंद व्यक्ति आप हैं।

एक नायक के रूप में सामूहिक आदतें विकसित करने और अंततः सांस्कृतिक परिवर्तन लाने के लिए रौनक की शक्ति इस्तेमाल करने के भी कुछ तरीके होते हैं।

पहला, अपने समूह को सिखाएँ कि कैसे आदतों का निर्माण भावनाओं से होता है। उन्हें बताएँ कि आपने दिमाग में किसी आदत को स्थापित करने का एक नया तरीका ढूँढ़ा है - जब भी ज़रूरत पड़े, तो जश्न मनाकर और रौनक महसूस करके सकारात्मक भावनाएँ फैलाना। जश्न मनाने का एक प्रामाणिक तरीका ढूँढ़ने में अपने समूह की सहायता करने और उन्हें इस कौशल के विकास व उपयोग के लिए प्रोत्साहित करने के लिए अध्याय-5 के अंत में दिए गए अभ्यास का उपयोग करें।

दूसरा, आप अपने समूह के लिए रौनक की भावना का स्रोत हो सकते हैं। जब माता-पिता चलना सीखने में अपने नन्हें बच्चों की सहायता करते हैं, तो उनके साथ ये सहज ही होने लगता है। इसी तरह अच्छे शिक्षकों के मामले में भी स्वाभाविक रूप से ऐसा होता है। रोज़मर्रा के जीवन में भी आपको अप्रत्याशित रूप से इसके कई उदाहरण मिलेंगे। जैसे माउई द्वीप स्थित एक विशेष स्थान पर लोग लहरों की सवारी करना सीखने जाते हैं। जब वे पहली बार लहर में जाते हैं, तो किनारे खड़े होकर उन्हें निहारनेवाले दर्शक (जो आमतौर पर उनके परिवार वाले या दोस्त होते हैं) चीखते हुए उन नौसिखियों का उत्साह बढ़ाने लगते हैं।

हममें से अधिकांश लोग इस मामले में और बेहतर हो सकते हैं। अपने सकारात्मक फीडबैक को और अनुकूल बनाकर तत्काल उपलब्ध करवा सकते हैं। अगर हम इसके लिए तब तक इंतजार करेंगे, जब तक व्यक्ति एक महत्वपूर्ण मील के पत्थर तक नहीं पहुँच जाता, तो हम रौनक महसूस करने में उस व्यक्ति की सहायता करने के कई मौके गँवा चुके होंगे।

तीसरे तरीके को मैंने छोटी-छोटी आदतों की पद्धति सीखनेवाले कई परिवारों में उभरते हुए देखा है: एक व्यक्ति की अच्छी आदतों का जश्न समूह के अन्य लोगों द्वारा मनाना। छोटे बच्चे भी जल्द ही देखादेखी इसकी नकल करने लगते हैं। जैसे जब एक माँ रसोई के काउंटर के सामने दो पुशअप्स करती है, तो उसकी नन्हीं बेटी ताली बजाते हुए कहती है, 'बहुत बढ़िया मम्मी!'

शूरवीर

नायक की तरह ही, एक शूरवीर के तौर पर भी आप अन्य लोगों में रौनक की भावना जगा सकते हैं। हालाँकि आप ये सब कहीं ज़्यादा गुप्त ढंग से करेंगे।

जब कोई व्यक्ति एक अच्छा व्यवहार करे, तो आप ये कहकर उसके दिमाग में वह आदत स्थापित करने में मदद कर सकते हैं, 'वाह क्या बात है! तो अपनी डेस्क को व्यवस्थित करके तुम्हें कैसा लग रहा है?' ये सवाल पूछकर आप रौनक की भावना को और गहनता से महसूस करने में अपने उस सहकर्मी की मदद करेंगे, खासकर तब, जब वह अगली बार अपनी डेस्क व्यवस्थित करेगा। आप यह पहचानने में लोगों की सहायता करके सफलता को पुन:परिभाषित भी कर सकते हैं कि वे इस प्रक्रिया में सफल हो रहे हैं, भले ही अभी उन्हें मनचाहा परिणाम हासिल न हुआ हो। जब भी कोई व्यक्ति सॉफ्ट ड्रिंक के बजाय सादा पानी पीने का चुनाव करता है, तो यह एक सफलता ही है, भले ही बाथरूम का उनका पैमाना जस का तस रहे। इसी तरह जब कोई व्यक्ति 'ध्यान' का अभ्यास करता है, तो उन्हें सफल होने के लिए अपने मन को शांत करने की ज़रूरत नहीं होती। क्योंकि सिर्फ शांति से बैठना ही सफलता है और वह इसके बारे में अच्छा महसूस कर सकता है।

अपनी रिसर्च में मैंने ऐसे 32 अलग-अलग संदेशों की मैपिंग की है, जो सफलता की पुष्टि करते हैं (इसका ढाँचा किसी ग्रिड जैसा है, जिसमें चार कतारें और आठ कॉलम हैं)। उदाहरण के लिए, सफलता की पुष्टि के 32 तरीकों में से एक तरीका है, यह समझ जाना कि कोई व्यक्ति अपना सर्वश्रेष्ठ व्यक्तिगत प्रदर्शन कर रहा है। 'तुमने अब तक का अपना सर्वश्रेष्ठ प्रदर्शन किया है!' एक और तरीका है, ये देख पाने में लोगों की सहायता करना कि उन्होंने किसी कार्य को अन्य सभी लोगों के मुकाबले बेहतर किया है।

कुछ लोग पहले तरीके का उपयोग करके अधिक रौनक महसूस करेंगे; जबकि अन्य लोग दूसरों की तुलना में बेहतर होने से अधिक रौनक महसूस करेंगे। अगर आपको ये पता हो कि आपके समूह के प्रत्येक सदस्य के लिए किस किस्म के संदेश अधिक रौनक पैदा करते हैं, तो आप इस जानकारी का उपयोग करके दिमाग में आदत स्थापित करने में और निरंतर बेहतर प्रदर्शन करने में उनका सहयोग कर सकते हैं।

मैं अपने ढाँचे के कुछ तत्त्व आगे प्रस्तुत कर रहा हूँ। इन्हें इस शैली में लिखा गया है, मानो मैं किसी छात्र को अपना फीडबैक दे रहा हूँ।

* तुमने अपने होमवर्क में उल्लेखनीय निरंतरता दिखाई है।
* तुम्हें परीक्षा में बढ़िया अंक मिले हैं।
* पहली परीक्षा में कम अंक मिलने के बावजूद इस बार तुमने शानदार वापसी की है।
* तुम पाठ्यक्रम को अपनी कक्षा में किसी और की तुलना में सबसे तेजी से सीख

रहे हो।

* तुमने अपनी कक्षा में किसी अन्य की तुलना में अपने अंकों में सबसे ज़्यादा बढ़ोत्तरी प्राप्त की है।

किताब के अंत में दिए गए मेरे वे 32 संदेश देखें, जो सफलता की पुष्टि करते हैं। पर साथ ही और ज़्यादा सीखने के लिए दैनिक जीवन पर भी गौर करें। जब आप सकारात्मक फीडबैक देते हैं, तो सबसे ज़्यादा प्रभाव किस चीज़ पर पड़ता है? विभिन्न तरीके आज़माएँ और देखें कि क्या होता है।

अलग-अलग संदेशों पर लोग अलग-अलग प्रतिक्रिया देते हैं। लेकिन एक तरीका ऐसा भी है, जो हर किसी पर लागू होता है। आगे मैं जो साझा करने जा रहा हूँ, उसका उपयोग अच्छे और बुरे, दोनों तरीके से किया जा सकता है। यह पहला मौका है, जब मैं इसे लिखित रूप से साझा कर रहा हूँ। कृपया इसका उपयोग केवल अच्छे उद्देश्यों की पूर्ति के लिए ही करें।

जिस फीडबैक का भावनात्मक प्रभाव सबसे ज़्यादा पड़ता है, उसकी दो खासियतें होती हैं: यह एक ऐसे डोमेन (कार्यक्षेत्र) से संबंधित होगा, जिसकी आपको परवाह हो और एक ऐसे क्षेत्र में होगा, जहाँ आप अनिश्चितता महसूस करते हों। मैंने इस ओवरलैपिंग स्पेस (अतिव्यापी क्षेत्र) को आगे दिए गए रेखाचित्र के जरिए दर्शाया है और इसे मैंने पॉवर जोन का नाम दिया है।

फीडबैक पॉवर जोन

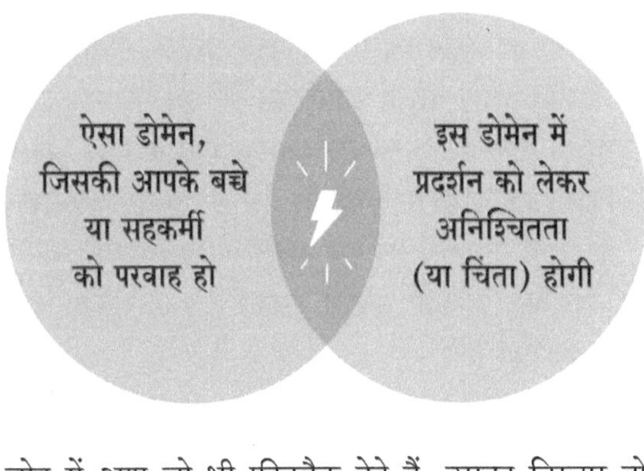

पॉवर जोन में आप जो भी फीडबैक देते हैं, उसका विस्तार होता है क्योंकि सामनेवाले को उस विषय की परवाह होती है और वे उसे लेकर अनिश्चित होते हैं। जिसका अर्थ है कि आप अच्छी-खासी रौनक को प्रेरित कर सकते हैं, साथ ही गहन अंधकार भी पैदा कर सकते हैं। मान लीजिए आप देखते हैं कि हाल ही में माँ

बनी एक महिला अपने नन्हें बच्चे को शांत करने की कोशिश कर रही है। वह एक 'अच्छी' माँ बनना चाहती है और चूँकि उसके लिए ये सब नया है इसलिए वह इसे लेकर ज़रा अनिश्चितता भी महसूस कर रही है। ऐसे में आप उससे आकर कहते हैं, 'तुम्हारा ये तरीका सचमुच बढ़िया है! मेरी बहन भी अपने बच्चों को शांत करने के लिए ऐसा ही करती थी और वह दुनिया की सबसे अच्छी माँ है।' आपका ये फीडबैक पाकर वह रौनक की भावना से दमक उठेगी।

वहीं दूसरी ओर अगर आप उससे कहते हैं, 'तुम कहो, तो मैं कोशिश करके देखूँ? लगता है, तुम्हारा बच्चा काफी परेशान है।' उफ! एक नई-नवेली माँ से ये कहकर आप क्या जताने की कोशिश कर रहे हैं, ये बिलकुल स्पष्ट है - आप ये जता रहे हैं कि बच्चे को शांत करने का उसका तरीका गलत है। यूँ तो आपका ये कथन पॉवर जोन में ही है, लेकिन ये नकारात्मक है और संभवत: वह नई-नवेली माँ इससे सचमुच दु:खी हो जाएगी। इसके बाद वह आपको हमेशा याद रखेगी - लेकिन सिर्फ गलत कारणों से।

पिछले साल के लिए मेरी एक व्यक्तिगत थीम थी, 'हर आपसी संवाद में दूसरों को सशक्त बनाना।' यहाँ तक कि ये शब्द मेरे ऑफिस में लगी एक सुंदर पेंटिंग पर भी अंकित हैं (इसके लिए स्टेफनी का धन्यवाद)। अपनी यह आकांक्षा पूरी करने के लिए मैं अपने शोध से प्राप्त अंतर्दृष्टियों को लागू करता हूँ और अपने आसपास के लोगों को उचित समय पर फीडबैक देकर उन्हें सशक्त बनाने की कोशिश करता हूँ। यहाँ उचित समय का अर्थ है: जब मेरी कोई छात्रा कक्षा में अपनी पहली प्रेजेन्टेशन देती है... या जब मेरी जीवनसाथी कोई नया पकवान बनाती है... या जब कोई मेरे काम से जुड़ा सवाल पूछने के लिए मुझे फोन करता है...। इन सभी स्थितियों में मेरे पास इन लोगों को सशक्त बनाने का एक शानदार अवसर होता है - वे उस विषय की परवाह करते हैं और उसके बारे में अनिश्चित होते हैं। मुझे बस इतना करना होता है कि पूरी गंभीरता के साथ उनसे एक सकारात्मक बात कह दूँ। अक्सर लोग विषम परिस्थितियों में नकारात्मक फीडबैक दे देते हैं। जैसे - 'तुम्हारी प्रेजेन्टेशन की शुरुआत बड़ी धीमी थी' या 'तुम्हारी पकाई हुई इस मछली में खास स्वाद नहीं है! तुमने क्या डाला है इसमें?' या फिर 'तुम्हारा सवाल सुनकर मैं कह सकता हूँ कि तुमने मेरी लिखी सामग्री पढ़ी ही नहीं है।'

कतई नहीं। इतने नकारात्मक शब्द किसी से न कहें।

एक अच्छा शूरवीर बनिए।

7. एक साथ मिलकर समस्याएँ सुलझाएँ और दोहराव करें

अब हम व्यवहार संरचना के अंतिम चरण पर पहुँच गए हैं। दोहराव को हमेशा खुले दिल से स्वीकार करें, फिर भले ही आप एक बार किए जानेवाले व्यवहार को आकार दे रहे हों या फिर किसी आदत को। अगर यह आपकी उम्मीद के मुताबिक कारगर साबित नहीं हो रही है, तो समस्याओं का निवारण करने के लिए विशिष्ट और स्पष्ट कदम उठाएँ।

नायक

जब आप अपने समूह को बदलाव की प्रक्रिया की ओर ले जाएँ, तो पहले ही बता दें कि हो सकता है, आदत को आकार देने की पहली कोशिश सफल न हो। उन्हें बताएँ कि स्थाई बदलाव लाना काफी हद तक जूते खरीदने जैसा होता है। आप दुकान में जाकर जो सबसे पहला जूता पहनकर देखते हैं, आमतौर पर वह आपके पैर में फिट नहीं होता। ये उदारहण उनकी अपेक्षाओं को काबू में रखेगा। फिर अगर एक नायक के तौर पर आपके द्वारा सुझाया गया पहला रास्ता सही नहीं निकला, तब भी आप उनके सामने अपनी विश्वसनीयता नहीं खोएँगे। इस बात के लिए तैयार रहें कि आगे जाकर आपको अपनी दिशा बदलनी पड़ सकती है।

अपने समूह को व्यवहार संरचना पर आधारित समस्या निवारण का क्रम समझाएँ। अगर इस आदत को निर्मित करने की हमारी कोशिश कारगर नहीं होती, तो हम संकेत से शुरुआत करते हुए समस्याओं का निवारण करेंगे। और हम अपनी प्रेरणा या संकल्प-शक्ति में कमी के लिए खुद को दोष नहीं देंगे। हम जो कर रहे हैं वह कुछ और नहीं बल्कि संरचना तैयार करना और उसे फिर से नया स्वरूप देना है। अगर इसके लिए हमें संकल्प-शक्ति की ज़रूरत पड़ती है, तो इसका अर्थ है कि हम इसे गलत तरीके से कर रहे हैं।

अगर हम संकेत को संशोधित करते हैं और व्यवहार को अपने लिए जितना हो सके, उतना आसान बना लेते हैं और इसके बावजूद सफल नहीं होते, तो हमें एक कदम पीछे जाकर अपने लिए एक नए व्यवहार का चुनाव करना होगा - कोई ऐसा व्यवहार जिसे हम सचमुच करना चाहते हों।

शूरवीर

अगर आप किसी सामूहिक व्यवहार की समस्याओं का निवारण एक शूरवीर की शैली में कर रहे हैं, तो इसमें व्यवहार मॉडल के नए तरीके ला सकते हैं। हमेशा की तरह संकेत से शुरू करें। फिर सक्षमता पर गौर करें। और फिर - अंतिम उपाय के रूप में - प्रेरणा की ओर जाएँ। आदर्श स्थिति में आप प्रेरणा को छोड़ देते हैं और

किसी ऐसे नए व्यवहार के साथ समूह का फिर से मिलान करते हैं, जिसे करने के लिए वे पहले से प्रेरित हों।

व्यवहार मॉडल का ग्राफिक संस्करण ये स्पष्ट कर सकता है कि एक शूरवीर को कौन से कदम उठाने चाहिए या कौन से कदम उठाने से बचना चाहिए। कल्पना कीजिए कि आपकी कंपनी एक 'पैदल चलने का कार्यक्रम' शुरू करने जा रही है। आपको इस कार्यक्रम के लिए लोगों का नामांकन करने की जिम्मेदारी मिलती है। आप लोगों को एक तीस-दिवसीय चुनौती स्वीकार करने के लिए आमंत्रित करते हैं। लेकिन इस पर कोई खास प्रतिक्रिया नहीं आती और इसमें हिस्सा लेनेवालों की संख्या दो फीसदी से भी कम रहती है।

इस समस्या के निवारण का पहला कदम है संकेत को जाँचना। लोगों को आपका आमंत्रणवाला ई-मेल सचमुच मिल भी रहा है या नहीं? हो सकता है कि ये मेल उनके स्पैम फोल्डर में जा रहा हो। या फिर हो सकता है कि लोगों के इनबॉक्स जाम हो गए हों। ऐसे में लोगों को नामांकन संबंधी व्यवहार करने का संकेत देने के लिए कोई और तरीका ढूँढ़ें - जैसे फोन करके या हाथ से लिखा नोट भेजकर उन्हें व्यक्तिगत रूप से आमंत्रित करना।

अगर आपको यकीन है कि आपके समूह को संकेत मिल गया है (आपने व्यक्तिगत रूप से लोगों तक हाथ से लिखे नोट पहुँचाए हैं) और अगर फिर भी आपको मनचाहे परिणाम नहीं मिल रहे हैं, तो समस्या निवारण के अगले चरण की ओर बढ़ जाएँ। मैं ऐसे मामलों में व्यवहार मॉडल के अलग हिस्सों का उपयोग करते हुए परिस्थिति के अनुसार योजना बनाना पसंद करता हूँ।

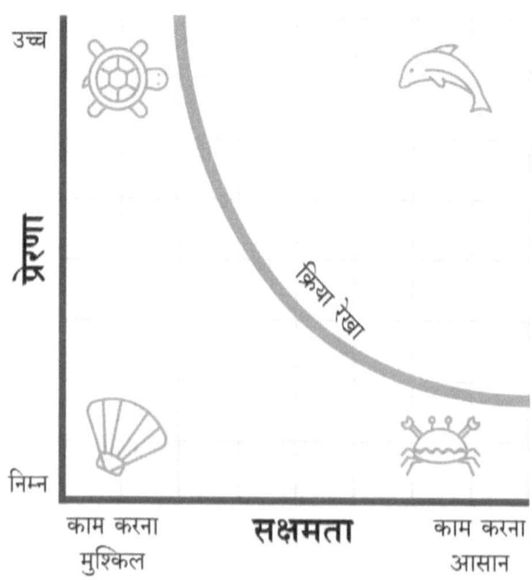

इस रेखा-चित्र के ऊपरी दाएँ कोने में, उन सारे लोगों की कल्पना करें, जिन्होंने आपके संकेत पर प्रतिक्रिया दी और तीस-दिवसीय चुनौती में हिस्सा लिया। मैं इस हिस्से के लोगों को 'डॉल्फिन्स' का नाम देता हूँ। वे प्रेरित भी है और सक्षम भी। उन्होंने व्यवहार किया - संकेत मिलने पर चुनौती स्वीकार करने के लिए कार्यक्रम में अपना नामांकन किया। जबकि ऊपरी बाएँ कोने में ऐसे लोग हैं, जिन्होंने संकेत मिलने पर भी नामांकन नहीं किया। वे प्रेरित तो हैं, लेकिन किसी वजह से पैदल चलने की ये चुनौती उन्हें काफी कठिन लग रही है। मैं इस हिस्से के लोगों को 'कछुए' कहता हूँ।

रेखा-चित्र के निचले हिस्से के बाएँ और दाएँ कोने में जो लोग मौजूद हैं, वे पैदल चलने की इस तीस-दिवसीय चुनौती को स्वीकार करने के लिए प्रेरित नहीं हैं: इन्हें मैं केकड़े और सीप कहूँगा। केकड़े सक्षम हैं, लेकिन वे ये करना नहीं चाहते। जबकि सीपों के पास न तो सक्षमता है और न ही प्रेरणा। अगर आप डॉल्फिन्स के अलावा अन्य लोगों को भी इसमें शामिल करना चाहते हैं, तो सबसे पहले कछुओं पर ध्यान केंद्रित करें और ये जानने के लिए सक्षमता श्रृंखला का उपयोग करें कि उनके लिए इस व्यवहार को आसान कैसे बनाया जाए। फिलहाल के लिए केकड़ों और सीपों को भूल जाएँ। इस कार्यक्रम में शामिल होने की उनकी संभावना न के बराबर है और आपको उन पर अपना कीमती समय बर्बाद नहीं करना चाहिए।

जब मैं अपने बूट कैम्प में इन हिस्सों का विभाजन करना सिखाता हूँ, तो मुझे लगता है कि व्यवहार संरचना सीखनेवालों के लिए ये सबसे ज्ञानवर्धक और नए किस्म की अंतर्दृष्टि होती है। विशेषज्ञ अक्सर इन चारों हिस्सों की समस्याओं का निराकरण एक साथ करने की कोशिश करते हैं या फिर वे यह सोच लेते हैं कि उन्हें सबसे पहले सबसे मुश्किल हिस्से - यानी सीपों पर - ध्यान केंद्रित करना चाहिए। जबकि ये दोनों ही तरीके गलत हैं। व्यवहार संरचना में आप वह करने में लोगों की सहायता करते हैं, जो वे पहले से करना चाहते हैं। केकड़े और सीपें पैदल चलने के इस कार्यक्रम में भाग लेना ही नहीं चाहते। जबकि डॉल्फिन्स और कछुए ऐसा चाहते हैं इसलिए पहले आपको उनकी सहायता करनी है।

ये करने के बाद केंकड़ों और सीपों के लिए कोई और गतिविधी खोजें, जो करके उन्हें आनंद आए - जैसे टेबल टेनिस खेलना, कुकिंग क्लब में शामिल होना या फिर अपनी बाइक की सवारी करना। या फिर उन्हें किनारे कर दें और डॉल्फिन्स व कछुओं के साथ पैदल चलने का आनंद उठाएँ। हालाँकि एक ऐसी स्थिति ज़रूर है, जिसमें आप केकड़ों तक (और संभवत: सीपों तक भी) पहुँचने की कोशिश कर सकते हैं। यह अपवाद तब संभव है, जब व्यवहार ऐसा हो, जिसे करना हर हाल में ज़रूरी हो। यानी कोई ऐसी चीज़ जो बहुत महत्वपूर्ण हो, जैसे बुखार का इंजेक्शन लेना।

ऐसे मामलों में (और केवल तब ही) आप अपना गियर बदल सकते हैं और केकड़ों को इसकी ओर आकर्षित कर सकते हैं।

अगर किसी कारणवश केकड़ों को इस कार्यक्रम में शामिल करना आपके लिए ज़रूरी हो, तो एक ऐसी आकांक्षा का पता लगाएँ, जो उनके शामिल होने के साथ सरेखित हो। अगर आपने शुरुआत में इस तीस-दिवसीय चुनौती को इस प्रकार पेश किया हो, जिसे स्वीकार करना मजेदार होने के साथ-साथ स्वास्थ्य के लिए अच्छा होगा और अगर फिर भी केकड़ों को ये आकर्षक नहीं लगा, तो कुछ ऐसा तरीका ढूँढ़ें, जो सार्थक हो। हो सकता है कि इसके लिए आपको थोड़ी रिसर्च करनी पड़े और ये भी संभव है कि सारे केकड़े एक ही आकांक्षा की ओर आकर्षित न हों। लेकिन अपने इस अभियान में ये संभावित बदलाव लाने की कल्पना ज़रूर करें।

* पैदल चलने की चुनौती स्वीकार करें और शुक्रवार की कॉन्सर्ट सीरीज के फ्री पास प्राप्त करें।
* पैदल चलने की चुनौती स्वीकार करें और शीर्ष प्रबंधन के साथ आमने-सामने बैठकर संवाद करने का मौका पाएँ।
* पैदल चलने की चुनौती स्वीकार करें और एक जोड़ी शानदार नए जूते मुफ्त पाएँ।

इन उदाहरणों में आप न तो व्यवहारों के झुंड को दोहरा रहे हैं और न ही किसी अन्य व्यवहार से लोगों का मिलान करा रहे हैं। आप जो कर रहे हैं, उसे मैं 'क्वीन बी समाधान' कहता हूँ। इसमें आप व्यवहार को बनाए रखते हैं (क्योंकि ऐसा करना ज़रूरी है) और इसे अन्य आकांक्षाओं के साथ जोड़ते हैं। (इसका सच्चा उदाहरण आपको अगली कहानी में देखने को मिलेगा।)

इस विभाजन के लिए मेरे व्यवहार मॉडल का इस प्रकार से उपयोग करना आपको और आपकी टीम को आश्चर्यजनक स्पष्टता दे सकता है। जब आप सोच-विचार करने के तरीके अपनी टीम के साथ साझा करते हैं, तो वास्तव में अपने सहकर्मियों को शूरवीर का दर्जा हासिल करने की दिशा में ले जा रहे होते हैं। फिर वे अपनी-अपनी ऊर्जा को मनचाहे परिणाम देनेवाले क्षेत्रों में लगा सकते हैं और केकड़ों व सीपों को मनाने में अपना कीमती समय बर्बाद करने से बच सकते हैं।

अगर आप व आपकी टीम मेरे बताए गए सारे चरणों का पालन करते हैं, तो कभी-कभी एक साथ मिलकर बदलने की इस प्रक्रिया की तहें सीधे तौर पर खुलने लगती हैं। लेकिन व्यवहार संरचना और छोटी-छोटी आदतों की पद्धति की सुंदरता ये है कि इनमें काफी लचीलापन होता है। अब चूँकि आप एक साथ मिलकर बदलने की

प्रक्रिया को मोटे तौर पर देख चुके हैं, तो आइए अब देखते हैं कि ये असल जिंदगी में कैसी नज़र आती है। हम इन दोनों सच्ची कहानियों को 'बदलाव की दो दास्तानें' कहेंगे। पहली कहानी व्यवहार में बदलाव के सबसे बड़े सितारे को वापस लाती है, जो हम सबके साथ पहले रह चुका है। वहीं दूसरी कहानी इस बारे में है कि कैसे अस्पताल जैसे तनावपूर्ण कार्यस्थल में छोटी-छोटी आदतों की पद्धति का उपयोग करके अपना लचीलापन बढ़ाया जा सकता है।

पारिवारिक बदलाव: सीखने से जुड़ी अक्षमता के बावजूद सफलता हासिल करना

आकांक्षाओं और परिणामों को स्पष्ट करें

एमी की बेटी रेचेल एडीएचडी (अटेंशन डेफिसिट हाइपरएक्टिविटी डिसऑर्डर - ध्यानाभाव एवं अतिसक्रियता विकार) नामक मानसिक बीमारी से ग्रस्त हो गई। एक न्यूरोसाइकोलॉजिस्ट ने कहा कि उसने अपने पेशेवर जीवन में रेचेल से ज़्यादा बुद्धिमान लेकिन अस्त-व्यस्त मानसवाली बच्ची नहीं देखी। एमी को पता था कि उसकी बेटी गहन सोच-विचार करने में सक्षम है, पर ये कुछ ऐसा था, मानो हर छोटी-बड़ी जटिलता रेचेल को और धीमा बनाती जा रही हो। उसे दिशा-निर्देशों का पालन करने में समस्या होती थी क्योंकि वह हमेशा अपने ही विचारों में खोई रहती थी। किसी भी मसले पर कोई अंतिम निर्णय लेना उसके लिए बड़ा तकलीफदेह अनुभव होता था। पर रेचेल के सारे शिक्षक इस बात से पूरी तरह सहमत थे कि अगर वह अपने विचारों में खोए रहने के बजाय, अपने सामने रखे गए सवाल के जवाब को भूले बिना उन विचारों का तत्काल सही उपयोग कर सके, तो वह बेहद सफल हो सकती है। चौथी कक्षा तक आते-आते रेचेल विशेष-शिक्षावाली कक्षाओं में हिस्सा लेने लगी। एमी को रेचेल का होमवर्क पूरा कराने के लिए खासा संघर्ष करना पड़ता क्योंकि रेचेल हर वक्त वीडियो गेम खेलने या फिर घर के बाहर जाकर खेलने के लिए ललायित रहती।

चूँकि एमी अपना व्यवसाय बढ़ाने और अपने पूर्व पति के साथ एक मुश्किल रिश्ते से निकलने के लिए छोटी-छोटी आदतों की पद्धति व व्यवहार संरचना का उपयोग कर चुकी थी इसलिए उसने फैसला किया कि अपनी बेटी की मदद करने के लिए भी वह इनका उपयोग करके देखेगी। सबसे पहले उसने ये पता लगाया कि रेचेल की सबसे ऊँची आकांक्षाएँ क्या हैं। ऐसा करने में एमी को न सिर्फ समय लगा बल्कि इसके लिए रेचेल से कुछ रचनात्मक सवाल भी पूछने पड़े। जिससे ये सामने आया कि रेचेल को अच्छे ग्रेड्स लाने, अपने शिक्षकों से शाबाशी पाने और पहाड़े सीखने में कोई खास दिलचस्पी नहीं थी। बल्कि उसे तो बस जब जो मन में आए, वह करने में दिलचस्पी थी। एमी ने ये पता लगाने के लिए काफी मेहनती की कि रेचेल जो भी

करना चाहती है या जिन चीज़ों को नज़रअंदाज करती है (जैसे अपना होमवर्क) उनके पीछे उसके कौन से अनूठे कारण हैं। चूँकि एमी जानती थी कि सही आकांक्षा का पता लगाना ही इसकी कुंजी है, इसलिए उसने 'क्वीन बी पद्धति' का उपयोग किया: एमी ने अपनी बेटी के होमवर्क (जिसे पूरा करना ज़रूरी होता था) को उसकी उन आकांक्षाओं के साथ सरेखित करने की ठानी, जो उसके मन में पहले से थीं।

एमी ने मुझे बताया कि उसके लिए सबसे सुखद वह पल था, जब उसने रेचेल से पूछा, 'मैं जानती हूँ कि होमवर्क पूरा करना किसी संघर्ष से कम नहीं है, पर तुम्हें क्या लगता है, अगर तुमने रोज होमवर्क पूरा करना नहीं सीखा, तो क्या होगा?'

'तब तो मेरे पास खेलने के लिए और ज़्यादा खाली समय होगा,' रेचेल ने मासूमियत के साथ जवाब दिया।

'सही कहा तुमने। पर अगर तुम्हारी कक्षा के सारे बच्चे परीक्षा में पास होकर पाँचवीं कक्षा में पहुँच गए और तुम चौथी कक्षा में अटककर सबसे पीछे रह गईं तो तुम्हें कैसा लगेगा?'

'क्या?' रेचेल हैरान रह गई।

'और तब क्या होगा, जब वे लोग छठवीं कक्षा में पहुँच जाएँगे और तुम तब भी चौथी कक्षा में ही अटकी रहोगी?'

रेचेल के दिमाग की बत्तियाँ अचानक जल उठीं – इस बारे में तो उसने कभी सोचा ही नहीं था, 'अगर ऐसा हुआ, तो मुझे बिलकुल अच्छा नहीं लगेगा।'

'ठीक है। तो इसका मतलब ये हुआ कि तुम चौथी कक्षा पास करके अपने सहपाठियों की बराबरी पर रहना चाहती हो। ये तो बड़ी अच्छी बात है – अब मुझे पता है कि तुम क्या चाहती हो और कहाँ जाना चाहती हो। तो अब हम इसे संभव बनाने के लिए सही रास्ता ढूँढ़ सकते हैं।'

जल्द ही ये स्पष्ट हो गया कि ये बातचीत जितनी महत्वपूर्ण एमी के लिए थी, उतनी ही महत्वपूर्ण रेचेल के लिए भी थी। उसे पता था कि रेचेल को हर रोज अपना होमवर्क पूरा करने में कोई दिलचस्पी नहीं है और इस बात को लेकर एमी परेशान रहती थी। रेचेल के लिए जो बात सचमुच वाकई मायने रखती थी, वह थी अपने स्कूल के दोस्तों की बराबरी करना। तो एमी ने रेचेल की इस आकांक्षा को व्यवहारों के झुंड में बादलों जैसी एक नई आकृति के अंदर रख दिया। और यहाँ से वह रेचेल के साथ उन स्पष्ट व्यवहारों के बारे में बात कर सकती थी, जिससे उसे अपना वह मनचाहा परिणाम पाने में मदद मिले।

एक स्पष्ट व्यवहार के साथ मिलान करें

चूँकि स्कूल से वापस आने के बाद होमवर्क करना, झुंड का वह स्पष्ट व्यवहार था, जिससे उनकी एक साथ मिलकर बदलाव लाने की यात्रा शुरू हुई थी इसलिए एमी और रेचेल ने उसी से शुरुआत की।

आसान बनाएँ

अगला कदम था, इसे रेचेल के लिए आसान बनाना। इसमें सबसे बड़ी बाधा थी, किसी एक चीज़ पर देर तक ध्यान केंद्रित करने में रेचेल की अक्षमता। रेचेल के लिए सीखने से जुड़ी चुनौती थी, अपना ध्यान केंद्रित रखना। यह उसके लिए किसी संघर्ष से कम नहीं था - खासकर दिनभर स्कूल में बिताने के बाद। इसलिए एमी ने एक नया प्रयोग किया। उसने रेचेल के होमवर्क को छोटे-छोटे हिस्सों में बाँट दिया। वे दोनों दस-दस मिनट के अंतराल में इसे निपटाते - स्कूल की चीज़ों को मेज पर फैलाते, जहाँ रेचेल अपना होमवर्क करती या वर्कशीट की सूची तैयार करती। वे पाँच-पाँच मिनट का ब्रेक लेने की कोशिश करते ताकि बीच-बीच में ट्रैम्पोलीन पर कूदकर मन बहला सकें। उन्होंने फ्लैशकार्ड्स और वीडियो भी आज़माकर देखे; होमवर्क को कंप्यूटर पर और फिर कागज पर करके देखा। इस तरह सक्षमता श्रृंखला में जो भी कड़ी उन्हें कमजोर नज़र आई, उसे वे मज़बूत करते गए।

इस सबके बीच एमी ने अपनी बेटी के सामने अपनी सोच बिलकुल स्पष्ट कर दी और उसके सुझाव भी माँगे। अगर रेचेल किसी चीज़ से पीछे हटती, तो एमी उससे एक समझौता करती - पहले वे दोनों पाँच दिनों तक रेचेल का तरीका आज़माकर देखतीं और फिर अगले पाँच दिनों तक एमी का तरीका आजमातीं। इस दौरान वे नोट्स भी बनाती जातीं कि कौन सा तरीका बेहतर लग रहा है। एमी इस बात को समझती थी कि वह न सिर्फ होमवर्क पूरा करने में रेचेल की मदद कर रही है बल्कि उसे प्रयोग करना और अपने व्यवहार का प्रबंधन करना भी सिखा रही है। वास्तव में वह रेचेल को बदलाव का कौशल विकसित करना सिखा रही थी।

अपना संकेत खोजें

स्कूल से लौटने के बाद रेचेल की दिनचर्या में होमवर्क पूरा करने का समय निकालना महत्वपूर्ण था। अगर वे ये तय करते कि डिनर के बाद होमवर्क करेंगे, तो सब गड़बड़ हो जाती। भले ही वे होमवर्क को 'आसान बनाने' के लिए किसी भी तकनीक का उपयोग करते, पर फिर भी डिनर के बाद रेचेल के लिए अपना ध्यान केंद्रित करना मुश्किल ही रहता। तब उन्हें एहसास हुआ कि स्कूल से लौटने के फौरन बाद होमवर्क पूरा करना ही सबसे कारगर तरीका है। तो इस तरह वे बारीकियों पर

गौर करने लगे। एमी ने होमवर्क से जुड़े प्रत्येक व्यवहार के लिए छोटी-छोटी आदतों की पद्धति की सहायता लेकर नुस्खेवाला प्रारूप अपनाया, 'फलाँ चीज़ के बाद... मैं फलाँ कार्य करूँगी।' ध्यान भटकानेवाली विभिन्न चीज़ों से बचते हुए वे होमवर्क को आगे बढ़ाने की कोशिश करते रहे और इसे तब तक दोहराते रहे, जब तक उन्हें सही नुस्खा नहीं मिल गया: 'पाँच मिनट तक ट्रैम्पोलिन पर उछलने के बाद... मैं अपने बैग से वर्कशीट निकालूँगी।' एक साथ मिलकर कारगर तरीके खोजते हुए समझ में आया कि होमवर्क को छोटी-छोटी आदतों में बाँटना ज़रूरी है, जैसे स्कूल की चीज़ों को व्यवस्थित करना, अपने कार्यों की सूची बनाना और फिर उन कार्यों को मजेदार गतिविधियों के साथ जोड़ना।

एक साथ मिलकर जीत का जश्न मनाना

एमी ने होमवर्क करने की आदत के नुस्खे के साथ जमकर जश्न मनाना भी सुनिश्चित किया। उन्होंने हर जीत के साथ सबसे कारगर जश्न का पता लगाने के लिए हाई-फाइव्स देना, यूँ ही ठुमके लगाना और स्टिकर चार्ट्र्स जैसी चीज़ें आजमाकर देखीं। रेचेल, जो स्वाभाविक रूप से एक मस्त-मौला और प्यारी बच्ची थी, उसके लिए इस तरह जश्न मनाना सचमुच बड़ा मजेदार था। एमी ने इसे अपनी बेटी द्वारा हाल ही में पूरे किए गए व्यवहार के साथ स्पष्ट तौर पर जोड़ना भी सुनिश्चित किया, जिससे उसे रौनक की गहन भावना महसूस हो और उसके दिमाग में नई आदत अधिक कुशलता से स्थापित हो।

समस्याओं का निवारण, दोहराना और विस्तार करना

रेचेल और एमी ने व्यवहारों के झुंड की सहायता लेना जारी रखा। साथ ही होमवर्क पूरा करने और स्कूल में अच्छा प्रदर्शन करने में सहयोगी नई आदतें अपनाना भी जारी रखा। इनमें से कुछ आदतें उसके शैक्षणिक जीवन का अटूट हिस्सा बन गईं। एक आदत, जिसे उन्होंने चौथी कक्षा में निर्मित किया था, उससे रेचेल को बाद में भी समय प्रबंधन करने और काम पूरा करने में सहायता मिली। इसका नुस्खा था, 'स्कूल से वापस घर लौटने के बाद (ट्रेलिंग एज: अपने कंधों से स्कूल बैग उतारना)... मैं अपने होमवर्क की लिस्ट पर गौर करूँगी और फिर ये नोट करूँगी कि उसे पूरा करने में मुझे कितना समय लगेगा...।' उसका जश्न भी अंतर्निहित था – जब रेचेल यह अनुमान लगा लेगी कि उसे होमवर्क निपटाने में कितना समय लगेगा, तो वह उन चीज़ों को लेकर भरपूर उत्साह महसूस कर सकती है, जिन्हें वह उस दिन अपने खाली समय में करेगी। जबकि यह सिर्फ एक अंक था, जो लिस्ट के सबसे ऊपरी हिस्से पर दर्ज होता था, लेकिन इससे उसे समय-प्रबंधन करने में मदद मिली। इस तरह रेचेल यह समझने में कुशल होने लगी कि किसी शैक्षणिक कार्य को पूरा करने में कितना

समय लग सकता है। फिर वह इसी के हिसाब से अपनी प्राथमिकताएँ तय करने लगी।

शुरू-शुरू में एमी कुछ दिनों के अंतराल में रेचेल के इन अनुमानों की समीक्षा करने में उसकी मदद करती। वह रेचेल से इस बारे में चर्चा भी करती कि उसका कौन सा अनुमान गलत साबित हुआ, उसके गलत साबित होने का कारण क्या है और वह उसमें सुधार कैसे करेगी। इस आदत की जिम्मेदारी लेने में रेचेल का सहयोग करने के चलते, जल्द ही एमी के लिए अपने कदम पीछे खींचना संभव हो गया। अब रेचेल ये सब खुद कर सकती थी। इससे उनके बीच के रिश्ते का दबाव भी थोड़ा कम हो गया क्योंकि अपनी क्षमताओं और प्रेरणाओं को समझने में रेचेल जितनी कुशल होती गई, एमी का सहभागी होना उतना ही कम ज़रूरी होता गया। एमी ने देखा कि इससे उसकी बेटी की समय-प्रबंधन की क्षमता भी बेहतर हुई, फिर चाहे बात स्कूल के लिए तैयार होने की हो या फिर अपना कमरा साफ करने की। रेचेल ने स्कूल और पढ़ाई-लिखाई को लेकर जो आदतें विकसित की थीं, उनका प्रसार उसके जीवन के अन्य पहलुओं में भी होने लगा।

छठीं कक्षा तक आते-आते रेचेल को विशेष-शिक्षावाली कक्षाओं की ज़रूरत भी नहीं रही। वह न सिर्फ आम कक्षाओं में सबके साथ आसानी से घुलने-मिलने लगी बल्कि उसने उम्दा प्लेसमेंट कोर्सेस भी शुरू कर दिए और अंततः अपना ग्रेजुएशन ऑनर्स के साथ पूरा किया।

जब एमी ने रेचेल की मदद करने के लिए छोटी-छोटी आदतों की पद्धति का उपयोग शुरू किया था, तब उसे इस तरह के बदलाव की अपेक्षा नहीं थी। वह तो बस इतना चाहती थी कि उसकी नन्ही बेटी को ईश्वर से मिली अपनी स्वाभाविक प्रतिभा का उपयोग करने का एक रास्ता मिल जाए। हालाँकि अगर रेचेल चौथी कक्षा में अटक जाती, तो ये कोई बड़ा संकट नहीं होता, लेकिन अगर एमी अपनी बेटी को उसकी पूरी क्षमता का उपयोग करने में मदद न कर पाती, तो यह एक माँ के रूप में एमी के लिए बड़ा तकलीफदेह होता। और एमी ने इसे लेकर काफी सावधानी भी बरती। अगर वह पढ़ाई-लिखाई के मामले में रेचेल के कमजोर प्रदर्शन पर सख्त रवैया अपना लेती, तो उसकी कोशिशें चिंता और तनाव का एक निरंतर स्रोत बनकर रह जाती और अंततः विफल हो जातीं।

एक साथ मिलकर बदलने की प्रक्रिया एमी के लिए बड़ा ही आनंददायक अनुभव रही। साथ ही इससे रेचेल को इतनी सफलता मिली कि एमी को लगा कि काश उसे छोटी-छोटी आदतों की पद्धति के बारे में पहले से पता होता, तो रेचेल से पहले पैदा हुए अपने दो बच्चों को भी वह इसका लाभ दिला पाती।

कार्यस्थल की चुनौतियाँ: अस्पताल में तनाव घटाना

कुछ साल पहले एक अस्पताल ने भारी मानसिक थकान से जूझ रही नर्सों की मदद करने के लिए मेरी सेवाएँ लीं। मैंने अपनी सहयोगी के तौर पर लिंडा को बुलाया, जो तब तक छोटी-छोटी आदतों की पद्धति की कोच बन चुकी थी। अस्पताल के शीर्ष अधिकारियों ने इस प्रोजेक्ट का सार बताते हुए मुझसे कहा कि 'ऐसी नई आदतें विकसित करने में नर्सों की मदद करें, जिनसे वे अपने व्यक्तित्व में और लचीलापन ला सकें।' लचीलापन इस प्रयास का एक सकारात्मक पहलू था, लेकिन ये बात हर कोई अच्छी तरह समझता था कि यह पूरा मामला अत्यधिक तनाव झेलने के कारण कर्मचारियों में आई मानसिक थकान से जुड़ा हुआ है। आजकल डॉक्टर, नर्सेंस और अन्य मेडिकल स्टाफ बड़ी तेजी से इस समस्या के शिकार हो रहे हैं।

मैं जानता था कि एक अस्पताल में काम करना काफी तनावपूर्ण होता है। नर्सेंस बीमार-लाचार मरीजों की देखभाल करती हैं। उत्कृष्ट देखभाल व तमाम कोशिश के बाद भी कुछ मरीज अपनी जान गँवा देते हैं और कई बार डॉक्टर, मरीज या उनके परिवार के सदस्य तर्कहीन माँगें भी करते हैं। हालाँकि धीरे-धीरे जब नर्सों और उनके काम से जुड़ी सच्चाईयों से मेरा सामना सीधे तौर पर हुआ, तो मैं ये देखकर हैरान रह गया कि अस्पताल में उनकी हर शिफ्ट कितनी ज़्यादा तनावपूर्ण होती है और इस तनाव का उन नर्सों पर कितना गहरा प्रभाव पड़ता है। यहाँ तक कि इसके कारण अस्पताल के बाद उनका बाहरी जीवन भी बुरी तरह प्रभावित होता है।

जब मैं और लिंडा वीडियो कॉन्फ्रेंसिंग के जरिए अस्पताल के नर्सिंग स्टाफ को अपने कोर्सेस सिखाने लगे, तो हमें उन्हें हर रोज स्क्रीन पर देखने का मौका मिला। उनमें से कुछ अपने घरेलू कपड़ों में घर पर होतीं, उनकी आँखें थकान और कम नींद के चलते सूझी हुई होतीं और वे सोफे पर बैठकर बाहर से मँगवाया हुआ खाना खा रही होती थीं। उस समय उन्हें देखकर कोई नहीं कह सकता था कि वे नर्स का काम करती हैं - बल्कि वे तो कॉलेज की उन छात्राओं जैसी नज़र आती थीं, जो रातभर पार्टी करके आई हैं और खुमारी व थकान से चूर हो चुकी हैं। वहीं कुछ नर्सेंस ऐसी होतीं, जो डेस्क पर बैठकर इस ऑनलाइन क्लास में हिस्सा लेतीं और कंप्यूटर के कैमरे की ओर देखते वक्त उनके चेहरे पर थकान की गहरी लकीरें साफ नज़र आतीं।

लिंडा और मैं उनकी मदद करना चाहते थे और इसके लिए लिंडा एक आदर्श महिला थी क्योंकि उसे तनाव घटाने के लिए छोटी-छोटी आदतों की पद्धति का उपयोग करने में विशेषज्ञता हासिल थी। नर्सेंस भी इस बात को अच्छी तरह समझती थीं कि अगर वे अपना व एक-दूसरे खयाल रखेंगी, तो अपने मरीजों को बेहतर सेवा दे सकेंगी, लेकिन उन्हें ये नहीं पता था कि अपनी ये आकांक्षा व्यवहार में कैसे लाई जाए।

हमने उन्हें एक महीने के कोर्स के दौरान हर सप्ताह एक घंटे छोटी-छोटी आदतों की पद्धति का प्रशिक्षण दिया। इस बीच सप्ताहभर वे अपने व्यवहार को छोटा बनाने, नुस्खे तैयार करने, जश्न मनाने, समस्याओं का निवारण करने और स्थिरक-आदत अनुक्रम का अभ्यास करतीं।

इस दौरान हमें इन नर्सों को इंसान के रूप में जानने का मौका मिला। हमें उनकी कामकाज संबंधी कुछ वर्तमान आदतों का पता भी चला। आमतौर पर वे काम के दौरान कोई ब्रेक नहीं लेती थीं। उन्हें ऐसे कंप्यूटर सॉफ्टवेयर्स उपयोग करने पड़े रहे थे, जो पुराने, धीमे और परेशान कर देनेवाले थे। इसके अलावा मुझे उनकी जिस आदत से सबसे ज़्यादा हैरानी हुई, वो ये कि आमतौर पर अपनी 12 घंटे लंबी शिफ्ट के बीच में ये नर्सें पानी नहीं पीती थीं। हालाँकि वे जानती थीं कि ऐसा करना उनके स्वास्थ्य के लिए हानिकारक हो सकता है, लेकिन अस्पताल की संस्कृति ही कुछ ऐसी थी, जो ऐसे व्यवहारों को पुष्ट करती थी। जब वे पानी नहीं पीतीं थीं, तो उन्हें रेस्ट-रूम जाने के लिए ब्रेक भी नहीं लेना पड़ता था। ऐसा करके उन्हें लगता कि वे ज़्यादा मरीजों की मदद कर पाती हैं और उनके सहकर्मी उनके इस समर्पण भाव की सराहना करते होंगे।

लेकिन अपने इस समर्पण की उन्हें भारी कीमत चुकानी पड़ रही थीं। अस्पताल में एक लंबी शिफ्ट पूरी करके घर लौटने पर उनमें से कईयों के लिए थकान के चलते अपने जीवनसाथी और बच्चों के साथ समय बिताना मुश्किल होता था। उन्हें अक्सर सिरदर्द की शिकायत रहती थी और ठीक से नींद भी नहीं आती।

छोटी-छोटी आदतों की पद्धति के प्रशिक्षण को उनके लिए आसान बनाने के लिए मैंने नुस्खा तैयार करनेवाला एक टूल बनाया। लिंडा और मैंने नर्सों से अपनी-अपनी वर्कशीट के बाईं ओर स्थिरकों (अस्पताल के ऐसे रूटीन जिन पर वे हर रोज अमल करती थीं) की एक सूची बनाने के लिए कहा।

- अपनी कार पार्क करने के बाद...
- अपने कंप्यूटर पर लॉग-इन करने के बाद...
- अपने हर मरीज से मिलने के बाद...
- ई.के.जी. करने के बाद...
- कॉल-लाइट का जवाब देने के बाद...
- अपने हाथ धोने के बाद...

इसके बाद लिंडा और मैंने नर्सों के साथ यह पता लगाना शुरू किया कि वे अपना तनाव घटाने के लिए किन छोटे-छोटे व्यवहारों पर अमल कर सकती हैं। हमने

ऐसे व्यवहारों की एक लंबी सूची तैयार कर ली, जिनमें से कुछ को हमने वर्कशीट के दाईं ओर नुस्खे के प्रारूप में रखा।

* मैं एक गहरी साँस लूँगी।
* मैं अपने सबसे करीब मौजूद व्यक्ति को देखकर मुस्कुराऊँगी।
* मैं एक घूँट पानी पीऊँगी।
* मैं मदद माँगूंगी।
* मैं 'धन्यवाद' दूँगी।

इन दोनों हिस्सों की मदद से नर्सेस वह विकल्प चुन सकती थीं, जो उनके लिए सबसे उपयोगी हो। वर्कशीट के बाईं ओर एक स्थिरक और दाईं ओर एक छोटा व्यवहार रखकर वे जल्द ही ऐसे नुस्खे तैयार करने लगीं, जिन्हें वे अपनी शिफ्ट में आज़मा सकती थीं। फिर एक-दूसरे की मदद करते हुए उन्होंने बताया कि उनके मामले में कौन सा नुस्खा कारगर साबित हो रहा है। उनके तैयार किए कुछ नुस्खे इस प्रकार थे:

* अस्पताल में अपनी कार पार्क करने के बाद, मैं अपनी आँखें मूँदकर तीन बार गहरी साँस लूँगी।
* अपने कंप्यूटर पर लॉग-इन करने के बाद, मैं सोचूँगी कि मैं उन लोगों की मदद कर रही हूँ, जिन्हें सचमुझ मेरी ज़रूरत है।

मेरा नुस्खा : छोटी-छोटी आदतों की पद्धति

अस्पताल में अपनी कार पार्क के बाद...	मैं अपनी आँखें मूँदकर तीन बार गहरी साँस लूँगी...	इस आदत को अपने दिमाग में स्थापित करने के लिए मैं तत्काल: 
स्थिरक क्षण	छोटा व्यवहार	जश्न मनाना
आपके जीवन का एक मौजूदा रूटीन जो आपको छोटा व्यवहार (यानी आपकी नई आदत) करने की याद दिलाएगा।	आपकी नई मनचाही आदत, जिसे बेहद छोटा - और बेहद आसान बनाने के लिए आप उसकी मात्रा घटा देते हैं।	कोई ऐसा कार्य, जिसे आप अपने अंदर सकारात्मकता की भावना पैदा करने के लिए करते हैं। (इस भावना को रौनक कहते हैं।)

* अपने हर मरीज से मिलने के बाद, मैं अभिवादन के रूप में उनकी ओर देखकर मुस्कुराऊँगी।
* अपने कंप्यूटर को अन्य मशीनों से जोड़ने के बाद, मैं एक घूँट पानी पीऊँगी।
* अपनी टीम के इकट्ठा होने के बाद, रात की शिफ्ट के जिस व्यक्ति से मेरी सबसे पहले बात होगी, उसे मैं धन्यवाद दूँगी।

जब हम उन्हें व्यस्त और तनावपूर्ण काम के बीच में छोटी-छोटी आदतों की पद्धति लागू करना सिखा रहे थे, तो हम स्पष्ट देख सकते थे कि गहरी थकान और समय की भारी कमी के बावजूद वे सब एक-दूसरे के साथ मिलकर अपने अंदर बदलाव लाने में जुटी हैं।

पर बात यहीं खत्म नहीं होती। उन्होंने जश्न मनाना भी शुरू कर दिया। हमने एक पूरी कक्षा इसी विषय पर अयोजित की थी ताकि उन्हें ये समझने में मदद मिले कि वे अपनी छोटी-छोटी सफलताओं का जश्न कैसे मनाएँ और उन्हें ऐसा क्यों करना चाहिए। इसका परिणाम सचमुच आश्चर्यजनक रहा। उन्होंने हमारी अपेक्षा के अनुसार अपनी सफलताओं का जश्न मनाना शुरू कर दिया। लेकिन इसके साथ ही वे एक-दूसरे की सफलताओं का जश्न भी मनाने लगीं - जैसे काम के बीच में एक घूँट पानी पीने पर अपनी साथी नर्स के लिए पलभर के लिए तालियाँ बजाना, काम के बीच में कुछ मिनटों का ब्रेक लेनेवाली साथी नर्स को हाई-फाइव देना या फिर शांति महसूस करने के लिए एक गहरी साँस लेनेवाली नर्स से कहना, 'बहुत बढ़िया।'

इस तरह हमने उस अस्पताल के कई समूहों को प्रशिक्षण दिया। इसमें इमरजेंसी-रूम का स्टाफ और अस्पताल की प्रबंधन टीम भी शामिल थी। साथ ही नर्सों पर छोटी-छोटी आदतों की पद्धति के प्रभाव का मूल्यांकन करने के लिए हमने एक औपचारिक शोध भी किया।

प्रशिक्षण शुरू करने से पहले नर्सों ने तनाव और लचीलेपन के बारे में एक प्रश्नावली के जवाब भी दिए थे। हमारा प्रशिक्षण पूरा होने के तीन महीने बाद नर्सों ने एक बार फिर उन्हीं प्रश्नों के जवाब दिए और इस बार उनके जवाबों से जो डाटा सामने आया, उससे स्पष्ट हुआ कि उन्हें इस प्रशिक्षण से निम्न क्षेत्रों में बहुत लाभ हुआ है।

* मैं तनाव घटानेवाली आदतों पर प्रतिदिन अमल करती हूँ।
* मैं अपने कार्यस्थल में तनाव का प्रबंधन अच्छी तरह कर रही हूँ।
* मैं पूरा दिन अपना लचीलापन बढ़ानेवाली तकनीकों का अभ्यास करती हूँ।

* मैं प्रतिदिन अपने कार्यस्थल पर स्वास्थ्य से जुड़ी अच्छी आदतों पर अमल करती हूँ।
* कार्यस्थल पर जब कोई काम अच्छी तरह पूरा होता है, तो मुझे स्पष्ट नज़र आ जाता है।
* मैं घर पर सकारात्मक आदतों को आकार देने में सक्षम हूँ।

लिंडा और मैं इस बात से खुश थे कि कार्यस्थल की इतनी चुनौतीपूर्ण समस्या का निवारण करने में छोटी-छोटी आदतों की पद्धति मददगार साबित हुई। पर हम इस बात से और भी खुश थे कि लोगों का जीवन बचानेवाली नर्सों का तनाव कम करने, उनका स्वास्थ्य बेहतर बनाने और ज़रूरतमंदों की बेहतर सेवा के लिए उनकी मदद करने में हम अपना योगदान दे सके।

इसके साथ ही एक और अचरज की बात थी, जो मेरे शोध के डाटा से नहीं बल्कि एक समग्र प्रभाव से सामने आई थी: अगर कोई तनाव में है, अगर उनके पास समय की कमी है, अगर वे विचलित महसूस करते हैं तो वे कोई बड़ा बदलाव नहीं ला सकते। और इस बात की संभावना भी नहीं है कि वे इसके लिए कोई कोशिश करेंगे। मैंने पाया कि छोटी-छोटी आदतों की पद्धति इकलौता ऐसा यथार्थवादी तरीका है, जो ऐसी स्थिति में सचमुच लोगों के काम आ सकता है। और हो सकता है कि आपके और आपके आसपास के लोगों के लिए भी यही एक तरीका यथार्थवादी व कारगर हो।

दूर की सोच

जब आप दुनिया को व्यवहार संरचना के नज़रिए से देखते हैं - यानी व्यवहार को एक ऐसी पहेली के रूप में देखना, जिसे सुलझाने की ज़रूरत है - तो घर और ऑफिस के अलावा जीवन के अन्य क्षेत्रों में भी नई संभावनाओं के द्वार खुल जाते हैं। हम एक ऐसी दुनिया में रहते हैं, जहाँ छोटी-बड़ी, हर तरह की समस्याओं की कोई कमी नहीं है। मेरा मानना है कि अगर आप व्यवहार संरचना के सिद्धांतों, छोटी-छोटी आदतों की पद्धति और बदलाव के कौशलों का अभ्यास और उपयोग कर रहे हैं, तो आपके पास वह सब है, जो आपको अपने जीवन में आ रही चुनौतियों का सामना करने और समस्याओं का निवारण करने के लिए ज़रूरी है। मैंने अपने छात्रों और अपने द्वारा प्रशिक्षित पेशेवरों को व्यवहार संरचना का उपयोग करके हर तरह की मुश्किल समस्याओं का मुकाबला करते देखा है। एक साथ मिलकर बदलने का अर्थ चाहे अपने रिश्तों को और गहरा बनाना हो, अपने बच्चे को उसकी संपूर्ण क्षमता का उपयोग करने में मदद करना हो या फिर तनावपूर्ण पेशेवाले लोगों की कामकाजी परिस्थितियों को बेहतर बनाना हो, मैं बस यही उम्मीद करता हूँ कि आप ये देख सकें

कि सही दृष्टिकोण से किसी भी बदलाव को संभव बनाया जा सकता है।

व्यवहार संरचना कोई एकांत में पूरा करनेवाला लक्ष्य नहीं है। हम जो भी आदत निर्मित करते हैं, जिस भी छोटी–मोटी सफलता का जश्न मनाते हैं और जो भी बदलाव लेकर आते हैं, वास्तव में उसके माध्यम से हम अपने व्यक्तिगत जीवन के परे पहुँच जाते हैं। हम अपने कार्यों से अपने परिवार, समुदाय और समाज को आकार देते हैं और वे हमें आकार देते हैं। हम निरंतर जो व्यवहार करते हैं, वह महत्वपूर्ण होता है। व्यवहार संरचना का संबंध सिर्फ अपना वजन घटाने या परिवार के साथ डिनर के दौरान अपना फोन दूर रखने भर से नहीं है। बल्कि इसका संबंध अपना मनचाहा व्यक्तित्व विकसित करने – और ऐसा परिवार, टीम, समुदाय और संसार बनाने से है, जिसमें हम सचमुच रहना चाहें।

समूह के बदलाव संबंधी कौशलों को बढ़ाने के लिए छोटे-छोटे अभ्यास

अभ्यास 1 : व्यवहार संरचना की मूल बातें साझा करें

चरण 1 : अपने ऑफिस की टीम या परिवार से तीस मिनट का समय माँगे ताकि वे आपके साथ वह सीख सकें, जिसका आविष्कार स्टैनफोर्ड जैसी किसी नामी यूनिवर्सिटी के वैज्ञानिक ने किया हो।

चरण 2 : उन्हें व्यवहारों के झुंड की वर्कशीट उपलब्ध कराएँ या फिर खुद उनके लिए वर्कशीट तैयार करें।

चरण 3 : लोगों से बादल जैसी आकृति के अंदर अपनी आकांक्षा दर्ज करने को कहें।

चरण 4 : उनसे कम से कम ऐसे दस व्यवहारों का पता लगाने के लिए कहें, जिनसे उनकी आकांक्षा को पूरा करना संभव हो (इसके लिए उन्हें करीब पाँच मिनट का समय दें – लेकिन हो सकता है कि आपको इसमें उनकी मदद भी करनी पड़े)।

चरण 5 : लोगों से उन पाँच व्यवहारों के बगल में सितारे की आकृति बनाने को कहें, जो उनकी आकांक्षा को पूरा करने में सबसे ज़्यादा प्रभावी साबित हो सकते हैं।

चरण 6 : लोगों से ऐसे किसी भी व्यवहार पर एक गोला बनाने को कहें, जिसे करने के लिए वे खुद को तैयार कर सकते हैं। जिन–जिन

व्यवहारों पर गोला बना हो और बगल में सितारा भी बना हो, वही उनके सुनहरे व्यवहार हैं। उन्हें समझाएँ कि इसका अर्थ क्या हैं।

चरण 7 : समूह से उसके सुनहरे व्यवहार साझा करें और इस विषय पर चर्चा करें कि वे उन्हें वास्तविकता में कैसे तब्दील कर सकते हैं। अगर आप नई आदतों को आकार देना जारी रखते हैं, तो छोटी-छोटी आदतों की पद्धति का उपयोग करने में अपनी टीम की सहायता करें।

अभ्यास 2 : व्यवहार संरचना का उपयोग करते हुए एक साथ मिलकर किसी समस्या का निवारण करें

चरण 1 : अपने ऑफिस की टीम या परिवार से तीस मिनट का समय माँगे ताकि वे आपके साथ वह सीख सकें, जिसका आविष्कार स्टैनफोर्ड जैसी किसी नामी यूनिवर्सिटी के वैज्ञानिक ने किया हो।

चरण 2 : उनसे एक ऐसी आकांक्षा का पता लगाने को कहें, जो समूह के हर सदस्य की आकांक्षा हो। हो सकता है कि आपके ऑफिस की टीम की आकांक्षा मीटिंगों की गुणवत्ता बेहतर बनाना हो। इसी तरह हो सकता है कि आपके परिवार की आकांक्षा हर रोज शाम को एक-दूसरे के साथ अपेक्षाकृत अधिक अच्छा समय बिताना हो।

चरण 3 : चरण 2 से कोई एक आकांक्षा लें और सुनिश्चित करें कि हर कोई इस बात को लेकर स्पष्ट हो कि उस आकांक्षा का मतलब क्या है।

चरण 4 : समूह की आकांक्षा के लिए सुनहरे व्यवहारों का पता लगाने की प्रक्रिया का हर किसी से पालन कराएँ। (पिछले अभ्यास में चरण 2 से चरण 6 तक देखें)

चरण 5 : लोगों से कहें कि वे समूह के साथ एक या दो सुनहरे व्यवहार साझा करें (उन्हें कागज पर लिखें ताकि हर कोई देख सके)।

चरण 6 : आपने जो सूची तैयार की है, उन पर गौर करें। अपनी टीम या परिवार से पूछें कि वे हर सुनहरे व्यवहार को वास्तविकता में कैसे बदल सकते हैं। आपस में चर्चा करें और एक ठोस योजना तैयार करें।

अभ्यास 3 : कौन सा व्यवहार बदलना है इस पर टीम में आपसी सहमति बनाएँ

चरण 1 : आपकी टीम इकट्ठी हो, इससे पहले तय करें कि टीम की आकांक्षा क्या है। ऑफिस की टीम की अकांक्षा हो सकती है, अपेक्षाकृत अधिक सकारात्मक संवाद या उन प्रोजेक्ट के मामले में प्रगति करना, जो सचमुच मायने रखते हैं।

चरण 2 : व्यवहारों के एक समूह के लिए खुद ही 'जादू की छड़ी' चलाएँ (या नए विचारों के लिए किसी की सहायता लें)।

चरण 3 : ये व्यवहार स्पष्ट हैं या नहीं, इसकी दोहरी जाँच करें और फिर प्रत्येक व्यवहार को 4x6 आकार के इंडेक्स कार्ड या कागज के किसी छोटे टुकड़े पर दर्ज करें।

चरण 4 : अपनी टीम को इकट्ठा करें और उन्हें समूह की आकांक्षा समझाएँ।

चरण 5 : सभी को कार्ड्स सौपें ताकि वे सभी के पास समान संख्या में हो।

चरण 6 : इस अध्याय में वर्णित तरीके का उपयोग करते हुए फोकस मैपिंग सत्र में समूह का नेतृत्व करें। समूह की फोकस मैपिंग में मध्यस्थ की भूमिका निभाने के बारे में अधिक जानकारी के लिए FocusMap.info जाएँ।

चरण 7 : जब आपकी टीम फोकस मैप के ऊपरी दाएँ कोने पर कुछ व्यवहारों (यानी सुनहरे व्यवहारों) की पहचान कर ले, तो पूछें कि समूह प्रत्येक व्यवहार को वास्तविकता में कैसे बदल सकता है।

चरण 8 : आपस में चर्चा करके एक ठोस योजना तैयार करें।

निष्कर्ष

छोटे-छोटे बदलाव जो सब कुछ बदल देते हैं

सन 2008 में एक सम्मेलन में भाषण देने के लिए मैं एम्स्टर्डम गया था। सुबह के समय सम्मेलन का उद्घाटन वक्तव्य देने के बाद मैं दिनभर उस कार्यक्रम का आनंद लेता रहा। शाम के रिसेप्शन के बाद मैं और डैनी अपने होटल के कमरे में पहुँचे ही थे कि फोन पर मेरे भाई का मैसेज आया कि 'ओवरडोज के कारण गैरेट की मौत हो गई है।' मैंने वह मैसेज दोबारा पढ़ा। वह छोटा सा मैसेज मेरे लिए बेहद तकलीफदेह था। मुझे इस अनहोनी पर विश्वास नहीं हो रहा था। मेरे मुँह से बस इतना ही निकला, 'नहीं।' मैं बार-बार 'नहीं-नहीं' कह रहा था और मेरी आवाज तेज होती जा रही थी। मेरे गला रूँध गया। मैंने किसी तरह वह मैसेज पढ़कर डैनी को सुनाया। आज भी मेरे लिए उन शब्दों को दोहराना मुश्किल है।

गैरेट मेरी बहन लिंडा का बेटा था। वह सिर्फ 20 साल का था और मुझे अंकल बीज बुलाया करता था। वह जब भी मुझसे मिलता था, झट से आकर गले से लिपट जाता था। वह हमारे परिवार का सबसे प्यारा लड़का था और ये बात हर कोई जानता था। उसके अपने भाई-बहन भी उसे प्यार से 'गोल्डन चाइल्ड' बुलाया करते थे। उसे सूरजमुखी के फूल बहुत पसंद थे और अगर कभी ज़्यादा खाने की प्रतियोगिता हो जाए, तो वह किसी को भी हरा सकता था, खासकर अगर बात चॉकलेट चिप कुकीज खाने की हो।

अचानक उसकी सैकड़ों छवियाँ मेरे मन में कौंध गईं और फिर लाखों सवाल उमड़ पड़े।

ओवरडोज से? वह रीहैब (पुनर्वास केंद्र) में अपना समय पूरा करके आया था और कई महीनों से नशे की लत से मुक्त था। मुझे लगा था कि अब वह बिलकुल ठीक है। आखिर अचानक क्या हो गया? डैनी और मैं स्तब्ध होकर कई मिनटों तक यूँ ही बैठे रहे। मैं जानता था कि इस समय मेरी बहन लिंडा अपने जीवन की सबसे बड़ी तकलीफ से गुज़र रही होगी पर मैं उससे बहुत दूर दुनिया के दूसरे कोने में था। मैंने अपने सदमे और मन में उठ रहे सवालों को किनारे रखा और डैनी से कहा, 'चलो, वापस घर लौट चलते हैं! अभी!'

वह फौरन उठा और हमारे सूटकेस पैक करने लगा। मैंने होटल की फ्रंट डेस्क पर फोन करके पूछा कि हम जल्द से जल्द शिफोल एयरपोर्ट कैसे पहुँच सकते हैं। तब तक आधी रात हो चुकी थी। हमने फटाफट अपने-अपने सूटकेस में सामान डाला और लास वेगास की अगली फ्लाइट पकड़ने के लिए टैक्सी लेकर एयरपोर्ट की ओर निकल गए।

लिंडा मेरी बड़ी बहन है और उससे जुड़ी मेरी सबसे पुरानी याद तब की है, जब मैं सिर्फ तीन साल का था। वह हमारे घर के लिविंग रूम में एक छोटे से ब्लैकबोर्ड के सामने खड़ी हुई थी और मैं कुर्सी पर बैठा हुआ था। उस वक्त वह मुझे एक महत्वपूर्ण बात समझा रही थी कि जब टेप गीला होता है, तो चिपक नहीं पाता। उसने सूखे टेप का एक टुकड़ा ब्लैक बोर्ड पर चिपकाकर मुझे दिखाया। फिर उसने टेप के दूसरे टुकड़े को पानी में डुबोकर ब्लैक बोर्ड पर चिपकाने की कोशिश की और जब वह चिपकने के बजाय नीचे गिर गया, तो उसने मुझसे कहा, 'देखा बीजे! मैंने कहा था ना।'

मेरा और मेरी बहन का रिश्ता हमेशा खास रहा है - शायद इसलिए क्योंकि वह हम भाई-बहनों में सबसे बड़ी है या फिर शायद इसलिए क्योंकि हम दोनों का व्यक्तित्व एक जैसा है। हम दोनों को ही नई-नई चीज़ें सीखना और सिखाना बड़ा पसंद है। हम अक्सर दूसरों की मदद करने का कोई न कोई रास्ता निकाल ही लेते हैं। मैंने इस किताब में आपको अब तक जो किस्से बताए हैं, उनसे आपको अंदाजा हो ही गया होगा कि लिंडा एक ऐसी महिला है, जो दूसरों की देखभाल करने में सबसे आगे रहती है। वह आठ बच्चों की माँ है और अपने जीवन में बहुत सी त्रासदियाँ देख चुकी है।

गैरेट की मौत की खबर मिलने के बाद जब मैं और डैनी लास वेगास पहुँचे, तो एयरपोर्ट से सीधे लिंडा के घर गए। जब हम वहाँ पहुँचे तो मेरी बहन और उसका पूरा परिवार दुःख में डूबा हुआ था। वहाँ मैंने अपने प्यारे भांजे को श्रद्धांजली दी और फिर उसकी अंतिम यात्रा को कंधा दिया।

अंतिम संस्कार के बाद रिश्तेदार और करीबी दोस्त लिंडा के घर पर एकत्रित हुए, वे सब रीति-रिवाज के अनुसार अपने साथ खाने-पीने की चीज़ें लेकर आए और अपनी संवेदनाएँ व्यक्त कीं। कुछ देर बाद मैंने लिंडा को रसोई से निकलकर किनारेवाले बरामदे की ओर जाते देखा। ये देखकर मैं भी उसके पीछे हो लिया। बरामदे में आकर मैंने देखा कि बाहर अंधेरा घिरने लगा था। मैंने अपनी बड़ी बहन को पत्थर की एक चौकी पर बैठे देखा। अपने पैरों को मोड़कर बाँहों में समेटे हुए वह भ्रूण-अवस्था में बैठी थी और सामने दीवार की ओर झुकी हुई थी। उसने अपने चेहरे को हाथों से ढंक रखा था और काँपते हुए सिसक रही थी। मैं जाकर उसके बगल

में बैठ गया और अपना हाथ उसके कंधे पर रखा। उस वक्त मुझे समझ में नहीं आ रहा था कि मैं उससे क्या कहूँ। इसलिए हम दोनों वहाँ एक-दूसरे से बिना कुछ बोले अकेले बैठे रहें।

उसने मुझे बाद में बताया कि उस वक्त वह रिश्तेदारों और दोस्तों की भीड़ से दूर जाना चाहती थी। अपने किशोर बेटे के जाने से पैदा हुआ खालीपन लिंडा के लिए असहनीय हो गया था। पर जब वह बरामदे में पहुँची तो उसे अचानक एहसास हुआ कि अब यही उसका सच है और इससे भागना असंभव है। यह एहसास होते ही एक बार फिर उसके आँसू निकल आए और वह सिसकने लगी।

लिंडा ने न सिर्फ बचपन में मेरी देखभाल की थी बल्कि किशोरावस्था में पहुँचने के बाद भी वह मेरा खयाल रखती रही। 90 के दशक की शुरुआत में जब मैंने अपने समलैंगिक होने की बात दुनिया के सामने स्वीकार की, तब मैं ग्रेजुएशन में था। मेरी बहन उन सबसे पहले लोगों में थी, जिन्हें मैंने ये बात बताई थी। उसने इस बात को मेरी उम्मीद से कहीं ज़्यादा शालीनता और प्रेम के साथ स्वीकार किया। हम दोनों एक रूढ़िवादी मॉर्मन परिवार से ताल्लुक रखते थे इसलिए उसका ऐसा करना मानवीय करूणा का बड़ा उदाहरण है। मैंने अपने बारे में एक ऐसी सच्चाई का खुलासा किया था, जो लिंडा जैसी धार्मिक प्रवृत्ति की महिला के लिए भावनात्मक रूप से बड़ा जटिल था। पर उसके लिए सबसे पहले मैं उसका छोटा भाई था और हमेशा की तरह इस बार भी उसने मुझे सहारा दिया था और मेरा खयाल रखा। इसलिए जिस दिन मैंने उसे बरामदे में बैठकर सिसकते हुए देखा, तो मुझे एहसास था कि अब सहारा देने की मेरी बारी है। उस दिन लिंडा के बगल में बैठकर उसे दिलासा देने से पहले मैंने खुद से कहा था कि चाहे जो हो जाए, मैं हमेशा लिंडा का खयाल रखूँगा।

ऊपरी तौर पर देखने से यह एक सच्ची और गहन इच्छा नज़र आती है – दुःख झेल रहे किसी अपने का खयाल रखना, जिसे आप प्रेम करते हों। लेकिन यह मेरे लिए बड़ा ही महत्वपूर्ण क्षण साबित हुआ, जिसने मेरे कामकाज और मेरे जीवन की दिशा को प्रभावित किया। लिंडा के साथ भी ठीक ऐसा ही हुआ।

गैरेट की मौत के बाद भी लिंडा को कई और मुसीबतों का सामना करना पड़ा। बेटे को खोने के बाद के अगले कई साल उसके लिए काफी संघर्ष भरे रहे: पति को अल्जाइमर की बीमारी होना और उसकी हालत लगातार बद से बदतर होते जाना, पारिवारिक व्यवसाय में भारी घाटा झेलना और फिर दिवालिया हो जाना। इस दौरान मैं जितना हो सकता, लिंडा का सहारा बनकर खड़ा रहा। लेकिन एक मोड़ ऐसा आया, जब उसने खुद को दुविधाओं के चौराहे पर खड़ा पाया। उसने बड़ी मेहनत से अपनी मास्टर्स डिग्री हासिल की थी और वह देशव्यापी रूप से लगातार सलाहकर्ता

का काम कर रही थी। वह अभिभावकों को सोशल मीडिया की नई दुनिया के बारे में मार्गदर्शन देने का काम करती थी। लेकिन कुछ सालों तक बमुश्किल अपना खर्च निकालने और लगातार यात्राओं के कारण स्थाई थकान झेलने व मजबूरीवश बच्चों से दूर रहने के बाद, अब उसे अपने जीवन में एक नई दिशा की ज़रूरत थी। इससे भी महत्वपूर्ण ये कि उसे अपने परिवार के लिए स्थाई आमदनी की ज़रूरत थी और मैं ये बात अच्छी तरह जानता था।

उस समय मैं हर साल हज़ारों लोगों को व्यक्तिगत रूप से छोटी–छोटी आदतों की पद्धति का प्रशिक्षण दिया करता था। हालाँकि इस प्रशिक्षण से मुझे कोई आमदनी नहीं होती थी, लेकिन ये एक मजेदार काम था। इसके चलते मुझे दैनिक रूप से जो नए–नए अनुभव मिलते थे, उनसे मैंने इंसानी व्यवहार के बारे में बहुत कुछ सीखा।

हर रोज सैकड़ों लोगों से बातचीत करने में मेरा बहुत सा समय खर्च होता था। मेरे लिए समय एक दुर्लभ संसाधन था। यहाँ तक कि जब मैं छुट्टियाँ मना रहा होता या फिर वक्ता के रूप में अपनी सेवाएँ देने के लिए यात्राएँ कर रहा होता, तब भी मैं दुनियाभर के लोगों को प्रशिक्षण देने का समय निकाल लेता था। छोटी–छोटी आदतों की पद्धति अपनानेवालों को सफल होते देख मुझे बड़ी खुशी होती। वे इस पद्धति के बारे में अपने दोस्तों को बताते और फिर उनके वे दोस्त इसके बारे में अपने दोस्तों को बताते। इस तरह यह सिलसिला लगातार चलता रहता था।

मुझे यह जानकर बहुत अच्छा महसूस होता है कि मैं बहुत से लोगों की मदद कर पा रहा हूँ, लेकिन फिर मुझे यह चिंता भी सताने लगी कि इसके चलते मैं अपने 'असली' काम – यानी अकादमिक कामकाज – को भरपूर समय नहीं दे पा रहा हूँ। लेकिन मैं उन सैकड़ों लोगों से अचानक मुँह नहीं मोड़ सकता था, जो हर सप्ताह मेरे मुफ्त कार्यक्रम में हिस्सा लेते थे।

और फिर लिंडा को मदद की ज़रूरत पड़ी।

वह छोटी–छोटी आदतों की पद्धति के लिए बिलकुल उपयुक्त थी। उसे पहले से ही व्यवहार संरचना के बारे में अच्छी–खासी जानकारी थी (वह स्टेनफोर्ड यूनिवर्सिटी में वर्कशॉप आयोजित करने में मेरी मदद किया करती थी।) वह एक बहुत अच्छी शिक्षिका थी और स्वास्थ्य व तंदुरुस्ती के क्षेत्र में काम करने के लिए प्रतिबद्ध थी। मुझे पता था कि छोटी–छोटी आदतों की पद्धति के प्रशिक्षकों को कोच करने का काम लिंडा के कौशल और इच्छा के अनुरूप था। और मुझे उम्मीद थी कि ये उसके लिए आमदनी का एक स्रोत भी बन सकता है। इसके साथ ही एक बात ये भी थी कि मैं ऐसे कुशल पेशेवरों का एक समूह बनाना चाहता था, जो मेरे पाँच दिवसीय मुफ्त कार्यक्रम में हिस्सा लेनेवालों को प्रशिक्षण देने के काम आ सकें। अब सवाल ये था

कि क्या यह लिंडा की मदद करने का एक उपयोग तरीका साबित होगा और क्या इससे मुझ पर पड़नेवाला दैनिक बोझ कम हो सकेगा?

यह संभव हुआ, लेकिन तब मुझे एहसास नहीं था कि यह इतना अधिक उपयोगी रहेगा। आप इस किताब में छोटी-छोटी आदतों की पद्धति से जुड़ी लिंडा की शानदार सफलताओं के किस्से पहले ही पढ़ चुके हैं। लेकिन दूसरों को इस पद्धति का प्रशिक्षण देने के लिए लिंडा के कंधे से कंधा मिलाकर काम करने के चलते मुझे उसके जीवन में आए बदलाव को कदम-दर-कदम देखने का मौका मिला, जो सचमुच कमाल था। मैंने उसे बदलाव के कौशल में महारथ हासिल करते देखा, मैंने उसका वह आत्मविश्वास भी देखा, जो उसे इस कौशल से मिला। साथ ही मैंने देखा कि कैसे इन सब चीज़ों ने उसकी मानसिकता को पूरी तरह बदलकर रख दिया। छह महीनों की इस अवधि में मैंने देखा कि वह न सिर्फ दूसरों का जीवन बदलने में उनकी मदद कर रही है बल्कि अपना जीवन भी पूरी तरह बदल रही है। वह प्रगति कर रही थी और संपन्न हो रही थी और सबसे बड़ी बात कि वह एक बार फिर आशावान महसूस करने लगी थी।

लोगों को छोटी-छोटी आदतों की पद्धति का प्रशिक्षण देने के चलते मुझे जिस बात का सबसे प्रबल एहसास हुआ, वह ये थी कि इससे आपके जीवन में खुशी का संचार होता है। यह बहुत ही आसान है। आप लोगों को उनकी जिंदगी बदलने में मदद कर रहे हैं और आपको उसका सकारात्मक प्रभाव हर रोज नज़र आता है। इससे आपको बड़ा अच्छा महसूस होता है – और आपको 'रौनक' मिलती है।

'आपमें सर्वश्रेष्ठ बदलाव तभी आता है, जब आप अच्छा महसूस करते हैं', मैंने आपसे इस किताब में यह बात साझा की है, लिंडा उसका एक प्रेरणादायक उदाहरण है। वह जीवन में संपूर्ण बदलाव लाने का जीता-जागता सबूत है।

2016 में एक रात मुझे सपना आया कि मैं हवाई जहाज में सफर कर रहा हूँ और वह नीचे गिर रहा है।

क्या हवाई जहाज के केबिन में सब कुछ हिल रहा था? क्या मेरे बगल में बैठा सहयात्री घबराहट के चलते मेरा हाथ जकड़े हुए था? क्या लोग डर के मारे चीख रहे थे? हो सकता है। पर मुझे जो याद है, वह कुछ इस प्रकार है: मुझे पता था कि हवाई जहाज के जमीन से टकराते ही मेरी मौत हो जाएगी। पर हैरानी की बात ये थी कि इसके बावजूद मैं डर और दहशत की चपेट में नहीं था। और दुःख की बात ये थी कि मेरी आँखों के सामने जीवन की महत्वपूर्ण घटनाओं के दृश्य भी नहीं घूम रहे थे, जैसा कि मरने से पहले अक्सर होता है। बल्कि मैं गहरे पछतावे में डूबा हुआ था। मैंने अपने जीवन में जो ढेर सारी अंतर्दृष्टियाँ हासिल की थीं, वे सब मेरी मौत होते

ही एक झटके में खो जानेवाली थीं। सामने खड़ी मौत को देखते हुए मुझे अचानक लगा कि मैं व्यवहार परिवर्तन के सच को दुनिया के सामने लाने का अपना कर्तव्य पूरा करने में विफल रहा। मैं लाखों लोगों को स्वस्थ्य व खुश रहने में मदद करने में विफल रहा।

फिर जब मेरी नींद टूटी और मुझे एहसास हुआ कि ये एक सपना था, तो मुझे लगा 'अरे! कितनी अजीब बात है।' दरअसल मुझे पक्का यकीन हो गया था कि मैं इस हवाई दुर्घटना में मरनेवाला हूँ पर उस पर मेरी प्रतिक्रिया कितनी अजीब थी!

मुझे एहसास हुआ : मुझे अपनी अंतर्दृष्टियों को बहुत बड़े स्तर पर साझा करना होगा – और ये सब मुझे तत्काल करना होगा। अब बस मुझे एक ऐसा रास्ता चाहिए था, जिससे मैं अपनी अंतर्दृष्टियों को प्रभावी तरीके से दुनिया के सामने रख सकूँ।

मैं कई सालों से एक किताब लिखने की सोच रहा था, लेकिन मुझे हमेशा यही लगता कि बाकी कामकाज के चलते मेरे पास किताब लिखने का समय ही नहीं बचता।

मैं स्टेनफोर्ड यूनिवर्सिटी में व्यवहार संरचना लैब का संचालन कर रहा था, हर साल नए कोर्स सिखा रहा था, उद्योग जगत में नए कदम उठाने की चाह रखनेवालों को प्रशिक्षण दे रहा था और आधा दर्जन अन्य प्रोजेक्ट्स पर एक साथ काम कर रहा था।

पर वह सपना मेरे लिए किसी चेतावनी जैसा था। उस समय तक मेरे काम का एक छोटा सा अंश ही दुनिया के सामने आ पाया था। और ये अंश भी लोगों के लिए उतना सुलभ नहीं था, जितना मैं चाहता था। व्यवहार संरचना से जुड़े मेरे काम को इंटरनेट पर ढूँढ़ना भी आसान नहीं था। मैं दूसरों को अपनी अंतर्दृष्टियाँ सिखा रहा था और उन्हें हर रोज अपने जीवन पर भी लागू कर रहा था, लेकिन ये सब मेरे स्टैनफोर्स के कोर्स तक और उन लोगों तक ही सीमित था, जो मेरे बूट कैम्पों में हिस्सा लेने आते थे। बाकी के लोगों को मेरे काम की झलक सिर्फ तभी मिलती थी, जब मैं किसी कार्यक्रम में भाषण देता या फिर ट्वीट करता। इससे भी बदतर ये कि मैंने इंसानी व्यवहार में बदलाव से संबंधित अपने सारे फ्रेमवर्क, फ्लोचार्ट और नई खोजों को फाइलों और नोटबुक के रूप में अपने होम–ऑफिस की अलमारी में ठूँस रखा था – यानी वह सब दूसरों की पहुँच से बहुत दूर था।

जब लोग मदद के लिए मुझे फोन या ई–मेल करते, तो मुझे बड़ी तकलीफ होती। दरअसल उनके पास महत्वपूर्ण प्रोजेक्ट्स होते और वे मुझसे पूछते, 'मैं आपके काम के बारे में और अधिक जानकारी कैसे प्राप्त कर सकता हूँ?' और मैं उन्हें बचकाना सा जवाब देता, 'मेरे ट्वीट्स को ध्यान से पढ़िए और इंटरनेट पर मेरे वीडियोज

सर्च कीजिए।' यानी मेरे पास उनके उत्सुकता भरे सवालों का कोई ठोस जवाब न होता। और ये बात मुझे बहुत खलती थी। उस समय मेरे पास ऐसा कोई तरीका नहीं था, जिससे व्यवहार संरचना के नमूनों या पद्धतियों को एक साथ लोगों के सामने रखा जा सके। यानी कुछ ऐसा, जिसका उपयोग करके सुदूर पेरू के छात्र भी एक बेहतर रिसाइक्लिंग सर्विस को आकार दे सकें। कुछ ऐसा जो एक प्रभावी टीकाकरण कार्यक्रम तैयार करने में देश के स्वास्थ्यकर्मियों की सहायता कर सके। कुछ ऐसा, जिसका उपयोग करके विभिन्न परिवार अपने जीवन को बेहतर बना सकें। कुछ ऐसा, जो एक किताब जैसा हो।

अपने हवाई जहाज के सपने से मुझे एहसास हुआ कि जिस तरह छोटी-छोटी आदतों की पद्धति मेरी बहन के लिए मददगार साबित हुई है, उसी तरह ये हर किसी की बहन, भाई, माँ, पिता, बेटे और बेटी के लिए मददगार हो सकती है। मुझे पता था कि ये अंतर्दृष्टियाँ हर उस व्यक्ति के लिए मददगार हैं, जो जीवन की परिस्थितियों से निपटने में हारा हुआ महसूस कर रहा हो, जो शर्म या आत्म-आलोचना के दलदल में फँसा हुआ हो, जो मनचाहा जीवन व व्यक्तित्व पाना चाहता हो, पर उसे ये न पता हो कि ऐसा कैसे किया जाए या फिर ऐसा कोई भी व्यक्ति, जिसे इस बात पर संदेह हो कि एक सार्थक बदलाव लाना संभव है।

अगर मैंने उस समय छोटी-छोटी आदतों की पद्धति को त्याग दिया होता और अगर मैंने अपनी बहन की मदद करने का संकल्प न लिया होता, तो शायद मुझे इस बात का एहसास ही न होता कि मैं स्टेनफोर्ड के छात्रों और उद्योग जगत की हस्तियों के साथ जो कार्य कर रहा हूँ, वह महत्वपूर्ण तो है, लेकिन उससे दुनिया में कोई बदलाव नहीं आनेवाला।

वास्तव में मेरे लिए तो आप महत्वपूर्ण हैं।

मेरा ये मतलब नहीं है कि मैं आपकी उंगली पकड़कर किसी दिव्य रास्ते पर ले जाऊँगा। बल्कि मेरे कहने का मतलब है कि मैं आपके सामने सिर्फ तथ्य रख रहा हूँ, अगर आप चाहें, तो अपने भले के लिए इनका सदुपयोग कर सकते हैं।

अब तक तो आप समझ ही गए होंगे कि छोटी-छोटी आदतों की पद्धति से आप जिन आदतों को आकार देते हैं, वे किसी भी लिहाज से छोटी नहीं हैं – उनका प्रभाव बहुत बड़ा और विस्तृत होता है।

आदतें, भले ही बदलाव की सबसे छोटी इकाई हों पर वे इसकी सबसे बुनियादी इकाई भी हैं। वे बदलाव का सबसे केंद्रित रूप होती हैं, जो धीरे-धीरे विस्तृत होता जाता है। इस पर ज़रा विचार करें। कोई व्यक्ति एक आदत शुरू करता है, वह आदत धीरे-धीरे दो नई आदतों में तब्दील हो जाती है, फिर उन दो आदतों में से तीन नई

आदतें निकलती हैं, ये तीन नई आदतें उस व्यक्ति की पहचान बदल देती हैं, यह नई पहचान उसके किसी करीबी व्यक्ति को प्रेरित करती है, वह करीबी व्यक्ति अपने किसी समूह को प्रभावित करता है और उसकी मानसिकता बदल देता है, जो जंगल में आग की तरह फैलकर असहायता की संस्कृति को बाधित करती है और धीरे-धीरे दुनिया को बदलने लगती है। अपने और अपने परिवार के साथ एक छोटी सी शुरुआत करके आप एक सहज प्रक्रिया शुरू कर देते हैं, जिससे बदलाव की एक ऊँची लहर उठने लगती है।

जब मैं सचमुच बड़े सपने देख रहा होता हूँ (जो कि अक्सर ही होता है), तो मैं ये सोचने लगता हूँ कि दुनियाभर में व्याप्त असफलता के सिलसिले को तोड़कर बड़े पैमाने पर ऐसे बदलाव लाने के लिए व्यवहार संरचना का उपयोग कैसे किया जाए, जिनकी आज दुनिया को सचमुच ज़रूरत है। अगर व्यवहार के सटीक नमूने और बदलाव की प्रभावी पद्धतियाँ हमारे सामान्य ज्ञान का हिस्सा होती और आम जीवन से जुड़ी होतीं, तो क्या होता? फिर तो बदलाव की संभावना बहुत बढ़ जाती। फिर तो आपके बच्चों को 'रौनक' की भावना का सहज ज्ञान होता और वे उसे हमेशा अपने जीवन पर लागू कर पाते। फिर दुनिया भर के स्वास्थ्यकर्मी तंदुरुस्ती से जुड़ी आदतें विकसित करने में अपने मरीजों की मदद करना सीख पाते और उन्हीं अवधारणाओं का उपयोग करके अपने तनाव का प्रभावी प्रबंधन भी कर पाते। फिर कॉरपोरेट कंपनियों में सोमवार को होनेवाली मीटिंगें कहीं ज़्यादा उत्पादक होतीं क्योंकि वहाँ व्यवसाय से जुड़ी हर चुनौती को व्यवहार में बदलाव करने के संदर्भ में देखा जाता। फिर अन्वेषक व्यवहार संरचना का उपयोग ऐसे उत्पादों के निर्माण में करते, जो मनचाहा सर्वश्रेष्ठ व्यक्तित्व पाने में लोगों की मदद करता। फिर नीति निर्माता और अधिकारी वर्ग अमूर्त समस्याओं को बड़ी आसानी से स्पष्ट व्यवहारों में तब्दील कर पाते - और समस्याओं का समाधान ढूँढ़ने और उसे लागू करने के लिए अपने समुदायों का सशक्तिकरण करते।

भविष्य की यह परिकल्पना भले ही अभी कुछ साल दूर हो, पर अच्छी खबर ये है कि बदलाव की संस्कृति विकसित करना तत्काल शुरू किया जा सकता है। आपके लिए इस चेन-रिएक्शन को शुरू करने का सबसे तेज तरीका है, व्यवहार संरचना के साथ सोचने-समझने और कार्य करने के तरीकों से लोगों का परिचय कराना। ये करना इतना आसान है कि आप आज ही डिनर के दौरान ऐसा कर सकते हैं - 'अपने परिवार के सदस्यों और दोस्तों को बताना कि ये किताब पढ़कर आपने क्या सीखा।' बदलाव की एक साझा समझ ही सामूहिक बदलाव का आधार है। जब आप किसी समस्या को एक सटीक दृष्टिकोण के साथ देखते हैं, तो उसे ज़्यादा तेजी से और ज़्यादा सफलतापूर्वक हल कर सकते हैं। और यहाँ व्यवहार संरचना में बढ़ोत्तरी

होती है। जब एक पेशेवर टीम मेरे नमूनों को सीख लेती है, तो उसके सदस्यों को व्यवहार पर सोच-विचार करने का और बदलाव पर चर्चा करने का एक साझा तरीका मिल जाता है। जब वे इन पद्धतियों को सीख लेते हैं, तो ठोस और व्यावहारिक रूप से बदलाव को आकार देने का एक साझा तरीका सीख लेते हैं। एक और महत्वपूर्ण बात यह है कि इससे वे अधिक कुशल व अधिक प्रभावी बन जाते हैं। साथ ही इससे संघर्ष भी कम होता है, जिससे उनका मूल्यवान समय बर्बाद होने से बच जाता है। आपकी मदद से आपके आसपास का हर व्यक्ति इस बारे में एक साझा दृष्टिकोण का लाभ उठा सकता है कि इंसानी व्यवहार कैसे काम करता है और आप बदलाव को आकार कैसे दे सकते हैं।

आगे बताया गया है कि बदलाव की संस्कृति को तत्काल विकसित करने में सहयोग कैसे करें।

साझा करके

* अपने आसपास के लोगों के साथ बदलाव के बारे में संवाद करें। इस किताब की सबसे प्रमुख अंतर्दृष्टियों – जैसे उदाहरण के लिए मेरे सिद्धांत – को साझा करें।
* वह करने में लोगों की मदद करें, जो वे पहले से करना चाहते हैं।
* सफल महसूस करने में लोगों की मदद करें।

इसे और अधिक व्यक्तिगत बनाने के लिए आप दो सिद्धांतों को इस प्रकार अपने अनुकूल बना सकते हैं।

वह करने में अपनी मदद करें, जो आप पहले से करना चाहते हैं।

सफल महसूस करने में अपनी मदद करें।

इस किताब की उन चीज़ों को साझा करें, जो आपको सबसे उपयोगी लगी हों। आदतें कैसे काम करती हैं, इसके लिए आप बगीचे की उपमा का उपयोग कर सकते हैं कि हमारी आदतों का समूह निरंतर बदलते किसी परिदृश्य जैसा होता है, जिसे हम या तो योजना के अनुसार पोषित कर सकते हैं या फिर उसकी उपेक्षा करने का जोखिम उठा सकते हैं। हम किसी आदत की शुरुआत सही स्थान पर उसका बीज बोकर करते हैं और फिर निरंतर उसका पोषण करते हैं। अपनी आदतों के माली के रूप में हम परिपूर्ण नहीं हो सकते। हमसे गलतियाँ होंगी पर इसमें कोई बुराई नहीं है। हम गलतियों से सीखेंगे और सुधार करेंगे। या फिर आप बुरी आदतों को किसी बड़ी गाँठ की तरह सुलझाने का किस्सा भी साझा कर सकते हैं।

ये साधारण सी छवि किसी आदत से छुटकारा पाने को लेकर अपेक्षाओं को काबू में रखती है। साथ ही ये शर्म और आत्म-आलोचना से छुटकारा पाने में लोगों की मदद करने में भी कारगर है। इन विचारों को साझा करना आसान है। इनसे लोगों में न सिर्फ बदलाव आता है बल्कि आदतों पर नए, सटीक व उपयोगी तरीके से विचार करने का खुलापन भी आता है।

काम करके

* रौनक के बारे में दूसरों को सिखाएँ और उनका मार्गदर्शन करें। बताएँ कि एक शक्तिशाली भावना के लिए एक नया शब्द आया है। उनके सामने यह वर्णन करें कि 'रौनक' की भावना कैसे महसूस होती है और यह क्या करती है (नई आदत को दिमाग में स्थापित करना)। आप ये भी बता सकते हैं कि जश्न कैसे मनाएँ। और जब लोग कुछ अच्छा करें, तो आप सक्रिय रूप से उनका जश्न भी मना सकते हैं। आप किसी भी समय 'रौनक' पैदा कर सकते हैं। यहाँ तक कि (खासकर!) छोटी-छोटी सफलताओं के लिए। जैसे आपकी नन्हीं बेटी (दर्जनों खिलौनों में से) एक खिलौना उठाती है और उसे दूर रख देती हैं - तो अब उसके लिए तालियाँ बजाइए या फिर उसे प्यार से गले लगा लीजिए।
* इस किताब को या इसके अभ्यासों को दूसरों के साथ साझा करें। ऑनलाइन जाकर 'व्यवहारों के झुंड' के लिए मेरे टेम्पलेट्स लें और अपने परिवार व दोस्तों के साथ उपयोग करें। आप देखेंगे कि इस किताब में दिए गए छोटे-छोटे अभ्यास, ऑफिस, स्कूल या चर्च में सीखने का एक प्रभावी तरीका हैं।
* सकारात्मक बदलाव की एक पारिवारिक परंपरा की शुरुआत करें। इसकी शुरुआत अभी से करें, भले ही यह आपको कितना भी चुनौतीपूर्ण लगे। छोटी-छोटी आदतों की पद्धति और 'रौनक' की अवधारणा को साझा करके आप बदलाव के संदर्भ में तत्काल एक-दूसरे की मदद करना शुरू कर सकते हैं। जब आप एक साथ मिलकर बदलाव संबंधी कौशलों को सीखेंगे और उनका अभ्यास करेंगे, तो सशक्तिकरण की एक स्थाई विरासत तैयार कर सकेंगे।

2007 में मैंने अपने जीवन की सबसे प्रसिद्ध कक्षा को पढ़ाया - जिसे न्यू यॉर्क टाइम्स ने 'फेसबुक कक्षा' का नाम दिया था। फेसबुक ने अपना एप-होस्टिंग प्लेटफॉर्म नया-नया लॉन्च किया था। और मैंने स्टेनफोर्ड यूनिवर्सिटी में एक नया कोर्स चलाया ताकि यह समझा जा सके कि सोशल मीडिया का उपयोग करनेवाले आम लोग अन्य लोगों को कैसे प्रभावित कर सकते हैं। मेरे सिद्धांतों और प्रक्रियाओं के शुरुआती संस्करण का उपयोग करते हुए छात्रों ने कुछ एप तैयार किए और उन्हें सोशल मीडिया की दुनिया में छोड़ दिया। ये सारे एप मेरी उम्मीद से कहीं ज़्यादा सफल

रहे। अगले छह महीने के अंदर छात्रों ने बिना कोई पैसा खर्च किए 2 करोड़ 40 लाख लोगों को इनसे संलग्न किया। इससे मुझे दुनिया को बदलने की व्यवहार संरचना की शानदार क्षमता को साक्षात देखने का मौका मिला और इसके साथ आनेवाली जिम्मेदारी को भी।

इस किताब में मैंने इसके बारे में कुछ महत्वपूर्ण अंतर्दृष्टियाँ साझा की हैं कि व्यवहार में बदलाव लाने के लिए ज़रूरी सोच-विचार कैसे किया जाए और कौन से कदम उठाए जाएँ। मैं इसे जिस नज़र से देखता हूँ, उससे मुझे ये कई क्रांतिकारी खोजों जैसा लगता है - जब आप कोई सार्वभौतिक सिद्धांत उजागर करते हैं, तो उसके अच्छे और बुरे, दोनों प्रकार के उपयोग की संभावना होती है। जैसे रसायन विज्ञान के सिद्धांतों का उपयोग करके जीवन रक्षक दवाएँ और खेती में उपयोग होनेवाले उर्वरक बनाए जा सकते हैं या फिर इन्हीं सिद्धांतों का उपयोग करके दुनिया को खत्म करनेवाले रासायनिक हथियार भी बनाए जा सकते हैं।

'फेसबुक कक्षा' खत्म करने के तत्काल बाद मैंने अपना ध्यान इस बात पर केंद्रित कर लिया कि हम प्रोद्योगिकी की मदद से अर्जित सामाजिक प्रभाव का उपयोग दुनिया के सबसे महत्वाकांक्षी, हर किसी के लिए उपयोगी, लेकिन दूर की कौड़ी जैसे लक्ष्य - यानी विश्व शांति - को हासिल करने के लिए कैसे कर सकते हैं। अगले तीन महीने के अंदर मैंने स्टेनफोर्ड यूनिवर्सिटी में एक नया कोर्स तैयार किया, जिसका नाम था - पीस टेक्नोलॉजी (शांति की प्रौद्योगिकी)। मैंने छात्रों को इस कोर्स में हिस्सा लेने का आमंत्रण दिया। कक्षा पूरी होने के बाद इस प्रयास का निरंतर विस्तार हुआ। आज ये कोर्स दुनियाभर की अनुसंधान प्रयोगशालाओं और केंद्रों में पीस इनोवेशन (शांति का नवाचार) शीर्षक के साथ सिखाया जाता है। इसका मुख्यालय नीदरलैंड्स के शहर 'द हेग' में स्थित है।

एक छोटे स्तर पर लेकिन ऐसे ही ऊँचे-ऊँचे आदर्शों के साथ स्टेनफोर्ड यूनिवर्सिटी से परे मेरा सारा ध्यान नवाचार करनेवालों को ऐसे उत्पादों का निर्माण सिखाने पर केंद्रित रहा है, जो स्वास्थ्य, आर्थिक सुरक्षा और दीर्घकालिक व टिकाऊ उद्यमों को बेहतर बनाते हों। अच्छा काम करने पर ध्यान केंद्रित करना मेरी सहज प्रवृत्ति है। मैं धार्मिक परंपराओं का पालन करनेवाले माहौल में पला-बढ़ा, जिसने मेरे सामने ये बात स्पष्ट कर दी कि **'जितना ज़्यादा दोगे, उतना ज़्यादा पाओगे।'** मैं हमेशा इसी मंत्र पर विश्वास करता आया हूँ।

मेरा मानना है कि मैं अपने काम में काफी भाग्यशाली रहा। सालों तक विभिन्न लोगों ने मेरे लिए नए दरवाजे खोले, मेरे सामने नई-नई चुनौतियाँ रखीं और मुझे प्रेरित किया। परिणामस्वरूप मैं अपने शोध, नवाचार से जुड़े अपने प्रयासों और अपने जीवन

को, ऐसे मॉडल व पद्धतियाँ खोजने और विकसित करने पर केंद्रित रख सका, जिन्हें आपने ये किताब पढ़कर सीखा। इनमें छोटी-छोटी आदतों की पद्धति भी शामिल है। मुझे लगता है, जैसे मुझे छोटे-छोटे टुकड़ों के रूप में एक पहेली का जवाब मिला और फिर जब मैंने उन टुकड़ों को एक साथ जोड़कर रखा, तो कुछ ऐसा दिखाई दिया, जो बिलकुल नया लेकिन फिर भी परिचित सा था।

फिर मुझे हवाई जहाजवाला सपना आया और मुझे एहसास हुआ कि मैं अपना अधिकांश कार्य दूसरों के साथ साझा करने में विफल रहा हूँ। इस तथ्य ने मुझे परेशान कर दिया। मेरा मानना है कि कुछ अच्छा करने की क्षमता होने के बावजूद मानवता के लाभ के लिए उसका उपयोग न करना अनैतिक है। यह कुछ ऐसा होगा, मानों आपने कैंसर का इलाज तो खोज लिया पर उसे दूसरों के साथ साझा करने के बजाय अपने आप तक ही सीमित रखा।

लेकिन मैं इस बात को लेकर आभार और रोमांच महसूस कर रहा हूँ कि यह किताब अंतत: आपके हाथों में हैं (और मैं इस बात से भी बहुत खुश हूँ कि अब मैं चैन की नींद सो पा रहा हूँ)। अगर वह हवाई जहाजवाला सपना मुझे आज आया होता, तो मुझे ज़रा भी पछतावा न होता। मैं ये देखने के लिए बड़ा उत्सुक हूँ कि आप अपने जीवन को और खुशहाल बनाने के लिए, अपने आसपास के लोगें की सहायता के लिए और इस संसार को अधिक बेहतर बनाने के लिए इन मॉडलों और पद्धतियों का उपयोग कैसे करेंगे।

मेरा मानना है कि ये किताब आपको वह सब देती है, जो जीवन में आनेवाली चुनौतियों का सामना करने के लिए और आपके उन सपनों को पूरा करने के लिए ज़रूरी हैं, जो अब तक अधूरे हैं। अब आपके पास बदलाव लाने की एक प्रणाली है, जिसका अर्थ है कि अब आपको अनुमानों पर निर्भर रहने की ज़रूरत नहीं है। अब आप इन युक्तियों का उपयोग करके अपनी आकांक्षाएँ पूरी कर सकते हैं और अपने मनचाहे परिणाम हासिल कर सकते हैं।

इतना ही नहीं, अब आप इंसानी व्यवहार और आदतों को लेकर फैली फालतू की बातों, दुविधाओं और भ्रम से भी बच सकते हैं। क्योंकि अब आप जानते हैं कि व्यवहार कैसे काम करता है। अब आप जानते हैं कि किन चीज़ों पर ध्यान देना व खुले नज़रिए के साथ स्वीकार करना है और किन चीज़ों को नजरअंदाज करना और त्यागना है। अगर आपको अपने किसी दोस्त का ई-मेल मिलता है, जो किसी नए व्यायाम या डायट के नए तरीके के बारे में है, तो उस पर सिर्फ एक नज़र डाल लेना ही काफी होगा। क्या इससे आपको वह करने में मदद मिलेगी, जो आप पहले से करना चाहते हैं? क्या इससे आपको सफल महसूस करने में मदद मिलेगी? इन सवालों के

जवाब आपको आज़ादी का एहसास देते हैं क्योंकि अगर इन बदलावों से ये दो ज़रूरतें पूरी नहीं होती हैं, तो आपको इन पर अपना समय बर्बाद करने की कोई ज़रूरत नहीं है।

इस संसार में हमारे जीवन की गुणवत्ता इस बात पर निर्भर होती है कि हम अपने दैनिक जीवन में कैसे चुनाव करते हैं – जैसे इस बात का चुनाव कि हम अपना समय किन चीज़ों पर खर्च करेंगे, अपना जीवन कैसे जीएँगे और सबसे महत्वपूर्ण, खुद के साथ और दूसरों के साथ कैसा व्यवहार करेंगे। मुझे ये देखकर दुःख होता है कि आज चारों ओर कितनी कटुता और आपसी विभाजन है। हम एक वैश्विक समुदाय के लोग हैं पर एक-दूसरे से और खुद से हमारा अलगाव तेजी से बढ़ रहा है। इस स्थिति को सुधारने की दिशा में पहला कदम है, बेहतर महसूस करना। और ऐसा करने का सबसे कारगर माध्यम है, हमारी आदतें।

आदतें हमें बदलाव के कौशल सिखाती हैं और हमें हमारे सपने पूरी करने की दिशा में प्रेरित करती हैं, साथ ही वे संसार में और अधिक 'रौनक' लेकर आती हैं। सफलता की भावना को खुले मन से स्वीकार करके और अपने दैनिक जीवन में अच्छाई को बढ़ाकर आप इस संसार को न सिर्फ खुद के लिए बल्कि दूसरों के लिए भी और बेहतर बना देते हैं। आप शर्म और अपराधबोध जैसी नकारात्मक भावनाओं को त्यागकर खुद को और उन लोगों को आज़ाद कर रहे हैं, जो जीवनभर आत्म-आलोचना के दुश्चक्र में फँसे रहे हैं।

इस किताब में प्रस्तुत सबसे गहन बदलाव विभिन्न आदतों का गठन होना नहीं बल्कि अनुभव में आनेवाले मूल बदलाव हैं। दुःख से कम दुःख की ओर... भय से उम्मीद की ओर... पराजित महसूस करने से सशक्त महसूस करने की ओर... ये बदलाव इसलिए हुए क्योंकि एमी, जूनी, लिंडा, सारिका, सुकुमार, माइक और ऐसे ही अन्य लोगों ने अच्छा महसूस करने का निर्णय लिया और इसका उपयोग बड़े बदलाव लाने में किया। ऐसा करते हुए वे विनाशकारी परिस्थितियों से पार पा सके, कठिन शारीरिक समस्याओं का समाधान हासिल कर सके और सालों तक आत्म-आलोचना के दुश्चक्र में फँसे रहने के बावजूद उससे बाहर आ सके। वे जीवन का नियंत्रण दोबारा अपने हाथों में लेने में सफल रहे और उन्हें वह करने की अपनी क्षमता का पता चला, जो हम सब कर सकते हैं – छोटे-छोटे बदलाव लाना, जो सब कुछ बदल देते हैं।

मैंने इस किताब के 'परिशिष्ट' में आपके लिए अतिरिक्त सामग्री प्रस्तुत की है। अगर आप और सामग्री चाहते है – जैसे केस स्टडीज, वर्कशीट और टीचिंग आउटलाइन – तो TinyHabits.com/resources पर जाकर प्राप्त कर सकते हैं।

आभार

यह किताब आज आपके हाथों में इसलिए हैं क्योंकि मेरे हवाई जहाजवाले सपने के कुछ ही दिनों बाद डग अब्राम्स ने मुझसे संपर्क किया। उसने स्टेनफोर्ड में लंच पर मिलने के लिए राजी किया और मुझे अपने काम को अंतत: एक किताब के रूप में साझा करने के लिए प्रेरित किया। लेखन और प्रकाशन प्रक्रिया के दौरान अमूल्य मार्गदर्शन देते हुए डग मेरे लिए एक विश्वस्तरीय लिटरेरी एजेंट से कहीं ज़्यादा साबित हुए। वे मेरे सच्चे दोस्त और एक सतत प्रेरणा बन गए। आपका बहुत-बहुत धन्यवाद डग।

डग ने मुझे लॉरेन हैमलिन से मिलवाया, जो शोध से प्राप्त हुईं मेरी अंतर्दृष्टियों को किताब का रूप देने और मेरी पांडुलिपि के पृष्ठों पर दर्ज वाक्यों को परिष्कृत करनेवाली सबसे करीबी सहयोग बन गईं। वे मेरे पश्चिमी तटवाले आशावाद में अपनी पूर्वी तटवाली दृढ़ता लेकर आईं और इस तरह हम दोनों ने मिलकर इस किताब को तैयार किया, जो मेरी अपेक्षा से कहीं बेहतर रूप में सामने आई। लॉरेन के साथ काम करना एक शानदार अनुभव रहा। मैं जानता हूँ कि जब हम एक साथ काम में जुटे हुए थे, तब उन्होंने कई व्यक्तिगत त्याग किए ताकि मेरे विचार किताब के रूप में आपके हाथों तक - और मैं उम्मीद करता हूँ कि आपके दिलो-दिमाग तक भी - पहुँच सकें। लॉरेन, आपने मेरे लिए जो किया है, उसके लिए मैं आपको चाहे जितना धन्यवाद दूँ, वह काफी नहीं होगा।

इस किताब के लेखन के प्रति प्रतिबद्ध होने में मेरी मदद करने के लिए और महत्वपूर्ण क्षणों में मुझे मार्गदशन देने के लिए लारा लव को मेरी ओर से हार्दिक धन्यवाद। मैं कैथरीन वाज़ द्वारा सावधानीपूर्वक किए गए कार्य की भी सराहना करता हूँ, जिन्होंने इस किताब के हर शब्द, हर विचार और हर बदलाव को जाँचा-परखा। मैं आपकी उस आकर्षक सौम्यता की भी सराहना करता हूँ, जिसे आप कोई बुरी खबर देते समय बनाकर रखती थीं। आपने जिस समर्पण के साथ मुझे अपने हर विचार को और बेहतर ढंग से प्रकट करने में मदद की, उसके लिए आपका धन्यवाद।

मैं हॉटन मिफ्लिन हारकोर्ट की पूरी प्रकाशन टीम का भी हमेशा आभारी रहूँगा, खासकर ब्रूस निकोल्स का। मेरे काम पर भरोसा करने और इंसानी व्यवहार के बारे में मेरी अंतर्दृष्टियों को व्यापक पाठक वर्ग तक पहुँचाने के आपके जुनून के लिए धन्यवाद। आपके और आपकी टीम के साथ काम करना सचमुच एक मजेदार और प्रेरक अनुभव था।

मैं उन सभी संपादकों और प्रकाशकों को भी धन्यवाद देना चाहता हूँ, जो इस किताब को वैश्विक बाज़ार में लेकर आ रहे हैं: एबरी के जोएल रिकेट को उनकी संपादकीय अंतर्दृष्टि के लिए; कैस्पियन डेनिस, सैन्डी वॉयलेट और एबनेर स्टीम की पूरी टीम को; कैमिला फेरियर, जेमा मैक्डोनॉ और मार्श एजेंसी की टीम को मेरा धन्यवाद।

ये किताब लिखे जाने से पहले भी बहुत से लोगों ने मेरे काम को आगे बढ़ाने में अपना सहयोग दिया। मैं लंबे समय से अपनी सहयोग और दोस्त रही टाना ड्रैपकिन को धन्यवाद देता हूँ। स्टेनफोर्ड और अन्य कई स्थानों पर सालों तक एक साथ काम करते हुए टाना मेरे लिए उन मामलों में ताकत व ऊर्जा का स्रोत बनीं, जिनमें मैं कमजोर था। टाना ने मेरे काम को सबसे ज़्यादा और सबसे लंबे समय तक अपना समर्थन दिया है।

स्टेनफोर्ड यूनिवर्सिटी के कई अन्य लोगों ने पिछले वर्षों में खुद आगे बढ़कर मेरे शोध, शिक्षण और नवाचार का समर्थन व सहयोग किया है। मुझे विभिन्न लोगों ने प्रेरित किया और साथ ही मेरे लिए नए अवसरों के रास्ते भी खोले। इनमें बायरन रीब्स, टेरी विनोग्रैड, रॉय पे, कीथ डेवलिन, मार्था रसेल, फिल जिम्बार्डो और स्वर्गीय क्लिफ नैस शामिल हैं। मैं स्टेनफोन यूनिवर्सिटी के अन्य लोगों का भी आभारी हूँ, जिन्होंने जाने-अंजाने मेरा सहयोग किया: जेनिफर ऐकर, जॉन पेरी, टॉम रॉबिन्सन, बिल वेरप्लैंक, टीना सेलिग और डेविड केली।

सन 2011 में जब मैंने सोशल मीडिया पर एक साधारण से आमंत्रण के रूप में छोटी-छोटी आदतों की पद्धति को दुनिया से साझा किया था, तो मुझे कोई अंदाजा नहीं था कि ये मेरे पेशवर और व्यक्तिगत जीवन का इतना बड़ा और महत्वपूर्ण हिस्सा बन जाएगी। मैं छोटी-छोटी आदतों की पद्धति के शुरुआती समर्थकों और सहयोगियों का आभारी हूँ, खासकर लिज़ गुथ्रिज और लिंडा फॉग फिलिप्स का। और भी कई लोग हैं - हजारों की संख्या में - जिन्होंने मेरे प्रोग्राम में हिस्सा लेकर अपनी प्रतिक्रियाएँ और अंतर्दृष्टियाँ उपलब्ध कराईं। आप इस किताब में जो कुछ भी देख रहे हैं, उसमें दुनियाभर के लोगों का योगदान है।

उन लोगों को विशेष रूप से धन्यवाद, जिन्होंने इस किताब के लेखन के दौरान अपने किस्से मेरे साथ साझा किए। उनमें से कुछ किस्से इस किताब में हैं, जबकि कुछ नहीं। लेकिन जो भी हो, आपके अनुभवों और अंतर्दृष्टियों के चलते यह किताब लिखना एक बेहतर और मजेदार अनुभव रहा। इसके लिए मैं माइक कॉल्टर, एमिली ई, मेलोरी एरिक्सन, जूनी फेलिक्स, लिंडा फॉग-फिलिप्स, टीजे जोन्स, डेविड किरचॉफ, शिरीषा एन, मार्गरीटा क्विहुइस, सुकुमार राजगोपाल और एमी वेस्ट के प्रति अपना आभार व्यक्त करता हूँ। इसके अलावा मैं उन लोगों को भी धन्यवाद देता हूँ, जिन्होंने वास्तविक जीवन की तमाम कहानियों और उदाहरणों को मेरे साथ साझा किया। इनमें टीजे एगुल्टो, केविन एश्चर, जिंजर कॉलिंस, रोलर डर्बी रेनी शिफरस्टीन, जो डिमिलिया, मार्क गैरीबाल्डी, जॉनी गोल्डस्टीन, केट हैंड, ब्रिटनी हेरलियन, मंजुला हिनबॉथम, माया होप, रॉजर हर्नी, जुडाजिट 'जेडी' डी, ब्रेंडन केन, एरिन केली, एलेन खलीफा, ग्लेन लुबर्ट, केविड मैक्लेर, जैस्मिन मोरेल्स, जेमा मोरोनी, बैरी ओ'रेली, स्टीव पीटर्सश्मिट, मैरी पिओन्टकोव्स्की, शर्ली रिवेरा, रमीत सेठी, विंगी सिन, माइकल स्टाविकी, खदीजा ताहेरा, रेनी टाउनली, माइकल वॉल्टर और बर्ट व्हाइटेकर शामिल हैं।

मैं अपनी सहयोगी स्टेफनी वेल्डी के प्रति भी गहन कृतज्ञता व्यक्त करना चाहता हूँ, जिन्होंने सामान्य और आपातकालीन, दोनों ही परिस्थितियों में लेखन प्रक्रिया में मेरा सहयोग किया। उन्होंने दैनिक रूप से मेरा रास्ता आसान बनाया। उन्होंने सभी साक्षात्कारों, वास्तविक लोगों और सच्ची कहानियों को जाँचा-परखा और इस किताब की प्रकृति व सुर तय करने में मेरा सहयोग किया।

मैंने जिन विशेषज्ञों को छोटी-छोटी आदतों की पद्धति में प्रशिक्षित किया है, उन्होंने भी इस किताब को आगे बढ़ाने में अपना योगदान दिया है। अगर आप छोटी-छोटी आदतों की पद्धति के प्रमाणित प्रशिक्षक हैं, तो मैं आपको इस बात के लिए धन्यवाद देना चाहता हूँ कि आपने मेरी पद्धतियों में अपना समय निवेश किया और इस किताब को सभी के लिए और बेहतर बनाया। हो सकता है कि यहाँ मैं कुछ प्रभावशाली प्रशिक्षकों के नाम का उल्लेख करने से चूक जाऊँ (इसके लिए मैं उनसे क्षमा चाहूँगा)। ये रहे कुछ ऐसे प्रशिक्षकों के नाम जिन्होंने सचमुच काफी उन्नति की- एमी वेस्ट, जूनी फेलिक्स, लिंडा फॉग-फिलिप्स, एडिथ एसिबे, जोशुआ बॉर्नस्टीन, क्रिस्टियाना बर्क, माइक कॉल्टर, जुडाजिट 'जेडी' डी, चार्ली गारलैंड, जॉनी गोल्डस्टीन, केट हैंड, कैथरीन हिकमैन, मंजुला हिनबॉथम, जोशुआ हॉलिंग्सवर्थ, जेसन कोपरोव्स्की, शेली लॉयड-हैंकिंसन, मार्टिन मार्क, रूबी मेनन, शर्ली रिवेरा, क्रिस्टीन सिल्वरस्ट्री, डेव स्पेन्सर, डेब टेपलो, इरविन वालेंसिआ, स्टेफनी वेल्डी, मिशेल विंडर्स और मिसाको योक।

मैं मानवीय भावनाओं के उन विशेषज्ञों को खास तौर पर धन्यवाद देना चाहता हूँ, जिन्होंने इस किताब के एक महत्वपूर्ण हिस्से को प्रेरित किया और अपना मार्गदर्शन दिया: जेम्स ग्रोस, लीसा बेरेट फेल्डमैन, एरन वीडमैन और मिशेल टुगडे। अपने व्यस्त जीवन से समय निकालकर मेरी सहायता करने के लिए आप सबका धन्यवाद।

अगर विस्तृत शोधवाले पहलू - ये सुनिश्चित करना कि मेरे पास सारे तथ्य हों - की बात करें तो ऐसे कई लोग हैं, जिन्हें मैं धन्यवाद देना चाहूँगा, जिनमें एलेना मार्केज़ सेगुरा, ब्रैड राइट और डेविड सोबेल शामिल हैं। (कई साल पहले मेरे एक बूट कैम्प में डेविड ने ही 'मोटिवेशन वेव' का नाम सुझाया था।)

स्टेनफोर्ड आने से पहले मुझे विभिन्न शिक्षकों और सलाहकारों से बहुत कुछ सीखने का सौभाग्य मिला, जिन्होंने न सिर्फ मेरी सोच को आकार दिया बल्कि महत्वपूर्ण कौशलों में महारथ हासिल करने की चुनौती भी दी। आपको इस किताब में जो बताया जा रहा है, शुरुआत में उसके दरवाजे मेरे लिए इन्हीं लोगों ने खोले- डोना मैक्लेलैंड, क्लेन रॉबिसन, क्रिस्टीन हैन्सन, डॉन नॉर्टन, बिल एगिंगटन, चाउन्सी रिडल और जॉन स्टर्लिंग हैरिस।

मैं उन बहुत से लोगों को भी धन्यवाद देना चाहता हूँ, जिन्होंने मुझे हर तरह से अपना समर्थन दिया, फिर चाहे वे मेरे आसपास के लोग हों या मुझसे मीलों दूर बैठे हों। इनमें डेविड एन्गो, डेरेक बेयर्ड, माइकल फिशमैन, रमीत सेठी, रॉरी सदरलैंड, जिम विक, जो पोलिश, टिम फेरिस, डेविड किरचॉफ, आमिर डैन रूबेन, मार्क बर्टोलीनी, पार्थ नंदी, विक स्ट्रेशर, कायरा बोबिनेट, जेफ्री ब्लैंड, मार्क थॉम्सन, राजीव कुमार, सोहैल आग़ा, टेड एयटन, टॉम ब्लू, बेंजामिन हार्डी, जूलियन गुईमोंट, जेसन हेरेहा, हितेन शाह, डीन एकलेस, मार्गरीटा क्विहुईस, मनीष सेठी, टोनी स्टबलबाइन, विशेन लखियानी, बैरी ओ'रेली, एड्र्यू जिमरमैन और एस्टर वोज्स्की शामिल हैं।

मैं माउई के अपने दोस्तों को भी धन्यवाद देना चाहता हूँ, जिन्होंने मुझे इस किताब के लेखन के दौरान विनम्र, यथार्थवादी, सक्रिय और आशावान बनाए रखा (इस किताब के अधिकांश हिस्से मैंने माउई में रहते हुए ही लिखे, जो सचमुच एक शानदार अनुभव था।) डोरोथी, जेन, मिच, वेन्डा और अन्य दोस्तों को मेरा ध्यान रखने और मनोबल बढ़ाने के लिए धन्यवाद। मैं सूर्योदय से पहले नियमित रूप से समंदर किनारे पहुँचनेवाले कीहे कवर लाइनअप के सर्फर्स (लहरों की सवारी करनेवाले) को भी धन्यवाद देना चाहता हूँ: टॉमी, ग्लेन, ब्रैंडिस, डाना, जेफ, रोजी, मिच, जॉन और बाकी सभी लोगों को मेरा धन्यवाद। आप लोगों के साथ रोज सुबह सर्फिंग (लहरों की सवारी करना) करते हुए मैंने इस किताब के बारे में ज़्यादा बातचीत नहीं की, लेकिन आप सभी ने अपने साथ और प्रोत्साहन से मेरी हर सुबह

को ऊर्जावान बनाया ताकि सर्फिंग के बाद मैं दिनभर अपने काम में कड़ी मेहनत कर सकूँ। इसके लिए मैं आप सबका आभारी हूँ।

मैं अपनी बहन लिंडा को विशेष धन्यवाद देना चाहता हूँ, जिसने लोगों तक ये बातें पहुँचाने के लिए अपने अनुभवों और तकलीफों को साझा करने में इतनी उदारता दिखाई। उसने अपनी खूबियों से एक बार फिर मुझे हैरान कर दिया। साथ ही मैं अपने माता-पिता गैरी और शेरिल फॉग को भी दिल से धन्यवाद देना चाहता हूँ, जो मुझे पिछले दस सालों से ये किताब लिखने के लिए प्रोत्साहित कर रहे थे। व्यवहार संरचना और छोटी-छोटी आदतों की पद्धति के शुरुआती दौर से ही वे मुझे अपनी उपयोगी प्रतिक्रिया और मार्गदर्शन देते आए हैं। जैसा कि आप देख सकते हैं, मेरा परिवार हमेशा से ही मेरा सबसे बड़ा समर्थक और सहयोगी रहा है।

और अंत में मेरे जीवन साथी डेनिस बिल को मेरा ढेर सारा प्यार। डेनिस इंसानी व्यवहार के प्रति मेरे जुनून को पिछले बीस साल से हर कदम पर सहन करता आ रहा है। मुझे बढ़ावा देने और खुश रखने के लिए अलावा वह व्यवहार संरचना, व्यवहार मॉडल और मेरी अन्य पद्धतियों से जुड़े अनगिनत व्यक्तिगत प्रयोगों और चर्चा के लिए भी बड़े प्रेम से राजी होता रहा है, जो किसी के लिए भी आसान नहीं है। उसके अटूट समर्थन ने मुझे वह शक्ति दी कि मैंने जो कुछ भी सीखा है, उस पर शोध कर सकूँ, उसे लागू कर सकूँ, हज़ारों लोगों को सिखा सकूँ और साथ ही इस किताब के रूप में आपके यानी अपने पाठकों के साथ साझा कर सकूँ।

परिशिष्ट

मैंने यह परिशिष्ट इसलिए शामिल किया है ताकि आप मेरा काम बेहतर तरीके से समझ व लागू कर सकें।

इस किताब से संबंधित अतिरिक्त संदर्भों और संसाधनों के लिए TinyHabits.com/resources पर जाएँ।

व्यवहार संरचना : मॉडल, पद्धतियाँ और सिद्धांत

यह रेखा-चित्र आपको व्यवहार संरचना के कुछ मॉडल, पद्धतियों और सिद्धांतों का एक स्पष्ट विवरण देता है। मैंने इसे इसलिए तैयार किया है ताकि आपको संबंधित चीज़ों को बेहतर समझ मिले सके। अगर आप अपने कामकाज से जुड़े किसी प्रोजेक्ट में या शिक्षण प्रक्रिया में इस रेखा-चित्र (या इसके नए संस्करण) का उपयोग करना चाहते हैं, तो BehaviorDesign.info पर जाकर देखें कि आप ऐसा कैसे कर सकते हैं।

मॉडल	**पद्धतियाँ**
व्यवहार के बारे में स्पष्ट सोच-विचार कैसे करें	**व्यवहार को आकार कैसे दें**
फॉग व्यवहार मॉडल	**छोटी-छोटी आदतें** (छोटी-छोटी आदतोंवाली स्पष्ट पद्धतियाँ)
बी = एमएपी	शुरुआती चरण
प्रेरणा - पीएसी व्यक्ति	छोटा करना
प्रेरणा की लहर	स्थिरक (मौजूदा रूटीन□नई आदत)
प्रेरणा कारक	नुस्खे का प्रारूप: ......के बाद, मैं...... करूँगा
सक्षमता - पीएसी व्यक्ति	नुस्खा तैयार करने का उपकरण
सक्षमता श्रृंखला	मोती जैसी आदतें
संकेत - पीएसी व्यक्ति	पूर्वाभ्यास: स्थिरक □ आदत □ जश्न
	रौनक महसूस करने के लिए जश्न मनाना
व्यवहार संरचना के अन्य मॉडल	**अन्य पद्धतियाँ** (छोटी-छोटी आदतों के साथ भी उपयोग होती हैं)
व्यवहारों का झुंड	किसी व्यवहार से जुड़ी समस्याओं का निवारण करना : पी□ए□एम।
स्वचालिता का स्पेक्ट्रम	व्यवहारों के झुंड की वर्कशीट
बदलाव के कौशल	जादू की छड़ी घुमाना
व्यवहार में बदलाव	फोकस मैपिंग (व्यवहार से मिलान)
मास्टरप्लान	खोज और क्रांतिकारी खोज संबंधी सवाल
पॉवर ज़ोन मॉडल	संरचना प्रवाह: करना आसान

सिद्धांत

१ : वह करने में लोगों की सहायता करें, जो वे पहले से करना चाहते हैं

२ : लोगों को सफल महसूस करने में मदद करें।

फॉग व्यवहार मॉडल

अगर आप इस रेखा-चित्र का या इसके किसी संस्करण का उपयोग करना चाहते हैं, तो कृपया BehaviorModel.org पर जाकर अनुमति प्राप्त करें। व्यवहार मॉडल वेबसाइट पर आपके लिए इस रेखा-चित्र के अन्य संस्करण उपलब्ध कराए गए हैं।

फॉग व्यवहार मॉडल

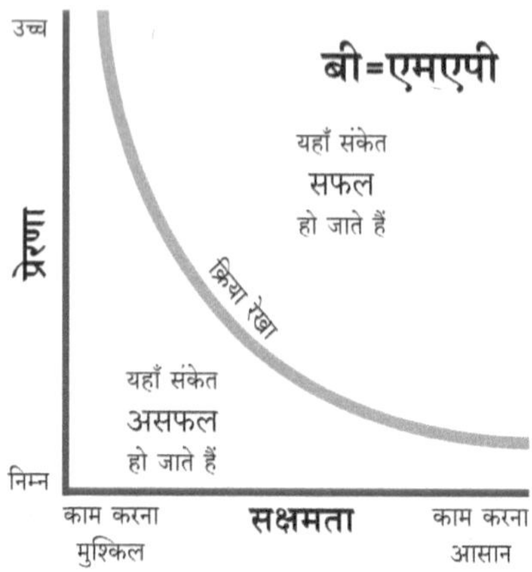

फॉग व्यवहार मॉडल सिखाना

दो मिनट की पटकथा

चरण 1 : परिचय

आइए, अब मैं आपको फॉग व्यवहार मॉडल सिखाते हुए ये समझाऊँगा कि व्यवहार कैसे काम करता है। इसमें सिर्फ दो मिनट लगेंगे।

व्यवहार तब संभव होता है, जब एक ही समय पर तीन चीज़ें एक साथ आ जाती हैं : प्रेरणा, सक्षमता और संकेत।

चरण 2 : रेखा-चित्र खींचना

आप इस मॉडल की कल्पना दो आयामों पर कर सकते हैं। इसके लंबवत अक्ष पर किसी व्यवहार के लिए प्रेरणा का स्तर दर्शाया जाता है और यह उच्च से लेकर निम्न तक, कितना भी हो सकता है।

वहीं इसके क्षैतिज अक्ष पर किसी व्यवहार को करने की सक्षमता दशाई जाती है। यह भी सतत होती है। दाईं ओर उच्च सक्षमता होती है, जिसे मैंने 'काम करना आसान' का उपनाम दे रखा है। वहीं इसी धुरी के बाईं ओर ऐसे व्यवहार हैं, जिन्हें मैं 'काम करना मुश्किल' कहता हूँ।

चरण 3 : एक उदाहरण

मान लीजिए आप चाहते हैं कि कोई व्यक्ति रेड क्रॉस को दान दे। यदि उसकी प्रेरणा का स्तर उच्च है और यदि उसके लिए ऐसा करना आसान है, तो उसे इस मॉडल के ऊपरी दाएँ कोने पर दर्शाया जाएगा। जब यहाँ किसी व्यक्ति को दान करने का संकेत मिलता है, तो वह दान देने का व्यवहार करता है। इसके विपरीत अगर किसी व्यक्ति में रेड क्रॉस को दान देने की प्रेरणा का स्तर निम्न है और ऐसा करना उसके लिए मुश्किल है, तो उसे निचले बाएँ कोने में दर्शाया जाएगा। ऐसे व्यक्ति को जब संकेत मिलेगा, वह तब भी ये व्यवहार नहीं करेगा।

चरण 4 : क्रिया-रेखा

प्रेरणा और सक्षमता के बीच एक संबंध होता है। वह वक्रीय रेखा, जिसे हम क्रिया-रेखा कहते हैं, इसी संबंध को दर्शाती है। अगर संकेत मिलने पर कोई व्यक्ति क्रिया-रेखा से ऊपर स्थित है, तो इसका अर्थ है कि वह व्यवहार करेगा। अगर रेड क्रॉसवाले उदाहरण की बात करें, तो ऐसा व्यक्ति दान दे देगा। हालाँकि अगर वह व्यक्ति क्रिया-रेखा के नीचे है, तो व्यवहार नहीं करेगा। अगर कोई क्रिया-रेखा के नीचे है, तो हमें संकेत मिलने पर व्यवहार को उकसाने के लिए उसे इस रेखा से ऊपर लेकर जाना होगा। या तो हमें प्रेरणा का स्तर बढ़ाना होगा या फिर व्यवहार करना आसान बनाना होगा या फिर ये दोनों चीज़ें करनी होंगी।

चरण 5 : एक संक्षिप्त सारांश

यह मॉडल हर प्रकार के इंसानी व्यवहार पर लागू होता है। संक्षेप में कहें, तो जब प्रेरणा, सक्षमता और संकेत एक ही समय पर एक साथ आ जाते हैं, तो व्यवहार संभव हो जाता है। अगर इन तीन में से कोई भी एक तत्त्व में मौजूद नहीं होता, तो व्यवहार संभव नहीं हो पाता।

छोटी-छोटी आदतों की संरचना

१. स्थिरक क्षण

कोई मौजूदा रूटीन (जैसे सुबह-सुबह दांतों में ब्रश करना) या कोई घटना (जैसे फोन की रिंग बजना)। स्थिरक क्षण आपको नए व्यवहार के अभ्यास की याद दिलाता है।

२. नया छोटा व्यवहार

आपकी मनचाही नई आदत का एक सरल संस्करण। जैसे अपने एक दाँत की फ्लॉसिंग (कच्चे रेशम के धागे से दाँतों के बीच सफाई) करना या दो पुश-अप्स करना। आपको यह नया छोटा व्यवहार स्थिरक क्षण के तत्काल बाद करना है।

३. तत्काल जश्न

मन में सकारात्मक भाव जगाने के लिए किया जाने वाला कार्य। जैसे यह कहना कि 'मैंने अच्छा काम किया!' नए व्यवहार के अभ्यास के बाद आपको तत्काल उसका जश्न मनाना है।

स्थिरक

व्यवहार

जश्न

मेरा नुस्खा – छोटी–छोटी आदतों की पद्धति

आप छोटी–छोटी आदतों की पद्धति के प्रारूप का उपयोग करते हुए इंडेक्स कार्ड पर अपनी छोटी–छोटी आदतें दर्ज कर सकते हैं।

इन्हें कागज पर लिखने और अपनी आदतों को नुस्खेवाले बक्से में दर्ज करने से आपको आवश्यकता के अनुसार अपनी आदतों की समीक्षा और उनमें संशोधन करने में मदद मिलेगी। नीचे दिए गए रेखा–चित्र को प्रिंट करने के लिए TinyHabits.com/recipecards पर जाकर वह प्रारूप डाउनलोड करें, जिसे मैंने आपके लिए तैयार किया था।

मेरा नुस्खा : छोटी–छोटी आदतों की पद्धति

कृपया अपने नुस्खे को आवश्यकता अनुसार संशोधित करें। संशोधन करना छोटी आदतों का महत्वपूर्ण हिस्सा है।

...के बाद	मैं.... करूँगा	इस आदत को अपने दिमाग में स्थापित करने के लिए मैं तत्काल:
स्थिरक क्षण	छोटा व्यवहार	जश्न मनाना
आपके जीवन का एक मौजूदा रूटीन जो आपको छोटा व्यवहार (यानी आपकी नई आदत) करने की याद दिलाएगा।	आपकी नई मनचाही आदत, जिसे बेहद छोटा - और बेहद आसान बनाने के लिए आप उसकी मात्रा घटा देते हैं।	कोई ऐसा कार्य, जिसे आप अपने अंदर सकारात्मकता की भावना पैदा करने के लिए करते हैं। (इस भावना को रौनक कहते हैं।)

किसी व्यवहार को आसान बनाना

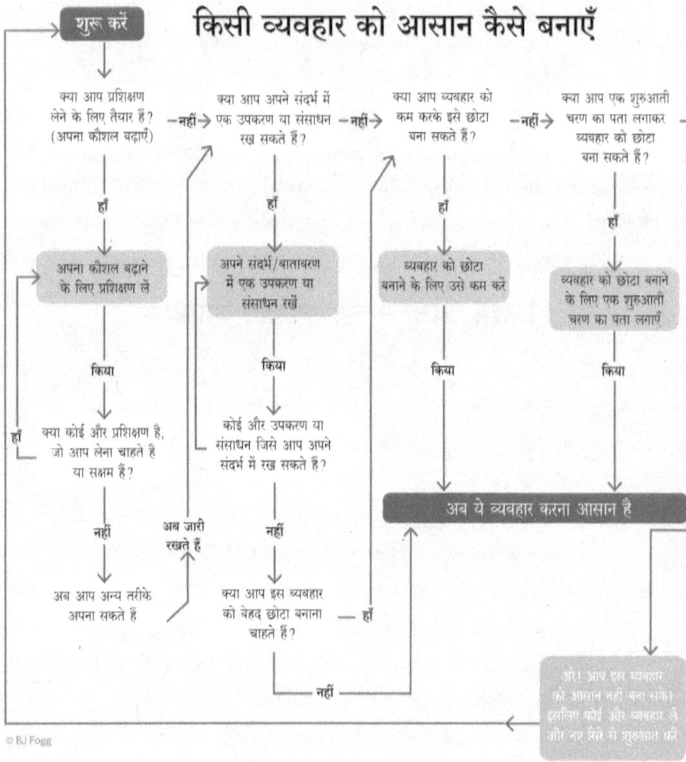

व्यवहार में बदलाव का मास्टरप्लान - पहला दौर

व्यवहार में बदलाव का मास्टरप्लान

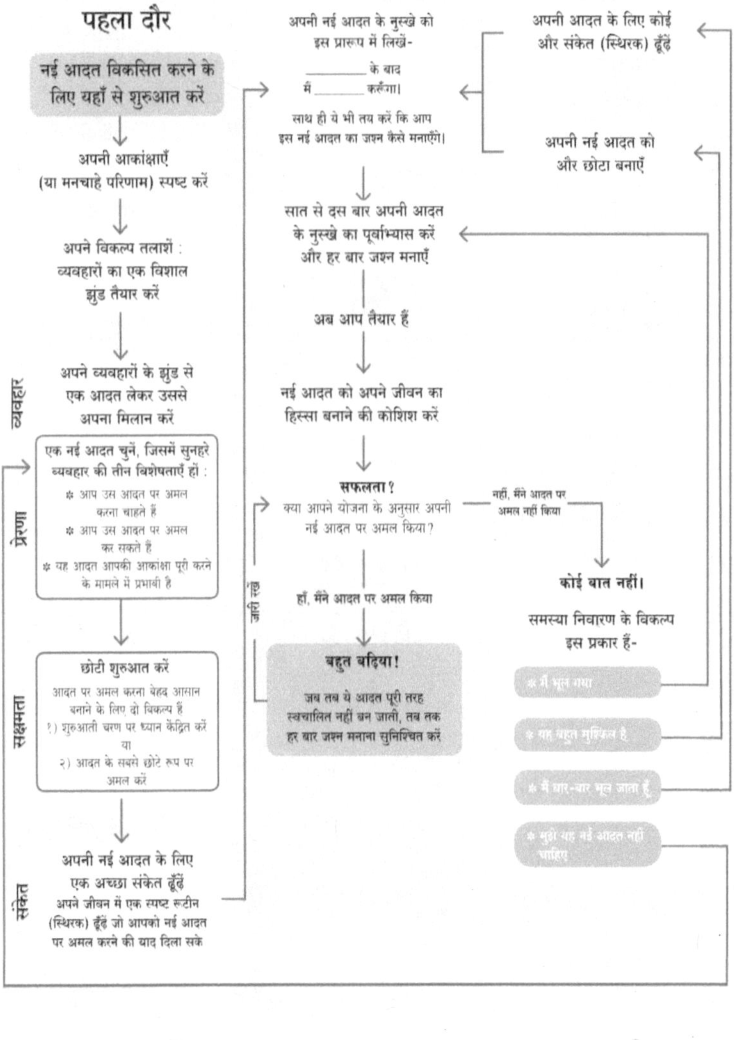

व्यवहार में बदलाव का मास्टरप्लान - दूसरा दौर

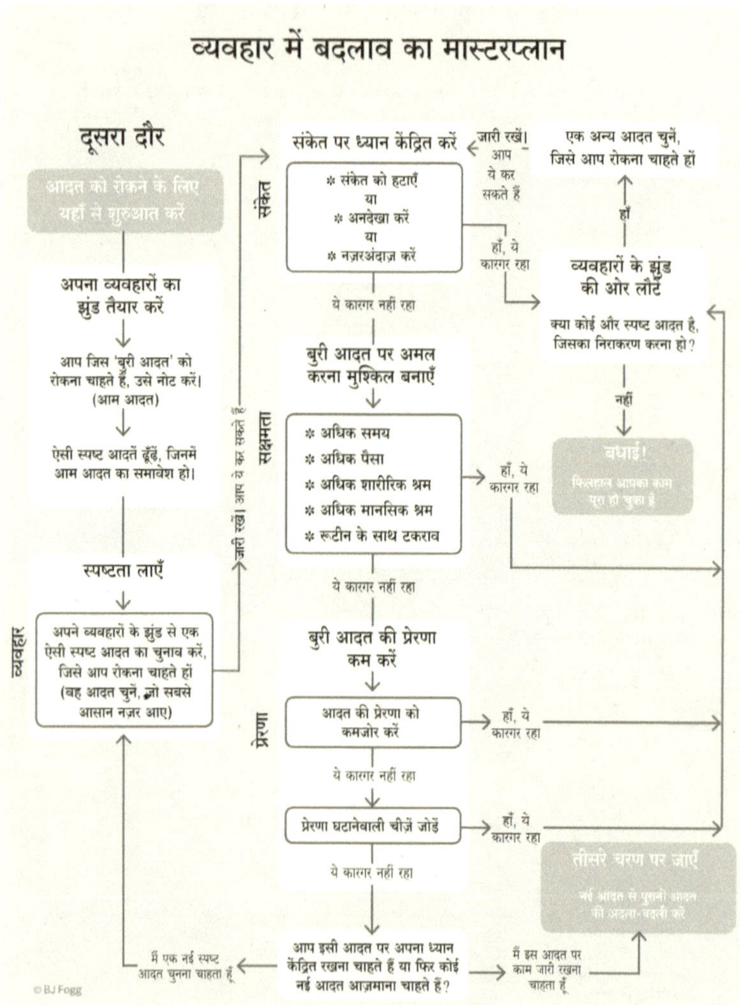

व्यवहार में बदलाव का मास्टरप्लान - तीसरा दौर

व्यवहार में बदलाव का मास्टरप्लान

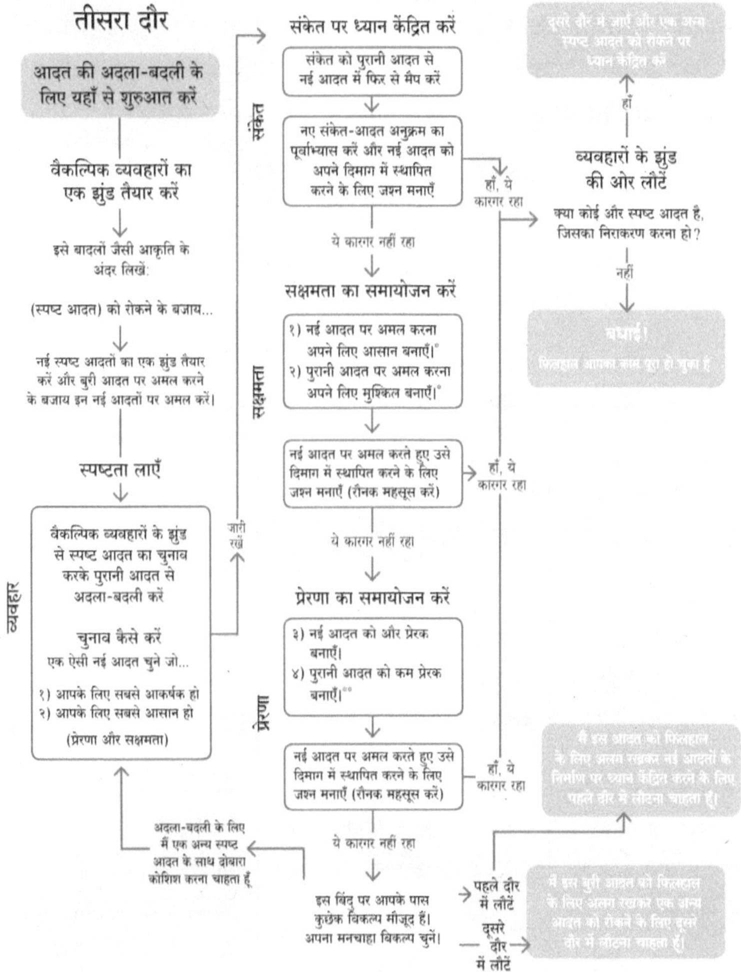

*सक्षमता के समायोजन के लिए इन तत्त्वों पर विचार करें: समय, धन, शारीरिक श्रम, मानसिक श्रम और रूटीन

**पुरानी आदत पर अमल करने की प्रेरणा बढ़ानेवाली चीज़ को कमजोर करके आप प्रेरणा घटा सकते हैं। इसमें आप प्रेरणा घटानेवाली क्रियाएँ भी जोड़ सकते हैं या फिर दोनों विकल्पों का चुनाव कर सकते हैं।

सफलता की रूपरेखा तैयार करने के बत्तीस तरीके

चूँकि सफलता की भावना स्थाई बदलाव लाने में मददगार होती है, इसलिए मैंने संदेश की रूपरेखा तैयार करने के लिए 32 ऐसे अलग-अलग तरीके ढूँढे हैं, जिनसे व्यक्ति सफल महसूस करे। हालाँकि ये सारे 32 तरीके हर किसी के लिए समान रूप से प्रभावी नहीं है। मेरे शोध के अनुसार कुछ लोग अपने प्रदर्शन के बारे में प्रतिक्रिया पाना पसंद करते हैं। जबकि अन्य लोग अपने साथियों के साथ तरफदारी भरी तुलना को लेकर उत्साहित होते हैं। जबकि बाकी लोग (जिनकी संख्या बहुत कम है) खराब प्रदर्शन के बावजूद उसके बारे में अच्छी खबर सुनना पसंद करते हैं।

मैं अपने इस तंत्र को बिक्री प्रदर्शन के उदाहरणों के साथ आगे प्रस्तुत कर रहा हूँ :

	ए) एक बार	बी) सर्वश्रेष्ठ
१. आपका उत्कृष्ट प्रदर्शन	आप कई मशीने बेचने में सफल रहे।	आपने इस सप्ताह सबसे ज़्यादा मशीने बेचीं - आपका सर्वश्रेष्ठ व्यक्तिगत प्रदर्शन।
२. दूसरों की तुलना में आपका प्रदर्शन	आज आपने अपने सहकर्मियों की तुलना में अधिक मशीनें बेचीं।	आपने किसी भी अन्य व्यक्ति की तुलना में सबसे अधिक मशीनें बेचीं - एक नया कीर्तिमान।
३. दूसरों के साथ मिलकर काम करने पर आपका प्रदर्शन	आपकी वजह से आपकी बिक्री टीम को शानदार परिणाम मिले।	आपकी टीम ने कंपनी में एक नया कीर्तिमान स्थापित किया। टीम के लिए आपका योगदान महत्वपूर्ण साबित हुआ।
४. बुरे प्रदर्शन के बावजूद अच्छी खबर	भले ही आपने कोई मशीन नहीं बेची, फिर भी संभावित ग्राहक ढूँढने के मामले में आपने बढ़िया काम किया।	हालाँकि आपने कोई मशीन नहीं बेची, लेकिन आपने पहले की तुलना में कहीं ज़्यादा नए संभावित ग्राहक ढूँढे।

	सी) पिछली बार की तुलना में	डी) मील का पत्थर स्थापित करना	ई) रुझान सही दिशा की ओर
१. आपका उत्कृष्ट प्रदर्शन	पिछले सप्ताह की तुलना में आपने २० फीसदी अधिक मशीने बेचीं।	आपने मशीनों का अपना पूरा सेट बेचकर एक महत्व-पूर्ण मील का पत्थर स्थापित किया।	पिछली तिमाही में आपने हर सप्ताह अधिक से अधिक मशीने बेचीं।
२. दूसरों की तुलना में आपका प्रदर्शन	पिछले महीने आपने अपनी बिक्री में किसी और की तुलना में अधिक सुधार किया।	एक मिलियन डॉलर बिक्री के स्तर तक पहुँचनेवाले आप इकलौते व्यक्ति हैं।	किसी और की तुलना में आप अपने बिक्री परिणामों में कहीं अधिक तेजी से सुधार ला रहे हैं।
३. दूसरों के साथ मिलकर काम करने पर आपका प्रदर्शन	पिछले महीने के प्रदर्शन को मात देने में आप अपनी बिक्री टीम के लिए सहायक साबित हुए।	आपके सहयोग से आपकी बिक्री टीम एक मिलियन डॉलर के स्तर तक पहुँच सकी।	बिक्री पूरी करने के मामले में लगातार अधिक कुशल बनने में आप अपनी टीम का सहयोग कर रहे हैं।
४. बुरे प्रदर्शन के बावजूद अच्छी खबर	भले ही आपने कोई मशीन नहीं बेची, पर पिछले महीने की तुलना में इस महीने आपने कहीं अधिक संभावित ग्राहक ढूँढे।	भले ही आपने कोई मशीन नहीं बेची, पर हमारी कंपनी के साथ एक साल पूरा करके आपने एक मील का पत्थर स्थापित किया।	भले ही आपने कोई मशीन नहीं बेची, लेकिन संभावित ग्राहकों को ढूँढने की आपकी क्षमता समय के साथ लगातार बढ़ती जा रही है।

	एफ) लगातार प्रयास	जी) ये और बुरा हो सकता था	एच) चुनौतियों का सामना करने के बावजूद
१. आपका उत्कृष्ट प्रदर्शन	आपने मशीने बेचने के लिए लगा-तार जरूरी कदम उठाए।	कम से कम आप उतनी मशीने बेचने में सफल रहे, जितने में आपका खर्च निकल आए।	बिक्री-क्षेत्र नया होने के बावजूद आपने अच्छा प्रदर्शन किया।
२. दूसरों की तुलना में आपका प्रदर्शन	आप अपने सह-कर्मियों की तुलना में लगातार कड़ी मेहनत करते हैं।	नई मशीन बेचने वाले सभी लोगों ने जल्द ही हार मान ली, लेकिन आप जुटे रहे।	पिछले सप्ताह मुख्यालय से सहयोग न मिलने के बावजूद भी आपने सारे सहकर्मियों को बिक्री के मामले में पछाड़ दिया।
३. दूसरों के साथ मिलकर काम करने पर आपका प्रदर्शन	आपके लगातार प्रयासों से आपकी टीम के सभी सद-स्यों को सफल होने में मदद मिली।	इस सप्ताह आप-की टीम कोई डील पूरी नहीं कर सकी, लेकिन आपके सहयोग से सभी को बहुत कुछ सीखने को मिला।	एक छोटी टीम होने के बावजूद आप अपनी टीम को सफल बनाने में मददगार साबित हुए।
४. बुरे प्रदर्शन के बावजूद अच्छी खबर	भले ही आपने कोई मशीन नहीं बेची, पर आपने कड़ी मेहनत की और सभी प्रक्रियाओं का ईमानदारी से पालन किया।	भले ही आपने कोई मशीन नहीं बेची, पर भयानक बुखार का सामना करने के बाद आप और अधिक दृढ़ता के साथ वापिस लौटे।	हालाँकि आप कोई मशीन नहीं बेच सके, लेकिन आपने खुद पर इसका नकारात्मक प्रभाव नहीं पड़ने दिया और आगे बढ़ते रहे।

जश्न मनाने और रौनक महसूस करने के 100 तरीके

रौनक महसूस करने और किसी नई आदत को अपने दिमाग में स्थापित करने के लिए जश्न मनाने के कई तरीके हैं।

मेरे द्वारा छोटी-छोटी आदतों की पद्धति में प्रशिक्षित किए गए कुछ विशेषज्ञ प्रशिक्षकों द्वारा जश्न मनाने के कुछ तरीके आगे सुझाए गए हैं। जब आप इस सूची को पढ़ेंगे, तो संभवत: आपको ऐसे कई तरीके नज़र आएँगे, जो आपके लिए कारगर नहीं होंगे। साथ ही इनमें से कुछ तरीके आपको अजीब भी लग सकते हैं। अगर ऐसा होता है, तो कोई बात नहीं। आपको जश्न मनाने के सभी 100 तरीकों की ज़रूरत नहीं है। आपको सिर्फ एक तरीके की ज़रूरत है और अगर आपको इस सूची में अपने लिए एक से ज़्यादा तरीके मिल जाते हैं, तो ये और भी अच्छा रहेगा।

आप अपने विकल्पों पर विचार करने और सही विकल्प ढूँढ़ने के लिए इस सूची का उपयोग कर सकते हैं।

1 अपनी मुट्ठी हवा में लहराते हुए कहें, 'बहुत बढ़िया!'

2 डेस्क पर थपकी देकर कोई मजेदार धुन बजाएँ।

3 कल्पना करें कि आपकी माँ आपको गले से लगा रही है।

4 'हाँ' की मुद्रा में धीरे से सिर हिलाएँ।

5 कल्पना करें कि आपने एक शानदार शॉट मारा है।

6 कल्पना करें कि आपके लिए आतिशबाजी चलाई जा रही है।

7 खुलकर मुस्कुराएँ।

8 डबल थम्स-अप करें।

9 मुस्कुराते हुए चेहरे का चित्र बनाएँ और उसे महसूस करें।

10 कोई मजेदार गाना गुनगुनाएँ।

11 कल्पना करें कि आपकी पसंदीदा टीचर कह रही है, 'तुमने बहुत अच्छा काम किया।'

12 अपनी बाहें ऊपर उठाएँ और कहें, 'मैं जीत गया!'

13 कल्पना करें कि आपका सबसे अच्छा दोस्त आपकी सफलता से खुश है।

14 कुछ समय तक खुद अपने हाथों से अपने कंधों या गर्दन की मालिश करें।

15 यह सोचें कि मैं बदलाव लाने में सफल हो रहा हूँ।

16 कल्पना करें कि आप धन्यवाद स्वरूप मिला एक सुंदर उपहार खोल रहे हैं।

17 खुद से कहें, 'मैं यही तो कह रहा हूँ!'

18 फ्लॉस डांस करें।

19 हाथों में कागज की काल्पनिक रंग-बिरंगी करतन लेकर हवा में फेंके।

20 खुद से कहें, 'मैंने कर दिखाया!'

21 अपनी मुटठी बाँधें और कहें 'शाबाश!'

22 आईने में खुद को देखकर मुस्कुराएँ।

23 अपनी मुट्ठी हवा में लहराते हुए कहें 'बहुत बढ़िया!'

24 कल्पना करें कि लोगों की भीड़ बड़े उत्साह से आपका नाम पुकार रही है और आप उन्हें सुन रहे हैं।

25 खुद से कहें, 'सही जा रहे हो!'

26 कृतज्ञता पूर्वक अपने हाथ जोड़ें।

27 खुद से कहें, 'मैं कर लूँगा' और एक चुटकी बजाएँ।

28 अपने हाथों को कूल्हों पर रखें और अपनी छाती फुलाएँ।

29 खुद से कहें, 'हाँ, मैं फलाँ आदतों पर अच्छी तरह अमल करता हूँ।'

30 गर्वीली चाल चलते हुए चुलबुले अंदाज में कमरे का चक्कर लगाएँ।

31 खुद से कहें या फिर सोचें, 'बढ़िया काम किया।'

32 मुट्ठी बाँधकर अपने सीने पर तीन बार हल्की थपकी दें।

33 कल्पना करें कि आपकी टीचर आपको ट्रॉफी दे रही है।

34 कल्पना करें कि आपका बच्चा आपकी ओर देखकर मुस्कुरा रहा है।

35 बारी-बारी से अपनी मुट्ठियों को हवा में लहराएँ।

36 कुछ इस तरह थिरकें मानों जश्न मना रहे हों।

37 मन में सोचें, 'हाँ, मैं ये कर लूँगा।'

38 चॉकलेट के स्वाद की कल्पना करें।

39 चमकीले पीले रंगवाली किसी चीज़ की ओर देखें।

40 खुश होकर अपनी हथेलियाँ मलें।

41 कल्पना करें कि आपके पिता आपसे कह रहे हैं, 'वाह! तुमने तो कमाल कर दिया!'

42 अपनी दोनों मुट्ठियाँ बाँधकर उन्हें एक-दूसरे से टकराएँ।

43 खुद को एक हाई-फाइव दें।

44 अपने मन में तुरही की धुन सुनें।

45 मशहूर व्यवसायी मार्था स्टीवर्ट की आवाज की नकल करते हुए कहें, 'ये तो बड़ी अच्छी बात है।'

46 चुटकी बजाएँ।

47 कल्पना करें कि आपको नई नौकरी मिल गई है।

48 खुद से कहें, 'तुम ये कर लोगे!'

49 अपनी नज़रें ऊपर उठाकर आसमान की ओर देखते हुए मुस्कुराएँ।

50 कल्पना करें कि दर्शकों की भीड़ आपके लिए तालियाँ बजा रही है।

51 अपना सिर हिलाएँ और कहें, 'शानदार!'

52 ज़रा ठहरें, गहरी साँस लें और अपनी सफलता के प्रति धन्यवाद का भाव रखें।

53 अपने हाथ ऊपर उठाएँ और कहें, 'वाह! वाह! वाह!'

54 बार-बार थम्स-अप करें।

55 खुद से कहें, 'ये मुझे बहुत पसंद है।'

56 इन शब्दों को गुनगुनाएँ, 'आओ मिलकर, अच्छे समय का जश्न मनाओ।'

57 अपनी सराहना करें, 'मैं फलाँ कार्य बहुत अच्छी तरह करता हूँ।'

58 सीटी बजाते हुए एक खुशनुमा गीत गुनगुनाएँ।

59 गहरी साँस लें और कहें, 'बहुत बढ़िया!'

60 अपने कंधे झाड़ें मानों अपना अहंकार छोड़ रहे हों।

61 अपने लिए ताली बजाएँ।

62 कल्पना करें कि आप जिसे प्रेम करते हैं, उसने आकर आपको कस के गले से लगा लिया है।

63 खुद से कहें, 'वाह, क्या बात है!'

64 मन में सोचें कि 'मैंने ये कार्य बेहतरीन ढंग से किया।'

65 एक सशक्त मुद्रा बनाएँ।

66 किसी प्रियजन का अभिवादन करते समय अपने स्वयं के चेहरे के भावों की कल्पना करें।

67 अपने हाथों को हवा में उठाएँ और खुशी से कूदें।

68 किसी पहलवान की मुद्रा में खड़े हो जाएँ।

69 गहरी साँस लें और मन में सोचें कि आप ऊर्जा को अपने अंदर खींच रहे हैं।

70 कुछ पलों के लिए स्प्रिट फिंगर (खुशी जताने की एक मुद्रा) करें।

71 'टचडाउन' कहें और किसी रेफरी की तरह अपनी बाहें हवा में उठाएँ।

72 फूलों की खुशबू लें (जिन्हें बेशक आपने अपने आसपास ही रखा होगा)।

73 कल्पना करें कि आप अपने पसंदीदा समुद्र तट पर मौजूद हैं।

74 कृतज्ञता जताते हुए झुक जाएँ।

75 अपने बच्चे को एक हाई-फाइव दें।

76 जैकपॉट लगने पर स्लॉट मशीन से निकलनेवाली ध्वनि की कल्पना करें।

77 शीशे में खुद को देखकर कहें, 'मुझे तुम पर गर्व है।'

78 अपनी छाती पर हल्की थपकियाँ दें।

79 खुशी से थिरकते हुए ये शब्द गुनगुनाएँ, 'सफलता... ये है मेरी सफलता!'

80 ये शब्द गुनगुनाएँ, 'ज़रा बात सुनो, अब तुम एक रॉकस्टार हो।'

81 उस सकारात्मक एहसास के बारे में सोचें, जो आपको अपने प्यारे पालतू कुत्ते के साथ महसूस होता है।

82 रेस में जीतने के बाद उसैन बोल्ट जो मुद्रा बनाते हैं, आप भी बनाएँ।

83 खुद को एक हाई-फाइव दें।

84 अपने अंदर मुस्कान की भावना की कल्पना करें।

85 कुंग फू किड्स वाली मुद्रा बनाएँ

86 खुलकर मुस्कुराएँ और कहें, 'अरे वाह!'

87 अपनी पीठ थपथपाएँ।

88 बार-बार चुटकी बजाएँ।

89 अपनी बाहें फैलाएँ और कल्पना करें कि आप बदलाव को गले लगा रहे हैं।

90 धीरे से कहें, 'ईश्वर का धन्यवाद।'

91 किसी फिल्म स्टार की तरह हवा में चुंबन दें।

92 कुछ पलों तक थिरक लें।

93 खुद से कहें, 'हाँ, क्यों नहीं!'

94 कल्पना करें कि आपके पास भी कुत्ते जैसी पूँछ है और आप उसे खुशी हिला रहे हैं।

95 अपने हाथों से शांति का चिन्ह बनाएँ और खुद से कहें या मन में सोचें, 'सफलता!'

96 मार्शल आर्ट के खिलाड़ी की तरह दोनों मुट्ठियों को आपस में टकराकर झुकें।

97 बाथरूम के शीशे में खुद को देखते हुए हाई-फाइव दें।

98 अपने चारों ओर एक जगमगाती आभा की कल्पना करें।

99 खुलकर एक ठहाका लगाएँ।

100 मशहूर सिटकॉम किरदार फ्रेड फ्लिंस्टोन की तरह कहें, 'याब्बा डाब्बा डू!'

छोटी–छोटी आदतों की पद्धति के तीन सौ नुस्खे– जीवन में आनेवाली पंद्रह परिस्थितियाँ और चुनौतियाँ

अन्य नुस्खों के बारे में जानने के लिए TinyHabits.com/1000recipes.

कामकाजी माँओं के लिए छोटी–छोटी आदतें

1 अलार्म बजने के बाद, मैं स्नूज बटन दबाने के बजाय उसे फौरन बंद कर दूँगी।

2 सुबह बिस्तर से उतरते समय फर्श पर पैर रखने के बाद, मैं कहूँगी 'आज का दिन शानदार बीतेगा!'

3 रसोई में कदम रखने के बाद, मैं एक बड़ा गिलास भरकर पानी पीऊँगी।

4 कॉफी मेकर चालू करने के बाद, मैं लंच बॉक्स बाहर निकालूँगी।

5 अंडे उबालने के बाद, मैं अपने विटामिन सप्लीमेंट का सेवन करूँगी।

6 शॉवर चालू करने के बाद, मैं तीन बार (या शायद इससे ज़्यादा) स्क्वाट्स लगाऊँगी।

7 अपना बिस्तर व्यवस्थित करने के बाद, मैं कपड़ों को वॉशिंग मशीन में डालकर टाइमर सेट करूँगी।

8 बच्चों के स्कूल जाने के बाद, मैं अपने दिनभर के कार्यों की सूची निकालूँगी।

9 कार की सीट बेल्ट लगाने के बाद, मैं अपनी ऑडियोबुक का प्ले बटन दबाऊँगी।

10 ऑफिस के पार्किंग लॉट पर पहुँचने के बाद, मैं अपनी गाड़ी सबसे दूर के कोने में पार्क करूँगी।

11 अपनी डेस्क पर बैठने के बाद, मैं अपना फोन फ्लाइट मोड पर डाल दूँगी।

12 अपने स्पैम फोल्डर पर नज़र डालने के बाद, मैं ऑफिस का एक चक्कर लगाऊँगी और अपनी टीम के साथियों का अभिवादन करूँगी।

13 सुबह की मीटिंग करके अपनी डेस्क पर पहुँचने के बाद, मैं अपनी दिनभर की सर्वोच्च प्राथमिकताओं की एक सूची तैयार करूँगी।

14 लंच के बाद, मैं बिल्डिंग का कम से कम एक चक्कर लगाऊँगी।

15 दिन के अंत में अपना कंप्यूटर बंद करने के बाद, मैं अपने ऑफिस की डेस्क को व्यवस्थित करूँगी।

16 ऑफिस के पार्किंग लॉट से बाहर निकलने के बाद, मैं अपनी गाड़ी जिम की ओर मोड़ लूँगी।

17 ऑफिस से लौटकर शाम को घर में कदम रखने के बाद, मैं अपने बच्चों को गले लगाऊँगी।

18 डिशवॉशर चालू करने के बाद, मैं काउंटर की कम से कम एक चीज़ की सफाई करूँगी।

19 बच्चों को गुड नाइट कहने के बाद, मैं अपने किसी प्रिय व्यक्ति के बारे में सोचूँगी, जिसे मैं कॉल कर सकती हूँ।

20 रात को बिस्तर पर आने के बाद, मैं धर्मशास्त्र की किताब खोलकर कम से कम एक छंद पढ़ूँगी।

बेहतर नींद पाने के लिए छोटी–छोटी आदतें

1 अलार्म बजने के बाद, मैं उसका स्नूज बटन दबाने के बजाय बिस्तर छोड़ दूँगा।

2 सुबह जूते पहनने के बाद, मैं बाहर आकर प्राकृतिक रोशनी का आनंद लूँगा।

3 लंच के बाद मैं सूर्य की प्राकृतिक रोशनी लेने के लिए बाहर आ जाऊँगा।

4 झपकी लेने का निर्णय लेने के बाद, मैं अलार्म सेट करूँगा ताकि तीस मिनट से ज़्यादा न सोऊँ।

5 दोपहर के तीन बजने के बाद, मैं कॉफी के बजाय पानी पीऊँगा।

6 ऑफिस से घर लौटने के बाद, मैं अपना फोन बेडरूम के बजाय रसोई में चार्ज करूँगा।

7 अपने डिनर को ओवन में रखने के बाद, मैं एक मैग्नीशियम सप्लीमेंट का सेवन करूँगा।

8 शाम को डिशवॉशर चालू करने के बाद, मैं घर के चारों ओर लगी बत्तियाँ मद्धम कर दूँगा।

9 शाम को पहली बत्ती जलाने के बाद, मैं ब्लू लाइट रोकनेवाला चश्मा पहन लूँगा।

10 रात को टीवी चालू करने के बाद, मैं एक मेलाटोनिन सप्लीमेंट का सेवन करूँगा।

11 टीवी पर अपना पसंदीदा कार्यक्रम देखने के बाद मैं सोने चला जाऊँगा।

12 शाम को आठ बजने के बाद, मैं इलेक्ट्रॉनिक और स्क्रीनवाले उपकरणों का उपयोग बंद कर दूँगा।

13 रात में घर के सारे दरवाजे बंद करने के बाद, मैं थर्मोस्टैट का तापमान कम करके 70 डिग्री फेरनहाइट कर दूँगा।

14 रात को अपने दाँतों की फ्लॉसिंग के बाद, मैं अपनी व्हाइट-नॉइस मशीन चालू कर दूँगा।

15 व्हाइट-नॉइस मशीन चालू करने के बाद, मैं सारे पर्दे लगा दूँगा ताकि कमरे में अंधेरा हो जाए।

16 पर्दे लगाने के बाद, मैं अपने बेडरूम में लैवेंडर का इत्र छिड़कूँगा।

17 बिस्तर पर लेटने के बाद, अगर मुझे नींद नहीं आएगी, तो मैं कमरे की मद्धम रोशनी में कोई किताब पढ़ूँगा।

18 अगर नींद न आने पर आधी रात को उठने की इच्छा होगी, तो मैं पंदह सेकंड के लिए वापस लेट जाऊँगा।

19 अगर रात को नींद न आने पर मेरी नज़र बार-बार घड़ी पर जाएगी तो उसके बाद, मैं घड़ी को पलटकर रख दूँगा।

20 अगर मैं अपनी समस्याओं पर चिंतित महसूस करूँगा तो उसके बाद खुद से कहूँगा, 'इन पर कल दिन में भी विचार किया जा सकता है।'

सक्रिय बुजुर्गों के लिए छोटी-छोटी आदतें

1 अपने लिए एक कप चाय बनाने के बाद, मैं अपनी दवाइयाँ बाहर निकालकर रख लूँगी।

2 सुबह-सुबह दरवाजे से अखबार उठाने के बाद, मैं तीन बार गहरी साँस लूँगी।

3 अखबार पढ़ने के बाद, मैं अपना पसंदीदा गाना बजाकर थोड़ा डांस करूँगी।

4 नाश्ते के लिए डायनिंग टेबल पर बैठने के बाद, मैं अपनी दवाई लूँगी।

5 नाश्ते के बरतन साफ करने के बाद, मैं जूते पहनूँगी।

6 जूते पहनकर टहलने के लिए बाहर निकलने के बाद, मैं अपने भाई/बहन को फोन करूँगी।

7 टहलते हुए रोड पार करने के बाद मैं अपना कैमरा ऑन करके एक फोटो लूँगी।

8 टहलकर वापस अपनी गली में पहुँचने के बाद मैं अपना मेलबॉक्स चेक करूँगी।

9 बगीचे का दरवाजा खोलने के बाद, मैं पलभर के लिए ठहरकर कहूँगी, 'हर नया दिन एक उपहार है।'

10 बगीचेवाले दस्ताने पहनने के बाद, मैं पौधों के बीच उगी तीन खरपतवार उखाड़ूँगी।

11 जमीन पर उगे किसी सुंदर पौधे पर नज़र पड़ने के बाद, उसे गमले में रोपने के लिए उसकी कुछ कलियाँ काट लूँगी।

12 अपने जूते उतारने के बाद, मैं एक गिलास पानी भरूँगी।

13 सोफे पर बैठने के बाद, मैं अपना फोटोग्राफी एप चालू करूँगी।

14 एडिट करने के लिए एक फोटो खोलने के बाद, मैं उसमें एक बदलाव करूँगी।

15 बाथरूम में शॉवर चालू करने के बाद, मैं अपने शरीर के बारे में एक सकारात्मक बात सोचूँगी।

16 पानी बंद करने के बाद, मैं शॉवर से निकलते समय सेफ्टी-बार का सहारा लूँगी।

17 तौलिया टांगने के बाद, अपनी शुष्क त्वचा पर क्रीम लगाऊँगी।

18 कपड़े पहनने के बाद, मैं एक बार अपने शरीर को स्ट्रेच करते हुए अपने पैरों के अंगूठे छू लूँगी।

19 अपनी सहेली के घर आने के बाद, मैं उसकी सच्ची तारीफ करूँगी।

20 म्यूजिक चालू करने के बाद, मैं उससे कहूँगी, 'खुलकर डांस करो, जैसे कोई हमें देख न रहा हो।'

दूसरों की देखभाल करनेवालों के लिए छोटी-छोटी आदतें

1 रात को अपनी बुजुर्ग माँ को देखने के लिए बिस्तर से उठने के बाद, मैं उनके लिए देखभाल और सहयोग से जुड़ा कोई शब्द कहूँगी, भले ही वे मुझे सुनने के लिए जाग न रही हों।

2 अपना अलार्म बंद करने के बाद, मैं बिस्तर से उठकर फर्श पर पैर रखने के बाद कहूँगी, 'आज का दिन शानदार बीतेगा - चाहे जो भी हो।'

3 अपने पालतू कुत्ते को खाना खिलाने के बाद, मैं न्यू टेस्टामेंट की कम से कम एक वर्स (कविता/छंद) पढ़ूँगी।

4 माँ को सुबह की चाय देने के बाद मैं उनसे कहूँगी कि वे मुझे अपनी पसंदीदा चीज़ों के बारे में बताएँ।

5 ये देखने के बाद कि मेरे पति ने मेरे लिए नाश्ता बनाया है, मैं नाश्ता करने से पहले पति को एक बार गले लगाऊँगी।

6 पति के ऑफिस जाने के बाद, मैं सोफे पर बैठूँगी और तीन बार गहरी साँस लूँगी।

7 माँ के दिनभर के अपॉइटमेंट्स पर गौर करने के बाद, मैं उन्हें उनकी याद दिला दूँगी ताकि माँ को अचानक उनके बारे में पता चलने पर आश्चर्य न हो।

8 स्पंज-बाथ का सामान लाने के बाद, मैं शुरू करने से पहले माँ को सहारा देने के लिए उनका हाथ थाम लूँगी।

9 माँ की सेहत से जुड़े सवाल डॉक्टर को ई-मेल करने के बाद, मैं अपनी डायरी में नोट करूँगी कि मैंने डॉक्टर से क्या पूछा है।

10 फिजिकल थेरेपी लेने में माँ की मदद करने के बाद, मैं उनकी तारीफ करूँगी।

11 माँ को दवा देने के बाद, मैं इसे डायरी में नोट करूँगी।

12 माँ को सुबह की झपकी लेते देखने के बाद, मैं कोई मजेदार किताब खोलकर उसमें खो जाऊँगी।

13 माँ की पट्टी बदलना शुरू करने के बाद, मैं उनसे अतीत की किसी मजेदार घटना का जिक्र करूँगी, जिसमें हम दोनों साथ रहे हों।

14 फेसबुक लॉग-ऑन करने के बाद, मैं ऐसी एक चुनौती पोस्ट करूँगी, जिसका सामना मैं एक 'देखभाल करनेवाली' के रूप में कर रही हूँ।

15 मेरी देखभाल या मेरे पकाए खाने के बारे में माँ की आलोचना सुनने के बाद, मैं उनसे सिर्फ ये कहूँगी, 'माँ, आपको अपनी राय रखने का पूरा हक है।'

16 कुछ देर तक रोने के बाद, मैं अपना चेहरा धोऊँगी और आईने में खुद को देखते हुए कहूँगी, 'तुम ये कर सकती हो!'

17 स्वास्थ्य सेवाओं से निराश होने के बाद, मैं किसी ऐसे दोस्त के बारे में सोचूँगी, जिसे फोन करके अपने दुःख-सुख बॉट सकूँ और अपना मन हल्का कर सकूँ।

18 मेरी मदद के लिए घर आई पड़ोसन से मिलने के बाद, मैं उसे गले लगाकर धन्यवाद देते हुए बताऊँगी कि मैं जल्द ही बाज़ार से वापस आ जाऊँगी।

19 मेरे बच्चों द्वारा ये पूछे जाने के बाद कि 'नानी कैसी हैं?' मैं उनके स्वास्थ्य के बारे में एक सच्ची बात बच्चों से साझा करूँगी।

20 रात में माँ को बिस्तर पर लिटाने के बाद, मैं रसोई या बाहर के कमरे की कोई एक चीज़ साफ करूँगी और फिर खुद भी सोने चली जाऊँगी।

नए प्रबंधकों के लिए छोटी-छोटी आदतें

1 नाश्ते के लिए डायनिंग टेबल पर बैठने के बाद, मैं अपना कैलेंडर एप खोलूँगा और कामकाज संबंधी दिनभर की योजनाओं की समीक्षा करूँगा।

2 ऑफिस के लिए तैयार होने के बाद मैं कोई एक सकारात्मक कथन पढूँगा।

3 ऑफिस में कदम रखने के बाद, मैं अपने सामने आनेवाले हर व्यक्ति का मुस्कुराकर अभिवादन करूँगा।

4 अपने सहकर्मी के साथ मीटिंग करने से ठीक पहले केबिन का दरवाजा बंद करने के बाद, मैं उससे इस बारे में एक स्पष्ट सवाल पूछूँगा कि 'वह कैसा है और सब कुछ कैसा चल रहा है?'

5 अपने किसी सहकर्मी को निराश होते देखने के बाद, मैं उसके एक अच्छे गुण की ओर इशारा करूँगा।

6 अपने किसी कर्मचारी के साथ मीटिंग खत्म करने के बाद, मैं उसके किसी एक सकारात्मक योगदान का जिक्र करूँगा।

7 अपने प्रबंधक से एक नई परियोजना के बारे में जानने के बाद, मैं उसके लिए 'स्लैक' पर एक नया चैनल शुरू करूँगा।

8 साप्ताहिक स्टाफ मीटिंग शुरू करने के बाद, मैं कोई मजेदार सवाल पूछूँगा और टीम के हर सदस्य से उसका एक संक्षिप्त जवाब सुनूँगा। (उदाहरण के लिए, पिछली बार तुम किस शहर की यात्रा पर गए थे? या तुम्हें खाने में कौन सी चटनी सबसे ज़्यादा पसंद है? या फिर तुम्हारा पसंदीद एलबम कौन सा है, जिसे तुम अक्सर सुनते हो?)

9 मीटिंग में ये गौर करने के बाद कि हम विषय से भटक रहे हैं, मैं कहूँगा, 'मैं स्पष्ट कर दूँ कि हम फलाँ विषय पर चर्चा कर रहे थे।'

10 कामकाज संबंधी सभी योजनाओं पर चर्चा के बाद, मैं अपने सहकर्मियों से पूछूँगा कि क्या वे किसी और योजना पर भी चर्चा करना चाहते हैं?

11 किसी मीटिंग के टलने के बाद मैं अपनी टीम के साथियों से कहूँगा कि वे हमारे समूह को एक ई-मेल करके बताएँ कि उन्हें क्या करना है।

12 अपना लंच बॉक्स बंद करने के बाद, मैं अपने जूते पहनूँगा।

13 लंच करके ऑफिस में आने के बाद, मैं अपनी टीम के किसी साथी के पास जाऊँगा और पूछूँगा, 'आज के किसी काम में तुम्हें मेरी मदद की ज़रूरत तो नहीं है?'

14 किसी मीटिंग के लिए केबिन से निकलने के बाद, मैं अपने फ्रंट-डेस्क के सहयोगी से कोई सकारात्मक बात कहूँगा।

15 कोई कर्मचारी मेरे पास समस्या लेकर आए तो उसके बाद, मैं कहूँगा, 'तुम्हारे हिसाब से इससे निपटने का सबसे कारगर तरीका क्या है?'

16 नए कर्मचारियों की नियुक्ति संबंधी दस्तावेज पूरे करने के बाद, मैं अपने कैलेंडर एप पर उनका जन्मदिन नोट कर लूँगा।

17 प्रशंसा भरी कोई लिखित टिप्पणी प्राप्त करने के बाद, मैं उस ई-मेल या कागज को अपने प्रदर्शन समीक्षावाले फोल्डर में रख लूँगा।

18 शाम को अपना कंप्यूटर बंद करने के बाद, मैं अपने दस्तावेज डेस्क की दराज में रख दूँगा।

19 बैग में ज़रूरी सामान रखने के बाद, मैं अपनी डेस्क की दराज पर ताला लगा दूँगा।

20 ऑफिस का दरवाजा बंद करने के बाद, अपनी गाड़ी की ओर बढ़ते हुए मैं उस दिन की अपनी एक उपलब्धि पर विचार करूँगा।

कॉलेज में सफलता पाने के लिए छोटी-छोटी आदतें

1 अलार्म बजने के बाद, मैं अपना एक पैर फर्श पर रखूँगा और ठीक से जागने की कोशिश करूँगा।

2 नहाने के बाद, मैं कहूँगा, 'आज का दिन शानदार बीतेगा।'

3 कॉफी मेकर चालू करने के बाद, मैं अपने अपार्टमेंट की एक चीज़ की सफाई करूँगा।

4 किताबें बैग में रखने के बाद, मैं खाने की कोई स्वास्थ्यप्रद चीज़ फ्रिज से निकालकर बैग में रखूँगा।

5 बाइक पर बैठने के बाद, मैं अपना हेलमेट पहनूँगा (भले ही इससे मेरे बाल बिखर जाएँ)।

6 लाईब्रेरी में कदम रखने के बाद, मैं दूसरों से दूर मेज के आखिरी किनारे पर बैठूँगा।

7 अपना होमवर्क असाइनमेंट बैग से बाहर निकालने के बाद, मैं अपना फोन फ्लाइट मोड पर डाल दूँगा।

8 सोमवार, बुधवार और शुक्रवार को सुबह की क्लास के बाद, मैं अपनी माँ और दादी से फोन पर बात करूँगा।

9 लंच के लिए बैठने के बाद, मैं फोन पर नर्सिंग की खबरें पढ़ने और बेहतर संपर्क के लिए लिंक्डइन एप खोल लूँगा।

10 स्टडी ग्रुप के साथ काम पूरा करने के बाद, मैं अपनी टीम के साथियों को धन्यवाद दूँगा।

11 क्लास में लैपटॉप खोलने के बाद, मैं अपना वाई-फाई बंद कर दूँगा।

12 कैंपस के बुकस्टोर में कदम रखने के बाद, मैं कैंडी कॉर्नर से मुँह फेर लूँगा (ताकि उनका स्वाद लेने के लालच में न पड़ूँ)।

13 क्लाइंबिंग वॉल में चढ़ाई करने के लिए ज़रूरी साजो-सामान पहनने के बाद, मैं ईश्वर को याद करूँगा और जीवन में चुनौतियाँ का सामना करने का मौका देने के लिए उन्हें धन्यवाद दूँगा।

14 डायनिंग हॉल में अपनी प्लेट लेने के बाद, मैं खाने के लिए ज़्यादातर सब्जियाँ और प्रोटीन युक्त चीज़ें ही लूँगा।

15 अपनी डिनर प्लेट कन्वेयर बेल्ट पर रखने के बाद, मैं लाउंज के किसी शांत कोने में बैठकर पर्सनल फायनेंस पर रचित सेठी की नई किताब पढ़ूँगा।

16 किसी दोस्त द्वारा यह पूछे जाने के बाद कि क्या मैं उसके साथ क्लब जाना चाहूँगा, मैं मुस्कुराकर जवाब दूँगा, 'धन्यवाद, लेकिन आज नहीं।'

17 अपने प्रोफेसर का ई-मेल मिलने के बाद, मैं उन्हें तुरंत जवाबी ई-मेल भेजूँगा, भले ही उन्होंने अपने मेल में सिर्फ ये लिखा हो, 'तुम्हारा पिछला ई-मेल मिल गया, धन्यवाद।'

18 किसी परीक्षा में अच्छे ग्रेड्स मिलने के बाद, मैं अपने रिजल्ट की एक तस्वीर अपनी माँ और दादी को भेज दूँगा।

19 रविवार को चर्च से घर लौटने के बाद, मैं इंटरनेट पर एसटीईएम में इंटर्नशिप के अवसरों का पता लगाऊँगा।

20 किसी कारण से हतोत्साहित महसूस करने के बाद, मैं अपने जीवन के उद्देश्य से जुड़ा व्यक्तिगत वचन दोहराऊँगा।

ऑफिस के बजाय घर से काम करनेवाले पिताओं के लिए छोटी–छोटी आदतें

1 सुबह बिस्तर से उतरते समय अपने पैर फर्श पर छूने के बाद, मैं कहूँगा, 'आज का दिन शानदार बीतेगा।'

2 रसोई में कदम रखने के बाद, मैं ताजा नींबू पानी पीऊँगा।

3 सुबह की पहली कॉफी पीने के बाद, मैं अपने दौड़नेवाले जूते पहनूँगा।

4 शॉवर से निकलकर शरीर पोंछने के बाद, मैं थोड़ा सा लोशन लगाऊँगा।

5 नाश्ते के लिए बच्चों के डायनिंग टेबल पर बैठने के बाद, मैं उनसे पूछूँगा, 'वह कौन सी अच्छी चीज़ है, जो आप सब होते हुए देखना चाहते हो?'

6 पत्नी द्वारा रसोई की सफाई करने के बाद, मैं उसे गले लगाकर धन्यवाद दूँगा।

7 विटामिट सप्लीमेंट्स का सेवन करने के बाद, मैं अपने पालतू कुत्ते को खाना खिलाऊँगा।

8 पत्नी और बच्चों के घर से जाने के बाद, मैं बैठकर कम से कम तीन गहरी साँसें लेकर ध्यान करूँगा।

9 अपना कंप्यूटर चालू करने के बाद, मैं बेसकैंप पर अपनी टीम के अपडेट्स की समीक्षा करूँगा।

10 टीम के साथी द्वारा अपना प्रोजेक्ट पूरा करने के बाद, मैं उसे एक छोटा सा नोट या इमोजी भेजूँगा।

11 दिनभर की मुख्य प्राथमिकताएँ तय करने के बाद, मैं अपना पोमोडोरो टाइमर चालू कर दूँगा।

12 फोन बजने के बाद, मैं उसे उठाकर टहलते हुए बात करने के बाद बाहर निकल जाऊँगा।

13 फोन रखने के बाद मैं फटाफट दो पुश-अप्स या स्क्वाट्स करूँगा।

14 लंच के बाद, मैं कुछ देर के लिए टहलने निकल जाऊँगा (और अपने माता-पिता को कॉल करूँगा)।

15 टीम के साथ मीटिंग खत्म करने के बाद, मैं सभी को आगे के कार्यों के बारे में रिमाइंडर भेजूँगा।

16 बच्चों के घर वापस आने के बाद, मैं उनसे आज हुई किसी मजेदार चीज़ के बारे में पूछूँगा।

17 सूर्यास्त देखने के बाद, मैं अपना ब्लू लाइट रोकनेवाला चश्मा पहन लूँगा।

18 शाम को पहला टीवी विज्ञापन देखने के बाद, मैं अपना फोम रोलर बाहर निकाल लूँगा।

19 टीवी बंद करने के बाद, मैं अगले दिन शाम तक के लिए उसे अनप्लग कर दूँगा।

20 शॉवर चालू करने के बाद, मैं दिनभर में हुई किसी एक अच्छी चीज़ के बारे में सोचूँगा।

तनाव घटाने के लिए छोटी-छोटी आदतें

1 सुबह जागने के बाद, मैं कमरे की खिड़कियाँ खोलकर गहरी साँसें लूँगा।

2 शॉवर चालू करने के बाद मैं शांति से प्रार्थना करूँगा।

3 कॉफी या चाय मग में डालने के बाद, मैं अपनी ध्यान करनेवाली गद्दी पर बैठूँगा।

4 बच्चों को स्कूल बस में बिठाने के बाद, मैं अपने पड़ोसी से आभार व्यक्त करने वाली कोई बात कहूँगा।

5 अपनी कॉफी लेकर सोफे पर बैठने के बाद, मैं अपनी डायरी खोल लूँगा।

6 व्यायाम शुरू करने के बाद, मैं कहूँगा, 'हर कदम पर शांति है' (जेऩ मास्टर थिच नियात हान)।

7 सुबह घर से ऑफिस निकलने से पहले मेरे पास कितना समय बाकी है, ये पता चलने के बाद, मैं अपने फोन पर एक टाइमर लगा लूँगा।

8 लंच के बाद, मैं कुछ देर ऑफिस के बाहर टहलूँगा।

9 अपॉइटमेंट के लिए आने के बाद, मैं अपना फोन बाजू में रखकर आत्म–उत्थान के विचारों में डूब जाऊँगा।

10 ऑफिस का बैग पैक करने के बाद, मैं अपनी डेस्क को पाँच मिनट तक व्यवस्थित करूँगा।

11 मेट्रो में बैठने के बाद, मैं अपना ध्यानवाला एप खोल लूँगा।

12 पेरेंट टीचर एसोसिएशन द्वारा मदद माँगने के लिए किया गया ई–मेल मिलने के बाद, मैं जवाबी ई–मेल में लिखूँगा, 'माफ कीजिए, पर इस बार मैं आपकी मदद नहीं कर पाऊँगा, लेकिन भविष्य में आपको कभी कोई ज़रूरत पड़े, तो मुझे ज़रूर याद कीजिएगा।'

13 अपने परिवार के किसी सदस्य से नाराज होने के बाद, मैं अगले मोड़ तक अकेले टहलने निकल जाऊँगा।

14 अपने पालतू कुत्ते को घुमाने लेकर जाने के बाद, मैं आसपास नज़र आनेवाले किसी पौधे या पक्षी की प्रजाति पहचानने की कोशिश करूँगा।

15 डिनर करके रसोई की सफाई के बाद, मैं अपने लिए एक कप हर्बल चाय बनाऊँगा।

16 बच्चों को सुलाने के बाद, मैं एक मोमबत्ती जलाऊँगा और कमरे की बत्तियाँ बुझा दूँगा।

17 नहाने का पानी लेने के बाद, मैं उसमें खुशबूदार तेल की कुछ बूँदें डालूँगा।

18 घरेलू कपड़े पहनने के बाद, मैं किसी ऐसी चीज़ का चुनाव करूँगा, जिस पर मुझे अगले दिन काम करना हो।

19 बिस्तर पर आने के बाद, मैं अपनी आँखें बंद करके 'ओम' का उच्चारण करूँगा।

20 तकिए पर अपना सिर रखने के बाद, मैं किसी ऐसी चीज़ के बारे में सोचूँगा, जिसका मैं आज आभारी हूँ।

ऑफिस की टीम के लिए छोटी–छोटी आदतें

1 ऑफिस पहुँचने के बाद, हम अपनी गाड़ियाँ पार्किंग लॉट के सबसे दूर के कोने में खड़ी करेंगे।

2 अपने-अपने कंप्यूटर्स चालू करने के बाद, हम अपने वॉइस मेल चेक करेंगे।

3 संवेदनशील जानकारीवाला कोई ई-मेल लिखने के बाद, उसे भेजने से पहले हम दोबारा उसकी जाँच करेंगे।

4 तिमाही अपडेट जमा करने के बाद, हम अपनी टीम के एक सदस्य को हाई-फाईव देंगे (आमने-सामने या फिर वर्चुअली)।

5 किसी ग्राहक से नकारात्मक फीडबैक मिलने के बाद, हम उससे ये कहेंगे, 'आपके महत्वपूर्ण फीडबैक के लिए धन्यवाद। मैं अपनी टीम के साथ आपका फीडबैक साझा करूँगा।'

6 किसी ग्राहक से सकारात्मक फीडबैक मिलने के बाद, हम उसके ई-मेल का प्रिंट निकालकर उसे ऑफिस के ब्रेक रूम के बोर्ड पर लगा देंगे।

7 टीम की मीटिंग का समय निश्चित करने के बाद, हम ई-मेल भेजकर पूछेंगे कि मीटिंग में किन बातों पर चर्चा होगी।

8 टॉयलेट से वापस अपनी डेस्क पर आने के बाद, हम अपनी डेस्क से एक ऐसा सामान हटाएँगे, जो अब हमारे लिए ज़रूरी न हो।

9 मीटिंग में आने के बाद, हम अपना फोन डू नॉट डिस्टर्ब मोड पर डाल देंगे।

10 मीटिंग खत्म होने के बाद, हम कॉन्फ्रेंस रूम की अपनी-अपनी कुर्सियों को धक्का देकर वापस उनकी जगह पर रख देंगे।

11 व्हाइटबोर्ड साफ करने के बाद, हम देखेंगे कि मेज पर कोई कचरा या फालतू कागज वगैरह तो नहीं फैला है।

12 किसी कर्मचारी द्वारा कोई समस्या बताए जाने के बाद, हम कहेंगे, 'तुम्हारे अनुसार, इसका सबसे अच्छा समाधान क्या हो सकता है?'

13 किसी मीटिंग के खत्म होने के तत्काल बाद, हम पूछेंगे, 'आज की मीटिंग की एक आश्चर्यजनक बात क्या है?'

14 ऑफिस के सामान की आखिरी खेप प्राप्त होने के बाद, हम प्रबंधक को ई-मेल करेंगे, जिसमें ज़रूरी सामान के बारे में विस्तृत जानकारी होगी।

15 महीने में एक बार सामूहिक रूप से एक-दूसरे के साथ अपना-अपना टिफिन साझा करने के कार्यक्रम की तारीख तय करने के बाद, हम हर किसी को ई-मेल भेजकर बताएँगे कि उस दिन किसे अपने टिफिन में क्या लेकर आना है।

16 ब्रेक रूम में खाना खाने के बाद, हम खाने की मेज की सफाई कर देंगे।

17 किसी नए कर्मचारी की नियुक्ति के बाद, उसके साथ ऑफिस का एक चक्कर लगाते हुए एक-एक करके पूरे स्टाफ के साथ उसका परिचय करवाएँगे।

18 अपने कंप्यूटर्स बंद करने के बाद, हम अपने सारे कागजात समेटकर फाइल में रखेंगे।

19 अपने कंप्यूटर्स बंद करने के बाद, हम फाइल्सवाली कैबिनेट में ताला लगा देंगे।

20 शाम को ऑफिस बंद करने के बाद, हम सुनिश्चित करेंगे कि ऑफिस की सारी बत्तियाँ, पंखे, एसी या हीटर्स बंद है।

उत्पादकता बढ़ाने के लिए छोटी-छोटी आदतें

1 अपना दिनभर का कार्यक्रम तय करने के लिए कैलेंडर एप खोलने के बाद, मैं दिन के कार्यों से जुड़ी एक फाइल निकालूँगा।

2 अपनी डेस्क पर बैठने के बाद, मैं अपना फोन डू नॉट डिस्टर्ब मोड पर डाल दूँगा।

3 अपने ऑफिस का दरवाजा बंद करने के बाद, मैं डेस्क पर चारों ओर बिखरे सामान को समेटकर एक जगह व्यवस्थित करूँगा।

4 ई-मेल पढ़ने के बाद, मैं ई-मेल की ब्राउजर टैब बंद कर दूँगा।

5 एक नया वर्ड डॉक्यूमेंट खोलने के बाद, मैं अपने कंप्यूटर पर चालू सारे प्रोग्राम्स को हाइड कर दूँगा।

6 ये एहसास होने के बाद कि मैं बेवजह सोशल मीडिया पर अपना समय बर्बाद कर रहा हूँ, मैं फौरन लॉग-आउट कर दूँगा।

7 किसी मीटिंग में बैठने के बाद, मैं अपनी नोटबुक में मीटिंग का शीर्षक, विषय, तारीख और उपस्थित लोगों के नाम नोट करूँगा।

8 यह एहसास होने के बाद कि कोई फोन कॉल अपेक्षित समय से ज़्यादा देर तक चल रही है, मैं ये कहूँगा, 'आपसे बात करके अच्छा लगा, पर अब मुझे जाना होगा। कोई और ज़रूरी बात?'

9 कोई महत्वपूर्ण ई-मेल पढ़ने के बाद, मैं उसे संबंधित प्रोजेक्ट के फोल्डर में रख दूँगा।

10 कोई ऐसा ई-मेल पढ़ने के बाद, जिसे तत्काल निपटाना संभव न हो, मैं उसे 'अनरेड' मार्क कर दूँगा।

11 कोई ऐसा ई-मेल पढ़ने के बाद, जिसका जवाब तत्काल भेजना ज़रूरी हो, पर समय की कमी हो, तो मैं जवाब में ये लिखूँगा, 'आपके ई-मेल के लिए धन्यवाद। मैं इसकी विस्तारपूर्वक समीक्षा के बाद जल्द ही आपसे दोबारा संपर्क करूँगा।'

12 अपना कंप्यूटर बंद करने के बाद, मैं अगले दिन के कार्यों के हिसाब से एक फाइल तैयार करूँगा।

13 ऑफिस का बैग पैक करने के बाद, मैं अपने व्हाइटबोर्ड और कैलेंडर की समीक्षा करूँगा।

14 ऑफिस से निकलने के बाद, मैं दिनभर में हासिल हुई किसी एक सफलता के बारे में सोचूँगा।

15 घर में कदम रखने के बाद, मैं अपनी सारी चाबियाँ एक निश्चित जगह पर टांग दूँगा।

16 रसोई में कदम रखने के बाद, मैं अपना फोन चार्जर पर लगा दूँगा।

17 ऑफिस के कपड़े बदलने के बाद, मैं अपना एक कपड़ा तह लगाकर रखूँगा या अलमारी में टांग दूँगा।

18 किसी बिल की समीक्षा के बाद, मैं उसे एक ऐसे लिफाफे में रख दूँगा, जिसमें वे सारे बिल रखे होंगे, जिनका मुझे भुगतान करना है।

19 बिलोंवाला लिफाफा निकालने के बाद, मैं वह छोटी टोकरी बाहर निकालूँगा, जिसमें मेरी चेकबुक, पेन, स्टैम्प और लिफाफे रखे होंगे।

20 रात को शॉवर चालू करने के बाद, मैं सोचूँगा कि मैं इतना उत्पादक क्यों हूँ?

मानसिक स्वास्थ्य के लिए छोटी-छोटी आदतें

1 सुबह पलंग से उतरते समय फर्श पर पैर रखने के बाद, मैं एक छोटी सी प्रार्थना करूँगा।

2 शॉवर चालू करने के बाद, मैं पूरे शरीर को स्ट्रेच करूँगा।

3 अपने कॉफी मेकर का ब्रू बटन दबाने के बाद, मैं अपने साथ एक टेबल टेनिस रैली करूँगा।

4 सुबह की कॉफी पीने के बाद, मैं अपनी योगावाली चटाई फर्श पर बिछा दूँगा।

5 अखबार के पन्ने खोलने के बाद, मैं एक क्रॉसवर्ड पहेली सुलझाऊँगा।

6 अपना नाश्ता तैयार करने के बाद, मैं उसमें एवोकैडो के कुछ टुकड़े मिला लूँगा।

7 मेट्रो या बस में बैठने के बाद मैं हवाई भाषावाला एक फ्लैश कार्ड देखूँगा।

8 टहलने के लिए घर से निकलने के बाद, मैं अपने पॉडकास्ट प्लेयर का प्ले बटन दबाऊँगा।

9 पॉडकास्ट का एक एपिसोड सुनने के बाद, मैं उससे मिले किसी एक सबक के बारे में सोचूँगा।

10 मन में नकारात्मक विचार आने के बाद, मैं खुद से पूछूँगा कि क्या ये विचार सच हैं?

11 साप्ताहिक योजना बनाने के लिए अपना कैलेंडर खोलने के बाद, मैं खाना पकाने के लिए करीवाली एक रेसिपी का चुनाव करूँगा।

12 किराने और खाने-पीने के अन्य सामान की सूची तैयार करने के बाद, मैं उसमें एक नया फल या सब्जी भी जोड़ दूँगा।

13 सुपर मार्केट में कदम रखने के बाद, मैं सबसे पहले ताजे फल और सब्जियों वाले काउंटरों की कतार की ओर जाऊँगा।

14 अपना दोपहर का नाश्ता बनाने के बाद, मैं अपने लिए एक कप ग्रीन टी बनाऊँगा।

15 बाज़ार से खरीदारी करके घर लौटने के बाद, मैं डुओलिगो एप खोल लूँगा।

16 दोपहर में भूख लगने के बाद, मैं एक मुट्ठी ब्लूबेरी खाऊँगा।

17 ओवन चालू करने के बाद, क्लासिकल म्यूजिक सुनूँगा।

18 शाम को विटामिन सप्लीमेंट्स का सेवन करने के बाद, मैं अपना गिटार बजाऊँगा।

19 डिनर करके सोफे पर बैठने के बाद, मैं अपनी कृतज्ञतावाली नोटबुक खोल लूँगा।

20 रात को अलार्म सेट करने के बाद, मैं धर्मशास्त्र का एक छंद पढ़ूँगा।

करीबी संबंधों को मज़बूत बनाने के लिए छोटी–छोटी आदतें

1 बिस्तर व्यवस्थित करने के बाद मैं अपने जीवनसाथी को प्यार से गले लगाऊँगा।

2 दांतों की फ्लॉसिंग के बाद मैं अपने जीवनसाथी के लिए आईने पर मार्कर से प्यार भरा मैसेज लिखूँगा।

3 दोपहर में कॉफी के लिए ब्रेक लेने के बाद मैं अपने जीवनसाथी को एक सराहना भरा मैसेज भेजूँगा।

4 कोई बढ़िया पॉडकास्ट सुनने के बाद मैं अपने सबसे अच्छे दोस्त को उसका लिंक भेजूँगा।

5 घर के बाहर पड़ोसी के नज़र आने के बाद, मैं हाथ हिलाकर उसका अभिवादन करते हुए उसकी खैरियत पूछूँगा।

6 किसी दोस्त के साथ कॉफी के लिए बैठने के बाद, मैं उसके जीवन से जुड़ी कोई विशिष्ट बात पूछूँगा।

7 सुपर मार्केट में ग्रीटिंग कार्डवाली कतार पर नज़र पड़ने के बाद, मैं अपने किसी प्रिय को भेजने के लिए वहाँ से एक 'थिंकिंग ऑफ यू' मैसेजवाला कार्ड ले लूँगा।

8 ऑनलाइन पर ये देखने के बाद कि आज मेरे किसी दोस्त का जन्मदिन है, मैं उसे शुभकामनाएँ देने के लिए कोई मजेदार ऑडियो मैसेज भेजूँगा।

9 अपना मासिक बजट तैयार करने के बाद, मैं किसी एक चीज़ के लिए अपने जीवनसाथी की सराहना करते हुए उससे कहूँगा कि जीवन की सफलताओं में उसका योगदान कितना महत्वपूर्ण है।

10 ऑफिस या बाज़ार से घर लौटने के बाद, मैं अपनी पत्नी और बच्चों को गले लगाऊँगा।

11 जीवनसाथी द्वारा शरीर में दर्द या तकलीफ की शिकायत करने के बाद, मैं उसे हल्की मालिश करने का प्रस्ताव दूँगा।

12 जीवनसाथी की तनावभरी दिनचर्या के बारे में सुनने के बाद, मैं उससे कहूँगा: 'मैं तुम्हारी मदद के लिए हमेशा तुम्हारे साथ हूँ।'

13 डिनर से पहले ईश्वर को धन्यवाद देने के बाद, मैं अपनी जीवनसाथी और परिवार के प्रति भी आभार व्यक्त करूँगा।

14 प्रार्थना करके चर्च से निकलने के बाद, मैं घर लौटते समय अपने माता-पिता को फोन करूँगा।

15 परिवार से मुलाकात करके लौटने के बाद, मैं ई-मेल द्वारा तस्वीरें साझा करके सभी को धन्यवाद दूँगा।

16 करीबी दोस्तों के साथ किसी कार्यक्रम में शामिल होकर लौटने के बाद, मैं उन्हें मोबाईल पर धन्यवाद लिखकर भेजूँगा।

17 घर में कोई खास पकवान बनाने के बाद, मैं उसमें से थोड़ा सा अपने पड़ोसी या करीबी दोस्त के घर पर देने जाऊँगा।

18 अपने बच्चों द्वारा भेजा गया उपहार मिलने के बाद मैं उन्हें मोबाइल पर ये लिखकर भेजूँगा: 'तुम्हारा भेजा उपहार मुझे बहुत पसंद आया। धन्यवाद और ढेर सारा प्यार।'

19 अपने जीवनसाथी के साथ समय बिताने के लिए एक छोटी सी यात्रा का कार्यक्रम बनाने के बाद, मैं उससे पूछूँगा कि 'क्या वह इस यात्रा पर कोई खास चीज़ देखना या करना चाहती/चाहता है?'

20 सप्ताहांत की किसी यात्रा के लिए अपना सामान बांधने के बाद, मैं उन लोगों को सरप्राइज देने के लिए कोई छोटा सा उपहार भी रख लूँगा, जिनसे मैं मिलने जा रहा हूँ।

अपना ध्यान केंद्रित रखने के लिए छोटी-छोटी आदतें

1 ऑफिस में कदम रखने के बाद, मैं अपने फोन को फ्लाइट मोड पर डालकर बैग में रख लूँगा।

2 डेस्क पर बैग रखने के बाद, मैं कोई ऐसा महत्वपूर्ण कार्य चुनूँगा, जिसे मैं तत्काल करना चाहता हूँ।

3 अपना महत्वपूर्ण कार्य चुनने के बाद, मैं ध्यान भटकानेवाली हर चीज़ अपनी डेस्क से हटा दूँगा।

4 अपनी डेस्क साफ करने के बाद, मैं पैंतालीस मिनट का एक टाइमर सेट करूँगा।

5 टाइमर सेट करने के बाद, मैं अपना हेडफोन पहन लूँगा ताकि लोगों को यह संकेत जाए कि अब वे मुझे बीच में परेशान न करें।

6 अपना हेडफोन पहनने के बाद, मैं कंप्यूटर पर सारी अनावश्यक टैब्स बंद कर दूँगा।

7 टाइमर बजने के बाद, मैं अपना अगला कार्य तय करके एक छोटा सा ब्रेक लूँगा।

8 ब्रेक में बाहर निकलने के बाद, मैं तीन साँसों तक या उससे थोड़ा ज़्यादा देर तक ध्यान करूँगा।

9 ऑफिस में वापस लौटने के बाद, मैं एक गर्मागर्म कॉफी पीऊँगा।

10 ये देखने के बाद कि कोई ई-मेल तो नहीं आया है, मैं ऑटो रिप्लाई चालू कर दूँगा, जिसमें लिखा होगा कि 'मैं अभी अपना ई-मेल देखने में असमर्थ हूँ।'

11 लंच पर जाने का निर्णय लेने के बाद, मैं यह नोट करूँगा कि मेरा अगला कदम क्या होगा (यानी वापस आने पर मैं तत्काल क्या करूँगा)।

12 कैफेटेरिया में लंच के लिए बैठने के बाद, मैं ये चेक करूँगा कि कहीं कोई ज़रूरी व्यक्तिगत संदेश तो नहीं आया है।

13 अपने लंच के बर्तन किनारे रखने के बाद, मैं बाहर का एक चक्कर लगाकर खुद को रीचार्ज करूँगा।

14 लंच करके अपना ई-मेल चेक करने के बाद, मैं ई-मेल पर ऑटो रिप्लाई चालू कर दूँगा, जिसमें लिखा होगा कि 'मैं अभी अपना ई-मेल देखने में असमर्थ हूँ।'

15 अपना अगला काम शुरू करने के बाद, मैं फौरन उसके सारे चरणों की एक सूची बना लूँगा।

16 अगर कोई मुझे किसी काम के लिए साथ चलने को कहेगा तो उसके बाद, मैं कहूँगा कि मैं उनके साथ नहीं चल पाऊँगा।

17 शाम का नाश्ता करने के बाद, मैं एक छोटी सी झपकी लेने के लिए दस मिनट का टाइमर सेट करूँगा।

18 प्रोजेक्ट रूम में आने के बाद, मैं दरवाजा बंद करके 'डू नॉट डिस्टर्ब' का साइन लगा दूँगा।

19 प्रोजेक्ट की मीटिंग शुरू होने के बाद, मैं नोट्स बनाना शुरू कर दूँगा (ताकि मुझे मीटिंग की सारी बातें याद रहें)।

20 ऑफिस से निकलने के बाद, मैं कहूँगा, 'अपना ध्यान केंद्रित रखने के मामले में मैं इतना अच्छा क्यों हूँ?'

आदतों को बाधित करने के लिए छोटी–छोटी आदतें

1 शेव करने के बाद, मैं अपने एक नाखून पर बिटर नेल पॉलिश लगाऊँगा ताकि दांतों से नाखून कुतरने की आदत से बच सकूँ।

2 अपना सामान कार में रखने के बाद, मैं अपना फोन कार की डिक्की में डाल दूँगा ताकि ड्राइव करते समय फोन पर बात न करने से बच सकूँ।

3 बिस्तर पर जाने के लिए उठने के बाद, मैं अपना फोन बेडरूम से दूर किसी अन्य कमरे में चार्ज करने के लिए लगा दूँगा ताकि बिस्तर पर लेटने के बाद फेसबुक पर अपना समय बर्बाद न करूँ।

4 रात को कंप्यूटर बंद करने के बाद, मैं डेस्क पर बिखरे सारे कागजात समेटकर एक बक्से में रख दूँगा ताकि फालतू कचरा न फैले।

5 ऑफिस के लिए घर से निकलने के बाद, मैं उस रास्ते से ड्राइव करते हुए जाऊँगा, जहाँ कोई फास्टफूड रेस्त्रां स्थित न हों।

6 डिनर करने के बाद, मैं तत्काल अपने दांत ब्रश कर लूँगा ताकि देर रात स्नैक्स खाने की आदत से बच सकूँ।

7 अपना डिनर पकाना शुरू करने के बाद, मैं कोई नॉन–एल्कोहोलिक पेय पीऊँगा।

8 अपने लिए प्लेट में स्नैक्स निकालने के बाद, मैं स्नैक्स का डिब्बा बंद करके वापस अलमारी में रख दूँगा।

9 एक गिलास वाइन पीने के बाद, मैं उस गिलास में बर्तन साफ करनेवाली साबुन डाल दूँगा।

10 पार्टी में पहुँचने के बाद, मैं सिगरेट का पैकेट अपनी गाड़ी में ही छोड़ दूँगा।

11 डेस्क पर आने के बाद, मैं अपना फोन फ्लाइट मोड पर डाल दूँगा।

12 गाड़ी में बैठने के बाद, मैं अपने फोन को 'डू नॉट डिस्टर्ब' मोड पर डाल दूँगा।

13 डिनर के बाद, मैं और कुछ भी खाने से बचूँगा।

14 डिनर टेबल पर अपने स्टार्टर्स खाने के बाद, मैं बचे हुए खाने पर मिर्च डाल दूँगा।

15 पार्टी में आने के बाद, मैं पार्टी के होस्ट से कहूँगा, 'आज मैं बिलकुल नहीं पीऊँगा।'

16 एक बार स्लॉट मशीन से उठने के बाद, मैं अपने बचे हुए पैसे दोस्त को देकर कहूँगा कि 'अब मुझे और जुआ मत खेलने देना, ठीक हैं?'

17 किसी रेस्त्रां में आने के बाद, मैं अपना फोन बंद कर लूँगा।

18 रेस्त्रां में बैठने के बाद, मैं कह दूँगा, 'आप न तो मुझे ब्रेड परोसें, न ही चिप्स।'

19 मूत्रत्याग करने के बाद, मैं टायलेट सीट को नीचे कर दूँगा।

20 शाम को टीवी बंद करने के बाद, मैं अपना वाई-फाई राउटर भी बंद कर दूँगा।

व्यावसायिक यात्रा के लिए छोटी-छोटी आदतें

1 अपना बोर्डिंग पास घर पर प्रिंट करने के बाद, मैं अपने आइपैड पर फिल्में और ऑडियोबुक्स अपडेट कर लूँगा।

2 अपना सूटकेस पैक करने के बाद, मैं उन सारे कार्यों की सूची बनाऊँगा, जो मुझे सुबह घर से निकलने से पहले करने हैं।

3 सिक्योरिटी चेक पार करने के बाद, मैं फ्लाइट में अपने खाने के लिए कॉब सलाद खरीदूँगा।

4 डिपार्चर गेट पर पहुँचने के बाद, मैं अपने पैरों और कंधों को थोड़ा स्ट्रेच करूँगा।

5 फ्लाइट में अपनी सीट पर बैठने के बाद, मैं हेडफोन पहनकर एक टेड टॉक सुनना शुरू करूँगा।

6 जब फ्लाइट अटेंडेंट मेरे खाने के लिए कोई ऐसी चीज़ लेकर आएगी, जो स्वास्थ्य के लिए अच्छी नहीं है, तो मैं उससे कहूँगा, 'जी नहीं, धन्यवाद।'

7 गंतत्व पर पहुँचने के बाद मैं अपनी पत्नी को एक इमोजी भेजकर बता दूँगा कि मैं आराम से पहुँच गया।

8 होटल के कमरे में पहुँचने के बाद, मैं अपने कपड़े और कामकाज से जुड़ी अन्य चीज़ें सूटकेस से बाहर निकाल लूँगा।

9 अपने होटल के कमरे में रखे स्नैक बार पर नज़र पड़ने के बाद, मैं उसे किसी दराज में छुपा दूँगा।

10 होटल के कमरे में अपना सामान खोलने के बाद, मैं पता करूँगा कि क्या यहाँ जिम की सुविधा है।

11 'डू नॉट डिस्टर्ब' का साइन लटकाने के बाद मैं अपने फोन पर व्हाइट-नॉइस एप चालू कर लूँगा।

12 सोने के लिए बिस्तर पर लेटने के बाद, मैं अपनी पत्नी को फोन करूँगा।

13 सुबह अलार्म बजने के बाद, मैं उठकर कमरे के सारे पर्दे खोल दूँगा।

14 सुबह दांतों की फ्लॉसिंग के बाद, मैं आईने में खुद को देखकर मुस्कुराते हुए कहूँगा, 'आज का दिन शानदार बीतेगा।'

15 अपने लिए कप में कॉफी डालने के बाद, मैं मीटिंग की तैयारी के लिए अपने नोट्स निकाल लूँगा।

16 मीटिंग में बाकी सदस्यों का नाम सुनने के बाद, मैं उन्हें नोट कर लूँगा और फिर मीटिंग के दौरान सभी को उनके नाम से ही पुकारूँगा।

17 वापस लौटते समय एयरपोर्ट पर सिक्योरिटी चेक पार करने के बाद, मैं किसी दुकान से अपने बच्चों के लिए कोई छोटा सा उपहार खरीदूँगा।

18 डिपार्चर गेट पर इंतजार के लिए बैठने के बाद, मैं अपनी पत्नी को मैसेज भेजकर बताऊँगा कि अभी फ्लाइट को टेक ऑफ करने में कितना समय बाकी है।

19 फ्लाइट में बैठने के बाद, मैं इस व्यावसायिक यात्रा में मिले लोगों की एक सूची बनाऊँगा ताकि उन्हें धन्यवाद दे सकूँ।

20 घर में कदम रखने के बाद, मैं अपना सूटकेस खोलकर सामान बाहर निकाल दूँगा।

व्यवहार संरचना के सिद्धांत

व्यवहार में बदलाव लाने के तरीकों पर काम करते समय मुझे इसके सबसे महत्वपूर्ण सिद्धांत खोजने में दस साल से भी ज़्यादा का समय लग गया। अंततः मुझे अपने सारे सवालों के जवाब मिल गए और मैंने उन्हें सिद्धांतों का नाम दे दिया। स्पष्ट हैं: यदि आप ये दो चीज़ें नहीं करेंगे, तो आपके उत्पाद या सेवा से ज़्यादा लोग नहीं जुड़ेंगे।

ये दोनों सिद्धांत इस बात पर भी लागू होते हैं कि हम अपने जीवन में बदलाव लाने के लिए क्या करते हैं। जैसा कि मैंने इस किताब में भी बताया है, हम सबके लिए दो चीज़ें करना ज़रूरी होता है: (1) वह करने में अपनी सहायता करना, जो हम पहले से करना चाहते हैं और (2) सफल महसूस करने में अपनी सहायता करना।

अगर आप और अधिक संसाधन चाहते हैं – जैसे केस स्टडीज, वर्कशीट और टीचिंग आउटलाइन्स – तो TinyHabits.com/resources पर जाकर प्राप्त कर सकते हैं।

फॉग का सिद्धांत - 1

वह करने में लोगों की सहायता करें,
जो वे पहले से करना चाहते हैं।

फॉग का सिद्धांत - 2

सफल महसूस करने में लोगों की सहायता करें।

लेखक परिचय

बीजे फॉग (पीएचडी) ने स्टेनफोर्ड यूनिवर्सिटी में बिहेवियर डिज़ाइन लैब की स्थापना की है। अपनी रिसर्च के अलावा, फॉग उद्योग जगत के लोगों को ये भी सिखाते हैं कि वास्तव में इंसानी व्यवहार कैसे काम करता है। उन्होंने दुनियाभर के लोगों की सहायता के लिए टाइनी हैबिट्स एकेडमी की स्थापना भी की है। वे दक्षिणी कैलीफोर्निया और माउई में रहते हैं।

लेखक से संबंधित अधिक जानकारी पाने के लिए देखें – bjfogg.com/about

महाआसमानी परम ज्ञान

शिविर परिचय और लाभ (निवासी)

Self Delelopment to Self Realization

Towords Self Stabilizaion

तेजज्ञान फाउण्डेशन आत्मविकास से आत्मसाक्षात्कार प्राप्त करने का एक रास्ता है। इसके लिए सरश्री द्वारा एक अनूठी बोध पद्धति (System for Wisdom) का सृजन हुआ है। इस पद्धति को अन्तर्राष्ट्रीय मानक ISO 9001:2015 के आवश्यकताओं एवं निर्देशों के अनुरूप ढालकर सरल, व्यावहारिक एवं प्रभावी बनाया गया है। इस संस्था की बोध पद्धति के विभिन्न पहलुओं (शिक्षण, निरीक्षण व गुणवत्ता) को स्वतंत्र गुणवत्ता परीक्षकों (Quality Auditors) द्वारा क्रमबद्ध तरीके से जाँचा गया। जिसके बाद इन पहलुओं को ISO 9001:2015 के अनुरूप पाकर, इस बोध पद्धति को प्रमाणित किया गया है।

फाउण्डेशन का लक्ष्य आपको नकारात्मक विचार से सकारात्मक विचार की ओर बढ़ाना है। सकारात्मक विचार से शुभ विचार यानी हॅपी थॉट्स (विधायक आनंदपूर्ण विचार) और शुभ विचार से निर्विचार की ओर बढ़ा जा सकता है। निर्विचार से ही आत्मसाक्षात्कार संभव है। शुभ विचार (Happy Thoughts) यानी यह विचार कि 'मैं हर विचार से मुक्त हो जाऊँ।' शुभ इच्छा यानी यह इच्छा कि 'मैं हर इच्छा से मुक्त हो जाऊँ।'

सभी समस्याओं का समाधान है तेजज्ञान। भय से मुक्ति, चिंतारहित व क्रोध से आज़ाद जीवन है तेजज्ञान। शारीरिक, मानसिक, सामाजिक, आर्थिक और आध्यात्मिक उन्नति के लिए है तेजज्ञान। तेजज्ञान आपके अंदर है, आएँ और इसे पाएँ। यदि आप ऐसा ज्ञान चाहते हैं, जो सामान्य ज्ञान के परे हो, जो हर समस्या का समाधान हो, जो सभी मान्यताओं से आपको मुक्त करे, जो आपको ईश्वर का साक्षात्कार कराए, जो आपको सत्य पर स्थापित करे तो समय आ गया है तेजज्ञान को जानने का। समय आ गया है शब्दोंवाले सामान्य ज्ञान से उठकर तेजज्ञान का अनुभव करने का।

अब तक अध्यात्म के अनेक मार्ग बताए गए हैं। जैसे जप, तप, मंत्र, तंत्र, कर्म, भाग्य, ध्यान, ज्ञान, योग और भक्ति आदि। इन मार्गों के अंत में जो समझ, जो बोध प्राप्त होता है, वह एक ही है। सत्य के हर खोजी को अंत में एक ही समझ मिलती है और इस समझ को सुनकर भी प्राप्त किया जा सकता है। उसी समझ को सुनना यानी तेजज्ञान प्राप्त करना है। तेजज्ञान के श्रवण से सत्य का साक्षात्कार होता है, ईश्वर का अनुभव होता है। यही तेजज्ञान सरश्री महाआसमानी शिविर में प्रदान करते हैं।

सरश्री की आध्यात्मिक खोज का सफर उनके बचपन से प्रारंभ हो गया था। इस खोज के दौरान उन्होंने अनेक प्रकार की पुस्तकों का अध्ययन किया। इसके साथ ही अपने आध्यात्मिक अनुसंधान के दौरान अनेक ध्यान पद्धतियों का अभ्यास किया। उनकी इसी खोज ने उन्हें कई वैचारिक और शैक्षणिक संस्थानों की ओर बढ़ाया। इसके बावजूद भी वे अंतिम सत्य से दूर रहे। उन्होंने अपने तत्कालीन अध्यापन कार्य को भी विराम लगाया ताकि वे अपना अधिक से अधिक समय सत्य की खोज में लगा सकें। जीवन का रहस्य समझने के लिए उन्होंने एक लंबी अवधि तक मनन करते हुए अपनी खोज जारी रखी। जिसके अंत में उन्हें आत्मबोध प्राप्त हुआ। आत्मसाक्षात्कार के बाद उन्होंने जाना कि अध्यात्म का हर मार्ग जिस कड़ी से जुड़ा है वह है– समझ (अंडरस्टैण्डिंग)।

सरश्री कहते हैं कि 'सत्य के सभी मार्गों की शुरुआत अलग–अलग प्रकार से होती है लेकिन सभी के अंत में एक ही समझ प्राप्त होती है। 'समझ' ही सब कुछ है और यह 'समझ' अपने आपमें पूर्ण है। आध्यात्मिक ज्ञान प्राप्ति के लिए इस 'समझ' का श्रवण ही पर्याप्त है।' सरश्री ने तीन हज़ार से अधिक प्रवचन दिए हैं और डेढ़ सौ से अधिक पुस्तकों की रचना की हैं। ये पुस्तकें दस से अधिक भाषाओं में अनुवादित की जा चुकी हैं और प्रमुख प्रकाशकों द्वारा प्रकाशित की गई हैं, जैसे पेंगुइन बुक्स, हे हाऊस पब्लिशर्स, जैको बुक्स, हिंद पॉकेट बुक्स, मंजुल पब्लिशिंग हाऊस, प्रभात प्रकाशन, राजपाल ॲण्ड सन्स इत्यादि। सरश्री की शिक्षाओं से लाखों लोगों के जीवन में रूपांतरण हुआ है। इसके साथ संपूर्ण विश्व की चेतना बढ़ाने के लिए कई सामाजिक कार्यों की शुरुआत भी की गई है।

सरश्री आज के युग के आध्यात्मिक गुरु और 'तेजज्ञान फाउण्डेशन' के संस्थापक हैं, जो अत्यंत सरलता से आज की लोकभाषा में आध्यात्मिक समझ प्रदान करते हैं। हर साल तेजज्ञान फाउण्डेशन द्वारा 'महाआसमानी शिविर' आयोजित किया जाता है। यह शिविर पूर्णतः सरश्री की शिक्षाओं पर आधारित है।

क्या आपको उच्चतम आनंद पाने की इच्छा है? ऐसा आनंद, जो किसी कारण पर निर्भर नहीं है, जिसमें समय के साथ केवल बढ़ोतरी ही होती है। क्या आप इसी जीवन में प्रेम, विश्वास, शांति, समृद्धि और परमसंतुष्टि पाना चाहते हैं? क्या आप शारीरिक, मानसिक, सामाजिक, आर्थिक और आध्यात्मिक इन सभी स्तरों पर सफलता हासिल करना चाहते हैं? क्या आप 'मैं कौन हूँ' इस सवाल का जवाब अनुभव से जानना चाहते हैं?

यदि आपके अंदर इन सवालों के जवाब जानने की और 'अंतिम सत्य' प्राप्त करने की प्यास जगी है तो तेजज्ञान फाउण्डेशन द्वारा आयोजित 'महाआसमानी परम ज्ञान शिविर' में आपका स्वागत है। यह शिविर पूर्णतः सरश्री की शिक्षाओं पर

आधारित है। सरश्री आज के युग के आध्यात्मिक गुरु और 'तेजज्ञान फाउण्डेशन' के संस्थापक हैं, जो अत्यंत सरलता से आज की लोकभाषा में आध्यात्मिक समझ प्रदान करते हैं।

महाआसमानी परम ज्ञान शिविर का उद्‌देश्य :

इस शिविर का उद्‌देश्य है, 'विश्व का हर इंसान 'मैं कौन हूँ' इस सवाल का जवाब जानकर सर्वोच्च आनंद में स्थापित हो जाए।' उसे ऐसा ज्ञान मिले, जिससे वह हर पल वर्तमान में जीने की कला प्राप्त करे। भूतकाल का बोझ और भविष्य की चिंता इन दोनों से मुक्त हो जाए। हर इंसान के जीवन में स्थायी खुशी, सही समझ और समस्याओं को विलीन करने की कला आ जाए। मनुष्य जीवन का उद्‌देश्य पूर्ण हो। 'मैं कौन हूँ? मैं यहाँ क्यों हूँ? मोक्ष का अर्थ क्या है? क्या इसी जन्म में मोक्ष प्राप्ति संभव है?' यदि ये सवाल आपके अंदर हैं तो महाआसमानी परम ज्ञान शिविर इसका जवाब है।

वॉव पब्लिशिंग द्वारा प्रकाशित प्रमुख पुस्तकों में से ये तीन पुस्तकें हैं -

** विचार नियम - आपकी कामयाबी का रहस्य*

'विचार नियम' पुस्तक के ज़रिए * अपने आंतरिक और बाहरी जीवन में ताल-मेल बिठाएँ। * अपनी इच्छानुसार शांत और स्थिर महसूस करें। * विचारों के पार जाकर अपने 'असली अस्तित्व' को पहचानें, जो आपकी मूल अवस्था है। * विचार नियमों को अपने जीवन में उतारें ताकि आप अपनी उच्चतम संभावना की ओर सहजता से आगे बढ़ पाएँ। * मौनायाम की अवस्था में रहकर प्रेम, आनंद, करुणा, भरपूरता व रचनात्मकता जैसे गुणों को अपने अंदर से प्रकट होने का मौका दें। आइए, साठ लाख

से भी अधिक पाठकों के समूह में शामिल हो जाएँ, जिन्होंने विचारों के 7 शक्तिशाली नियमों तथा मत्रों द्वारा आंतरिक शांति और सफलता हासिल की है।

❊ विकास नियम

विकास नियम हमारे चारों ओर काम कर रहा है। फिर चाहे वह शरीर का विकास हो, बुद्धि का विकास हो, शहर या देश का विकास हो। यह नियम तो एक बुनियादी नियम है; यह पूर्णता की चाहत है। आइए, इस पुस्तक द्वारा विकास नियम को अपना आदर्श बना दें और विकास की नई ऊँचाइयों को छू लें। विकास नियम हर इंसान और वस्तु में छिपी संभावनाओं को प्रकट करने का नियम है। यह आपकी संपूर्ण संतुष्टि की चाहत को पूरा करता है।

❊ विश्वास नियम

आपका मोबाइल तो अप टू डेट है परंतु क्या आपका विश्वास अप टू डेट है? क्या आपका आज का विश्वास आपको अंतिम सफलता की राह पर बढ़ा रहा है? यदि उपरोक्त सवालों के जवाब 'नहीं' हैं तो आपको विश्वास नियम की आवश्यकता है। विश्वास नियम आपके विश्वास को बढ़ाकर उसे अप टू डेट करता है। 'विश्वास' ईश्वर द्वारा दी हुई वह देन है, जो हमारे स्वास्थ्य, रिश्ते, मनशांति, आर्थिक समृद्धि एवं आध्यात्मिक उन्नति में चार चाँद लगाता है। आइए, इस शक्ति का चमत्कार अपने जीवन में देखें और 'सब संभव है' इस पंक्ति का प्रत्यक्ष अनुभव लें।

यह पुस्तक पढ़ने के बाद आप अपना अभिप्राय (विचार सेवा) इस पते पर भेज सकते हैं ... Tejgyan Global Foundation, Pimpri Colony Post office, P.O. Box 25, Pune - 411 017. Maharashtra (India).

www.ingramcontent.com/pod-product-compliance
Lightning Source LLC
LaVergne TN
LVHW100625051026
849519LV00001B/112